図説 古代エジプトの神々・神話百科事典

L'ÉGYPTE ANCIENNE ET SES DIEUX.
DICTIONNAIRE ILLUSTRÉ

ジャン=ピエール・コルテジアーニ
Jean-Pierre Corteggiani
線画=ライラ・メナサ
Laïla Menassa
近藤二郎 監修 近藤悠子 訳
Jiro Kondo Yuko Kondo

原書房

エジプト人は神々との対話を許された最初の人々である。それゆえ神々は人々の法則にのっとって呼び出されることを好んだ。

イアンブリコス、
「エジプト人の秘儀について」、VII、5

来世にあるすべてのもの、そして生命が明らかにするすべてのものに対するわれわれの飽くなき渇望は、人間の永遠性をもっとも生き生きと証明している。

シャルル・ボードレール、
「ロマン派芸術」(ガルニエ社、p.671)

◆目次◆

序文　vii

図説
古代エジプトの神々・神話百科事典

口絵　1

ア－オ　79
カ－コ　221
サ－ソ　293
タ－ト　385
ナ－ノ　435
ハ－ホ　473
マ－モ　607
ヤ－ワ　661

監修者あとがき　691
用語集　693
略語一覧　699
参考文献　703
古代エジプトファラオ年表　705
図版出典　708
謝辞　709

序文

ヘロドトスによれば、古代エジプト人は、「非常に宗教心の強い人々である」。歴史の父の言葉は、いわばクリシェ（常套句）となっているが、エジプトの偉大な遺跡を訪れる人々の目に映る、神殿や墓の壁を埋め尽くす宗教儀式や神々の不思議な姿は、時にギリシア人を驚かせ、また、動物と人が一体化した姿はローマ人に皮肉を言わせしめた。そしてまた、西洋世界にとっても古代エジプトは好奇心を刺激する魅惑の世界であった。

宇宙の創世神から使者の精霊、国家神から葬送の書に登場するあやしげな悪霊、地方神、そして外国からやってきた神々、とエジプトの神々は数かぎりない。一つ例をとれば、「死者の書」には何百という神のような存在が登場する。その多くは恐ろしく、その名前を発音することも訳すこともむずかしい。古代エジプト語には、悪霊という言葉も精霊という言葉もない。いずれもネチェル、すなわち、われわれが神と訳す言葉で表される。それは、パンテオンの主要な神々をさす言葉と同じである。エジプトの神々には序列がある。ラメセス4世のステラ（カイロ・エジプト博物館JE48831）の碑文には、第20王朝の王が、神々や女神の中の偉大なるものから小さきものにまで、つねに心をくばっていたことを明かしている。偉大なる神々から身近な小さな神々まで、エジプトには無数の神々がいる。そのすべてを網羅するカタログを作ることは不可能に近い。一般向けの書籍は完璧なものとはほど遠く、エジプト学者による貴重な専門資料も図像に欠けるという問題をはらむ。以下に紹介する資料もこの問題をまぬがれない。W・ヘルクとE・オットー、後にW・ヴェステンドルフ(編)、オットー・ハラソヴィッツ、ヴィースバーデン（1975-1992），後にW・ヴェステンドルフの編集で出版された『エジプト学辞典（LA)』、そしてルーヴァンで2002～03年にC・ライツの監修で刊行された『エジプト神々辞典（LGG)』は、R・V・ランゾーネが1881～85年にかけてトリノで刊行された『エジプト神話辞典』――この本は非常に古いものであるが豊富な図版が掲載されている唯一のものである――や、1952年にH・ボネがベルリンで刊行した『エジプト宗教歴史辞典』などにとって代わるものであった。以上をふまえて、本書の目的は、専門家にも有益となる、神々の世界を紹介する一般書を提供することである。本書は340に及ぶ神々を紹介している。その中にはよく知られているものから、今まであまり言及されたことのないものまである。また、神々の重要な特徴を理解する上で必要な100あまりの項目もくわえられている。その中には神々がその姿をとる動物、また彼らと結びついた植物、彼らに捧げられる主要な供物、そして異なる時代の偉大な宗教テキストなどがある。

本書は、『ピラミッド・テキスト』、『コフィン・テキスト』、そして『死者の書』などの葬送のテキストを原典としている。また、エドフ、デンデラ、フィラエ、そしてコム・オンボなどのギリシア・ローマ時代の壁に描かれた場面や、場面にともなう碑文を参考にしている。多様な項目は、それぞれの神がもつ性格や特徴をより明白なものとし、新しい解釈を生む余地をあたえていると期待する。神々の多くは、時におぞましい多様な姿をとる。本書では図像に重きが置かれている。すべての項目は、少なくとも一つの挿絵、あるいは写真をともなうように構成されている。項目内のアステリスクがついている言葉は、それ自体が独立した項目として登場する。各項目の最後には、それぞれの神の特徴のリスト、関連項目のリスト、そして参考文献が掲載されている。

エジプト語の用語や固有名詞の表記を統一するために、本書では次の点に留意している。腕のヒエログリフ(ain)は â、ハゲワシのヒエログリフ(aleph)は a を使用している。また、斜面のヒエログリフ(qaf)と 把手付編み籠のヒエログリフ(kaf) は、それぞれ q と k と表記している。また、コプト語のアルファベットが登場するまでは表記されることのなかった、子音と子音の間のエジプト語の母音を慣用的に表す無音価の e はアクセントをつけない。いずれにしてもこの従来の慣習には科学的根拠がない。

巻末には各王朝の主要な王の名前を載せた年表、一般的な辞書には見あたらない用語の解説、学術書や書籍の省略形のリストをともなう参考文献が掲載されている。

ア

アア-セネジュとその従者、エドフ神殿の塔門の東側、プトレマイオス朝。(→アア・セネジュ)

アイオン、アレクサンドリア・ギリシア・ローマ博物館、ローマ支配時代。　(→アイオン)

ハトホルのアイギスを描いたステラ、第19王朝、トリノ・エジプト博物館（n°、50027)。(→アイギス)

各図説明の末尾にある（→　　　）は本文で詳述する当該項目に関わる図であることを示し、本口絵はその項目順をもとに配列している。

エジプトの慈悲深いアハ・ネフェル、エドフ神殿。プトレマイオス朝。　（→アガトデモン）

アレクサンドリアのアガトデモン、アレクサンドリア・ギリシア・ローマ博物館。（→アガトデモン）

パンを捧げるアキト、カルナクのオペト神殿、ローマ支配時代。 (→アキト)

聖なる供物をそろえるアゲブ・ウル神、コム・オンボ神殿、プトレマイオス朝

(→アゲブ・ウル)

アシュタルテに供物を捧げるラメセス2世、第19王朝、ルーヴル美術館(E 26017)。

(→アシュタルテ)

上：アマルナの王夫妻に光線を降り注ぐアテン神の太陽円盤、メリラー１世墓、アマルナ、第18王朝。（→アテン）

ベルリン・エジプト博物館の石灰岩製のブロック（n°2072）。（→アテン）

アトゥム神（左）とメンチュウ神がラメセス２世をアメン神のもとに導いている、ラメセウム、第１９王朝。 （→アトゥム）

アヌキス女神、アブ・シンベル小神殿、第19王朝。（→アヌキス）

黒犬のアヌビス神、インヘルカウ墓の第1埋葬室（TT 359）、ディール・アル=マディーナ、第20王朝。（→アヌビス）

死者のミイラの面倒を見るアヌビス神、アメンナクト墓（TT 218）、ディール・アル=マディーナ、第19王朝。（→アヌビス）

アピ、有翼日輪。マディーナト・ハブ神殿の門のまぐさ部分。第20王朝。　(→アピ)

メンフィスのセラペウム出土のステラ、末期王朝、ルーヴル美術館（ancien n° IM 3072）。
(→アピス)

アピス小像、末期王朝、ルーヴル美術館（*E 3761*）。
(→アピス)

アポピス、『門の書』の第3時間目の初め（図）、ラメセス1世墓（KV16）、王家の谷、第19王朝。
(→アポピス)

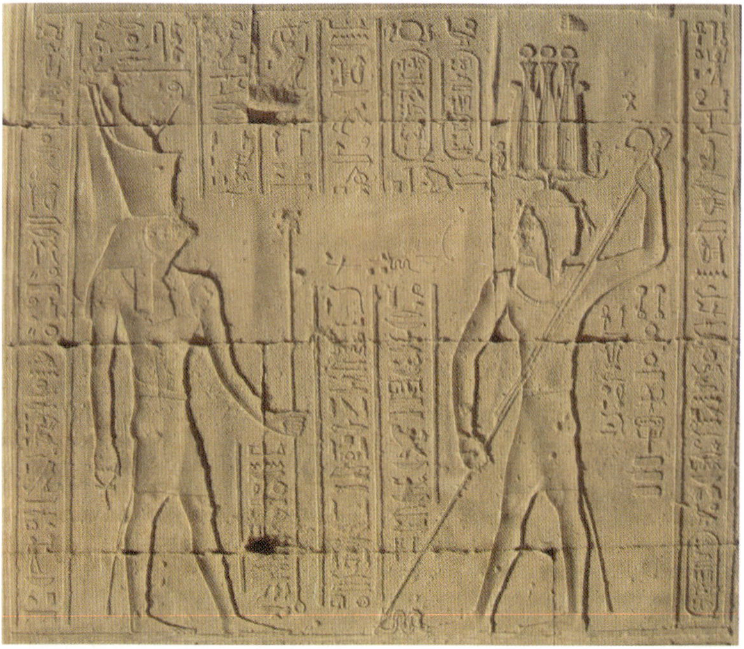

ホルス神の前でアポピスを退治するプトレマイオス10世、エドフの誕生殿、プトレマイオス朝。（→アポピス）

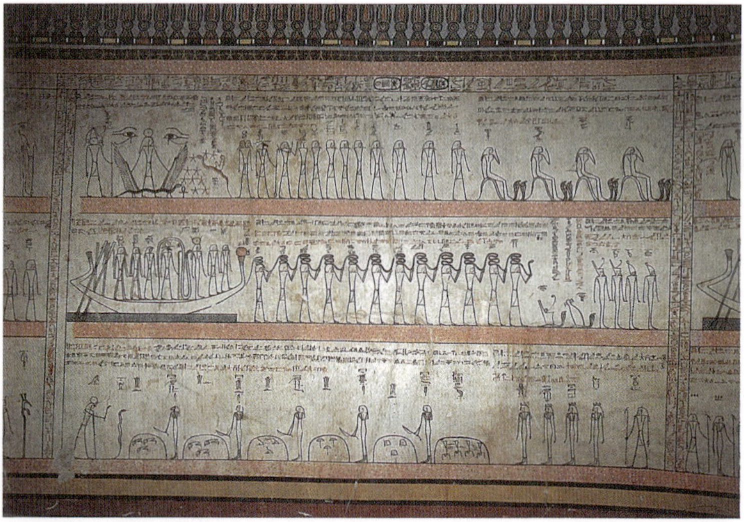

「アムドゥアト書」の第11時、トトメス3世墓（KV 34）、王家の谷、第18王朝。（→アムドゥアト書）

アメネト女神、イビス神殿、カルガ・オアシス、第27 王朝、ペルシア支配時代。（→アメネト）

アメン神、アメンヘテプ3世の治世のレリーフ。カルナク、第18王朝。（→アメン）

男根を強調するアメン。ハトシェプスト神殿の「赤の礼拝所」、カルナク、第18王朝。
（→アメン）

アレンスヌフィスとテフヌウト。フィラエ島のアレンスヌフィス神殿、プトレマイオス王朝。
（→アレンスヌフィス）

トトメス３世の鼻の前にアンクのサインを差し出すアメン神、王のオベリスクの図、カルナク、第18 王朝。
（→アンクのサイン）

船の船首の冠をかぶったベレニケ２世の姿のアレクサンドリア、前200年、アレクサンドリア・ギリシア・ローマ博物館（n° 21739）。
（→アレクサンドリア）

アンジェティとイシスに香を差し出す王、アビュドスのセティ１世神殿。第19王朝。　（→アンジェティ）

アンティヌスのエジプト様式の彫像、州立エジプト美術博物館、ミュンヘン（Gl. WAF 24）。　（→アンティヌス）

神格化されたイアフメス・ネフェルトイリとアメンヘテプ１世、パネヘシの墓（TT 16）、ドゥラ・アブ・アル＝ナーガ、第19王朝。
（→イアフメス・ネフェルトイリ）

葦の野（イアルの野）、アンハイの『死者の書』の挿絵、第20王朝、大英博物館（10472）。
（→イアルの野）

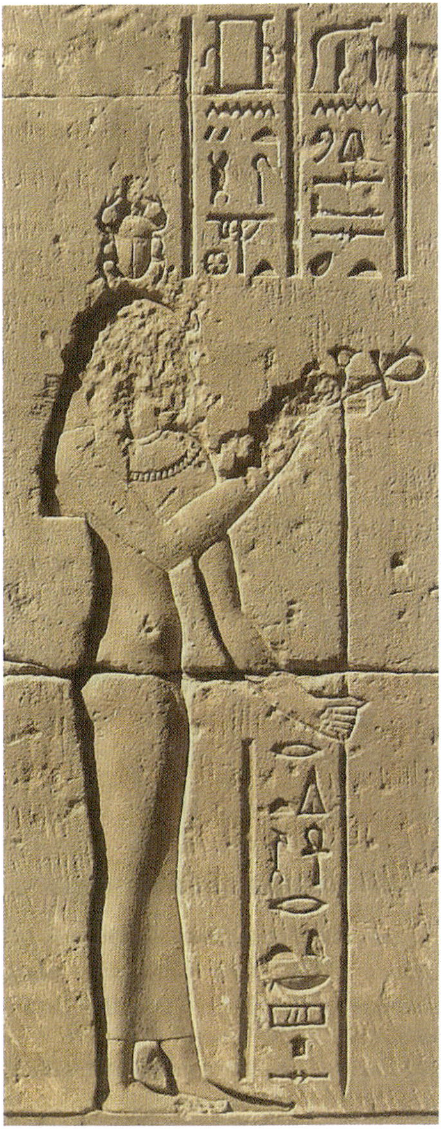

スカラベを頭に飾ったイウサアス、エドフ神殿、プトレマイオス王朝。 （→イウサアス）

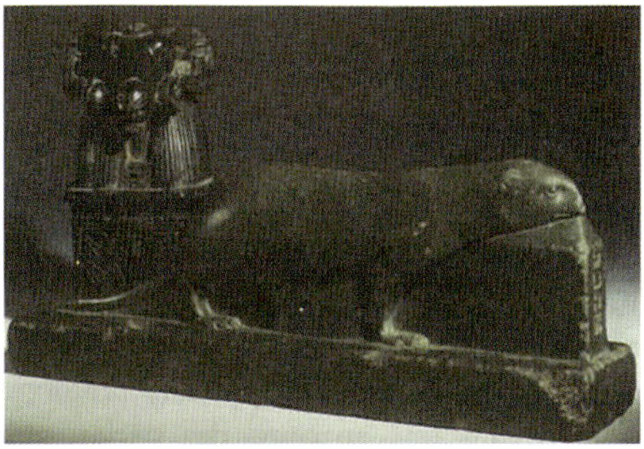

イクネウモンの小像、ウィーン美術史美術館（Inv. -n° ÄS 1062）、硬砂岩。

（→イクネウモン）

鳶の姿のイシス女神、センネジェム墓（TT 1）、ディール・アル=マディーナ、第19王朝。

（→イシス）

ギリシア・ローマ時代のイシス女神、アレクサンドリア・ギリシア・ローマ博物館。ローマ時代。（→イシス）

ジェド柱を囲むイシスの結び目。デンデラ、ローマ支配時代。（→イシスの結び目）

イヒ、トラヤヌス帝の誕生殿、デンデラ神殿、ローマ支配時代。（→イヒ）

イムヘテプ、プタハ神殿、カルナク、プトレマイオス朝。　（→イムヘテプ）

イメンテト、ネブアメン墓（TT 179）、アル＝コーカ、第18王朝。　（→イメンテト）

ウアジェト（左）とネクベトがプトレマイオス8世に王冠をかぶせている、エドフ神殿、プトレマイオス朝。　（ウアジェト→）

ウアセト、カルナク神殿、列柱室の南の壁画（外壁）、第19王朝。（→ウアセト）

ヘルモポリスの装飾に見られるウジャト眼、石灰岩製、末期王朝、個人所蔵。

（→ウジャト眼）

州侯ウクヘテプの称号に見られるウク神（左行）の紋章、メイル、第12王朝。（ウク→）

オヌリス・シュウ、ラメセウムの列柱室の柱、第19王朝。 (→オヌリス)

センウセレト2世のウラエウス、第12王朝、カイロ・エジプト博物館（JE 46694）。
(→ウラエウス)

ウル・ヘムヘムの従者の１人、エドフ神殿の塔門の西側の部分、プトレマイオス朝。
（→ウル・ヘムヘム）

ハトホル女神にウンシェブを捧げる図、トラヤヌス帝の誕生殿、デンデラ、ローマ時代。
（→ウンシェブ）

下エジプトの「赤冠」を戴冠されるトトメス２世、カルナク神殿のレリーフ、野外博物館、第18王朝。
（→王冠）

上エジプトの「白冠」をかぶるラメセス３世、カエムウアセト王子墓（QV 44）、王妃の谷、第20王朝。（→王冠）

ケペレシュをかぶるツタンカーメン王、ホルエムヘブ王により簒奪されたレリーフ、ルクソール神殿の列柱室、第18王朝。（→王冠）

ネメス頭巾をかぶるラメセス３世。カエムウアセト王子墓（QV 44）、王妃の谷、第20王朝。（→王冠）

オシリス神、ネブアメンとイプキの墓（TT 181）、アル＝コーカ、第18王朝。（→オシリス）

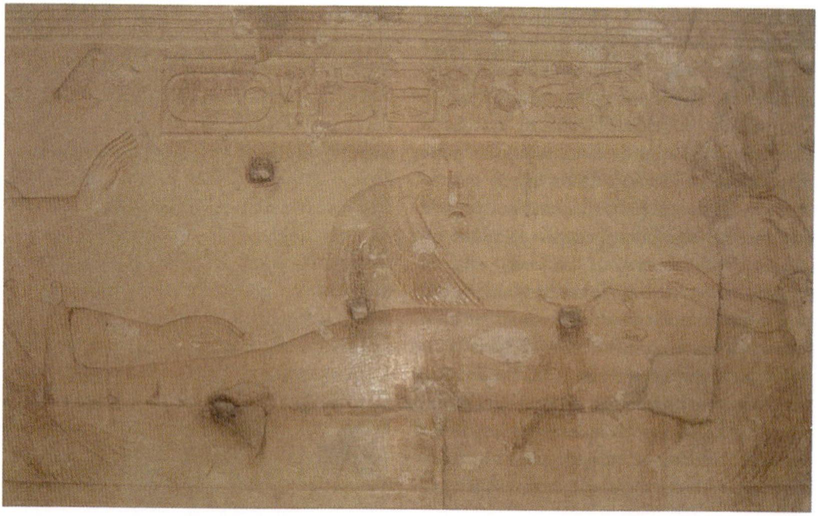

オシリスによって懐妊するイシス、セティ1世墓、アビュドス、第19王朝。(→オシリス)

メンヒトの前でオリックスを犠牲にするタイタス、エスナ神殿（南壁の外壁）、ローマ時代。（→オリックス）

ラス・アル＝ソダ出土のオシリス・カノポス、後2世紀後半、アレクサンドリア・ギリシア・ローマ博物館（P 444）。(→オシリス・カノポス)

カ

ラメセス２世のカー、ラメセウムの列柱室の柱、第19王朝。 （→カー）

カー・チェヘン（光の輝き）、デンデラ神殿、ローマ時代（ネロ）。 （→カー）

ツタンカーメン王のミイラに開口の儀式を行なうアイ王、ツタンカーメン王墓（KV62）、第18王朝。
（→開口の儀式）

シュウを囲む4つの風、コム・オンボ神殿、ローマ支配時代。（→風（4つの方位））

レシェプ（右）とミン・アメン・ラー（左）の間のカデシュ、彩色を施した石灰岩製のステラ、ディール・アル＝マディーナ出土。第19王朝、トリノ・エジプト美術館（n° 50066）。
（→カデシュ）

ホルスの銛の下にいるセトのカバ、エドフ神殿、プトレマイオス朝。
（→カバ）

カバの姿のメスケネト、デンデラのハトホルのキオスク、ローマ支配時代。
（→カバ）

クヌム神の前で亀を犠牲にするティトス、エスナ神殿（南壁の外壁）、ローマ支配時代。　（→亀）

玉座に座るヘケト、ラメセス２世の神殿、
アビュドス、第19王朝。　　　（→玉座）

ツタンカーメン王に贈られた「クシュ王国の宝物」と金の献上品、フイ墓（TT 40）。クルナト・ムライ、第18王朝。（→金）

トトメス3世を歓迎するクヌム神、サティス神殿、エレファンティネ島、第18王朝。 （→クヌム）

クヌム、エスナ神殿、ローマ支配時代。
（→クヌム）

クヌム神に捧げる「偉大な供物」を清めるタイタス、エスナ神殿、（南壁の外壁）、ローマ支配時代。

（→供物）

ケネメト、コム・オンボ神殿、ローマ支配時代（ドミティアヌス）。 （→ケネメト）

ケプリ、イビス神殿（南壁の外壁）、カルガ・オアシス、第27王朝（第1次ペルシア支配時代）。 （→ケプリ）

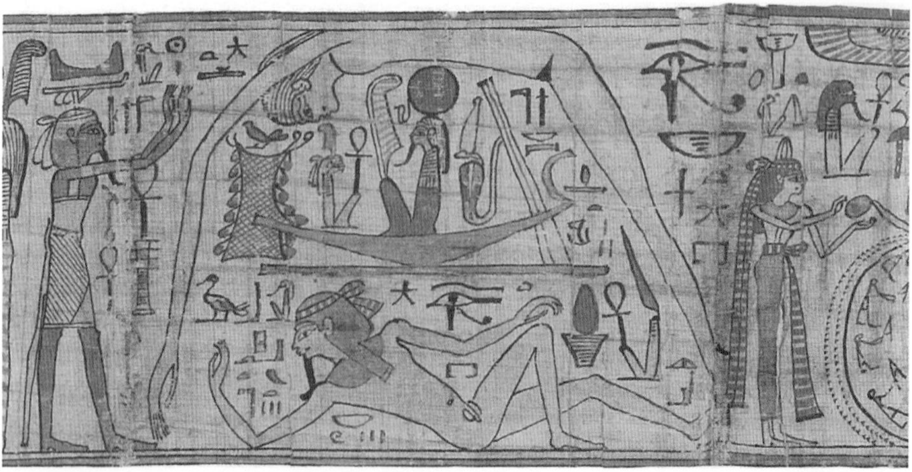

「ヌウトの下にいる」ゲブ、ネスパカシュウティの葬送パピルス、第21王朝。ルーヴル美術館（E17401）。 （→ゲブ）

ラメセス２世が王笏とケペシュ刀をアメン神の手から受けとっている、ラメセウムの場面の一部、第19王朝。 （→ケペシュ刀）

オリバナムやテレビンノキの樹脂を神々に捧げる神官。ネブアメンとイプキ墓（TT 181）、アル＝コーカ。第18王朝。 （→香）

ケンティ・ケティ・アトリビス出土の沈み彫りのレリーフ、プトレマイオス朝、アレクサンドリア・ギリシア・ローマ博物館（n°3211）。 （→ケンティ・ケティ）

神を崇拝するシュペヌウペト２世が４頭の子牛をオシリスの前に差し出している、マディーナト・ハブ、第25王朝。 （→子牛）

「2本のトルコ石のシコモア・イチジク」の間にいる太陽の子牛、イリネフェル墓（TT290）、ディール・アル＝マディーナ、第19王朝。（→子牛）

アメン神の彫像に香油を塗布するセティ1世、アビュドスの王の神殿、第19王朝。（→香油）

ファルバイトスの最初の3柱の護衛の神々、ペトシリス墓、トゥーナ・アル＝ゲベル。前4世紀末。（→護衛の神々）

サ

コフィン・テキスト、セピの棺の小さい側面の1つ、第12王朝、カイロ・エジプト博物館（JE 32868）。（→コフィン・テキスト）

多様な供物をのせた祭壇、フイ墓（TT 40）、クルナト・ムライ、第18王朝。　（→祭壇）

セティ1世に生命と力をあたえるコンス神、アビュドスの王の神殿、第19王朝。（→コンス）

サティス、エレファンティネ女神の神殿、第18王朝。（→サティス）

サラピスの胸像、ローマ支配時代。アレクサンドリア・ギリシア・ローマ博物館（22158）。（→サラピス）

カタラクトの3柱神。岩に刻まれた「飢饉のステラ」、セーヘル島、アスワン、プトレマイオス朝。（→3柱神）

テーベの３柱神の前に跪くラメセス２世、ラメセウム、第19王朝。　（→３柱神）

圧搾機で作った品々を運ぶシェズムウ。コム・オンボ神殿、ローマ支配時代（ドミティアヌス帝）。　（→シェズムウ）

ハトホル（左）とイシスの間の「偉大なるジェド柱」、アメンエムイペト墓（TT 265）、ディール・アル＝マディーナ、第19王朝。（→ジェド柱）

シェプシィの前に立つラメセス３世、カエムウアセト王子墓（QV 44）、王妃の谷、第20王朝。
（→シェプシイ）

ブシリスのシェンタイト、デンデラ神殿のオシリスの礼拝所、ローマ支配時代。
（→シェンタイト）

シェンのサイン、アビュドスのラメセス２世の神殿の扉の側柱、第19王朝。
（→シェン（サイン））

ヌウトのシコモア、パネヘシ墓（TT 16）、ドゥラ・アブ・アル=ナーガ、第19王朝。
（→シコモア・イチジク）

ペトシリス墓の時間を人格化した女神たち、トゥーナ・アル＝ゲベル、前４世紀の終わり。 （→時間の女神）

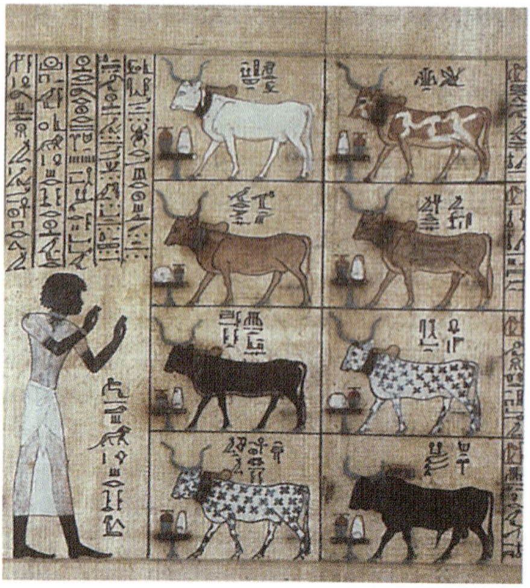

マヘルプラーの「死者の書」第148章の挿絵。第18王朝、カイロ・エジプト博物館。
（→死者の書）

シストルムをハトホルに捧げる場面、トラヤヌス帝の誕生殿、デンデラ、ローマ支配時代。
（→シストルム）

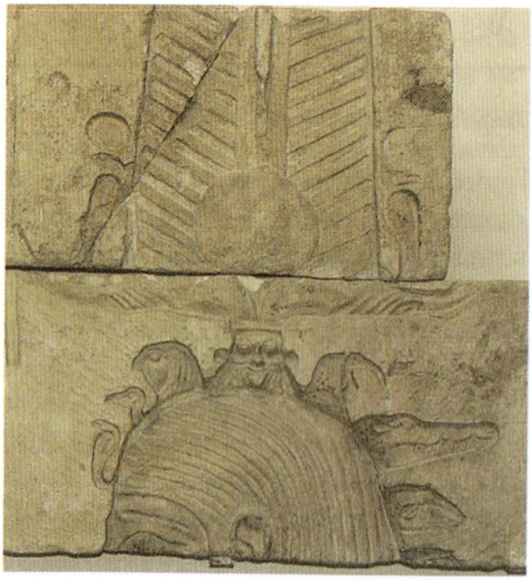

トゥトゥ神とその使者たち、アトリビス出土の沈み彫りのレリーフの図、プトレマイオス朝。アレクサンドリア・ギリシア・ローマ博物館（n° 3211）。
（→使者の精霊）

青銅製のシトゥラ、末期王朝、ルーヴル美術館（N908C）。
（→シトゥラ）

王笏とメケス杖を手に持って王宮を出る王、エドフの誕生殿、プトレマイオス朝。（→笏）

ライオンの姿のシュウ、「10年ナオス」の壁に描かれたもの、第30王朝。アレクサンドリア・ギリシア・ローマ博物館。（→シュウ）

イネニの庭の木々のリスト（TT 81）、第18王朝。（→樹木）

オシリス（消えている）の前でお勤めをする死者、インヘルカウ墓（TT 359）、ディール・アル＝マディーナ、第20王朝。 （→神官）

フィラエ神殿の誕生殿と第１塔門の西の部分、プトレマイオス朝。 （→神殿）

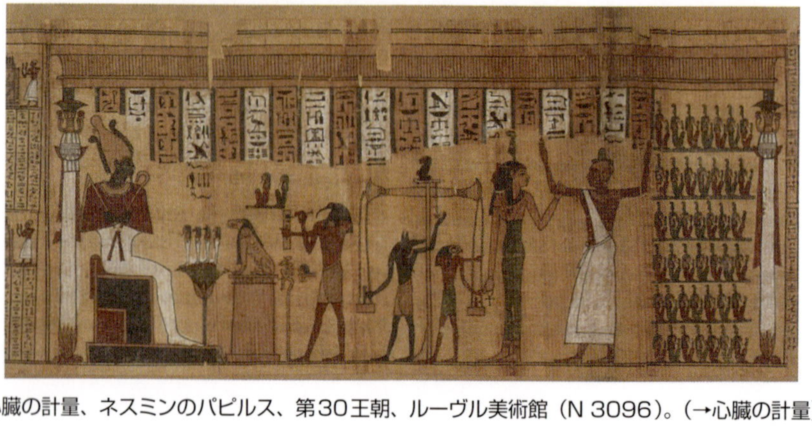

心臓の計量、ネスミンのパピルス、第30王朝、ルーヴル美術館（N 3096）。（→心臓の計量）

太陽のスカラベの誕生、『昼の書』の図、ラメセス９世墓（KV６）、王家の谷、第20王朝。
（→スカラベ）

ギザの大スフィンクス、第４王朝。
（→スフィンクス）

牡羊頭のスフィンクス、カルナク神殿、第19王朝。
（→スフィンクス）

王（ここではドミティアヌス帝）とハピが「生産の神々」の行列の先頭にいる、コム・オンボ神殿、ローマ支配時代。
（→生産をつかさどる神々）

聖なる紋章、ラメセス３世墓（KV11）の第１通路の壁龕に描かれた図、第20王朝。王家の谷。
（→聖なる紋章）

セクメト女神にシストルムと香を捧げる場面、エドフ神殿、プトレマイオス朝。
（→セクメト）

ネフェルウラー王女がセケトにワインを奉納する図、第18王朝、個人所蔵。（→セケト）

セペド（アル）・アブウイ、ナクトアメン墓（TT335）、ディール・アル=マディーナ、第19王朝。（→セシャト）

セジェムの助けを借りているセシャト、セティ１世の神殿、アビュドス、第19王朝。（→セシャト）

セトの不思議な犬の頭、セティ１世のオベリスク（部分）。第19王朝. アレクサンドリア、コム　アル=ディッカ、野外博物館。（→セト神）

アポピスを退治する、ハヤブサの頭のセト神、イビス神殿、カルガ・オアシス、第27王朝（第1次ペルシア支配時代）。（→セト神）

オシリスの前にいるセルケト（右）とネフティス、カエムウアセト王子墓（QV44）、王妃の谷、第20王朝。（→セルケト）

セビウメケルの頭を飾った紋章、メロエ時代、国立エジプト美術博物館、ミュンヘン（Ant. n° 2446c）。（→セビウメケル）

ソカル神にワインを捧げるトトメス3世、ハトシェプスト女王葬祭殿、ディール・アル=バハリ、第18王朝。（→ソカル）

プタハ・ソカル神、パシュドゥ墓（TT 3）、ディール・アル=マディーナ、第19王朝。（→ソカル）

アメン神に征服した数々の町を差し出すソプドゥ、カルナク神殿、第19王朝。
（→ソプドゥ）

セベク・ラー、コム・オンボ神殿、プトレマイオス朝。（→セベク）

タ

多様な布を捧げるタイト、コム・オンボ神殿、ローマ支配時代（ドミティアヌス帝）。 （→タイト）

ウジャト眼の腕の上の松明、パシェドゥ墓（TT 3）、ディール・アル=マディーナ、第19王朝。 （→松明）

「太陽の讃歌」の図。トトメス3世墓（KV 34）、王家の谷、第18王朝。 （→太陽の讃歌）

タプサイスの小像。イスマント・アル=カラブ出土、後2-3 世紀、カルガ博物館。 （→タプサイス）

チェネネト女神。デンデラ神殿、ネクタネボの誕生殿、第30王朝。
(→チェネネト)

多様な形のビールの壺を差し出すテネメト、コム・オンボ神殿、ローマ支配時代(ドミティアヌス帝)。(→テネメト)

アメンの聖なる壺の行列、パネヘシ墓(TT 16)、ドゥラ・アブ・アル=ナーガ、第19王朝。(→壺)

オヌリス・シュウの後にいるテフヌウト、イビス神殿、カルガ・オアシス、第27王朝（第1次ペルシア支配時代）。 （→テフヌウト）

トゥエリス女神（右）とアヌキス、ナクトアメンの岩窟墓（TT 335）、ディール・アル=マディーナ、第19王朝。（→トゥエリス）

トゥアイト、コム・オンボ神殿の列柱室の北東の角のアーキトラブの下の部分、ギリシア・ローマ時代。 （→天の支柱）

トキの頭のトト神が、ラメセス2世の名前を記している、ラメセウム、第19王朝。（→トト）

ヒヒの頭のトト神、ペトシリス墓、トゥーナ・アル=ゲベル、前4世紀終わり。 （→トト）

人間の姿のトト神、カルナク神殿、第19王朝。 （→トト）

ナ

アマシスによってオシリスに捧げられたナオス、第26王朝、ルーヴル美術館（D 29）。
（→ナオス）

ヌン（左）、パシェドゥ墓（TT 3）、ディール・アル＝マディーナ、第19王朝。　（→ヌン）

岩窟墓の入口を守るヌウト、イリネフェル墓（TT 290）、ディール・アル＝マディーナ、第19王朝。　（→ヌウト）

布の供物をハトホル女神に捧げている図、トラヤヌス帝の誕生殿、デンデラ、ローマ支配時代。（→布）

ネイロスの彫像、アレクサンドリア・ギリシア・ローマ博物館。（→ネイロス）

ネイト女神。エスナ神殿、ローマ支配時代。（→ネイト）

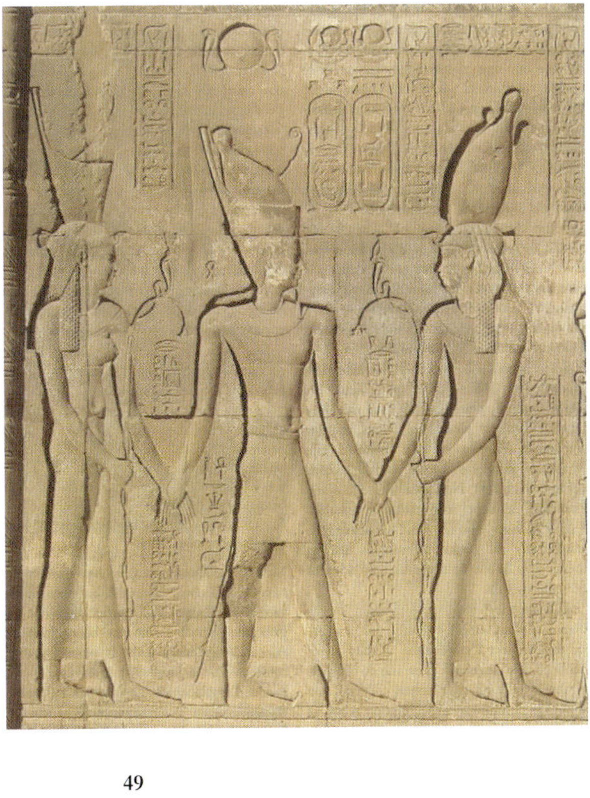

ネクベト（右）とウアジェトがティベリウス帝を囲んでいる、エスナ神殿の正面、ローマ支配時代。（→ネクベト）

ネフェルトゥム、ホルエムヘブ王墓（KV 57）、王家の谷、第18王朝。
（→ネフェルトゥム）

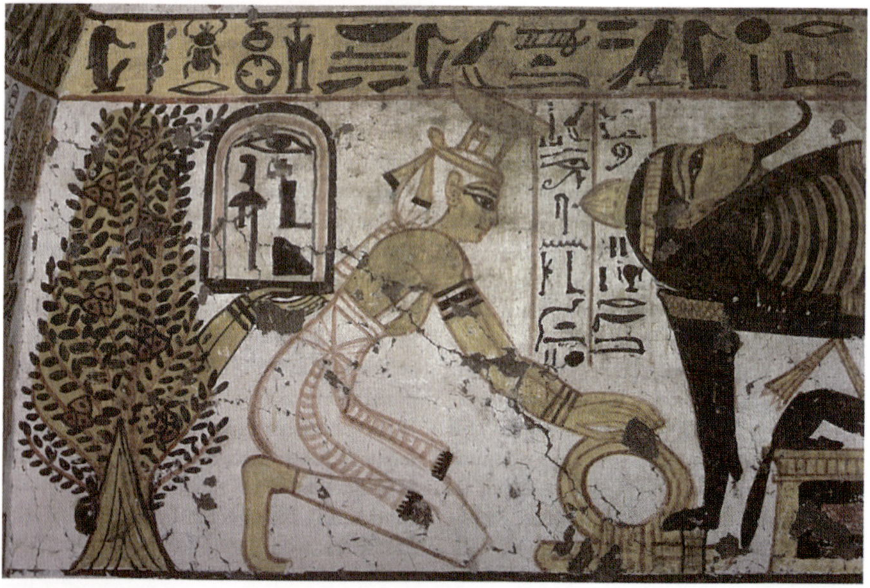

死者を見守るネフティス、カベクネト墓（TT 2）、ディール・アル=マディーナ、第19王朝。
（→ネフティス）

オシリスのネブリデ、イプイ墓（TT 217）、ディール・アル=マディーナ、第19王朝。
（→ネブリデ）

ネベトゥウ、エスナ神殿、ローマ支配時代。
（→ネベトゥウ）

ハ

鳥の姿をした死者のバー、アメンエムイペト墓(TT 265)、ディール・アル=マディーナ、第19王朝。 (→バー)

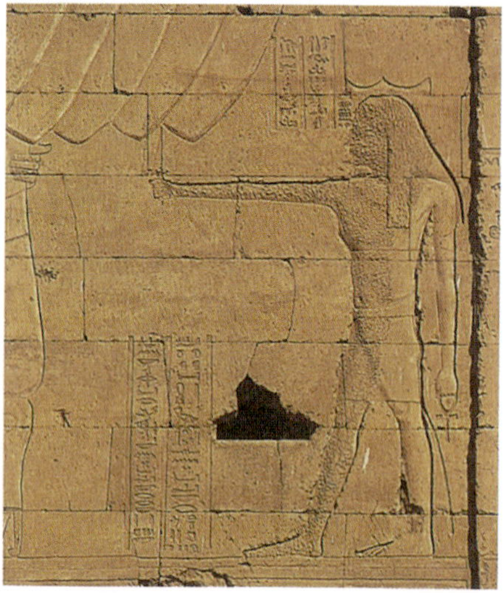

エドフ神殿の西の壁に描かれたハ神、プトレマイオス王朝。 (→ハ)

オシリスの勃起した状態のバー、オペト神殿、カルナク、プトレマイオス王朝。 (→バー)

バステトの小像、末期王朝時代、ルーヴル美術館（E 22889）。　（→バステト）

上：ハトホルの頭部。下：ハトホルの彫像。　（→ハトホル）

パテクの小像、末期王朝、ルーヴル美術館（E 11022）。　（→パテク）

(前ページ図)
右上：ハトホルの頭部、アメンエムイペト墓（TT265)、
ディール・アル＝マディーナ、第19王朝。　(→ハトホル)

右下：ハトホルの彫像、４つの異なる姿で彫られている。
石灰岩製、ルーヴル美術館（E26023)。　(→ハトホル)

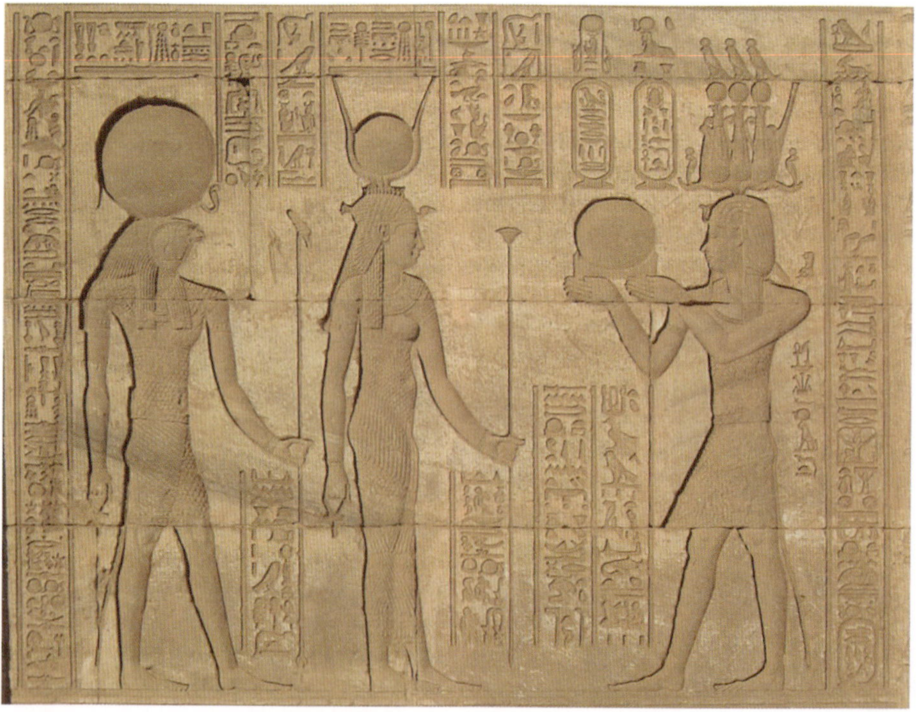

ハトホルとホルスに黄金の円盤を捧げる王、デンデラ神殿、トラヤヌス帝の誕生殿、ローマ支配時代。
(→ハトホル)

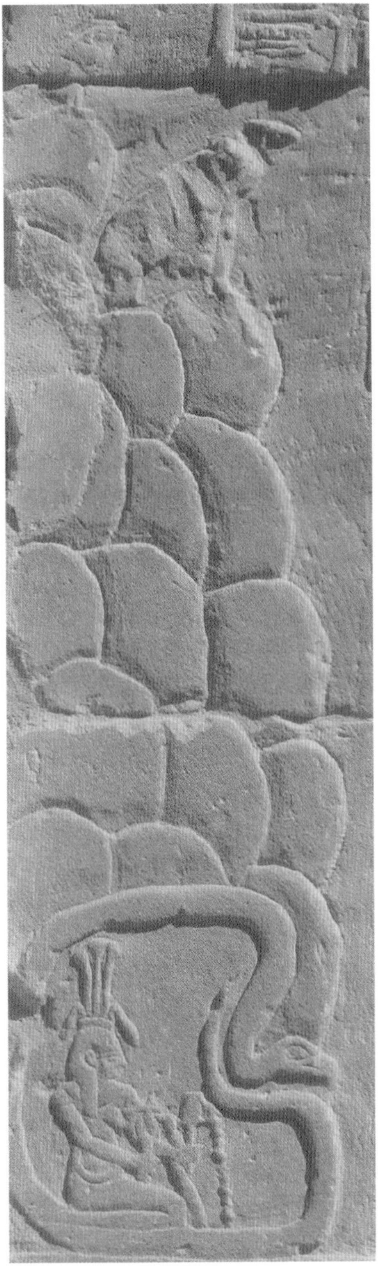

巣の中にいるハピ、ハドリアヌスの門。フィラエ神殿、ローマ支配時代。（→ハピ）

南のハピ、ディール・アル＝バハリのハトシェプスト女王葬祭殿。第18王朝。（→ハピ）

南と北の「ナイル」が上下エジプトを象徴する植物を結んでいる、ラメセス２世の彫像の玉座の部分、ルクソール神殿、第19王朝。(→ハピ)

パヘルアメン、アル＝バフレインの神殿のブロック、第30王朝。　(→パヘルアメン)

ハプの子・アメンヘテプ、カルナク、プタハ神殿、プトレマイオス朝。
(→ハプの子・アメンヘテプ)

ハルソムトゥス、エドフ神殿、プトレマイオス朝。　（→ハルソムトゥス）

ハルポクラテス、ネクタネボ１世のキオスク、フィラエ、第30王朝。　（→ハルポクラテス）

プトレマイオス８世に何百万回の王位更新祭をあたえるハロエリス、コム・オンボ神殿、プトレマイオス朝。 （→ハロエリス）

ベスの「融合神」の小像。第26王朝、ルーヴル美術館（E11554）。
（→パン（つらなる）・テオ（神））

ハロエリスのエペ・イト（エペは細い剣）、コム・オンボ神殿、プトレマイオス朝。
（→ハロエリス）

アイン・アル＝ラバカの神殿出土の小像、カルガ・オアシス、後２世紀から４世紀の間。 （→ピイリス）

ヒュギエ、アレクサンドリア・ギリシア・ローマ博物館、ローマ支配時代。（→ヒュギエ）

『ピラミッド・テキスト』、ペピ1世の玄室、サッカラ、第6王朝。（→ピラミッド・テキスト）

墓の入口に描かれた祭礼の衣服をまとったメルエンプタハ王（KV 8）、王家の谷、第19王朝。（→ファラオ）

プトレマイオス５世が聖牛ブキスに向かっている、カイロ・エジプト博物館（ステラ JE54313）。（→ブキス）

プタハ神の前にいるラメセス１世、ラメセス１世墓（KV 16）、第19王朝。（→プタハ）

死者のミイラの周りに飾られた「山型のブーケ」、ネブアメンとイプキ墓（TT 181）。アル＝コーカ、第18王朝。（→ブーケ　花束）

ムウト女神の船、マディーナト・ハーブ神殿、第20王朝。（→船）

ソカル神の船、パネヘシ墓（TT 16）、第19王朝。（→船）

ラー神の船、トトメス3世墓（KV 34）、王家の谷、第18王朝。（→船）

ヘカ、エスナ神殿の正面壁画、ローマ支配時代。（→ヘカ）

エレファンティネ島のヘカイブの聖域。
（→ヘカイブ）

ヘケト、カルガ・オアシス、イビス神殿、第27王朝（第1次ペルシア支配時代）。 （→ヘケト）

ミルクの壺を運ぶヘサト、コム・オンボ神殿、ローマ支配時代（ドミティアヌス帝）。 （→ヘサト）

ベスとベセトの小像を彫ったステラ、ローマ支配時代、ルーヴル美術館（E 26921）。（→ベス）

ぺとネケンのバウ。ハトシェプスト女王の「赤の礼拝所」、カルナク、第18王朝。
(→ぺとネケンのバウ)

ベヌウ鳥を礼拝する死者。インヘルカウ墓(TT 359)、ディール・アル＝マディーナ、第20王朝。
(→ベヌウ)

ヘフ、ラメセス2世神殿、アビュドス、第19王朝。 (→ヘフ)

アレンスヌフィスにヘフのシンボルを捧げるティベリウス帝、フィラ神殿の列柱、ローマ支配時代。 (→ヘフ)

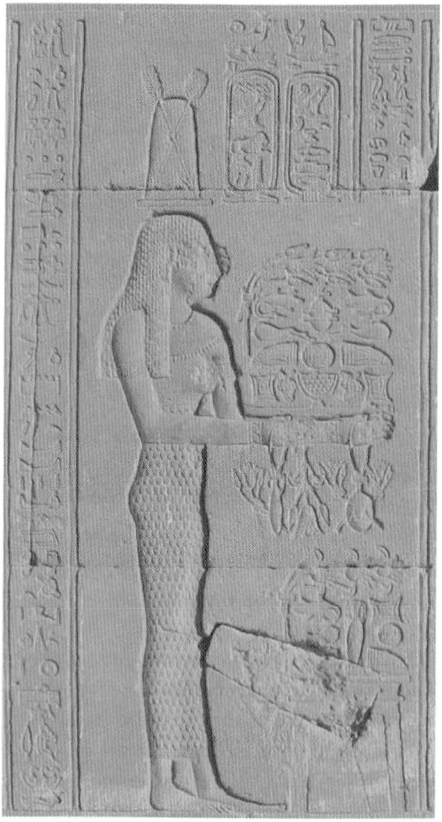

ヘメスウトの1人、デンデラ神殿、ローマ支配時代（ネロ帝）。 (→ヘメスウト)

ヘメンの前にひざまずくタハルカ王、第25王朝、ルーヴル美術館（E 25276）（→ヘメン）

『ヘリオポリスの偉大な猫』がアポピスの頭を切り落としている、インヘルカウ墓（TT359）、ディール・アル＝マディーナ、第20王朝。（→ヘリオポリスの猫）

ペリカン、ホルエムヘブ墓（TT 78）、シェイク・アブド・アル＝クルナ、第18王朝。
（→ペリカン）

ヒエラコンポリスで発見されたネケンのホルスの頭部。第12王朝、カイロ・エジプト博物館（JE 32158）。
（→ホルス）

ラス・アル＝スダ出土のHermanubis。後2世紀から3世紀の終わり、アレクサンドリア・ギリシア・ローマ博物館（P 442）。
（→ヘルムアヌビス）

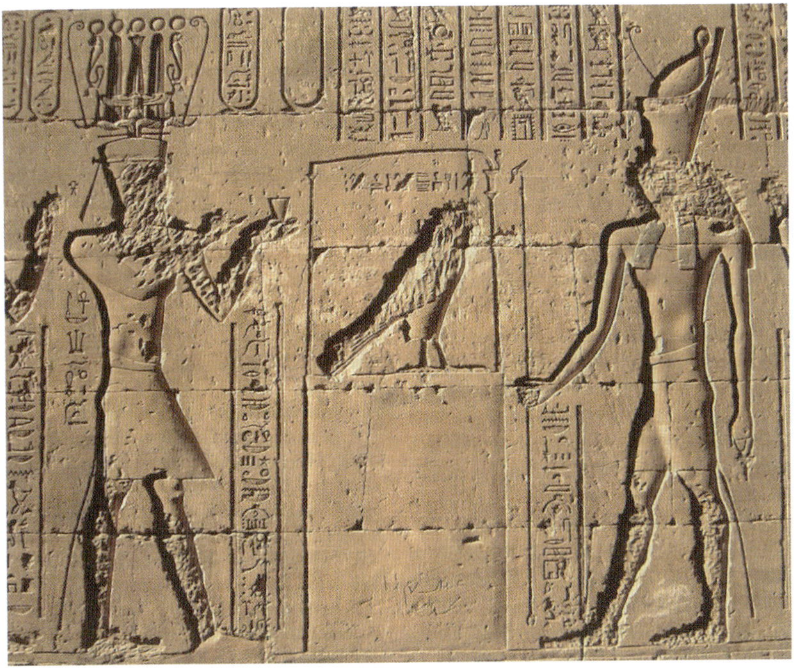

聖なるハヤブサの戴冠式、エドフ神殿、プトレマイオス朝。　（→ホルス）

ホルスの子どもたち、アイ王墓（KV 23）、王家の谷、第18王朝。
（→ホルスの子どもたち（4人））

イムセティ、ネブアメンとイプキ墓（TT 181）、アル＝コーカ、第18王朝。
（→ホルスの子どもたち（4人））

マ

マアトの供物を捧げるネクタネボ１世、フィラエ島の王のキオスク、第30王朝。（→マアト）

マアト、ラメセス１世墓（KV 16）、王家の谷、第19王朝。（→マアト）

マアティ（２人のマアト）、コム・オンボ神殿、プトレマイオス朝。（→マアト）

バー鳥の姿のマンドゥリス、カラブシャ神殿、
ローマ支配時代。　　　　　　（→マンドゥリス）

マンドラゴラ、象嵌模様。第18王朝、
ブルックリン美術館（n°52.148.2）。
（→マンドラゴラ）

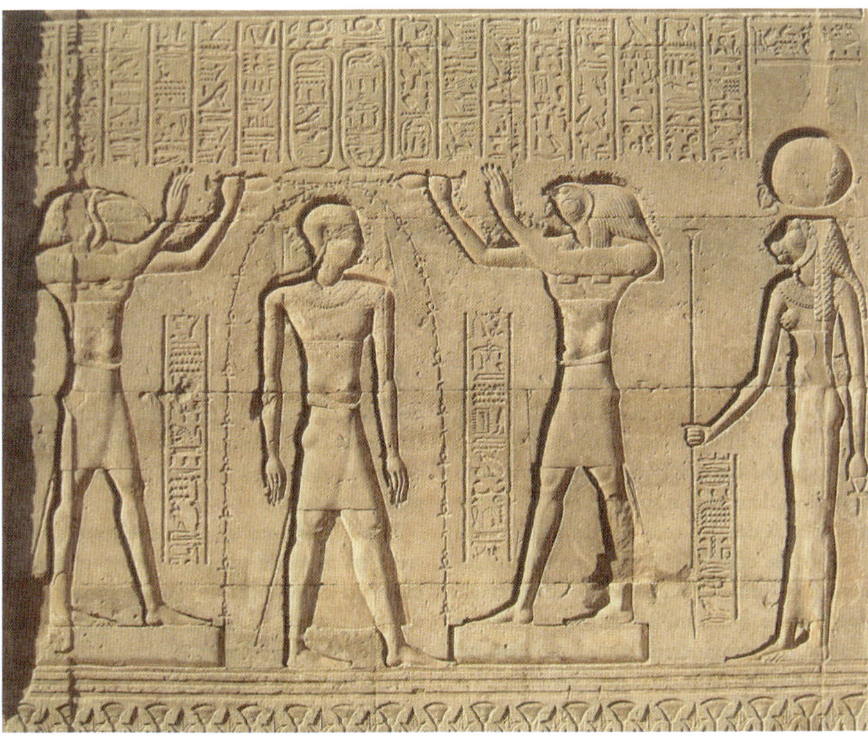

ホルス神とトト神によって清めを受けるティベリウス帝、エドフ神殿正面壁画。ローマ支配時代。（→水）

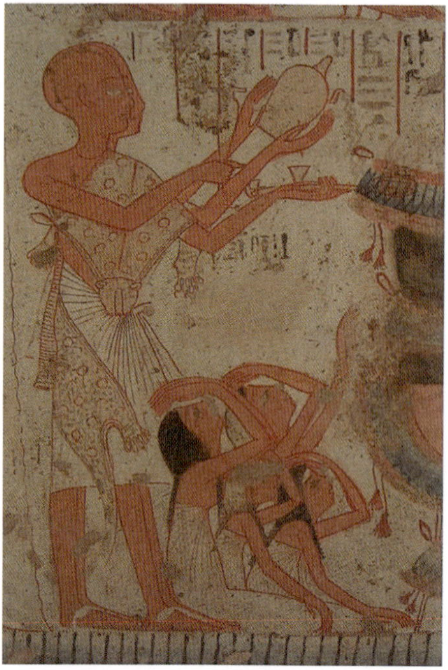

葬送の儀礼の中で、水と香によって清めの儀式が行なわれている、ウセルハト墓（TT 51）、シェイク・アブド・アル＝クルナ、第19王朝。（→水）

イヒに乳をあたえるハトホル、トラヤヌス帝の誕生殿、デンデラ、ローマ支配時代。（→ミルク）

ワディ・ハンママートのパネイオン（パン神を奉る至聖所）に見られるミン神の図、プトレマイオス朝。（→ミン）

左：ミンの古代の聖域、センウセレト1世の「白の礼拝所」、カルナク、第12王朝。（→ミン）

右：花壇とレタス、センウセレト1世の「白の礼拝所」、カルナク、第12王朝。（→ミン）

アメンとムウトに向き合うセティ1世、カルナク神殿、大列柱室の北の壁（内部）、第19王朝。　（→ムウト）

ライオンの頭のムウト、カルナク神殿、大列柱室の北の壁（外壁）、第19王朝。（→ムウト）

むさぼりくうもの、プトレマイオス朝の『死者の書』の挿絵。ルーヴル美術館（N 3084）。
（→むさぼりくうもの）

供物としてのメナトの首飾り、ラメセス2世の神殿、アビュドス、第19王朝。
（→メナト（の首飾り））

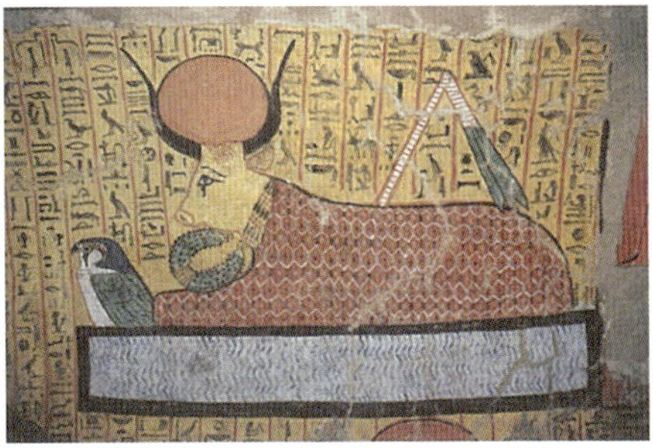

メヘト・ウレト、イリネフェル墓（TT 290）、ディール・アル＝マディーナ、第19王朝。
（→メヘト・ウレト）

船の中でラーを守るメヘンの蛇、「門の書」の挿絵、ラメセス1世墓（KV 16）、王家の谷、第19王朝。
（→メヘン）

オシリスを見守るメルケテス（右）とシェンタイト、オシリス礼拝所、デンデラ神殿、ローマ支配時代。
（→メルケテス）

ラメセス２世の行列の船の上にいる２人のメレト、アビュドスの王の神殿、第19王朝。
（→メレト）

メンケト、コム・オンボ神殿、ローマ支配時代。
（→メンケト）

メンチュウ、第12王朝のまぐさに描かれた図、カルナク、野外博物館。（→メンチュウ）

メンヒト、エスナ神殿の正面壁画。ローマ時代。（→メンヒト）

「門の書」の第12番目の時間の初めの部分、ホルエムヘブ王墓（KV 57)、王家の谷、第18王朝。（→門の書）

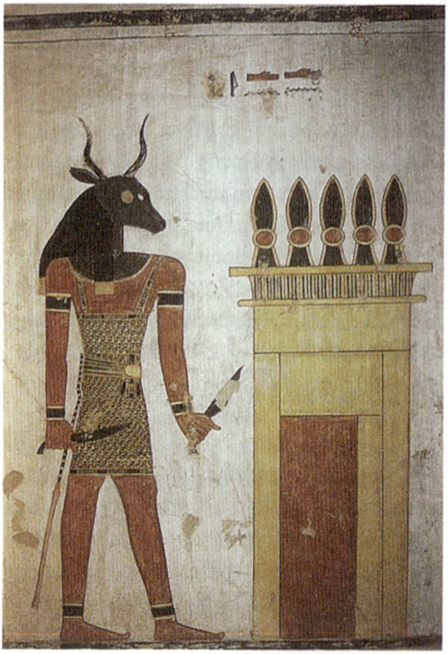

オシリスの住処の第9番目の門の護衛デンデニ、カエムウアセト王子墓（QV44）、王妃の谷、第20王朝。（→門番）

ヤ～ワ

ドームヤシの木の下で水を飲む死者、パシェドゥ墓（TT 3）、ディール・アル＝マディーナ、第19王朝。（→ヤシ）

ユーテニアの彫像。アレクサンドリア・ギリシア・ローマ博物館。ローマ支配時代。（→ユーテニア）

ラー・ホルアクティ、イビス神殿、カルガ・オアシス、第27王朝（第1次ペルシア支配時代）。（→ラー）

ミン・アメンとイシスの間で神として立つラメセス2世、アブ・シンベルのヌビア神殿。第19王朝。（→ラメセス2世）

アメン・ラー神にレタスの供物を捧げるトトメス4世、カルナク、野外博物館。第18王朝。（→レタス）

レネヌウテト、コム・オンボ神殿、ローマ支配時代（ドミティアヌス帝）。　（→レネヌテト）

アメン神にワインを捧げるトトメス2世、神はそれに対して、生命と王権をあたえている、カルナク神殿、第18王朝。　（→ワイン）

供物としてのロータス、エドフ神殿の西の周壁（外側）の壁に描かれた図、プトレマイオス王朝。　（→ロータス（睡蓮））

ア

アア　ÂA

シェブティウを参照。

アア・セネジュ　ÂA-SENEDJ

エドフのホルス神殿の守護神。ヘビの頭をもつ神。その名前は「恐怖をあたえる者」を意味する。プトレマイオス朝のエドフ神殿の4柱の守護神のうちの3番目の神。14人の従者の長として刀剣をふりまわし、東から訪れる敵に対してホルス神*の領土を守っている。

アア・セネジュは、つねに武装した姿で描かれているわけではない（*E* X, pl.153）。神殿の塔門の東の正面、ホルス神とハトホル女神*の間にある旗竿を立てる壁龕には従者とともに描かれている（*E* XIV, pl.674）。また、東の周壁の内側には、ヘビの頭をもち、片手に銛、もう一方の手に短剣を持った姿のアア・セネジュが、ネブ・マバ*の下に描かれている（*E* XIV, pl.605）。東の周壁の内側、最上段のフリーズには、ヘビの頭をもつハヤブサの姿で描かれ、黄金を表わす文字の上で、大きな羽根を広げ、もう一柱の守護神であるネブ・デス*とともに王のカルトゥーシュを守っている。

特徴：短剣、銛

→ウル・ヘムヘム、守護神、ネブ・デス、ネブ・マバ

（→口絵/p.1）

アイオン　AIÔN

永遠という概念を人格化したもの。時と火を象徴するミトラ教の神像に近い存在である。アイオンは複雑な性格をもつ。ギリシア・ローマ時代には生命の時間（寿命）と永遠に繰り返す宇宙の時間を表わした。オシリス*、サラピス*、マンドゥリス*、ヘリオス、あるいはクロノスなど、多くの神々と結びつき、多くの姿をもったが、最終的には偉大なる宇宙の神となり世界の永遠の魂を象徴した。

アレクサンドリア博物館には、オクシリンコスで発見されたレリーフがある。半人半獣の一見おぞましい不思議な姿をしている。後光が輝くライオンの頭をもつ神には太陽の性格が見られる。背中に2対の翼がある人間の胴体の上にライオンの頭がある。腕を折り、手は胸の上に置いている。毛で覆われ、蹄で終わる神の足は、人間の足というよりもヤギの足である。2本の親指の間に雷をはさみ、それぞれの手には鍵が握られている。その手からは2匹のヘビが地面へと伸びているが、1匹は右の小さな祭壇の上の炎に向かって、そしてもう1匹は左の壺に向かって伸びている。また、開いた口から出た他の2匹より太った3匹目のヘビが炎に向かって伸びている。そしてアイオンはにぎった松明を右肩に載せている。

→ウロボロス、永遠、オシリス、サラピス、マンドゥリス

B.: A. J. Festugière, "Les cinq sceaux de l'Aiôn alexandrin," *RdE* 8（1951）, p.63-70, pl.3; L. Kakosy, "Osiris-Aion," *OrAnt* III（1964）, p. 15-25, pl. XLI.

（→口絵/p.1）

アイギス　ÉGIDE

儀式の用具。19世紀のエジプト学者は、エジプトの遺物を研究するにあたって、古代エジプトの現実とはまったく異なる古典考古学の用語を使用した。彼らのペンによって、テメノス（聖域）、ドロモス（道路）、パイロン（塔門）、ナオス（厨子*）、プロスキネム（崇拝）、フラベラム（殻竿）、スペオス（岩窟神殿）、などの用語が通用するようになった。

エジプト考古学者が「アイギス」と呼ぶものは、ゼウスがティタン神族と戦うために用意したヤギの革の武具、あるいは、アテナがゴルゴンの頭を載せた盾とも異なる。それはメナトの首飾りを青銅に刻んだもので、神の頭部が載った半円形の胸あてのようなもの（ウセク）に、何連ものビーズが広がるように縦にあり、後ろには、水平に、釣り合い錘（メナト）がつけられている。また小型の例では、本体となる首飾りと同じ面に、首飾りの延長として、錘が縦に描かれていることもある。

博物館のエジプト・コレクションには、多くのアイギスがあり、人間や動物の頭の部分は、奉納された神によって異なる。イシス*、バステト*、ムウト*であることが多い。また、シュウ*とテフヌウト*が一緒に描かれている場合もある。さらにアヌキス*や、まれであるがテーベを人格化したウアセト*が描かれていることもある。

エジプトのアイギスの正確な意味は、今後の研究の結果を待たなければならないが、魔法による守護の役割を果たしていることは、ギリシアのアイギスと共通

しており、その名前や、小さく、護符としてもち運びができることからも明らかである。また、神々の行列の船*の船首や船尾に飾られていることもその証拠となる。まず目に入るのは、アイギスであり、それによってどの神が奉られているかが一目でわかる。たとえば、テーベの３柱神の例をあげれば、アメン*の船には、牡羊の頭の2つのアイギス、コンスの船には、ハヤブサの頭の2つのアイギス、そしてムウト*の船にはプスケントをかぶった女性の頭の2つのアイギスが飾られている。

錘のないアイギスで、旗竿の頂上にとりつけられ、そこから２枚のリボンがたれているものは、碑文の中で「聖なる棹」と呼ばれているもので、神殿の宗教儀礼の道具の１つであり、聖なる象徴であった。

→聖なる紋章、バステト、船、メナトの首飾り

B.: S. Ivanov, "The Aegis in Ancient Egyptian Art: Aspects of Interpretation," *Egyptology at the Dawn of the Twenty-first Century, Proceedings of the Eighth International Congress of Egyptologists Cairo, 2000*, vol. 2, p. 332-339, Le Caire, 2003.

（→口絵/p.1）

アイト　ÂYT

ライオンの頭をもつ女神。「危険な女神」の１つの形であると思われるアイト女神の図像は現在のところ1つしか知られていない。ラメセス朝のナオスの形の四角い彫像にアイトは描かれている。アイトと結びついた、ヘラクレオポリスの主人、牡羊の頭をもつヘリシェフ*を奉った小型の祠堂の右側にアイト女神は彫られている。ナオス*のもう一方の側面に対称的に彫られたウアジェト*と同じように、アイト女神は太陽円盤を頭に飾ったライオンの頭をもち、長い衣をまとい、手には長いウアジュ杖*を持っている。

アイトの存在は固有名詞によっても証明されている。末期王朝の小さな記念碑に彫られた神の名前を抱く名前や、ギリシア語に翻字されたエジプトの人名の中に現われる。

B.: J. Yoyotte, "Une déesse nommée 'Ayt'," *RdE* 29 (1977), p.225-227.

アオサギ　HÉRON CENDRÉ

ベヌウを参照

アカシア　ACACIA

良質の木材を供給する樹木が不足するエジプトにおいて、ナイル・アカシア（*Acacia nilotica*）は唯一の例外であった。そのため家具、小像、棺など、さまざまな製品を作る際に、アカシアは良質

な木材として非常に広範囲に使用されていた。また宗教的にも重要な意味をもち、エドフ神殿にあるノモス・リストに見られるエジプトの42のノモスのうち、3分の2に近いノモスが、アカシアを聖なる木としてあげている。

エドフの「ラーの玉座の礼拝所」*では、一対の対称的な絵の中にアカシアが描かれている。この場面では、イシス女神*とネフティス女神*の手から権力を象徴する湾曲した刀（ケペシュ）*を受けとる王の姿が描かれている。2人の女神は、「聖なるアカシア」の木陰に立っている。これは「王がその敵を粉砕」することを象徴している。一見不思議に思われるかもしれないが、これはエジプト語によく見られる言葉遊びで、当時、アカシアを表わす名詞（シェンジェト）は敵（シェンティジウ）を表わす言葉と発音が似ていた。

セクメト女神*は「2つのアカシアの婦人」と呼ばれ、またファイユームには「ネイト女神*のアカシア」という名前の孤立した神殿があった。オシリス神*は「アカシアにおける唯1人のもの」と描写され、アカシアととくに深い結びつきをもつ。『地理志』（XVII, I, 35）の中でストラボンは、デルタ地帯の記述に続いて渓谷の描写を始めるにあたって、メンフィスの説明の後にアカンソン（現在のカフル・アンマール）の村を描写している。ストラボンによると、この村の名前は、上エジプト第21ノモスにある町のオシリス神殿のかたわらにある「テーベ州の棘のある樹木」に由来する。ストラボンがこの記述の中でさしているのは多くの壁画に見られるオシリスの塚の上に1本あるいは数本木立のように植えられているアカシアの木のことである。

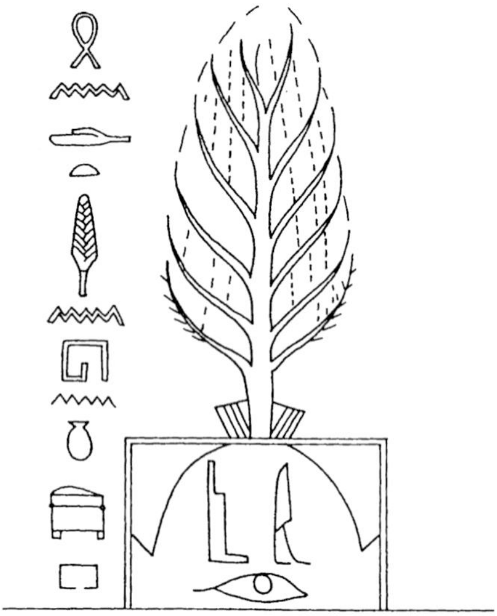

オシリスの塚の上のアカシアの木、カルナク「聖なる池のタハルカ王の建造物」第25王朝。

カルナクにある、非常に興味深い「聖なる池のタハルカ王の建造物」と呼ばれる地下室には次の図が見られる。塚の上に1本の木が立ち、その下の周壁に囲まれた葬送用のクリプト（地下室）にオシリスの名前だけが記されている。その全体は、「その中で朽ちる者を隠す塚」

と呼ばれ、「アカシアの箱」という短いキャプションがついている。文脈から、ここでいう箱とは、埋葬室のことをさしている。アカシアは、聖刻文字ヒエログリフの木を示す文字にならって様式化されているため、他の木々を表現している可能性もいなめない。しかし縦に描かれた点線が、枝にたれ下がる鞘が数珠玉のようからみあっているナイル・アカシアの特徴を示している。

B. : N. Baum, *Arbres et arbustes de l'Egypte ancienne. OLA* 31, 1988.

アガトデモン　AGATHODÉMON

アレクサンドリアの守護神。アレクサンドリアの町が創設された時に、守護神であるヘビが現われたと伝説は語る。毎年、冬の最初の月の終わり、トーベ月25日に宗教的な祭礼が行なわれた。ギリシア・ローマ時代を通じて人気の高い神であったアレクサンドリアのアガトデモン信仰の創始者はアレクサンドロス大王その人だといわれている。文献資料がないため、慈悲深いヘビの神の信仰がアレクサンドリアに紹介されたのが、実際、いつの時代であったのか正確に示すことができない。いえることは、エジプトには古くから慈悲深い存在がヘビの姿で現われるという信仰があったことである。ヘビは鎌首をもたげ、あたえられた土地を守護する。この概念を言葉にしたのがアハ・ネフェルである。この表現は、エジプトを守護する神や王の形容辞として使用される。

「良き精霊（アガトス・デモン）は、ヘビの姿をしている。そして多様な性格をもつ神である。家の守護神であり、農作物の豊作を約束する神でもある。また葬送の神でもあり死者を導き保護する。コム・シュカーファのローマ時代の巨大な墓には、アガトデモンの美しい図が見られる。豊穣の神であり、豊作の分配者でもあるアガトデモンは、ナイルのカノポス支流の水をアレクサンドリアに運ぶ運河の名前となっている。また、ギリシア・ローマ時代のレネヌウテト*であるイシス・テルムティス*との結びつきによって、レネヌウテトの配偶神で運命をつかさどる神シャイ*と同一視され、その結果、穀物や葡萄の守護神となっている。

アガトデモンの信仰は、後３世紀まで見られた。多くの神々と結びつき、その中には、サラピス*やマディーナト・マアディのスウコスの特別な姿であるソコノピスなどがいる。配偶神以外にも、クネフィス（ケマテフ*のヘビ）、ホルス*、ハルポンクヌフィ*、ラー*、オシリス*、あるいはトト*などと結びついている。以上の神々の形容辞の中にはアガトデモンの名前が見られる。また、王や皇帝も形容辞の中にアガトデモンの名前をもつ者がいる。たとえば、ネロンは「新しいアガトデモン」として紹介されている。

ギリシアのアガトデモンは完全な人間の姿をとることがあったが、ギリシア・エジプトの「良き精霊」は、つねにヘビの姿でレリーフ、小像、テラコッタ製のランプ、インタリオや貨幣などに描かれている。アガトデモンはヘビの姿で単独、あるいはイシス・テルムティスとともに描かれていることが多い。髭が特徴であり、頬はふくらませていない。絡まるように蜷局を巻いた上に鎌首をもたげている。頭にはプスケント冠をかぶり、王の役割との結びつきを強調している。サラピスと結びついている場合は、人間の頭の上にカラトスを載せている。

その多様な特徴は、アガトデモンの性格を表わしている。穀物の穂は豊穣を、棍棒は守護の精霊、カドゥケウスは、来世で死者を導く葬送の精霊の性格を強調している。

特徴：カドゥケウス（ヘルメスの杖）、カラトス（ギリシアの壺）、棍棒、髭、プスケント、麦の穂

→イシス・テルムティス、ケマテフ、サラピス、シャイ

B.: F. Dunand, “Les représentations de l’Agathodémon à propos de quelques bas-reliefs du musée d’Alexandrie,” *BIFAO* LXVII (1969), p.9-48, pl. I-IV.

（→口絵/p.2）

アキト　ÂQYT

パンの女神。「生産をつかさどる神々*」の行列に登場する、ナイルの氾濫の賜物を人格化した、豊穣を象徴する寓意像の中で、パンはアキト（またはアカト）と呼ばれる女神に象徴されている。アキトとは、「召使い」という重要な意味をもち、家庭でパンをきらすことなく焼く役割をになっていた。実際、アクと呼ばれるパンが存在した。

ケネメト*とともにになう聖なるパン屋の役割はパンに限らず、料理をする必要のあるすべての食物の準備に当てはまった。エドフに残るテキストによると、彼女の活動は「すべての食物を司り、アトゥム*による配分を確かなもの」とすることである。

パンとビールは２つで、すべての食べ物と飲み物を象徴する供物であった。アキトは、発酵した飲み物を人格化した神であるメンケトとも結びついていた。

エドフ神殿の誕生殿の列柱室の壁には、パンの積まれた台を持ちひざまずいているアキトの姿が描かれている。彼女はまた、カルナクのオペト神殿の東の壁にも同じような姿で描かれているが、この図では、アキトは山のように小さなパンをのせた皿を頭にのせている。それに対して、デンデラ神殿では、屋上へと続く階段の壁を飾る神々の行列の中に立っている姿で描かれている。そこでは彼女は3

つの壺と10程のパンを載せた台を持っている。

特徴：パン

→ケネメト、パン、メンケト

（→口絵/p.3）

アク　AKH

人間を形作る原則の１つ。エジプト人がヒエログリフのトキ（ホオアカトキ *Geronticus eremita*）の文字で表わした「アク」という言葉に相当する現代語は見つからない。バーやカーと同様に、この語が意味する複雑な概念を一言で表現することは不可能である。語根には光、輝き、力、効率などの概念が含まれ、滅びることのない永遠性の原則、そしてすべての人の魂をさしている。それはまた、来世において死者がとる姿でもある。来世では死者のバーとカーはふたたび統合され、息子に助けられたオシリス*のように「歩む」（『ピラミッド・テキスト*（§472c）』）。また、特別な呪文を唱えることによって栄光の儀式の中で死者はこの姿をえることができる。

太陽の船に乗ることが許される魂は「（ラー）の栄光によりすぐれたもの」と宣言される。ディール・アル＝マディーナの家々で発見された小型のステラに描かれているように、子孫たちは死者に対する祭礼を行なう。死者は供物台の前に座り、ロータスの花の香りをかいでいる姿で描かれる。

先祖の礼拝を怠り、墓にだれも訪れなくなると、かつて幸せであったこれらの霊は、恐ろしい使者の霊に変身することがある。彼らは生きている者に魔法の力で悪さをして悩ませる。彼らの魂を沈めるには墓の前に手紙を置かなければならない。結局、コプト時代まで残ったのは、ファラオ時代の言葉を語源とする「悪魔、幽霊」という意味のアクウという概念であった。

B.: G. Englund, *Akh – une notion religieuse dans l'Égypte pharaonique, Boreas* 11, Uppsala, 1978; R.J. Demarée, *The 3h ikr n R'- Stelae. On ancestor worship in ancient Egypt*, EgypUit III, Leyde, 1983.

アケス　AQES

ヘケスを参照

アケト（１）　AKHET（1）

四季の神々を参照

アケト（２）　AKHET（2）

聖牛ムネヴィスの仲間。ハトホル信仰の中心地であるデンデラは、ときに「アケトの住処」と呼ばれることがある。すなわち、聖なる牝牛であるアケトはデンデラの偉大な神の姿の１つと考えられていた。ときに形容辞となる名前は「輝くもの」という意味をもつ。ハトホルの聖獣として「黄金の」という形容辞をもつことがあるが、まずなによりも「牛舎の女主人」である。碑文によればアケトの乳は、「生命の糧」として、神の息子と同一視される王に献上される。しかし食物としての象徴は乳に限らず、「大きな家畜や小さな家畜」をともなうアケトは最上の肉をもたらす。

ムネヴィス*の仲間としてアケトは「祭壇の神々の後に続く、この地に棲む4頭の牝牛」の1頭である。末期王朝の神学者らによって想像された祭壇の神々の役割は、王によって捧げられた供物を集め、神殿の神にとどけ、その代償に王に現世の王権をあたえることである。

アケトは牛の頭をもつ女神として描かれる。ベフベイト・アル＝ハガルのイセウムの石のブロックには、高い羽根を飾った太陽円盤を角の間に置き、「緑の野」の供物を受けとるアケトが描かれている。デンデラ神殿のローマ支配時代の誕生殿の階段に飾られた新年の祭の行列（降りる図）の場面には、妹のウリト*のようにアケトは冠をかぶらずにミルクの壺をかかえ、下エジプトの他の神々とともに歩んでいる。

特徴：ミルク壺

→祭壇の神々、ムネヴィス

アケパロス（神） ACÉPHALE

ギリシア・エジプト時代の呪術師の神。 ギリシア・エジプト時代の魔法の書には、しばしばアケパロス・テオス「頭のない神」のことが記されている。アケパロスの不思議な姿の横にはエジプト語の名前が刻まれている。研究によれば、この神は後の時代の魔術の中に現われる奇異な姿の神の1柱であり、「すべての存在の中で最強の者」など、呪術師によって多様な形容辞をあたえられている。その起源はエジプトの最古の時代にさかのぼる。実際、アケパロス神は「頭のない遺体、顔のないミイラ」と呼ばれ、「顔の女王」イシス女神*が頭部を発見することによって完全な姿で再生復活する前の、ばらばらにされ、頭を失ったオシリス*の遺体を表わしている。

デカンの星々が地平線の下に沈む時に頭を失うと考えていた古代エジプト人は、地平線の下に星々が隠れる期間とオシリス神のアケパロスを結びつけて考えていた。すなわち、星々が姿を消す70日間、なかでも最も光り輝くシリウス星が見えなくなる70日間を「死者がミイラとなるためにミイラ作りの場所で過ごす70日間」と考えた（D・ミークス）。そして暗殺された神の体液から生まれるとされているナイルの氾濫の始まりは、シリウス／ソティス*の再来と一致する。フィラエ島のレリーフには、ソティス女神とイシス・ヘデディトの2柱の女神の

アケパロス神、スウティメスの石棺、第21王朝、ルーヴル美術館（N2610）。

膝の上に横たわるアケパロス・オシリスが描かれている。2柱の女神は、オシリスの足から流れ出る液体を集めている。

頭のない神はまた、太陽と同一視されている。それはベス神*の守護の下にある「ヘリオポリスに横たわる偉大なる遺体」である。その体は、夜の間、頭を失い、毎朝夜明けとともに再生復活のために頭をとりもどす。オシリス神と同一視されたアケパロスはまた、仮面の後にその正体を隠す神聖な小人となった。とくにアビュドスにおいては、ベス・アケパロスとして聖なる予言者となり、ギリシア・ローマ時代を通じて多くの予言で有名である。

新王国時代にはアケパロスの葬送の小像が見られた。また、第21王朝初期のスウティメス（ルーヴル美術館 N 2610）の石棺の蓋の内側には、1対のアケパロスの図が描かれている。対称的に配置された枠の中には、棺台に横たわる肩から足までを包帯で巻かれた頭のない姿に対して、崇拝の姿勢で手をかかげひざまずく死者の姿が描かれている。この神は「ドゥアトのオシリス」と呼ばれ、その上には鳶の姿で羽ばたくイシス女神がいる。

ギリシア・エジプト時代の魔術インタリオに描かれた、魔術師が想像したアケパロス・テオスの姿は多様である。なかでもおもしろいのは、人間の上半身と動物の下半身をもつ怪物である。この神は、ミイラの上に彫られたウロボロス*の上に立っている。宝飾品の上の部分には、ロータスの花、ライオンの頭、牡羊の頭が「セルフウトムウイスロ」というギリシア文字で囲まれている。これは、3つのヒエログリフの文字の発音を記したものである。その音には、太陽神の秘密の名前の1つが隠されているとされている。

→オシリス、ベス

B.: A. Delatte, "Études sur la magie grecque, V: 'Akephalos theos,'" *BCH* 38 (1914), p.189-249; D. Meeks, "Dieu masqué, dieu sans tête," *Archéo-nil* 1 (1991), p.5-15; J. Berlandini, "'L'acéphale' et le rituel de revirilisation," *OMRO* 73 (1993), p. 29-41.

アゲブ・ウル　AGEB-OUR

4柱の「祭壇の主人の神々」の1柱。『ピラミッド・テキスト*(§§559a、565a、1063c)』の時代から知られている。彼は神の盃を運ぶ者の手本とされている。羊の神であるアゲブ・ウルの名前の意味は、「偉大なる氾濫」を意味する。すなわち、豊穣をもたらすナイルの氾濫である。アゲブ・ウルは、ギリシア・ローマ時代の「祭壇の神々」の1柱で、王の供物を神殿の神にとどけ、その代わりに王に王権をとどける召使いの神々の1柱である。

言葉遊びの好きなエジプト人の目には、アゲブ・ウルの豊穣の神としての姿は、豊かな水の川岸（ウジェフウ）と重なった。そしてあふれるような供物を載せた「神々の祭壇」（ウジェフウ）の響きと重なった。神々に日々の食事を用意するアゲブ・ウルはまた、死者のためにも供物の一部をとどけ、神と死者の仲介の役割を果たしている。

末期王朝時代の神学者は、アゲブ・ウルに、4頭の聖なる牝牛の1頭であるウリト*という伴侶をあたえた。ウリトは、「地上に住む4頭の牝牛の1頭であり、祭壇の神々とともに住む」

アゲブ・ウルはまた、バネブジェデト*とも同一視されており、「ダウフィンのノモスの羊」という形容辞をもち、羊の頭をもつ神として描かれる。しかし対称的に描くことが極端に尊重された結果、やはり「祭壇の主人」の1人である牡牛の頭のセマ・ウル*と対比して、牡牛の頭をもって描かれることもある。ディール・アル＝マディーナの小さな神殿やフィラエの誕生殿では牡牛の頭のアゲブ・ウルが見られる。

→ウリト、祭壇の主人（神々）

B.: J.-L. Simonet, "Le Héraut et l'Échanson," *CdE* LVII (1987), p. 53-89.

（→口絵/p. 3）

アケル　AKER

大地を人格化した古代の神。「ピラミッド・テキスト*」にはゲブ*より記述は少ないが、大地を人格化したもう1柱の神として、ゲブとともに登場する神がいる（§§796b、1014a、1713a）。その神の名前はアケル。アケルは、ヌウト女神*の夫であり兄であるゲブの分身に留まらない。アケルには特別な性格、そして相反する性格がある。アケルは大地の腸であり、太陽がその姿を変える夜の航行の道を象徴する。彼はまた来世を人格化し、2つの頭をもっていることに象徴されるように冥界の入口と出口を守っている。死者に対して慈悲深い神である。

『コフィン・テキスト*』の呪文404と『死者の書*』の第99章に登場する船の船体（あるいは旗竿の支柱）はアケルと呼ばれている。死者は船のすべての部分の名前をいうことができれば、この船に乗って来世における幸福な生活をえることができる。アケルの図の1つにはセトの動物の印が見られ、アケルとセトの結びつきが示唆される。セトは天をゆるがす嵐を生むが、また大地の震えを起こすと考えられている。この時「アケルの骨が揺れる」という表現が使われる。

複数形のアケルウは、恐ろしいヘビの姿で現われる大地の精霊を表わす。彼らは死者を魚の網ですくいとろうとする。死者は、身分にかかわりなく王も一般の民も皆、時代を通じてなんとか彼らの罠から逃れようと呪文を唱えた。「われはアケルウの罠にかかることはない」という呪文は墓に納められた多くの葬送のテキストの中に記されている。

『ピラミッド・テキスト*』に記されたアケルの名前の限定符には、真ん中で割れた大地の限定符「ダブル・スフィンクス」がつく。これが中王国時代の「魔法の象牙」、また、新王国時代、王家の谷の墓壁に描かれた葬送の図に見られるアケルの図の原型となっている。

『2つの道の書*』のアケルの名前を記した短い呪文1121の横には不思議な船の絵が描かれている。船は2つの人間の頭で終わる細長い大地の形をしており、上記の呪文404を思わせる。

トトメス3世墓（KV 34）、あるいはセティ1世墓（KV 17）に描かれた『アムドゥアト書*』の第5番目の時間には「ソカルの秘密の洞窟」が描かれている。その上を太陽が通る。洞窟は2つの頭をもつスフィンクスの形をしたアケルによって守られている。アケルの体の中心部は葬送の神が住む冥界の世界である。

タウセレト女王墓（KV 14）には『洞窟の書*』の一節が図とともに記されている。アケルの背中には太陽の船が載っている。アケルはピンク色の大地の姿で人間の頭のスフィンクスがその両端にある。しかし「ダブル・スフィンクス」と呼ぶにはふさわしくない図である。描か

アケルの「2頭のスフィンクス」、『地の書』より。ラメセス6世墓（KV 9）、王家の谷、第20王朝。

れているのはスフィンクスの前面だけであり、体の部分は背中で長くつながっている。重要なのは1つの体に2つの頭がある点である。そこには入口と出口のある地下の空間の概念が象徴されている。同様の図はラメセス4世墓（KV 2）にも見られる。そこには1つの頭の横に「良き入口」、そしてもう1つの頭の横に「良き出口」と記されている。ラメセス6世墓（KV 9）にも『地の書*』の図が描かれている。アケルは3つの場面に登場するが、1つはライオンの頭のスフィンクスで対称的に互いに反対の方を向くように描かれている。そして重要なのは、太陽の船が入るタテネンに守られた右のライオンの上の入口、そして船が出るヌウトに守られた左のライオンの上の出口である。

上記の図の前によく似た図があるが、これは太陽がその体の内側を通るアケルではない。『死者の書*』第17章の挿絵である。ここでは2つのライオンが座っており、その間にある地平線のサインから太陽が昇り、沈む。背中合わせに座るライオンは昨日と明日を象徴しており、それぞれオシリス*とラー*と結びつく。これは大地の腸の図ではない。

→ゲブ、スフィンクス、タテネン、『地の書』

B.: F. Bisson de la Roque, “Notes sur Aker,” in *Mélanges Victor Loret, BIFAO* XXX (1931), p. 575-580; J.O.Ogdon, “Some notes on the name and the iconography of the god 3kr,” *VarAeg* 2 (1986), p.127-135.

アシュ　ACH

西の砂漠の神。ときにシャとも呼ばれるアシュ神は、あまり登場することもなく、その名前には特別な意味はない。しかし第２王朝にはすでに知られていた最古の神々の１柱である。アシュ神は、アビュドスで出土したペルイブセン王やカセケムイ王の印章に現われる。ペルイブセン王は「セト名」をもち、白冠をかぶり、手にウアス杖とアンクをもち、セトを表わす動物の頭をもつ人間の姿で描かれている。それに対して、カセケムイ王は「ホルス・セト名」をもち、印章に描かれた神はホルスと同じ特徴をもつ。すなわち、ハヤブサの頭をもち、鬘に羽根の飾りをつけている。この羽飾りは、後の時代に、ディール・アル＝バハリのハトホル祠堂に描かれたシリアの踊り子の頭に見ることができる。さらに時代が下ると第３中間期のリビアの王子の長にもこの飾りが見られる。このことからアシュ神は「リビアの主人」であり、第５王朝のアブ・シールのサフラー王の葬祭殿に記された碑文のなかでもアシュはこの名前で呼ばれている。

第２王朝の印章に描かれたアシュは確かに興味深いが、サフラー王の葬祭殿のレリーフがこの神の姿をよりよく伝えている。このレリーフには、リビアからの貢ぎ物が届くのを見とどけるアシュと西の女神イメンテトが描かれている。リビアから到来する「山岳地帯のあらゆる素晴らしい物」の到着を見守る神は、紐で結ばれた腰布をまとい、鬘をかぶり、長い先の曲がったつけ髭をつけ、手にはウアス杖とアンク（現在では失われている）をもっている。特別な特徴は見られず、人間の姿の男性の神であれば、みんな同じように描かれるであろう。

アシュ神、サフラー王葬祭殿、アブ・シール、第５王朝。

ペルイブセン王の印章の図を思い起こさせるような、アシュ神の名前がエドフの碑文に見られる。そこには、セト神を意味するロバの姿が限定符として描かれ、その背中には抵抗できないようにナイフが刺さっている。ブライトン博物館に所蔵されているギリシア、あるいは、ローマ時代のミイラのカルトナージュには、他の神々とともに（ライオン、ヘビ、ハゲワシの）３つの頭をもつ古代のリビアの神が描かれているが、これがアシュであるかどうかは明らかではない。

特徴：リビアの羽根

→アンタイオス、セト

B.：A. W. Shorter, “A Possible Late Representation of the God ‘Ash’,” *JEA* XI (1925), p.78-79, pl. IX.

アシュタルテ　ASTARTÉ

シリア・パレスチナの女神。カナンの女神アシュタルテ、メソポタミアの愛と戦闘の女神イシュタルは、アメンヘテプ２世の治世にエジプトに登場する。「スポーツ万能な王」アメンヘテプ2世が、ギザのスフィンクス神殿に奉納した巨大ステラに、レシェプ神*とともに初めて登場する。アシュタルテは多様な形で現われ、アシュタルテであることが明らかな場合もあるが、別の異なる神を表わしている可能性もいなめない。

シリア・パレスチナ起源の他の神々と同様に、エジプトのパンテオンにアシュタルテが登場するのは、多くのファラオによって行なわれた近東への軍事侵攻の後である。トトメス3世によって、ナイル河岸に開かれた港町ペルウ・ネフェルや、当時の王都メンフィスに、碑文の中で「メンフィスのアジア人」と呼ばれている自由を謳歌した人々が移住してきたことがその理由としてあげられる。

アシュタルテはアナト女神*によく似た戦いの女神で、ときに２つの女神を区別するのはむずかしい。『ホルスとセトの冒険』の物語の中ではラーの娘として登場する。セトは、アナトとアシュタルテの２柱を甥に王座を奪われた代償として妻にする。それに対して「アシュタルテのパピルス」の神話では、彼女は「プタハ神*の娘」となっている。２柱の女神は、しばしば一緒に登場し、病を癒す女神として知られているばかりでなく、王を守る「盾」の役割を果たしている。

「天の女主人、２国の女王」などの一般的な形容辞のほかに、「馬の女王」あるいは「戦車の女主人」として知られるアシュタルテは、後２世紀頃ヘルウ*が登場するまでは、古代エジプトにおける唯一の馬を象徴する女神であった。

アシュタルテの最も古い姿は、おそらくトトメス4世の名前のある断片的なステラに描かれたものである。そこにはアメンヘテプ2世の息子が、馬の女神を崇拝するように、右手を上げている図が描かれている。女神の名前は消えているが、槍と盾を持つ女神である。

カルガ・オアシスのイビス神殿の聖域には、壁画の同じ段に3回以上登場している。うち2つは、碑文をともなわないため、ネイト女神*と見まちがいそうである。赤冠をかぶり、今、まさに矢を射んとして、弓矢を手にしている。3つ目のものは、白冠をかぶり、馬に横乗りになった姿で描かれている。

エドフでは、戦闘の中で王を守るアシュタルテの姿が、「ホルス神話」を語る図の中で描かれている。ホルス、ハトホル女神*、そしてラー・ホルアクティ*の乗る船の後に、2輪戦車の端に立ち乗る、戦闘的な女神の姿が描かれている。右手に鞭をかかげ、左手で、4頭の馬の手綱をさばき、頭はライオンで、太陽円盤を飾っている。馬は地面に落ちた敵を踏みつけている（*E*X, pl. 148）。

特徴：アテフ冠、馬、箙、赤冠、太陽円盤、盾、白冠、矢、槍、弓

→アナト、馬、カデシュ、セト、バアル、プタハ、ヤム、レシェプ

B.：J. Leclant, "Astarté à cheval d'après les représentations égyptiennes," *Syria* XXXVII（1960）, p. 1-67, pl. I-IV; R. Stadelmann, *Syrisch-Palästinensische Gottheiten in Ägypten, PÄ* 5, Leyde, 1967.

（→口絵/p.3）

アスクレピオス　ASKLÉPIOS

イムヘテプを参照

アセベト　ASEBET

破壊の炎を具現化した女神。『ピラミッド・テキスト*』のユニークな文章（§556a）の中で、イシスやネフティスの間で祈りを捧げられているアセベトは、王の母と考えられていた。第18王朝においては、アメンヘテプ3世とならんで彫像に彫られている。アセベト女神は、「熱き者」あるいは「白熱する者」と描写され、末期王朝時代にとくに多く登場する。

「松明のつとめをする者」という形容辞をもつアセベトは、炎や光を具現化しており、『死者の書*』第69章においてはイシス*と結びついている。それに対してオシリスが「白熱する者」という性格をあたえられている。アセベトは、ヘビの頭をもつ神の姿をとることがあるが、その名前が複数形（アセブウト）の時は4柱のカバの女神の1柱として現われることもある。図像的にこれらの4柱の女神を互いに区別することはできない（*E* XI, pl. 281）。

アセベトは、デンデラやエドフの神殿において、オシリスを守る神々の1人である。彼女はまず「悪を淘汰する女主人」であり、「ナイフの女主人、敵を破壊するのに情熱を燃やす者」である。「わたしは偉大な神の道に踏み入る者の命をとり除く。わたしは炎の熱風でその体を灰にする」次にエドフでは、もう1柱の炎の女神ネセレト*のように、アセブウトは、「昼は護衛、夜は守護神として」「セトを破壊する」

また『アポピスの書*』では、ネセレ

トのように混沌の力を具現するヘビを燃やし、喉を切り、ラーを守る。この役割を果たすためにアセベトは１日の第４時間目の女神である。

この女神の唯一の彫像は、アメンヘテプ３世の巨大な葬祭殿があったテーベ西岸のコム・アル＝ヘタン出土の像である。「偉大なアセベト」は、胸の部分しか残っていない。髪を３つに分けた女性の姿の女神は王の左に座っている。顔と首の部分はヘビの頭に置き換えられているが、正確には今にも攻撃しようとしているコブラで、横に襟巻きの広がったようなウラエウスの顔は今にも毒を吐きかけようとしている。

デンデラ神殿のオシリスの礼拝所では、死者の神を見守る神々の行列の中に２度姿を表わす。ヘビの頭をもち、体にぴったりとした衣をまとい、手にはよくとがれた２本のナイフを持っている。あるいは他の神々と同様に槍状の長い刃を持っている。

エドフでは、第１の「ソカルの間」において、４柱のアセブウトとして、後ろ足で立つカバの姿で、２柱ずつ松明を持って対称的に描かれている。

特徴：ナイフ、松明

→イシス、ウラエウス、カバ、ラー

B.: A Gutbub, “La déesse Asbet à la basse époque” dans “Un emprunt aux Textes des Pyramides dans l’Hymne à Hathor, Dame de l’ivresse,” *Mélanges Maspero I, Orient ancien, 4e fasc., MIFAO* LXVI (1961), p. 37-41.

アテナ　ATHÉNA

ネイト女神を参照

アテン　ATON

アマルナの太陽神。第18王朝に神の名前になる以前は、この言葉は目に見える太陽の側面を示す名詞にすぎなかった。すなわち、太陽円盤、あるいは光線を放つ太陽をさす。トトメス4世、そしてとくにアメンヘテプ3世の時代に、太陽に宿る聖なる力としてのアテンに対する信仰が始まり、新しい神として奉られるようになった。そしてアメンヘテプ4世は、父の後を継いだ数年後の前1350年頃、アテンを唯一神とする宗教を確立し、テーベを捨て、アケトアテン（「アテンの地平線」）、すなわち現在のテル・アル＝アマルナを新しい王都として創設した。アクエンアテン王がアテン神を創り上げたわけではないが、彼はみずからをアテンの息子、姿、そして予言者と考えた。

すべてが不動に思われる長い文明の伝統の中で、わずか20年しか続かない大きな変化が起きたことをどのように説明すれば良いのか？このような変化は、複合的な理由で起きたと思われる。しかしアマルナ革命を説明する宗教的、歴史的、そして政治的要因がどのように複雑にからんでいたかを正確に判断することはむずかしい。

少なくとも、そこに1人の人間の意志が働いていたことは明確である。偶然にも王の息子として生まれた男は、王座につくと、個人的な宗教体験を人民に広げたいと望んだ。そして名前をアメンヘテプ（「アメン*は満足する」）からアクエンアテン（「アテンをしたう者」）と変えた時、彼にはなにらかの啓示が降りたと思われる。その体験は、有名なアテンの讃歌の中に歌われている。「あなたはわたしの心の中にいる。あなたの息子ネフェルケペルウラー、ラーの唯一の者だけに、あなたはあなたの道と力を理解することを許された」

他の神々を廃してアクエンアテン王が崇拝した神を唯一神として語ることはできるのか？一見、唯一神に見られるが、現実は異なっていたと思われる。エジプトのパンテオンは多くの神々によって構成されていたが、その崇拝の対象となる時、それぞれの神は1柱の神として存在していた。栄光を歌う讃歌の中で、アメン、プタハ、ラー、そして重要性の少ない神々でさえ、彼らに仕える神官らによって「宇宙の主人」として見られていた。これは古代から続く地方の神々が融合してできた宗教においてはごくふつうのことである。このように唯一神ではないが、崇拝のときに他の神々の姿を日食のように消し去る宗教的態度を単一神教と呼ぶことができる。アテン信仰は、エジプトの宗教にもともと見られた傾向が一時的に強調された結果にすぎないと考えられるのである。

少しずつ進化していった宗教改革の初期には、アテンはまだ唯一神ではなかった。「教訓的名前」を抱く2つのカルトゥーシュの初期の形式において、アテンはまだ「円盤の中にいるシュウの名前において、地平線で歓喜に酔うラー・ホルアクティ*」と定義されている。しかし治世9年をすぎ、ホルアクティとシュウの名前が消える。ここでヘリオポリスの宗教原理が、アマルナの太陽信仰にあたえた影響について考える必要がある。生命をあたえる光線を放つ球体は、「ベンベンの城」において崇拝を受けていた。ヘリオポリスのように、アマルナの神殿の聖域に天井はなく、そこは暗く秘密に満ちた場所ではなく、光のあふれる場所となっていた。そこに王は、アテンと位各であるムネヴィス*の聖牛を飼っていた。聖牛ムネヴィスはアケトアテンの東の山に葬られる存在であった。外国に勢力を広げていた時代のエジプトの後継者でありながら、アクエンアテン王は政治には関心をもたなかったのか、あるいはまた、非常に現実的な人物で、制覇した民族がエジプト人と同じように信仰できる唯一神を用意したということもできる。

アマルナ革命の宗教的要因については多くの解釈が可能であるが、予言者王を突き動かした政治的な理由を見てみたい。遠征によって大きく拡大し豊かになったエジプトにおいて、アメン神官団は国家の中の国家ともいえるほど勢力を増した。テーベの神官団の傲慢なくびきから自由になりたいという思いが、アテン主義の中には見え隠れする。テーベから遠く離れた場所に新しい王都を選んだのもその理由の1つである。古い伝統からの脱却はまた、アメン神からの脱却であった。アメンは、唯一の神であり、その名前は父親アメンヘテプ3世のカルトゥーシュの中で鳴り響いている。その息子こそ「異端王」である。

アクエンアテン王の「一神教」に対して学者たちは熱狂的な関心（アマルナ研究の参考資料は2000を越える）を示した。さらに、この特別な時代を特徴づける不思議で素晴らしい文芸作品がある。それは王がみずから、その形式や文章を伝えた神秘に満ちた偉大なる「アテン讃歌」である。王は生き生きとしたアテンの創造の物語を情感豊かに歌っている。「あなたは姿を現わす。美しい。天の地平線に。おー、生きているアテンよ。命の創造主。東の地平線にあなたが昇る時、あなたはすべての地を完璧なる光でふたたび満たす。あなたが西の空に沈む時、大地はまるで死んだように暗闇に閉ざされる。あなたが放つ光線によって暗闇が破られる時、２国は目覚め、立ち上がる。［２国の住人は］体を洗い、衣服を身につけ、あなたを崇拝するために両腕を高くかかげる。国全体が仕事に就き、家畜どもは牧草に満足する。木々や植物は緑を増し、鳥たちは巣から飛び立ち羽ばたきをしてあなたのカーにあいさつをする」

われわれに残されているテーベにおけるアクエンアテン王の治世５年の図像を見ると、アマルナに王都を移し、光線を放つ太陽円盤アテンの一神教になる以前の彼の宗教思考の変遷を見ることができる。

カルナク神殿の第10塔門で発見された、ベルリン・エジプト博物館にある石灰岩製のブロック（n°2072）がとくに興味深い。これは新王がカルナク神殿の周壁の内側にラー・ホルアクティを奉るために建てた神殿から出土したものである。ここには、王の胸像と神の胸像が背中合わせに対称的な同じ背景の中に描かれている。左にいる太陽円盤を載せたハヤブサの頭のラー・ホルアクティの上には、短い４行の碑文が刻まれており、ある種の定義文として、２つのカルトゥーシュの中に、後にアテンの「教訓的名前」となる名前の原型が記されている。右には、王の頭の上に太陽円盤から降り注ぐ3つのアンクがあり、この時すでに、太陽光線が生命の源として認識されていたことが確認できる。

また、新しい段階を示すいくつかのレリーフがある。ルクソール博物館にあるタラタート（石灰岩製の彩色を施した3×3パームの大きさのブロック）には、アマルナ様式の芽生えを見ることができる。そこにはハヤブサの頭の神に、「あらゆる種類の植物」を捧げる王の姿が描かれている。王が頭に載せている太陽円盤は、よりまるみを帯び、円盤を囲むウラエウスの顔は横から見た図ではなく、後にアテンの球体を飾るウラエウスと同じ様式で正面から描かれている。このような細かい変化によって、ハヤブサの頭の神は、すでにラー・ホルアクティではなく、そのかたわらに刻まれたカルトゥーシュが証明するように、アテン神になっていることがわかる。

その後、人間の姿の神は完全に消え去り、新しい姿の神が生まれる。しかし、この神はその作り手より長く生き延びることはなかった。それは光線を放つ太陽の姿の神であった。アテンはすべての場面の上に描かれ、正面から見たウラエウスで飾られ、深く彫られたレリーフでは、アテンの姿は、ほぼ球体に見える。そして腕のように長く伸びた多くの生命の光線を放ち、その先端は手となっている。これら複数の手は、ときに小さなウアス杖を持ち、アクエンアテン王と妻のネフェルトイティ、そして王の両親の鼻先に、1つ（あるいは2つ）の生命のサインであるアンクを差し出している。

特徴：先端に手をもつ太陽光線

B.: D.B. Redford, “The sun-disc in Akhenaten's program: its worship and its antecedents, I,” *JARCE* XIII (1976), p.47-61; II, *JARCE* XVII (1982), p.21-38; C. Aldred. *Akhenaton, roi d'Égypte*, Paris, 1997.

（→口絵/p.4）

アトゥム　ATOUM

ヘリオポリスの太陽神である創世主。歴史の初め、古代エジプトの創世神話がメンフィス、ヘルモポリス、そしてテーベにおいて発展したように、主要な創世神話の1つが、ギリシア人がヘリオポリスと呼んだ町において発展した。ヘロドトス（『歴史、II、3』）は、この町の住民を「エジプトで最も学識のある人々」と記している。宇宙創造は、太陽、すなわち、原初の存在であり創世主である「ヘリオポリスの主人」アトゥム神によって行なわれた。

ラー神*は天の頂上にある星を具現化したものでる。アトゥムはまもなくラーと同一視されるようになった。神学者たちは、アトゥムをラーの夕べの姿と考えるようになった。日が夜に続くように、杖をつき腰の曲がった老人が、西の地平線に沈むと、朝になって、ケプリ*の姿の若い神が現われる。その多様な姿によって、太陽神は、1日の営みのサイクルを過ごす。「われは、朝はケプリ、昼はラー、そして夜はアトゥムである」

トゥムと書かれることもあるアトゥムの名前は、ときに「わかれていないもの」、あるいはまた、「完結したもの」と訳されることがある。その語根は、否定的な概念を表わし、非存在を表わすとともに、完結、完璧という概念も表わす。現代の言語では1語で表わすことのできないむずかしい2重性をもっている。しかしそれは自然発生的な宇宙創造の性格、そしてアトゥムの創世の行為、すなわち、すべてが混沌としてヌン*のうちに溶けている形のない世界から、その意志の力によって、少しずつ秩序ある、形ある世界を生み出したアトゥムの自我の意識に導かれた行為をよく表わしている。

『ピラミッド・テキスト*』からブレムナー・リンド・パピルスの『アポピスの書』まで、創世神はアトゥム、ラー*、ケプリ、またはラー・アトゥムと呼ばれ、テキストの中で、ヘリオポリスの創世神話が発展していった段階が描写されている。その細かい部分は伝承によって異なると考えられる。

すべてはヌンの中で始まる。ヌンは原初の大洋であり、存在の前に存在していた。その暗い形のない水の中にアトゥムは浮かんでいた。たった1人。そして無気力なまま。立つ場所も見つけることのできないまま浮かんでいた。すると彼の中に現われた世命を吹き込む息でアトゥムは目覚めた。その息はシュウ*となった。アトゥム自身の中から「存在が生まれた」のである。そして水の中から原初の丘*が現われ、そこに足を置くことができた。アトゥムは自慰行為を行なった。別の伝承では唾を吐いた。そして彼は性の異なる最初の聖なる夫婦を創り上げた。このようにして「1人が3人となった。」アトゥムは世界に「2つの雛」を用意した。双子のようなシュウ*とテフヌウト*は、前者が大気と光となり、後者が、太陽が放つ熱となった。こうして『コフィン・テキスト*』呪文80では生命とマアト*と呼ばれている2人は、宇宙のすべての物を正しい場所へと納めた。そして大地であるゲブ*と空の天蓋であるヌウト*が生まれた。そして彼らからオシリス*、イシス*、セト*、そしてネフティス*が生まれたのである。

4世代にわたって、この家系は9柱の神々を生み出した。『ピラミッド・テキスト*』(§1655a-b)で、「ヘリオポリスの9柱神*」と呼ばれている神々である。その後まもなく神学者たちは、ハロエリス*をヌウトの子どもの1柱にしている。ヌウトは5日間のエパゴメン*の間に5人の子どもたち全員を生んだとされている。

互いに似たような神々から生まれた神々は、9柱神という名前にもかかわらず、15の神々まで数えることができた。カルナクの場合と同様、ヘリオポリスの9柱神は、天地創造の時に生まれた特別な存在として全体で「アトゥムの娘」と考えられていた。

「ヘリオポリスの主人」や「2国の主人」」などの形容辞は、「宇宙の主人」という名前の後にかならずといってよいほど現われる。このうち王の称号にしばしば見られる2番目の形容辞は、ヘリオポリスの創世神話が「誉れあるアトゥムの働き」であることを示し、アトゥム神こそみずからが混沌の中から引き出し創り上げた世界を支配する王であることを明らかにしている。『死者の書*』第17章の初めには、次のように記されている：「われは、ヌンの中で唯一人であった時にアトゥムであった。そして創造した世界を支配した時、栄光の出現の中でラーとなった」。また、この長い文章の最初の註釈には、太陽神が「王の上」に現われたことが明らかにされている。太陽神は王の儀礼と結びつき、その遠い末裔である人間を治める。メンチュウ神*とともに、戴冠の儀式の間、アトゥムはアメン*の「高み」に昇る新しい王に寄り添い、王の頭に王冠をかぶせ、トト*やセ

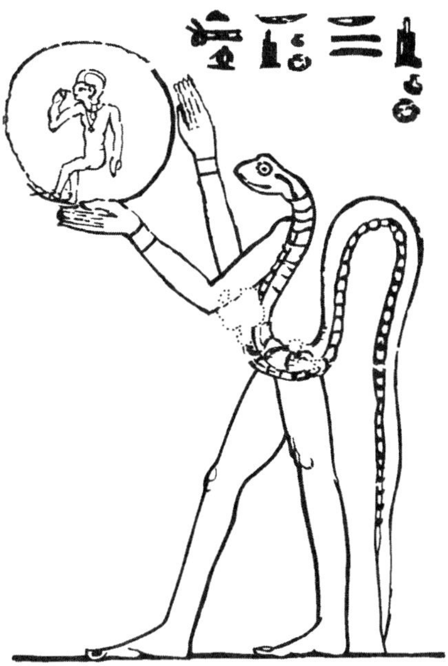

ヘビの精霊の姿をとるアトゥム神、魔術パピルス、ブルックリン美術館（n° 47.218.156）。

シャト*の助けを借りて王の称号を定めた。手にはペンを持ち、王の称号を「聖なるイシェドの木*」に記した。

中王国時代には、「シュウとテフヌウトをこの世に創造したアトゥムの手」を人格化したジェレトエフ*のほかに、「ヘリオポリスの神」には3柱の2次的な神々がいる。イウサエス*、ネベト・ヘテペト*とその女性版であるテメト*が加えられている。神学者たちは、アトゥムの周辺の仲間を増やすことによって、創世時に行なわれた自慰行為を可能な限り抹殺しょうとした。

「9柱神の中の牡牛」であるアトゥムは（ライオン、スカラベ*、トカゲ、ウナギなど）多様な動物の姿で現われる。中には相矛盾するように見えるものもある。たとえば、ヘビを追いかけるマングース、イクネウモンとヘビ。ヘビは世界の終わりにアトゥムが「新たに」とる原初の形。みずからが創造したすべての物を破壊し、宇宙はふたたび「ヌンの状態」にもどるとされている（『死者の書*』第175章）。

人間の姿で出現する多くの場合、アトゥムは王の姿をとる。しばしば上下エジプトの２重王冠をかぶっている。頭に直接かぶっている場合と３つに分けられた鬘の上にかぶっている場合がある。例として1989年にルクソール神殿の隠し場所で発見された3体の美しい彫像がある。ひざまずいてワインの入った２つの壺を捧げるホルエムヘブ王に向かってアトゥムは座っている。プスケントの代わりに、ウラエウスで装飾された太陽円盤を頭に載せている場合もある。またときには、ウラエウスだけを飾っている場合もある。

弓矢で武装したアトゥムが、カルガ・オアシスのイビス神殿の聖域の２ヶ所に描かれている。そのひとつは、プスケントをかぶった完全な人間の姿で描かれ、「ヘリオポリス」の神として登場する。もうひとつの図では、棍棒と弓矢で武装し、サルの頭をもつ「町に住むアトゥム」として描かれている。ここでは、エジプトのバビロン（現在のカイロ旧市街）に相当するヘリオポリスのノモスの１地域である「戦闘の場」を意味するケル・アハが象徴されている。そして後の時代の多くの護符、小像やレリーフに描かれているように、アトゥムは弓矢を持ったオナガザルの姿をとっている（サフト・アル＝ヘンナ のナオス*、エドフ神殿、デンデラなど…）。サルはまるで人間のように後ろ足で立ち、創世主の敵に対して矢を射ろうとして構えている。

ブルックリン美術館の呪術パピルス（ACC n°47.218.156）の２つの大きな挿絵では、アトゥムはネヘブカウ*のように、人間の手足をもつ、体をまっすぐ起こした、あるいは、くねくねと体を２つに折ったヘビとして描かれている。そして２つの挿絵に共通して、口に指をくわえた聖なる子どもを描いた太陽円盤を頭の高さにかかげている。

そしてオベリスクの台座の部分にある装飾や碑文によると、見事に装飾されたオベリスクそのものが、神自身を象徴しているようである。

また博物館には、数多くの青銅製の小型の棺が展示されているが、そこにはアトゥムの聖なる動物の信仰が見られ、蓋にはウナギ、ヘビ、トカゲなどのレリーフが飾られている。

特徴：イクネウモン、ウナギ、ウラエウス、オナガザル、書記のインク壺とペン、スカラベ、太陽円盤、トカゲ、ヘビ、プスケント、弓矢
→イウサアス、イクネウモン、イシェドの木、9柱神、ケプリ、ジェレテフ、テメト、ヌン、ネベト・ヘテペト、ラー
B.: K.Sethe, "Atum als Ichneumon," *ZÄS* 63 (1928), p.50-53; E. Brunner-Traut, "Atum als Bögenschütze," *MDAIK* 14 (1956) p.20-28; K.Mysliwiec, *Studien zum Gott Atum*, I. *Die heiligen Tiere des Atum, HÄB* 5, 1978; II. *Name-Epitheta-Ikonographie, HÄB* 8, 1979.

（→口絵/p.5）

アナト　ÂNAT

シリア・パレスチナの女神。呪術パピルスの1つであるチェスター・ビーティーVIIには、戦士の姿の戦闘的な女神アナトの描写がある。「女神、勇敢なる者、戦士のいでたち、男のような衣服をつけ、女の胸あてをつけている」エジプトでは、その存在がラメセス朝から知られており、セム語族の世界から訪れた戦闘の女神の一例となっている。

その性格と姿はアシュタルテ*と酷似している。2人はラーの娘であり、セト*の配偶神である。2人とも病をもたらす悪魔を撥ね除ける力をもつと考えられている。2人は、王の守護神として、とくに戦闘時に重要な役割をになっている。マディーナト・ハブに残る碑文によると、2人は王の盾の役割を果たし、また、王の2輪戦車の一部ともいわれている。

カデシュ*と同様に、アナトは「動物の女主人」であり、危険な動物から人を守ることができる。そのため、魔法のテキストに記されている神話の中にしばしば登場する。

カイロ・エジプト博物館にあるタニス出土の像には、「息子」であるラメセス2世の左に座る武装していないアナトが彫られている。右手は守るように王の肩に置かれている。2枚のダチョウの羽根飾りをつけた白冠をかぶり長い衣をまとっている。

上部にレシェプ*とミン*に囲まれたカデシュが沈み彫りにされている大英博物館のステラ（n° 191）の下段には、戦闘の女神として完璧に武装した玉座に座るアナトが描かれている。いつもの冠をかぶり、右手には盾と槍、左手には斧を持ち、威嚇するように頭の上にふり上げている。

プトレマイオス朝においては、デンデラ神殿のクリプト（地下室）の1つにアナトは描かれている（東のクリプトn°1）。牡羊の角で飾られた完璧なアテフ冠をかぶり、ウアジュ杖を持ち、神官が特別な時に衣服の上に身につけるヒョウ

の毛皮をまとっている。

特徴：アテフ冠、戦闘の斧、盾、槍

→アシュタルテ、カデシュ、セト、バアル、ミカル、ミン、ラー、レシェプ

B.：R. Stadelmann, *Syrisch-palästinensische Gottheiten in Ägypten, PÄ* 5, Leyde, 1967; I. Cornelius, "Anat and Qudshe as the 'Mistress of Animals.'" Aspects of the iconography of the Canaanite Goddesses," *SEL* X (1993), p.21-45.

アヌキス　ÂNOUQUIS

第1急湍（カタラクト）の神々の1柱。エレファンティネ島のすぐ南にある「セーヘル島の女主人」であるアヌキスは、第12王朝から第1カタラクトの3柱神を形成する3番目の女神であった。しかしクヌム神*とサティス*の間に生まれた娘であることを示す資料はない。

「タ・セティの女主人」、すなわち、ヌビアの女主人であるアヌキスは、「ヌビアの娘」と呼ばれることもある。しかし、彼女が実際にヌビア起源の女神である確証はない。ヘプウイ*やヘケスがエジプトの北、ソプドゥ*が東、そしてハ*が西を守るように、アヌキスの役割の1つは、エジプトの南の前線を守ることであった。

しかし、アヌキスのさらに重要な役割は、サティスとともに、ナイルの氾濫をもたらすことである。この作業は2人の女神の相互協力で行なわれる。これは、エジプト人が好む言葉遊びによるもので、2人の女神は、彼女たちの名前と結びついた動詞で定義されているためである。エドフ神殿の碑文が明らかにしているように、ソティス女神と同化したサティスが、豊かなナイルの水がかさを増すのをうながすとすれば、アヌキスは、その水を引かせ、氾濫がおさまった後に、水から解き放たれた土の中から種が芽生え、植物が頭を出すのをうながしている。

アヌキスは、第12王朝以来、その名前の決定詞にもなっている特徴的な頭飾りによって、すぐに見分けることができる。エジプト絵画のなかでもユニークなもので、先端まで、ほとんどまっすぐな高い羽根でできた髪飾りは、モディウス皿の円周に納まるように時にバンドで留められている。時代を問わず、肩ひものある、ぴったりとした衣をまとい、大きな胸飾りや腕輪を身につけている。片手にはアンク、そしてもう一方の手には、ウアス杖、あるいはウアジュ杖、または王に差し出したメナトの首飾り、もしくは3つのアンクのサインを持っている。

ギリシア・ローマ時代になると、デンデラのハトホル神殿に見られるように（南のクリプト、n°2, *D* VI, pl.486）、羽根の髪飾りは大きな台形の壺のように単純化して描かれ、3つに分けた髪の上

に載ったハゲワシの髪飾りの上に載せられている。

アヌキスの聖なる動物はガゼルであるが、ガゼルと混合した姿で描かれることはなかった。しかし少なくとも1度、つねに人間の姿で描かれる女神が、ガゼルをともない、砂漠の優雅な動物の性格を見せている。カイロ・エジプト博物館のオストラコン（JE 43660）には、ハイという名前の王の書記がガゼルを崇拝する図が描かれている。このガゼルはほかでもない「アヌキス、天の女主人、神々の女王」である。

最後に、サフト・アル＝ヘンナの神殿内にネクタネボ1世が建てた大きなナオスの複雑な装飾においては、アヌキスはアテフ冠をかぶったハゲワシの姿で描かれている。フィラエ島のハドリアヌスの門に見られる有名なナイルの氾濫の源の場面において、ハピ神の巣を見張っているものの姿を思わせる図である。

特徴：ガゼル、高い羽根の冠、ハゲワシの髪飾り

→クヌム、サティス、ハピ

B.: D. Valbelle, *Satis et Anoukis*, Mayence, 1981.

（→口絵/p.6）

アヌビス　ANUBIS

葬送の神、ミイラ作りの守護神。上エジプト第17ノモスの主神である犬の神アヌビスの名前は「（腹の上に）横たわるもの」を意味し、その姿を表わしている。オシリス*にその地位を少しずつ奪われる前は、エジプトにおける主要な死者の神であった。

アヌビスの主要な形容辞は、その多様な性格を適格に表わしている。ネクロポリスの主人、そして守護神として死者を冥界に案内する場合の形容辞は「聖なる地の主人」、そして墓から墓へとさまよい出現する黒い犬は「山の上にいるもの」である。しかしミイラ作りの責任者であり、オシリスのバラバラとなった遺体を初めてミイラにした発明者であり実験者であるアヌビスはミイラ作りが行なわれる「聖なるパビリオンを支配するもの」であり、「包帯をつかさどるもの」である。最後の形容辞イミ・ウトは、ネブリテ*と結びついている。

アヌビスを聖なる守護神とするミイラ作り師たちは、あの世の永遠なる命の準備のために現世において死者の準備をする。そしてアヌビスがこの世とあの世の橋渡しをする。『死者の書*』の挿絵には死者を手で引き、オシリスによる最後の審判の広間へと導くアヌビスが描かれている。また心臓の計量*において天秤の平衡が保たれていることを確認するのもアヌビスの役割である。『ピラミッド・テキスト*（§§1287a, 1523c）』の2つの文章に現われるアヌビスの名前に付随した「心臓を数えるもの」という形容

辞はアヌビスの役割にふさわしい。2つ目の文章には「(死者である王）をこの地の神々の中から引き算し、天の神々の間に数えるもの」と描写されている。

伝承によってアヌビスと他の神々の結びつきは異なる。プルタルコス（『イシスとオシリス』4）によるとアヌビスはオシリスとネフティス*の息子である。しかしデモティックで記された呪術パピルスにはオシリスとイシス・セクメト*の息子とされている。またジュミラック・パピルスでは牝牛ヘサト*が母となっている。『ピラミッド・テキスト*』（§1180）によると清めの水を人格化したヘビの女神ケベフウト*がアヌビスの娘である。

ギリシア・ローマ時代、アヌビスはイシス*とオシリス・サラピス*の息子と考えられていた。アヌビスはエジプトの神々の1柱であったが、その役割は明確なものではなく、ギリシア・ローマ時代の魔術師は特定の宝石、そしてウロボロス*と結びついた宇宙の神と考えていた。魂を冥界に運ぶ者としてアヌビスは冥界とこの世を結ぶメッセンジャーの役割をもち、この世の人々はアヌビスの守護を祈った。

ツタンカーメン王墓（KV 62）の宝庫の入口を守る漆黒の木製の像は、最もよく目にするアヌビスの姿である。長い腹の上に横たわる犬で後ろ足と尻尾が胴体にそっている。頭と耳はピンと立ち、塔門の形の台座の上に座り、神官のような態度で番犬の役割を果たしている。対称的に置かれた神の像は長い布を首に巻き、手にセケム杖を持ち、背中に殻竿を飾り、墓の入口のわき柱やステラのアーチの部分を飾っている。完全に動物の姿をしている場合、まれに後ろ足の上に座り前足を立てて支えるふつうの犬の座り方をしていることもある。

死者のミイラを作り、冥界で死者を迎え、オシリスのいる審判の広間に死者を導き、心臓の計量*の場面において天秤を見張るなど、多様な役割を果たすアヌビスは、犬の頭をもつ人間の姿で描かれる。そして大きなヤシをもつようになる。この図は被葬者の名前が不明な王妃の墓（QV 40）の柱に見ることができる。1人で描かれる場合も他の神々の間にいる場合も、王や死者の崇拝を受ける時、アヌビスはプスケント冠を頭にかぶっている。完全に人間の姿をしていることはまれであり、名前の限定符には人間のシルエットの上に犬の頭が描かれている。アビュドスのラメセス2世の神殿にこの決定詞を見ることができる。

デンデラのオシリス礼拝所においては、アヌビスはミイラ作り師であり、ミイラ作りに必要な香油を用意している。またときに弓とナイフで武装し、殺害され再生されたオシリスの遺体を守る恐ろしい守護神となる。デンデラの屋上のハトホルのキオスクの装飾においては、犬の頭のハヤブサとして描かれプスケント冠をかぶっている（*D* VIII, pl. 696）。

ローマ時代に属するギリシア様式化したアヌビスは、ヘルメス神の衣装と特徴をもち、完全に融合してヘルマヌビス*として登場する。3つに分けた鬘はかぶらず、犬の頭をもち、ぴったりとした短いチュニックをまとい、手にはカドゥケウス（杖）、ヤシの葉、あるいはシストルムをもつ。ときにアテフ冠をかぶっていることもある。また、アレクサンドリアのコム・アル＝シュカファの墓に見られるように足がヘビとなっていることもある。そしてローマの軍団兵の制服やローマ皇帝の軍服を身につけていることもある。また冥界の守護神として鍵（1つ、あるいは複数）を持っていることもある。

特徴：アテフ冠、鍵、カドゥケウス、殻竿、香油の壺、シストルム、セケム杖、手斧、ナイフ、プスケント、包帯、ヤシ、弓

→オシリス、心臓の計量、ネブリデ、ヘルムアヌビス

B.: H. Kees, “Anubis ‘Herr von Sepa’ und der 18. oberägyptische Gau, “ *ZÄS* 58 (1923), p. 79-101; Id., “Der Gau von Kynopolis und seine Gottheit, “ *MIO* VI (1958), p. 157-175; J.-CL. Grenier, *Anubis alexandrin et romain, EPRO* 57, 1977.

（→口絵/p.6）

アヌベト　ANUBET

アヌビスの女性形。フィラエ神殿を除くプトレマイオス朝の多くの神殿の壁に記されているテキスト（デンデラ神殿の壁には全文が記されている）によると、上エジプトの第17ノモス、ハルダイを州都とするキノポリスにおいて古くからアヌビスの女性形であるアヌベトが存在したことがわかっている。

アヌベトはハトホル*神殿の屋上にある礼拝所においてオシリスを見守る神々の間に2度姿を見せている。横の碑文には「敵に吠えるアヌベト」、あるいは「粗暴な力をもってやってくる敵に吠えかかり、（逆さになった）悪霊の背中に切りかかるもの」と記されている。女神自身が次のように語る。「わたしはイア（すなわちセト）を（わたしの）ナイフで切り刻む。17番目の月の日の命の女主人の時に（すなわち夜の第5時間目）」

プトレマイオス朝、あるいはローマ時代のものとされるジュミラック・パピルス（ルーヴル E 17110）の出版によりアヌベトがイシス*の1つの形にすぎないことがわかった。ジュミラック・パピルスは第18ノモスの宗教史と関係があり、キノポリス・ノモスが近隣のノモスに吸収される以前の同地域の神話を伝

える貴重な資料である。神話によると雄牛に変身したセト*に追われたイシスは「犬に変身して正体を隠す。尾の先にはナイフがあった」。無事に逃れた「イシスはセトを切り刻むためにやってくる」。オシリスの良き妻は「セトの背中に牙を刺す」

アヌベトの図像は少ない。子犬とともに横たわる牝犬の小像があるが、これはおそらくハルダイにおいて女性のアヌビスに捧げられた奉納品であったと思われる。これら小型のブロンズ製以外には、女神の図はデンデラに描かれた壁画にしか見られない。

西の第2の礼拝所の図は完全に動物の姿をしている。ここでは後ろ足で立ち、前足にそれぞれナイフを持ち、こころもち前にのめっている（*D X*, pl. 198）。それに対して東の第3礼拝所では、アヌビスの後に犬の頭の女性の姿で登場する。3つに分けた鬘をかぶり、彼女を囲む他の神々と同様に長いとぎすまされた2本のナイフをふり上げている（*D* X, pl. 102）。

特徴：ナイフ

→アヌビス、イシス

B.: H. Kees, "Der Gau von Kynopolis und seine Gottheit," *MIO* VI (1958), p. 157-175; J. Vandier, "L'Anubis femelle et le nome Cynopolite" dans *Mélanges offerts à Kazimierz Michalowski*, Varsovie, 1966, p. 195-204.

アネ　ÂNE

セトを参照

アネムヘル　ÂNEMHER

アトリビスの2次的な神。メレフウ*とネブアンク*とともにアトリビスの2次的な神の1柱であり、牡牛の姿で登場する。牡牛の力はアネムヘルに町を守る戦士の役割をあたえている。アネムヘルは「反逆者を町から追い払う。つねに。そして永遠に」

ケンティ・ケティ*の愛称であるアネムヘルの名前は「快い顔をもつ者」という意味をもち、たんに形容辞にすぎないのかもしれない。この優しい形容辞は、神の特徴である角が、崇拝し祈願するものにとっては恐ろしいものでなく、反逆者にのみ向けられるものであることを示しているようである。

ネブアンクと同じように、アネムヘルの名前は、とくに末期時代、アトリビスのノモスにおいて固有名詞として登場する。しかし形容辞にすぎないことから、この形容辞をもつ神は特定の図像をもたないようである。

→ケンティ・ケティ

B.: W. Spiegelberg, "Anemho, le dieu-taureau d'Athribis," *REgA* 1 (1927), p.218-220.

アハ　AHA

守護の精霊。「魔法の象牙（あるいはナイフ）は、中王国時代によく見られた。そして少なくともアメンヘテプ２世の時代まで使用されていた。この大きな護符は、カバの犬歯がもつ自然な曲線を模した刃の形をもち、その片面、あるいは両面にはさまざまな象徴、精霊、そして神々の図像が描かれ、２つとして同じデザインのものは見られない。この厄よけの護符には、木製のものやファイアンス製のものがあり、女性や子どもを危険から守る役割があった。守護の神には、その碑文が示すように、約50の多様な姿がある。いずれの神も空想上の不思議な姿をもち、ときに奇怪な姿であるが、その中に、後のベス神*のように、正面から描かれた神がいる。ベルリン・エジプト博物館（n° 14207）やブリュッセル美術館（E 2673）にある魔除けに、アハという名前で登場する神であり、その意味は「戦士」である。

『コフィン・テキスト*』の呪文388に「ヘリオポリスの戦士」という表現が登場する。この呪文は心臓が奪われるのを防ぐもので、『死者の書*』第28章の挿絵にふたたび登場する。短い文章であるが、ここに現われるアハという語を固有名詞ととらえるか、あるいは名前のない聖なる戦士をさす形容辞ととらえるか疑問が生じる。新王国時代の葬送のテキストには複数形で記されており、また、挿絵には多様な姿が見られることから、アハという名前は魔法の象牙に現われる守護の精霊であり、ベス神の「先祖神」と考えることができる。ベス神と同様に、アハもまた踊りや音楽と結びついている。古王国時代より、王位更新祭（ヘブ・セド）などの祭礼の場面において、踊り手の中にアハと思われる仮面をかぶった人物を見ることができる。

魔法の象牙においては、アハは正面から描かれ、ライオンのマスクをかぶり、丸い耳がたてがみの形の鬘からのぞいている。足を少し開き、膝を曲げ、足先も外に開いているため、背中から地面へとたれる尻尾を足の間から見ることができる。両腕は太ももの横にたれ下がり、それぞれの手に長いヘビやナイフをもっている。首のないように見える頭の下には、たっぷりと出た腹の上に短い小人の胸郭が見える。ヘソが目立ち、性器があらわに見える。

中王国時代の２つの小像にはアハと思われる人物が描かれている。１つはロンドン大学に所蔵されている象牙製のものである。短い腕と細くまっすぐな長い足をもち、小人のようには見えない。にぎりしめた拳にはそれぞれ金属製のヘビがにぎられていたようである。拳にはヘビを通した穴が見られる。手は性器の横にある。もう１つの像はリヴァプール博物館に所蔵されており、ファイアンス製である。こちらの像は、人柄の良さそうな奇形の小人で、曲がった腰をもち、足はがに股に曲がり、腕は短く、手をヘソのあたりに置いている。

ネフェルウベネフの『死者の書*』（ルーヴル美術館III 93）第28章の挿絵に描かれている精霊も同じである。この第18王朝末期のパピルスに描かれたアハは横顔で、背中に伸ばした左手は、まさに伸びて来ようとしている尻尾をにぎっている。そして胸にあてられた右手にはナイフがにぎられている。耳は額の突き出た高い位置から伸びているため動物のような印象をあたえる。舌を出したアハのしかめっ面が特徴的である。

アハの女性版はベセトであるが、頭がカデシュ*となっているものもアハと結びついている。しかし性別のほかにも違いが見られる。とくに足と腕の位置が異なる。足は閉じているか、気持ち開いている場合もまっすぐである。腕は体にそって柔らかく曲がっているのではなく、胸の高さで水平に伸びている。両手にはヘビを持っている場合もあるが、ときにウサギやトカゲを持っていることもある。マンチェスター大学博物館には、中王国時代末期のアハト/ベセトの木製の小像がある（n°1790）。腕はまっすぐで、手にはそれぞれ金属製のヘビがにぎられている。

特徴：小人、正面、ナイフ、ヘビ

→ヒティ、ベス

B.: J. F. Romano, “The Origin of the Bes-image,” *BES* 2 (1980), p.39-56.

アハイト　ÂHÂYT

天の支柱を参照

アバセト　ÂBÂSET

ハリネズミの女神。ナイル渓谷から遠く離れたバハレイヤ・オアシスの首都、アル・バウィティの西の端に、第26王朝の地方豪族であったベンアティの墓がある。そこにエジプトの他の地方では見ることができない、非常にユニークなハリネズミの女神アバセトの2つの壁画を見ることができる。

多くの女神と分かちあう「偉大なる女神、天の女主人、神々の女王」という称号をもつアバセトは、ラー・ホルアクティ*の後に描かれていることから明白なように、太陽の配偶神と考えられる。さらに、もう1つの図ではバネブジェデト*と思われる牡羊の頭をもつ神の後にいる。しかしこの神は、横の碑文には「天の主人のバー（精霊）」と記されている。

太陽が沈んだ後に活動する、昆虫を餌とするこの動物は、暗闇で見る力、夜に活動するさま、そして身を守るために針で覆われ、光り輝く太陽の玉のように円

ラー・ホルアクティの後にいるアバセト、バハレイヤ・オアシスのベンアティ墓。第26王朝。

くなる様子から、太陽とのつながりをもつ。この動物の特徴は、夜に太陽の代わりとなる星のような存在である。ヘリオポリスの太陽神の女性版テメト*が、カルガ・オアシスのイビス神殿の聖域においてハリネズミのミイラの姿で描かれていることもハリネズミと太陽の結びつきを示唆している。

ハリネズミが被葬者の供物に見られること、砂漠における狩りの場面に描かれていることなどから、魔除けの力を死者にあたえるものと思われる。また、古王国時代の船の船首や、また、すべての時代を通して壺や小像にその姿が見られ、ハリネズミはスカラベや護符などと同様に数多く見られる。

バハレイヤの墓に描かれているアバセトは、その特徴的な頭以外は、他の女神と変わることのない姿で描かれている。女性の姿で、片手は腿のあたりに、もう一方の手は前にいる神の肩のあたりに上げられている。そして鞘のような衣に身をつつみ、胸飾りと、手首と足首には輪飾りをつけているが、杖もアンク*も持っていない。3つに分かれた鬘をつけ、そこにはハゲワシの髪飾りがついている。その上には、さらに帯状冠が載っており、そこに女神を象徴する図案化されたハリネズミの姿が描かれている。それはセルケト女神*やヘデト女神*を象徴する水サソリ（*nepe cinerea*）や蠍と同じ扱いである。

特徴：ハゲワシの髪飾り、ハリネズミ

→テメト

B.: A. Fakhry, The *Egyptian Deserts. Bahria Oasis,* Vol. I, Le Caire, 1942.

アピ ÂPY

有翼日輪（あるいは有翼のスカラベ）を示す名前。ステラ（アーチ型のものやその他）の多くは、その上の部分が有翼日輪で飾られている。両横には2つのウラエウス*がいる。有翼日輪は全体の装飾を囲んでいる。翼は大きく広げられている場合と、ステラの上部のカーブに

合わせて一部が畳まれている場合がある。しばしば、エドフのホルス*と結びつく次のような形容辞で修飾されている。「ベヘデトの者、偉大なる神、地平線に昇る斑の翼をもつ天の主人」

また、同じ図は、より大きなスケールで神殿や王墓の天井を飾っている。ネクベト*やウアジェト*の図と交互に描かれている場合もある。短い碑文が有翼日輪の図の名前を明らかにしている。この名前は「旅する、飛ぶ」という動詞からきており、有翼日輪の性格を表わしている。有翼日輪は、ときに翼のあるスカラベの形をとることもある。また太陽を押している有翼スカラベの姿をとる場合もある。その形容辞は、「偉大なるアピ(アペプ、アベブなどの変化形もある)、黄金の肉体をもつ者」とされている。

フィラエ神殿の誕生殿の門の上には、「ヌウト*の前にいる偉大なるアペプ」の円盤があり、牡羊の螺旋状の角とその後に長いダチョウの羽根を飾ったプスケント冠をかぶっている。そのかたわらには、「ベヘデトの者、…」であるスカラベがおり、人間の手のように見える後ろ足の間にシェンのサインをはさんでいる。

→ケプリ、スカラベ、ラー

B.: M. Werbrouck, "À propos du disque ailé," *CdE* XVI (1941), p.165-171.

(→口絵/p.7)

アピス　APIS

メンフィスでプタハの出現と考えられていた古代の聖牛。第1王朝のアハ王の治世に登場した豊穣の象徴である聖牛の信仰は、エジプト文明そのものと同じ長い歴史をもつ古い存在である。聖なる牛の性格は数世紀をへて他の神々と結びつき、あるいは融合し、豊かなものへと成長した。メンフィスで崇拝を受けた牛は当然のことであるが偉大な地方神プタハ*と結びついた。第18王朝の初めからアピスは神の「使者」となった。もともと、王の役割と結びついたアピスは、角の間に太陽円盤を載せ、ラーのイメージをもつ。また、オシリス*と同化し新しい葬送の神オソラピスが登場する。この新しい融合は後にサラピス*を生み出す。そしてギリシア・ローマ時代になると「すべての聖なる動物の王」となったアピスは「祭壇の神々」の1柱となりセカト・ホル*と夫婦となる。

メンフィスの創世神の出現として「たぐいまれなる魂」であるアピスは、イシスの出現と考えられる牝牛から生まれた。アピスは母の近く、ハーレムの妻たちとともにプタハ神殿の周壁の内側にある聖なる牛舎にいた。18年、あるいは19年の生涯を終わると人間と同じようなミイラ作りの過程と儀礼をへてサッカラの地に埋葬された。ラメセス2世の治世までは専用の墓に埋葬され、後の時代になるとセラペウムの地下の通路に埋葬された。現在でも、第25王朝の初めから木棺に代わって登場した巨大な石棺をセラペウムに見ることができる。死を迎えた聖牛は新しい肉体に甦った。そのため国中の若い牛の中から特別な印をもって奇跡の誕生を遂げた新しいアピスが探し出された。

「そのアピス・エパポスは、アピスを生んだ後、他の子牛を宿すことのできない牝牛から誕生する牡牛である。天から牛の上に稲妻が落ち、子を孕んだ牝牛がアピスを生むとエジプト人はいう。アピスの名前を受け継ぐ牡牛には次の特徴がある。皮は黒く、額には白い三角の部分、そして背中にはワシの形の模様がある。尻尾の毛はふさふさとしており、舌の裏にはスカラベの形が見られた」これがヘロドトス（『歴史』III、28 、A・バルゲ訳）による描写である。カンビュセス王がメンフィスに到着した時、人々は歓喜に酔っていた。彼の軍隊がリビア砂漠で戦いに敗れたことを喜んでいると怒ったカンビュセスに「何年もの間待ち望んだ神が姿を現わした」と人々は説明した。彼の前に連れて来られた聖なる牡牛は上記のような特徴をもっていたとヘロドトスは語っている。

この説明には毛皮の色のほかに数多くの聖牛の印が示されている。その数は29にのぼり、エリエンによると29 という数は月の周期の日数を表わしている。聖牛アピスは白の模様のある黒い衣をまとっているとされているが、実際に発見されているものはその逆である。とくにセラペウムでマリエットによって発見された多くのステラに描かれたアピスは異なる姿をしている。

多くの場合、アピスは動物の姿で歩む牡牛として描かれる。ウラエウスを飾った太陽円盤、あるいはウラエウスを単独で角の間に飾っている。また牛のミイラ、ウアス杖とアンクのサインをもつ牡牛の頭をもつ人間、あるいはまた、葬送の小像には牛の頭の人間のミイラとして表現されている。ステラには毛皮の模様は様式化されていないが、末期王朝の青銅の小像の多くには装飾として定着している。引き具をつけ、翼を広げたハヤブサをき甲と尻の上に載せ、背中には飾り房のある布をつけている。

特徴：ウラエウス、毛皮の模様、太陽円盤

→祭壇の神々、サラピス、セカト・ホル、プタハ

B.:E. Otto, *Beitrage zur Geschichte der Stierkulte in Ägypten, UGAÄ* 13, 1938.

（→口絵/p.7）

アビュドスの聖遺骨箱　RELIQUAIRE ABYDÉNIEN

アビュドスのオシリスの頭を納めた聖

遺骨箱。セトは兄の体を切り刻んだ後、バラバラになった遺体を国中にばらまいた。これによってプルタルコスが記したように、「エジプトには、オシリスのものとされる墓が多数ある」テキストによって「町やノモスで発見されたオシリスの体の部分」の数は異なる。どの町も天から降ってきた神の遺体の一部をもつという栄誉を競うため、その数は14から42と大きく異なる。しかし、オシリスの頭はアビュドスにあるという点にかんしては同意をえている。

他の聖遺骨箱に関しては、ほとんど何も知られていないが、「偉大なる神の偉大なる頭」を納めた聖遺骨箱は、上エジプト第8ノモスの象徴となり、デンデラのオシリス礼拝所の1つに刻まれた『コイアク月のオシリスの秘儀』を通して、その描写がわれわれに伝わっている。図像を通して、箱に納められた遺骨の重要性、すなわち、遺骨の中で、唯一神を同定することのできる頭の重要性が強調されている。それはジェド柱*のように、「偉大なる神」自身の姿ととらえられ、また、神に代わることのできるものとされた。

デンデラのテキストによると「聖遺骨箱、それは葦で編まれた籠」である。すなわちパピルスのことである。神の頭はその中でつつまれている。「聖遺骨箱は『王』と呼ばれている。それは謎の箱の中に頭が納められているからである。その箱はパピルスで編まれた籠であり、中は見えない。偉大なる頭は、白冠をかぶり、黄金につつまれている。高さは手のひら3つと指3本である。籠には金箔が施され、ジェド柱*が描かれている。腕は心臓の上で交差され、アンクと殻竿を持ち、頭には羽根を飾っている。2羽のハヤブサがその周りで、翼を広げ、神を保護している。正面、神の横にはイシス*とネフティス*、そしてホルスの子どもたち*とトト神*が後ろにいる」

聖遺骨箱は、行列の橇の上、ネケメトの船の中、あるいは、飛び出すようなライオンの前身の装飾で台の部分を飾った箱が直接地面に設置されている場合などがあるが、その多様な図像は、いずれも支柱の上に固定された円筒形の箱である。しかし、その詳細は異なる。ここに記されていない要素が他のものと代わる、あるいは全体に加わることがある。とくに2人のアヌビスや小さな王の像が、箱の支柱を支えて、しばしばウラエウスで飾られた「謎の箱」が王権の象徴であることを明らかにしている。

イビス神殿の聖域に描かれた多様な姿のカタラクトの神々のリストの中に(南壁の第1段目)、アビュドスの聖遺骨箱が見られる。ナイルの氾濫が始まる地とされるビーガには、この地の聖遺骨箱に

アビュドスのオシリスの頭の聖遺骨箱、イビス神殿、カルガ・オアシス、第27王朝（第1次ペルシア支配時代）。

納められているナイルの水があふれだすオシリスの聖なる左足が描かれている。

→アケパロス、オシリス

B.: P.Barguet, “La base du reliquaire abydénien,” *RdE* 9 (1952), p.153-154; H. Beinlich, *Die ‘Osirisreliquien,’ Zum Motiv der Körperzer-gliederung in der altägyptischen Religion, ÄgAbb* 42, 1984.

油　HUILE：香油を参照

アフロディテ　APHRODITE

ハトホルを参照

アペデマク　APEDEMAK

メロエのライオンの神。古典作家が「メロエ島」と呼んだ地域にある、ムサウワラート・アル＝スフラやナガの神殿などに描かれたアペデマクは、アメン神*とともに第5急湍より南のメロエ世界における最も重要な神である。

エジプトではまったく知られていない。王国の北では信仰が見られないアペデマクは多様な性格をもっている。アペデマクは王朝時代の戦闘の神の性格をもち、王権の守護神であり、手には武器を持ち、捕虜を踏みつけ、あるいは喰いちぎるライオンの姿でその力を顕示している。ムサウワラート・アル＝スフラの碑文に見られるアペデマクに捧げられた祈りに見られる形容辞の中に「南のライオン、力強い腕をもつ者…熱い息を敵に吐きかける者、その名前は『強大な者』」と描写されている。

「生命の主人」でもあるアペデマクは、

豊穣の神でもある。食物を分けあたえる「番人」でもあるアペデマクは、いくつかの場面の中で、アンクのサインを戴く、モロコシの一種であるドゥルラの穂の束を王にあたえている。

他のレリーフにおいては、アペデマクは神々の行列をしきっている。ここではセビウメケル*やアレンスヌフィス*などのヌビアの神々と結びつき、また二番目の位置にいるアメンをはじめ、ホルス*、サティス*、そして配偶神の役割も果たすイシス*などエジプトの神々と結びついている。

図像においては、ライオンの性格が異なる形で表現されているが、どの場合もヘムヘム冠をかならずかぶっている。

彼は完全な人間の姿で描かれることはないが、完全なライオンの姿で描かれることはある。ときに翼をもち、ムサウワラート・アル＝スフラの神殿の柱では、敵をうち砕いている。外壁のレリーフにおいては、ライオンの頭の人間として描かれている。３つに分けた鬘をかぶり、雄羊の角で飾っている。「エジプト様式」の腰布と胴衣を身につけ、片手に弓と矢立て、そして鎖でつながれた捕虜をもち、もう一方の手には自分の姿の笏をもち、アルネカマニ王（前３世紀末）に向かって差し出している。この特別な笏は「柄頭」の部分がライオンの頭であり、座するライオン、あるいは歩くライオンの姿を描いた紋章の省略形であり、神の手ににぎられていることもあれば、敵の体に儀礼的にとりつけられていることもある。ナガの神殿の北の塔門の横には、アカンサスの花から出現する波打つ体のヘビが鎌首をもたげ、アペデマクのライオンの頭を支えている。

タニドアマニ王の奉納板の裏に描かれたアペデマク、前100年頃、ウォルターズ・アート・ギャラリー、ボルチモア（22.258）。

同じナガの神殿の奥室の外壁には、たいへんめずらしい図が見られる。アルネカマニ王とアマニテレ王妃の間に立ち、腕にかかえたモロコシの穂の束をあたえるアペデマクの頭には3頭のライオンの頭が見られる（1つは正面を向き、それを2つの横顔が囲んでいる）。そして正面から見た人間の体には4本の腕がある。証拠はないが、アウグストゥス帝と同時代のインド芸術の影響が感じられる。

特徴：特別な笏、ヘムヘム冠

→アレンスノフィス、イシス、セビウメケル

B.: L.V. Zabkar, *Apedemak, Lion god of Meroe, A Study in Egyptian-Meroitic Syncretism,* Warminster, 1975.

アペルペフウイ　ÂPERPEHOUY

7人のジャイスウを参照

アペレトイセト　ÂPERETISET

アクミームのミン神の配偶神。アペレトイセトの名前は、「玉座を飾るもの」と訳すことができる。これは多くの女神がもつ形容辞にすぎない。とくにイシス女神の形容辞であったが、他の多くの場合と同様に最終的に1柱の独立した女神となった。

アペレトイセトはアクミームの地域にかぎった女神であり、レピト*と結びつきミン神*の配偶神となった。その結果コランテスの母となる。アペレトイセトはアイ王が第18王朝末にアラビアの崖に掘った岩窟神殿に初めて登場する。しかしギリシア・ローマ時代のステラに最も多く見られ「アペレトイセト、イプウに住む偉大なるもの」とされている。おそらくホルスの母と考えられていたようである（カイロ・エジプト博物館、CGC 22114）。

アイの神殿の門の上にはハレンドテス*の後に座るアペレトイセトが描かれている。対称的に描かれた図像のイシスとまったく同じ姿で描かれている。2人の女神を区別する要素はまったく見られない。2人ともハトホル冠をかぶり、記念碑の内側において交互にミン神のすぐ後にいる。

ベルリン・エジプト博物館所蔵（Inv. 22489）のハドリアヌス帝時代のステラの最上段には、レピトとそっくりのアペレトイセトが描かれており、ライオンの頭の女神は息子コランテスのすぐ後にいる。

特徴：ハトホルの髪飾り

→イシス、コランテス、ミン、レピト

B.: H. Gauthier, “La déesse Triphis,” *BIFAO* 3 (1903), p. 165-181; K. P. Kuhlmann, “Der Felstempel des Eje bei Achmim,” *MDAIK* 35 (1979), . 165-188, pl. 48-56.

アポピス　ÂPOPIS

宇宙の混沌の力を具現化したヘビ。ラー神の永遠の敵アポピス、宇宙の巨大なヘビは第1中間期の初めからエジプト語のテキストの中でアアペプとして知られている。創世以前に存在した混沌の力であり、創世の時に世界の端に追いやられた混沌の力は、つねに創世主の仕事をおびやかしている。

エスナ神殿の碑文は、アポピスの誕生と反逆の理由をアポピスの名前と「吐き出す」という意味の動詞の言葉遊びを使って次のように語っている（n°206）。創造の時、若い太陽が「吐き出した唾」から誕生した「原初の神々」は「唾を吐きかえした」。この唾は「120キュービットの長さのヘビとなり、アポピスと名づけられた。アポピスの心には、目から放たれた仲間とともに、ラーに対する反逆の精神が生まれた」

この末期王朝の碑文はエジプトの独特な概念を示すものである。アポピスとその仲間は、永遠の時に属するものであり、そのため一時的にその力を中和することができても、完全に破壊することはできない。毎夜、太陽が地平線の下に消える12時間の間、世界は原初の混沌の時と同じ暗闇につつまれる。そして聖なる太陽と巨大なヘビの戦いは、新たな朝を迎え、光が勝利するまで毎夜繰り返される。

アポピスを殺すことはできない。それに対して、アポピスを退治するために、あらゆるレベルのあらゆる方法を使用するさまは驚嘆に値する。ブレムナー・リンド・パピルス（大英博物館n°10188）の『アポピスの書』には、29の名前と形容辞の下に、悪の化身のヘビが隠されている。そしてアポピスを破壊する、あるいは追い払うための魔法の呪文の集大成が見られる。これらの名前は、適切な状況で唱えなければならない。たとえば、緑のインクで名前を記した蝋の人形を火の中に投げ入れながら唱える。または、新しいパピルスの用紙に描いた図を火に投げながら唱える。さらにパピルスに唾を吐きかける、あるいは左足で絵を踏みつけるなどの動作をともなうと効果があるとされている。

ラーは、敵から身を守り、巨大なヘビと戦うために、46キューピッドの長さの「イクネウモン*」になる。または、ヘリオポリスのネコ*となって夜明け前にアポピスの首を切り落とす。さらに太陽の船*の中で唯1人アポピスの視線によって催眠に陥ることのないセトとなり、アポピスが船の進行を妨げないようにする。セトはラーの船の船首に立ち、アポピスの体を槍の一撃で突き刺す（p358図参照）。ギリシア・ローマ時代の神殿の壁には、儀式の場面で同じ行為を行なう王の姿が描かれている。

ブルックリン美術館のパピルス

(nº47.218.48と85）には、「セルケトの魔法」の教本が記されている。すなわち、ヘビやサソリの咬み傷を治す魔法の呪文のコレクションである。解毒法の前に、約40種類の毒をもつヘビの描写が記されており、傷の原因となった種を同定し、呪術師が適切な治癒ができるようにしている。描写の中に、S・ソウネロンによると、おそらく赤い体の色によって、エジプト人がラーの敵と考える「敵」と記された猛毒をもつヘビがいる。「巨大なヘビ、アポピスは全体が赤く、腹は白い。そして口には4本の牙がある」とされている。

アポピスの図には、ヘビ学の専門家のような正確さは望めない。良いヘビも悪いヘビも、神々の世界に棲む多くのヘビを色彩によって区別することはむずかしい。一番多いのは黒い背中と白い腹で、体の他の部分は黄色の顔料や青で描かれ黒い鱗をきわだたせている。

その名前と法外な体の長さ、そして長い胴体をぐるぐると巻いた輪を数多くもつことでアポピスを見分けることができる。そればかりではなく、どこから見ても居心地の悪い状況にあるのがアポピスである。たとえば、『アムドゥアト書*』の第7時間目では、セルケト*に縛られ、体には6本のナイフが突き刺さっている。『門の書*』の第12番目の時間では、ホルスの子どもたち*によって、5本の杭に鎖で縛りつけられている。また、『死者の書*』の第17章の挿絵には、ヘリオポリスのネコによって首を切られた姿が描かれている。その頭は、イシェドの木の下、ネコの足によって地面に押さえつけられている。さらに、カルガ・オアシスのイビス神殿の有名な場面では、ハヤブサの頭をもち翼のあるセトによって踏みつけにされ、体には槍が突き刺さっている。

特徴：巨大な体

→イクネウモン、イシェドの木、オリックス、亀、ヘリオポリスのネコ、ラー

B.: R. O. Faulkner, “The Bremner-Rhind Papyrus III, D. The Book of overthrowing ‘Apep,” *JEA* 23 (1937), p.166-185; *Id.*, “The Bremner-Rhind Papyrus-IV, D. The Book of overthrowing ‘Apep (*concluded*), E. The Names of ‘Apep” *JEA* 24 (1938), pl. 41-53; J.F. Borghouts, “The evil eye of Apopis,” *JEA* 59 (1973), p. 114-150, pl. XXXIX.

(→口絵/p.7・8)

アポロン　APOLLON

ハロエリス、ホルスを参照

アマム（ウ）　AMÂM (OU)

トガリネズミを参照

アムドゥアト　AMDOUAT

「アムドゥアト書」を参照

アムドゥアト書

LIVRE DE L'AMDOUAT

新王国時代の王の葬送文書の中で最古のものをエジプト人は「隠された部屋の書」と呼んでいた。われわれは、エジプト語で「冥界にあるもの」を意味するアム・ドゥアトという表現から『アムドゥアト書』と呼んでいる。

この書の編集は、少なくとも第18王朝の初め、トトメス１世の治世にさかのぼると思われる。最初の完成された例を王家の谷のトトメス３世墓（KV 34）の壁に見ることができる。また、その後継者らの墓にも見られるが、ほぼ何の装飾もないトトメス４世の墓は例外となる。しかし、アマルナ時代になると『アムドゥアト書』は見られなくなり、セティ１世墓においてのみふたたび復活する。ホルエムヘブ王とラメセス１世墓においては、代わりに『門の書*』が描かれている。

『アムドゥアト書』においては、文章よりも図によって夜の12時間の太陽の航行が描かれている。書には、翌日太陽が再生するまでの冥界における西から東への航行の様子が描かれ、その順序で書は分かれている。

墓の壁画は３段に分かれて場面が描かれており、そこには900人を下らない人物が描かれている。その中には神もいれば、そうでない者もいる。いずれも名前が記されている。太陽の船はつねに中央の段に描かれ、その進行が時間を追って、乗組員である神々と共に描かれている。死者である王は、この船に乗ることを希望する。オシリス*と同一視される太陽を助け、アポピス*や混沌の力が船の航行を妨害しようとするのに対して、勝利することが王の願いである。

葬送のテキストの専門家であるP・バルゲによると、『アムドゥアト書』は明らかにメンフィスの思想の影響を受けている。この書は太陽の夜の航行を描写している。そこには同時に王の葬送が示唆されている。王が「死を迎えた時から儀礼によって太陽の光を浴びる」までの期間は、エジプト人の目には「太陽が生まれ変わるための１夜」の長さと同じであった。

新王国時代の最後、『アムドゥアト書』は王だけの特権的な葬送の書ではなくなった。プトレマイオス朝の初めまでには、その使用は私人に限られるようになる。書は、私人墓の壁、棺、あるいはパピルスに描かれ、パピルスには夜の最後の４時間だけが記されるようになる。

B.: E. Hornung, *Das Amduat. Die Schrift des verborgenen Raumes*, I, Text; II, Übersetzung und Kommentar;

III, Die Kurzfassung. Nachträge, *ÄA* 7 et 13, 1963-1967; P. Barguet, “L’Amdouat et les funérailles royales,” *RdE* 24 (1972), p. 7-11; A. F. Sadek, *Contribution à l’étude de l’Amdouat*, *OBO* 65, 1985.

（→口絵/p.8）

アメネト　AMONET

カルナクのアメン神の女性形。『ピラミッド・テキスト（§446c)』には、ムウト女神*を配偶神としたテーベの３柱神をきずくよりずっと以前に、アメン神がアメネト女神を配偶神としていたことが記されている。それはおそらくヘルモポリスの８柱神*の４組の夫婦神の１つであったと思われる。少なくともこれがヘルモポリスの伝統にのっとったテーベの神学者の考えである。

ムウト女神にその地位を追われることなく、同じ称号を分かちあうアメネトは、コンス神*の後に描かれ、テーベの聖家族の一員であることが示されている。そして神官たちの解釈により、その重要性は時代とともに増していった。アメネトには独自の神官団がいる。そして、その名前は女性系であるという点を除きアメン神と同じであるが、彼女は、マスペロが述べたように単なる「文法上の配偶神」ではない。

ギリシア・ローマ時代のカルナクのオペト神殿におけるアメネトに関する碑文は、他の女神とも共通する数多くのありふれた形容辞（偉大なるもの、二国の女主人、ラーの眼*、すべての神々の王、天の女主人…）をならべているだけにとどまらず、その性格を明確にしている。アメネトは「母の中の母、他に比類のないもの、原初の中からきた原初のもの、初めに生まれたもの、そしてへメスウト*を創造したもの」であり、また、「初め父であった母、国土を守る生命あるヘビ、ラーを生んだ偉大なる牝牛、あらゆる神や女神より偉大な名前をもつ者」とされている。アメネトは王が捧げた供物の見返りとして王の体を守り、乳をあたえることを約束し、これによって貴族や人々の歓びを確かなものとする。そして日々の太陽の存在とナイルの氾濫を約束する。

エドフでは、イシス・アメネトの存在が知られている。またネフティスとも結びつき、「あらゆる場所で兄を守る」存在となっている。そしてディール・アル＝バハリ神殿のプトレマイオス朝の聖域においては、「ラーに生命をあたえる聖なる母」ネイト女神*と結びついている。２人は図像の上でたいへんよく似ている。

カルナクの柱に刻まれたトトメス３世を暖かく迎える女神、ルクソール神殿のレリーフの中でアメンヘテプ３世を迎える女神、またテーベの３柱神の後でマディーナト・ハブにおいてラメセス3世の崇拝を受ける女神、さらにはカルナクの聖域の南の壁でフィリッポス・アルヒダエウスに乳をあたえる女神、そしてオペト神殿でアウグスティヌス帝からシストルムを受けとる女神、いずれもアメネトである。アメネトはコンス神殿における姿のように、ごくまれな例外を除いてつねに下エジプトの赤冠をかぶっている。頭に直接かぶっている時もあるが、ウラエウスを飾った3つに分けた髪の上にかぶっていることもある（カルガのイビス神殿）。通常は体にぴったりの長い鞘型の衣をまとっているが、ネイトのように通常男性の神がもつウアス杖をもつことがある。そして牛の尻尾で飾った腰布を身につけていることがある。これはサイス朝の女神に見られる両性具の性格を強調したものである。

特徴：ウアス杖、ウラエウス、赤冠

→アメン、コンス、ネイト、8柱神、ムウト

B.: K. Sethe, *Amun und die acht Urgötter von Hermopolis, APAW* 1929, 4 (Leipzig).

（→口絵/p.9）

アメノテス　AMÉNÒTHÈS

ハプの子・アメンヘテプを参照

アメミト　ÂMMIT

むさぼりくうもの（牝）を参照

アメン　AMON

王朝の神、カルナクやその他多くの聖域の主人。エジプトの神々の中で、アメンほど幸運に恵まれた神はいないであろう。アメンは、テーベの1地方神から、偉大なる王朝の神の地位に瞬く間に昇り詰めた。中王国時代、第12王朝の創始者、「アメンは卓越している」という名前のアメンエムハト1世の治世の初めに、ときに空気や風の神、またときに豊穣の神と考えられていたアメンは、王家の神となり、何世紀もの間、「アメン、神々の王、2国の玉座の主人」となった。

妻ムウト女神*と息子のコンス神*とともに、アメンは、エジプトの宗教のなかでも最も重要な3柱神*である聖家族をきずいている。アメンはまた、もう1人の配偶神をもっている。女性の分身であるアメネト*である。アメンとアメネトは、もともと、ヘルモポリスの古代の8柱神の中にいたと思われる。いずれにしても、第26王朝の初めに、ヘルモポリスの伝統を再発見し、発展させようとするテーベの神官たちによって彼らはとり上げられた。アメンと結びついた2つの聖なる動物の1つは、螺旋状の角をもつ牡羊（*Ovis platyra aegyptiaca*）であるが、たてがみ羊（バーバリ羊）の野生種（*Amnotragus lervia*）で代用される

こともある。そしてもう1つの動物はナイル雁（*Chenalopex aegyptiaca*）である。また、後にケマテフ* やイルト*と結びついたアメンは、ヘロドトス（II、74）がいうように、角のある小型のマムシに一見似ているが、人間に害を及ぼさないと考えられている小型のヘビを聖なる動物とした。

テーベの神学者たちは、「隠れた者」を意味する名前の一部を利用して、コプトスのミン神、ヘリオポリス、メンフィス、そしてヘルモポリスの偉大なる聖典など、近隣の文化を借りて、アメンを帝国の神にまで拡大した。これはまさに、エジプトの文化的重層構造の完璧な例である。定義不能な神の性格をまとめ、すべての創造の主である原初の神、永遠の神へとアメンを後から格上げし、偉大な神々の頂点へと押し上げたのである。その過程でアメンはヘリオポリスの太陽神やその他の偉大な神々の性格を吸収した。ライデン・パピルス（I 350）に記されたアメン讃歌には、「その名前はアメンによって隠され、その顔はラー、そしてその体はプタハ」と書かれている。

アメンがアメン・ラーとなった時、テーベにおけるファラオの政治力はアメンの歴史的な栄光を約束した。その栄光は、今日においてもわれわれを圧倒するカルナクの遺跡に見ることができる。中王国時代の初頭から、すべての王はカルナクを美しくするために貢献した。神の栄光は、神官たちの財力と権力とともに巨大なものとなり、神官らは、予言の名のもとに国を動かし、第20王朝の終わりには、遂に王の地位につく者が出た。そしてそれより3世紀早く起きた、アクエンアテン王の宗教改革と新しい首都への移転は、彼らの権威に歯止めをかけようとする試みであったといえる。アメン信仰はリビア砂漠のオアシスまで広がり、またクシュの王によって最高位に置かれたアメン信仰であったが、アッシリアによるテーベの侵入以降衰えていった。そして地方の神々がふたたび人気を回復し、さらにオシリス神が一般の人々の間で徐々に人気を増して第1位の地位に昇っていった。しかしアメンは、多くのスカラベに刻まれた短い碑文によると、「唯一である神の力」をもつとされ、ギリシア・ローマ時代にはゼウス神と混同された。

数えきれないほどの図像のほかに、「原初の時から存在した最初の存在」である神の性格を定義する讃歌が残されている。「原初の時に出現したアメン、どこからやってきたかだれも知らない。あなたより先にいた神はいない。あなたに形をあたえる友もなく、あなたに名前をあたえることのできる母親もいなかった。あなたを子孫とすることのできる父親もいなかった。そしてあなたは言った。

『ここにわが仕事あり』と、みずからが生まれ出ずるための卵を創った神。はかりしることのできない誕生の力。突然出現した聖なる神…」（訳：S・ソウネロン）

最高神として、アメンはエジプトの神々の体系におけるその重要な地位や、その複雑な性格に応じた、多様な図像表現をもっている。彫像、ステラ、壁画において、完全な人間の姿をしていることが多いが、ときに牡羊の頭をもち、またまれに、聖なる動物の形をとることもある。

天の神であるアメンは、しばしば立像で、あるいは玉座*に座っている姿で描かれ、青い肌の人間として描かれ、腰布を巻き、2枚のまっすぐな羽根が立つ帯状冠を頭に載せている。どの神にも共通のウアス杖とアンクの十字架を手に持っている。まれに帯状冠の代わりにネメス頭巾をかぶり、またときに耳のあたりに牡羊の角を飾っていることもある。

豊穣の神であるアメンは男根を強調した形で描かれることもある。ミン神と非常に近い関係をもち、ときに同一視され、アメン・（ミン）・カムウテフと呼ばれることもある。これは「彼の母親の牡牛」を意味し、みずから生まれ出た神の生殖能力を示す直接的な表現である。コプトスの主人として、アメンはまたミイラの姿の衣装をまとうことがある。この衣服からは、男根が突き出ており、また、頭の上に挙げた、肘から曲がった腕が出ている。手の上には、まるで宙に浮いたような殻竿がある。天の神として帯状冠の上に2枚の高い羽根を載せている時は、その肌は青く塗られている。しかし羽根がバンドで留められている場合は黒く塗られている。この男根をもつ神は、「不幸な者を守るオペトのアメン（アメンオペ*）」とされ、不思議なシルエットの図は「アメンの隠された姿」という描写があたえられている。厨子の玉座に座する神は、布につつまれてその姿が隠されている。

小さな私人のステラの碑文に記されているように、神の名前に近い「美しい雁」が、「人の言葉に耳を傾け、心をなだめる、偉大なる力をもつ者」であるとすれば、それよりもさらに頻繁に、アメンは「美しい牡羊」であった。横たわっている姿や、歩いている姿、またライオンの体に牡羊の頭をもつスフィンクスとして、太陽円盤や2枚の羽根を頭に飾り表現された。人間の体の上に牡羊の頭（ときに4頭の牡羊の頭）をもつ姿があるが、雁の頭をもつ図像がひとつも発見されていないことから、牡羊がアメンを象徴する主要な動物であったことが明らかである。

アメンは、他の動物の姿をとることもある。マディーナト・ハブのラメセス3

世葬祭殿では、長い衣をまとい、太陽円盤を頭に飾ったライオンの頭の神として描かれている。そして2つの王笏をもっている（*MH* VII, pl.512）。しばしばハヤブサと考えられるアメンは、シャフト・アル＝ヘンナのソプドゥの神殿にあるネクタボ1世の大きなナオスの壁に、2枚の羽根を飾った人間の頭のハヤブサ、逆に羊の頭の人間としても現われる。アブ・シンベルの第1列柱室の柱の1つに描かれたワニの頭の上に牡羊の角を飾った神は、「2国を統一する」アメン以外のだれでもない。アビュドスでは、顔がアンクで飾られた太陽円盤である正座した人物が、「円盤の中にいるアメン」とされている。ルクソール神殿の中庭で発掘された鎌首をもたげたコブラの彫像には、2つの碑文があり、タハルカ王は「アメン・ラー・カムウテフに愛される者」、そして「2国の玉座の主人であるアメンの者」と記されている。アメンのすべての姿を網羅することはできないが、最後の例として、末期王朝の護符の面に刻まれた短い碑文によると、アテフ冠をかぶり牡羊の頭をもったパテク*の体と鳥の背中をもつ像が「2国の主人アメン」であると記されていることを加えておく。

特徴：王笏、牡羊、牡羊の角、太陽円盤、高い羽根を載せた帯状冠、男根、ナイル雁

→アメネト、アメンオペ、イルト、ケマテフ、コンス、8柱神、ムウト、ラー

B.: K. Sethe, *Amun und die acht Urgötter von Hermopolis, APAW* 1929, 4 (Leipzig); E. Otto, *Egyptian Art and the Cults of Osiris and Amon*, Londres, 1968; I. Guermeur, *Les Cultes d'Amon hors de Thèbes: recherches de géographie religieuse*, Turnhout, 2005.

（→口絵/p.9）

アメン、アメネト　AMON, AMONET

8柱神を参照

アメンエムハト3世　AMENEMHAT III

プラマレスを参照

アメンオペ　AMENOPE：**ルクソールのアメンに独特の姿。**アメン*の形容辞の中に「ハーレムを支配する者」というものがある。すなわち、ルクソール神殿の主人という意味の形容辞で、この概念から特別のアメンの姿が生まれ、その姿にまつわる信仰が生まれた。一般にアメンオペという名前で知られているが、エジプト学者には多くの名前で知られている（オペのアメン、アメンエムオペ、イメンイペト、アメンエムアペトなど）。この神は2つの姿で現われるが、この2つの要素を分けることは容易いことではない。また多くの相矛盾する神々と結び

ついている。

「腕をもちあげた牡牛」と形容されるアメンオペは、ミン神*のように片手を頭の後で直角に曲げた形で挙げている。アメンオペは「母の牡牛」といわれ、みずから生まれてきた生殖の神の姿をもつが、その姿は穏やかである。勃起した男根をもつアメンオペは「神々の創造主」とされ、8柱神の父である。その役割においてプタハ・タテネンと結びつき、テーベのオシリスとも結びつく。すなわち、ハルポクラテス*・アメンとして再生を繰り返すアメン・オシリス神である。

テーベの創世神は、創造されたものが永遠に続くことを約束した。ラメセス朝の終わりに登場した祭では10日間、神の影像がナイル川を航行し、ケマテフと八柱神が休むジェメの丘へと行列を作った。これはアメンオペの仕事を手伝いすでに死者となった神々の葬祭の儀を行なうことを目的とした。

古代のアメンは他の原初の神々とともに神話上の墓で休んでいる。これが「ジェメの」アメンオペである。そして若い姿のアメンが航行を行なうためにふたたび登場する。おそらく、なんらかの身代わりの祭儀を通して登場するものと思われる。そして10日間の祭儀の数々を行なうが、この恵みの力はネクロポリス・テーベのすべての死者に届く。しかし、この儀式はなによりも宇宙の力を再確認するものであり、生きている神々を通して、創造された世界に原初の力をとどける祭礼なのである。

「生きている偉大な神」、あるいは「ラーの生きている再来」として登場するジェメのアメンオペは繁殖の神を示す勃起した男根をもつ姿で現われる。しかし前1000年の初めになると、「救世主」を崇める民間信仰と結びつき、行列の影像は体をつつまれ隠されるようになる。それは「エジプトの偉大なるバーに供物を納めるハルシエシスの像」であり、「アメンとして出現するケマテフの偉大なるバー」とも呼ばれている。イシス*とオシリスの後継者であり、神の息子であるアメンオペは「父であるアメンの心をなだめ、すべての物を創造した偉大なるヌン*を慰める」

「ときに父、ときに息子であるこの神になんら矛盾はない。…異なる世代の神々というよりも、唯一の神が繰り返す周期の中で現われる異なる時点の存在、すなわち、まさに独立した1人の神の『誕生』、あるいは一時的存在である」と『つつまれた神』の作者マリアンヌ・ドレスは語る。

ルクソール神殿の主人、あるいは「ジェメ」のアメンオペの場合も、男根の勃起したアメンオペの像の数々はミン神*やアメン・ラー・カムウテフの像となんら変わらない。神輿に載せて運ぶ、

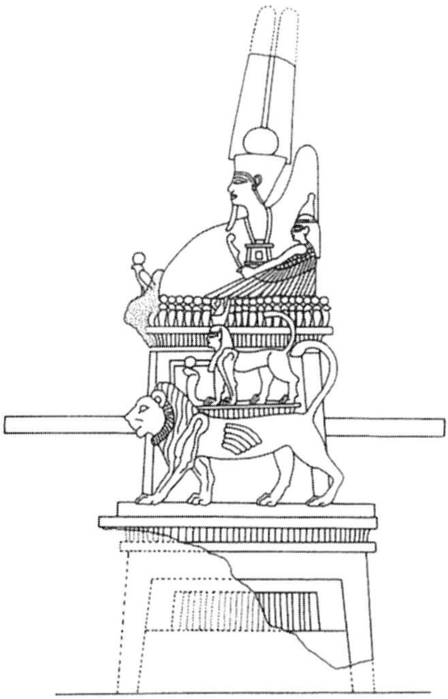

椅子の上の布につつまれた神、ベルリン・エジプト博物館所蔵のレリーフ（N° 14616）、ローマ支配時代。

つつまれた神の像もときに同一視されることがあった。

一見したところ、この像はもち運びできる椅子のように見える。脇の部分が高いため見えるのは神の頭の部分だけである。実際、それは輿に載せられた天井のない厨子である。台座の上にアメンオペは立っている。座していないが、頭だけを出して繭のようなものにつつまれている。「片手を上げ」男根を勃起した神の姿とはほど遠い姿である。台の上に載せられた厨子にはウラエウスで飾ったフリーズがある。後には翼を広げた守護の女神の上半身が見える。この女神はクウイト*である。前には頭に太陽円盤を載せたバー鳥のような存在がいる。横にはライオンが歩んでいる。その上には、頭にプスケントをかぶった同じ姿勢のスフィンクスが載っている。

壁画のほかに小像が知られている。いずれも金箔を張られていたようである。それはアメンオペが人々に親しまれていた神であったことを証明している。アメンオペは葬祭の信仰において大きな役割をもっていたばかりでなく、生殖の主人として大地の豊穣と植生の成長をうながす力をもっていた。

特徴：アメンの頭飾り、布につつまれた姿、勃起した男根

→アメン、イペト（2）、イルト、ケマテフ

B.: M. Doresse, “Le dieu voilé dans sa châsse et le féte du début de la décade,” *RdE* 23 (1971), p.113-136, pl.6-8; 25 (1973), p. 92-135, pl. 8-9; 31 (1979), p.36-65.

アメン・ナクト　AMEN-NAKHT

ローマ支配時代、ダクラやカルガのオアシスで崇められていた神。アメン・ナクトの名前はエドフ神殿の地方神の行列の中に見られる。これはリビア砂漠のオアシスの名前のリストとなっている。ま

た、ボルチモアのウォルターズ・アート・ギャラリーには、アメン・ナクトの名前が記されたステラが所蔵されていたが、その正体は長い間不明であった。実際、ダクラ・オアシスのアイン・ビルビィヤで1982年にアメン・ナクトの神殿が発見され、その装飾や碑文の研究が行なわれるまで、アメン・ナクトはエジプトのパンテオンに名前をつらねることはなく、1985年になって、やっとその存在が認識されるようになった。

この神殿の一番古い場面は皇帝アウグスティヌスの時代のものであり、最も新しいものはコンモドゥス皇帝の時代に属する。「アメンは強い」という意味のアメン・ナクトは、アメン*とホルス*の２つの要素をもつ神である。ハトホル*を配偶神としていることからホルスの要素を強くもっていると考えられる。

「天の主人」アメン・ラーの１つの形であるアメン・ナクトは太陽神として登場し、「大地の豊穣によって二国が繁栄」するように、時が満ちた時にナイルの氾濫を呼び起こす力をもつ。

また、ホルスの姿をとるアメン・ナクトは、オシリスのために敵を打つ者であり「母イシスを守る」存在である。砂漠を駆け抜け「父の敵を一網打尽に」し、あるいは突き刺すホルスの力と権威が強調されている。

アイン・ビルビィヤやダクラの他の遺跡（イスマンテル・カラブ、ディール・アル＝ハガル）、またカルガの遺跡（ゲベル・テイル、アイン・アムール）では、アメン・ナクトの図にアメン・ラーとホルスの２つの性格を見ることができる。アメン・ナクトはときに羊の頭、そしてときにハヤブサの頭をもつ。

アメン・ナクトの復元図、アイン・ビルビィヤ神殿、ローマ支配時代。

アメンの要素が強調される場合は、羊の頭をもち、ウラエウスやアテフ冠*を載せた太陽円盤で飾られている。

それに対して、ホルスの要素が強調される場合は、ハヤブサの頭をもち、３つに分けた鬘の上につねに2重冠をかぶっている。多くの神々と同じように立った姿で描かれるが、まれに敵を銛で突く走る姿の翼をもつホルスとして描かれる。この敵はカルガのイビス神殿に描かれているオアシスのセト神の姿によく似ている。となりを歩むライオンがアメン・ナクトを助けている。翼は大きく広がり走っているスピードを表現している。弓と矢を持ち、両手でヘカ杖*をふり上げている。ヘカ杖の柄は極端に長く、その先端は銛で敵の額をまさに突こうとおびやかしている。

特徴：アテフ冠、太陽円盤、翼、プスケント、銛の笏

→アメン、セト、ハトホル、ホルス

B.: O. E. Kaper, "How the God Amun-nakht came to the Dakhleh Oasis," *JSSEA* XVII (1987), p.151-156; *Id.*, *Temples and Gods in Roman Dakhleh. Studies in the indigenous cults of an Egyptian oasis,* Groningen, 1997.

アメンヘテプ1世　AMENHOTEP I

テーベ・ネクロポリスで聖なる擁護者として崇められた王。現在のところ考古学的資料によって検証されていないが、第18王朝の2人目の王アメンヘテプ1世とその母イアフメス・ネフェルトイリが職人の村ディール・アル＝マディーナを設立したといわれている。これは王の墓を用意するために集められた「職人の村」の技術者や熟練職人を2人が擁護したことにより彼らの崇拝を受け、神格化されたことを示している。実際のところ、村の家々を守る最古の周壁はトトメス1世の時代のものとされている。しかし職人の村が作られた背景には、アメンヘテプ1世が、代々の王の中で初めて葬祭殿と墓を別々に建てたという経緯がある。葬祭殿はディール・アル＝バハリの東、集落との境に建てられた。墓は今日にいたるまで発見されていない。おそらくドゥラ・アブ・アル＝ナーガのリビア砂漠の台地の先端、あるいは王家の谷に掘られているものと思われる。

アメンヘテプ1世は単独、また母、あるいは他の神々とともに描かれている。アメンヘテプ1世がラメセス朝の最後まで、「真実の場」のパンテオンにおいて特別な存在であったことは、数多くのステラや記念碑が明らかにしている。その信仰はテーベ地域に限られたが、末期王朝まで続き、ネクロポリスの「聖なる擁護者」はナイル左岸の多くの神殿に納められた彫像の中に多様な性格を見せている。

なかでも重要な2つの彫像は異なる鬘と碑文によって見分けることができる。1つは「村の主人」そしてもう1つは「愛される者」という碑文をともなう。彫像は通常2つの王のカルトゥーシュを

神格化したアメンヘテプ1世の2つの姿、カベクネト墓（TT 2）、ディール・アル=マディーナ、第19王朝。

ともなうが、それはかならずしも決まった約束ごとではない。カルトゥーシュが1つの場合は、誕生名ジェセルカーラーが「村の主人」の像に結びつき、即位名アメンヘテプが「愛される者」の像に結びついているようである。

冬の第3月に行なわれるアメンヘテプ神の祭礼はたいへんにぎやかな祭で、民衆暦の第7月に行なわれ、第22王朝より「アメンヘテプの祭」と呼ばれている。現在でもコプト暦のファメノスにその名残を容易に確認できる。この祭の中で男たちが運ぶ輿に載った神格化された王像は、ネクロポリスの多くの休憩所を通り抜け、おそらく王家の谷まで運ばれたと思われる。祭ではふんだんに食物や飲みものがふるまわれ、職人たちは行列の中で「神の姿を見る」ことができたばかりでなく、予言を乞うという形で正義を訴え、神に直接問いかけることができた。テラコッタや石灰岩でできた小型のオストラカに記された短く、しばしば世俗的な質問に対する答えは、神の彫像が前に進めば「はい」、そして後にしりぞけば「いいえ」を意味した。数少ない例をあげれば、たとえば神は自分のヤギが盗まれたことを知っているか、宰相は自分のことを覚えているか、あるいはまた、自分は約束された配給を受けとることができるか、などの質問である。

アメンヘテプ１世はつねに２つの王笏のいずれか、あるいは両方をもつ、この世の王として描かれる。しかしときに片手に持つアンクのサインが、王が神々の世界の存在となったことを示している。その他の点においては、アメンヘテプの神の性格を示す特徴の違いは、衣服においてはほとんど見ることができず、髪型に違いが見られるだけである。これは、イアフメス・ネフェルトイリとともに２人のアメンヘテプがとなりあって座っているカベクネト墓（TT 2）の壁画に見ることができる。

「ジェセルカーラー、村の主人」は帯状冠のついたまるい鬘をかぶり、雄羊の水平な角の上に太陽円盤、２枚のダチョウの羽根、そして２匹のウラエウスを載せたヘヌウ冠をかぶっている。そして顎にはまっすぐな先のとがったつけ髭をつけている。

「アメンヘテプ、愛される者」は、ケペレシュのキャップ帽をかぶり、髭をつけず、「となり」に描かれたジェセルカーラーのように殻竿を右手に持ち、左手にはアンクを持っている。

特徴：王笏、ケペレシュ、ヘヌウ冠、まるい鬘

B.: J. Černy, "Le culte d'Aménophis Ier chez les ouvriers de la nécropole thébaine," *BIFAO* XXVII (1927), p. 159-203, pl. I-IX; A. von Lieven, "Kleine Beiträge zur Vergöttlichung Amenophis I. I. Amenophis I auf schildförmigen Mumienamuletten," *RdE* 51 (2000), p. 103-114, pl. XIX-XXII; ID., "II. Der Amenophis-kult nach dem Ende des Neuen Reiches," *ZÄS* 128 (2000), p.41-64.

アメンヘテプ３世　AMENHOTEP III

ネブマアトラーを参照

アメン・ラー　AMON-RÉ

アメンを参照

アルサフェス　ARSAPHÈS

ヘリシェフを参照

アルシノエ２世　ARSINOÉ II

フィラデルフィア（女神）を参照

アルテミス　ARTÉMIS

パケト、バステトを参照

アレクサンドリア　ALEXANDRIA

アレクサンドロス大王により造営された都市を人格化した女神。ファラオ時代のテーベやメンフィスのように、あるいはアンティオキア、ローマやコンスタンティノープル、さらに古代世界の他の都市のように、プトレマイオス朝の首都は、町自体が女神によって象徴されていた。

町の神は寓話に基づいたもので、似たような神々（町を人格化したネイロス*）や重要な神々（イシスやサラピス）など、他の神との特別な関係や神話があるわけではない。

女神はまれに浮き彫りに描かれる。またモザイクに見られることもあるが同定は困難である。それに対して貨幣に刻まれた女神には名前が彫られているため確実にアレクサンドリアであるということが可能である。女神は最初の４人のプトレマイオスの王たちによって作られた貨幣に見られるアレクサンドロス大王のようにゾウの頭飾りをかぶっている。あるいは塔のような冠、または麦や、ロータスの花を飾っている。キトンとクラミスをまとい、ときに笏、車輪、麦、シストルム、シトゥラなどをもっていることがある。アレクサンドリアは皇帝に向かって冠や麦をあたえている姿で描かれることが多い。

大英博物館所蔵の後４世紀末、あるいは５世紀初めの銀製の小像には、船の船体に片足を載せ、長いキトンとマントをまとい座した姿のアレクサンドリアが彫られている。髪を塔のように高く結い上げ、果物や麦を膝の上に載せている。ローマのトルロニア美術館のレリーフには、灯台を頭に載せ、豊穣の角と王冠を手に持つ人物が描かれている。アレクサンドリアを描いている可能性があるが、ファロス島自体を人格化している可能性も否定できない。

（→口絵/p.9）

アレス　ARÈS

オヌリス・シュウを参照

アレンスヌフィス　ARENSNOUPHIS

ヌビアの神。アレンスヌフィス（変形：アルセヌフィス、アルスヌフィス、ハレンスヌフィス）は、ヌビアの神のギリシア表記の名前であり、ヒエログリフの表記によるとイリ・ヘメス・ネフェルと記され、その意味は「良き仲間」である。エレファンティネ島で発見されたプトレマイオス２世ピラデルポス（フィラデルフォス）のステラが、エジプト最北のアレンスヌフィスの信仰を示す最古の遺物である。また、前３世紀の終わりには、フィラエ島に、プトレマイオス４世フィロパトルとメロエの王アルカマニの２人によって建造された、アレンスヌフィスに捧げられた小さな神殿があった。彼らの治世には、ダッカやムサワラート・アル＝スフラにおいても、アレンスヌフィスの信仰が見られた。ローマ時代になると、デンドゥールやカラブシャのヌビア神殿でその姿を見ることができる。またフィラエにもふたたび登場する。アレンスヌフィスの勇気、腕っ節の強さ、大声を讃える碑文は、彼のことを「偉大なる神、アバトンの主人」と呼んでいる。あるいはまた、デドゥンと同一視して「プントの主人」と呼んでいる。

オヌリス*やシュウ*と密接に結びつき、とくに後者とは、シュウ・アレンスヌフィスに融合した姿をもつ。ヌビアの空気と風の神であり「その声は聞こえるが、姿の見えない者」とされた。「ラーの息子」である彼は、生命の息をあたえ、遠方の女神*の神話の中で大切な役割を果たしている。この結びつきから、ライオンの姿をとることもある。「敵を打ちのめす活力に満ちた獅子」は、戦うホルスと同一視され、上エジプトの統一を守るために戦った。

エジプトの記念碑の中で、アレンスヌフィスの図像はごく一般的なものであり、名前以外は、腰布をまとい、ウアス杖とアンクをもつ他の神と区別することができない。しかし、その髪型は変化する。エレファンティネ島とカラブシャのステラでは、ヘヌウ冠をかぶり、デンドゥールでは、アテフ冠、そしてしばしばオヌリス神*の高い羽根の冠をかぶっている。あまり描かれることはないが、ライオンの姿のアレンスヌフィスが古いものである。フィラエ島のイシス神殿では、ライオンの姿をしている。恐ろしい護衛の姿をとり、ソティス女神*とイシス・ヘデデト女神*の手に支えられた首のないオシリス・アケパロス*の足からナイルの氾濫の水があふれだす重要な場面のかたわらにいる。

遠くスーダン、とくにムサワラート・アル＝スフラの地では、アレンスヌフィスは、セビウメケル*と守護神の役割を分かちあっている。（メロエのライオンの神）アペデマク神殿の壁の１つには、長い腰布、胴鎧、サンダル、耳飾り、腕輪に首飾りと、メロエ美術様式の衣装を身につけたアレンスヌフィスを見ることができる。ここではウラエウスを飾ったダイアデム（帯状冠）を巻いたキャップの上にオヌリス冠をかぶっている。そしてウアス杖とともに、ガゼルをもち、アンクのサインとともに扇、あるいは、ブーケのようなものを持っている。また別の聖域の入り口の両側にあった２つの「柱像」には、それぞれ紐でつないだライオンをともなうセビウメケルとアレンスヌフィスの姿が見られる。また、神殿の門の上に置かれた石のブロックにはアメン*の牡羊の頭部の横に彫られた２人の守護神の胸像の装飾がある。これによく似たブロックには、ヘムヘム冠をかぶったライオンの頭をもつ２人の立体的な像が彫られている。

特徴：冠（アテフ、オヌリス、ヘヌウ、ヘムヘム）

→遠方の女神、オヌリス、シュウ、セビウメケル

B.: E. Winter, “Arensnuphis. Seine

Name und seine Herkunft," *RdE* 25 (1973), p .235-250; S . W e n i g , "Arensnuphis und Sebiumeker. Bemerkungen zu zwei in Meroe verehrten Götter," *ZÄS* 101 (1974), p.130–150, pl. VI-IX; D. Bocquillon, "Deux aspects d'Arensnouphis à Philae," *BSAK* 3, *Akten der vierten internationalen Ägyptologen Kongresses München* 1985 (1989), p. 219–230.

(→口絵/p.9)

アンクのサイン　*ÂNKH* (SIGNE)

「アンク」とわれわれが通常発音する語は、生命の概念を示している。そして現代のエジプトを訪れる人々に最もよく知られているヒエログリフのサインである。神殿のガイドたちは、壁画の神々の手ににぎられているアンクのサインを示して見せ、観光客たちは土産物屋で金のアンクのペンダントを買い求める。

その形がTの文字の上に輪を乗せた十字架であるため、後1世紀よりコプト教においてエジプトにおけるキリストの十字架と解釈されるようになったアンクは、「輪状の十字架」、「鍵」、あるいは「生命の十字架」とふさわしくない名前で呼ばれているが、アンクのサインのもつ正しい性格には多くの仮説が存在する。中には現実には存在しない物だと考える者もいる。また、サンダルの紐、足首に巻く紐という説もある。また、ペニスケースという者もいる。サインの重要な要素は、古代の図では明らかな中央の結び目であり、イシスの結び目に近い。おそらく胸の上で衣を結ぶ2つの紐と首を象徴しているようである。

いずれにしても片手にアンクをもたない神を見ることはめずらしい。そして多くの場合、輪の部分をもっている。たんに永遠の命のシンボルを身につけている場合もあれば、王の顔の前に差し出していることもある。

「最初の時」である最初の日に太陽が出現した原初の海ヌンからすべてが始まったと考えるエジプト人は、水や太陽の存在なしに生命が存在しないということを知っていた。この概念が図像の中に残っているとしても不思議ではない。清めの儀式の折に水差しから滴る水の雫は小さなアンクのサインを鎖のようにつなげた形で描く。またアマルナ時代以降、太陽光線は太陽の下に広がる扇状の光線の先にある大きなアンクのサインや太陽円盤から数珠のように縦にたれるアンクのサインで表現される。またバハリーヤのベナティの墓の図においては満月の光も同様な方法で表現されている。

アンクのもつさらに強いイメージは、イシス*とオシリス・ヘマグ*の交わりを象徴するアンクのサインである。デンデラ神殿の屋上のオシリス礼拝所に描かれた場面で、シェンタイト*とメルケテス*が見守る中、鳥の姿の女神が再生復活する神の勃起した男根の上に止まっている。

→イシスの結び目

B.: G. Jéquier, "Les talismans *ânkh* et *chen*," *BIFAO* XI (1914), p. 121-143; M. Cramer, *Das altägyptische Lebenzeichen im christlichen (koptischen) Ägypten*, Wiesbaden, 1955; J. R. Baines, "Ankh sign, belt and penis sheath," *SAK* 3 (1975), p. 1-24.

(→口絵/p.9)

アンジェティ ÂNDJETY

古くから伝わるブシリスの神。後にオシリスにその座を奪われる。ケンティ・アメンティウ*やソカル*のように、古代の地方神であったアンジェティは、その性格や特徴をオシリスに奪われる。もともと、ブシリスの地で王であった者が、長い年月をへて神格化したものと思われる。

その名前は、単純に「アンジェトの者」という意味をもち、後に人々にしたわれる死者の神の形容辞として使用されるようになった。もともと、下エジプト、デルタの中心にある第9ノモスを示す地方名に由来している。この場所は後にブシリスと混同された。もともと、湖水地域であった可能性があり『コフィン・テキスト（呪文337）』は、そこが「偉大なる神が溺れた場所」であるとしている。これは、オシリス伝説のもうひとつの重要な物語である。

『ピラミッド・テキスト（220c、1833d）』によれば、アヌビスが「西を支配する」ように、アンジェティは「東を支配する」。アンジェティは冠とはまだいえない2つの特徴的な頭飾りをつけ、胸の上で交差した手には、後にオシリスの王笏へと発展する特徴的な2つの品をもっている。それはもち手の短いヘカ笏になる羊飼いの曲がった長い杖と殻竿である。

第19王朝の初めまでは、アンジェティの名前を記すサインのほかは、その肖像が知られていない。最も古い図像は、セティ1世の治世（アビュドスの神殿）に属するものである。その姿はオシリス・アンジェティであり、イシス女神をともない、長い杖の先は地面に触れている。簡単な腰布を巻き、頭にはぴったりとした、まるい小さなキャップを載せ、その上には「2つの渦巻き」が載っている。この印は、（第5王朝の）サフラー王の時代から知られており、パレルモ・ストーンに刻まれた王の年代記に記されている。この印は先の曲がった2本の棒のような形をしており、女神メスケネト*やチェネネト*の頭上にも見られる牛の子宮を示すヒエログリフのサインである。上記の図では額に巻かれたハチマキで抑えられている。ウラエウスを正面に飾り、短い鬘や3つに分けた鬘の上に飾られていることもある。

リビア時代の初めから、2つの渦巻きの頭飾りは異なる方向に少し傾いた2枚の羽根、あるいは、頭の天辺からまっすぐに伸びた2枚の羽根（ベフベイト・アル＝ハガルの神殿）に代わる。さらに、雄羊の螺旋状の角や太陽円盤の上に載り、タテネン*がかぶるヘヌウ冠を形作った。ときにウアス杖やアンクのサインを持つ。またときに、アテフ冠をかぶりミイラの姿をとることもあった。

タニスにある第22王朝のシェションク3世の埋葬室の壁には、伝統的なアンジェティの姿（長い杖、柄を横に持った殻竿、ハチマキ、2つの渦巻き）にともなう碑文がある。ソカル*と同じように「下エジプトの主人」と呼ばれている。

特徴：アテフ冠、ウアス杖、ウラエウス、殻竿、羽根、「2つの渦巻き」、曲がった長い杖

→オシリス

B.: J. G. Griffiths, *The origin of Osiris and his Cult, SHR* 40, 1980; O. Perdu, “Les métamorphoses d’Ândjty,” *BSFE* 159 (2004), p. 9-28.

（→口絵/p.11）

アンタイオス　ANTAIOS

ギリシア・ローマ時代の上エジプト第10ノモスの神。ファラオ時代に上エジプト第10ノモスで崇拝されていた神は、船に乗る2羽のハヤブサとして描かれる。明らかに2重性をもつ神であるが単独の存在であった。このめずらしい神がもつ名前にかんしてはネムティ*と同様に多くの問題がある。アンティウイ（「2つの爪」）、そしてネチェルウイ（「2柱の神」）という2つの名前は異なる時期の名前であり、新王国時代以降、後者が前者に変わったと考えるエジプト学者もいる。また2羽のハヤブサは和解したホルス*とセト*を表わしているという者もいる。あるいはまた、セトの2つの側面、すなわち、ホルスの敵、そしてラー*の船の船首でアポピスと戦う戦士という2面性を表わしているという者もいる。最後の仮説は可能性が高い。セトは「チェブウの主人」と呼ばれているが、チェブウとは、後にギリシア人がその地の神をアンテと同一視した際にアンタエオポリスとなったノモスの都である。

実際、（名前の類似性、あるいは同一性など）理由は多様であるが、この地方神はリビアの巨人であると最近のエジプト学者は考えている。ポセイドンとガイアの息子であるアンタイオスは、アフリカのリビア地方を支配するいわば悪役であり、領土を通るすべての者に戦いを挑

アンタイオスとネフティス、カウ・アル＝ケビルの近くの石切り場の岩絵、ローマ支配時代。

んでいた。しかしヘスペリデスの庭の黄金のリンゴを求めてやってきたヘラクレスがアンタイオスの領土を通った時、アンタイオスが母なる大地から力をえていることを知ったヘラクレスは、アンタイオスを大地からもち上げて絞め殺してしまう。

カウ・アル＝ケビル近辺の石切り場に掘られた２つのよく似た壁画の場面に保存状態の最も良いアンタイオスの図像がある。２つのうち状態の良いものは、デモティックの碑文の横に描かれている。アンタイオスはサンダルを履き、腰布の上には胴衣をつけ武装した姿をしている。右手には大きな剣を持ち、左手には長い槍とアンティロープを角をつかんで持っている。頭にはバンドを巻いたまるい鬘をつけている。バンドには２枚の羽根がはさまっておりリビアの神の特徴を表わしている。２つ目の場面の碑文を信じるならば、こちらのアンタイオスは正面を向き、後光が描かれていたようである。いずれの場合もアンタイオスの後には配偶神であるネフティス*がいる。これはアンタイオスとセトの関係を示すものであり、彼らの前には大きな葡萄畑の平面図が広がっている。

上と同じ場面がローマ時代のレリーフに再現されているが、これはエジプト様式とはほど遠いものである。カイロ・エジプト博物館（CGC 27572）所蔵の図には正面を向いた２人の人物が描かれている。巻き毛の髪の上には「リビア」の羽根は見られず後光が描かれているが、２人の人物はまちがいなくアンテとその配偶神である。アンタエオポリス・ノモスの貨幣には、神は胴衣を身につけている姿、あるいは裸の胸で描かれ、頭には２枚の羽根を飾り、手には槍を持ち、ハヤブサや戦利品などをにぎっている。

特徴：剣、槍、「リビア」の羽根

→セト、ネフティス

B.: W. Golenischeff, "Über zwei Darstellungen des Gottes Antaeus, " *ZÄS* 20（1882）, p. 135-145, pl. III-IV; Barguet, "Parallèle égyptien à la légende d'Antée," *RHR* 165（1964）, p. 1-12; K.-J, Seyfried, "Zu einer Darstellung des Gottes Antaios, " *Festschrift W. Helck zu seinem 70. Geburtstag, SAK* 11（1984）, p. 461-472, pl.15.

アンティ　ÂNTY

ネムティを参照

アンティヌス　ANTINOÜS

ハドリアヌス帝に愛されナイル川で溺死した後に神格化された神。ハドリアヌス帝が愛したビテュニア人アンティヌスの物語は有名である。後130年、アンティヌスはハドリアヌス帝とともに航行したナイル川で溺死した。その後、悲劇が起きたアンティノエの町で神格化され、後３世紀まで新しい信仰の対象となった。フィランティヌウス、アンモンアンティヌウス、エルマンティヌウスなどアンティヌスにちなみ皇帝の加護の記憶を残す名前をもった若者が５世紀まで次々と登場した。

アンティヌスの死の詳細は不明である。事故死であったのか、自殺であったのか、あるいはハドリアヌス帝を批判する者たちがいうように一種の祭儀上の犠牲であったのか不明であるが、明白なのは結果アンティヌスが神として崇められるようになったことである。たんにナイル川で溺死したことによってオシリス*の死との関係性の中で「エジプト人」として神格化したという説には疑問もあるが、またアンティヌスをあきらめることのできなかったハドリアヌス帝が公布を出したことが神となった唯一の要因であったともいえない。

エジプトの伝統において「溺死と神格化の間に明確な関係性がある」とは言えないが、まったく関係性がないともいいきれない。オシリスは溺死したわけではないが、殺害された後にナイル川に流されている。ピンチョのオベリスク（アンティヌスを記念してハドリアヌス帝が立てたオベリスク）の碑文の著者はエジプト人であったが、溺死と神の結びつきを記していない。エジプト人にとっては記す必要のない明白なことであったのかもしれない。そしてただ悲劇的な出来事に焦点をあてただけなのかもしれない。

「溺死する」、あるいは「泳ぐ」とふつう訳される動詞はまた「浸かる」あるいは「引き上げる」という意味をもつ。ニュアンスは異なるが、すべての溺死はオシリスの死を思い出させる。溺死した遺体は水に「浸かり」、後に「引き上げ」られる。それは殺害された神の遺体がナイルの水に浸かっていたことを思わせる。溺死の後の神格化が決まりごとではないとしても、アンティヌスの半世紀前に同じように溺死した後に神格化したペテイシス*とペホルの兄弟がいる。ただし、こちらもアウグスティヌス帝の政治的配慮があったことはいなめない。さらに古い時代においても「水に浮かんでいたもの」が神格化したことは、『アムドゥアト書*（第10時）』や『門の書*（第9時）』に記されている。また、なんらかの不可思議な理由により、溺死後に硬直した遺体は、死後にふたたび水に浸けられた。

ローマ近辺で発見された碑文を引用すると「エジプトの神々とともに玉座にいる」アンティヌスは理想化された姿で数多くの彫像や図像となっている。ギリシア芸術の最高峰ともいえる古典的な彫像や「エジプト様式」の彫像の他にも、貨幣、宝石、レリーフなど、アンティヌスの図像は帝国のあらゆる場所、デルフォイ、カルタゴ、チボリ、エレウシス、そして当然アンティノエで見られた。

立像や胸像など「エジプト様式」の作品に注目すると、死者の神となる前、エジプトの王として君臨していたオシリスと結びつき、アンティヌスはウラエウス（ときにウラエウスがない場合もある）を飾った王の象徴であるネメス頭巾をかぶっている。そして立像においては両腕を体の横に置き、左足を前にした伝統的な歩む姿の彫像として表現されている。また古代よりエジプトのファラオが身につけていた腰布シェンディトを身につけている。

特徴：ウラエウス、シェンディト、ネメス

→イシ、イムヘテプ、ウジャレネス、カゲムニ、ハプの子・アメンヘテプ、ピイリス、ヘカイブ、ペテイシス

B.: Ch. W. Clairmont, *Die Bildnisse des Antinous. Ein Beitrag zur Porträtplastik unter Kaiser Hadrian*, Rome, 1966; Ph. Derchain, *Le dernier obélisque*, Bruxelles, 1985.

（→口絵/p.11）

アンティロープ　ANTILOPE

オリックス、サティス、ヘヌウ船を参照

アンモン　AMMON

リビア砂漠の神。ドゥヴェリアやグレボーなど19 世紀のエジプト学者の中には、この神を「アンモン」と記す者がいる。いずれにしても同じ音の名前をもつテーベの神アメン（アモン）*と、リビア、そして後のギリシアの神アンモンを分ける必要がある。前6世紀からアンモンは、予言者として有名となり、巡礼者は遠くシーワ・オアシスまでその予言を聞きに訪れた。その中にはアレクサンドロス大王がいる。

アンモンの名前はギリシア語のアンモン、すなわち、「砂」からきている。古典作家が記述しているように、この神はリビア砂漠の砂を起源としているためである。あるいはまた、エジプトのアンモン神のギリシア版であるともいわれている。後にゼウス・アンモンやジュピター・アンモンとなり、ギリシアの神の要素を合わせもつようになった。名前の音が似ていることや、予言者であるほかに重要な共通点は、いずれの神も羊の神であり、古代より太陽と水と深く結びついている。

「角のある神」は、リビアの人々によって信仰されていた古代の羊の神であると思われる。それがファラオ時代のアメンと結びつくようになった。アンモンは角、そしてときには耳を特徴としてもつ。しばしば神の横に描かれる羊は、

アンモンの頭、ローマ支配時代のエルメスの柱、インス・ブランデル・ホール。

「水源に導くもの、不滅のもの、そして天の星座となった」。ときに狂気に陥ったローマ兵たちの前に突然現われ、水のある所へと導き、命を救う奇跡を起こすこともあった。その慈悲の力は、多くの奇跡（聖なる雨、良き道を示すために天が使わしたカラスやヘビなど）に満ちたアレクサンドロスの旅だけにあたえられたものではなかった。そのためアンモンは「ゼウスの子」として知られるようになり、帝国全土で受け入れられるようになった。

数多くの胸像とともに立像、そして貨幣やマスカロンが知られているが、アンモンの像は比較的変化が少ない。つねに長く巻き毛のある髭と豊かな髪の毛をもち、頭から羊の角と（ときに耳）が出ている。全体像が描かれる場合は、足にはサンダルを履き、左の肩から足先までたれ下がるヒマティオンをまとっている。宝飾品、貨幣、そして末期王朝の小像においては、他の神々と結びつき融合した姿のアンモンが描かれる。たとえば、サラピス*のカラトス、ヘラクレスの棍棒、ポセイドンの三叉、そしてアスクレピオスのカドゥケウスなどをもった姿である。

特徴：羊、羊の角

→アメン

B.: J. Leclant, “Per Africae sitientia.” Témoignages des sources classiques sur les pistes menant à l’oasis d’Ammon,” *BIFAO* XLIX (1950), p.192-2253; J. Leclant, G. Clerc, “Ammon,” *LIMC* I, 1981, p. 666-689; 2, pl. 534-554.

イアティ　IATI

ミルクの神。『ピラミッド・テキスト*』には多様な供物のリスト（§89b）があり、その中に「２つの盃に入った聖なるミルク」がある。そしてミルクを示す単語の１つであるイアティという名前の女神が記述されている。この女神は、栄養豊かな液体を人格化したものであり、死者となった王の乳母としてテキストには登場する。この小さな役割をになう女神の図像は見つかっていないが、少なくとも３つ、同じイアティという名前のミルクを人格化した男性の神の図がある。

最初のものは、ディール・アル＝バハリのハトシェプスト女王葬祭殿の壁に描かれた聖なる誕生の場面に登場する。また、デンデラのネクタネボの誕生殿とフィラエ島のプトレマイオス朝の誕生殿において、同様な場面に現われる。イアティは、神々に聖なる赤子を差し出すヘカ*の後に立ち、ヘカと同じような仕草で描かれている。両腕を曲げ、まるで手の中に見えないなにかを持っているような姿である。腰布を巻き、３つに分けた鬘につけ髭、そして首飾りと腕輪をつけている。頭の上には王冠のように、円筒形の帯状冠（鉢）を載せ、その上にミルク壺を表わすヒエログリフのサインを載せている。

特徴：ミルク壺

→チェニ、ミルク

イアフ　IÂH

月の神。トト神*やコンス神*など偉大なる月の神につぐ３番目の神。その出現はまれであるが、月を象徴する神である。それはイアフ、すなわち、夜の光を表わす一般的な言葉で、月そのものを神格化した神である。

イアティ、ハトシェプスト女王葬祭殿、ディール・アル＝バハリ、第18王朝。

１人で登場することもあるが、しばしば、月を表わす他の２人とともに登場する。複合的にコンス・イアフ、あるいは、トト・イアフ、または逆の順番のこともある（*MH* VII, pl. 572）。また、プルタルコスが記録しているように（『イシスとオシリス、41-44』）、エジプト人は、月が欠け始めてから、満ちるまでのゆっくりとしたサイクルをオシリスの遺体がバラバラにされ、再生復活するまでの受難劇と重ね合わせていた。

末期王朝時代の神殿の装飾に見られるイアフは、同じ時代の青銅の小像に見られるように頭に月の円盤を載せた人間の姿で描かれることが多い（たとえば、*D* VIII, pl.740）。円盤自体は、水平の三日月の上に載っている。これはまさに、エジプトの緯度で見られる三日月の形である。

オシリス・イアフの像もまた３つに分けた髪に同じ頭飾りをしている。王笏を手にした一般的なミイラの姿の時もあるが、生きている人間のように腰布をまとい、メンビト（王の玉座）*に座していることもある。ときにはさらに複雑な姿で、オシリス・イアフ・トトとして描かれることもある。この場合は、歩く姿のトキの頭の神として描かれ、頭には、月の円盤の前に置かれたアテフ冠をかぶっている。

特徴：三日月と月の円盤

→オシリス、コンス、シェプシイ、トト

B.: Ph. Derchain, *Mythes et dieux lunaires en Égypte, SO* 5, 1962.

イアフメス・ネフェルトイリ

AHMÈS NEFERTARI

神格化した王妃。第18王朝の創始者イアフメス王の妃（そしておそらく妹）であるイアフメス・ネフェルトイリは、新王国時代の偉大な女性の１人であった。王妃は、政治的にも宗教的にも重要な役割を果たした。彼女に力をあたえた夫とともに王妃はヒクソスの長い支配から解放された国家の再建に貢献した。彼女はまた「（アメンの）聖なる妻」の称号をもった初めての王妃であった。神殿に多くの寄進を行ない、信仰儀礼を再編し多くの神具を導入した。王妃の影響力は、息子アメンヘテプ１世が幼少の頃、共同統治したことによって増し、彼の治世を通じて衰えることがなかった。息子より若干長生きであった王妃は、死後、息子とともにネクロポリス・テーベの守護神として神格化された。神格化した２人はエジプトのパンテオンの偉大な神々と同じ舞台に上ることとなった。彼らは、３世紀半の長い間、王家の谷や王妃の谷などで墓を掘り、飾りつけをした職人、そしてアーティストである「墓作りの職人」たちによって崇拝を受けた。彼らは「真理の場の下僕」と呼ばれ、谷の間に隠された王家の墓を望む「アル＝クルン」の麓で他の世界から隔離された生活を送っていた。現在ではディール・アル＝マディーナと呼ばれる町の周壁の第一の壁は、考古学調査から次の王（トトメス１世）の時代のものと同定されているが、町の基礎部分は王妃とアメンヘテプ１世の時代の仕事であると考えられている。アメンヘテプ１世は葬祭殿と墓を別々に建造した最初の王であるが、彼の墓は現在でもまだ発見されていない。

神となった王妃の数多くの木製の小像が残っている。また、第18王朝中頃から20王朝末までの私人のステラや40近いテーベの墓に王妃の像が残っている。王妃はアメンヘテプ１世の後に立っている、あるいは座っている場合や、向きあっている場合がある。いずれにしても息子とともにいることが多い。しかし単独の場合もあり、またアヌビス*、オシリス*、あるいはハトホル*のような神々とともにいることもある。

決まりごとではないが、王妃の肌は黒く塗られていることが多い。とくに有名な像は瀝青を塗った木像である。体にぴったりとした長い衣はときに肌の色と同じように濃くなっていることがある。サンダルを履き、宝石を身につけた王妃は片手にアンク（あるいは花やパピルスの散形花序）をにぎり、もう一方の手に王妃がもつ花の笏をもっている。これは女性だけがもつ殻竿である。

王の妻であり母であるイアフメス・ネフェルトイリは、３つに分けた鬘をかぶり、その上には王妃の印であるムウト*女神のハゲワシの髪飾りをかぶっている。ハゲワシの翼は顔を囲むように広がっている。また、なにも飾りのない帯状冠をかぶっていることもあるが、帯状冠が2枚の高い羽根を支えていることもある。羽根は太陽円盤に飾られていることが多い。ディール・アル＝マディーナで出土し、レプシウスによってベルリン・エジプト博物館（Inv.-Nr. 2060）に運ばれたテーベの墓の壁（TT 359）の断片には、めずらしい冠をかぶった王妃の姿が描かれている。帯状冠の上にはハゲワシが描かれているが、ハゲワシ自体がアテフ冠をかぶっている。ハゲワシはその前にある2匹の鎌首をもたげたウラエウスを守るように翼を前に広げている。

特徴：帯状冠、ハゲワシの髪飾り、花の王笏、羽根

→アメンヘテプ1世

B.: M. Gitton, *L'épouse du dieu Ahmes Néfertary, ALUB* 172, Besançon, 1975.

（→口絵/p.11）

イアヘス　IAHÈS

上エジプトと結びついた神。後に『コフィン・テキスト*』に繰り返し登場する（呪文832）、『ピラミッド・テキスト*』の呪文（994c と1476a）には、イアヘスという名前の神が出現するが、その中で1度、ラヘス*と記されている。文字の誤り、あるいは音の聞き違いを示しているものと考えられ、同じ名前が音声変化したものではないと思われる。結果、2つの神がいると考えた方が自然であろう。このラヘスという神は、中王国時代からファイユームのワニの神として知られている。

『ピラミッド・テキスト』の中で、死者である王と同一視されているイアヘスは、「上エジプトを支配する」神とされ、「ヌビアを支配するデドゥン」と記されている。しかし、ガーディナーはラヘスという誤字の影響を受け、イアヘスを第1急湍（カタラクト）のワニの神と考えたようである。しかし、ガーディナーの仮説は、イアヘスがまったく異なる地域の神々である（東の神とされる）ソプドゥ*やドゥアウ*と同じ呪文の中に並列して記されている事実を説明していない。

イアヘスがどのような姿で描かれるかは知られていない。しかし、『死者の書*』の長い第17章の註釈を見ると、「その外見」はミン神に似ていると記されている。コプトスの神の2枚の高い羽根を頭につけ.羽根自体は、それぞれイシス*とネフティス*を象徴している。

→ミン、ラヘス

イアベテト　IABTET

東を人格化した女神。葬送の重要な役割をもつ西の女神イメンテト*に比べれば、その登場回数は少ないが、イアベテトは、砂漠や、エジプトの東の地域、そして太陽が昇る天の場所を人格化した女

神である。

太陽の航行の出発点を表わすイアベテトは、西の女神と対称関係にあり、この日々の太陽の航行における２つの重要な方位を象徴している。このような役割を女神がになうことはたいへんめずらしいといえる。ステラの装飾において２人の女神の象徴が方位を決定するように飾られているほか、（パピルス、石棺の蓋、墓の壁画などにおいて）イアベテトとイメンテトは、地平線に昇る太陽、ロータスから昇る太陽、太陽の船の厨子に乗りヌウト*の背中を航行する太陽など、多様な太陽の図に向かって両手を上げる崇拝の仕草で描かれる。

対称性を好むエジプト人は、イメンテトがオシリスのかたわらにいるように、「神々の女王」イアベテトが、アヌビス*のかたわらで死者の女神になると考えた。女神は、死者のために「冥界において香しいそよ風を送る」

西の女神と同様に、イアベテトも頭（あるいは額）にヒエログリフの象徴を載せており、簡単に特定することができる。それは棒で支えられた台の上に様式化した樹木を載せたものであるが、樹木の種類は特定できない。このサインには樹木の両脇に2つの別な要素が描かれ、時代とともに進化したが、もともとは『ピラミッド・テキスト*』にさかのぼることができる。断面図として見ると、それは低い泥レンガを積んだ壁のように見える。今日でもアラブの農民が、ヤギやロバから若い樹木を守るために、木の周りにレンガを積み上げているのを見ることができる。あるいはまた、この樹木がゴムの木だと考えると、木の脇にある２つのまるい要素は樹脂である。

イメンテトと同様に、イアベテトも手に笏を持つが、通常の女神が持つウアジュ杖ではなく、つねにウアス杖を持っている。

特徴：東を示すヒエログリフのサイン

→アレクサンドリア、イペト（2）、イメンテト、ウアセト、ケフェトヘルネベス、チェセメト、ニウト、メンアンク、

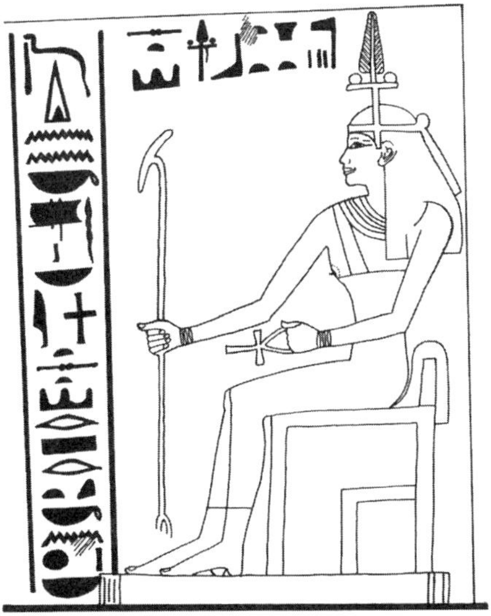

イアベテト、アメンエムハト墓（TT 82）、シェイク・アブド・アル＝クルナ、第18王朝。

メンネフェル

B.: H. Refal, “Iabtet. Die Göttin des Ostens” dans *Ein ägyptisches Giasperlenspiel. Ägyptologische Beiträge für Erik Hornung aus seinem Schülerkreis*, Berlin, 1998, p.179-186.

イアルの野 CHAMP DES ROSEAUX

一方で「葦の野」、「スゲの野」、あるいは「イアルの野」、他方で「供物の野」、「ヘテプ（神）の野」「祝福の地」という多くの名前は、なにも知らない読者を戸惑わせるかもしれないが、単純に訳の違いによるもので、実際には、『ピラミッド・テキスト*』の時代から並列に扱われている、2つの神秘の地をさしている。それはギリシア語でエリュシオンと呼ばれる理想郷とも混同されている。

天の東にある清めの地、死者となった王が、ともに天の頂上に昇りたいと願うラーが支配するところ、それはまた、地下のオシリスの領地にある幸福の地、すべての死者がたどりつき、供物の神であるヘテプ自身になりたいと願う地、その僅かな土地を欲しいと願う地である。その地で死者は、「豊かな農地、村、地域に心を寄せ、働き、刈り入れをし、ラーやオシリスやトト神を毎日自分の目で拝み、水と空気に恵まれ、望むすべてのことを行なう…　終わることなく永遠に（『コフィン・テキスト*』呪文467）」とされている。

『コフィン・テキスト』の呪文465の挿絵を再現した、『死者の書』第110章の大きな挿絵には、水と張り巡らされた運河に囲まれた素晴らしい土地の地図といえるものが描かれている。

農民によって想像されたこの地は、彼らが暮らしていた地上の土地を何倍ものスケールで、伝説の豊穣の土地に移し替えたものである。それはまさに幸福な者たちが暮らす桃源郷で、自然の2倍の収穫が望めた。たとえば、巨大な大麦は、（2つの穂をもち）5キューピッドの高さがあった。麦は（3つの穂をもち）7キューピッドの高さに達した（3m 50センチの高さである！）。

来世の野の図は、細部の違いを除けば、いずれもよく似ているが、その構成要素は時代とともに発展した。イアルの野の構成、とくに運河の配置は、末期王朝よりも新王国時代の方がずっと自由であった。いずれにしても次の構成は変わることがなかった。死者、あるいは死者の夫妻が、食物の主人である神々を崇拝し、ありとあらゆる供物を受けとっている図である。そして運河にそって、船に乗って旅をし、土地を耕し、種を撒き、穀物を収穫する。あるいは麻を摘む。そのすべては素晴らしい風景の中で営まれる。そこでは、マンドラゴラは、椰子、ドームヤシやナツメヤシ、そしてシコモア・

イチジクのように巨大である。

B.: R. Weill, *Le champ des roseaux et le champ des offrandes,* Paris, 1936; A. Bayoumi, *Autour du champ des souchets et du champ des offrandes,* Le Caire, 1940; L. H. Lesko, "The Fields of Hetep in Egyptian Coffin Texts," *JARCE* IX (1971-1972), p. 89-101.

（→口絵/p.12）

イウサアス　IOUSÄAS

ヘリオポリスの女神。アトゥム神の配偶神。イウサアスはネベト・ヘテペトと密接に結びつき同一視されることも多い。2つの名前をもつ1つの存在ととらえることもできる。この女神は神学者たちが孤独な創造神にあたえた4柱の伴侶となる女神の中の1柱であり、なかでもアトゥムの主要な配偶神となっている。イウサアスとネベト・ヘテペトの2人の女神は単独で登場することもあるが、1人の神の2つの側面と理解する方がよりわかりやすい。この2柱の女神を一緒に研究することによって、その性格が明確となる。ここで湾曲的な表現はせずに解説すると、エジプト人の具体的で簡単な思考によって2柱の女神はテメト*と同様に「神の手」と考えられ、露骨に創造神の性的行為を彷彿させる。

ヘテペトという単語の異なる解釈によって、ネベト・ヘテペトという名前は多様に理解することができるが、女性性器のサインが図にともなわれていることから、彼女を「陰門の婦人」あるいは、その表現と矛盾することなく「慰めの婦人」と訳し、性的欲望をなだめるという意味に理解することができる。それは正にハトホル女神であり、ネベト・ヘテペトはハトホルとしばしば混同され、愛の女神の1つの形と考えることができる。その形容辞は「慰める者」である。

その正確な意味がなんであろうと、イウサアスの名前は「彼女は来る、偉大な者として」と訳することができる。また「ヘリオポリスの北」の地区の名前でもある。その名前は「自慰」を表わすイウサウという語とかけてあると思われ、その意味でヘテペトと区別する必要もないと考えられる。自慰行為によってアトゥムはその子孫であるシュウ*とテフヌウト*を創造している（『ピラミッド・テキスト*』§1248）。「その体をひとつにし」「その手に心を宿す」という美しい表現が末期王朝のテキストに見られる（ブレムナー・リンド・パピルス28, 27）が、これは神の手による自慰行為の喜びを表現している。

カルガのイビス神殿の聖域の南の壁に描かれた場面を見ると、説明は消えてしまっているが、イウサウとイウサアスの音の響きが似ているだけでなく、女神の名前は神の男根の勃起した大きさを直接

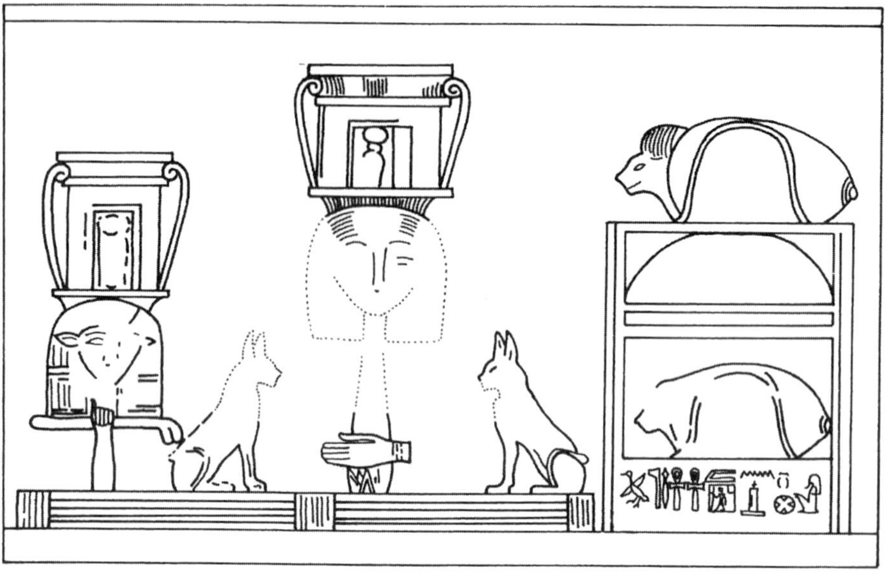

イウサアスとネベト・ヘテペト、イビス神殿、カルガ・オアシス、第27王朝（第１次ペルシア支配時代）。

的に表わしていることが示唆される。この場面には、同じマットの上に立てられたナオスの形をした２つのシストルムが描かれている。その横には２匹のまったく同じハリネズミのミイラが描かれており、反対側の壁に描かれたテメトを示していると思われる。２匹のネコに囲まれた右側のシストルムは、よく知られているネベト・ヘテペトの姿であり、楽器の把手を横ぎるように「神の手」が描かれている。左のシストルムの把手は非常に長い男根を手一杯ににぎった前腕によって代わられている。これこそイウサアスを表わす判じ絵であることは明らかである。

『ピラミッド・テキスト*』（§1210）の呪文の中に、しばしば誤解を受けるが、女性性器の大きさを示すと思われる次のような表現がある。そこには、ケプリ*の息子である王が「イウサアスの柔らかい巻き毛の下を通り陰門から生まれる」と記されている。この場合、女神の名前は、新生児が母親の腹の中から生まれる時の子宮の入口の大きさを表わしている。デンデラ神殿のネクタネボの誕生殿の聖域に描かれた聖なる子どもの誕生の場面に大きな生命のサインを頭に飾ったイウサアスが描かれている意味がこれでわかる。

イウサアスとネベト・ヘテペトは、創造神の性的行為を表わすとともに、創世の最初の日における生命の誕生のために必要であった両性具を示す自慰行為を象徴している。いずれもアトゥム神の子どもたちの本当の母親ではなく、あくまでも「神の手」の役割を果たす女神である。創造の始めにおいては他の形は考えられなかった。彼女たちは、孤独な創造神のかたわらにいた女性であり、恋人であり母であり、また性欲であり母性である。彼女たちがマアト女神と同一視されている事実は、創造をうながす性行為が世界を動かす偉大な力であったことを示している。

イウサアスとネベト・ヘテペトは共通した特徴をもつ。ハゲワシの髪飾り、皿状冠、ハトホル冠とシストルム。シストルムはとくにネベト・ヘテペトと結びついているが、いずれの頭にも飾られる。エドフ神殿の「供物の間」の北の壁に見られるように、イウサアスのみがスカラベの頭飾りをつけることがある。この場面では、彼女はケプリの後におり、皿状帯冠の上に非常にめずらしい横向きに描かれた聖なる甲虫を載せている（*E* XII, pl.363）。また、デンデラの礼拝所に描かれたスカラベは、上から見ると女神の頭の上に浮いているように見える（*D* II, pl.160）。ハトホルと同一視されたネベト・ヘテペトは、少なくとも１度、ハゲワシの髪飾りを飾っている。複雑な構造の飾りで皿状冠の上で羽根を広げたハゲワシが２匹の鎌首をもたげたウラエウスを守っているように見える（アビュドスのセティ１世の神殿の第2列柱室）。他では２匹のネコの間に立つナオスの形のシストルムが女神自身を表わしている。これは場面にともなう碑文に記された名前により明らかである（例：バンクス・ステラ n°7）。

ラメセス２世治世のヌビアの副王であったセタウの礼拝所、第19王朝のアル＝カブの「ハムマーム」の場合のように、２柱の女神が１柱の存在として１つになることもある。「すべての国の女王」という形容辞をもつ女神はマアト女神とも結びつき、頭の上にダチョウの羽根を飾っている。

特徴：ウラエウス、帯状冠、シストルム、スカラベ、ハゲワシの髪飾り、ハトホル冠、マアトの羽根

→アトゥム、ジェレテフ、セジェメト・ネベト、テメト、ハトホル

B.: J. Vandier, “Iousäas et (Hathor) Nébet-Hétépet,” *RdE* 16（1964）, p.55-146; 17（1965）, p .89-176; 18（1966）, p.67-142; 20（1968）, p.135-148.

（→口絵/p.13）

イウニト　IOUNYT

メンチュウ神の配偶神。イウニトにかんしては、メンチュウ神*の配偶神であるということ以外、あまりわかっていない。戦闘の神を奉るテーベ地方の4つの町の1つである、古代のヘルモンティス、すなわちアルマントと結びついた女神である。実際、イウニトとは「イウヌウの者」という意味をもつ。イウヌウはアルマントのエジプト名である。メンチュウの名前と結びついてギリシア語のヘルモンティスという名前が生まれた。

これはエジプトの神々の間でよく起きることであるが、イウニト女神の名前は、「上エジプトのヘリオポリスの者」と形容されているチェネネト*の形容辞にすぎなかった。しかし、次第に独立した神となった。新王国時代になると、イウニトは、メンチュウ神を頭としたカルナクの「大パンテオン」の15番目、最後の1人となり、チェネネトの後に続いている。また、アルマントにおいては、第11王朝の装飾を施した石のブロックにメンフィスの名前の1つである「アンクタウイの女主人」という形容辞で修飾されている。この形容辞の由来はまったく不明である。

1989年、「ルクソールの隠し場所」がアメンヘテプ3世の中庭において発見された。その中に王によって奉納された完全な像が出現し、そこに「イウニト、南のハーレムにおいて」という碑文が記されている。南のハーレムとはルクソール神殿をさしている。

アルマントで発見された中王国時代の石のブロックに描かれたイウニトは、ハゲワシの髪飾り以外に大きな特徴は見られない。しかし手には、一般に女神が手にするウアジュ杖に代わってウアス杖をもっている。

ルクソール神殿で発見された彫像は、玉座に座し両手は膝の上にのせている。左手は腿の上に載せ、右手は閉じてアンクのサインをにぎっている。台座の前、そして足の部分に刻まれた短い2行の碑文が女神の名前を明らかにしている。女神はごく一般的な姿で、体にぴったりとした長い衣をまとい、3つに分けた鬘をかぶっている。王冠はかぶっていない。

特徴：アンクのサイン、ウアス杖、ハゲワシの髪飾り

→9柱神、チェネネト、メンチュウ

イウンムウトエフ　IOUNMOUTEF

孝行の気持ちを人格化した子どもの神。もともと、「母の柱」を意味するホルス*の形容辞の1つにすぎなかったイウンムウトエフの信仰は、第5王朝の終わりから上エジプトの第9ノモスで見られ、3世紀には、ギリシア語の資料の中に、ホルス・イウンムウトエフとの結びつきで、ホロンメフィスという姿が紹介されている。

上記資料によると、イウンムウトエフは困難の中、母を助けるイシスの息子として描かれている。ネフェルトイリ王妃の石棺のある部屋には、部屋の軸の相対する位置に2本の柱が飾られており、ホル・イウンムウトエフとハレンドテスが対称的に描かれ、2人のつながりを明らかにしている。2人の肖像は、区別できないほど似ている。図にともなう碑文もまた相似しており、この2人の神が、孝行の2つの側面を表わしていることが明らかである。1人は悲嘆にくれる母を思い、もう1人は死後の父親の面倒を見ている。

オシリスのミイラ作り、葬儀、そして信仰を確かなものとするハレンドテスと同様に、セム神官の姿をとるイウンムウトエフも葬送の儀礼を司り、なかでも開口の儀式*を行なう。

ホルスとの結びつきをもつイウンムウトエフであるが、つねに人間の姿をとり、たれ下がるヒョウの毛皮の下に隠れる腰布をまとっている。ヒョウの足を左手に持ち、前にいる目に見えない質問者に向かって言葉を発するように、右手は差し出されている。小さな四角い髭をもち、子どもの編み毛を下げ、その下にはときにウラエウスを飾った短い鬘をかぶっている。

特徴：ウラエウス、子どもの編み毛、ヒョウの毛皮

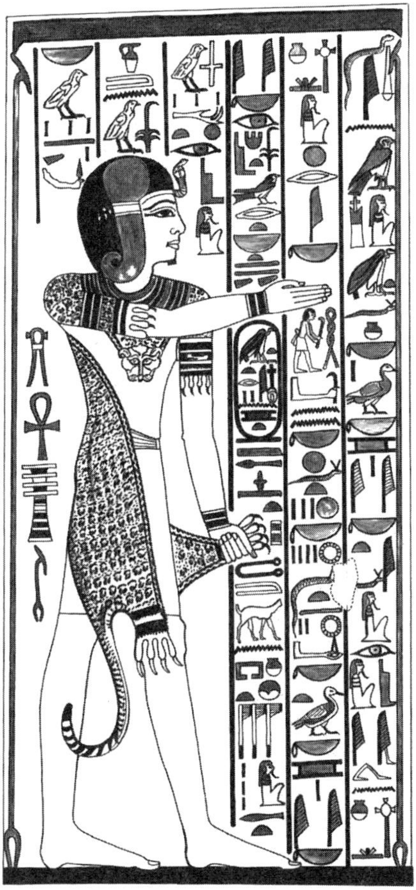

イウンムウトエフ、ネフェルトイリ墓（QV66）、王妃の谷、第19王朝。

→ハレンドテス、ホルス

イガイ　IGAÏ

リビア砂漠のオアシスの神。カルガのゲベル・アル＝テイルのグラフィティの中に、「オアシスの主人、イガイ」という短い文が、消えかかった図の横に記さ

れているのを見ることができる。この神の存在は、西の砂漠とそこへ導く道の出発点に見られる。

この神の名前は上エジプト第8ノモスの名前のように、台の上に載せた2つのウアス杖で記され、『ピラミッド・テキスト*』の時代から知られている。§662bには太陽の敵であるヘビとの結びつきを見ることができる。また、§1537bには、犬の性格が見られる。そこではイガイはアヌビス*と同一視されている。このことは、『コフィン・テキスト*』(呪文755と756)の2つの文章によっても明らかである。このうち2つ目のものは、イガイをハ*とならべており、また『死者の書*』(第64章)の呪文には、イガウと名前が記されている。

イガイの名前を書くために使用される2重のウアス杖とセト神*と共通する「オアシスの主人」という称号は、セトとの結びつきを示している。現在、カイロ・エジプト博物館に所蔵されている偽扉ステラ(CGC 1385)が示すように、第3王朝の終わりに登場するイガイの名前が最古のもので、アヌビス、イガイ、セトの神官であったカバウソカルという人物の称号の中に見ることができる。

また、イガイの名前の入った人物名を多く見ることができる。最も新しいものは、ダクラ・オアシスのアイン・アシルで発見された粘土版に登場する。また、古王国時代末期の総督の城の発掘で明らかになった多くのヒエラティックで記された資料には、「イガイの祭」について書かれたものがある。

ゲベル・アル=テイルの岩窟に記された碑文からは、イガイの姿を明らかにすることができない。イガイのもつ犬の性格が、図像の中で犬の頭をもつ人間の神として現われるかどうかは不明である。イガイの唯一の図像は、ブバスティスの大神殿の「祭礼の間」の扉に描かれた、オソルコン2世の王位更新祭を祝う祭礼に集まった神々の中に、簡略化された形で見ることができるだけである。

砂漠の神の1人としてセトとハを示す「オムビトの者」に属するイガイは、「セド祭を統括する者」であり、人間の姿で登場し、周りにいる神々と変わることのない姿をもつ。腰布を巻き、3つに分けた鬘をかぶり、ウアス杖とアンクのサインを持っている。

特徴:アンクのサイン、ウアス杖

→アヌビス、セト、ハ

B.: H. G. Fischer, “A God and a General of the Oasis on a Stela of the Late Middle Kingdom,” *JINES* XVI (1957), p. 223–235, pl. XXXII-XXXV.

イクネウモン(マングース)

ICHNEUMON

有名なイクネウモン(*Herpestes*

ichneumon）は、「ファラオのネズミ」という、あまりふさわしくない名前をもつ。ファラオ時代の動植物は、数世紀に亘って、大きな変化を受け、その中でワニやカバ、そしてロータスやパピルスのような象徴的な動植物がエジプトから消え去ったが、イクネウモンはその変化を逃れた。谷やファイユームの静かな道を車で走ると、足の短いマングースを見ることはめずらしいことではない。マングースは、古王国時代のマスタバ墳の沼地の場面にしばしば登場する。やはり絶滅してしまったジャコウネコ（*Genetta genetta*）と同じように、鳥を獲るためにパピルスの長い茎を昇る姿で描かれている。

マングースがヘビの大敵であることから、エジプト人は永遠の敵に打ち勝つ太陽神をイクネウモンの中に見る。そして巨大な動物が彼らの頭の中に想像された。「ラーは、怒りに満ちたアポピスを撃ち殺すために、46パームのイクネウモンに変身する（これは24メートルに及ぶ長さである！）」カイロ・エジプト博物館所蔵のフィリッポス・アリダイオス時代の治癒者ジェドヘルの彫像（JE 46341）やコフィン・テキスト*（呪文939）には、あまりに巨大でラー・アトゥム神が、その「先端を見る」ことができなかったと記述されているほどである。

ヘリオポリスに登場するイクネウモンは、アジュと記されている。これは「殺戮者、破壊者」という意味で、ヘビを食する動物を見事に描写している。しかし、イクネウモンには、中王国時代から知られているカテルウあるいはカテリというセム語起源のもう1つの名前があり、その存在は1人前の神として認められていた。レトポリスにはアマムウの名前で崇拝されているトガリネズミ*がいたが、イクネウモンとトガリネズミはこの地におけるハロエリスの特別な姿であるケンティ・イルティの聖なる動物であった。つまり、天のホルスの左眼である月が、満ち欠けする変化において、見える者と見えない者を表わす2つの動物がそれぞれイクネウモンとトガリネズミである。

「洞窟の書*」の第4部には、リアルなイクネウモンの描写が見られる。通りすぎるラーは、イクネウモンを「ホルス、メケンティ・イルティ、カテルウ、ドゥアトにおける変身の術の主」と呼び、イクネウモンの目と視力について語る。そして「わたしは、わたしの円盤でお前を照らす」と言う。

ヘリオポリスやレトポリスのほかに、ブト、サイス、アトリビス、ブバスティスで、ミイラとして奉られたイクネウモンを数多く見ることができる。上記の町のほかにヘラクレオポリスを信仰の土地として加えることができる。ストラボン（「地理書」XVII、I、39）やシケリアのディオドロス（「歴史叢書」I、35、7＆87、4－5）の証言によると、イクネウモンはワニの大敵でもあった。ヘビの卵と同様に卵を狙って破壊するばかりでなく、その大きな口に飛び込み、腸を食い散らして殺してしまうといわれている。また、イクネウモンはカワウソ（*Lutra lutra* L.）と混同されることが多く、エジプト人もこの2つの動物をしばしば混同し、よりめずらしいカワウソの代わりにイクネウモンを使うことがあった。カワウソは、ブトにおいてウアジェトの聖なる動物の1つであり、ライオンの頭をもつ女神として描かれた。しかし、ウアジェトの青銅製の彫像の中には、カワウソの代わりにイクネウモンの遺骸が納められていることが多かった。また、後足で立ち、体を起こして、手のひらが見えるように前足を祈りの姿勢であげているカワウソを描いた末期の青銅の彫像の大半が、多くの博物館において、イクネウモンと表示されているのも、この2つの動物がしばしば混同されたためである（ベルリン・エジプト博物館13145など）。

石棺の蓋（ルーヴル美術館N5241）などにおいては、歩く姿のイクネウモンが好んで描かれる（大英博物館29413）。また、スカラベに彫られていることもある。マルカタのアメンヘテプ3世の王宮からは、敵を倒す王が、太陽の聖なる動物イクネウモンによって具現化されている印章が見つかっている。

サフト・アル＝ヘンナの神殿には、ネクタネボ1世によって建造されたソプドゥを奉った巨大なナオス*がある。この左の壁には、イクネウモンの頭をもつ人間の姿でアトゥム神の像が描かれている（カイロ・エジプト博物館 CGC 70021）。手には、通常オナガザルとして描かれる場合と同様に弓と矢を持っている。ウィーン美術史博物館にあるイクネウモンの小像（Inv.-nºÄS 1062）は、まさにナオスの壁に描かれ、描写されている像とよく似ている。実際、このウィーンにある緑色の石像は上記の神殿から出土している。聖なるマングースの頭を支えているように見えるオベリスクの形の「柱の前の部分」に刻まれた短い碑文によると、聖なる動物は「アトゥム、ジジファス（キリストノイバラ）の城に住む、ヘリオポリスのカー」とされている。これに対して、ナオスに彫られた図に記された碑文には、聖なる動物の名前の後に「硬石、高さ：10デジット（指）」とあり、地理的な形容辞に替わって、材料と大きさが記されている。これは神殿の宗教的な家具のリストに慣習的に記される項目である。10デジットという高さは、18.5cmより少し高い程度であり、サフト・アル＝ヘンナのナオスに描写されている小像は、ウィーンに所蔵されているものの約２倍の大きさとされている。

→アトゥム、アポピス、ウアジェト、ケンティ・イルティ、トガリネズミ、ハロエリス、ラー

B.: K. Sethe, "Atum als Ichneumon," *ZÄS* 63（1928）, p. 50-53; B. Bothmer, "Statuettes of *W3d.t* as Ichneumon Coffins," *JNES* VIII（1949）, p. 121-123, pl. XII-XIV; E. Brunner-Traut, "Spitzmaus und Ichneumon als Tiere des Sonnengottes, " *NAWG*, Jahrgang 1965, Nr. 7, p.123-163.

（→口絵/p.13）

イシ　ISI

神格化した宰相。エドフにおいて宰相イシの墓が発見された1933年以前、考古学者は、ホルス*の大神殿に隣接した遺跡から発掘された葬送ステラの中に同じ名前の「不思議な地方神」が存在することに気づいていた。

第５王朝の末から第６王朝の初めまでの時代を生きた高官イシのレンガ製のマスタバ墳の発掘調査により、この２人が同人物であることが明らかとなった。この墓は、神イシの礼拝所の機能も果たしており、中で発見された遺物の多く（ステラ、供物台、彫像）によると、ウニス王やテティ王と同時代の「ノモスの偉大な長」は、理由は不明であるが、中王国時代を通じて第13王朝の末のセベクヘテプ４世の治世まで、この地方で神として崇められた。

つねに「生きている神」と形容され、人々に愛されたイシは、オシリスやホルスと同じように葬送の呪文において呼びかけられ、ネチェルイシやサトイシのような聖人の名前にとりこまれている。

ヘカイブ*やカゲムニ*のように死後神格化した神々と同様に、イシも特別な図像表現をもたなかった。数少ない図像は、墓のレリーフなどで、いずれも宰相の姿をしている。三角形に折った腰布を巻き、首飾りを飾り、小さな髪の房でできた鬘と短いつけ髭をつけている。

→アンティヌス、イムヘテプ、ウジャレネス、カゲムニ、ハプの子・アメンヘテプ、ピリス、ヘカイブ、ペテイシス

B.: M. Alliot, "Un nouvel exemple de vizir divinisé dans l'Égypte ancienne," *BIFAO* 37（1937-1938）, p.93-160.

イシェドの木　ARBRE-*ICHED*

ヘリオポリスの聖樹。イシェドの木は、長い間、クスノキ科、ペルセア属のペルセア（*Mimusops laurifolia* [Forsk] Friis）と思われてきたが、1891年以来マスペロが主張しているように、現在では、かなりの信憑性をもって、ハマビシ科のバラニテス（*Balanites aegyptiaca* Del.）であるとされている。エジプトの

聖域で、アカシアに次いで、聖なる樹木として多く描かれている。エドフ神殿の碑文には、エジプト全土に分布する、信仰の対象となる樹木の詳細なリストがある。これによると、末期王朝時代、ヘリオポリス以外の42のノモスのうち、16のノモスでバラニテスが登場している。

神々の世界でイシェドの木が果たした役割を見ると、この木の人気が高かったことが納得できる。大半は葬送の文書である多くのテキストに「聖なる木」として登場するが、ここでは、イシェドの木が特別な役割をもち、挿絵となっている、2つの神秘的な場面を紹介しよう。

最初の場面は、夜の間、蛇アポピスと戦う太陽の日々の行為に関係している。そこには大きなナイフを持った猫が描かれ、イシェドの木の横で、ヘビを打ち倒し、その頭を切ろうとしている。イシェドの木は、朝の若い太陽の通り道を用意するために、真二つに割けると記されている。それは『死者の書*』の非常に長い第17章の文章の挿絵であり、死者はみずからをヘリオポリスの猫と同一視する。猫はほかでもない「子どものラーその人」であり、死者は、彼のように毎日、新しい朝を迎え、再生復活することを願う（p.65口絵下参照）。また、「断頭の塚」に植えられた聖なるバラニテスの木は、偉大な城の聖域、すなわち、広大なヘリオポリスの太陽の聖域における「日々の殺戮」の場を示していると考えられていた。

もう1つの場面は、第18王朝からギリシア・ローマ時代まで、神殿の壁に刻まれているもので、終わることなく繰り返される王位更新祭によって王の長い治世を約束するものである。王がひざまずいている、あるいは、座している前に、聖なる木の1部をもつアトゥム*（あるいはアメン*）、トト*とセシャト*がいる。手に筆を持ったヘリオポリスの主人や、書記、書庫、そして王の年代記の守護神たちが、楕円形のカルトゥーシュの中に、王の戴冠名を記している。この場面にともなう碑文には、神々は「イシェドの木に」書く、と記されている。ただし、葉に書いているのか、果実に書いているのかは明らかにされていない。

当然のことながら、上記2つの場面のうち、パピルスに彩色された最初の挿絵は小さく、2番目の壁画の図のように詳細には描かれていない。いずれにしても、樹木の名前の決定詞となるヒエログリフのサインを大きくした一般的な形で描かれることが多い。

様式化されたイシェドの木は簡素に描かれている場合もあるが、ギザギザ模様で豊かな葉を表現していることもある。からみあう枝はまっすぐな短い幹から四方に規則的に伸びている。樹木の輪郭や枝ぶりは、非対称的なこともあり、またまったく葉が描かれていないこともある。
→アトゥム、アポピス、セシャト、トト、ヘリオポリスの猫

B.: N. Baum, *Arbres et arbustes de l'Égypte ancienne. OLA* 31, 1988; J.-P. Corteggiani, "La 'Butte de la Décollation' à Héliopolis," *BIFAO* 95 (1995), p. 141-151; K. El-Enany Ezz, "Quelques observations sur le *Balanitesaegytiaca*," dans S. H. Aufrère (éd.), *ERUV* II, *OrMonsp* XI (2001)、p. 155-162.

イシス　ISIS

オシリスの妹で妻。ホルスの母。オシリス伝説の中で見せる愛情深い妻、そして完璧な母親像により、イシスはエジプトのパンテオンの中で最も重要で人気のある女神となった。そしてローマ帝国全土において、唯1人、普遍的な女神となった。

イシス女神の起源は、その最後の姿が栄光に満ちていたにもかかわらず謎に満ちている。後4世紀の終わりに異教を禁じるテオドシウス帝の法典が編纂された後も、最後のエジプトの女神として一般の人々の信仰をえていたが、その誕生のことは知られていない。

イシスはデルタ地方起源の女神と考えられ、その名前が「椅子」を意味することから、王の玉座を人格化した神であったと考えられるが、これも推測の域を出ない。他の神々の名前と共に記された葬送の質素な碑文から、イシスのために特別に捧げられた讃美歌、さらにはプルタルコスの有名な『エジプト神オシリスとイシスの伝説について』など、ありとあらゆる時代の多くのテキストに描かれたイシスの性格は豊かであると同時にたいへん複雑である。

彼女は「神の母」として第1に現われる。しかしこの母性には偉大なる魔法使いとしての資質が付随している。オシリス*の死後の婚姻の結晶であるホルス*を宿すためには、まずオシリスの遺骸を集めた後に命をあたえる必要があった。実際、ビブロスの地で「波に打ち上げられた」棺の中からイシスがオシリスを見つけ出した後、「月の明かりの中で犬と共に狩猟に興じていた」セトは、偶然にもオシリスを見つける。そしていわば、第2の死をあたえるように、オシリスの遺体を14の部位にバラバラにする。この数は地方の伝説によって異なるが、いずれにしても遺体はエジプト中にばらまかれる。途方にくれたイシスの涙、オシリスの遺体を追って探し求める姿、忠実なネフティスの助けによりミイラを作り、葬送の儀礼を行なう様子、ホルスの懐妊など、物語の中でイシスはオシリス神話の中心的な人物 である。

魔法の力に長けているだけでなく、女

神の中で一番「狡猾」な側面も見せるイシスは、ネメティ*に見つからないように老女に化け、また、ラー神さえ欺き、「高貴な神」の秘密の名前を聞き出すために神を癒すかのように見せかけ、実は神に対して力をもつ。これは『イシスとラーの伝説』の中に語られている物語である。この本は毒に対処する魔法のテキストである。イシスは神の唾と土を混ぜ、ヘビに咬まれた「宇宙の主人」を癒す。女神は「賢い女性であった。彼女は世界中のどんな男よりも大胆不適であり、どんな神よりも狡猾、そしてどんな精霊よりも有能でたくみである。天にも地にも彼女の知識の届かないものはない」

表現は大袈裟であるが、多くのテキストの中に見られる無数の形容辞を見ると、ギリシア人がイシスのことをミリオニマ、すなわち「万の名前をもつ者」と呼んだことが納得できる。プトレマイオス朝のはじめにフィラエの大神殿に刻まれた讃美歌の内容に一貫性をあたえるためには、イシスの宇宙神としての性格を強調する必要があった。「天にも地にも他に比類のない」女神は、「神々や人間に命をあたえる者」とされている。「勇敢な者よりも勇敢であり、力のある者よりも力をもつ」イシスは、「ラーの眼」、「ラーの額にいる」ウラエウス、ラーの船で共に航行し、太陽のように「暗闇を撥ね除ける」存在であった。イシスは「天と地とドゥアト（冥界）の女主人」であり、「すべての町に宿る［神の］バー」である。サティス*と同一視され、「ナイルの氾濫を呼び、すべてのものに命をあたえ、植物を押し出す者」など、さまざまに描写されている。

また、イシスを表わす図像もハトホルのそれと同様に多様である。ここでは、彼女が見せる多様な姿の中で主要なものに言及する。ファラオ王朝を通じて、彼女は泣き女、そして守護神としての役割を貫いている。最も一般的な図像は、他の女神と変わることのない若い女性の姿で、イシスの名前を表わす椅子を意味するヒエログリフのサインを冠のように頭にかぶっている。このサインは、直接鬘の上に載っている場合と、太陽円盤の上、あるいはハトホル冠の角の間に飾られている場合がある。しかしイシスがこのサインをかならずつけているわけではない。アビュドスのセティ1世の神殿にある、イシス女神が奉られている礼拝所には、30余りのイシスの姿が壁を飾っているが、このサインを頭に載せているものは1つもない。その頭飾りは多様であり、ハゲワシの髪飾り、帯状冠、ウラエウス、まっすぐな羽根やダチョウの羽根、さらには、イシス・ソティス*としてアンティロープの角まで、さまざまな組合せの装飾を頭に飾っている。

鳶、牝牛、ライオン、カバ、サソリ、

ケンミスの沼地でホルスに乳を与えるイシス、フィラエ神殿の誕生殿、プトレマイオス朝。

あるいはコブラ、厳密にいうと、イシスは聖なる動物のいずれでもないが、同時にあらゆる種類の動物の姿で出現する。アビュドスの神殿の有名な場面や、デンデラのオシリス礼拝所（*D* X, pl. 262、264）において、オシリスと契りを結ぶのは鳶の姿のイシスである（p.20口絵上参照）。また、ディール・アル＝マディーナのセンネジェム墓（TT 1）において、ネフティスと共に死者を見守る「偉大なるイシス、神の母、天の女主人、すべての神々の王」は、鳶の姿で描かれている。またハトホルのように、台座に載った羽根や太陽円盤の冠をかぶった牝牛の姿で描かれることもある。ブバスティスのオソルコン２世の神殿のブロックやジュミラック・パピルスの挿絵（ルーヴル美術館 E 17110）にも牝牛の姿で登場する。それに対して、フィラエ島のハドリアヌスの門に描かれた洞窟にいるハピ*を描いたレリーフには若い牝牛の頭の女神、また、サッカラ北の聖牛の地下墓地で発見された末期の青銅像にもアピス*の母親として牝牛の頭の女神の姿で描かれている。コム・オンボ神殿の第１列柱室に描かれたプトレマイオス８世の前にいるイシスは、ライオンの頭の女神イシス・ライトとして登場する。カルナクのオペト神殿の壁画にはライオンの姿で描かれる。そこではまた、守護神としてカバの姿でも描かれている。２つの動物の姿で、女神はケンミスの沼地のパピルスの茂みに隠れているホルスを囲むように守っている。セルケト*やヘデデト*と結びついたイシスは、サソリの体に女性の上半身をもつ姿で描かれる。最後に、ラーのウラエウスと結びついたイシスは、毒を吐くコブラの姿をとる。王家の谷のラメセス・メンチュヘルケプシェフ王子（KV 19）の墓にその例が見られる。

植生の女王としてのイシスの姿は１つしか見られない。トトメス３世墓（KV 34）の列柱室の柱に描かれたもので、王が「母なるイシスから乳を呑んでいる」。イシスは乳房と腕をもつ樹木の姿で描かれている。

ギリシア・ローマ時代になると、サラピス*がオシリスにとって代わり、それにともなってイシスもまた、新しい神と共に夫婦となり、アレクサンドリアの王たちの象徴となった。そしてハルポクラテスを息子としてエジプトの３柱神と呼ばれるようになる。後２世紀になると、イシスの信仰は、地中海沿岸地方全体に広まり、ローマにもイシス神殿が建てられるようになる。ネオプラトニズムのアプレイウスの『変容』（XI，３-５）には、この魔法の物語の主人公であるルキウスの目に映ったイシス女神が見事に、そして詳細に描かれている。「まず、豊かで長い髪の毛は軽い巻き毛となって聖なる首に柔らかくたれかかっている。そしてさまざまな花を編んだ冠がその頭上を飾っている。額の上には月を模した鏡のような円盤が白い光を放っている。右と左には、２匹の毒蛇が蜷局を巻き鎌首をもたげ、その上には豊穣の神ケレスの麦の穂が飾られている。多様な色彩に変化する衣は上等の麻で織られており、その色は昼のような白、クロッカスのような黄色、そして炎のような赤へとさまざまに変化する。なかでもわたしの目を奪ったのは、鈍い光を放つ深い黒の衣であった。その衣は体全体を覆い、右腕の下から左の肩へとかけられ、たれ下がった先端は胸のあたりで結び目を作っている。そこから幾重にも折った布が足下までたれ、房飾りのついた裾が優美に揺れている。刺繍を施した縁や裾には輝く星の飾りがつけられており、その真ん中には満月の飾りが光を放っている。この布の曲線全体には、花と果物でできた花輪飾りが隙間なく施されていた。そして女神の所持品にかんしていえば、こちらも多様であった。イシスの右手には青銅製のシストルムがにぎられている。曲線を描いている細い金属の部分には、小さな棒が交差し、腕を３回ふると澄んだ音が響く。左手には船の形の黄金のランプを持っている。その把手の突起した部分には、首の部分をふくらませ鎌首をもたげたヘビが飾られている。そして聖なる足は、勝利の木であるヤシの葉で編んだサンダルを履いている。このように圧倒するような姿で、女神はアラブの香しい香水のような息を吐き、わたしに話しかけた」

「わたしはあなたの所にやってきました。あなたの祈りに導かれて。わたしは

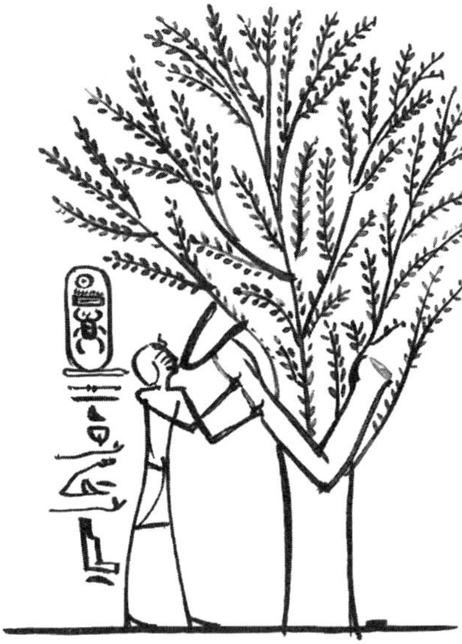

トトメス３世に乳をあたえるイシスの木。トトメス３世墓（KV 34）、王家の谷、第18王朝。

自然界の母。すべての要素の女主人、数世紀という時の起源、そして法、最高神、死者の女王、天の住人の中で最初の者、神々や女神の普遍的な姿。天頂にある光、海の爽やかな息、冥界の悲しい沈黙、すべてはわたしの意のままになるのです。唯一の権力をもち、世界はさまざまな姿のわたしを崇め、さまざまな名前の下に祭儀を執り行ないます（P・ヴァレット訳）」

ギリシア・ローマ時代のイシスの図像は、上記のような「輝かしい姿」に限らないが、モーツァルトが「魔笛」において夜の女王を生み出した時には、アプリエスが見たイシスの姿を思い浮かべていたと想像するにかたくない。そして実際、この有名なオペラの上演において、イシス像はインスピレーションをあたえていたはずである。多くの図像においてイシスはオシリスの死を嘆く姿で描かれている。あるいはまた、ハルポクラテス*に乳をあたえる姿を見せる。そして他の神々、とくにエジプト起源の神々と共にいる。他の女神と結びついて作られた品々には多様な要素が融合した姿で描かれ、そこにはファラオ時代には見られなかった品々、貨幣、インタリオ（沈み彫り）、カメオ、パテレ、テラコッタの小像、油ランプなどがある。イシスは、古代のハトホル冠を新しく解釈した小型のバシレイオン冠をかぶっている。イシスの仕草や態度を見ていると、彼女が同一視される女神の主な特徴を自分のものにしている。詳細は割愛するが、イシス・アフロディテはときに完全に裸体で、また衣の間から恥ずかしそうに隠している女性の性器が見えることもある。そしてイシス・デメテルは明らかに麦と結びつき、麦の穂が冠に加わっている。イシス・フォルトゥナは、右手に運命の車輪をもち人間の運命を左右している。そして左手には豊穣の角を１つ、あるいは２つ持っている。航海術の発明家であるイシス・ペラギアは、イシス・ファリアのように、風で張った帆を持っている。イシス・ソティスはシストルムとパテラ林を持ち、走る犬の上に横乗りになっている。イシス・テルムティスは、しばしばサラピス・アガトデモンと共に描かれ、鎌首をもたげたコブラ、足の部分がヘビの女性、女性の上半身をもつヘビ、あるいは女性の頭をもつヘビとして描かれている。

特徴：イシスの結び目、椅子を表わすヒエログリフのサイン、犬、ウラエウス、運命の車輪、サのサイン、シストルム、シトゥラ、太陽円盤、翼、ナイフ、ハゲワシの髪飾り、バシレイオン冠、ハトホル冠、羽根、帆、豊穣の角、マントパテラ林、三日月、麦の穂

→イムセティ、イシスの結び目、ウアジュ・ウル、ウレト・ヘカウ、オシリス、ケベツウト、サティス、サラピス、シェンタイト、シコモア・イチジク、セト、ソティス、泣き女（女神）、ネフティス、ネムティ、ハルポクラテス、ヘデデト、ホルス、メスケネト、メルケテス

B.: M. Munster, *Untersuchungen zur Göttin Isis vom Alten Reich bis zum Ende des Neuen Reiches, MÄS* 11, 1968; J. Leclant, “Isis, déesse universelle et divinité locale, dans le monde gréco-romain” dans *Iconographie classique et identités régionales, BCH, Supplément* XIV（1986）, p.341-353; L. V. Zabkar, Hymns to Isis in her temple at Philae, Honovre/Londres, 1988; F. Dunand, *Isis, Mère des Dieux*, Paris, 2000.

（→口絵/p.13・14）

イシスの結び目　NŒUD D'ISIS

イシスの保護を約束する護符。装飾を施したフリーズでは、ジェド柱のようなオシリス信仰と結びついた象徴とともに、イシス信仰と結びついたティトの結び目を多く見ることができる。イシスの結び目のもともとの意味は不明である。第３王朝から見られる「イシスの結び目」はアンクの横の棒が、縦の棒の横にそうようにリボンのようにたれた形をとっている（p.50口絵上参照）。神々の腰布のベルトには中央にティトの結び目のような結び目が見られる。もともと、それは腹の上で結んだ１枚の布であったと思われる。それは女性の月経と結びついた着衣であり、イシスの血の色を表わすために、『死者の書*』第156章に記されているように、護符は赤碧玉で作る必要があった。「ティトの結び目の呪文」には、護符をシコモア・イチジクの繊維で作った紐に通し、埋葬の日にミイラの首にかけるようにと書かれている。このように護符を身につけ、「あなたの体はイシスの魔力によって保護される」という魔法の言葉を発することによって死者は守られる。

ジェド柱のように擬人化されることはないが、ティトの結び目はときにイシス

自身を表わす。またまれにネフティス*やヌウト*を表わすこともある。トゥーナ・アル＝ゲベルの「葬送の家」の１つには、２人の姉妹がオシリスを象徴する大きなジェド柱を囲んでいる壁画が描かれている。そして姉妹それぞれの名前の上にティトの結び目が載せられている。カイロ・エジプト博物館に所蔵されている棺の蓋の内側（CGC 41042）には、天の女神の守護の図が、頭と手足のある長いイシスの結び目として描かれている。

イシス信仰が地中海周辺に広まったギリシア・ローマ時代になると、「イシスの結び目」は、女神の彫像の襞のある衣の胸の間の結び目をさし、シストルム*やシトュラ*などと同様に女神の特徴となり、称号となった。

→イシス、サのサイン、ジェド柱

B.: H. Schäfer, “Das sogenannte ‘Blut der Isis’ und das Zeichen ‘Leben’”, *ZÄS* 62 (1926), p.108-110.

(→口絵/p.14)

イシュタル ISHTAR

アシュタルテを参照

イスデン／イスデス ISDEN/ISDÈS

トトを参照

犬 CHIEN

アヌビス、ケンティ・アメンティウ、ババ（ベボン）、を参照

イバト IBAT

泣き女（女神）を参照

イヒ IHY: **子どもの神、ハトホルの息子。**イヒは、その名前の語根の部分が「音楽を奏でる」という意味の動詞であることからもわかるように、明らかに音楽の神、あるいは有能な楽士である。牛を表わす、同音の語根を使った語呂合わせによって、イヒは「メナトの首飾りとシストルムで母親の心を癒す」「牝牛から生まれた若い子牛」とされ、母との密接なつながりが強調されている。イヒは、「音楽の女主人」であるハトホルの息子であるが、イシス女神、ネフティス女神、そしてセクメト女神とも結びついている。

『ピラミッド・テキスト*』には、「天で生まれた黄金の子牛」が登場する（1029b）。中王国時代以降、『コフィン・テキスト*』には、母親であるハトホルの名前とともに、息子イヒの名前が頻繁に現われる。たとえば、呪文334は「イヒに変身する」呪文である。死者は、「わたしの内臓は、母であるハトホルが首にかけているメナトの首飾りの数珠である。わたしの手は、母であるハトホルが心を癒すために鳴らすシストルムである」と呪文を唱える。

葬送の領域においては、イヒは、母の

来訪をうながすことで、死者が来世に入るのを助ける役割を果たす。パピルスのざわめきを模した楽器の音を鳴らすと、それに答えるようにハトホルが登場して死者を歓迎する。

デンデラ神殿のレリーフを見ると、イヒは時々、形容辞によってのみ区別することのできる、２人のそっくりな神に分身する。最初のイヒ・ヌウンは、豊かな実りをもたらすナイル川の氾濫と洪水と結びついている。もう１人のイヒ・ウアブは、清めの源泉として存在する。

デンデラ神殿のローマ時代の誕生殿に見られるように、イヒは肩にヴェールのようなものをかけている時があるが、どんな場合でも伝統的な子どもの姿で描かれている。綺麗に剃った頭で、裸の姿、額の横から編んだ髪をたらしている。これはすべての神の子に共通な要素である。ときにプスケント冠をかぶり、指を口にくわえているか、あるいは、母親の乳を吸っている。しかし、最も一般的で頻繁に見られる図は、ツタンカーメン王墓のビチュメンを塗った２つの木製の小像のように、腕の先にシストルムをもち、まさにふり上げている楽士の姿である。

特徴：口にくわえた指、子どもを示す編んだ下げ髪、シストルム、裸、プスケント、メナトの首飾り

→シストルム、ハトホル、メナトの首飾り

B.: H. Altenmüller, “Ihy beim Durchtrieb durch die Furt. Bemerkungen zu Gestalt und Funktion eines Gott,” Fest. Derchain, *OLA* 39 (1991), p. 17-27; S. Cauville, “Ihy-noun et Ihy-ouâb,” *BIFAO* 91 (1991), p. 99-117, pl. 33-36.

（→口絵/p.14）

イプイト　IPOUYT

ライオンの頭の女神。「ウアセト*の讃歌」には、勝利に満ちたテーベを人格化した神が、エレファンティネからヘリオポリスにいたるナイル渓谷の町々の主要な女神に対するオマージュをアメン*に向かって捧げる場面がある。その中でクサエのハトホルの前に「カイトの女主人」という形容辞をもつイプウイトという女神がいる。上記の形容辞は、この女神が登場する際にかならずともなわれる形容辞である。彼女はライオンの頭の女神で、アシュートの北15キロ、現在のマンカバドにあたる中部エジプトの町で崇拝されていたということ以外はあまり知られていない。そして彼女は地元の神メリムウトエフ*の配偶神である。

イプウイの名前を記した多様な碑文が検証されているが、女神を描いた図は１つしか知られていない。彼女はアブ・シンベル大神殿に描かれた場面の中で夫のメリムウトエフの後におり、２人でラメ

セス2世から香と聖水の供物を受けとっている。彼女はイペトの名前で呼ばれ、ライオンの頭をもつ女性として登場し、長い衣で身をつつみ「天の女主人、2国の女王」の形容辞をもつ。頭には太陽円盤を飾り、右手にウアジュ杖、左手にアンクのサインという非常に一般的な女神の姿をもつ。

特徴：太陽円盤

→メリムウトエフ

イヘト　IHET

原初の牛の女神。しばしば「偉大な」という形容辞をともなうイヘトは、エジプトのパンテオンの中に見られる多くの聖なる牝牛の1つである。

イヘトは同じ姿をもつ他の女神と同一視されることがあるが、エスナの「エジプト最後の神殿」の碑文を完成させた神学者の目にはネイト女神*の1つの姿であった。最も新しい碑文は後3世紀中頃のものである。世界の創世時にネイトは「みずからの中から出現」した。つまり、原初の水の中から出現した神である。「彼女は牝牛の姿で出現し、まだその存在を知る神はいなかった」とされている。

次にイヘトは太陽の母として出現し、太陽の誕生を次のように宣言する。「聖なる中の聖なる神が今日誕生する。神が目を開いた時、光が現われる。目を閉じる時、暗闇となる。人間は、神の目から流れる涙から生まれ、神々は口から出る唾から生まれる。神はわたしの肉体から生まれる息子であり、永遠にこの国の王となる。神はわたしの両腕の中で守られ、だれも近づくことができない。神の名前を告げよう。朝はケプリ*、そして夜はアトゥム*である。そしてラー*の名前の下、日々、永遠に光を放つ（碑文n°206、S・ソウネロン訳）。

太陽を角の間に載せ、水から守りながら、同時に敵に対処する。この構成がハトホル冠の原型であるとされている。彼女はメヘト・ウレト*となり、ラトタウイとなる。守護の役割のほかに、牝牛の性質から乳母の役割をもち、誕生殿においてはハトホルのかたわらで、ヘサト*、あるいはセクハト・ホル*の称号で聖なる子どもに乳をあたえている。

「きめ細かい金で作られ、幸福な者の首にかけられたイヘトの小像」に『死者の書*』第162章を唱える、あるいはまた、「その頭の上に置かれた新しいパピルス紙に」書き写せば、死者の頭を太陽と見立てることによりイヘトの「大いなる守護」が約束された。また、イヘトの図はパピルス、布、青銅、あるいは木で作られた円盤に描かれることもあった。この円盤はミイラの頭を囲むように敷かれ、ミイラの頭から放たれる「炎」として守護の役割をもった。

円盤に描かれたイヘトは動物の姿をと

り、角の間に2枚の羽根を飾った太陽円盤をかぶり、立った姿で描かれる。また、誕生殿においては、アルマントの場面のように、円盤の代わりに太陽の子どもが座っていることがある。また多くの場合、他の乳母の役割を果たす神々の間で、太陽円盤と角で頭を飾った牛の頭をもつ女性の姿で、生まれたばかりの赤ん坊に乳をあたえている。

カイロ・エジプト博物館所蔵の第26王朝の像（CGC 676）では、イヘトは鼻先にひざまずく作品の注文主を守る牝牛の姿で描かれている。

特徴：太陽円盤、2重の羽根。

→ネイト、ハトホル、メヘト・ウレト、ラトタウイ

イペト（1） IPET（1）

カバの女神。ギリシア・ローマ時代まで見られたイピの姿の女神イペト（オペト）、あるいは偉大なるイペト（エジプト語のイペト・ウレトがギリシア語のエポリスとなった）の名前は、『ピラミッド・テキスト*』の呪文（§381）に初めて登場する。その中で王は、「（女神の）白く輝く甘い乳」を呑みたいと望んでいる。

「賢い女性」を意味するその名前は、「乳母」をさしていると思われる。しばしば同一視されるトゥエリス*、レレト*、シェペセト*などの女神とともに、重たい乳をたらした雌のカバのイメージを共有している。ルクソール神殿を示すアメンのハーレムを象徴する神と同音の名前をもち、その起源は暦の最後から2番目、夏の第3月の名前であり（エピフィ）、イペトがこの月の守護神となっている。

冥界においてハトホルと同化したイペトは、死者にとって慈悲深い女神である。ネブセニの『死者の書*』（大英博物館 9900）の第137 B章の挿絵には、松明に火を灯し、「セトの力」を追い払い、暗闇と死者に対する脅威を追い払う「守護の女主人イピ」が描かれている。

イペトは、イシス・レレトとも結びついている。（エスナやシャンフールにおいて）その名前は、北天の図においてセトの前足（おおぐま座）が冥界に落ちて混乱を起こすことがないように阻止しているカバの姿をさすこともある。また、ヌウト女神*との同化によって、テーベにおける重要な地位をもつ。それは「偉大なるイペト、世界に神々を置いたヌウト」とされ、カルナク神殿の広大な神域の中に聖域を所有している。彼女はオシリス*の母である。より正確にはアメン*の領域において、この地の主人であり、「誕生殿においてその遺体の上に宿るオシリスの偉大なバー」である（p.52口絵下参照）。オシリスとなったアメン・ラーは、象徴的に西に埋葬され、若い太陽アメンの性格をすべて備えたハルポク

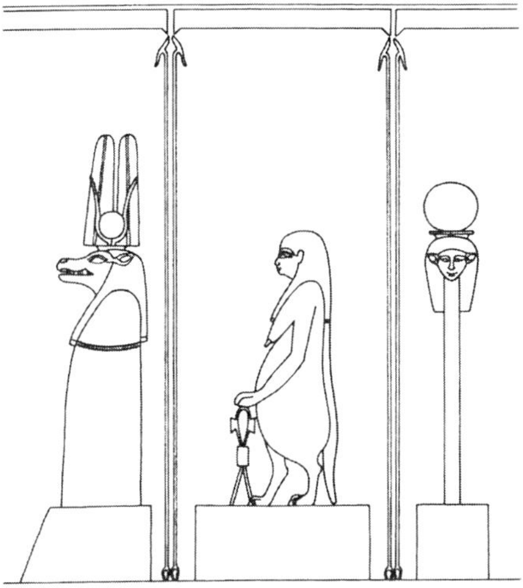

３つの異なる姿のイペト、カルナクのオペト神殿の聖域の壁龕、ギリシア・ローマ時代。

ラテスとして東に再生復活し、イシスによってこの世に出現する。オシリスとなったアメン・ラーの母であるイペト・ヌウトは、そのイシスと同一視されている。

イペトは女性の姿をとることもあるが、乳のたれた牝のカバの姿をしていることが多い。トゥエリスの図像とたいへんよく似ており、後ろ足で立ち、守護を意味するサのサイン*の上に両手を置き、体を支えるカバの女神を描いた末期の小像や護符がどちらを表わすのか、碑文をともなわない場合に判定することはむずかしい。

カルナクでは、神殿の聖域の奥に穿たれた壁龕の側面の壁に、女神の図像が３つ描かれている。このうち、２つはめずらしい図である。ヌウトと同一視された、伝統的な姿勢で立つ、女性の頭をもつカバの姿のイペトを真ん中に、北側にはハトホル冠と羽根をかぶったカバの頭の呪物の図、南側には太陽円盤を頭に載せたハトホルの象徴の呪物が描かれている。

特徴：帯状冠、サのサイン、松明、太陽円盤、ハトホル冠

→カバ、サのサイン、トゥエリス、ヌウト、レレト

B.: C. de Wit, *Les Inscriptions du temple d'Opet, à Karnak* I-III, *BAe* XI-XIII, Bruxelles, 1958-1968.

イペト（２） IPET (2)

ルクソール神殿を人格化した女神。この地の神学者は、テーベを世界の始まりの地、そしてすべての町の女王と考えた。そして２つのテーベを人格化するウアセト*とニウト*とならんで、末期時代登場したのが、イペト女神である。イペトは前者の２人の神に比べるとまれな存在であるが、「(アメンの) 南のハーレム」、イペト・レシト、すなわちルクソール神殿とその周辺を人格化した女神である。その名前の意味は「ハーレム、あるいは婦人たちの部屋」を意味する。「偉大な」そして「２国の女王」という形容辞をもつイペトは、「イペトにおける偉大な妻」として「神々を子どもとする」と同時に

「カムウテフの聖なる母」でもある。同じ名前のカバの女神とは異なる存在である。場所に根ざした存在であり、つねに彼女が人格化しているルクソール神殿の主人の勃起した姿と共に描かれる。この神はアメン*・カムウトエフ、あるいはアメンオペ*である。彼女は配偶神と共に聖水や香の供物を受けている。その見返りとしてヘリホルに「2国の王としての永遠」そして「何百万年と繰り返される数限りない王位更新祭」を授ける（カルナク）。また、アレクサンドロス大王には、エジプトや砂漠と同様に「すべての国に平安」をあたえている（ルクソール）。

イペトはハトホル冠をかぶった女性の姿で描かれ、「ハーレム」をさすヒエログリフのサインで記される。このサインは、まるみを帯びた壁をもつ建物の平面図であり、女神の鬘とハトホル冠の間に見ることができる（カルナク、コンス神殿のヘリホルの治世のレリーフ、あるいは、ルクソール神殿の聖船の聖域にあるアレクサンドロス大王のレリーフ）。あるいはまた、太陽円盤の上にこのサインを見ることもある（コンス神殿のプトレマイオス朝のレリーフ）。

特徴：ハトホル冠、ハーレムを示すヒエログリフのサイン

→アレクサンドリア、イアブテト、イメンテト、ウアセト、ケフェトヘルネベス、チェセメト、ニウト、メンアンク、メンネフェル

アメン・ラーの後にいるイペト、コンス神殿、カルナク、第20王朝。

イミ・ケンティ・ウル

IMY-KHENTY-OUR

メンフィス地方の神。ウィーン美術史美術館には、ラメセス2世の治世最後の時代に作られたと思われる見事な技術の彫像がある（Inv. ÄS 5770）。おそらくヘテプバクエフ*の製作者と同じ彫刻師が作ったものと考えられる。背柱の碑文によると、イミ・ケンティ・ウルという神のおそらく唯一知られている像である。メンフィス地方に第5王朝から知られて

いる神であり、もともと一地方神であったプタハ神と後に同一視されるようになる。彼らの名前はアビュドスのセティ1世の神殿に記されたメンフィスの神々のリストの中に見られる。

イミ・ケンティ・ウルの図像は、とくに特徴が見られず、他の男性の神々と同じである。そしてヘテクバクエフとまったく同じ姿をしている。おそらくイミ・ケンティ・ウルとヘテクバクエフの2つの像は対を成すものと思われる。折り目のある腰布をまとい、3つに分けた鬘、長いつけ髭と胸飾りをつけた人間の立ち姿をした神である。ほとんど失われている両腕は、体の横についていた。そして手は腿の高さに置かれていた。今では明確なことはいえないが、少なくとも片手にアンクのサインを持っていたと推測される。

→プタハ、ヘテプバクエフ

B.: S. Curto, "Some notes concerning the religion and divinities of ancient Egypt" dans Studien zu Sprache und Religion Ägyptens zu Ehren von Wolfgang Westendorf überreicht von seinem Freunden und Schülern, Göttingen, 1984, p.717-734, pl.1-2.

イムウテス　IMOUTHÈS

イムヘテプを参照

イムセティ　AMSET

ホルスの子どもを参照

イムヘテプ　IMHOTEP

建築家であり神格化された宰相。「下エジプトの王の宰相、王の次に位の高い者、偉大なる宮殿の行政官、高貴な血を引く者、すべてを見抜く者、イムヘテプ、大工、彫刻師、石製の壺を作る者」

今では足しか残っていないジェセル王の彫像の台座の正面に彫られた上の称号のもち主こそ、有名なサッカラの階段ピラミッドを建築したイムヘテプである（カイロ・エジプト博物館、JE 49889）。1926年のこの発見によって、神格化されていたイムヘテプが実際に生存していた人間であり、多くの重要な地位のなかでもヘリオポリスの大司祭であったことが明らかとなっている。

ギリシア人が彼らのアスクレピオスと同一視し、イムテスと呼ぶようになったイムヘテプは、ジェセル王の治世に実在した重要な人物であり、マネトンは、エジプト史の中で、イムヘテプは当時、「石の建造物の技術を発明した」人間であるばかりでなく、医師としても優秀であり、さらには読み書きにも多大な興味をもつ人物であったと描写している。

時をかけて神の栄誉をえたハプの息子アメンヘテプに比べ、イムヘテプはエジプト全土で信仰を受けたばかりでなく、自分を奉る神殿をもつ唯一の人物であった。その1つはプトレマイオス5世エピファネスがフィラエ島に建立したものである。また、サッカラのアスクレペイオンには、病が治癒される希望を抱いて多くの巡礼者が訪れた。

イムヘテプは賢者と考えられ、読師神官、そして宰相の称号をもち、新王国時代の書記の守護神となった。イムヘテプは「聖なる書の書記」とされ、また、みずから知恵の書の著者でもあった。そのためアメンヘテプ3世の治世に属するステラによると、この時代以降、書記はイムヘテプに敬意を表し、聖盃で聖水を供える習慣をもつようになった。また、第26王朝の終わりから神学者はイムヘテプを「プタハの息子」とし、その形容辞は名前の一部となり、母親にケレドゥアンク*、そして妻にレンペトネフェレト*をもつ聖家族が構成された。

イムヘテプの図にともなわれる碑文には、「人間に生命をあたえる偉大なる神」、あるいはまた、「最も偉大なる医師」、さらには「病を治し、体を癒す者」と記されている。しばしば「偉大な」、「祈りに耳を傾ける者」、「求める者の所にやってくる者」という簡単な形容辞をもつイムヘテプは、妊婦を守り、また、不妊の者に子どもをあたえる。イムヘテプには「死者を甦らせる」力、「正しい時にナイルを呼ぶ」力、そして「ハヤブサのように天に向かって」飛び立つ力があるとされた。

イムテス・アスクレピオスとなったイムヘテプは、カルナク、カスル・アル＝アグーズ、ディール・アル＝マディーナ、ディール・アル＝バハリ、そしてトードのギリシア・ローマ時代の神殿において「兄弟」であるアメノテスと結びついている。ディール・アル＝バハリのハトシェプスト葬祭殿のテラスの3段目にあるプトレマイオス朝の礼拝所には、健康を人格化したアスクレピオスの娘であるヒュギエ*と共に2人の兄弟が3柱神を形作っている。ギリシア語で記された碑文によると、病に冒された巡礼者たちは、夢の中に現われた神の予言を聞いて、治癒を求めて神殿に隣接したサナトリウムを訪れた。また、エドフにおいては、イムヘテプは、「メンフィスの北に天から落ちてきた書物」の指示に従って建てられた神話上の神殿の建築師となっている。

10世紀の前半には、イブン・ウマイルというアラブの錬金術師が、イムヘテプの巨大な像を目撃している。この像は、サッカラの台地の裾アブ・シールにあった「宝探しをしていた人々によって開かれた神殿の中」に納められていた。近隣の人々が「ヨセフの牢獄」と呼んでいた建物は、他でもないアスクレペイオンに属していたものである。発見された彫像に記された碑文、なかでも人物の膝に載せられていた「台」に刻まれていたヒエログリフの「錬金術」的な解釈によると、この像が神格化されたエジプトの賢者の像であることがわかる。また、中世やルネッサンスの時代の錬金術の論文に登場する「神殿の賢者」と関係があることが明らかである。

最もよく見られるイムヘテプ神の図像は、数えきれない小像であり、その多くは青銅で作られている。その姿は、知識人の象徴であるパピルスの巻物を手にもち、玉座に座する賢者の姿で描かれている。多くの場合、長い腰布を巻き、「父親である」プタハ神との関係を明らかにするように、ぴったりとしたキャップを頭にかぶっている。そして神官に特徴的な姿勢で、膝の上に一部開いたパピルスの巻物を置き、視線は他に向かっている。パピルスには聖なる賢者の名前が彫られているか、あるいは次の碑文が刻まれている。「おー、イムヘテプよ。すべての書記の盃の水をあなたのカーに」

イムヘテプは、アメンヘテプを後に従えて描かれている場合も、ケレドゥアンクとレンペトネフェレトと共に描かれている場合も、神殿やステラのレリーフに描かれる場合は同じ姿で描かれる。玉座に座っている場合と立っている場合があるが、一般的に長い腰布を身につけ、ときにペクトラルを飾り、つけ髭はつけている場合とない場合がある。頭にはぴったりとしたキャップをかぶり、「偉大なるイムホテプ」は手にウアス杖とアンク*のサインを持っている。また、父とされているプタハ神と同じ複合笏をもつ場合もある。

エドフでは、「ホルス神話」の最後の場面において、イムヘテプは読師神官の長として、セトを象徴するカバを犠牲にする屠殺者であるメンフイ*の横に立ち、場面にふさわしい魔法の呪文を唱えている。儀礼用のヒョウの毛皮を身につけ、目の高さに上げたテキストを読んでいる。このほかに神殿で見られる図像には、記念碑の碑文に見られる彼の名前の決定詞がある。パピルスの巻物を手にして、頭に巻いたバンドに２枚の高い羽根を飾る、他には見られない図である。これは２世紀以上後にアレクサンドリアのクレメンスによって描写されている図像と一致すると思われる（ストロマテスVI、vi、36）。

通常の図像のほかに、エジプト人がイムヘテプをスカラベ*の姿で想像していたというおもしろい事実を紹介しておきたい。これはサッカラの北で発掘された、保存状態のあまり良くないデモティックのパピルスに見ることができる。物語の背景は明らかでないが、「イシスの復讐」、病、そして死をテーマとする話の中で、おそらく神官であると思われる主人公たちが、羽根の生えた巨大なスカラベが天から舞い降り、彼らの前に止まるのを見る。このスカラベこそイムヘテプであり、「大きな石」の上に降り立ったイムヘテプは、いつもの人間の姿となる。

特徴：キャップ帽、太陽円盤、パピルスの巻物、ヒョウの毛皮、複合笏、ペクトラル（胸飾り）

→アンティヌス、イシ、ウジャレネス、カゲムニ、ケレドアンク、ハプの子・アメンヘテプ、ヒュギエ、ピリス、プタハ、ペテイシス、レンペトネフレト

B.: D. Wildung, *Egyptian Saints, Deification in Pharaonic Egypt*, New York, 1977; *Id., Imhotep und Amenhotep; Gottwerdung im alten Ägypten, MÄS* 36, Munich, 1977.

（→口絵/p.15）

イメンテト　IMENTET

西を人格化した神。アハ*、ハ*、イガイ*、ケンティ・アメンティウ*、メレスゲル*、あるいは「貪る者*」など、「麗しい西域」になんらかの形で結びついている神々の中で、女神イメンテトは、地理上の西と直接結びついた神であり、正確には「西の砂漠」を人格化している。それはイアブテト*が、「東」あるいは「東の砂漠」を象徴しているのに対応している。

イメンテトは、対称的に反対に位置するイアブテトに比べ、頻繁に登場する。毎夜、太陽が沈み、死を迎える地域を象徴することで、死者の女神となるからである。イメンテトは、墓域の守護神であり、とくに新王国時代にはテーベのネクロポリスの女神となった。

オシリスみずから任命され、イメンテトはオシリスと共に、新しい地に辿り着いた死者を安寧のうちに迎える役割をになっている（『コフィン・テキスト*』呪文36）。死者の神オシリスの横に立っている、あるいは座しているイメンテトが、アヌビスに導かれてきた死者を抱きあるいは、腕をとり歓迎する姿を多く見ることができる。

イメンテトはまた、その役割からハトホル*と完全に同化することがある。ホルエムヘブの墓の場面には、王が2つのワインの壺を西の象徴であるヒエログリフのサインを頭に飾ったハトホルに捧げる図が見られる。この場面にともなう碑文とよく似たものがイメンテトの登場する場面にもよく見られる。

他にはとくに特徴をもたないイメンテトは、西の象徴で見分けることができる彼女はこの象徴を頭の上、あるいは、3つの部分に分けた鬘に巻いたバンドで額に留めている。この象徴は3つの形をとることができる。旗竿のような棒の上にまるい山のような支えがあり、その上にハヤブサ、ダチョウの羽根、あるいはその両方を載せている。第5王朝のサフ

ラー王の葬祭殿に見られる場面では、羽根はハヤブサの前に斜めに軽く挿されている。この図では、女神はアハにともなわれ、頭の上に直接載せた皿の上にハヤブサと羽根を載せている。

イメンテトは、手に王笏を持っているが、一般に女神が持つウアジュ杖ではなく、ウアス杖を持っている。

特徴：ウアス杖、西を示すヒエログリフのサイン

→アレクサンドリア、イアブテト、イペト（1）、ウアセト、ケフェトヘルネベス、チェセメト、ニウト、ハトホル、メンアンク、メンネフェル

B.: H. Refai, *Die Göttin des Westens in den thebanischen Gräbern des Neuen Reiches. Darstellung, Bedeutung und Funktion*, *ADAIK* 12, Berlin, 1996.

（→口絵/p.15）

イメンヒイ　IMENHY

メンヒィを参照。

イリ　IRI

聖なる能力である視力を人格化した神。しばしばフウ*とシアと結びついているイリとセジェムは互いに強く結びついた男性の神であり、その結びつきは強く、ときに1人の神と考えられることもある。

彼らは、聖なる能力である視力と聴力を人格化した神々であり、神々がすべてを見聞きする力をもち、善良な人々を見分け、彼らの価値を見出し、祈りを聞くことを象徴している。新王国時代になると多くのステラにはたくさんの「耳」や、ときに「目」が描かれ、この概念が民衆に人気があったことを証明している。

また、視力や聴力は書記にとって欠かすことのできない能力であることから、イリとセジェムは、聖なる書記であるトト神とその配偶神であるセシャト*の助手の役割を果たす。彼らはまた、筆記用具の守り神となり、ギリシア・ローマ時代になると、彼らの名前は王が「聖なる言葉の主人」に捧げる書記のパレットをさすようになる。フィラエ島の誕生殿に見られる場面では、パレットは2つの感覚器官を人格化した2つの小さなシルエットによって支えられている。J・カパールが「書物の高み」と呼ぶエドフ神殿の「図書館」の門の上に刻まれた絵には、フウとシアにともなわれた2人の姿を見ることができる。イリとセジェムは、通常ヘフ神*がとる姿勢で2人の人物が支える大きな書記のパレットを崇めている。

イリとセジェムは通常、頭に目と耳を表わすヒエログリフのサインを載せた男の姿で描かれる（p.540図参照）。エドフ神殿の塔門の東の壁龕や神殿内に描かれた場面の場合のように1人の人物が2人の神を象徴する時は、2つのヒエログリ

フのサインは横に、あるいは上下にならんで記されている。

アビュドスのセティ１世の神殿、あるいは息子のラメセス２世の神殿において、彼らは、トト、セシャト、あるいはセフェケトアブイの後に描かれている。彼らは手に水の盃と書記のパレットをもっている。

カルガのイビス神殿においては、フウとシアと共に描かれ、イリは太陽円盤をかぶった男性、セジェムは猿の頭をもつ男性として描かれている。彼らはまた、トト神との結びつきからトキの姿で描かれることがある。

特徴：書記のパレット、耳、目

→セジェメト・ネベト、セシャト、トト、フウ

B.: E. Brunner-Traut, “Der Sehgott und der Hörgott in Literatur und Theologie” in *Fragen an die altägyptische Literatur, Studien zum Gedenken an Eberhard Otto*, p. 125-145, Wiesbaden, 1977.

イリタイ　ILYTHYE

ネクベトを参照

イルカ　DAUPHIN

ハトメヒトを参照

イルト　IRTO

テーベの創造神の冥界における姿。カルナクのコンス神殿の聖域に隣接した「聖船の礼拝所」の壁に刻まれた２つの重要な宇宙創世神話の１つには、「その望みのままに天を創った最初のヘビ」とアメンを「ケマテフ*の偉大なるバー」と形容する記述がある。そして「２番目のヘビ」が登場する。このヘビは世界創造にかかわる。その名前は一部欠けているが、イルト、「大地を創った者」であることにまちがいない。近隣のオペト神殿の碑文は、彼を最初のヘビであるアメンの息子としている。

父であるケマテフと同じ称号をもち、「２番目のヘビ」であるイルトは、「最初の時（日）にこの世に出現した」とされている。そして彼は「すべての父とすべての母を創造した」アメンの原初の姿の１つであり、「イルトとしてみずからを創造した」とされている。テーベは、彼が創造の行為を行なった場所から現われた原初の丘である。具体的にどのようなことがそこで行なわれたかは定かではないが、「どのような母親もその創造にかかわることのなかった」アメンは、イルトの「隠されたバー」であった。「原初の時の父」としてイルトはプタハ・タテネンと同一視され、その役割を果たし、その仕事を成し遂げた後は、ジェメの丘、すなわち、マディーナト・ハブの第18王朝の神殿の下に休む、他の先祖の神々、

すなわち彼の父と８柱神、の列に加わった。ここには明らかな矛盾があるが、メンフィスの創造神と結びつき、彼自身はテーベの末期の神学の中でアメンオペ*と同一視され、「第一世代の」神々の集団墓に毎10日ごとに供物と聖水を捧げるために訪れる。この儀式の中で、墓に眠る八柱神は、「彼らの父」と「彼らの子孫」をそこに同時に見るのであった。

イルトはまた、他の神とも結びつく。どの偉大な神もその神官の目には創造神として映り、イルトはそのような神々の形容辞にすぎないのかもしれない。たとえば、ラー・ホルアクティ（デンデラ）、ミン・ラー（アクミーム）、セベク・ラー（コム・オンボ）など。また別の概念体系においては、コンス・イアフ*によって人格化された月は「イルトの左眼」とされている。

アメンの姿で時に表わされているイルトの名前は、ケマテフと同様にテーベの偉大な神の形容辞にすぎないのかもしれない。そのためイルトにともなう図像は見られない。

しかしわれわれはテーベの神官たちがイルトをどのように想像していたかを知る術がある。コンス神殿の２つの創世神話には、父の姿に対する言及はないが、イルトを描写して「スカラベのような頭をもち、この世に出現した」ヘビと記している。

→アメン、アメンオペ、ケマテフ

イルレンエフジェセフ

IRRENEFDJESEF

守護の神。死者を守るために棺の面に描かれる「昼のような夜」と呼ばれる不可思議な神々の中にイルレンエフジェセフという神がいる。この神は、他のまったく異なる場面にも登場する。その名前の意味は「みずから名前をあたえる者」であるが、おそらくこの意味のもつ原初の性格上、創造神の形容辞であったと思われる。すなわち、イルレンエフジェセフは「悪の力を追い払う」慈悲深い守護神に留まらない。

中王国時代の始め、イルレンエフジェセフはホルスの子どもたち*やケンティ・イルティ*の子どもたちと結びついていた。『コフィン・テキスト*』において、彼らは死者が冥界を旅するために乗りたいと願う船の要素と結びついている（呪文 404-405）。あるいはまた、死者が通らなければならない門と結びついている（呪文 1108 & 1126）。セティ１世墓の天井の天体図には、「前足（オオグマ座）」を守る北天の星座の間に彼らの姿を見ることができる。彼らは、前足が冥界に落ちてオシリス*に害をあたえことがないように防いでいる。また、アビュドスの王の神殿においては、イルレンエフジェセフだけがワインの供物を受けている。その見返りに彼は王の頭に「プスケント冠を載せ、上下エジプトの王として、その権威の下に渓谷と砂漠が1つとなる」ことを約束する。

ギリシア・ローマ時代になると、イルレンエフジェセフはオシリスの遺体を見守る神々の1人となり、決まった時間に護衛する役割をになう。デンデラのオシリス複合体（東の2番目の礼拝所）においては、昼の8番目の時間と夜の8番目の時間が彼に割り当てられている。

イルレンエフジェセフの図像は多様であり、単純な「守護の精霊」以上の神であることを示している。アビュドスの神殿では、ミイラの姿の衣をまとい、編んだつけ髭、3つに分けた鬘、そして腕輪と大きな胸飾りをつけている。そして胸に当てた両手でウアス杖をにぎっている。セティ1世墓の天井図や同様の図では、腰布を巻き、2枚のダチョウの羽根で囲まれた太陽円盤を頭に飾っている。上体は少し前屈みになり、両腕も不自然に前に出している。プスセンネス1世がメルエンプタハ王に「貸した」石棺には、イルレンエフジェセフは不思議な空間に座しているように見える。両手にはトカゲを尻尾でつかんでもち上げている。エドフのソカル*の「第1室」においては、彼の前を行く仲間と同じように片手にナイフ、もう一方の手に刃のついた棍棒を持っている。またデンデラにおいては、

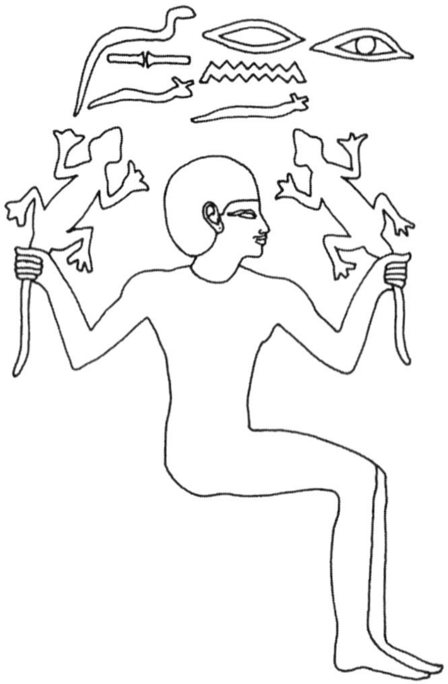

イルレンエフジェセフ、プスセンネス墓の前室（東の壁）、タニス、第21王朝。

ナイフ1本で武装し、歩いているような、あるいは座っているような不思議な姿勢で描かれている。

イルレンエフジェセフの彩色された図像や彫られた像のほかに、有名なメンチュエムハトの墓から出土したような小さな彫像群がある。イルレンエフジェセフは、「恐ろしい」ネルウと呼ばれる小さな鳥と共に描かれている。この鳥は神の前に止まっており、神は右手を体にあて、左手でトカゲの尻尾をつかみ、ふり上げ「敵を追い払い、アメンの第4司祭

の敵をおびやかしている」
特徴：太陽円盤、トカゲ、ナイフ、刃のついた棍棒
→ケンティ・イルティの子どもたち、ホルスの子どもたち
B.: J. J. Clère, “Deux groupes inédits de génies-gardiens du quatrième prophète d’Amon Mentemhat,” *BIFAO* 86 (1986), p. 99-106, pl. III.

イレマウアイ IREMÂOUAY
ケンティ・イルティの子どもたちを参照

ウア OUA
シェブティウを参照

ウアジェト OUADJET
コブラの女神、ブトの婦人、下エジプトの守護神。地中海の南、ボロロス湖とサ・アル＝ハガルをつなぐ道の中程に古代のサイスの遺跡、現在のテル・アル＝ファラインがある。そこに「女神ウアジェトの住処」であるペとデプの２つの町の遺跡がある。ペル・ウアジェトは、ギリシア人がブトと呼んだ下エジプトの第６ノモスの町である。ギリシア人はレトとウアジェトを同一視し、ウアジェトを彼らの言葉でウトと呼んだのがブトの起源である。

パピルスの茎のサインで記されるウアジェトの名前は、その語根が緑色の植物そのものをさす。そして緑という意味を運んでいる。緑は豊かさ、開花、再生を象徴する。ウアジェトは「緑の者」であり、「パピルス」である。彼女は音遊びから「ウアジュ杖*でエジプトを緑にする者」とされている。

ウアジェトは北の古い王国の古代の都の守護神であった。この地は、イシス女神*によって若いホルスが隠されていたケンミスの沼の近くであり、ウアジェトはホルスの保護を任された。２国が統一された後も、ウアジェトはファラオの称号と結びつく２柱の女神のうちの１人として残った。南のネクベト*に相対する北のウアジェトは、ネクベトとともに王の冠に飾られ、守護の役割を果たす。それぞれ上エジプトの白冠と下エジプトの赤冠と結びつき、２人は王の頭に２つの冠を組み合わせた２重冠をかぶせる。なかでも、エドフ神殿に見られるプトレマイオス８世の戴冠の儀式を執り行なう２柱の女神の図が有名である。古くから王の５つの称号の中で２つ目のものは「２女神名」と呼ばれ、この２女神の守護の下にあるとされる。２女神はともに神殿の天井や王墓に、聖なる猛禽類として描かれ、巨大な羽根を広げる有翼日輪であるアピと交代に、大きく広げた翼の下に記念碑の軸となる通路を守る。

ウアジェトは多様なウラエウスの形の

1つであり、炎やライオンと結びつく他の女神たちと同一視されラーの眼*としても出現する。その中で、たとえば、ムウト・ウレト・ヘカウ・ウアジェトのように複合的な名前で呼ばれることもある。また、テメトと結びつき、4つの顔をもつハトホルの顔の1つとなる。

ウアジェトの多様な姿とその神殿に関するヘロドトスの記述によると、神殿には巨大なナオスがあったらしい(『歴史II、155』)。そして当時、ブトの町のレトの託宣所は、最も信頼され(II、83)、「多くのエジプト人によってよく当たると評判であった(II、152)」

また、おそらくカワウソがしばしば同じパピルスの茂みを訪れることから、ウアジェトはカワウソと結びついたようであるが、その結びつきの理由はどのテキストにも説明されていない。第6王朝のサッカラのメレルカのマスタバ墓や、ローマ時代のモザイクにはカワウソの図が見られる。しかし、水かきをもつ肉食のカワウソに似た姿をもち、より頻繁に出現するイクネウモン*が次第にカワウソにとって代わっていったようである。

ウアジェトの図像は、分身であるネクベトと同じように多様である。最古の図は、アブ・シールにある第5王朝のニウセルラー王の葬祭殿に見られ、女性の姿のウアジェトが王の後で王を抱きかかえるように描かれている。この図の中では、彼女の頭にはまだみずからが象徴する冠が見られない。3つに分けた鬘の上にはハゲワシの飾りを載せている。後の時代になるとその上に帯状冠やハトホル冠が載っている(*MamD*, pl.61bis)。さらに時代が下ると、動物の姿をとらない場合、ウアジェトは赤冠をかぶるようになる。ネイト女神の場合と同様に頭に直接かぶっている場合(*MH* IV, pl.235)、あるいはまた、エドフのレリーフのようにハゲワシの飾りの上、あるいは鬘の上にかぶっている場合がある。

センウセレト2世(p17口絵右参照)の豪華なウラエウスから、ケムミスの沼地の子ども時代のホルスを描いたギリシア・ローマ時代のレリーフまで、ヘビの姿をとるウアジェトは、他のヘビの姿をとる女神たちとよく似ている。しかしブトの婦人に独特な姿がある。それは、デルタの象徴植物であるスゲとの結びつきを思わせるもので、フィラエ島の誕生殿に例を見ることができる。女神は「パピルスの上」で「オシリスの息子を守っている」姿で描かれる。茂みの中に隠れ、パピルスの散形花序の上で鎌首をもたげ、みずからの体を茎の部分に巻きつけている(p.505図参照)。

対称性を極端に好んだ結果、牡羊の神のアゲブ・ウル*がときに牡牛の頭をもつように、ウアジェトもまたネクベトの前では、ヘビの頭のハゲワシの姿をとることがある。ネクベトの姿がない時もウアジェトは猛禽類の頭をもつことがある。ディール・アル＝マディーナのプトレマイオス朝の小神殿の北のチャペルにその姿を見ることが可能である。そこではウアジェトは翼を広げてソティス女神*を守っている。

末期王朝時代の青銅製の玉座に座る、あるいはまれに背柱に寄りかかるように立つ、ライオンの頭の女神の像は、その台座に記された碑文からセクメト女神*ではなく、ムウト女神*か、あるいは北の称号のウアジェト女神であることがわかっている。また、イクネウモンの棺とされる小像には、太陽円盤、ハトホル冠と高い羽根、そして鎌首をもたげた大きなウラエウスを頭に飾ったウアジェトが描かれている。

特徴：ウラエウス、帯状冠、赤冠、太陽円盤、翼、ハゲワシの髪飾り、ハトホル冠、パピルス

→アピ、イクネウモン、ウヌウト、ウラエウス、ウレト・ヘカウ、王冠、シェズメテト、テメト、泣き女（女神）、ネクベト、ネベトゥウ、ハトホル、パピルス、マンドゥリス、ミケト、ムウト、メンヒト、ラーの眼

B.: B. Bothmer, "Statuettes of *W*".*t* as Ichneumon Coffins," *JNES* VIII (1949), p. 121-123, pl. XII-XIV; J. Vandier, "Ouadjet et l'Horus léontocéphale de Bouto," Foundation Eugène Piot, *Monuments et Mémoires publiés par l'Académie des Inscriptions et Belles Lettres,* 55 (1967), p. 7-75; S. Johnson, *The Cobra Goddess of ancient Egypt, Predynastic, Early Dynastic and Old Kingdom Periods,* Londres, 1990.

（→口絵/p.15）

ウアジュ（笏） OUADJ (SCEPTRE-)

王笏を参照

ウアジュ・ウル OUADJ-OUR

ナイルの氾濫が起きるエジプトの地域を人格化した神。ギリシア・ローマ時代の多くの神殿*の壁を飾る神々の行列の中に、エジプトの豊穣の伝説と結びつき、「ナイル」と親しまれている神ウアジュ・ウルがいる。

古王国時代から知られている「偉大なる緑」という意味の表現は、19世紀の中頃から、「海」と訳されることが通常であった。それは地中海や紅海をさすと考えられ、今でも多くの作者の表現の中に見られる。しかしウアジュ・ウルの名前が見られる300余りの資料を研究すると、この解釈はどの場合も不適切であることがわかる。

長い時間と情熱をかけて行なわれた調査の結果、C・ヴァンダースレイエンは、カバやワニが遊ぶ「ウアジュ・ウル

の水」は淡水でなければいけない、つまり「ナイルの洪水」であると証明した。有名なロゼッタ・ストーンの原本であるギリシア語の「メンフィスの布告」の編者は、ヒエログリフのテキストからウアジュ・ウルをタラッサという言葉で訳している。その語は、淡水の海としてナイルの氾濫を示すのに使われている語である。

ウアジュ・ウルはまた、ハピ*の豊かな水や、その水が届く地域の植生をさしている。水と土は互いに離すことのできない、補いあう男性と女性と理解されている。フィラエの碑文の1つは次のように説明している。「オシリス*は氾濫である。イシス*は野原である」。また、プルタルコスも同様のことをさらに明確に記している。「ナイルをオシリスの出現と考えるように、彼らは大地をイシスの体と言う」。「それはすべての大地をさすのではなく、ナイルの洪水が訪れ、豊穣をもたらす地域をさしている(『イシスとオシリス、38』)」

第5王朝のサフラー王やニウセルラー王のレリーフから、トラヤヌス帝の治世のローマ時代の神殿のものまで、ウアジュ・ウルの図像はあまり変わらない。立ち姿やひざまずいている姿があるが、両性具の豊かな肉体の人物として描かれる。たれ下がる胸をもち、フンドシの役割のバンドが僅かに裸の体を隠し、大

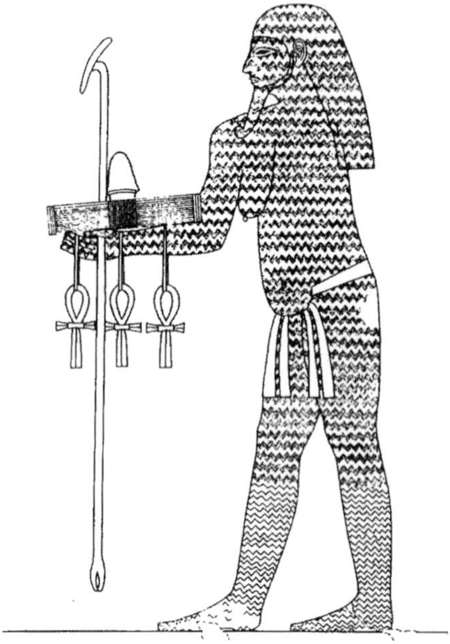

ウアジュ・ウル、サフラー王葬祭殿、第5王朝、カイロ・エジプト博物館(JE 39534)

きな腹を強調している。鬘の上にはパピルスの束を載せている場合となにも載せていない場合がある。編んだつけ髭をつけ、手には供物を示すヒエログリフのサインを持っている(マットの上に載せたパン)。他にウアス杖、アンクのサイン、多様な供物を載せた皿(パン、壺、花など)を持っていることもある。カイロ博物館に所蔵されているサフラー王葬祭殿出土のレリーフ(JE 39534)には、「芽生え」を具現化した女性の後に、初めてウアジュ・ウルの姿が出現している。体全体が、水が広がる時に水面に見えるさ

ざ波を表わす波線で覆われている。その姿は、2段下に描かれている麦の実で覆われたネプリ*の図像と相対している。

特徴：女性の胸、両性具の肉体

→オシリス、生産をつかさどる神々、ネプリ、ハピ

B.: C. Vandersleyen, *Ouadj our, W3d wr. Un autre aspect de la vallée du Nil,* Bruxelles, 1999.

ウアス（杖） OUAS (SCEPTRE-)

王笏を参照

ウアセト OUASET

テーベの町を人格化した女神。古王国時代、テーベは上エジプトの第4ノモスの目立たない都にすぎなかった。そしてカイロ・エジプト博物館（JE 40678）に所蔵されているメンカウラーの有名な3柱神に見られるように、この地方を人格化した1人の小さな男性の神がいた。この人物は頭の上にノモスの象徴を載せている。この象徴は町の名前を表わすサインでもある。王笏*を表わすヒエログリフのサインであるウアス（ウアセトの名前の起源）に吹き流しがつき、三日月のようなものが載り、さらにその上に1枚の羽根が飾られている。

第2中間期、そして新王国時代の初め、ヒクソスに対する反乱が起きた。そしてテーベのファラオによって国家は異民族から解放された。その結果、テーベの町は強力な戦士と感じられるようになり、「勝利の女神ウアセト」が誕生した。そして人格化され、第13王朝の終わりから、武器を持つ女性としての性格をもつようになった。厄よけの神として2重の姿の女神は、セケムスアンクタウイラー・ネフェルヘテプ王（3世）がアメン神とメンチュ神の間に描かれたステラの中央の場面にいる。

さらに後の時代になると、「勇気の女主人、すべての国の女王」となったウアセトは、ラーの眼*と同一視された。「町々の女主人」そして「すべてのノモス」の女主人として、彼女はエジプト全土のノモスのリストに登場する神々を迎える。「テーベの女神の讃歌」においては、「すべての神殿の女王」として、エレファンティネからヘリオポリスにいたるナイル渓谷の主要な女神がもたらす貢ぎ物をアメン神*に捧げている。

テーベの創設者として、権力を具現化したウアセトは、名前の音声的な変化によって、ときに「強力な者」であるウセレトとも同一視され、戦闘の女神となる。長い衣をまとい、ウラエウスを飾った3つに分けた鬘をかぶり、ノモスの象徴を直接頭、あるいは灌漑を施した土地のサインの上につけている。そしてシストルムをもつようになる。さらに戦闘の女神として刃のついた棍棒、弓、矢、槍そし

てときには斧を持っている。彼女は軍事征服を記念する場面の中で征服した町や国々を紐でつなぎ束ねている。また、多くの儀式の場面においては、供物を受けとる神のかたわらにいる。あるいは供物を捧げる王の後に守護神として描かれている。

また、女神の像に関する碑文もある。カルナクのムウト神殿に付属する礼拝所に刻まれた第25王朝の碑文には、テーベにおけるウアセトの像など装飾品のリストが見られる。それによるとタハルカ王やプサメティコス1世と同時代の大司祭である有名なメンチュエムハトがウアセトの像を作らせたとされているが、未だにその像は発見されていない。

特徴：ウラエウス、シストルム、斧、刃のついた棍棒、矢、槍、弓

→アレクサンドリア、イアブテト、イペト（2）、イメンテト、ケフェトヘルネベス、チェセメト、ニウト、メンアンク、メンネフェル

B.: W. Helck, "Ritualszenen in Karnak," *MDAIK* 23 (1968), p.117-137, pl. XXXIV-XXXIX; P. Vernus, "La stèle du roi Sekhem-sânkhtaouyrê Neferhotep Iykhernofert et la domination Hyksôs (stèle Caire JE 59635), *ASAE* LXVIII (1982), p. 129-135, pl.I.

（→口絵/p.16）

ウェネグ　OUNEG

花の神。最古のエジプトの葬送テキストである有名な『ピラミッド・テキスト*』の中に、僅かに2度だけウェネグという神が登場する（§§607d & 952c）。死者となった王はウェネグをみずからと重ね、永遠の命を確かなものとするために、ラーに対して「あなたが愛するわれが仲間ウェネグ」のように天を横ぎることを許して欲しいと願う（§607）。

ウェネグは、その名前の決定詞が示すように、めずらしい花の神である。ネフェルトゥム*と結びついた盃状に開いた「ラーの鼻先に香るロータス（§266a）」の花ではなく、1例（植物のサイン）を除き、まっすぐに伸びた茎の先にあるまだ開かない蕾の姿をとる。その花がなんであるかは明らかでないが、その形状は重要な要素であり、『ピラミッド・テキスト』の§952に見られるように、ウェネグは「ラーの息子」であり「天を支える者」である。その支柱としての役割において、すべての植物のように空の天蓋に向かってまっすぐに植物柱として立っている。ウェネグはこの点で、やはり天をもち上げる者であり、太陽神の息子シュウ*と結びついている。またもう1人の天の支柱であり、ときに「ラーの花」という形容辞をもつヘフ*とも結びついている。

限られた資料にしか現われない他の

神々と同様に、その存在は非常に古いテキストにおいてのみ知られており、ウェネグの図像は見つかっていない。もしネフェルトゥムのような幸運に恵まれていたのであれば、おそらく花の蕾を頭に載せた神として描かれていたはずである。
→シュウ、ネフェルトゥム、ヘフ、ラー

ウェネムフウアト　OUNEMHOUAAT

葬送の精霊。エジプトの人々の想像力が死者の世界に放った恐ろしい多くの精霊のほとんどは、われわれの耳に怪しい響きをあたえる名前をもち、彼らの性格を伝えている。ウェネムフウアトという悪魔もその１人である。彼の頭は亀である。そしてその名前は「腐ったものを喰う者」という意味をもつ。あるいは、正確には「糞を喰らう者」である。ときにはみずからの排泄物を口にする者とされている。

最古の出現は『コフィン・テキスト*』の呪文1102であり、その名前に使われているサインは若干異なっている。そこでウェネムフウアトは、古代のホルス*が支配する光の領域に入るために、死者が通り抜けなければならない第３の門の番人である。

また、同じように『死者の書*』第144章と第147章において、７つの門を守るナイフを持った恐ろしい護衛の一団の１人として描かれている。

さらに、第19王朝以降、その攻撃性は死者に対するだけに留まらず、逆に守護精霊としての性格をもつようになる。死者の敵を喰い尽くす、記念碑に見られる肯定的な役割は、末期王朝時代を通じて失われることはなかった。また、亀の性格をもつウェネムフウアトは、ナイルの氾濫の源であるとされる「神の体液」を飲み込み、ふたたび吐き出して２国を豊かな水で満たし「神々と人間の生命を約束する」

大英博物館には、２つしか知られていないウェネムフウアトの浮き彫りの像が所蔵されている。第18王朝のトトメス３世（BM 61416）とホルエムヘブ王（BM 50704）墓の守護像であり、黒く彩色された木像で、その姿は、首の上、３つに分けた鬘の上に、手足のない亀の頭をもつ、踞る不思議な人物の像である。

ウェネムフウアトは、『死者の書』のさまざまな挿絵の中で、第３番目の門の番人として、１本、あるいは、２本のナイフを持ち、他の２人の門番とともに描かれている。奇妙な頭で、すぐにウェネムフウアトだとわかる。頭は、上から見た亀の姿で、甲羅の中から頭と手足を出している。少なくとも１例、それぞれの手に鋭い刃先のナイフを持つ女性の精霊の門番として描かれているウェネムフウアトが知られている（カイロ・エジプト博物館、プトレマイオス朝の石棺、

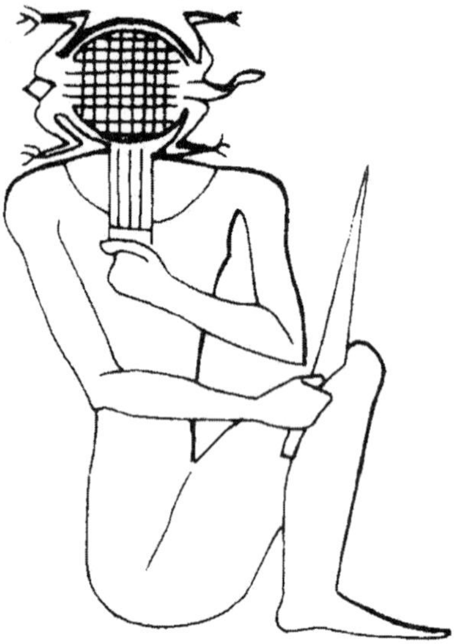

ウェネムフウアト、プスセンネス1世により簒奪されたメルエンプタハ王の石棺の図、第19／21王朝、カイロ・エジプト博物館（JE 87297）。

CGC 29315）。

プスセンネス1世によって簒奪されたメルエンプタハ王の棺（カイロ・エジプト博物館、JE 87297）など、末期王朝の多くの石棺において、また、デンデラ神殿のオシリス礼拝堂に見られるように、「糞を喰らう者」は、他の守護神の間に同じような姿で描かれているが、ここでは門は描かれていない。

→亀

B.: L. Pantalacci, "*Wnm-Hwꜣꜣt*: genèse et carrière d'un génie funéraire," *BIFAO* 83 (1983), p. 297-311.

ウク　OUKH

クサエの古い地方神。ギリシア人がクサエと呼んだ上エジプトの第14ノモスの都キースにはなにも残っていない。しかし、クサエのネクロポリスに相当するクセイル・アル＝アマルナとメイルにおいて、第6王朝と第12王朝の地元の有力者の墓が発見されている。彼らの中には、その名前にハトホル*とならんで町の守護神であったウク神の名前をもつ者がいる。この地方のパンテオンに見られるウクという神の性格は、詳しくはわかっていないが、牡牛との結びつきがあったと考えられる。

ウクという名前は、「柱、支柱」という意味をもち、聖なる象徴のサインによって記される。そのサインには多様なものがある。最も重要な要素はパピルス柱であり、その上に多様な2次的な要素が加わる。この時代、人間の姿、あるいは動物の姿のウクを見ることはできない象徴そのものがウク神を表わしていたのか、あるいは象徴は神の名前を表わすサインであったのか疑問が生じる。おそらく最初の説が正しいと思われる。ハリス呪術パピルス（VIII、10）には、「偉大なるウク、天から冥界へと行く」という文章があり、この神が天の支柱の役割を果たしていたことを示唆している。

ウク神との結びつきをもたない、似たような象徴はクサエのほかにも見られる。古王国時代の儀礼に使用された金属製の儀式用具がその例である。王のカルトゥーシュをともなうものは、新王国時代の聖船の装飾に見られ、また、王の彫像を運ぶ者の手ににぎられている。第5王朝においては、ニウセルラー王の太陽神殿に約10、そして葬祭殿に、ソカル神*の祭礼で神官が使用した黄金のものが2つある。第18王朝においては、トトメス2世葬祭殿の壁に描かれた、王（トトメス2世）の彫像を運ぶ場面に神の象徴というよりも王の紋章として描かれている。

クサエの神の象徴の一番簡素な形は、パピルス柱に2枚のダチョウの羽根を載せたものであり、茎の先端の部分に布の幅広のリボンを結び、殻竿などを留めている。複雑なものは、散形花序とまっすぐに伸びた羽根の間にウラエウスで囲まれた太陽円盤などを飾っている。

末期王朝になると初めて、ウク神は少なくとも2度動物の姿で登場する。1つはペルシア時代、イビス神殿の聖域に、5枚のダチョウの羽根を飾ったパピルス柱の散形花序の上に横たわるライオンの姿で描かれている（南の壁、第5段目）。プトレマイオス朝には、エドフの誕生殿の北の柱廊式門のアーキトラーブ（帯状飾り）に、それぞれの手に先端のとがった長いナイフをふりかざす、後ろ足で立つライオンの守護神として描かれている。

B.：É. Chassinat, "Sur une représentation du dieu Oukh," *BIFAO* IV（1905), p.103 sq.; W. Wreszinski, "Der gott *Wh*," *OLZ* XXXV（1992), p.521-523.

（→口絵/p.16）

ウジャト　OUDJAT

ウジャト眼を参照

ウジャト眼　ŒIL-OUDJAT

豊かに満ちた肉体の象徴。伝統的な化粧を施した人間の眼の下に、鳥類学者がハヤブサの頬の模様をさして「口髭」と呼ぶ、様式化した装飾がついているウジャト眼は、スカラベやジェド柱*とともに古代エジプトで最も人気の高い護符である。

ウジャト眼とは完全、健康の快復、そして肉体の豊かさの同義語であり、ウジャトは「完全な」という意味をもち、ラーの眼*をさすこともある。それはセトとホルスの戦いの際に、セトによって切りとられたホルスの眼をさす。6つに切り裂かれた眼はトト神*によって元の姿にもどされ、健全で完全な姿をとりもどし、もとのもち主にもどされた。物語の痛々しい部分は、しばしば仄めかされているにすぎず描写はないが、この神話の物語は多くのテキストに記されている。たとえば『コフィン・テキスト*』の呪文335は、後に『死者の書*』の17章に繰り返されているが、みずからを多くの神々と同一視する死者は、まず創世神と結びつき、次のように宣言する。「『2人の仲間の戦いの日に切り刻まれた目をわたしは再生した』 2人の仲間の戦いとはなにか? それはホルスがセトと戦った日のことである。セトはホルスの顔にミアズマ(毒気)を投げつけ、ホルスはセトの睾丸を潰した。しかしそれはトトがみずからの指で癒したのだ」。トトに変身することを死者に許す呪文249の中で、死者は次のように宣言する。「わたしはトトである[…]。ホルスの眼を求める旅からもどってきた。わたしは眼を取りもどして数えた。わたしはすべての数を供えた完全で健康なホルスの眼を発見した」

同じ『コフィン・テキスト*』には別の説明がある(呪文 157)。「(黒い)ブタ」に変身した後、セトがホルスの眼に一撃をあたえたのに対して、ラーはホルスに向かって問題のブタをもう一度よく見て、傷を受けた眼がどのようになっているか調べるように命じた。ホルスは最初と同じ痛みを感じ、意識を失った。ラーは言った。「ブタはホルスを呪っている」

戦いの後、眼はいくつかの部分に切断された。あるいは黒いブタが呑み込んでしまった。いずれにしろ「ホルスにあたえられた一撃は毎月、月が欠ける様子を象徴する物語である」、あるいは、この肉体が欠ける比喩は、月食を表わしているとプルタルコスは語る(『イシスとオシリス、55』)。

ホルスの眼が完全であるとして、ここでエジプト語の「眼」という語が女性形であることを思い出そう。それは満月がもどることを約束し、同時に宇宙のサイクルが維持され、世界が調和のうちに進んでいくことを約束する。これが「ホルスの眼を完全なものとする」儀礼の目的である。儀礼には2つの異なるリズムが存在する。最初のリズムによると、6つに分断された眼のそれぞれが少しずつ回復し、もとの姿にもどるのに6日かかる。結果、6日間で月は満ちる。つまり翌々日、月はまだ4分の1しか回復していない。もう1つのリズムによると、儀式は倍の長さかかる。そして遂に眼が「満たされる」日は、ちょうど15日目となり満月と重なる。末期王朝の神殿においては、ウジャトの眼が「満つる」図が多く見られる。フィラエ島の第1塔門の西の張り出し部分(北の面)や、デンデラの屋上にあるオシリス礼拝所のものが有名である。西の3つの礼拝所の最初のものにおいては、シュウ神*とトト神*がもち上げる月の円盤の中にあるウジャトの眼の両側に、夜の球体に向かって進むテーベの9柱神*の15の神々がいる。それぞれが穀物の穂と王の象徴となる植物（オカトラノオ、白いロータス、ミント、ヤナギ、オオムギなど）や、王の象徴となる鉱物（ケイ酸塩、アラバスター、トルコ石、アメジスト、ラピスラズリなど）が入った小さな壺を持ち、聖なる眼を復活させようとしている（*D* I、pl.44、*D* X, pl.173）。満月がオシリス*・月・トト*と短い碑文で記されていることから、この礼拝所のコンテクストの中で、月の満ち欠けがオシリスの「再生復活」と結びついていることがわかる。エジプト人は月の欠ける様子を死者の神の遺体が切断されたことと結びつけ、また月が満ちて行く様子を神の遺体が再生される様子と結びつけていた。

セトの乱暴な行為によって6つの部分に分断された眼を再生する場面が図に描かれたことはないようである。しかしこの概念は穀物を測る方法と直接結びついていたためたいへん人気があったようである。実際、現在の4.8リットルに相当するブッシェルという単位の分数は、ウジャトの眼のそれぞれの部分の図で示されていた。白眼の右の部分が1/2、左が1/16、瞳が1/4、眉が1/8、「髭」の要素はそれぞれ1/64（縦の部分）と1/32（曲線の部分）となっている。これは数の遊びで、6つの分数を足しても63/64にしかならない。完璧にするための最後の1/64はトト神によってもたらされると考えられていた。穀物を測る場合、現実には満杯に近づくために目盛りのついた壺には刻まれた分数の後に1/128が加えられていた。

→オシリス、セト、トト、ホルス、ホルスの眼

B.: G. Möller “Die Zeichen für die Bruchteile des Hohlmasses und das Uzatauge. Mit einem Nachtrag von H. Junker (Die sechs Teile des Horusauges und der ‘sechste Tag’) ”, ZÄS 48（1910）, p.99-106.

（→口絵/p.16）

ウジャレネス　OUDJARENES

プトレマイオス朝に神格化した女性神官。大英博物館所蔵のプトレマイオス朝に属する私人のステラ、王の勅令を記した碑の破片、そして建築物の2つのブロックに、他では見られないウジャレネスという女神の存在が見られる。上エジプト第7ノモスの都、古代のフウト・セケム、すなわちフウ（ディオスポリス・パルヴァ）出土の4つの資料に記された碑文から、理由は不明であるが、ウジャレネスという実在した人物が、生前住んでいた町において神格化されたことがわかっている。彼女の信仰は、この町の外には広がらなかったようであるが、イシス*と結びつき、ネフェルヘテプ*の配偶神となり、王の記念碑において確固た

る地位をきずいた。

予言者（神官）の娘であり、ハトホルの楽士の１人であったウジャレネスは、「フウト・セケムの婦人」であり、「ネフェルヘテプの神の妻」という称号をもつ。年代を正確に決定することは不可能であるが、ある時代、彼女自身が、この地方において聖職に就いていたものと思われる。

ロンドンにあるステラには、オシリスの３柱神であるネフティス*とハトホルの後に描かれている。頭には太陽円盤を飾っているが、他の女神のようにウアジュ杖を手に持たない。ローマ時代の要塞に再利用されていたプトレマイオス朝の神殿のブロックにおいては、ウジャレネスはイシスと同一視され、ネフェルヘテプとネフティスの間に描かれている。そこにはイシス女神がかぶる頭飾りの部分しか残っていない（牛の角の間にある太陽円盤の上に載った椅子のサイン）。しかしこの事実は、彼女が王妃を除いて唯一、神の座に昇った女性であったことを示めしている。

特徴：イシス女神の冠、太陽円盤。

→アンティヌス、イシス、イムヘテプ、ネフェルヘテプ、ハプの子・アメンヘテプ、ピイリス、ペテイシス

B.: Ph. Collombert, “Hout-sekhem et le septième nome de Haute Égypte I; la divine Oudjarenes,” *RdE* 46 (1995), p.55-79, pl. V-VIII.

ウセレト　OUSERET

ウラエウスを参照

ウテト　OUTET

ウンシェブを参照

ウト　OUTO

ウアジェトを参照

ウナギ　ANGUILLE

アトゥムを参照

ウヌウト　OUNOUT

上エジプト第15ノモスの女神。ウサギの紋章の上エジプト第15ノモスの女神である。ヘルモポリスが都となる以前の最初の都である古代の町ウヌウの女神ウヌウトはトトよりも早くから、この地域の主要な神であった。古代の町の名前は忘れられることなく、ときに「８柱神の町」を語るのに使用される。

もともと、「ウヌウの婦人」はヘビの女神であり、その名前は「早い者」と訳すことができるが、その語源は「巻く」という動詞、ウヌンと関係している『コフィン・テキスト*』の呪文47には、死者を安心させる次の文章がある。「トトはあなたを完全な者にした。ウヌウトはあなたの頭の上にいる」

額にあるウラエウス*を示す女神の名前は、しばしば、王冠と結びついたウアジェト*、セクメト*、そしてメンヒト*のような他の女神の形容辞にすぎない。彼女たちはウラエウスの姿で描かれることもあるが、同時にライオンの頭の女神である。エスナ神殿の碑文（n°304,17）においては、ウヌウトはメンヒトと同一視されており、メンヒトのライオンの性格をもっている。

異なる文脈の中で、彼女は他の女神とも結びついている。ヘルモポリスにおいては、しばしば「トトに愛されるネヘメトアウアイ」と混同される。アル＝カブにある墓には、聖船上のナオスの上にとまるネクベトのハゲワシが描かれており、短い碑文がハゲワシを「上エジプトのウヌウト」と記している。

ギリシア・ローマ時代の初めになると、ウヌウトは初めて雌のウサギの女神となり、彼女の名前である地方名を記す時に動物の姿をとる。デンデラ神殿のテラスにある礼拝所において、オシリスの遺骸の周りに集まり、守護の役割を果たす神々の間で、ウヌウトは「偉大なる神の聖域の周囲にやってくる悪の力を追い払う見張り」と描写されている。彼女は「苦しみに代わって悪［セト*］を運び去る者」とされている。

ルーヴル美術館には、ライオンの頭のウヌウトを表現した第22王朝の美しい閃緑岩の彫像がある（Inv. E 4535）。女神が身につける一般的な鞘型の衣をまとい、玉座に座るウヌウトはライオンの頭をもち、３つに分けた鬘には、ウラエウスを飾った太陽円盤が載せられている。

カルガのイビス神殿の場面（列柱室M）では、トト神の後で完全に人間の姿をしている。手に持ったアンクと鬘の上に載せたハゲワシの頭飾りのほかには大きな特徴は見られない。

デンデラでは、屋上にある東（n°3）と西（n°2）のオシリスの礼拝所に登場する。他のウラエウスの女神（ウアジェト*、メンヒト、そしてアセベト*）とともに、２本のナイフ、あるいは鋭い刃の槍をふりまわし、オシリスを守っている。ここでは、彼女はウサギの頭で描かれている。

特徴：ウラエウス、太陽円盤、ナイフ、ハゲワシの髪飾り

→トト、ネヘメトアウアイ、メンヒト

ウプウアウト　OUPOUAOUT

犬の神、アシュートの主人。ギリシア人がオフォイスと呼んだウプウアウトは上エジプト第13ノモスの都（現在のアシュート）の神であった。町にはリコポリスという名前があたえられている。これはウプウアウトの中に狼が宿ると思われていたからである。

これほど名前が性格を明確に表わす神

も少ない。ウプウアウトとは「道を開く者」という意味をもち、神々、王、そして死者のためにこの役割を果たす。

演壇の上で、セド祭などの行列の先頭にいるウプウアウトは「神々の前にいる者」とされている。その役割は、儀式の中で行列の進行を妨げる悪意に満ちた力から進むべき道を守ることである。ときに紋章の旗竿の上につけられた棍棒が、戦士、そして守護神としての役割を示している。さらにネシェメト*の船首に立つウプウアウトは、オシリス*の船の進行を約束している。冥界においては、死者のかたわらにおり、彼らのために「麗しい西の道」を開く。そして死者が憧れる最後の住処である「純粋な場所」へと彼らを導く。ウプウアウトはまた、開口の儀式に参加する。この時「彼の手斧」が使用される。

第12王朝になると、ウプウアウトはアビュドスで重要な役割をもつようになる。オシリスの「大裁判」の一員として、ウプウアウトは、ネクロポリスの主人となる。そして『ピラミッド・テキスト(§ 1287c)』の中ですでに同一視されているアヌビスの役割を補助するようになる。ときには戦うホルスと見られるウプウアウトは、オシリスとイシスの息子と考えられることもある。

理由は不明であるが、「道を開く者」は、南のウプウアウトと北のウプウアウトに分かれることがある。『死者の書*』の第142章には、それぞれ「2国の権力」そして「天の権力」と形容されている。

ウプウアウト、センナクトのステラ、第19王朝、大英博物館(nº 891)。

ラーの船の聖なる乗組員の一員である場合は、人間の姿をとることもある。あるいはまた、アビュドスで発見された中王国時代のステラに見られるように、犬の頭の人間の姿で描かれることもある。しかし、セティ1世の神殿に見られるように、完全に動物の姿をとることが多い。つねに横たわる犬の姿で描かれるアヌビスとは異なり、ウプウアウトの美しいシルエットは台座の上の立ち姿で表現される。その横には1匹(あるいは2匹)の鎌首をもたげたコブラがいる。その名前を示す最古のサインにおいては、台座に載った支柱の先に、通常、見られるダチョウの羽根飾りの代わりに、梨型の棍棒がつけられている。

アシュートで発見された質素な作りの私人のステラの多くには、行進する姿の多くの犬がウプウアウトとともにいる。あるいはウプウアウトの代わりをつとめている。他の象徴的な動物（ワニ、ヘビ、牡羊、トキ…）を描いた、似たような記念碑においては、その数は2から10になることが多いが、なんと59頭の犬を描いたステラもある。

特徴：演壇、手斧、梨形の棍棒

→アヌビス、オシリス

B.: P. Munro, “Einige Votivstellen an *Wp wȝwt*,” *ZÄS* 88（1962）, p.48-58, pl. III-VI; N. Durisch, “Culte des canidés à Assiout; trois nouvelles stèles dédiées à Oupouaout,” *BIFAO* 93（1993）, p. 205-221.

ウプティウ　OUPOUTYOU

使者の神々を参照

ウペセト　OUPESET

ウラエウスの女神。もともと、他の神々の形容辞であった可能性があるウペセトの名前は炎を表わす。そして明らかにウラエウス*の女神であり、『アムドゥアト書*』の第1時間目の下段に描かれた12の守護神であるヘビの一群の中にいる。

テキストには、「ラー*の娘」と記され、父の「額を飾る帯状冠」にいる者とされている。そして「炎の女主人」は敵を燃やす。また「息子ホルス*」と父「オシリス」を守るために、ウペセトは「炎となる息を吐き出す」セト*のバー*はウペセトが放つ炎を受ける運命である。以上は、「4つの鉢の謎の啓示」と呼ばれる守護の儀式の呪文に記されている（パピルス35.9.21、メトロポリタン美術館、ニューヨーク）。

コム・オンボにおいて、テフヌウト*と同化しているタセネトネフェレヤ*と結びついたウペセトは、遠方の女神*の神話の中で重要な役割をになっている。この役割は『コフィン・テキスト*（呪文75）』の中にすでに見られる。この神話の中で、物語のもう1人の主役であるシュウ*は、「ウペセトのバーを冷ました（すなわち、なだめた）」とされている。同様にフィラエの誕生殿の碑文には、ヌビアに到着した時、「偉大なるウペセト」として、トト神になだめられたハトホルは、「ビッガにあるナイルの水源によって体を清められた」と記されている。

ウペセトはヘビの姿や女性の姿で描かれるが、ヘビの頭の女性で描かれることはない。

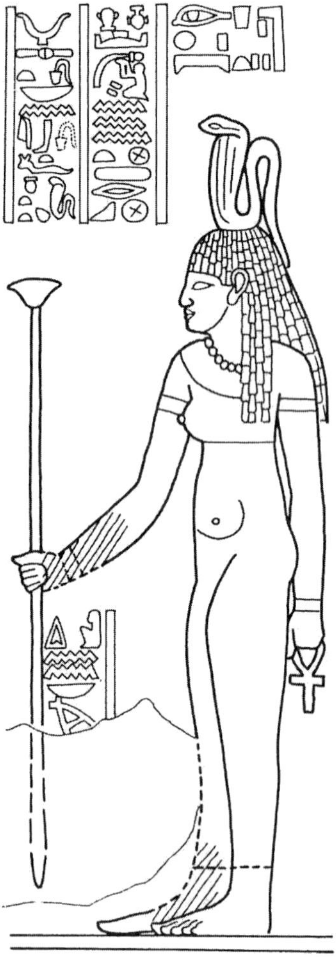

ウペセト、フィラエの誕生殿、プトレマイオス朝。

ラメセス6世墓の石棺の置かれた部屋の複雑な装飾のある壁には、もう1人のウラエウスの女神であるネスレトに向かっているウペセトが描かれている。2人がともにいる場所は「ラーが通る時に処刑の場」となる。彼女は攻撃の用意のできた巨大なコブラの姿をもち、えらを張るように開き、今にも毒を吐こうとしている。

フィラエ神殿の誕生殿のナオスの外壁には、ウペセトはハトホル*とハルポクラテス*の後に描かれている。ギリシア・ローマ時代のほかの女神と同じ姿で描かれているが、頭の上に鎌首をもたげた大きなウラエウスが載っており、ウペセトとすぐわかる。手にはウアジュ杖とアンクのサインを持っている。同じ記念碑の別の図では、彼女はミン神とともにウジャト*の眼の供物を受けとっている。ウラエウスは直接頭に載っているのではなく、ウラエウス自身がライオンの頭をもち、太陽円盤を囲む牛の角を頭に載せている。

特徴：ウラエウス

→ウラエウス、タセネトネフェレト

馬　CHEVAL

前1600年、ヒクソスの占領の最後の時代、ナイル渓谷に、数世紀にわたってメソポタミアで家畜化されていた馬が導入された時、エジプト文明はすでに1500年近い長い歴史をもっていた。世界を説明する偉大な神話が形成されていく過程の中で、エジプト原産の馬が欠落していたため、神々がとった姿の中に馬を見ることはできない。

まれに、宗教的な図像の中に馬に乗った神の姿を見ることができるが、非常にめずらしい神々である。

第18王朝から、アジア起源の戦いの女神アシュタルテ*が唯一馬に乗った姿で描かれ、「馬の女王」あるいは「2輪戦車の女主人」と呼ばれている。馬は女神の戦闘的な性格を見せ、スカラベなどに彫られた図像には、スフィンクス*に代わって、王が敵を踏みつける場面に描かれている。また、シェド神*も時折、戦車に乗った姿で描かれる。この場合、戦車につながれるグリフォンに代わって馬の姿が描かれることがある。

さらに次のような図像が現われるのは、ずっと後の時代である。やはり外国起源の騎士の神であるヘロン*にともなう馬、馬に乗り剣と盾を持つベス神のテラコッタ像、そして槍でワニを突くローマの騎士の姿のホルス神を描いたレリーフ。このホルスの図は、コプト美術における馬の聖人の図や、竜を退治する聖ゲオルギオスの図の原型ともいえる。

→アシュタルテ、シェド、ベス、ヘロン、ホルス

B.: C. Rommelaere, *Les chevaux du Nouvel Empire égyptien. Origines, races, harnachment,* Bruxelles, 1991.

ウラエウス　URÆUS

ウラエウスは、イアレトというエジプト語から発展したギリシア語がラテン語化したものである。多様な書き方（アラレト、アラト、イウアレト…）があるが、ウラエウスという語は、*Naja haje haje*（リンネ）という種のヘビをさす。攻撃する時は、鎌首をもち上げ、広げる。その姿は、神、王、そして女王の冠を飾る。

つねに牝のヘビであり、多様な名前の下、燃えるような太陽の目の1面を表わしている。「眼」という単語は、エジプト語では女性形であり、「ラーの眼」は女性の姿をとることもある。また牝のライオンの姿で現われる場合もある。古い神話は、ときにおもしろく、またときに交錯して辻褄が合わないこともあるが、そこには次のような逸話が記されている。ラーの眼が懲罰のための任務からもどってくると、自分の場所を失っていた。その事実を知り機嫌を損ねた、乱暴で怒りに満ちたラーの眼は手に負えなかった。そこでみずからの眼を鎮めるために、ラー神*は、彼女をヘビに変え、自分の額につけた。そしてみずからの権威を見せつけ、敵にウラエウスの恐ろしい毒のある炎を吹きつけ、自分を守った。太陽神の付属品だけに納まるウラエウスではなく、その守護力は他の多くの神々にも広がった。シュウ神*のウラエウスを突然つかもうとして、酷く傷ついたゲブ神*の不運からもわかるように、ある神のウラエウスは、たとえ相手が自分の

息子であったとしても、他の神にとってたいへん危険な存在である（イスマイリアのナオスに記された神話、n° 2248）。その有効な守護力は王にも当てはまった。そしてウラエウスは王冠*を飾ることとなった。王冠を飾るウラエウスに対する讃歌がある。さまざまな神のウラエウスが存在するが、その最高峰には、下エジプトの王権の守護神であるウアジェト*女神がいる。

ウラエウスのもつさまざまな名前は、守護のコブラとしての性質、あるいはウラエウスのいる場所を示している。イアレトという名前は、「登る、立ち上がる」などの意味をもつ動詞に由来している。それはまさにヘビが攻撃のために鎌首をふくらませ、立ち上がる様子を示している。ネスレトやウプセト*の名前はアセベト*と同様に「炎のような息」を意味し、太陽の目の燃えるような性質を彷彿とさせる。そしてウセレトの名前は、権力を意味する。なぜならば、それがウセルという言葉のもつ意味であり、彼女は、「ホルス*を守る者、ラーの頭の上で平衡を保つ時、神々が権力をあたえる者」である。メンヒト*は、「とぐろを巻くもの」という意味である。ウヌウト*とメンヒト*は、同じような意味をもっている。そしてヘリイト・テプという呼び名は文字通り、「頭の上にいる者」であり、ウラエウスは「父の額」、あるいは「兄の額」にあるということを強調している。そして最後に「すべての神の頭にいる」ペクハトの意味は、「2つに分かれたもの」である。エドフのテキスト、そしてデンデラのハトホルのキオスクではイシス（*D* VIII, pl.712）に、そして神殿の「金細工師の工房」ではオシリス夫妻（*D* VIII, pl. 805）にウラエウスの供物を捧げる場面が見られる。この場面は、ラーの眼が再来するためには、父から離れなければならないことを象徴している。

鎌首をもたげたコブラは、すべての女神の限定符となることができる。そしてエジプト芸術には欠かせないものである。ときに女性、ライオン、牝牛の頭に代わって蛇の頭をもつ女神の役割は、神々や王の冠を守護することに限らない。開いた翼をもつウラエウスは、王や女王のカルトゥーシュを守り、2匹のウラエウスはカルトゥーシュを囲むように枠を作る。また、神のナオスでは、たくさんのウラエウスがフリーズを飾っている。実際、ウラエウスはどこにでも見ることができる。その事実はツタンカーメン王墓の副葬品を見れば、だれもが納得するであろう。宝飾品、金箔を施した木製の厨子、箱、石棺、カノポス容器、金箔を張ったナオスなど、ほとんどの品々に数えきれないウラエウスが飾られ、守護の役割を果たしている。なかでも最も豪華な副葬品の例をあげると、生前にツタンカーメンが座ったと考えられる玉座である。アームの部分は、有翼の１対のコブラであり、全部で８つは下らないヘビの女神が、いつでもその毒の炎を吐き出し、王を敵から守れるように、玉座を守護している。

バンクス・ステラ（nº 2）のアーチの部分には、ウラエウスの３つの側面を表現する図が見られる。フイという人物が香を炊いて崇めている、アメンと*ムウト*の後には、「ラーの娘、コブラ」と記された、太陽円盤を頭につけたライオンの頭の女神が描かれているが、これもウラエウスの１つの姿である。

特徴：赤冠、太陽円盤、翼、白冠、ハトホル冠、プスケント

→アセベト、ウアジェト、ウヌウト、ウプセト、ウレト・ヘカウ、遠方の女神、王冠、ケンシト、シェゼムテト、セクメト、タイト、タセネトネフェレト、テフヌウト、テメト、ハトホル、バステト、メヒト、メンヒト、ラーの眼

B.: L. Keimer, *Histoires de serpents dans l'Égypte ancienne et moderne, MIE* 50 (1947); S. B Johnson, The Cobra Goddess of Ancient Egypt. Predynastic, Early Dynastic and Old Kingdom Periods, 1990.

（→口絵/p.17）

ウリト　OURYT

聖なる牝牛、アゲブ・ウルの伴侶。ギリシア・ローマ時代、ウリトは「地上に棲む４頭の牝牛の１頭であり、祭壇の神々の一部」である。この神々の一団は、神殿の神に王の供物を集めてとどけ、その代償として、王が宇宙の王権を獲得するのを助ける役割をもっている。

ウリトは「ラーに乳をあたえる乳母」

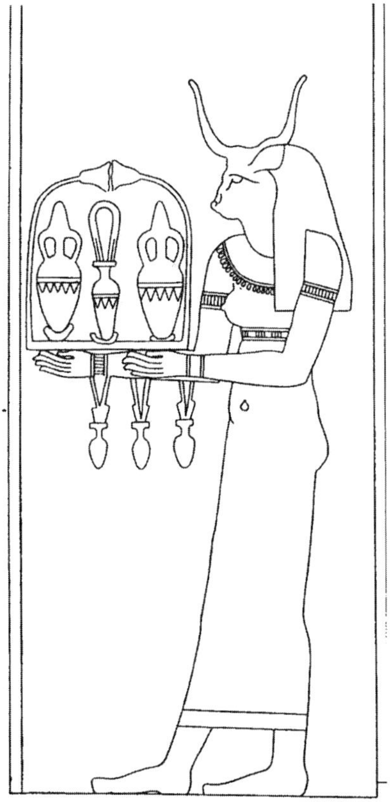

乳の入った壺を運ぶウリト、トラヤヌス帝の誕生殿、デンデラ、ローマ支配時代。

であり、「真っ白い乳があふれるほ乳類」である。「その乳房に隠された乳」を吸う者は体が若返る。

デンデラのローマ時代の誕生殿の階段に描かれた、生産をつかさどる神々*の行列において、ウリトは、乳の入った2つの水差しと壺を載せた供物の台を運ぶ、牝牛の頭の女神として描かれている。また、長く柔らかいもち手のついた3つの小さい壺に入ったミルクも腕にかけて運んでいる。

特徴：ミルクの壺

→アゲブ・ウル、祭壇の女主人（神々の）

ウル・ヘムヘム　OUR-HEMHEM

エドフのホルス神殿の守護神。「力強いモーモーという鳴き声をもつ者」という名前が示すように、牡牛の頭をもつ神。エドフのプトレマイオス朝のホルス神殿を守る4人の守護神の最後の1人で軍団の長。14人の従者と共に、西からやってくる危険に対して、ホルスの領域を守っている。

ウル・ヘムヘムは、つねに武装した姿で描かれているわけではなく（*E* XIII, pl.550）神殿の塔門の西の部分、ホルス神とハトホル女神*の間の旗竿を立てる壁龕に、従者と共に描かれている（*E* XIII, pl. 666）。また、周壁の内側の東（*E* XIV, pl.606）と西（*E* XIII, pl.546）の壁面には、牝牛の頭をもつ人間の姿で、短剣と長い刀を持った立ち姿で描かれている。西の周壁の内側の最上段のフリーズには、牛の頭をもつハヤブサの姿で描かれ、黄金を表わす文字の上で、大きな羽根を広げ、もう1人の守護神であるネブ・マバ神*と共に王のカルトゥーシュを守っている。

特徴：刀、短剣

→アア・セネジュ、守護神、ネブ・デス、ネブ・マバ

（→口絵/p.18）

ウレト・ヘカウ　OURET-HEKAOU

王冠を人格化したウラエウスの女神。
エジプトのパンテオンに新たな神が加わる他の多くの場合と同様に、「偉大なる魔法使い」であるウレト・ヘカウの名前はもともと、他の神々（ハトホル*、イシス*、ネフティス*、ムウト*…）、あるいは、新王国時代の偉大な王の妻にあたえられた形容辞であった。

そのため彼女は王の戴冠式において重要な役割を果たす。ウレト・ヘカウは他でもない上エジプトと下エジプトの王冠を人格化した女神であり、『ピラミッド・テキスト*（§1624）』の中で「南のウレト・ヘカウ」そして「北のウレト・ヘカウ」と呼ばれている。あるいは総合的に「ウレティ・ヘカウ」と呼ばれる。2人の偉大な魔法使いは、プスケン

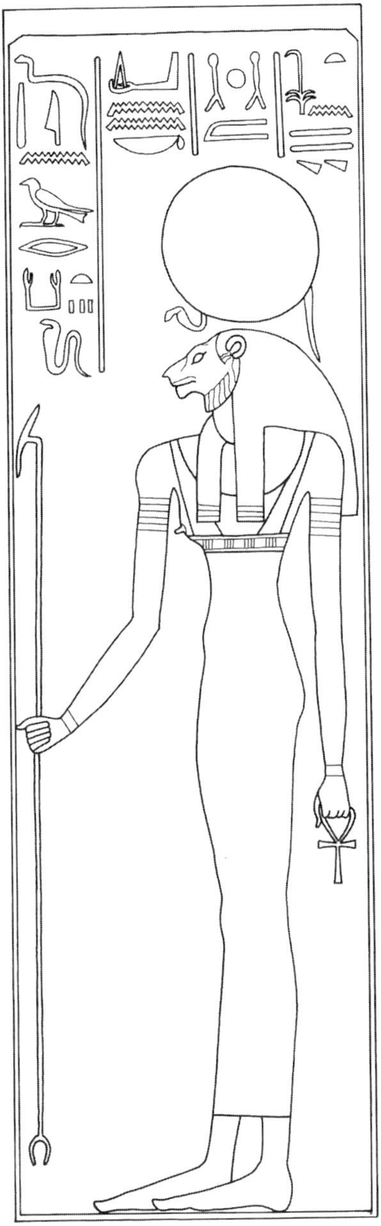

ウレト・ヘカウ、アブ・シンベル小神殿、第19王朝。

ト（2人の力をもつ者）としてギザのアメンヘテプ2世の巨大なステラに登場する。

しばしば「宮殿の婦人」という形容辞をもつウレト・ヘカウは王のウラエウスである。言い換えれば太陽の目である。神の「額から現われ」、彼女自身、王の「眉の間」あるいは「額の上」にあり、その上に王冠が載せられ、それによって「2国の王として永遠の命」、あるいは「10万の更新祭」があたえられる。戴冠式、あるいはそれに準ずる場面ではツタンカーメン王の有名な黄金の厨子のように、女神の代わりに王妃が描かれることがある。この場合、ウレト・ヘカウは王に向かって年のサイン（単独、あるいは2つ）を差し出している。このサインからは更新祭を意味するサインを数珠のように編んだ紐飾りがたれ下がっている。

2人の結びつきの理由は不明であるが、ウレト・ヘカウはしばしばハピ*とともに描かれる。マディーナト・ハブのラメセス3世葬祭殿では多くの例が見られる。また、同じ性質をもつ女神たちとも結びつくことが多く、融合することがある。ウレト・ヘカウ・パケト*（スペオス・アルテミドス）、ムウト・ウレト・ヘカウ（カルナクの列柱室、マディーナト・ハブ）、セクメト*・ウレト・ヘカウ（ラメセウム）、ムウト・ウレト・ヘカウ・ウアジェト*（カルナクのコンス神殿)、あるいはセクメト・バステト*・ウレト・ヘカウ（ラメセス7世墓）などは、彼女たちの融合の例であり、いずれもライオンの頭の女神である。

ウレト・ヘカウの最も典型的な姿は、太陽円盤をかぶったライオンの頭の女神である（ディール・アル＝バハリ、アブ・シンベル小神殿、カルナク…)、しかし他のウラエウスの女神と同様に人間の姿をとることもある（マディーナト・ハブ、ラメセス7世墓…)。あるいはまた、動物の姿、女性の体にヘビの頭をもった姿（マディーナト・ハブ)、そしてコブラの女神の体に人間の頭をもつ場合もある。

この最後の姿は、ツタンカーメン王墓の小さい黄金の厨子の中にあった首飾りをともなう金箔を張ったペンダントに描かれている。牛の角を載せた帯状冠をかぶり、2枚の鳥の羽根と2重のウラエウスを飾った太陽円盤をかぶっている女神は、人間の腕と胸をもち、王を抱きかかえ乳をあたえている。

ラメセス7世墓（KV 1）の石棺の部屋の入り口には、女神の2つの側面を表わすように対称的に配置された2つの図がある。左はウレト・ヘカウの名前で、メナトの首飾りとパピルスの散形花序で装飾されたシストルムをもっている。頭にはハゲワシの髪飾りの上に2枚の高い羽根、ウラエウスと太陽円盤を飾った帯状冠をかぶっている。右はセクメト・バステト・ウレト・ヘカウの名前で、ライオンの頭をもち、長い牛の角で囲まれたアテフ冠をかぶった姿で描かれている。この最後の例のように、笏を持っている場合は、つねに男性の神が持つウアス杖を手にしている。

特徴：アテフ冠、ウアス杖、牛の角、ウラエウス、シストルム、太陽円盤、高い羽根飾り、メナト（の首飾り)、ハゲワシの髪飾り、ハトホル冠、プスケント

→イシス、ウアジェト、ウラエウス、セクメト、パケト、バステト、ハピ、ヘカ、ムウト

B.: K. Bosse-Griffiths, “The Great Enchantress in the Little Golden Shrine of Tut'ankhamûn,” *JEA* 59（1973）, p.100-108, pl. XXXV-XXXVI; M. Eaton-Krauss, E. Graefe, *The Small Golden Shrine from the Tomb of Tutankhamun*, Oxford, 1985.

ウロボロス　OUROBOROS

宇宙と永遠の再生の象徴。ローマ時代の多くの装飾は、自分で自分の尾をくわえ楕円形、あるいは円形の輪を作る蛇の枠の中に彫られている。このシンボルは宇宙と、永遠に繰り返す時を象徴している。それはウロボロス、すなわち、「その尾を呑み込むもの」を意味している。この名前は、ギリシア時代の呪術パピル

ウロボロスで囲まれた太陽の子どもの図。ヘルベン A. のパピルス. 第21王朝、カイロ・エジプト博物館（n° 14/7/35/6）。

スに初めて登場し、後の時代のギリシアの錬金術のテキストにしばしば現われる。

4世紀の終わり、異教徒世界における最後の偉大なラテン詩人、アレクサンドリア出身のクローディウスは、蛇に守られ、巣の中にいるハピ神を描いた有名なフィラエ島のレリーフ（cf. p.164）を見ていたにちがいない。次の文章を記した時に、彼はその場面を思い起こしていたと思われる。「洞窟の中で、1匹の蛇が輪を描く。蛇は、静かな喜びのうちに、すべての物を呑み込む。そして永遠に若い鱗を保つ。その口はみずからの尾にもどり、その尾を呑み込んでいる。静かに滑るように、ふたたび始まりにもどる」

クローディウスの時代から約1世紀が経ち、失われた古代文字となっていったエジプト語の碑文を読み解く鍵を見つけようと模索していたホラポロンは、その著作『ヒエログリフィカ』の最初の本（I,2）の中で、次のように確認している。「宇宙を象徴するために、彼らはみずからの尾をくわえる蛇を描く」

ウロボロスのファラオ時代の起源が、太陽の再生復活のサイクルと結びついていることはまず疑いがない。そして第18王朝の終わりにはすでに見られた「口の中の尾」というエジプト語の表現が、シェン*のサインと結びついた。

ファラオ時代のウロボロスはツタンカーメン王の金箔を施した2番目の木製の厨子の装飾として初めて現われる。左の大きなパネルの中央には、王のミイラのシルエットの頭と足に当たる部分を完璧に囲む2匹の蛇の姿がある。それはメヘン*の蛇の姿のひとつで、セティ1世の石灰岩製の石棺に描かれた太陽の船の図を思わせる。そこに描かれたラー神は、ナオスの中にいる牡羊の頭をもつ人間の姿ではなく、太陽円盤の上にいるスカラベとして描かれている。そして守護の役割をもつ蛇の体が、いつものように渦を巻き、みずからの尾を咬む形で、完全な結び目によって全体を囲んでいる。

ローマ支配時代になると、さまざまな図案（ウジャト眼、スカラベ、船、子宮）や呪文をウロボロスで囲むように彫った宝飾品が見られるようになる。
→アイオン、永遠性、シェン（サイン）、メヘン

B.: A. Piankoff, “Une représéntation rare sur l’une des chapelles de Toutânkhamon.” *JEA* 35（1949）, p.113-116, pl. VIII-XI; Ph. Derchain, “Á propos de Cludien, Éloge de Stilichon, I I , 424-436” *Z Ä S* 81（1956）, p .4-6; L. Kakosy, “Ouroboros on magical healing statues” in *Hermes Aegyptiacus, Egyptological Studies for B. H. Stricker, DE Special Number* 2（1995）, p.123-129.

ウンシェブ　OUNCHEB

儀式の道具。ウンシェブはギリシア・ローマ時代の神殿の壁画に描かれた供物を捧げる儀式にしばしば見られる。初めて見られたのは、ハトシェプスト女王治世のブヘンである。王、あるいは、トト神が、どの場合も女性の神に対して供物となる籠を捧げている。唯一の例外は、アブ・シンベルにおける男神のプタハ神である。いずれにしても、籠の中には、ヒヒの小像と、小像と同じ大きさの箱が載っている。箱の上部は、V字の形をしている。「時の主人」であるトト神を象徴するヒヒが描かれていることから、容器には水が入っていたと推測することができる。この神秘的な品々は、デンデラ神殿のハトホルの聖なる品々の中で、メナト*とシストルム*に次ぐ品であり水時計と考えられた。

しかし、この場面にともなう碑文を研究すると、時間の経過に関する記述がない。そのためこの品が水時計である確証はない。その名前は、シェベト、後にシェブ、あるいは、ウテトとなる。時と結びついたトト神との関係がないとすれば、それに代わるウンシェブに対する定義が必要である。「ウアジェトのカー、ラー*の眼の図、ホルスの眼の形」、あるいはまた、供物を受けとる女神のカーなどが考えられる。この複雑なシンボルは、博物館に、ファイアンス製の小さなモデルとして保存されている。王はこの供物を捧げる代償として、ラーの眼、あるいは「敵に備えるための」ウラエウスの守護を求めた。ヒヒの後にある容器は、その守護を受けるためのものかもしれない。

B.: C. Sambin, *L’offrande de la soi-disant “clelpsydre.” Le symbole ˇsbt/ wnˇsb/ wtt, StudAeg XI*, 1988.

（→口絵/p.18）

ウンシェプセフ　OUNCHEPSEF

上エジプト第7ノモスのフェニックスの神。末期王朝時代に刻まれた碑文のうち、１つはプトレマイオス朝末期のカルナクのオペト神殿の外壁そしてもう１つ

はローマ支配時代のエレファンティネ島のクヌム*神殿の壁にウンシェプセフという名前の神が登場する。現在残るテキスト資料では、他にこの名前は見られない。ノモス、そしてナイルの行列の場面にともなう２つの「地理」的性格の碑文から、この神が上エジプトの第７ノモスで信仰を受けていたことがわかっている。その神殿は、「ベヌウの王宮」と呼ばれ、ギリシア人がディオスポリス・パルヴァと呼んだフウからほど遠くない、現在のナガ・ハンマーディの少し南に位置していたと考えられている。あるいは、上記の町の中央に若干残っている宗教的な建物の遺跡が「ベヌウの王宮」であったのかもしれない。現在では破壊されているが、フウにあったプトレマイオス朝の墓の壁画がネストール・ロートによって写生されている。そこに描かれた図から、ウンシェプセフがオシリスの化身であることがわかっている。その場面では、死者の神であるオシリスはサギの頭をもっている。さらに「神の妹」としてネフティス*・ケレスケトも同じ姿をとる。デンデラやエドフのテキストにおいては、名前は明記されていないが、女神は「シストラムの宮殿の女主人［…］オシリスの遺体を維持する」、あるいは、「ベヌウを健康な姿で保ち、護衛し、守護する」と描写されている。

現存する資料では、ウンシェプセフには２つの図像しか知られていない。ロートによって1839年にフウで発見されたものである。いずれもプトレマイオス王の書記で神官であった、ディオニソスという愛称をもつ、ハルシエシスという人物の墓にあったものである。１つは墓の外にあったもので、入口の右のわき柱に描かれていた。この場面においては、死者があらゆる点でオシリスにそっくりの神（ミイラの姿、胸で交差した手には王笏、そしてアテフ冠）を崇拝している。しかしこの神の頭は、曲がった首、長い冠毛からサギのものであることが明らかである。墓の内部にあるもう１つの場面は有名な図で、多くの複写を見ることができる。完全に鳥の姿の「聖なるベヌウ」は、「オシリスのバー」であり、オシリスの墓の１つの上にかかる柳の枝の上に止まるサギの姿をしている。

特徴：アテフ冠、王笏

→ベヌウ

B.: S. Sauneron, “Ounchepsef, le dieu-phénix de Diospolis Parva,” *Kêmi* XVI (1962), p.40-41.

ウンネフェル　OUNNEFER

オシリスを参照

永遠　ÉTERNITÉ

ファラオ文明と結びつく最も重要な概念は永遠性である。だれもがその実現の

ツタンカーメン王の一番大きな金箔を施した木製厨子を飾るネヘフ（左）とジェト、第18王朝、カイロ・エジプト博物館。

ために努力し、実際、時を越えて存在する記念碑を見ると、古代エジプト人はある意味で永遠性を獲得するという彼らの思いを実現したといえるかもしれない。「いつまでも永遠に」生きることは、まるで強迫観念のように繰り返されるテーマであり、それは数えきれない碑文に記されている。

エジプト人の考える永遠性は、われわれの考える永遠性とは異なる、そこには２重性がある。それはネヘフとジェトという相互に補う２つの概念である。この２つの概念は、相反する意味をもつと同時に、並列する概念として存在し、容易に他の言語で表現することができないため、エジプト語で表現するのが一番良い方法である。

現存する碑文を見ると、ネヘフとジェトは、そえぞれ、過去と未来、時と空間、「ここ」と「あそこ」、循環する時と線上にある時、天地創造以前の永遠と天地創造後の永遠…と考えられる。そして永遠は次の順番に神々や多様な概念と結びつき同化されている。ラー*とオシリス*、シュウ*とテフヌウト*、ネフティス*とイシス*、西と東、右の眼（太陽）と左の眼（月）、昼と夜、上エジプトと下エジプトの王権。この2つの概念は互換性があり、もし定義に拘るならば、次のような定型文にまとめることができるであろう。「ネヘフの始まりからジェトの終わりまで」すなわち、ネヘフが過去における永遠性を示すとすれば、ジェトは未来の永遠性を示している。

まれにこの2つの概念は、2柱の神により人格化されることがある。『天の牛の書*』のなかでも、最も保存状態の良い例はツタンカーメン王の石棺を囲む金箔を施した木製の厨子の中で、一番大きなものの内側に描かれている。3つの挿絵の1つには、ネヘフとジェトという語の文法上の性（男性形と女性形）に合うように、男性の神（ネヘフ）と女性の神（ジェト）の図が描かれている。彼らの頭の上と足下の碑文に、彼らの名前が記されている。王は「わたしは2柱の偉大な神の名前を知っている。それはネヘフとジェトである」と宣言している。2人の神は、互いに背を向けて立っている。この構図は、エジプト人が宇宙の構造がもつ、空間と時の複雑な関係を理解していたことを示している。2柱はそれぞれ天の支柱をもっている。天の支柱は、天と地を分け、すべての生命の流れを可能にする太陽の旅を約束している。

それに対して、ディール・アル＝マディーナ（TT５）のネフェルアブウ墓の第2埋葬室の北の壁には、2柱の小さな男性の神の姿が描かれている。2柱は編んだ髭をつけ、頭には彼らの名前を飾っている。被葬者の夫婦を見守っている2柱は、それぞれネフティスとイシスと結びつき、石棺の頭と足の部分に座っている。そしてそれぞれ3つの燃える灯心の入った火鉢を手にしている。

→ウロボロス、シェンのサイン、天の牛の書、レンペト

B.: J. Assmann, *Zeit unt Ewigkeit: ein Beitrag zur Geschichte des Ewigkeit, AHAW*, 1975, 1.

エイレティア　EILEITHYIA

ネクベトを参照

エドフの60人の護衛の神々

SOIXANTE DIEUX-GARDIENS D'EDFOU (LES)

護衛の神々を参照

エパゴメン（の神々）

JOURS ÉPAGOMÈNES (DIVINITÉS DES)：**守護の神々**。エジプト人の「1

年のうちの５日間」という表現は、ギリシア人が「エパゴメンの日々」と呼ぶ１年の基本の360日の外にはみ出した日々を表わしている。厳密にいうと、この日々は１年の一部ではない。そのため各月の守護神の保護の外にある。プルタルコス（「イシスとオシリス、12」）によると、この５日間は、ヘルメスが月と盤上遊戯で遊んで勝ちとった日々である。これは不思議な二重構造を許している。つまり、呪いによって１年のどの日にも子どもを生むことができなくなったヌウト女神が、エパゴメンの期間だけは出産ができるのである。エパゴメンは「神々の誕生日」とされる祝祭の日々であり、古い年から新しい年へと移る過渡期であると同時に、危険な時期である。そのため末期王朝時代になると、各月に守護神がいるように、エパゴメンの各日に特別な守護神が割り当てられた。守護神の数や正体は時代によって若干変化した。なかでも中心的な役割をもつのは、４人のメスケネト*である。それにレネヌウテト*を足して、５柱のグループとなる。さらに、後になってセトが悪魔化した際、彼が生まれた３日目を守る女神は名前を明らかにせず、その存在は遠回しに仄めかされるようになる。

たとえば、コム・オンボの誕生殿においては４柱の神々が、オシリスが誕生したエパゴメンの最初の日を守っている。最初の神は腰布を撒き、アテフ冠をかぶった、ミイラの姿をとらないオシリス自身である。次に偉大なるメスケネトが現われる。牝のカバの姿をとり、女性の頭にはハトホル冠をかぶり、前足の１つはサのサインの上に置いて、ナオスの中に立っている。３番目の神は、裸で歩む子どもの神で、特徴的な編み毛をもち牡羊の角の上に載せたアテフ冠をかぶっている。片手には殻竿、もう一方の手の指は口にくわえている。最後にもう１柱のカバの女神が登場する。この神はライオンの頭をもち、やはりハトホル冠をかぶっている。冠の下には、ウラエウスで飾られた帯状冠がある。この神はナオスの中にはいない。そして前足をサのサインの上に載せる代わりにウアス杖を持っている。

特徴：アテフ冠、殻竿、サのサイン、ハトホル冠

→月（暦）の神々、メスケネト

B.: G. Daressy, “Thouéris et Meskhenit,” *RT* XXXIV（1912）, p. 189-193; D. Mendel, *Die Monatsgöttinnen in Tempel und im privaten Kult, Rites égyptiens* XI, Turnhout, 2005.

エポエリス　EPOÉRIS

イペト（1）を参照

エルムティス　ERMOUTHIS

レネヌウテトを参照

遠方の女神　LOINTAINE (DÉESSE)

ライオンの女神。ラーの娘そして眼。多くの伝説があり、内容も多様であり、重複するものも多い。登場人物は多様な名前や姿で登場するが、主役は怒りに満ちたライオンであり、同時にラーの眼、すなわち、ラーの娘である。遠方の女神の伝説は、ギリシア・ローマ時代の神殿の碑文からH・ユンカーが書き起こしたものである。物語では、女神の旅の経緯が語られている。遠方の女神という名前は、その詳細は不明であるが、父親との諍いから遠くヌビアの地に主役である女神が逃亡したことに由来している。彼女の逃亡も争いの解決とはならなかった。物語の最初の部分は失われているが、デモティック版の『太陽の眼の神話』や、またギリシア版には、鬣は怒りで炎と化し、尾をふり上げ、砂嵐を起こし、砂漠を暗闇としたライオンの凄まじさが記されている。ユンカーの書では『天の牛の書』に記された遠方の女神の神話が論理的な流れをもち、女神の怒りがよく理解できる。ハトホル・セクメトである女神の怒りは、父親に騙された屈辱によるものである。父親は、みずからが命令し、また、女神が喜んで行なっていた人間に対する殺戮を止めるために、血に見せかけて赤く染めたビールを女神に呑ませた。

テフヌウトの前に立つ、サルの姿のトト神、ダッカのヌビア神殿、プトレマイオス朝。

酔って眠っている間に、創造神に対して反乱を起こした人間は生き残ることができた。

ラーは、今度はテフヌウト*と同一視されている娘が追放を解かれ、エジプトにもどり、ウラエウス*の姿で守護神となることを希望した。神話では、都合良く、オヌリス*（「遠方の女神を連れもどす者」）の名前をもつシュウ神*が、賢いトト神*をともなって、砂漠の民を震え上がらせる妹をヌビアの砂漠から出るように説得するために出発する。恐ろしいライオンに話しかけやすいようにと２人はサルの姿に変身する。そして彼女が愛する国にふたたびもどるようにと話しかけると、彼女は故郷を懐かしく思い出す。すると突然、陽気な行列が現われる。ベス神*、ヒティ*が仲間とともに踊り、楽器をかき鳴らしエジプトへと帰還する旅の間、女神を癒す。シュウ神自身が妹のために舞いを踊る。そしてエジプトへの入口である第1急湍（カタラクト）に到着すると、女神は若く美しい妖艶な娘であるハトホルになる。そして「偉大なるウペセト」はトト神に諫められ「ビーガ島の礼拝所」で身を清める。ここから勝利の旅が始まる。その道すがら、女神はエジプトのすべての地域の聖所における女神の姿をとることになる：コム・オンボではタセネトネフェレト*、アル＝カブではネクベト*、エスナではメンヒト*、カルナクではムウト*、そしてデンデラではハトホル… 毎年、「女神の帰還」を祝う祭りが、冬の最初の月（ティビ）に15日間にわたって行なわれた。遠方の女神の帰還は、人々が待ち望むナイルの反乱を象徴していた。

ダッカのヌビア神殿に残る場面には、いつ襲いかかってくるともしれないテフヌウトをエジプトに帰還するように説得する、小さなサルの姿のトト神が描かれている。この場面のほかに、われわれに残された、遠方の女神の帰還、あるいは旅の終わりを描いた図は、ラメセス2世の時代のヌビアの総督であったセタウが、アル＝カブの東、当時の「ハンマーム」に建設した礼拝所の壁に描かれているものである。残念ながら保存状態は悪い。女神は、この地方の女神であるネクベトの姿をとり、長い網状の衣をまとい、ウラエウス*を正面に載せたアテフ冠*をかぶり、ラー・ホルアクティの前に立っている。ラー・ホルアクティは玉座に座り、その後には、イウサアス・ネベト・ヘテペトの姿をとるマアト女神が立っている。そして娘の鼻先に命のサインを差し出している。そして娘の手からなにかを受けとろうとしている。伝説のテーマを考えると、現在では消えてしまっているその品は、本来のもち主に返されるべき「ラーの眼」であったにちがいない。それはウジャト眼の形をしていたかもしれない。あるいは鎌首を上げたウラエウスの姿であったかもしれない。女神の後には、物語の中で重要な役割を果たすオヌリスとトトがいる。その後にはフウ*とシア*が続いている。その上には、「平和の内に」ライオンに近づこうとしているオヌリスとトトを思わせる2匹のサルがいる。

特徴：ウラエウス、太陽円盤

→アレンスヌフィス、ウヌリス 、ウペセト、ウラエウス、シュウ、セクメト、タセネトネフェレト 、テフヌウト、天の牛の書、トト、ネクベト、ネベトゥウ、ハトホル、ヒティ、ムウト、メヒト、メンヒト、ラー、ラーの眼

B.: H. Junker, Der Auszug *der Hathor-Tefnut aus Nubien, APAW* 3, 1911: *Id., Die Onurislegende,* Vienne, 1917; S. West, “The Greek version of the legend of Tefnut,” *JEA* 55（1969）, p. 161-183; Fr. de Cenival, *Le Mythe de L'oeil du soleil, Demotische Studien* 9, 1988; D. Inconnu-Bocquillon, *Le Mythe de la Déesse Lointaine à Philae, BdE* 132, 2001.

王冠 COURONNES

神々と王の特権である冠は、エジプトでは多様で複雑なものである。1番シンプルなのは、王がかぶる冠である。「白冠」は、1種の長いミトラで先端が円くなっている。そしてもう1つは、後ろがそそり立つ帯状冠の「赤冠」である。それぞれ上エジプトと下エジプトの王権を象徴している。2つの冠を組合せたものは、ギリシア人がプスケントと呼んだもので、「2つの王権」を表わすエジプト語のパ・セケムティが変形したものである。基本的なこの2つの冠のほかに、ネメス頭巾があるが、これは王冠というよりも王冠を支える役割を果たした。また、「青冠」であるケペレシュは、正しい命名とはいえないが、「戦闘用のヘルメット」とされ、第18王朝の初めから一般的なものとなった。さらに、上エジプトの冠に似ている「アテフ冠」は、ミトラの部分が白、あるいは、色彩豊かな縞模様になっている。側面には2枚のダチョウの羽飾りがついており、先端に小さな太陽円盤を載せていることもある。

これ以外の冠は、このシンプルな冠が発展したものである。より簡素になったものもあれば、別の多様な要素が加わったものもある。これらの要素の中には、王の儀礼にかかわるものや、神の特徴を強調したものもある。バンド、リボン、2枚の鳥の羽根、ダチョウの羽根、牡羊の曲がった角や捩じれた角、牝牛、アンテロープ、あるいはガゼルの角、ウラエウス、翼のある太陽円盤や翼のないもの、スカラベ、上下エジプトの象徴植物…。さらには、戦闘の雄叫びを象徴したヘムヘム冠は、3つのアテフが水平な牡羊の角に載っているもので、太陽円盤とウラエウスで飾られている。タテネン*の飾りであるヘヌウ冠は、王もよくかぶる冠である。捩じれた牡羊の角の上に、太陽円盤と2枚のダチョウの羽根を乗せ、ときに2匹のウラエウスで側面を飾っている。最後に、3番目の特別な例をあげると、アルシノエ2世が神格化した時にかぶった豪華な冠はゲブの頭飾りの一種と考えることができる。王妃はゲブの娘として、下エジプトの冠に、2枚の高くまっすぐな羽根を飾り、さらに太陽円盤を囲む牝牛の角と、捩じれた牡羊の角で飾った冠をかぶっている。

ときに非常に複雑な冠は、エジプト人にとって、力を秘めたものであり、神々でさえ、冠を身につけることには危険をともなうと考えられていた。また、冠は、神々と同様に、われわれにはとらえにくい象徴によって讃美歌を捧げる対象になると考えられていた。
→ウアジェト、ウラエウス、ウレト・ヘカウ、玉座、笏、ネクベト
B.: A. Erman, *Hymnen an das Diadem der Pharaonen aus einem Papyrus der Sammlung Golenischeff,* APAW 1911; A. M. Abubakr, *Untersuchungen über die ägyptischen Kronen,* Gluückstadt, 1937.

(→口絵/p.18・19)

牡牛　TAUREAU

　アネムヘル、アピス、風（4つの方位）、ケムウル、セト、セマ・ウル、ヌン、ネブアンク、パ・カ・アア・ウル・シェペス、ブキス、ムネヴィス、メレフウ、を参照

オキシリンコス　OXYRHYNQUE

　古代エジプト末期の青銅の像のコレクションの中に、「ナイルの魚」が含まれていることはめずらしいことではない。ギリシア人がオキシリンコス、「長い鼻」と呼んだエレファント・フィッシュ（*Mormyrus kannume*）は、その独特の頭が特徴で、軽く下方に下がるような長

オキシリンコスの像、末期王朝時代。ルーヴル美術館。

い鼻が先端にある。

しばしばハトホル冠をかぶっていることから女性の神の具現化であるエレファント・フィッシュは、上エジプトの第19ノモスの地域で崇拝されていた。マラウィとファイユームの入口の間に位置する、バハル・ユーセフ沿岸の現在のベフナサの町は、ギリシア・ローマ時代にはオキシリンコスと名づけられていた。

この鼻の長い魚は、ハトホル*、イシス*、そしてトゥエリス*の少なくとも3人の女神と結びついている。カルガ・オアシスのイビス神殿の壁画にはハトホル女神の1つの姿として描かれている(聖域の南の壁)。そこには台座に載ったオキシリンコスの図に「エスナの婦人、ハトホル」という碑文が添えられている。イシス女神と結びついたオキシリンコスは、死後のオシリスとのかかわりで太った姿で描かれている。つまり、オシリスの男根を呑み込んだ後、それ自体が生きた遺骨箱となっている。この行為自体が豊穣を示している。セトが「悪魔」となった後、オシリスの男性の象徴を飲み込んだオキシリンコス、レピドテス、そしてクロダイは、「魚の中で最も醜い」姿をもつこととなる(プルタルコス、『イシスとオシリス　18』)。そしてトゥエリスとの結びつきは、ミニヤの近くで発見された約10体の青銅の像に見られる。像には女神の名前が記され、「ティフォンの妻」として奉納されている。この命名もプルタルコスによるものである(『イシスとオシリス　19』)。

特徴:ウラエウス、ハトホル冠、モディウス冠

→イシス、オシリス、トゥエリス、ハトホル

B.: I. Gamer-Wallert, *Fische unt Fischkulte im Alten Ägypten, ÄA* 21, 1970.

オシリス　OSIRIS

死と植生の神。オシリスは、エジプトのパンテオンの中で、疑いもなく一番人気のある神である。この人気は、オシリスの苦難に満ちた人間味のある物語に由来している。神々も死を迎えることがある。たとえば、原初の神々の中には、その役割を果たした後、特別な聖なる場所で安らかな時を過ごす者がある。彼らの「魂」は、星々の間で生きている。オシリスは神々の中で唯1人裏切りの対象となり、残虐な死を迎えている。エジプトの資料はオシリスがもつ複雑な性格を明らかにし、オシリス信仰がどのように発達したかをわれわれに伝えてくれる。しかし彼の死をめぐる伝説にかんしてわれわれに残されているのは未完成のパズルのようだ。それは当然だれもが知っているという前提に基づいて語られている穴だらけのパズルのようだ。唯一残されて

いる完全な物語は、後2世紀の初めにプルタルコスによって再編成された『イシスとオシリス』である。この貴重な資料も、物語の最初の部分（12）に概略が記されているだけで、オシリスの復活やイシスによるホルス*の懐妊など、重要なエピソードは沈黙のうちに跳ばされており、ときに一貫性に欠ける。この神話は「意味のない重要でない部分は省略し可能な限り短く語る」という前提で記されているのである。

プルタルコスが引用しているエウドクソスによると（21）、前1千年紀にエジプトで一番人気の高い神となるまで、ブシリスで誕生したオシリスはつねに偉大な神であったわけではない。もともと、よく使用されるオシリスの形容辞ウネンネフェルは、「[永遠に] 完全な存在」である。オシリスは植物が毎年再生するのを具現化した大地の神であったようである。この性格は後の「植生の神オシリス」の祭礼に見ることができる。これはシルトと穀物で作った、神の姿をかたどったものを奉る儀礼で、水をあたえることによって穀物が芽吹き、小さな「畑」となり、それが神の形になる。後にオシリス信仰が広がるとともに、オシリスは多様な地方神の性格をとり込み豊かな性格をもつようになる。ブシリスでは、アンジェティ*の王の性格をもち、死者となった王とされる。ただし、死者となり、神となる前に、実際に地上で生きた王の経験をもつ。ラー*信仰の中心地であるヘリオポリスでは、ゲブとヌウトの息子として9柱神*の1柱となる。そしてセト*、イシス*、ネフティス*の兄となる。また、夜の太陽の姿と考えられるようになる。メンフィスではソカル神*と同化し、後にその中心的な性質である葬送の神の性格をもち、アビュドスでは、ケンティ・アメンティウ*を追いやることになる。そしてオシリスにあたえられた数多い形容辞は、死者の神であるオシリスを強調している。彼は「西をつかさどる者」であり、あるいはまた、「西方の者」、「聖なる土地の主人」、すなわち、ネクロポリスの主人である。彼はまた「偉大なる神、生きている者の王」である。しかし、これは逆に死者を意味する。そして死者がオシリスのかたわらで永遠に生きるためには、オシリスがつかさどる最後の審判において心臓の計量を行ない、いならぶ審判の神々から勝利の宣言をえなければならない。

同時に、末期王朝時代においてオシリスを英雄としたのはその暗殺と再生の物語である。すべての人間は死後オシリスになることによって、オシリスのように永遠の生命をえることができる。プルタルコスの物語はそこで終わっているが、遺体がバラバラにされエジプト全土にばらまかれた逸話は記されている（8）。

エジプトの神々のギリシア名を使用している作者は、オシリス神話の話を次のように始める（12)。物語は誕生から始まる。オシリスはヌウト（ギリシア語ではレア）によって、５日間のエパゴメンの最初の日にこの世に生まれてくる。エパゴメンは、トト神（ヘルメス）が月を相手に盤上遊戯（セネト・ゲーム）を戦い勝ちとった１年の余りの日々である。この日々の間、ラー（ヘリオス）の呪いによって１年中懐妊が許されなかった女神ヌウトにその機会があたえられた。そして地上で王として過ごした幸せな時、「オシリスはまず、貧困と野蛮の中からエジプト人を救い出す。農業を伝え、彼らに法と神々を敬う心を植えつけた。そして武器の力に頼ることなく、全世界に文明を広げた。オシリスの説得力のある言葉の力と、歌と音楽の力に人々の心は動かされた（13)」そしてプルタルコスはさらに続ける。「このようにしてオシリスは、ギリシア人によってディオニソスと同一視された」。そしてイシス女神が物語の主役であるのを明確にするように、兄の留守中、女神が「警戒を解くことがなかったため」セト（ティフォン）は、「あらゆる暴力から身を引き」オシリスの帰還を待って初めて、72人の共謀者と共に、「オシリスに対する陰謀を実現した」と語っている。「セトは、秘密裏にオシリスの背丈を測り、その大きさに合わせて、見事な細工を施した美しい棺を用意した。そして宴会の最中に棺を広間へ運び込むように命じた。宴会に招かれた客たちはみな、棺を見て褒めそやした。そこでティフォンは、あたかもゲームをするようなふりをして、棺にぴったりと入った客に、この棺を贈ることを約束する。だれもが順番に棺に入ってみるが、合う者がいない。そして最後にオシリスが棺にぴったりと入る。そこでティフォンの共犯者たちは、大急ぎで棺に蓋をして釘で打ちつけ、溶融鉛で封印をしてしまう。この後、棺を川まで運び、タニスの支流から海へと流す。そのため現在でもタニスの支流のことをエジプト人は「最悪のもの」あるいは「呪われたもの」と呼んでいる。この事件は、アティルの月の第17日に起きた。それは太陽が蠍座の上を通った、オシリスの治世28年の出来事である（13)」

プルタルコスはさらに続ける。「悲しみのどん底に落ちた（14)」イシスは、「神が吹いた魔法の息によって波が棺を撥ね除けた」ことを知らされる。棺は「ビブロスの土地（15)」に届く。イシスは、棺を探して遠い土地へと向かう。プルタルコスは、物語の主軸を逸れて、続ける。母の魔力によって父の遺体が再生されるまでは、ホルスは実はまだ懐妊されていないのだが、ブトで育てられたホルスを連れてイシスはオシリスの遺体を隠しに行く。しかし月明かりの夜に仲間とともに狩りに出ていたティフォンは、偶然遺体を見つけ、14の部分に切り刻み、ばらまいてしまう。そのことを知ったイシスは、パピルスの船に乗って、オシリスのばらばらになった遺体を探して沼地を回る。[…] オシリスの墓がエジプト全土にいくつも見られるのは、遺体がバラバラにされたためである。実際、イシスはオシリスの遺体の部分を発見する度に墓を作ったとされている。しかしこの説明を否定する者もいる。彼らによると、イシスはオシリスのまがい物を作り、すべての町に1つずつ本当の遺体として置いていった。これによって、オシリスはティフォンを遥かに越える信仰をえることになるばかりか、たとえティフォンがホルスに勝利しても、オシリスの真の墓を見つけることをあきらめるはずである（18)」そしてプルタルコスは、「オシリスの遺体の部分の中で、イシスが発見できなかったのは彼の男根であった」と報告している。というのも「川に投げ込まれた時に、レピドテス、クロダイ、そしてオキシリンコスに喰われてしまったためである」プルタルコスは、エジプトの神殿の壁画に見られるオシリスの死後におけるイシスとオシリスの婚姻については語っていない。また、ホルスとセトの対立の詳細や、神々がホルスを勝者としていることもほとんど語られていない。そしてプルタルコスは物語の結末の前に「神話の神髄（20)」の部分だけを伝えていると記している。ハルポクラテス*の誕生については、「早産で生まれた弱々しい子どもで手足も劣っている（19)」と語っているが、まるでホルスとはまったく異なる、物語とは関係のない人物のような扱いである。

プルタルコスの物語の中に相矛盾する要素が混在することは、時代とともに発展していったオシリスの複雑な性格を記す上で仕方のないことである。「天と地にあらゆる姿で存在する神」に完全なる一貫性が見られないのも無理はない。オシリスが暗殺された後に、その遺体がどうなったかについても多様な解釈がある。その1つにおいてはオシリスの遺骸がナイルの氾濫の源となっている。遺体が腐敗する時に染み出す体液、レジュウが豊穣をもたらすナイルの氾濫の水だとされている。別の解釈では、オシリスが月と化し、遺体の14の部分が、新月から満月の間の14日と結びつく。第3の物語では、末期王朝の「聖遺骨箱」の信仰が登場する。オシリスの遺骸をエジプトそのものととらえ、それぞれのノモスには、オシリスの聖なる遺骸の一部を納めた特別な容器があるとするものである。エドフやデンデラに描かれている「カノポス壺の行列」の場面は、神の遺体の再生復活を象徴的に表わしているが、同時にすべてのノモスを描くことによって国家全体の統一を象徴している。

墓の壁画、そして数えきれない青銅製の小像に見られる一般的なオシリスの姿は、葬送の神、そして王としての性格を強調し、アテフ冠をかぶり王笏を持つミイラの姿をしている。黒や緑で塗られた肉体は、肥沃な土や植生を象徴している。しかし、これが唯一のオシリスの姿ではなく、その図像には多様性が見られる。ミイラはネメス頭巾をかぶっている場合もあり、また、アテフ冠を3つに分けた鬘の上に載せている場合と、直接、頭の上に載せている場合がある。つねにミイラの姿をしているわけではなく、腰布を巻いている場合もある。末期王朝の青銅の像では、月のオシリスとして、ウジャトの眼をもち、頭に三日月や天球の円盤を載せた、人間の立像、あるいは座像として表現されている。円盤からは、カイロ博物館にある像のように、アテフ冠をかぶったトキの頭が出ているものもある(カイロ・エジプト博物館、JE38032 と38034)。

イシスの魔力によって、レス・ウジャ*となったオシリスは、「安全のうちに目覚める者」となり、生命力を完全に復活する。とくに生殖力を快復し、多くの場面では勃起したオシリスが描かれている。ジュミラック・パピルスの挿絵には勃起した「植生の神オシリス」が描かれている。また、アビュドスやデンデラのレリーフには、鳶の姿をして兄であり夫であるオシリスと交わろうとしているイシスの姿が描かれている。動物の姿の女神を見て、プルタルコスは2柱の神の交わりを書くことに躊躇いを感じたのかもしれない。

特定の動物と結びつくことのなかったオシリスは、つねに人間の姿をしている。しかし、非常にめずらしい例において、ソカル神*と結びつき、ハヤブサの頭をもつこともある(ニューヨーク、メトロポリタン美術館、パピルス35.9.19)。

オシリスの図像と関連をもつ品々の中にジェド柱*がある。ジェド柱は、ときに頭、目、手をもち、王笏をもっている。異なる種類の冠をかぶり、また、衣を身につけていることもある。逆に、神自身の頭や胴の部分がジェド柱の上の部分の4つの要素によってとって代わられている場合もある。

特徴:アテフ冠、ウラエウス、王笏、殻竿、月の円盤と三日月、ネメス頭巾、ヘヌウ冠

→アンジェティ、イアフ、イシス、オリオン、ケンティ・アメンティウ、ジェド柱、セト、ソカル、ソティス、ネフティス、ネプリ、ホルス

B.: È. Chassinat, *Le mystère d'Osiris au mois de Khoiak*, Le Caire, 1966-1968; J.-Cl. Goyon, "Le cérémonial de glorification d'Osiris du papyrus du Louvre I. 3079（colonnes 110 à 112）, *BIFAO* 65（1967）, p.89-156, pl. XVIII-XXII; J.G. Griffiths, *The origin of Osiris and his Cult, SHR* 40, 1980; A.-M. Amann, "Zur anthropomorphisierten Vorstellung des Djed-Pfeilers als Form des Osiris," *WdO* XIV（1983）, p.46-62; Chr. Ziegler, "Les Osiris-lunes du Sérapéum de Memphis," dans S. Schoske（éd.）*Akten des vierten Internaionalen Ägyptologen-Kongresses; München 1985, BSAK, Band* 3（1989）, p.440-451, pl.7-9.

（→口絵/p.19・20）

オシリス・カノポス

OSIRIS-CANOPE

ギリシア・ローマ時代のオシリスの特別な姿。オシリス・カノポスの名前で知られるオシリスのめずらしい姿は、前1世紀の初めに登場したようである。このオシリスの特別な像は、後3年の終わりまで見ることができる。それは手足のない卵形の壺にオシリスの頭が載っているものである。最大のものは宗教像で、エジプトの神殿に見られる他の神々の像と結びついている。現在アレクサンドリアのギリシア・ローマ博物館に所蔵されているオシリス・カノポス像は、イセウム・ド・ラス・アル＝ソーダの発掘で、イシス*、ハルポクラテス*、ヘルムアヌビス*の像とともに発見されている。小さなものは奉納品であった。

1つの例外を除いてオシリス・カノポスは本当の壺ではなく、実際に水を入れることはない。それはオシリスの遺骸から染み出す体液であるナイルの水との同一性を強調した象徴であり、実際に神々の行列のときに神官が運んだ（死者の命と永遠性を約束する）聖水を入れた壺とは異なる。もう1人ヒュドリアという名前の神が、オシリスのギリシア的姿として存在し、前2世紀のデロスのパンテオンの碑文の中に記されている。より正確にはオシリス・ヒュドリアと呼ぶべき神であり、神はヒュドリア壺の形をとっている。この事実から、オシリス・カノポスのカノポスが、アレクサンドリアから約20キロ東にあるカノポスの町に由来するものではなく、壺を意味するものであると考えることができる。

オシリス・カノポスの起源を説明する複数の仮説があるが、その1つにエジプトの葬送における内臓を入れるカノポス壺をさしているという考えがある。カノポス壺自体が、多様な経緯から19世紀末の骨董家によってカノポス壺と命名されているが、蓋を飾る「4人のホルスの息子」が偉大なるエジプトの死者の神と結びついている。

多くはローマ時代のものである220のオシリス・カノポスは、2つのタイプに分類することができる。それはオシリスの2つの側面を示すものであり、貨幣の裏側に2つともに描かれるほどの違いがあるが、いずれもオシリスが植生の神であったことを彷彿とする花冠がその基底にある。最初のものは葬送の神としてのオシリス、そしてもう1つのものはナイルの氾濫がもたらす生命の水の儀礼と結びついている。

葬送の神のタイプのものは、後者のものよりも約4倍多く見られる。ふっくらとした壺に神の頭が載ったもので、3つに分けた鬘、あるいはまた、まれにネメス頭巾をかぶり、太陽円盤、2枚のダチョウの羽根、そして2つのウラエウスを飾った水平な牡羊の角で作られた冠をかぶっている。壺には宗教的な象徴が豊かに、また複雑に描かれ、その中心となる大きなペクトラル（胸飾り）を囲むように、太陽円盤、有翼スカラベ*、人物（ハルポクラテス、イシス*、ネフティス*…)、聖なる動物（ハヤブサ、ヒヒ…）などがレリーフで描かれている。もう1つのタイプの壺は、後1世紀頃に初めて現われたもので、装飾部分は様式化した衣の襞に省略されており、頭にはアテフ冠をかぶっている。

B.: A. Fouquet, “Quelques représentations d'Osiris-Canope au musée du Louvre,” *BIFAO* 73（1973）, p.61-69, pl. I-VIII; G. Clerc, J. Leclant, “Osiris Kanopos,” *LIMC* VII, 1994, 1, p. 116-131; 2. pl. 82-91.

（→口絵/p.20）

オシリス・ヘマグ　OSIRIS-HEMAG

末期王朝初めのオシリスの特別な姿。第22王朝の初め、オシリスの名前にヘマグという形容辞がつくことはめずらしくなかった。第26王朝や第30王朝になると、その傾向はさらに強くなり、遂にはオシリスの特別な姿を示すようになり、さらに独立した神として主要な神殿の内部において信仰の対象となった。なかでもデルタの中央にあるベフベイト・アル＝ハガルのイセウムを例としてあげることができる。

神の再生復活の準備をするオシリス信仰の伝統の中で、ヘマグという形容辞は、まちがいなく「つつまれた者」を意味する。この伝統は、葬送の書の1つである『永遠を旅する書』の中に次のように記されている。「ヘマグの宮殿の中であなたの体をつつむ」すなわちこれは、ミイラ作りが行なわれる場所をさしている。

「ヘマグの宮殿」と「金細工師の工房（ヘマゲト）」の音が類似することから、ここでつつむと言われているのは、われわれが思い浮かべるミイラを巻く包帯だけではなく、宝石職人によって作られた、魔法の鎧の役割を果たす、貴重な護符を同時にさしている。

末期王朝およびギリシア・ローマ時代の特徴として、護符で作られた飾りには、筒状のビーズで作られた網状の飾りがあった。この装飾品は遺体を守り、死者が永遠の姿へと変身するのを助けると考えられていた。この概念はすでにツタンカーメン王の葬送の家具に記された碑文の中に見ることができる。これがまさにオシリス・ヘマグの図像の起源を説明しており、この神はミイラとしてではなく、生きている若者の姿で描かれる。

オシリス・ヘマグの図像を見ることは比較的まれである。最も古い例は、第27王朝にカルガのイビス神殿にダリウスによって建てられた聖域（北の壁の第３段目）に見られる。オシリス・ヘマグは、何百という他の人物像、動物、そしてエジプトのパンテオンを象徴する豊かな図像の中に描かれている。横たわっているが、何故か行進しているような態度を見せる不思議議な姿で、「寝わらの上にいる者」は、２度描かれている。いずれも同じような構図で、葬送のベッドの上に置かれた石棺の中にいる。いずれの場合も3つに分けた鬘をかぶり、長い髭をつけ、裸で勃起した男根をもつ。右手は顔の前に上げられ、左手は腿に平らに置かれるか、あるいはまた、勃起した男根の根もとをもち、その上には鳶の姿のイシスが止まっている。

第30王朝、そしてプトレマイオス朝の初めになると、ベフベイト・アル＝ハガルの見事なレリーフに描かれた「ヘビィトに住む偉大な神」は、特別に重要な意味をもつようになったと考えられる。アテフ冠をかぶった神は歩む姿で描かれている。デンデラ神殿の屋上のオシリス礼拝所にも、イビス神殿の図によく似た図を見ることができる。横たわり、生まれ変わった神は、イシスとネフティス*、あるいはその分身であるシェンタイト*とメルケテス*に見守られ、神の種は、その男根と鳥の姿のイシスの間でアンクのサインとして実っている。

そして最後に、上記のようにオシリス・ヘマグは「つつまれた者」として知られているが、ミイラの姿の図はフィラエ島にひとつだけ見られ、頭にウラエウスを飾ったライオンの頭をもつミイラの立像として描かれている。

特徴：勃起した男根、裸体

→オシリス

B.: M. Zecchi, *A study of the Egyptian God Osiris Hemag,* Archeologia e storia della civilità egiziana e del Vicino Oriente antico, Materiali e Studi-1, Imola, 1996.

オナガザル　CERCOPITHÈQUE

アトゥム、サルを参照

オヌリス　ONOURIS

戦争の神。**ティスとセベンニトスの主人**。ウプウアウト*の場合と同様に、オヌリスは名前がその性格を最もよく表わしている。その意味は「遠方の女神を連れてくる者」である。多様な名前をあたえられている（セクメト*、テフヌウト*、ハトホル*、メヒト*）太陽の目を具現化したライオンの女神がヌビアから帰還する伝説の中で重要な役割を果たす神である。

もともと、最初の２つの王朝における首都であった、上エジプト第８ノモスの町であるティスの出身であるウヌリスは、ライオンの女神メヒトを配偶神としている。また、後の時代、アレクサンドリアが創設される以前、第30王朝の王たちによってエジプト最後の王都に選ばれた、デルタの中心にあるセベンニトスにおいて崇拝を受けた。最後の「エジプト土着」のファラオであったテオスとネクタネボ２世は、カルトゥーシュの１つに「オヌリスに選ばれた者」という形容辞を入れている。

ギリシア人によってアレスと同一視されたオヌリスは、狩りと戦闘の神であり、ヌビアの砂漠に逃げた怒り狂うライオンを捕える上で必要な狩人の資質をもっていた。この役割の中で、オヌリスはアレンスヌフィス*、ハロエリス*、プヌブスのトト神*（パウトヌフィス*）と結びつき、また同一視されている。また、妹であるテフヌウトを探す旅の中で完全にシュウ神*と一体化しており、オヌリス・シュウという特別な神となっている。

後の時代の多くの青銅の像には独特の姿がある。オヌリスは、「銛を突く者」と呼ばれるようになり、立った人間の姿で肘を曲げて右腕を高くもち上げ、頭の高さに右手、左手は的を狙うように槍をにぎるような姿勢をとっている（しかし多くの場合、槍は失われている）。槍を持っている場合はまた、狩人の備品の１つと思われる投げ縄を持っている。

多くの場合、オヌリスは、シェンディイトを長くぴったりとした腰布のように巻いている。その下には脹ら脛をつつむ、襞のあるもう１枚の腰布が巻かれている。上半身は裸であるか、あるいはまた、肩紐のついた胴衣を着ている。また、通常大きな首飾りを飾っている。この首飾りは塔門の形のペクトラルで完成されていることが多い。つけ髭をつけている場合とない場合がある。つねに同じ髪飾りを飾っており、一目でオヌリスとわかる。ときにウラエウスを飾った帯状冠をつけたまるみを帯びた鬘をかぶっている。その上にはさらに低い皿状冠があり４枚のまっすぐ立った羽根を飾っている（まれに２枚のこともある）。

つねに同じ姿で描かれているオヌリスであるが、ヘビの頭の人間の姿をとることもある。その例をデンデラのオシリス複合体の東の第３礼拝所（*D* X、pl.101）、あるいはカルガのイビス神殿の場面に見ることができる。

特徴：太陽円盤、高い羽根の髪飾り、縄、槍

→アレンスヌフィス、遠方の女神、シュウ、テフヌウト、パウトヌフィス、メヒト

B.: H. Junker, Das Onurislegend, Kaiserliche Akademie der Wissenschahften, Denkschriften 59, 1-2, Vienne, 1917.

（→口絵/p.17）

オノフリス　ONNOPHRIS

オシリスを参照

牡羊　BÉLIER

アゲブ・ウル、アメン、アメン・ナクト、アンモン、風（４つの方位）、クヌム、ケルティ、バネブジェデト、ヘリシェフ、メリムウテフを参照

オフォイス　OPHOÏS

ウプアウトを参照

オペト　OPET

イペトを参照

オリオン　ORION

同名の星座を人格化したもの。シャンポリオンの解読により、エジプト人がサフと呼ぶ神が、天の子午線上の美しい星座を表わすことが明らかとなった。この星座は、ギリシア人がオリオンと呼ぶ巨大な狩人で、ポセイドンの不幸な息子であり、アルテミスによって贈られたサソリの毒で死に、アルテミスによって星々の間に置かれた人物である。人間が数世紀をへて天に配置した、想像の産物である星座は、現在では全部で88見られる。星座の歴史の中で、２つの異なる文明が生み出した、神話上の登場人物を表わす星座がまったく同じ星で構成されていることは可能であろうか？実際、ある星々がその近さや輝きによって人の目に止まるとしても、それを見る人々によってその見え方は異なり、描かれた図には共通点は見られない。これは簡単な例を見ればわかることである。おおぐま座の一部である大戦車は、エジプト人には牛の足に見えていた。そしてオリオン座の中でエジプト人にとって重要であったのは、オリオンの帯と剣の部分であり、それを足の指を示すヒエログリフのサインと見たようである。このサインはサフと読むことができる。神はヒエログリフのサインを頭に載せることができるため、この星座がサフとなった。ベテルギウス、リゲル、シリウスが形作る大三角形の３つの星は、同じ星座に属するものではない

オリオン、パディアメンエムオペト墓の天井の天体図（TT 33）、アサシーフ、第26王朝。

が、シリウスが昇ってくる位置を示すという重要な役割をになっている。そして帯の部分の三ツ星を伸ばした先にはシリウス星を意味するセペド、ギリシア名でソティスを見つけることができる。これは象徴に満ちた星であり、イシス*とオシリス*の婚姻を示し、それはまた、２人と同一視されたソティスとオリオンの婚姻と結びついた。

『ピラミッド・テキスト*』からギリシア・ローマ時代の神殿の碑文まで、オシリスとイシスの夫婦はソティスとオリオンと結びついている。ソティスは、デカンの星々の中で、ヘリアカル・ライジングが年初を示すため最も重要な星となっている。オリオンは３つ、あるいは４つのデカンに細分される。『ミイラ作りの儀式』によると、ミイラの包帯を巻く儀式の中で、神官はオシリスとなった死者に次のように語る。「あなたは、天高き所で唯１の星のごとく輝く。あなたは、ヌウト*の腹の中でオリオンとなるのだから。そしてあなたの光は、この国に届く。まるで満月の光のように。イシスはあなたと共にあり、ソティスは天であなたの側を離れることがない！」 他の碑文によれば、ソティスはイシスのバーであり、オリオンはオシリスのバーである。また２つの碑文の中で神々の「魂」は、「天に輝く星である」とされている。エドフの碑文には、「神々の魂は星々の間にある」と書かれている。プルタルコスによれば、オリオンが結びついているのはホルスである（『イシスとオシリス、21-22』）。

オリオンの姿は、数世紀をへてもあまり変わることがなかった。まれに『昼の書*』に見られるように、星を頭に載せたミイラの姿で描かれることがある。また、アニの『死者の書*』には、第42章の図の中で大きな星として描かれている（大英博物館10470）。そしてサフという名前の言葉遊びから、死者の足の指と結びついている。彼は「天を巡る者」としてつねに歩いている姿で描かれている。また、つねに後をふり返る姿で描かれる。それは『ピラミッド・テキスト*』の呪文が記すように、自分の撒いた種を見るためである。言い換えれば、王の再生を意味している（§186）。現在までの資料によると、おそらくアシュート出土と思われる第9王朝・第10王朝に属する石棺群の蓋の内側に描かれたオリオンが最も古い図である。デカンのリストを記した表の中で、オリオンはソティスと共に描かれている。彼らと共にいるのは、ヌウト*、メスケティウ、すなわち「牛の前脚」である。ここではオリオンは、頭に「足の指」のサインを載せ、歩く姿で描かれている。後の時代になると、この頭飾りは見られなくなる。そして頭には鬘、あるいは白冠をかぶり、片手にウアス杖、もう一方の手にアンクを持っている。アンクの代わりに星を持っていることもある。後にデカンの図が発展すると、オリオンは船に乗った姿で星をまとい、星に囲まれた姿で描かれるようになる。

特徴：足指のヒエログリフ、ウアス杖、白冠、船、星

→イシス、オシリス、ソティス、デカン

B.: P, Casanova "De quelques légendes astronomiques arabes considérées dans leurs rapports avec la mythologie égyptienne," *BIFAO* II（1902）, p.1-39; K. Locher, "New argumens for the celestial location of the decanal belt and for the origins of the Sꜣh-hieroglyph," *Atti del Sesto Congresso Internazionale di Egittologia*, II, Turin, 1993, p.279-284.

オリックス　ORYX

神話を説明する際にエジプト人は言葉遊びを好んで用いる。砂漠の動物のなかでもまったく非攻撃的なオリックスにセトの性格をあたえたのは語呂合わせである。そしてオリックスには「彼の目の敵」という悲しい栄誉があたえられ、その結果、ホルスの眼にあたえた傷の責任をとって犠牲とされることになった。オリックスの名前であるマヘジュは、セトによって片目にされた時にホルスが言った言葉とまったく同じ音をもっている。ホルスはその健康な目を閉じて、ラーに言っている。「わたしに見えるのは白だけである」

古王国時代のマスタバ墓の屠殺の場面を見ると、この儀礼は古王国時代から続いているごく実用的な儀礼であると考えられる。第18王朝では1例しか見られない（ルクソール神殿）。しかし、ギリシア・ローマ時代になると約25の例が見られる。その半分以上はエドフ神殿に集中している。この儀礼は、世界の秩序の守護者である王によって、神々（ホル

ス*、コンス*、オシリス・ソカル*…）や女神（ハトホル*、バステト*、ネクベト*、メンヒト*…）のために行なわれる。

この儀礼は、オリックスの紋章をもつ上エジプトの第16ノモスの都ヘベヌウを起源とすると思われる。儀式は、「地面に血を撒く」ように犠牲となる動物の喉をかき切る。次に頭を切りとる。これは３つの形で行なわれる。オリックスの角をしっかりとつかみ、切りとるために頭を後に向け、祭壇、あるいは台の上で動かないようにする。あるいは、新王国時代の図において、アメンヘテプ３世が行なっているように後ろ足を抑えつけ、喉を切る。「厄よけ」に近い方法として、王は、オリックスの頭、あるいは背中を槍で一撃して殺すこともある。地面に横たわる動物は、単なる像にしか見えない。

オリックスの犠牲には複数の意味があった。レイヨウの革は、「衣」となり、頭は「ソカルの船を作る」ために使用され「船首に結ばれた」。さらに重要な役割は、月の満ち欠けと結びついた天体の運動の性格である。オリックスを殺害することは、月が「天の道を…安全に航行」することを約束する。それはアポピス*［あるいは亀］を退治することによって太陽の航行の安全が約束されるのと同様である。神殿内の装飾において、この２つの場面（オリックスの犠牲とアポピスの退治）を描くことは、互いの力を強調することにつながった。それはすなわち世界の進行を約束することであった。２つの場面はならぶように描かれ、化粧などの供物を囲み、あるいはまた、対称的に相対する位置に配置された。

→アポピス、亀、化粧、セト、ソカル、船

B.: Ph. Derchain, *Le sacrifice de l'oryx, Rites égyptiens* I, Bruxelles, 1962.

（→口絵/p.20）

カ

カー　KA

人間や神の性格を形成する重要な要素の1つ。19世紀のエジプト学の時代から、長い間「2重性」という言葉で定義されてきたカーであるが、その概念はアク*やバー*のように現代の言葉に要約できるものではない。カーの意味を理解するためには、元来のエジプト語のまま理解するのがよいと思われる。この言葉を1語で訳すことは不可能である。

人間や神々を形成する、物質ではないカーは、生命のエネルギーが具現化したものと考えることができる。維持する力ばかりでなく、創造する力でもあるカーは、性的な力や世界の秩序を維持する力と結びつき、複数形のカーウは、以上のような力を維持するための栄養素や食物をさす。女性形であるヘメスウト*と結びつき、カーは食の力と古くから結びつき、「すべての食物と栄養を生産する」力を人格化している。

バーの場合と同じように、人間と神のカーは当然ながら同じではない。人間は1つのカーしかもたず、死後に初めてカーと結びつく。それに対して、神々は数えきれないカーをもっている。『コフィン・テキスト*（呪文648）』の呪文の1つは、創造神について語り、その「口の中」にいる「何百万というカー」という表現を使っている。

ファラオ*という特別な地位は、死によって初めて「カーとなる」一般の人々とは異なり、生前にカーと共にいる特権が許されている。そして特別な像を作らなくても自身が死者の永遠の命を維持するための葬送の供物を受けとることができる。聖なる誕生*の場面においてクヌム神が王の子どもとそのカーを創造している場面がある。この場面が、カーのもつ「2重性」という語の訳の起源であると思われる。子どもの王とそのカーは、まさに双子のようであり、一方の頭の上に記されたカーのサイン以外に区別する手立てがない。後の時代、ファラオがカーと共に描かれる場合、カーは王の後に描かれる。腰布をまとい、編んだつけ髭をつけ、カーのサインを載せた頭の髪は3つに分けられている。カーのサインは、両腕を直角に曲げた形で、腕の前の部分はまっすぐ上に伸びている。通常、紋章の支柱のようなもので支えられ、その中には王の「ホルス*名」が記されている。ツタンカーメン王墓（KV 62）やアイ王墓（KV 23）のように王名が最初の形容辞に限られる場合は、王と同じくらい大きいカーのサインに記された王名がかかえられているように見える時もある。そしてどの時代にも最も頻繁に見られる図では、カーのサインの腕が発展したホルス名を記したセレクを囲む形で、カーは王よりもかなり小さく描かれる。この場合、王の片腕は体の横にたれ下がり、もう一方の腕は少し高い位置にある。右手にはマアト女神のダチョウの羽根、左手にはタテネン*の冠をかぶった王の頭を支える長い杖を持っている。また、王のカーは、旗竿に載ったヒエログリフのサインに省略され、そこにダチョウの羽根と長い杖を持つ腕が描かれる場合もある。浮き彫りのユニークな作品としては、カイロ・エジプト博物館に所蔵されているホル王の美しいカーの彫像がある（第13王朝、JE 30948）。この像は現在では裸のように見えるが、それはペニス・ケースを支えていた黄金のベルトが失われているためである。

末期王朝のテキストや図像によると、神々のカーは、彼らの主要な性格が実体となって現われたものである。1柱の神の多様な側面が、人間に対する多くの恩恵と結びつく。彼らはヘメスウトとして現われる。この神々の集団はそれぞれが威厳に満ちた姿で座し、王の差し出す供物を受けとっている（*MH* VI, pl.418-420）。あるいは立って彼ら自身が多様な食糧を持ち（デンデラの外壁の下段）、頭にカーのサインを飾っている。創造神の何百万というカーが、創造の可能性とエネルギーを象徴しているとすれば、プタハ*の「4つのカー」であるシュウ、イフレムウト、ネジェムアンク、そしてヘテプイドは、人々の幸福を約束する。すなわち、長寿、繁栄、美しい墓、そして子孫である。そしてラー*の場合は、9から14に及ぶカーをもつ。その生命のエネルギーの多様な現れは、栄養、栄光、食物の生産、緑、勝利、光、名誉、豊穣、忠誠、魔法、輝き、活力、明るさ、そして能力である。

→神の誕生、ネヘブカウ、ファラオ、ヘメスウト

B.: P. Barguet, “Au sujet d’une représentation du *ka* royal,” *ASAE* 51 (1951), p. 205-215, pl. I; U. Schweitzer,

Das Wesen des Ka im Diesseits und Jenseits der alten Ägypter, ÄgForsch 19, 1956; D. Meeks, “Les ‘Quatre *Ka*’ du Démiurge memphite,” *RdE* 15 (1963), p. 35-47; A. Gordon, “The *K*з as an Animating Force, “ *JARCE* XXXIII (1996), p.31-35.

(→口絵/p.21)

カー KA

ジャイスウ（7人）を参照

開口の儀式 OUVERTURE DE LA BOUCHE (RITUEL DE L')

開口の儀式は、もともと、魔法の力によって王像や神像に生命をあたえる儀式であり、最古の例はクフ王の治世に見られる。儀式として確立するのは、新王国時代の初めである。死者が命を吹き返すための複雑な儀礼である。

数多くの場面を総合することによって、開口の儀式の複雑な過程のほぼ全体を知ることができる。なかでもトトメス3世とアメンヘテプ2世の治世に宰相であったテーベのレクミラ墓（TT 100）やセティ1世墓（KV 17）に美しく描かれた場面を見出すことができる。古代から伝わる要素は影像と結びついているが、後の時代になりミイラの儀式と融合し、全体で少なくとも64の場面にものぼる儀式には、次々と多様な人物が登場し、それぞれが特別な道具を使用する。なかでも重要な役割をもつのは、影像に衣をまとわせるセム神官と、パピルスの巻物に記された呪文を唱える朗誦神官である。

儀式の中には、上下エジプトの伝統に従って2回繰り返されるものもある。もともと影像を製作する工房をさす名前であった「黄金の城」は、後に葬送の儀礼を行なう建物の名前となった。この「黄金の城」で行なわれる儀式の中には次のようなものがある。まず、水、ナトロンや香による清めの儀式、小指や多様な形の手斧（ウル・ヘカウは、鎌首をもたげた蛇の形や羊の頭をもつ棒である）、あるいは先が2枚に分かれたフリント製や黒曜石のナイフのペセク・カフでミイラの口に触れ、魔法の道を開く儀式がある。また、犠牲となる動物の屠殺が行なわれ、その心臓と後ろ足が「口と目の開口」のために使用される。次に衣装や化粧、そして香油が用意され、供物が清められる。

それぞれの場面には、特別な朗唱がある。最後に香が炊かれ、新たな連祷が歌われる。最後の役人が自分の足跡を綺麗に消して清め、「9人の友」によって運ばれたミイラは、完成された影像が礼拝所の中に納められるように埋葬室へと降ろされる。

B.：E. Otto, *Das ägyptische Mundöffnungsritual, Teil I, Text, Teil II, Kommentar, ÄA* 3 (1960); J.-Cl.

Goyon, *Rituels funéraires de l'ancienne Égypte, LAPO* 4 Paris,1972.

(→口絵/p.22)

カイタウ　KHÂYTAOU

ビブロスの地の神。ビブロスの神殿の歩道の下から発見された石製の円筒印章には、解読困難なヒエログリフの文字が記され、非常に興味深い資料となっている。以前は初期王朝時代に属すると考えられていた小型の記念碑であるが、第５王朝末期より前のものとは考えにくい。ビブロスの王子が彫らせたものであり、この地のラー*とハトホル*に愛されていたことを記しているが、このほかにカイタウという名前の神が記されている。

カイタウは、バアル*、アシュタルテ*、そしてレシェプ*など、オリエントの神々がエジプトのパンテオンに加わる以前にエジプト人に受け入れられた最初の小アジアの神であると考えられる。そして『ピラミッド・テキスト*』の中に３度登場する（§§242c、423c、518d)。この中で死者である王が、「ナガ（ウ）の国に住む」カイタウと同一視されている。この地名は現在のレバノンにある森の多い山岳地帯をさす。古代からエジプトでは、この地に、船や神殿の門を造るために必要な杉や松などの良質の材木を求めた。そのため３つ目の登場場面では、カイタウは王が永遠の世界に入るために通る天や地の門との関係で登場する。

P・モンテは、カイタウの名前を「炎の中に登場するもの」と訳しているが、これはレシェプを想起させ太陽神の性格を示しているようである。レシュプ自身が「白熱」のものととらえられている。そこにはまた雷や嵐の神も感じられ、バアル・ハダドであるとも思われる。

円筒印章や『ピラミッド・テキスト』に登場するカイタウであるが、その図像は知られていない。そして名前には神や王の名前につく「台座に載ったハヤブサ」の限定符がついている。

B.: P. Montet, "Le pays de Negaou, près de Byblos et son dieu, " *Syria* IV (1923), p. 181-192; R. Stadelmann, *Syrisch-palästinensische Gottheiten in Ägypten, PÄ* 5, Leyde, 1967; Th. Schneider, "Wer war der Gott 'Chajtau'?" dans *Mélanges J. Sliwa* (2000), p. 215-220.

カエル　GRENOUILLE

８柱神、ヘケトヘケトを参照

鏡　MIROIR

フィラエからデンデラの神殿まで、ギリシア・ローマ時代の聖域の壁画を彩る数多くの宗教儀礼の場面の中で、しばしば出会う図の中に、一見見落としがちであるが、実はたいへん重要な象徴をもつものがある。その図には、王とまれに王妃が描かれており、ホルス*やイヒ*のような他の神々につき添われた女神に対して1つあるいは2つの鏡を差し出している。

供物としての鏡は、古い時代の神殿には見ることがなかった。最初の例は、王族のものではなくサイス朝の奉納された鏡の裏に描かれた場面に見られた。そしてプトレマイオス2世フィラデルフォス（フィラエ）からカラカラ帝（エスナ）の治世まで見られた。鏡を受けとる女神は、多くの場合がハトホル女神*（約40の場面）であり、次にイシス女神*（25回）であるが、ムウト*、ネフティス*、バステト*、テフヌウト*、サティス*、アヌキス*なども鏡の奉納の対象となる。

若干の違いはあるものの、この儀式はどの場面においても同じように描かれている。儀式の主役となる女神はだれであろうとハトホルの髪型をしていることが多い。王は、「母親に1つ（あるいは2つ）の鏡を捧げ」「鏡の円盤の中の完璧な顔」を見るようにうながし、母を喜びで満たし、安らぎをあたえている。しかし場面にともなう碑文を見ると、この動作は、単に鏡という日用品に対する讃辞ではなく、化粧（アイシャドー）や目薬の供物と同様な意味をもつ。

まるい鏡の形、プタハ*、タテネン*、そしてソカル*の手で造られたとされる

ムウト女神に鏡の供物を差し出している図、フィラエ島の誕生殿、プトレマイオス朝。

金や銀の色、そして光を反射する性質は太陽や月を思わせる。天の2つの光の球体は、また偉大な天の神であるホルスの2つの目でもある。場面の横の碑文を見ると、この解釈が正しいことがわかる。聖なる神具となった化粧道具を受けとる神は鏡の奉納の返礼に、しばしば次のように語る。「われは、昼、太陽円盤が、また夜、イアフ*が見るものをあたえる」あるいはまた、「われは昼、右の眼が、そして夜、左の眼が見るものをあたえる」。つまり、この儀式は、宇宙の次元に属するものであり、天地創造の日に定められた世界の秩序の維持にとって重要な役割を果たしている。

実際、鏡の供物によって、2つの天球を象徴することは、神殿における「円盤との融合」を永遠のものとする意味があった。「円盤との融合」の儀礼は、神殿の屋上で行なわれ、定期的に太陽の光線に当てることによって、光を浴びた神々の像が、宇宙の均衡を保つためのエネルギーの流れを受けるとめることを目的としていた。「われはあなたの手にある鏡を受けとる。その光はわたしの体と一体となる」と女神は、2つの天球を象徴する鏡を差し出す王に向かって言う。それに対して王は「この光はあなたの姿と一つになる」と言う。

→金、銀、化粧（アイシャドー）

B.: C. Husson, *L'offrande du miroir dans les temples égyptiens de l'époque gréco-romaine,* Lyon, 1977.

カク　KHAKH

ジャイスウ（7人）を参照

カゲムニ　KAGEMNI

神格化された宰相。サッカラの第6王朝最初の王テティのピラミッドの裾に建てられたカゲムニのマスタバ墓の近辺から発見された30ほどの小型の記念碑（ステラ、小像、供物台）は、宰相カゲムニがこの地方で神として崇められていたことを示している。ただし、同時代のエドフのイシ*のように「生きている神」ではなかった。

彼の墓の周辺に置かれた記念碑の中に、「カゲムニによって祝福を受けた」とされる2人の人物の記念碑がある。死者は重要な神々から祝福を受けるのが慣習であった。また、多くの聖人の名前がカゲムニの名前の上に形成されていた事実から、古王国時代の終わりから第1中間期にかけて、真の神というよりもネクロポリスの守護者である聖人としてカゲムニが崇められていたと考えられる。

イシやヘカイブ*と同様に、カゲムニを神の姿として描いている図像はない。神としての栄誉を受ける図像がカゲムニのマスタバ墓の礼拝所の壁に描かれているが、そこでも地上における位の高い役人の姿として描かれている。ごく伝統的な図である。

→アンティヌス、イシ、イムヘテプ、ウジャレネス、ハプの子・アメンヘテプ、ピイリス、ヘカイブ、ペテイシス

風（4つの方位）
VENTS (LES QUATRE)

東西南北の4つの方位から来る風を人格化したもの。「わたしは人が息できるように4つの風を創造した」。『コフィン・テキスト*（呪文1130）』に記されている創世神の言葉は、「みずからが行なった彼の心に喜ばしい4つの行為」を思い出して語っているものである。この

言葉は、エジプト人が風にあたえていた重要性を強調している。神が行なった最初の良き行為の中で、風は「偉大なる洪水」(ナイルの氾濫)や人間創造の前に創られている。

同じ書の別の文章(呪文162)にも、その証拠を見つけることができる。その中で死者は、4つの風にあいさつをし、それぞれに向かって、「わたしはあなたたちの起源を知っている。あなたたちの名前が、神々や人間より前に創造されたことを知っている」と語っている。これは、風がエジプトの宗教書に頻繁に現われる事実を説明している。

風は、「天のすべての風の王」であるシュウ*の出現と考えられており、葬送の書に頻繁に現われる。それは、人間が感覚によって感じとることができる、目に見えない「大気の神」の生命の息である。4つの方位の風は、オシリス(北)、ラー(南)、イシス(西)、そしてネフティス(東)と結びついている。『死者の書*』の16章には、「天に穴を開ける呪文」が記されている。そこには、長い棒で天に触れようとする4つの姿のトト神が描かれている。そして「それぞれの穴から現われる風の役割は、鼻孔に入ることである」と明確に書かれている。

『コフィン・テキスト』には、ネクロポリスにおいて、死者が天の4つの風を獲得するために必要な呪文が数多く記されているが(呪文162)、これは驚くに値しない。呪文が効力を発揮するためには、死者は首に紅玉随で作られたライオンの頭の護符をかけて、シュウのバー*と1つになる必要があった(呪文83)。

もともとは、つねに4人一緒に集合体で呼び出されていた風は、天の支柱、そして4つの方位と結びついていたが、「ヌウトの腹から生まれる」風は、後にそれぞれの個性をもつようになり、ときに謎に満ちた名前をもつようになる。

ギリシア・ローマ時代の神殿に描かれた、不思議な混合体である風の姿にともなう碑文には、それぞれの重要な性格が記されている。西風であるヘジャは、植物が育つようにナイルの氾濫をもたらす。東の風であるヘンケセスは、エジプトが光に満たされるように、太陽と月を天へともち上げる。北風であるケブ(ケベブ)は、生命を保つ甘く爽やかなそよ風を運ぶ。そして最後に南風のシェヘブは、アフリカの灼熱であり、洞窟からナイルを呼び出し、ラー*のためにアポピス*を退治する。そして他の3人と共に、神々のバーを天へともち上げる。このテーマは大英博物館にある、未完成のオベリスクの1種である興味深い記念碑にも見ることができる。オベリスクの各面には、それぞれの風が、偉大なる神々のバーと結びついて描かれている。ラー(東)、シュウ(北、あるいは、南)、ゲ

（現在は失われている）ヘテルの石棺の蓋の四隅を飾っていた４つの風の図、後２世紀初め。

ブ*（北、あるいは、南）、そしてオシリス（西）である。

『ピラミッド・テキスト*』にも現われる「天の４人の風」であるが、ギリシア・ローマ時代以前には、図像に描かれることはなかったようである。この時代になると、神殿や、プトレマイオス朝の石棺を飾る守護神と共に、しばしばその姿が描かれるようになる。その姿は、幻想的な動物の姿や、動物の頭をもつ人間の姿をしている。

風の図像は多くの変化をともない、コム・オンボやデンデラのように、同じ神殿内でも異なる姿で描かれている場合がある。

コム・オンボでは、列柱室の西の壁と周壁の第２壁の東の面に風の絵が見られるが、４つの風はそれぞれの要素を象徴する動物の姿で描かれている。ヘビ（大地）、猛禽類（空気）、ライオン（火）そして牡牛（水）である。北風は、うしろに２つの頭をもつ牡牛である。１つの図では何の頭かわからない。また、２つの人間の頭をもつものもある。南風は１対の翼をもち、４つの頭をもつライオンの姿をしている。ときには、８つの頭と４対の翼をもっているものもある。西風は、図の１つが消えているが、２対の人間の足をもつ、ヘヌウ冠をかぶった４つの頭をもつヘビである。東風は、２対あるいは３対の広げた翼を、自分の閉じた翼の上にもつハヤブサである。

ディール・アル＝マディーナでは、すべての風が２対の広げた翼をもち、ダチョウの羽根を飾った、水平な牡羊の角を頭に飾っている。北風は、４つの頭をもつ牡羊（エスナでは、牡羊の頭のスカラベ）、南風は、１つの頭のライオン（エスナでは牡羊）、西風は牡羊の頭の（おそらく）ハヤブサ、東風は、やはり牡羊の頭をもち、スカラベの体をもっている。

最後に、ありとあらゆる形が可能である４つの風を少しだけまとめるために、ウィーンにある人型棺の頭の部分に描かれた４つの風を紹介しよう。パネヘミシスという名前の人物が所蔵していていた（ウィーン美術史博物館、inv. n° ÄS 4）プトレマイオス朝のこの記念碑には動物の頭をもつ風が描かれている。いずれも2対の翼をもった姿で、アンクのサインを持つ手を前に差し出している。また、これら人物像は、風が起こすふくらんだヴェールのヒエログリフのサインをふっている。そして頭には、まっすぐに立った4枚の高い羽根が牡羊の角の上に飾られている。北風は、4つの牡羊の頭をもち、南風はライオン、西風はヘビ、そして東風は牡羊の頭をもつ。

特徴：ウラエウス、ヴェールのヒエログリフ、太陽円盤、角、翼、羽根、ヘヌウ冠

→シュウ、天の支柱、ヌウト

B.: C. De Wit, "Les génies des quatre vents au temple d'Opet," *CdE* XXXII (1957), p.25-39; A. Gutbub, "Die vier Winds im Tempel von Kom Ombo," *Stuttgarter Bibelstudien* 84/85 (1977), p. 328-353; S. Woodhouse, "The Sun god, his four bas and the winds in the sacred district at Saïs: the fragment of an obelisk (BM EA 1512)" dans S. Quirke (éd.), *The Temple in Ancient Egypt. New discoveries and recent research,* Londre, 1997, p.132-151, pl.40-42.

（→口絵/p.22）

ガゼル　GAZELLE

アヌキス、レシェプを参照

ガチョウ　OIE

アメン、ゲブを参照

カデシュ　QADECH

シリア・パレスチナの女神。カデシュは、第18王朝の前半以降にエジプトに見られたシリア・パレスチナの他の神々と結びつきをもっていた。しかし彼女の民間信仰を示す20余のステラを見ると、その信仰はラメセス朝という特定の時代に限定されている。その理由は不明である。国際的都市メンフィス、そして王墓の建造に当たった「墓職人」の町、ディール・アル＝マディーナにおいて、外国の神々は人気があったようである。

その名前はセム語で、「聖人」を意味する。初めは、他の女神の形容辞にすぎなかったと思われる。強くエロティズムを感じさせるその官能的な図像から、カデシュは、アナトやアシュタルテの側面の一つである可能性があり、しばしば同一視された。性の喜びを象徴するカデシュは、ハトホル女神とも近い関係にある。その頭飾りに加えて、カデシュは、「星の女主人」や「比類なきラーの目」などの形容辞をハトホルから借りている。

またときに、「プタハに愛される者」とも呼ばれるカデシュは、理由は明らかでないが、ディール・アル＝マディーナにおいて、レシェプ*やミン*とともに三柱神を形成している。

カデシュは、1柱、あるいは、右にミン・アメン・ラー・(カムウテフ)そして左にレシェプ*をともなう姿で描かれる。歩いているライオンに乗り、つねに全裸で正面を向いている。両手を大きく広げ、右手にロータス、左手には、蛇を持ち、顔の両脇に巻き毛がたれるハトホル女神の鬘をかぶっている。頭には、円盤と三日月を戴いているが、これは髪の上に直接置かれていることもあれば、皿状冠の上に置かれていることもある。また、渦巻き飾りのあるハトホルのナオス*の上に載せられていることもある。

現在は、その行方がわからなくなっている、ウィンチェスター大学に所蔵されていた小さなステラにおいては、この女神の姿にカデシュ・アシュタルテ・アナトの3女神の名前があたえられていた。

特徴:円盤と三日月、正面を向いた図、ハトホルの鬘、蛇、ライオン、裸体、ロータス

→アシュタルテ、アナト、ミン、レシェプ

B. : I.E. S Edwards, "A relief of Qushu-Astarte-Anat in the Winchester College Collection," *JNES* XIV (1954), p.49-51、pl. III-V; R. Stadelmann, *Syrisch-palästinensische Gottheiten in Âgypten, PÄ* 5, Leyde, 1967; I. Cornelius, "Anat and Qudshu as the 'Mistress of Animals.'" Aspects of the iconography of the Canaanite Goddesses," *SEL* X (1993), p.21-45.

(→口絵/p.23)

カテルウ/カテリイ
KHATEROU/KHATERY

イクネウモンを参照

カトイウ KHATYOU

使者の精霊を参照

カバ HIPPOPOTAME

化粧*のパレット、先王朝時代終わりの巨大な石製容器、古王国時代のマスタバ墓に描かれた狩りの図、中王国時代の美しい青いファイアンス製の像、第18王朝や19王朝の私人のステラ、サイス朝の像や護符、ホルス神話*を描いたエドフ神殿のレリーフなど、カバはエジプト文明のあらゆる時代において重要なモチーフであった。おそらく新王国時代以降、ナイル川からカバが姿を消した後もその重要性は変わることがなかった。

歴史時代のはじめ、この群れを作る巨大な両生の偶蹄目のほ乳動物は、人々におおいなる恐怖をあたえていた。群れを作ると、農作物に被害をあたえるカバは人間の目には悪の具現に見えた。すなわち、セト神その人に見えたのである。雄のカバを狩ることは、最初は必要に迫ら

れてのことだったかもしれない。しかし、まもなくそれは貴族の間で人気のスポーツとなった。さらに象徴的に、エジプトに脅威をあたえる悪の力を破壊する王の呪術的な儀式となった。

反対に牝のカバのふくらんだ腹は、多くの恵みの女神の具現と考えられた。なかでもトゥエリス*は重要な女神であった。「ティフォンの妾（プルタルコス、「イシスとオシリス、19」）」としてホルスによって馬鹿にされたトゥエリスであるが、豊穣の象徴として妊婦の守護神であった。アセベトのように、カバの女神は、オシリスの護衛のために、数を増し4人の女神の軍団となった。また、12に増えて、1年の12ヶ月のそれぞれをつかさどる女神として特定の順番で名前を記されるようになる。

→アセベト、イシス、イペト（1）、シェペセト、セト、チェネネト、トゥエリス、レレト

B.: A. Behrmann, *Das Nilpferd in der Vorstellungswelt der Alten Ägypter,* Teil I, Katalog, Eur-Hoch XXVIII/22; Teil II, Textband, Eur-Hoch XXXVIII/62, Frankfurt, 1989-1996.

（→口絵/p.23）

カムウテフ（カメフィス）

KAMOUTEF (KAMÉPHIS)

アメン、ミンを参照

亀 TORTUE

腕輪、あるいは鼈甲の櫛の存在によって、エジプト人が、先王朝時代から海亀（*Chelonia imbricata*）の存在を知っていたことがわかる。また、陸亀（*Testudo kleinmanni*）のまるみを帯びた甲羅は、容器やリュートの共鳴箱として利用された。そして柔らかい甲羅と水の中で息ができる長い筒状の鼻が特徴である、淡水の亀（*Trionyx triunguis*）はすべての時代において、その図像が描かれている。

水中に10時間もいることのできる、亀の動作や性格、そして、砂岸にあるとわかっているが、なかなか見つけることのできない巣穴など、青緑色の川の水の中にじっと潜んでいる亀は、太陽の船の航行を妨げるラーの敵と考えられていた。実際、亀はアポピスの姿の1つと考えられ、ブレムナー・リンド・パピルスの『アポピスの書』に数多くの名前で登場するアポピスの1つである。また、亀の表意文字は、プトレマイオス朝においては、悪意に満ちた蛇の名前の決定詞として使用されていた（カルナク北のアメン・ラー・メンチュウ神のプロピロン）。

ラーの船が座礁するという想像を越える惨劇を避けるために、碑文は次のように記している。「亀は天の砂岸の前」におり、「亀がナイルの氾濫を飲み込み、洪水が消えてしまわないように」亀を殺す必要がある。亀はまた同時に「一

度呑み込んだものを吐き出す力」によって、宇宙の慈悲に満ちた動物と考えられることもあった。つまり、亀は「ナイルの洪水を一度呑み込み、時が満ちた時に吐き出す」と考えられていたのである。亀が王によって退治されている図は、多くのギリシア・ローマ時代の神殿の壁に登場する（*E* IX, pl. 40c、48、*E* X, pl. 87、93、132…）。このような図は、第19王朝のネブウェンネフという人物の墓（TT 157）にすでに見ることができる。死者が銛で亀を突きながら、「ラーに生命あれ。亀に死を」と叫んでいる。これは『死者の書*』第161章の呪文であり、新王国時代の石棺に、天の4つの風と結びついて4回繰り返し記されているのを見ることができる。

また亀の頭をもつ、葬送の悪霊ウェネムフワアト*は、自分の糞を食するために、「腐った物を喰らう者」、あるいは「糞食者」と呼ばれていた。

→アポピス、ウェネムフワアト

B.: B. van de Walle, “La tortue dans la religion et la magie égyptiennes,” *Mélanges A. Carnoy, La Nouvelle Clio* V（1953）, p. 173-189; A. Gutbub, “La torute, animal cosmique bénéfique à l'époque ptolémaïque et romaine,” dans *Hommages à Serge Sauneron I, Égypte pharaonique, BdE* LXXXI（1979）, p. 391-435.

（→口絵/p.24）

殻竿　FLAGELLUM

王笏を参照

カワウソ　LOUTRE

ウアジェトを参照

キイ　KY:（7人の）ジャイスウを参照

危険な女神

DANGEREUSE (DÉESSE)

使者の精霊、セクメト、テフヌウト、ネイト、ネクベト、バステト、ハトホル、ムウトを参照

季節の神々

SAISONS (DIVINITÉS DES)

エジプトの1年の3つの季節を人格化した神々。トリノ・エジプト博物館に所蔵されている花崗岩製の祭壇(n°22053)の台の部分に刻まれた碑文には、多様な神々の名前と共に、時の最も短い単位から永遠*まで、すべての時の単位をつかさどる神々の名前が刻まれている。そのなかに季節の神々がいる。

年と同じように、季節の神々はつねに図像化されていたわけではないが、古王国時代からギリシア・ローマ時代まで3つの季節は多様な形で表現されてきた。

最もユニークで有名な図は、第6王朝

初代のテティ王の婿、宰相メレルカのサッカラにあるマスタバ墓の入口に見ることができる。この場面で、死者は片手に盃代わりの貝殻を持ち、もう一方の手に筆を持ち、非常に現代的なイーゼルの上に置かれた画材に絵を描いている最中である。メレルカの墓のとなりにあるケンティケという名前の人物の墓にも（現在では消滅しているが）同じような場面があった。画材全体には３人の人物が描かれている。それぞれの頭の上には名前が記されており、エジプトの１年の３つの季節であることがわかる。すなわち、右からアケト季（洪水）、ペレト季（「冬」、あるいは芽吹きの時）、そしてシェムウ季（「夏」、収穫の時）である。

古王国時代の２つのレリーフには、アケト季、ペレト季、シェムウ季が玉座に座っている（メレルカ）あるいは正座している（ケンティケ）姿が描かれている。彼らはそれぞれカルトゥーシュのようなものを持っている。カルトゥーシュの中には「暦の月」を表わすヒエログリフのサインである三日月が４つ描かれている。最初の２つの季節は女性形の名詞であり、３つに分けた鬘をかぶり、肩紐のある長い衣をまとった女性として描かれている。それに対してシェムウ季は髭のある男性の姿で、肩にかかる鬘をかぶり、腰布をまとっている。

後の時代になると、若干の混乱が生じ、第11王朝のレリーフの破片（カイロ・

３つの季節を人格化したもの、メレルカのマスタバ墓の入口、サッカラ、第６王朝。

エジプト博物館、JE 49926）には、シェムウが頭にアケトのサインを載せている。彼らはノモスの象徴のように、頭に季節の名前を表わすヒエログリフのサインを載せることもある。第18王朝のカルナク、そしてローマ時代のデンデラにその例を見ることができる。

コム・オンボではペレト季だけが野原のサインを頭に飾った女性として描かれている。アケト季とシェムウ季は水性植物を頭に飾った両性具の「ナイル」として描かれている。

特徴：オオムギの穂、暦の月を意味するヒエログリフのサイン、野原を意味するヒエログリフのサイン、麦の穂

→永遠、時間の神々、レンペト

B.: W. K. Simpson, "Two Middle Kingdom Personifications of Seasons," JNES XIII（1954）, p.265-268, pl. XIX-XX.

キト　KHYT

天の支柱を参照

9柱神 エネアド　ENNÉADE

9柱の神々の集合体。エジプト語のペセジェトという語が示すように、ギリシア語起源のエネアドという語は、もともと、言葉どおり、家族関係、あるいは上下関係をもつ9柱の神々の一群を示している。9という数は、多数を示す3の3倍であり最大の数を示している。しかし時代と共に、この言葉は一団という意味だけを残すようになり、神々の数は9柱とは限らなくなった。15柱の群神の場合もあれば、有名なヘルモポリスの8柱神などがある。これは原初の神々の4組の夫婦で構成される8柱の神々の数によって、オグドアドと命名されている
このように神々の数と名称が一致しているのはエネアドとオグドアドだけである

『ピラミッド・テキスト*』には「2つの9柱神」という表現が約60回出てくる。これはおそらく上下エジプトを象徴している。そしてホルス*（§304c）とミン*（§1928）がそれぞれの神の一団をまとめている。『メンフィス神学の集大成』によると、プタハ*にかんしても同じことがいえる。しかしエネアドというと、一般には一番古いヘリオポリスの9柱神をさす。

しばしば「偉大な」という形容詞をともなう9柱神は、「天、地、水、山」を創ったアトゥム神*によってまとめられている。神話をもう少し詳細に説明すると、アトゥムの下に3世代の原初の神々が宇宙の要素と力を象徴している。アトゥムの子どもシュウ*とテフヌウト*、その子どもたちのゲブ*とヌウト*、さらにその4人の子どもたちのオシリス*、セト*、イシス*、ネフティス*がいる。後にハロエリス*が神学者によって加えら

れると、アトゥム自身が10番目の神となる。ハロエリスは、エネアドの中で唯一の聖なる人間であり、アトゥムの息子と考えられている。そしてヘリオポリスの創世神自身は、「エネアドの牡牛」として知られている。

神学者たちは、偉大な9柱神にならんで、もう1つの小規模な9柱神を想像した。その構成は詳しく記されていないが、大きな宗教中心地において、それぞれの地域における創造神の周辺に、神々の一団が配されていた。

カルナク神殿においては、アメン・ラーは、大きなエネアドと小さなエネアドに支えられている。最初のものは、テーベのメンチュウ神を長として、ヘリオポリスの9人の神々の集団で構成されており、さらにホルス*、ハトホル*、セベク*、そしてチェネネト*とイウニト*がいる。最後の2人は、「南のヘリオポリス」、すなわち、ヘルモンティス（現在のアルマント）におけるメンチュウの配偶神であり、9柱神に登場することは不思議ではない。2番目のものはトト神が率いる一団で、男性の神だけで構成されている。ハレンドテス*、南と北の2人のウプウアウト*、セベク、アヌビス*を囲む2つの形のプタハ、デドゥン*、メリムテフ*、そして4人のホルスの子どもたち*である。

アビュドスのエネアドには7柱のメンバーしかいない。全員が男性の神である。中部エジプトのヘルウルのクヌム*とカタラクト（ナイル急湍）のクヌム、トト*、レトポリスのホルス*、ハレンドテス、南と北のウプウアウトである。

カルナクの2つのエネアドは、アメン神殿の8番目の塔門全体に描かれている（東の部分と北の壁）。30柱の神々が 6段にわたって、5柱のグループごとに上から下まで描かれている。壁の上半分には、大エネアドの7人の女神が描かれているが、互いに区別がつかない。特別な図像のある数人の神だけがその特徴で見分けることが可能である。メンチュウとホルスはハヤブサの頭、セベクはおそらくワニの頭をもっていたと思われる。アトゥムはプスケント冠をかぶり、シュウはオヌリス*と同一視される高い羽根を飾っている。塔門の下半分には、15柱の小エネアドの男性の神々が、まったく同じに描かれ、特別な特徴が見られない。同じ3つに分けた鬘をかぶり、牡牛の尻尾のついた腰布、ウアス杖とアンクのサインを手に持っている。

ヘリオポリスのエネアドは、互いにほとんど区別のつかない、5柱のよく似た神々のグループで構成されている。ディール・アル＝マディーナのセンネジェム墓（TT 1）の天井画に描かれた太陽の船の上で彼らはラー・ホルアクティ・アトゥムの後ろに立っている。同様に、アメンの歌い手アンハイの見事な『死者の書*』の「心臓の計量*」の場面（大英博物館 n°10472）に「ネクロポリスの主人たちの偉大なるエネアド」と「西の主人たちの小さなエネアド」が描かれている。それぞれ5柱と6柱の神々が描かれているが、互いを区別する特徴はまったく描かれていない。ならんで座っている神々は、ミイラの姿で長い鬘をかぶり、編んだ髭をつけている。

特徴：ウアス杖

→アトゥム、8柱神（オグドアド）

B.: J. G. Griffiths "Some Remarks on the Enneads of Gods," *Orientalia* 28 (1959), p. 34-56; W. Barta, *Untersuchungen zum Götterkreis der Neunheit, MÄS* 28, 1973.

玉座　TRÔNE

冠、笏、そのほかの特別な品々と同様に、玉座は、王や神々に属するものであり、一般の人々とは一線を画して王や神が威厳をもって座るものである。

特別な姿勢で描かれることが多い神々（ミン*、アメン・ラー・カムウテフ*、カデシュ*、ベス*など）を例外として、また（王位継承式、生誕祭、戴冠式など）儀式や祝祭の進行の中で活発な役割を果たしている場合を除き、神々は玉座に座った姿で描かれるのが一般的である。

権力と支配の象徴である聖なる玉座は大きく変化することがない。一般に四角い椅子であり、背の部分がときに翼を広げて守護の姿勢をとるハヤブサの形をとり、側面はそれ自体が大きな「宮殿」の表意文字になっている。また後方部分の下に四角いスペースがあり、そこに2国の統一の象徴であるセマ・タウイが刻まれている。それ以外の側面は、彩り豊かな縞模様や、羽根飾りで飾られていることもあるが、無地の場合もある。

後の時代になると、メンビトという女神によって玉座は人格化される。聖なる玉座は、ときに台や天蓋によって保護されていることもある。また、ふつう、パピルスのマットの上に置かれている。マット自体が台の上にのっていることが多い。また、マットはマアトの名前を記すために使われる2つのサインのうちの1つである。輿の上に置かれることもある（E X, pl. 153, 154）。

神が動物の姿をとる場合、そして、その聖なる動物によって表現されている場合は、神は、玉座に相当する台座の上に載っている。そして供物を受けとっている場合、供物を奉納する王と同じ高さになるように描かれている。台座は単純な立方体で、「宮殿の正面」の装飾が施されている。エドフ神殿の聖なるハヤブサの戴冠の場面にその例を見ることができる（E X, pl. 154；本書p.217）。あるいは「巨大な塔門」のような形の高い台座の上に載っていることもある。ヒヒの頭のトト神*、あるいは牡牛のブキス*などがその例である。

→メンビト

B.：K. P. Kuhlmann, *Der Thron im alten Ägypten. Untersuchungen zu Semantik, Ikonographie und Symbolik eines Herrschaftszeichens, ADAIK* 10, Glückstadt, 1977.

（→口絵/p.25）

清め　LUSTRATION

水を参照

金　OR

黄金のもつ明確な性格、すなわち、輝きと永遠性は、古代のどの民族よりもエジプトの人々の想像力の中で特別な意味をもった。エジプト人は金の中に太陽と同じ物質を見た。金は太陽光線が「地上にふりまく金色の粉」であった。また神々の肉体は金でできていると考えられていた。『天の牛の書*』の冒頭にある年老いたラー神*の描写には、「その骨は銀、肉は金、そして髪は本物のラピスラズリ」と記されている。また、デンデラ神殿のクリプト（地下埋葬室）の1つに、他の貴重な像とともに残されているイシス女神*の像には同じような描写が短い碑文で記されている。「その骨は銀に輝き、肉は金に輝いている」像は1キュービットの高さがある（*D* V, pl.419）。他にもオシリス*は「金の体」をもつ。そしてラーの娘であるハトホル*は神々の金の具現化であることを示す形容辞をもっている。彼女は「神々の金」あるいは「金色に輝くもの」と呼ばれていた。他にも、王の5つの称号のうちの1つである「黄金のホルス名」は、王を「地平線にあるもの、国に光をあたえる黄金の山」と讃えている。それは太陽神の地上における姿であり、「黄金の中に昇るもの」である。

太陽から降り注ぐ、朽ちることのないものを象徴する金はまた、オシリスの体から流れ出るナイルの氾濫の水と同等である。碑文には、「体液、流出物」と訳すことができる同じレジュウという語が使われている。金は、「黄金の城」で造られた神々の像を輝かせるだけではなく、神々の像に命を吹き込むものである。この儀式もまた「黄金の城」と呼ばれる建物の中で行なわれていた。それは命を吹き込むミイラの「開口の儀式*」と同じ役割を果たしていた。

ミイラ作りの中で、遺体を包帯で巻く際に唱えられる呪文には金のもつ美徳が語られている。「あなたは黄金の指をもつであろう。その指は純金。爪は琥珀金！ラーの体液があなたに流れ込む。[…] あなたは金により甦り、琥珀金により新たな力をあたえられる。[…]

あなたのために山から黄金が訪れる。すべての場所における神々の完璧な守護！それはドゥアトにおいてあなたの顔を照らす。金によってあなたは息をし、琥珀金によってあなたは日の中へと出ずる」ローマ時代においては、肌に直接塗られていた金は、再生、守護、生命の息、そして永遠の若さと同義語であった。そして金の代わりとなる、貴金属よりも入手の容易い黄色い石黄（せきおう）についても同様であった。そこで同じ儀式の呪文の中に次の文章が見られる。「あなたの体は、黄金の色となる。それは純粋な石黄（せきおう）のおかげ。ラーの体液。永遠のもの。あなたのために肉に施される完璧な色は、あなたの手足の隅々まで行き届く。あなたの肌は金によって輝き、その肉は琥珀金によって朽ちることがない。あなたは永遠の命をもち、永遠の若さをもつ！」

金は、遠いプントの国の要人によってエジプトに貢ぎ物としてもたらされた。あるいはまた、偉大なる金鉱師ミン神の監督の下、ヌビアやアラビア砂漠の金鉱で採掘された。ソカル神やプタハ神とともに、人間は金の扱いを学んだ。金は神々の像を飾るだけに限らず、儀式の壺や道具に使用された他、レリーフの中の神々の図を飾るため、また、強調するために使用された。さらに扉など、建築のさまざまな要素を飾るためにも使われた。なかでも太陽を象徴するオベリスクのピラミディオンは美しく金で飾られていた。

→鏡、銀、ソカル、ハトホル、プタハ、ミン、ラー、ラピスラズリ

B.: F. Daumas, “La valeur de l’or dans la pensée égyptienne,” *RHR* CXLIX (1956), p.1-17.

（→口絵/p.25）

銀 ARGENT

ヌビアや西の砂漠には古代から金鉱が存在しており、エジプトには比較的豊かに金があったが、銀にかんしては、古代の鉱山の存在は知られていない。

銀を「白（金属）」と呼び、黄色い金属の存在しか知らなかったエジプト人は、自然の中に存在する金と銀の合金である琥珀金を金脈の中に見るくらいであった。金に比べて非常に稀少であったため、交易などにより銀の存在が一般的になる中王国時代までは、銀は金に比べてたいへん高価なものと考えられていた。

銀が金より上等であるという価値観の序列は、神々の世界でも同様であった。神殿で行なわれる儀礼、神々自身の装飾、描写において、この序列が強調されている。『天の牛の書*』におけるラーの描写には、他の多くの書と同様にこの傾向が見られる。「その骨は銀、肉は金、髪はラピスラズリ*」となっている。この描写は、かつて実際に神殿のクリプトに納められていた、貴金属で仕上げ

られたリアルな神像を言葉で再現している。何世紀もの宝探しの末、数少ないが現在まで残されている神像がある。なかでも美しい例は、京都近郊にあるMIHO MUSEUM（ミホミュージアム）のコレクションの一品である。第19王朝のものと思われる像は、現在ではほとんど失われている金箔につつまれた16.5キロの銀の塊で、ハヤブサの頭の神（おそらくハロエリス）の像である。髪は３つに分かれ、ラピスラズリで象嵌されていた。

デンデラ神殿の屋上で行なわれる「円盤との融合」の神事がぶじに行なわれるように、新年の朝、神官が行列を成してハトホルのために運んだ貴重な品々を入れた壺のリストには、まず銀が一番初めに来る。そして金、ラピスラズリ、トルコ石、そして輝くファイアンスが続く。

金が太陽の光を象徴しているのに対し、銀の色は、天の２番目の光である月を表わす金属と考えられた。２つの天体を表わす２つの金属は女神に捧げる鏡*に象徴されている。鏡と結びついたハトホルが「神々の金」であるならば、月と結びついた「女神たちの銀」があった。金銀細工師は、白い金属を月の円盤や三日月を表現するのに利用した。ツタンカーメン王墓で発見されたペクトラル（胸飾り）には、宝飾品がもつ複雑な象徴の組合せの中で金属がたくみに利用されている。

銀の白さは、純潔の象徴となり、典礼の中で重要な役割を果たすようになる。聖水や神酒を入れる皿、水差し、盥などは銀製であった。また、古文書の中で託宣の儀礼を描写する際、「銀の土」という表現が見られる。これは抽象的な描写ではなく、実践されていたことで、神殿のある区域の床は、アラバスターよりも純白となるように銀箔が張られていた可能性がある。

→鏡、金、ハトホル、ラピスラズリ

クイト　KHOUYT

守護の女神。アトリビスのケンティ・ケティの配偶神。第３中間期の初めから、正確にはシェションク１世の治世からクイトはケンティ・ケティの配偶神となり、下エジプト第10ノモスの都アトリビスの主要な女神となった。その名前は単純に「守護の女神」を意味する。あるいは「守護のために両腕を広げるもの」、「２つの翼でウンネフェルを守るもの」、あるいはまた「神を包み込むもの」など、その性格を表わす形容辞である。彼女はまさに守護神であり、すべての女神がもつ守護の役割を人格化している。アトリビスのオシリス信仰において、彼女は死者となった神が包帯を巻かれミイラとなるのを助け、アトリビスの聖遺骨箱にある心臓の番をする役をになっている。彼女はハトホル*と同化し、「神に衣を着

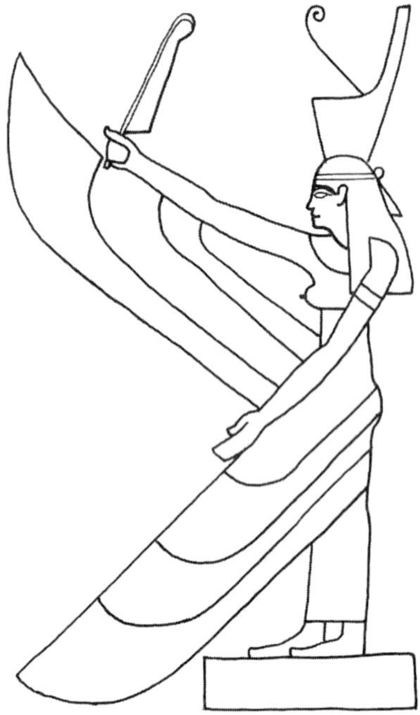

クイト、エドフ神殿、プトレマイオス朝。

せ、主人を守るために両手を広げる」

クイトは、片手にダチョウの羽根を1本、あるいは両手に持ち、他の女神と同様に守護の仕草で羽根のある両腕を広げる女性の姿で描かれる。それはオシリスの遺体を見守るイシス*やネフティス*と同様である。彼女たちはまた、死者に生命の息をあたえるために羽根を揺らす。クイトは場合によって太陽円盤だけを頭に飾っている（ディール・アル＝バハリのプトレマイオス朝の聖域）。あるいは、牛の角に囲まれた太陽円盤を飾っている（デンデラの誕生殿、pl. XLII、B）。またときに、上下エジプトの王冠をかぶっている。

特徴：赤冠、太陽円盤、ダチョウの羽根、翼、白冠、ハトホルの髪型

→ケンティ・ケティ

B.: P. Vernus, *Athribis. Textes et documents relatifs à la géographie, aux cultes, et à l'histoire d'une ville du delta égyptien à l'époque pharaonique, BdE* LXXIV, 1978.

クヌビス　CHNOUBIS

ギリシア・エジプトの魔法使いの神。ギリシア・ローマ時代には、後光が射すライオンの頭をもつ、とぐろを巻いた蛇を彫った多くの宝飾品があった。この図の裏側や、この複合神を説明する文章から、この神の名前がクヌビスであることがわかる（クヌフィス、クヌミス、クヌモス、そしてクヌビスなどの変形がある）。胃病を治す神であり、また子宮の守護神と考えられている。

その複雑な性格は、同化や多様な混同を重ねた結果であり、そこから神学者たちは、3柱の神の名前を使ってほぼ完璧といえる音遊びをした。3柱の神とは、牡羊の神クヌム*、デカンの神ケネム（ケネメト）*、テーベの神ケマテフ*である。

クヌビスの図像は、玉随、そして赤や緑の碧玉に描かれている。ライオンの頭

をもつ蛇の体をもつが、その体はときには単なる輪にしか見えない。しばしば8の字の形の輪の上に立っている。頭からは、4つから13の異なる数の後光が射している。裏には、槍の棒を通した3つのSが記されている。

→クヌム、ケネム（ケネメト）、ケマテフ

B.: A. Delatte, Ph. Derchain, *Les Intailles magiques gréco-égyptiennes*, Paris, 1964, p. 54-73.

クヌム KHNOUM

牡羊の神、第1急湍（カタラクト）、エレファンティネ島、そしてエスナの主人。ギリシア・ローマ時代に建てられたエスナ神殿のすべての壁や柱を飾る美しい末期のテキストには、神官や崇拝者が見たエジプトの神々の1柱であるクヌム神が詳細に伝えられている。

「創造神の中の創造神」として崇められ、「陶工の主人、轆轤の王」であったクヌムは「人間を作り、神々を世界に置き、小さい動物、大きい動物を作り、鳥、魚、そして地に這うすべてのものを作った。そして時がきた時、ヌン*の水の中にいた魚たちに、2つの洞窟から出て人間や神々の食物となるように命じた。大地に抱かれて植物が生まれるのをうながし、岸辺を花で埋めた。木々には果実を実らせ、人々や神々の食卓を潤した。そして山の断層岩を開き、閉じ込められていた鉱石を吐き出すように石切り場に力を加えた」

ローマ時代には、大自然の主人として知られていたクヌムであるが、古代から知られていた神であり、牡羊の神として存在していた。セム語の古い語根で形成された名前は「羊の姿をもつ者」という意味をもっている。

第1王朝からエレファンティネ島で崇拝されていたクヌムは、まず「急湍の主人」であり、ナイルの洪水が生まれるとされる神話上の洞窟を支配している。豊穣の儀式の聖水は、クヌムの名前をもつクヌム壺によって注がれる（E XII、pl.379、413）。その聖水は、クヌムをなだめ「時がやってくると豊かな洪水が訪れる」ようにした。そして「エジプトを豊かにするためにヌンと[…]大地を1つにした」

中王国時代の初めからクヌム・ラー*となり、「女性を孕ませる男性神」となったクヌムは、信仰地によって異なる神々と結びつき、あるいは同化した。エレファンティネでは、第12王朝の初めからサティス*とアヌキス*とともに三柱神を形成した。しかし、サティスの夫であることは確かであるが、アヌキスの父であるかどうかは不明である。エスナでは、ネイト女神と神殿を分かちあっているが、ネイトと夫婦ではない。彼はまたメンヒト*とネベトゥウ*を配偶神としており、いずれも神の子どもであるヘカ*の母親である。中部エジプトのヘルウルでは、ヘケト*と共にいる。

魔法テキストの中で77の目と耳をもつとされるクヌムを「その拳の中に生と死をにぎる」宇宙の創造神とするために、エスナの讃美歌や連祷はクヌムを他の創造の神々と同一視している。とくにタ(テ)ネン*やプタハ*、そしてシュウ*、アメン*など、パンテオンの他の有名な神々との同化や比較を繰り返している。またバネブジェデト*と同様にクヌムは４つの要素を象徴する神々の出現でもある。メンデスの主人であるバネブジェデトが、自身の町において４つの要素をみずからの中に内包するのに対し、クヌムはエレファンティネにおいてラーのバーであり、エスナにおいてシュウのバー、シャスヘテプにおいてオシリスのバー、そしてヘルウルにおいてゲブのバーである。

クヌムは動物の姿で出現することもあるが、多くの場合、小さい四角い髭の牡羊の頭をもつ人間の姿で描かれる。アブ・シールのサフラー王の葬祭殿に、このタイプの最も古い図像が見られる。短い腰布を身につけ、大きな肩紐のある胴衣を着ているクヌムは、大きな首飾りを身につけている。神はときに「豪華に胸を飾る牡羊」と呼ばれ、首飾りの下、横からたれる鬘の毛の間の首全体は羊の毛で覆われている。これはすべての図に共通の特徴である。*Ovis longipes palaeoaegyptica*種の力強い螺旋状の角の上にはなんの冠も載せていない。この羊の角は、中王国時代の終わり、この種の羊が絶滅した後も図像として残った。

実際，耳の後に巻いている角は、新しい種*Ovis platyra aegyptiaca*のものであり、ラメセス３世の治世以前のクヌムの図像にはこの新種の羊の角は現われない。また、古い時代のエジプトの羊の代わりとなることはまれである（*MH* VII, pl. 540, 566, 582）。当時の動物学的現実に即して、すでに消えている角に実在の角をつけている例もある。しかし２重の角を神につけることを避けるために（E XIV, pl.585）、水平の角は冠の一部となり、しばしばアテフ冠として頭の上に載せられた。また、プトレマイオス３世の時代までは前に傾いていた耳は、後に傾くようになった。これもまた今日最も広まっている太い尻尾をもつ羊の出現に影響されている。

陶工の神であるクヌムは太陽円盤、ウラエウス*、あるいは角の間に置いたクヌム壺を頭に飾っている。また、道具に足をかけるように片足を前に出し、仕事をしようとする神の姿が描かれることもある。轆轤の図は儀式の中でクヌムを表わす。デンデラ神殿の「錬金術師の工房」には、「轆轤の主人、心の赴くままに建設し、創造し、作るもの」が「日々、その作品を創り出す」姿が描かれている(*D* VIII, pl.813)。あるいはまた、(新王国時代には)新しく生まれた王とそのカーを作る姿が描かれている。(誕生殿においては)聖なる誕生の神話の場面の中で神の息子を創り出すクヌムが描かれている。

特徴:アテフ冠、太陽円盤、高い羽根、轆轤、クネム壺、ウラエウス

→アヌキス、神の印、原初の卵、建設の神々、サティス、シェマネフェル、シュヌウビス、ネベトゥウ、ヘカ、ヘケト、メンヒト

B.: A. M. Badawi, *Der Gott Chnum*, Glückstadt, 1937; S. Sauneron, *Les Fêtes religieuses d'Esna aux derniers siècles du paganisme*, Le Caire, 1962; S. Bickel, "L'iconographie du dieu Khnoum," *BIFAO* 91 (1991), p.55-67.

(→口絵/p.26)

クネフ(ィス) KNEPH (IS)

ケマテフを参照

供物 OFFRANDE

神殿の壁に古代エジプトの人々が残した美しい浮き彫りのレリーフには、儀礼の場面とともに多くの供物の図が残されている。供物にはあらゆる種類の食物、飲み物、植物、衣装、宝石、装飾品、多様な象徴、儀式の道具などが見られる。これらの供物を通して王は神々と物物交換を行なった。それは宇宙規模の物物交換であったともいえる。現代人の目には、たわいない行為に映るかもしれないが、それは宇宙の秩序を守るために重要なことととらえられていた。

Ph・デルシャンの表現を借りれば、「巨大な宗教儀式機構」である神殿の周辺には、つねに破壊の力が存在している。その混沌の力に対して、神々に捧げられた供物を守ることが重要な課題である。エドフ、コム・オンボ、エスナの神殿には「すべての供物を清める呪文」が刻まれている。王によって選ばれた司式者は、みずからを清めた後に呪文を唱える。呪文のもつ魔法の力は、香を炊き、聖水で清める所作と組み合わされ、清めの儀礼は完成される。司式者は、「昨日のセクメト*、今日のウアジェト*」の名前でラーの目*に語りかける。それは怒りをなだめられた女神がもつ守護の役割を強調する。そして神の衣装箱を満たし、敵の食べ物に矢を放つように女神に祈願する。

王が特定の供物を捧げる場面以外でも、アバというタイプの笏を腕の先にもっていることがある。これは碑文に「偉大な供物」と記された供物を清めるための笏である。「偉大な供物」は信じられない

ほど豊かで多様な品々を積み上げたものである。それは妥協することなく描かれ、その夥しい品々が表わす豊かさのすべてはホルスの眼*と同一視される。それは神々が必要とするとエジプトの人々が感じたすべてのものを描いたものである。

神々に供物を捧げる王は、その見返りを待っている。なかでも籠に載せたマアトの像を奉納するマアト*の供物はすべての供物を代表するものである。マアトは宇宙の均衡を象徴し、宇宙の均衡を維持することこそファラオの重要な役目である（p68口絵左上参照）。新王国時代の初めから、マアトの供物は聖域のなかでも最も奥の秘密の部屋で神に捧げられた。マアトの供物は聖なる中の聖なる壁の側面や、ナオス*の後の面、そしてエドフのように、神殿の軸の両側に対称的に描かれた2つの場面などに描かれ、王はそれぞれの場面に対して上エジプトと下エジプトの王として儀式を執り行なった（*E* IX, pl.XIIIb）。

上記の供物とは異なる目的と規模であるが、墓に供えられた葬送の供物を忘れてはいけない。それは王の加護によって、死者の死後の生命のために供えられたものである。

→香、祭壇、祭壇の主人（神々）、神官、神殿、ファラオ、ホルスの眼、マアト

B.: G. Goyon, “Une formule solennelle de purification des offrandes dans les temples ptolémaïques,” *CdE* XLV (1970), p. 267-281; G. Englund, “Gifts to the Gods – a necessity for the preservation of cosmos and life. Theory and praxis” dans T. Linders, G. Nordquist, éd., *Gifts to the Gods, Proceedings of the Uppsala Symposium 1985, Acta Universitatis Upsaliensis Boreas* 15, Uppsala 1987, p.57-66.

（→口絵/p.27）

グリフォン　GRIFFON

空想上の動物。小アジアや地中海の図像表現であるグリフォンは、セト*の動物と同様に、まだ、渓谷が砂漠化していなかった時代のサバンナに棲む幻想的な動物であると考えられていた。グリフォンは、ベニ・ハッサンや、アル＝ベルシャなどの墓の壁に描かれた、第12王朝の豪族の狩りの場面の中で、現実に存在する動物（ウサギ、アンテロープ、ガゼル、ダチョウ、ライオン…）と同じように「まったく自然に」描かれている。

羽根があるものと、ないものがいるが、雄々しく吠えるグリフォンは、猛禽類（ワシ、ハゲワシ、ハヤブサ）の頭をもち、（ライオンやチータなどの）ネコ科の動物の体をしている。後の時代の描写によれば、蛇の尾をもっている。

状況によって、グリフォンには3つの名前がある。最初のものである*sefer*

は、特別な意味をもたない。それは狩りに行った時に出会う、不思議な動物をさしていたのかもしれない。それに対して、他の2つの名前は、その特徴を表わしている。まず、アケクは、飛ぶものを意味し、その登場の素早さを示している。また、テシュテシュは、バラバラに引きちぎるものを意味する。スフィンクス*にならぶもの、あるいは、エジプトの敵を打ち砕く王の姿の1つと考えられている。戦闘におけるその脅威は、アメン*、ソプドゥ*、そしてとくにメンチュウ神*と結びついている。また、シェドとも結びつき、呪術ステラの中で、グリフォンが引く戦車に乗った治癒の神は、毒のある動物たちに矢を放とうとしている。

さらに後の時代になると、ヒエログリフの書の中には見られないが、デモティックで記された『太陽の目の神話』に、ペトベ*の名前が現われる。「神々の復讐者」は、グリフォンのあらゆる特徴を備えている。そしてグリフォンは、アレクサンドリアで紹介された、ギリシアの復讐の女神と結びつく。そしてネメシス*を表わす女性のグリフォンとなり、片足を運命の車輪の上に載せている（cf. p. 369）。

グリフォンのイメージを表現する多様な図像を網羅することは不可能に近い。たんにグリフォンを形作る不思議な構成要素の多様な組み合わせを提示して楽しむ程度である。しかしこのカタログを作る中で少し大胆な解釈をあたえることはできる。

グリフォン、ラメセス3世墓（KV11）、王家の谷、第20王朝。

そこには法則はないが、グリフォンがもつ王権の象徴を強調する場合には、力強いライオンの体にハヤブサの頭をもち、王がホルス*であることが確認されている。サフラー王やペピ2世（第5、6王朝）など、古い時代の葬祭殿に見られる図がこれに相当する。後の世紀に見られた幻想の動物というよりも、ハヤブサの頭をもつスフィンクスに近い形である。それに対して、シェドの戦車につながれ、暴れるグリフォンは、ワシやハゲワシの頭をもち、チータのように細身の体で翼を広げている。ライオンの体のグリフォンの場合は、翼をもたないか、あるいは、翼が衣服のように体にぴたりとついている。後者は、冠をかぶっていることもある。他のものは、冠毛をもつ。また、ハヤブサの頭の代わりにセトの動物の頭をもつ場合は、特徴的な耳が見られる。

中王国時代には、「魔法の象牙」(カバの下の犬歯と同じ曲線と大きさをもつ一種の刃)に描かれたほぼすべてのグリフォンは、背中の2枚の開いた翼の間から、不思議なことに人間の頭が突き出している。

メッテルニヒ・ステラ(ニューヨーク、メトロポリタン美術館、50.85)のような、後の時代(ネクタネボ2世の治世)の魔術の記念碑では、アテフ冠をかぶり、蛇の上に立ち、それぞれの手にナイフを持って武装しているグリフォンを見ることができる。

特徴:アテフ冠、太陽円盤、ナイフ、羽根

→シェド、スフィンクス、ネメシス、ペトベ、メンチュウ

B.: J. Leibovitch, *Le Griffon* (*Trois communications faites à l'Institut d'Égypte*), Le Caire, 1946; W. Barta, "Der Greif als bildhafter Ausdruck einer altägyptischen Religionsvorstellung," *JEOL* 23 (1973-74), p.335-357.

クロノクラテス　CHRONOCRATES

守護の役割をもつ神々。エジプト人は、時の進行が狂うことのないように、分割したすべての時を多様な神々のアイギスの下に置き、守ろうと配慮した。J・ヨヨッテに従って、エジプト学者は、エジプトの1年である360日の各日を守護する神や女神をヘルメス主義の占星術の用語である「クロノクラテス」という言葉で表わす慣例である。

異なる名前の下、儀礼によって、毎日その心を鎮めなければならない危険な女神であるセクメト/ハトホル*と結びつき、クロノクラテスは、彼女と共に王のカルトゥーシュを守るように描かれている(エドフ神殿とデンデラ神殿の「供物の間」)。あるいはまた、聖なる人々の長い行列の中に姿を変えている場合もある(ギリシア・ローマ時代の2つの聖域の「神秘の廊下」や、デンデラのローマ支配時代の誕生殿の聖域と「9柱神の間」)そこにはパンテオンのすべての神々が、ときに繰り返し登場する。彼らの名前は「唯一の者」、「出現する者」、「その住処にいる牡羊」、「永遠の女主人」などであるが、多くは神々の形容辞にすぎないことが多い。

エドフ神殿の「供物の間」の3段のフリーズや、デンデラの3つに分割された2つの段に繰り返し現われる360のクロノクラテスはいずれも、「そのすべての名前」で描写される危険な女神のユニークな姿であるライオンの頭をもつ蛇に向かいあっている。エドフでは、しゃがんだハヤブサの頭をもつ人間としてプスケントをかぶり、アンクのサインを手に持っている(*E* XV, pl. 42-45)。デンデ

エドフ神殿の『供物の間』に描かれたクロノクラテスの神々、プトレマイオス朝。

ラにおいては、それぞれ異なる姿で描かれ、形や頭飾りで識別できる個々の小さな姿をもつ（*D* VII, pl. 628-635）。

また、エドフ神殿の外壁（*E* IX, pl. 15, 16, 17）と、デンデラの「神秘の廊下」の2つの壁（*D* I, pl. 75, 77, と79, そして*D* II, pl.87, 88, 94, と98）の上の部分につらなる長いフリーズには、同じ姿でしゃがんでいるクロノクラテスが列をなして、ウアジュ杖を手に持つライオンの頭をもつ女性として描かれた「力ある者」の名前と交互に描かれている。

つねに女神の姿と交代に描かれるクロノクラテスの神々は、デンデラのローマ時代の誕生殿にも描かれている。聖域では、いずれも性別のわからないハヤブサの頭をもつ小さな人間として描かれている（*MamD*, pl. 61）。女神たちはまた、「9柱神の間」にも現われる（*MamD*, pl. 69）。聖域の女神は、いずれもライオンの頭をもつ鎌首をもたげたコブラの姿をしている。また「9柱神の間」に描かれた、立っている牝猫の頭の女性は、「なだめる」という概念を象徴している。

特徴：アンクのサイン、ウアジュ杖、プスケント

B.; C. Leitz, “Die Chronokratenliste von Edfu – Ein Pantheon aus der zweiten Hälfte der 12. Dynastie,” *RdE* 53 (2002), p. 137-156.

クロノス　KRONOS

ゲブ、セベクを参照

ケク、ケケト　KEK, KEKET

8柱神を参照

化粧（アイシャドー）　FARDS

エスナ神殿など、現在われわれが入ることができる数少ない神殿を除いて、最も奥深く位置する部屋は失われているか、あるいは現在の町の下に密かに眠っている。しかし、ギリシア・ローマ時代の大きな神殿の聖域には、化粧の供物を捧げる儀式の場面を見ることができた。

場面は神殿によって少しずつ異なるが、その基本構図は同じである。それはアイシャドーの入った袋を王が、目の前に立っている、あるいは、座っている神に差し出している図である。両手に1つずつ化粧入れを持っている場合、あるいはまれに盆に載せている図や、さらにまれであるが、壺を捧げている場合もある。また、供物は対称的に2つの場面に分けて描かれていることもある。いずれにしても、複数であることが多いが、1つだけが捧げられている場合もある。多くの神殿では、王は、ミン*の息子、あるいは、化粧品が産出される東の地域の主人であり征服者であるコプトスの神という形容辞をもち、頭に2枚の高い羽根をつけた聖なる王冠をかぶっている（*D* V, pl. 384）。

金鉱師たちが金塊や貴重な鉱物を入れて運ぶ、革の袋や布の袋と同じ小さな2つの袋には、ケイ酸塩（緑）と方鉛鉱（黒）の粉が入っていた。いずれも古くから結膜炎や眼の感染症を防ぐために一般的に使用されていた物質である。同時に「恋の歌」に歌われる、誘惑の眼差しを約束する神秘と美に満ちた眼を演出する化粧でもあった。

化粧の供物にともなう碑文を見ると、「方鉛鉱の女主人」として化粧の恩恵を最初に受けたハトホルの存在があるにもかかわらず、化粧は特別な神のものではない。アイシャドーは、たんに予防のための特効薬としてではなく、世界が恙なく動いていくために必要な「聖なる液体」と同じ役割を果たすものであった例外はあるものの、緑の粉は右の眼に、そして黒の粉は左の眼に、言い換えれば太陽（ラーの眼）と月（ホルスの眼）にアイシャドーは施された。その保護により2つの聖なる眼は効力を発揮する。2つの星の健康を約束することは、宇宙が夜や混沌にもどらないことを約束した。

碑文を見ると、儀式のもつ宇宙神話の象徴は、場面の描かれている場所や、反対側から見た、同じ壁に描かれた他の図との関係によって強調されている。つまり、「神殿の法則」とも呼べるものがあり、後期の聖域の装飾は、偶然に任せたものではなく、製作者が意図する一定の法則がそこにはかならずあった。化粧の供物がしばしば、それ自体が天の2つの光を表わす鏡をともなったのは不思議なことではない。また、アイシャドーによって保護された健康な眼の象徴であるウジャト眼をともなうこともあった。重

セシャト女神に化粧の供物を捧げる図、フィラエ神殿の誕生殿、プトレマイオス朝。

要な例を2つ上げると、エドフ神殿（化粧とウジャト眼、*E* IX, pl. 15）とデンデラ神殿（鏡と化粧、*D* I, pl. 77）には、2つずつ対称的に配置された4つの場面がある。化粧の供物が描かれるのは、聖なる中の聖なる場へと通じる魔法に満ちた「神秘の回廊」、その先にある神殿の奥室の外側の壁、すなわち、神殿のなかでも最も聖なる場所の壁である。亀*（あるいはアポピスの蛇*、または、カバ*）の犠牲が、太陽の通る道を確実に守り、オリックスの屠殺が月の道を約束する方法と考えられていたため、デンデラ神殿（西のクリプト　n°2）には、オリックスとカバの犠牲に囲まれたアイシャドーの供物が描かれており、相対する反対側の壁には亀の犠牲が描かれている（*D* VI, pl. 562）。

→ウジャト眼、オリックス、鏡、供物、ドゥアウ、ハトホル、ホルスの眼、ミン、ラーの眼

B.: Z. El-Kordy, “L’offrande des fards dans les temples ptolémaïques,” *ASAE* LXVIII（1982）, p. 195-222.

ケセルティ　QESERTY

ウガリトの工芸の神のエジプト版。カイロ・エジプト博物館の第19王朝の小さなステラのアーチの部分に彫られた場面には、ウセルセティという名前の石切職人が、ケセルティという名前の神を拝んでいる場面が描かれている。これがケセルティの唯一残されている図像である。この神の頭の前に、他で検証されている彼の名前が記されていなければ、レシェプとの関連を考えたであろう。その姿も特徴もシリア・パレスチナの神の姿をしている。ケセルティもまた、小アジアからやってきた神であると考えられる。その名前は、ウガリトの神コタルのエジプト名である。彼は職人や工芸の守護神であり、また美術や音楽の神であり、エジプトのプタハに対応する。このことからメンフィス出身の石切職人が奉納した小さな記念碑に、この神が描かれていたのは納得がいく。メンフィスには、おそら

く、このアジアの神の神殿があったと考えられる。また、ヘリオポリスには、この神の名前のついた地区があったようである。

エジプトのパンテオンにこの神が紹介されたのは短い期間であったが、多様なテキストに記された短い文章を総合することによってその性格が見えてくる。ブダペストに残されている呪術パピルスによると、ウガリトの神話の中でバアル神の神殿の建設に貢献したとされるケセルティは、「偉大なる神の礼拝所」を建築家の才能を用いて建てたと記されている。また、吉凶の日を教える暦を見ると、ケセルティは、セクメト*、アヌビス*、あるいはアトゥム*のような偉大な神々と同様に、罪を犯した者を処刑する使者の神々の殺戮軍団をかかえていたことがわかっている。

第19王朝のステラに描かれたケセルティ神、カイロ・エジプト博物館。

玉座に腰掛けたケセルティは、袖の短い、長い衣をまとい、片手に槍と棍棒を持ち、もう一方の手には斧を持っている。アジアの神々の冠をかぶっている。それは上エジプトの白冠に似た、ガゼルの頭を前の部分に飾ったミトラ頭巾で、頭巾はバンドで巻かれ、このバンドは、後ろで結ばれた2つの長いリボンとなってたれ下がっている。

特徴：斧、ガゼルの頭の頭飾り、棍棒、槍

→レシェプ

B.: J. Leibovitch, “Un nouveau dieu égypto-cananéen,” *ASAE* XLVIII (1948), p. 435-444, pl. I-II.

ケデドゥ　KHEDEDOU

沼地にいる鳥や魚などの獲物の神。カルナクからコム・オンボ、そしてカルガのイビス神殿には、時代を通じて、船に乗った王がパピルスの茂みを揺らし、茂みの中からあらゆる種類の鳥が飛び立つ場面が描かれている。トトメス3世、ヘリホル、あるいはプトレマイオス4世フィロメトルなど、王によって行なわれる、獲物を網に追い込む儀礼は、勃起したアメン神*の前で行なわれた。そしてダリウスが1人いるカルガの場合を除いて、王はボートの後にならんで立つ2人の神に助けられている。王と同じ動作をしているのはヘカ、そしてもう1人、船

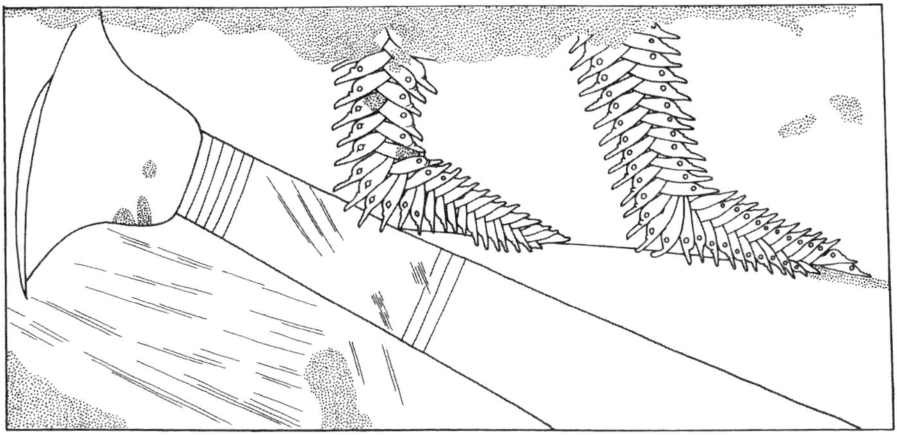

ケデドゥ神の足、カルナク、第18王朝。

尾にいて壺やパンを載せた供物台を持っているのがケデドゥである。

豊穣のイメージであるケデドゥは、沼地の獲物である魚や鳥を表わす古代の神である。ケデドゥと記念碑の中で結びつき、また近い存在であるハプウイ*やヘケスのように、ケデドゥもまたデルタ起源の神であり、「沼地に住む」神である。すでに描写した狩りの場面のほかに、ケデドゥは、カルナクのコンス神殿において「エレファンティネからやってきた新鮮な水」を運んでいる。そして「ナイルの神」として両性具の体をもち、豊穣の神であることを強調している。

他の豊穣を象徴する神々と区別できない特徴（両性具のふくよかな体、女性の豊満な胸、パピルスの冠など）のほかにも、ケデドゥには独特の姿がある。しかし残念ながら、その姿はしばしば獲物で作られた神の足の部分だけに省略されている。しかしカルナクの祭礼の場面でトトメス３世の後にいるケデドゥは、見事に数羽の鳥の頭を組み合わせた姿で描かれている。その姿はアルチンボルドでさえ認めたであろう独創的な構図で、４つの寓話に基づくアルチンボルドの「大気」の図のように、あらゆる種類の鳥と羽根を組み合わせた頭をもっている。それは麦の実で構成されたネプリ*の体や、さざ波の模様や色でウアジュ・ウルの肌（p.178図参照）を表現する発想と似ている。

特徴：両性具の肉体、女性の胸

→ウアジュ・ウル、生産をつかさどる神々、ハプウイ、ヘケス

B.: J. Dittmar, “Au den Darstellungen

des rituellen Papyrusausreissens in Tempeln des Neuen und der Spätzeit, "*Wdo* XIV (1983), p. 67-82; J. Baines, *Fecundity Figures. Egyptian Personification and the Iconology of a Genre*, Warminster, 1985.

ケネメト神、コム・オンボ神殿、プトレマイオス朝。

ケデブムウテフ　KHEDEBMOUTEF

ジャイスウ（7人）を参照

ケネムウ　KHENEMOU

建設の神々を参照

ケネム（ケネメト）　KENEM (ET)

第1デカンを人格化した神。デカンのリストの中でつねにトップの座を占めるケネム（ケネメト）は、シリウスの出現のすぐ後に現われる。末期王朝になると女性形の語尾-tを失った。デカンの行列の長であり、夜の時間を決定する36の星座を代表している。

コム・オンボの列柱室の天井に描かれたケネム（ケネメト）の図像にともなわれる碑文を見ると、この神は神殿の2人の主人の1人であるハロエリスと同一視されている。「星の中で最初の星」であるケネム（ケネメト）は、「星々の偉大なる主人である神、暗闇の中に目覚め、太陽の出現とともに休む」とされている。また、「9つの星で構成される者」である。エスナでも同じような碑文が見られる。ケネム（ケネメト）は「星の通る道の中、聖なる星々の最初の星、夜の仕事を果たす、生きているデカン、オリオン*とソティス*に継ぐもの」とされている。

イシス*と結びついたソティスとケネム（ケネメト）は分身のような存在であり、ナイルの氾濫を告げ、オシリスを守り、ホルスの誕生と結びつく。後の時代になると多様な結びつきからクヌビス*／クヌミス神の一部となり、ギリシア・エジプトの魔術師に人気の存在となった。

リストによると、3柱の神々がケネム（ケネメト）と結びついている。まず「牡羊」という明確な名前の牡羊の頭の神であるバー、ラー*、そして最後にイシス*である。イシス女神の名前がケネム（ケネメト）の名前についていることもある。

セティ1世墓の天井の天体図において、ケネム（ケネメト）の名前には星がついているが、ギリシア・ローマ時代の神殿においては2つの異なる姿をもつ。まず、尻尾の先端から立つヘビの姿で、その体はさらに小さい他の3匹のヘビに囲まれている（フィラエ、エドフ、デンデラ）。あるいはまた、細部に多様性が見られるハヤブサの頭をもつ人間の姿で船の上に立ち、プスケント（デンデラ、コム・オンボ）、あるいは太陽円盤と2枚の羽根（エスナ）などをかぶっている。ケネム（ケネメト）の図には星がともない、その前や周囲に描かれている。ルーヴル美術館に展示されている有名なデンデラの黄道12宮の図には、3つの星で構成された3つの段が四角を作り、その方向に向かってケネム（ケネメト）がなにかをつかもうとしているかのように手を差し出している。その姿は、3つに分けた鬘の上にプスケント冠をかぶる人間の姿である。

特徴：太陽円盤、高い羽根、プスケント、船、星

→クヌビス、ソティス、デカン、ハルポンクヌフィ

B.: Ch. Sambin, J.-Fr. Carloth, “Une porte de fète-sed de Ptolémée II remployée dans le temple de Montou à Médamoud,” *BIFAO* 95, p. 383-457（en particulier p.422-425).

ケネメト　KHENEMET

乳母の女神。乳をあたえる女性を描いたヒエログリフのサインを決定詞にしているケネメトの名前は「乳母」をさす言葉と同じである。ネプリ*、セケト*、メンケト*や他の神々と同様に彼女もまた、エジプト学者が「生産をつかさどる神々」と称する神々の1人である。ギリシア・ローマ時代の寓話的に描かれた生産物の行列を描く図の中に彼女の姿を見ることができる。

ときに「神々の女主人」とい形容辞をもち、また「力のあるもの」とされるケネメトは、アキト*と共にあらゆる種類のパンを作る女神である。また、乳母の女神として彼女は「宇宙の主人に命の糧をとどけ」、また同時に死者の供物台を満たす女神でもある。

エドフ（プロナオスの北の壁）、コム・オンボ（塔門跡）、あるいはデンデラ（新年の中庭の西の壁）のいずれにおいても、碑文がなければ、壁の下段で行列を作る他の女神からケネメトを区別する特徴は見られない。ヘレニズム時代の女神の特徴をもち、彼女は歩く姿で多様なパンや供物を山のように積んだ皿を運んでいる。

特徴：パンと多様な供物

→アキト、ネプリ、メンケト

（→口絵/p.28）

ゲブ　GEB

大地の神。アトゥム神の孫にあたり、ヘリオポリスの9柱神の4番目の神。ゲブは、シュウ*とテフヌウト*の夫婦から生まれた神であり、性の異なる夫婦から、自然な誕生をした初めての神である。創世の過程における宇宙において、創造神は宇宙の要素をそのあるべき場所に置いていった。その中で、妹であり妻であるヌウト*が天を代表するように、ゲブは大地を象徴していた。ゲブとヌウトは結ばれたが、日々の太陽の航路となる空間を用意するために、ラーはシュウに命じて、天と地を分けた。まず「ゲブを[その]足下に置き」、ヌウトの体を腕の先からもち上げ、その結果、ヌウトはたいへん辛く、心地悪い姿勢をとることとなり、多様な天の支柱*が必要となったばかりでなく、想像もできない宇宙の惨劇が起こり、太陽の航行を妨げる恐れが生じた。『コフィン・テキスト*（呪文366と619）』に見られるように、シュウが疲弊するとヌウトが大地に落ちる心配が生じたのである。

人間が王権を獲得する以前に、ゲブは、ヘリオポリスの他のどの男性の神々よりも、地上の王権を執行する力をもっていたと考えられる。それゆえに、伝統的にゲブは、「玉座」と呼ばれ、エジプトの王は「ゲブを継承する者」と呼ばれた。ゲブが「アトゥムの役割」をどのように受け継いだかは、明らかではないが、『ピラミッド・テキスト*（§§1618 1619, 1645, 1834）』によれば、太陽神は、ゲブを「9柱神の頭」に据えることによって、みずからの力を直接、孫であるゲブにあたえた。イスマイリアで発見された、もともとサフト・アル＝ヘンナにあった、第30王朝のナオスには次の伝説が刻まれている。ゲブはシュウを力で追い出し、遂にはテフヌウトの怒りをかうことになった。この乱暴なエピソードは、ブルックリン美術館所蔵の宗教地理史の論文の中に記されている(n°47.218.84)。そこには、「ゲブは、父親の心を砕き、[自分の]母親を孕ませた」と書かれている。そしてその罰として、「父親の槍で腿を突かれた」とされている。しかし、それでもゲブは偉大な神であり、「ヘリオポリスのイシェドの木にいる者」、あるいは、「メンフィスの者」（XII、7-8）という称号をもっている。いずれにしても、ゲブは「父」であり、「神々の王子」である。テキストの中には、ゲブをセト*と結びつけ、あるいは、ゲブがセトに成り代わることによって、エジプトをめぐるセトとホルスの争いに終止符が打たれたとするものもある。ゲブが息子ではなく孫に国全体を任せることによって争いは解決した。この判定が行なわれたとされる神殿の部屋に「ゲブの間」という名前があたえられている。

『ピラミッド・テキスト』の中に一度だけ登場する、両腕を大きく開いたペガという神（§604b）は、冥界の神の1人として、死者を暖かく迎えるゲブの側面を表わしている。デカン*の神々が、70日間の見えない時期を過ごす「ゲブの館」は、他でもないドゥアトであった。これは、カールズバーグ・パピルスの創世神話である『ヌウト*の書』の註釈に記されている。同じ内容が、『大地の書*』にも記されている。「ゲブの2本の腕」の碑文には、地面から出てくるように見える腕の絵がともなわれている。同じ葬送の書の中で「ヌン*の2本の腕」とされている図と同じものである。

ゲブが登場する背景がどのようなものであれ、ゲブはほとんど例外なく人間の姿で現われる。もともと、とくに大きな特徴をもたない。ゲブの最も古い図像は、現在トリノ・エジプト博物館に所蔵されている（inv. suppl. 2671）、ヘリオポリス出土の第3王朝に属するナオスの破片に描かれたものである。ぴったりとした衣を身につけ、そこから片手だけが出ている姿のゲブは、ジェセル王の特徴をもち、背の低い玉座に座っている。編んだ長い髭をつけ、胸飾りをつけ、側面にたれる髪のない、古いタイプの鬘をかぶっている。冠はかぶらず、*b*の補足音である、ヒエログリフの足のサインの下の部分が頭の上に見られる。それによって、そこにガンのサインと共に、ゲブの名前が記されていたことがわかる。テーベにある第19王朝のパシェドウ墓（TT 3）や第20王朝のセトナクト王墓（KV 14）など、後の時代の墓にもゲブは同じように記されている。

ラメセス朝以降、ゲブは後に彼の特徴となる、複雑な王冠をかぶるようになる。冠は3つに分けた鬘の上に載せられ（*E* XI, pl. 240）、赤冠の上にアテフ冠が載せられている。アテフ冠自体はまた、現在では絶滅している *ovis longipes* という種の牡羊の水平な角の上に載っている。またときには、ルーヴル美術館にあるアマシスのナオス（D 29）のミイラの姿のゲブのように、頭に直接、白冠をかぶっていることもある。あるいはまた、コプトスのゲブを奉った神殿において、プトレマイオス14世の崇拝を受けるゲブのように、鬘の上に白冠をかぶっていることもある。

天と地を分ける伝説は、古くからある神話であるが、オソルコン2世の息子、シェションク王子のメンフィスの墓のレリーフを唯一の例外として、「ヌウトの下にいる」ゲブの図は、第21王朝以前の葬送のパピルスや石棺には見ることができない。ゲブは裸、あるいはペニスケースを身につけ、または、「ゲブの背中で育ち」「その体を緑にする」植物を連想させる葦の円錐花序の模様で体を覆い、しばしば片方の足を曲げ、地面に横たわり、片手で支えを求めているように見える。その手の方に頭を傾げ、まるでヌウトと離ればなれになってしまったことをあきらめたような悲しげな様子が見える。またまれに、けだるい姿勢ではなく、グロテスクといえるほどに捩じれた不自然な姿勢をとり、妹であり妻であるヌウトと結ばれようとしている姿が描かれていることがある。大英博物館所蔵の葬送パピルス（EA 10008）には、背中を湾曲させ、途轍もない性行為に及ぼうとして、それを成し遂げることができないのに苛立っているようなゲブの姿が描かれている。また別の「神話」パピルスの不思議な挿絵には（BM 7312）、他にすべもなく、アクロバティックな姿勢で、自分でフェラティオを試みるゲブが描かれている。天の下、いつものヌウトの姿勢であるが、彼女もまた、男性の神として男性を強調した姿で描かれている。ゲブは、「大地と、太陽が航行するすべての場所を創造した偉大な神」とされ、星の輝く天は、「天と地とドゥアトを創造したレス・ウジャ*…」であるとされている。

カルガ・オアシスのイビス神殿の聖域には、多くのめずらしい図像が見られる。ゲブは、勃起した姿で、ミン神やアメン・カムウテフ*のように描かれている。デンデラのオシリス礼拝所の１つにも（西 n°2, *D*X, pl.198）同様な姿で描かれているが、頭に載せた帯状冠にはヘムヘム冠が載っており、これらの神々の特徴である２枚羽根の飾りは載せていない。デンデラ神殿のオシリス複合体の東（礼拝所 n°3）では、「神々の偉大な王子」は、太陽円盤と三日月を頭に載せた、立っているサルの姿をしている（*D*X, pl.102）。

他にめずらしい図像としては、カイロ・エジプト博物館所蔵の第21王朝のアメンの歌い手ヘルウベン（女性）に属する葬送のパピルスに描かれた挿絵がある。見事な構図で、同じものが繰り返し見られるが、水辺でひざまずく死者の祈りをワニが一生懸命聞いているような図である。この場面の上に記された碑文によると、このワニは一般に考えられるようにセベクではなく、ゲブである。

特徴：アテフ冠、ウラエウス、王笏、雁、赤冠、ネメス頭巾、白冠、ペニスケース、勃起した男根、裸体

→アケル、シュウ、ヌウト

B.: G. Goyon, “Les travaux de Chou et les tribulations de Geb d’après le naos 2248 d’Ismaïlia,” *Kêmi* 6 (1936), p. 1-42, pl. I-V; C. Traunecker, *Coptos: hommes et dieux sur le parvis de Geb, OLP* XX (1992); S. Bedier, *Die Rolle des Gottes Geb in den ägyptischen*

Tempelinschriften der griechisch-römischen Zeit, HÄB 41 (1995).

(→口絵/p.28)

ケフェテルネベス
KHEFETHERNEBES

テーベの左岸を人格化した女神。多くのテキスト、とくに葬送のテキストには、「テーベの西岸」という表現が出てくる。これはナイルの左岸、すなわち、ネクロポリスをさす。そしてディール・アル＝バハリで始まるこの地域を人格化するケフェテルネベスという名前の女神がいる。彼女の名前は「主人の正面にいるもの」という意味をもち、場所を示すこの名前はもともとウアセト*の形容辞であったと思われる。「主人」というのはアメン*である。彼女はカルナクの大神殿を通る軸に対してナイル川の反対側、西岸の地域を示している。

ケフェテルネベスは、実際、テーベの象徴でもあり、ウアセトと変わらない姿をしている。ときにはウアセト・ケフェテルネベスという名前をもつことがある。ヴァチカンのエジプト美術館所蔵のハトシェプスト女王の治世のステラ（Inv.22780）にその例を見ることができる。この場面にはトトメス3世の前でアメンにワインを捧げる王妃が描かれている。そして厄よけの方向、すなわち、主要な場面に背を向けるように描かれた女神は、テーベの象徴を頭に載せた女性の姿をしている。ウアセトよりも少ない武器で武装し、左手に弓矢、そして右手にアンクのサインを持っている。

ケフェテルネベス、コンスウメス A. パピルス、第21 王朝、ウィーン美術史博物館。

第21王朝の棺やパピルスに描かれたケフェテルネベスは、マアトのように1枚のダチョウの羽根を飾っている。また、頭の代わりに西のサインを載せた若い女性の場合もある。

ハトホル*がもつ葬送の性格をもつ女神は、ネクロポリスの山から出てくる斑の皮の牝牛の姿をしていることもある。角の間には2枚の羽根をつけた太陽円盤が載っている（棺　JE 29663 カイロ・エジプト博物館）。

特徴：アンクのサイン、太陽円盤、ダチョウの羽根、矢、弓

→アレクサンドリア、イアベト、イペト（2）、イメンテト、ウアセト、チェセメト、ニウト、メンアンク、メンネフェル

ケブ（エブ）　QEB (EB)

風（4つの方位）を参照

ケプリ　KHEPRI

太陽神の朝の姿。すべての時代を通じエジプトの神学者は、太陽が1日の道筋で現われるそれぞれの姿を異なる名前で表わした。たとえば、ベルリン・エジプト博物館に所蔵されているパピルス3055に記されたアメン*の讃歌には、エジプト文化独特の言葉遊びを使って、テーベの偉大な神をケプリ、ラー*、そしてアトゥム*と呼んでいる。エスナ神殿の末期の碑文には、イヘト*の牝牛の姿をしたネイト女神*が太陽を世界に置くことを告げ、次のように名前を明らかにしている。「わたしは彼の名前を告げる。朝はケプリ、夜はアトゥム、彼は永遠に光を放つ神、その名前は、日々、ラーである」これほど少ない言葉でこれ以上たくみに表現することはできないであろう。スカラベの神のケプリは昇る太陽を表わす。夕べに年老いたアトゥムの姿で消えるのを見ると、1日のサイクルが終わる。そして翌朝には、ケプリの姿で、太陽として勝利に満ちた再生を果たす。

ケプリの名前は、「出現する、生じる」を意味するケペルという語根から派生している。そして同音の聖甲虫の表意文字を使って、変身、そして姿や形が変化する概念を伝えている。そこには糞食の甲虫の幼虫が成虫へと変身する様子が示唆されている。この様子を観察していたエジプト人は、糞転がしと太陽神の間に二重の類似性を見ていた。まず、スカラベが地下の穴の中から突然「生まれる」様子は、冥界において夜の旅を終え、地平線から昇る太陽を思わせた。もう1つは驚くべき宇宙規模の投影である。甲虫が現実の世界において後ろ足で糞の玉を転がすように、太陽のスカラベであるケプリが、前足で太陽を押すとエジプト人は想像した。

「自分自身の中から生まれ出た」神ととらえられていたケプリをエジプト人はヘリオポリスの創造神アトゥム*と同一視した。『ピラミッド・テキスト*』には朝の太陽と夕べの太陽をともに呼びかける定型文がある（§1587）。

ネフェルトイリ王妃墓（QV 16）のケプリの図があまり有名なため、他のケプリの姿は忘れられがちであるが、これに似た図が、第19王朝の創始者であるラ

メセス１世の小さな墓（KV 16）でも見られる。神は人間の体に上から見たスカラベの頭をもち玉座に座っている。聖甲虫の後ろ足は消され、その部分が鬘の横にたれる髪となっている。

上記の図像は人間の頭が完全にスカラベになっているために人々をあっと驚かす構図であるが、他の場面ではケプリはスカラベ甲虫の姿や人間の姿をしている。多くの場合は、羽根をもつ甲虫の姿である。とくに『地の書*』（p.44口絵右上参照）や『昼の書*』（p.536-7図参照）など、ヌウト女神の体内から、朝の太陽が地上に現われる、太陽の再生の場面において、ケプリは羽根をもつスカラベとして描かれている。他の場面においては、スカラベの頭飾りを載せた人間の姿をしている。スカラベは太陽円盤の中に描かれている場合もある。たとえば、エドフ神殿の「供物の間」の場面には、イウサアスの頭の帯状（皿状）冠の上に載った、横から見たスカラベが描かれている（E XII, pl.363）。あるいはまた、デンデラやカルガのイビス神殿の南の壁に見られるように、スカラベが頭の上に浮いている図も見られる。太陽の象徴を強調するために、聖なる甲虫の頭はロータスの花*のイメージをもつこともある。これはヘルモポリスの創世神話において太陽がロータスの花から生まれたと考えられていたためである。

カルナクの聖なる池の近くに現在見られる、アメンヘテプ３世がアトゥム・ケプリに捧げた桃色花崗岩の巨大なスカラベを除いて、彫像にされたケプリの姿はまれである。他には大英博物館所蔵の同じような無銘のスカラベの像がある。台座はカルナクのものに比べてかなり低い。またカイロ・エジプト博物館にも３つに分けた鬘の上に載せた皿の上にスカラベを飾った、石灰岩製の人間の姿の神像があるが、状態は悪い。

最後に、トトメス４世によってギザの大スフィンクス*の足の間に立てられた「夢のステラ」のテキストによると、ハルマキス・ケプリ・ラー・アトゥムの名前のもとスフィンクスは「ケプリの偉大なる像」ととらえられている。

特徴：スカラベ、太陽円盤、羽根

→アトゥム、アピ、イウサアス、スカラベ、ハルマキス、ベヌウ、ラー

B.: M. Minas-Neprel, *Der Gott Chepri. Untersuchungen zu Schriftzeugnissen und ikonographishen Quellen vom Alten Reich bis in griechisch-römanische Zeit, OLA* 154, 2006.

（→口絵/p.28）

ケペシュ刀　KHEPECH

ケペシュとは、もともとのエジプト語の表記を便宜上残したもので、柄の先に伸びる鎌のように湾曲した青銅の長い刃

をもつシミタール刀を示す。元来、近東の武器であったケペシュ刀は、幅広な刀の一種であり、ハルペという名前でも知られている。ヒクソスの時代にエジプトに紹介されたと思われる。ケペシュ刀は、戦いにおける勇気と勝利の誓いを象徴するようになった。そのため多くの神殿の塔門の正面に描かれることが多い。アメン*やホルス*、そのほかの神々が、敵の髪をつかんで殺そうとしている王に、このタイプの儀式用の刀剣をあたえている。刃の先端には、神を表わす聖なる動物の頭が飾られていることがある。アメンの場合は牡羊、そしてホルスの場合はハヤブサである。

（→口絵/p.28）

ケベフウト　QEBEHOUT

聖水を人格化した女神。ケベフウトの名前は、天を表わす言葉と同音であるため、「天の蛇」と表現されることが多い。しかし『ピラミッド・テキスト*』に記されている呪文を読むと、彼女は、活力を回復させ、清めの役割を果たす、聖水を人格化した神である。

ミイラ作りの発明者である「アヌビス*の娘」（§1180）として知られていることから、ケベフウトが遺体をミイラにする作業と結びついていることがわかる。また、「彼女が遺体の心臓を甦らせる」ために使う壺の数が、内臓を納めるカノポス容器の数である4であることも偶然ではないであろう。それよりも『ピラミッド・テキスト』の他の部分（§§1564，1749，1995，2128）において、死者である王の体の後の部分がなぜかケベフウト（天の蛇）のものであるとされている。そしてケベフウトは王の妹と考えられている。

ギリシア・ローマ時代、ケベフウトの名前は、イシス*やシェンタイト*の形容辞にすぎないようである。たとえば、暗殺された神の従順な妻である「フィラエの美しいケベフウト」は、「その心臓を喜びで満たし」、「体を再生した」と記されているが、これは明らかにイシスをさしている。

ケベフウトの唯一の図は、第19王朝のもので、王家の谷のメルエンプタハ王墓（KV 8）の第1副室にあったものである。そこでは彼女は「天の女主人、2国の女主人」とされている。ネジュティという守護神である女神をともない、壁龕の奥の壁、オシリスの横に描かれている。ホルスの子どもたち*、そしてイシスとネフティスも描かれている。手はぶらりとたらし、立っている彼女の姿は、泣き女のような様子である。頭の後ろで結わえた髪を隠すかぶり物をつけている。そして胸のはだけた衣をまとっている。目立った追悼の仕草は見えないが、後世のテキストによると、葬送の背景の中で、オシリスの２人の姉妹が彼のことをいたわっている場面のように思われる。
→アヌビス、イシス、水

ケベフセヌウエフ　QEBEHSENOUF
　ホルスの子どもたちを参照

ケマテフ　KEMATEF
　ヘビの神である創造神、冥界におけるアメンの姿。明らかな矛盾を恐れることなく、ギリシア・ローマ時代のテーベの神官たちは、アメン神を創造神として崇めるための創作をし、メンフィスやヘルモポリスの伝統と共存する独自の神話を創り上げた。われわれにとってはまったく矛盾に満ちているが、それは古代エジプト人が、彼らの理解を越えることがらを定義する方法であったのかもしれない。
　このような神話は、１冊の本にまとめられることはなかった。彼らの想像の産物は、現代人の精神を混乱に落し入れる複雑なものであり、言葉遊びや複雑な結びつきで満ちている。神殿の壁に刻まれた数限りない場面や碑文を１つの物語にまとめあげるのは、まるで広大なパズルを解くようだ。
　碑文の中で宗教歴史家に多くの情報をあたえるのは、神の形容辞である。カルナクのオペト神殿の場面の中でアメンの形容辞を見ると、テーベの偉大な神が「イルトの父、偉大なるケマテフ。世界が創造される以前に存在していたもの」であることがわかる。このほか、ケマテフの名前のある碑文には、「その時を完成させた者」という文章が見られる。意味は明瞭ではないが、その名前は（たとえばカルナク北のメンチュウ・ラーのような）「みずから存在へと生まれ出た」とされる他の神の形容辞であると考えられる。そこには「最初のヘビ」がいた。原初のヘビは、アメンの「偉大なるバー」である。そしてヌン*の中から世界を創造するために生まれ出た神は、「８柱神の父の父」である。しかしなぜケマテフが、マディーナト・ハブのジェメの丘に他の原初の死者と共に埋葬される前に、「第２番目のヘビ」である息子のイルトに彼の役割を託したのかは不明である。
　ギリシア・ローマ時代の魔法のテキストやグノーシス派のテキストにおいて、ケマテフの人気が高かったことは、クネフという教会神父の名前にも見ることができる。しかしカエサレアのエウセビオスが書いているように、「クネフとエジプト人が呼んだ創造神は、人間の姿をもち、濃い青い肌で、ベルトをつけ、王笏を持っている。頭には王権を示す羽根を飾っている。言葉は見つからず、隠れており、光もない。彼は生命をあたえ、王であり賢く動く」（『福音の備え』、III、11、45）とされている。後にポルピュリオスにも引用された文であるが、末期時代のテーベの神学者に大きな影響を受けて、非常に正確なアメン神の描写であったことに、著者自身が気づいていないと思われる。

ケマテフの像は知られていない。しかしヘビの性格をもつことは、その名前の決定詞にヘビの図が現われることから明らかである。テキストの中にケマテフが出現する以前に、彼の姿をともなうヘビの図像がないか疑ってみる必要がある。1000年の時を隔てているが、ツタンカーメン王墓で発見された金箔を施した木製の彫像にその可能性がある。この像は鎌首をもたげたコブラであり「生きている神」と簡単な名前があたえられている。ケマテフは「生きている偉大な神」と呼ばれていた可能性がある。アメンがケマテフと同一視されていたこと、またカルナクにおいて、「生命の主人」という名前のヘビの神とも結びついていたことを考慮すると、ルクソール神殿の中庭の土の中から1989年に掘り出された頭のない巨大なヘビもまたケマテフである可能性がある。タハルカ王の名前の台座に記された2つの碑文には、アメンとの関係を示す「アメン・ラー・カムウテフ」と、もう一方には「2国の玉座の主人、アメン」という名前が記されている。

→アガトデモン、アメン、アメンオペ、イルト、シュヌビス

B.: R. A. Parker, L. H. Lesko, “The Khonsu Cosmogony,” in *Pyramid Studies and other essays presented to I. E. S. Edwards*, Londres, 1988; E. Cruz-Uribe, “The Khonsu Cosmogony,” *JARCE* XXXI (1994), p. 169-189.

ケムウル　KEMOUR

牡牛の神、アトリビス のノモスの象徴。「偉大なる黒」を意味するケムウルは、デルタの心臓部、下エジプト第10ノモスの象徴的神の名前である。アトリビスはエジプト語の「フウト・ヘリ・イブ、すなわち、真ん中にある城」をギリシア風に呼んだものである。

ケムウルは牡牛の神で、ギリシア・ローマ時代までその姿は知られている。第12王朝の後半から次第にケンティ・ケティ*の信仰に吸収され、新王国時代の初めにはオシリス*の形の1つと考えられるようになった。

ケンティ・ケティ*が、ケムウル に朝の太陽の性格をあたえたのに対し、後者はオシリス・ケムウルとして第18王朝の初めから「牡牛」あるいは「偉大なる黒」という形容辞をあたえられた。

カルナクのオペト神殿に見られるエジプトの地理を象徴する行列の中で、アトリビスのノモスを象徴する「ナイル」の碑文は、他のテキストとともにオシリス・ケムウルがナイルの洪水、そして植物の繁栄と結びついていることを示して

いる。また、アトリビスの他の牡牛の神々であるネブアンク*やメレフウ*と結びつき、太陽の性格が強調されている。

また白と黒の色のコントラストで遊ぶアトリビスの伝説によると、黒いケムウルは、「シュウ*とテフヌウト*の手から（オシリスの）喉の渇きを癒すためにあたえられる」白い乳を供給する者となっている。

カイロ・エジプト博物館にはアマシス王がケムウルに捧げたナオス（CGC 70011）がある。残念ながら天井部分しか残っていないが、壁の部分には、石製の厨子の中に置かれていた彫像の主である神の図像が描かれていたはずである。ローマ時代には、「ノモスの貨幣」にアトリビスの象徴が描かれていた。この他神の唯一の肖像は、「供物の草原を支配する牡牛、ホルス・ケンティ、アトリビスの主人」と形容され、ダリウス王の時代のカルガのイビス神殿の「聖域の中の聖域」で見られる。

→アネムヘル、オシリス、ケンティ・ケティ、ネブアンク、メレフウ

B.: P. Vernus, *Athribis. Textes et documents relatifs à la géographie, aux cultes, et à l'histoire d'une ville du delta égyptien à l'époque pharaoniqe, BdE* LXXIV, 1978.

煙

FUMIGATION：香を参照

ケメヌウ　KHEMENOU

８柱神を参照

ゲメフスウ　GEMEHSOU

ハヤブサの神。ツタンカーメン王墓（KV 62）からは、35の儀式用の小像が出土している。これらの像が果たした役割は、今後明らかになっていくと思うが、王の葬送の儀礼の中で重要な役割を果たしていたことは明白である。３つを除いて小像は、ビチュメン（瀝青）を施した22の木製の厨子に丁寧にならべられ、カーターが「宝物庫」と呼んだ部屋の南東の角に置かれていた。

以上の王や神の像は、セティ２世の墓の壁にも描かれており、他の例からもすべての王墓に備えられていたことが確認されている。また、しばしば破片となっているが、王家の谷の他の墓からも同じような像が出土している。これらの中に、ネチェアンク（283a）と呼ばれる蛇の小像と共に置かれていた、ほとんど同じ姿の２つのハヤブサの像がある。これらは、唯一の未盗掘の封印されていた礼拝所から出土したものである。

上記の像は、台座の部分に記されていた短い碑文を読むと、１つはソプドゥ*（283b）、そしてもう１つはゲメフスウ

（283c）を表わしている。ゲメフスウは、あまり知られていない神で、力強い嗉嚢をもつハヤブサをさす名前の1つである。台座のあるなしにかかわらず、他の神々の小像と同様に、2つのハヤブサの小像は、王の葬送の儀式において、王の再生復活にかかわる役割を果たしていたと思われる。詳しい役割にかんしては、今後の研究の成果が待たれる。

頭に載せた2枚の高い羽根以外、ほとんど区別のつかないソプドゥの像と同様に、ゲメフスウも台座の上に載っている。この台座自体が黒ずんだ木製の六面体の台座の上に載っている。ソカル*、ヘメン*、ケンティ・イルティ*、あるいはネケンのホルスのように布に包まれたゲメフスウは、聖なる猛禽類であり、サインの上に休んでいる。大きな胸飾りをつけ、その背中に殻竿をつけている。黒い目と嘴、そしてラピスラズリの青色のガラスで象嵌を施された特徴的なハヤブサの頬を除いて、木製の像全体には漆喰が施され、金箔が貼られている。

王の葬送に関する役割のほかに、同様な像は、神殿の儀礼用の家具の一部であったと思われる。これは聖域のクリプトに保存されている神像のリストを描いたレリーフが証明している。たとえば、デンデラ神殿には、「ラー*の玉座*」と呼ばれる礼拝所の壁に像のリストを見ることができる。

→ソプドゥ、メンケレト

B.: F. Abitz, *Satuetten in Schreinen als Grabbeigaben in den ägyptischen Königsgräbern der 18. und 19. Dynastie, ÄA* 35, Wiesbaden, 1979.

ケリバケフ　KHERYBAQEF

メンフィスの神。ケリ・バク・エフ、すなわち、「モリンガの下にいるもの」という意味の神の形容辞は、もともと、オリーブとまちがえられることの多いモリンガ（*Moringa peregrina* [Forsk] Fiori）の木を人格化したメンフィスの神の名前の前についていた。モリンガの白い粒からは、ベン・オイルが精製され、ミイラ作りや開口の儀式*に使用された。その信仰は第5王朝から第6王朝にかけてメンフィスで見られた。中王国時代の初めにはプタハ*の名前にケリバケフの名前がつき、メンフィスの創造神と深く結びついていたことが立証されている。トト神*もまたケリバケフの名前で形容され、ディール・アル＝バハリのグラフィートにプタハ・トト・ケリバケフという名前が残っている。

「死者の書*」第17章の註釈の1つによると、ケリバケフはホルスの子どもたちと共に、「オシリス*の棺を守るためにアヌビスによって置かれた7人の精霊[…]」の1人であった。これは私人や2人のクシュの王アンラマニとアスペルタの棺の蓋に、暗殺されたオシリス神の周りで時間ごとに見張りをする神々の中にケリバケフが描かれていることからも明らかである。ケリバケフがベン・オイルと結びついていることも、この神が葬送の守護神であることを説明している。

また他では、ブルックリン美術館に所蔵されている魔術医療パピルス（n°47.218.48と85）の呪文に、「セルケトの魔法使い」のマニュアルが残されているが、ヘビやサソリの咬み傷を治療する呪文の中で、同定は不可能であるが*ikher*と呼ばれるヘビが、ケリバケフの出現であるとされている。ケリバケフが穏やかな時は、その毒は危険ではないが、活発な時はラー*の出現とされ、その咬み傷は致命的なものとなる。

『死者の書*』第17章の挿絵、王妃の谷のラメセス朝の墓、第22王朝の初めの棺の装飾、そして神殿のレリーフ（アビュドス、マディーナト・ハブ）などにおいては、ケリバケフは完全に人間の姿、あるいは、３つに分けた鬘をつけたトキの頭の人間の姿などで登場する。ラメセス３世の息子の１人であるカエムウアセト王子の墓（KV 44）にとなりあう２つの部屋の１つにおいては、バクと省略された名前の神が描かれている。この神はまっすぐな嘴がトキというよりもツルに似ている頭をもち、人間の耳をもっている。

→木、トト、プタハ、ヘテバケフ

ケルティ　KHERTY

牡羊の神。ミイラの姿の牡羊のヒエログリフが名前の限定符であることからケルティ、「下のもの」は、冥界の性格をもつ羊の神である。『ピラミッド・テキスト*』には、２つの人格で登場する。ケルティはネサトと呼ばれる未確認の町と、下エジプト第２ノモスの首都レトポリスで信仰を受けていた。レトポリスにおいてはケンティ・イルティ*と同一視されていた他、シェズムウ*とも結びついていた。彼らはクヌム神*によって作られた船に死者を乗せて運ぶ神々として登場する（§§445、545）他、ケルティは「人間の心臓を喰らって生きる」恐ろしい神として描かれている（§1905）。

第26王朝の棺に記された名前のサインを見ると、ケルティはライオンの姿で現われることもあった。

現在もシナイ半島のサラビト・アル＝カディムの神殿に立っているアメンエムハト４世のステラの１つには、ケンティ・イルティと共にめずらしいケルティの図像が描かれている。ハトホル*の前に立つケルティは、腰布を巻いた牡羊の頭の人間の姿で、頭には牡羊の角の上に２枚の大きな羽根を載せた冠をかぶっている。

エドフ神殿のクロノクラテス*の神々

の中で、ケルティはプスケントをかぶったハヤブサの頭の神として描かれ、正座してアンクのサインを持っている。

特徴：２枚のダチョウの羽根

→ケンティ・イルティ、ケンティ・ケティ、シェズムウ

B.: R. Weill, “Le dieu Hrti,” *Miscellanea Gregoriana,* p.381-391, Rome, 1941.

ケレスケト　KHERESKET

ウンシェプセフ、ネフティスを参照

ケレドゥアンク　KHEREDOUÂNKH

女神。**イムヘテプの母**。数多くの資料があるものの、末期王朝のテキストを見ても、ケレドゥアンクと呼ばれるイムヘテプの母が、息子が神格化されたことによって共に神となった人間なのか、あるいは、新しい神の聖家族を作るために末期の神学者たちによって創り上げられた神であるのか不明である。多くの場合彼女が「バネブジェデト*の娘」と呼ばれ、プタハ神のほかに夫をもたない事実から、後者の可能性が高いと思われる。さらに彼女の名前は、「生きている子どもたち」という願いを表わしていることから、癒しの神の母として特別に創作されたと考えられる。彼女はまた、古代のメンデスの神であった可能性がある。ディール・アル＝バハリで後に発展した称号には「メンデスのノモスに出現した」と明記されている。

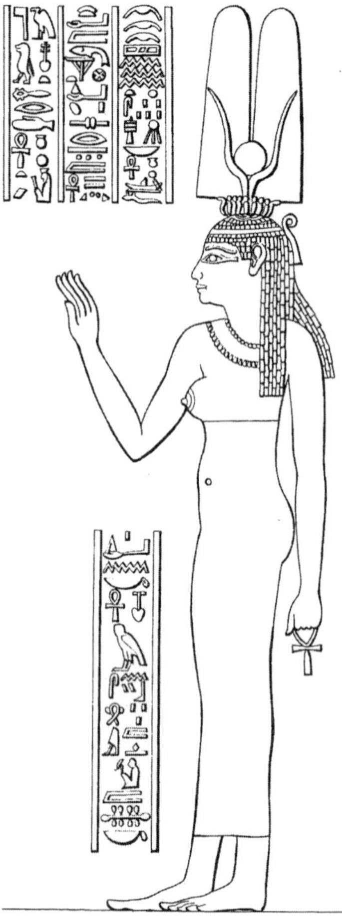

ケレドゥアンク、ディール・アル＝バハリ（プトレマイオス朝の聖域の北壁）、ギリシア・ローマ時代。

プトレマイオス朝のレリーフには息子とともに描かれている（フィラエ、ディール・アル＝マディーナ、ディール・アル＝バハリ）。そして多くの碑文には、庶民の信仰の対称であったと思わ

れる女神の称号が記されている。彼女はなによりも最初に「神の母」である。そして彼女はまた「優秀な乳母」であり、「熟練された楽士」である。最後に、イムヘテプにあたえたと同じように、彼女は「夏の３番目の月の第16日目をメンフィスに」あたえている。そして「すべての者の手足を癒す」

ケレドゥアンクは、ギリシア・ローマ時代の他の女神と変わることのない図像で表わされ、大きな特徴をもたない。立像も座像もぴったりとした長い衣をまとい、片方の胸を露にしているが、その胸は豊かというよりしっかりとした胸である。ディール・アル＝マディーナやディール・アル＝バハリにおいて、ハトホル冠をかぶったケレドゥアンクは、息子の後に描かれ、息子を守るように片手を守護の仕草で上げている。フィラエでは、ハゲワシの髪飾りをかぶり、その上にハトホル冠をかぶっている。あるいはなにも冠をかぶっていないこともある。

短い碑文によってケレドゥアンクであることが確かな唯一の青銅製の小像（ルーヴル美術館 E. 11556）は、座像で体にぴったりの長い鞘型の衣をまとい、右手を腿の上に平らに置いている。左手は胸にかけたメナト*の首飾りの錘をもっている。耳の高さにかかる半円の帽子のように見える編み毛のある短い鬘をかぶり、コブラの冠をかぶっている。それとは別にウラエウス*が飾られ、角、太陽円盤と羽根飾りのハトホル冠をかぶっている。

特徴：ハゲワシの髪飾り、ハトホル冠

→イムヘテプ、バネブジェデト、プタハ、レンペトネフェレト

B.: É. Drioton, “Une statuette de la mère d'Imouthès,” *Studies presented to F. Ll. Griffith*, Londres, 1932, p.291-296, pl. 45-46; H. De Meulenaere, “La mère d'Imouthès,” *CdE* XLI（1966）, p. 40-49.

ゲレフ、ゲレヘト

GEREH, GEREHET

８柱神を参照

ケレヘト　QEREHET

蛇の女神。女神ケレヘトの名前は、子どもがその中で育まれる、コプト語の「子宮」という言葉に残されている。世界の最初の日々に生まれた神であり、原初の子宮を象徴し、ときに卵、そして蛇であり、すべてのものの体を守ることで、すべての存在を形作っている。

彼女は、先祖の魂を具現化したものであり、民族のエートス（精神）である。「古代のケレヘトの息子」という表現は、第10王朝や第11王朝、そしてサイス朝において古くから続く血筋の者という意味をもち、この形容辞をもつ人物に箔をあたえた。

言葉が存在する前に、アガトデモンのように、巣の中で身を潜めていたケレヘトはまた、「場所」の守護神でもある。スペオス・アルテミドスの碑文の中でみずから語っているように、ハトシェプストがクサエの神殿の再建を命じるまで、神殿はひどい状態で放置されていたが、廃墟となった記念碑の屋根で踊る子どもたちを守り神「ケレヘトが怖がらせる」ことはなかったとされている。

ハトホル*は、デンデラにおいて、「その領地に立つ美しきケレヘト」と呼ばれている。あるいはまた、オシリス・ネフェルヘテプ*は、「ロータスの中に現われるケレヘト」と形容されている。さらに、男性の神も女性の神も、多くの神（アメン*、ウアジェト*、ラトタウイ*、ネイト*など）が、この女神の名前を形容辞としている。

現在残っているケレヘトの図像は1つもないと考えられている。しかし蛇の特徴をもっていたことは疑いない。そこで完全なヘビの姿、女性の頭をもつ蛇、あるいは、蛇の頭をもつ女性などの姿で描かれていたと想像できる。

B.:D. Franka, "*Qrht* – Geschöpf des "Ersten Tages." Eine Assoziatonstechnik zur Statuserhöhung in der 10. und 11. Dynastie," *GM* 164 (1998), p.63-70.

ケンシト　KHENSYT

ソプドゥの配偶神。鬘、あるいは聖なる髪飾りを人格化した神であり、その名前は少なくとも１度『ピラミッド・テキスト*』（§456c）に、そして１度『コフィン・テキスト*』（呪文 705）にケンスウトという形で登場する。女神ケンシトは、末期王朝時代の記念碑で知られている。なかでもサフト・アル＝ヘンナにある、ネクタネボ1世が下エジプト第20ノモスの都の最高神に捧げた灰色花崗岩の見事なナオス*にはソプドゥとともに何度も登場する。

デンデラのテキストによると、ケンシトは、エジプトの多くのノモスで崇められているハトホルの多様な姿の１つである。「王冠の女主人」である彼女はソプドゥの高い羽根の髪飾り、また、「ラー神の頭を飾る」帯状冠を人格化しており、その意味でマアト女神とも結びつきマアトと同じように１枚のダチョウの羽根を頭に載せている。さらに「ホルアクティの額を飾る帯状冠」であり、ウラエウス*と結びつく。ウラエウスの多様な名前はハトホルの異なる出現であり、その恐ろしい炎は額にウラエウスを飾る者の敵を焼き尽くす。

サフト・アル＝ヘンナ のナオスの壁には、同じ段に3つの異なる姿がならんで描かれている。女神は、ソプドゥの２つの姿の後、記念碑に刻まれた他の10

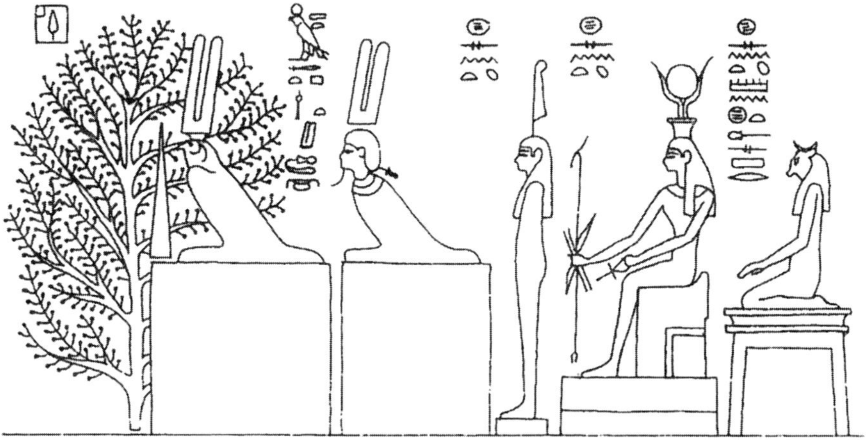

３つの異なる姿のケンシト、サフト・アル＝ヘンナのナオス、カイロ・エジプト博物館、第30王朝。

ほどの神々と共にいる。立っている姿の女神はミイラの姿の衣に身を包み手は隠されている。頭にはマアト女神のようにダチョウの羽根を１本立てている。また別の図では、長い鞘型の衣をまとった女性の姿で３つに分けた髪の上に帯状冠を載せ、その上にハトホル冠を飾っている。なにももたずに立っている場合と、玉座に座り手にウアス杖と弓矢、そしてアンクのサインを持っている場合がある。最後に高い台座に載った牝牛の頭の女性の姿で正座し、手を膝の上にかかげている図が見られる。

特徴：ダチョウの羽根、ハトホル冠、弓矢

→ソプドゥ、ハトホル、マアト

B.: P. Barguet, "La déese Khensout," *BIFAO* XLIX (1950), p. 1-7.

原初の丘　BUTTE PRIMORDIALE

エジプトのすべての創世神話に共通しているテーマは、原初の大洋から最初の土地が現われ、創造の行為を可能にしたというものである。この説明のために、ヘリオポリス、メンフィス、ヘルモポリス、テーベ、そしてそのほかの宗教中心地の神学者たちは、それぞれの方法で満足の行く説明を見つけていた。その根底にはナイルが氾濫を起こし、水の中から命に満ちた黒々とした泥土が現われる、という農民から大司祭まですべてのエジプト人が毎年自分の目で目撃していた事実がある。

伝統の中で、「原初の丘」という同じ事象は、多様な名前のもとに、出現、上昇、高みにあるもの、などの概念と結びついた。ヘリオポリスでは、ベンベン石

と同一視される「砂の丘」、ヘルモポリスでは「高い丘」、メンフィスでは、タテネンとして人格化される「みずから立ち上がる土地」、テーベでは、「高い出現」あるいは、「イルト女神の台座」、エドフでは、「浮き草」を安定させる場所、エスナでは「高い土地」などさまざまである。原初の丘が、みずからの存在を認識した神によって創造されたのか、あるいはまた、みずから出現したのか、あるいは、出現した後に、神がその上に足を置いたのか、テキストによって異なるが、いずれにしても「立ち上がることのできる場所」、「休むことのできる[…]土の台」、が必要であった。長い間ヌン*の暗闇の中で泳いでいた創造神は、休憩をとると同時に、創造の仕事にとりかからなければならなかったのである。

『ピラミッド・テキスト*』には、地理的存在である原初の丘は「ウアジュ・ウルの真ん中」にあるという記述があり、王との関連を示唆している（§1022）。あるいはまた、ヘリオポリスではアトゥム・ケプリの出現として「（丘）よりも高く昇った」聖なるベンベン石とされている（§1652）。しかし原初の丘の図像は、オベリスクの先端にあるピラミディオンのプロトタイプであるベンベン石、すなわちヘリオポリス、カルナク、そしてタニスに造営された古代エジプトの太陽神殿に建てられた巨大な先端のとがった長い石であるオベリスクの原型のほかには残されていない。

→原初の卵、タテネン、ヘメスウト、ロータス

B.: J. Baines, “*Bnbn*: Mythological and Linguistic Notes,” *Orientalia* 39 (1970), p. 389-404.

原初の大海　OCÉAN PRIMORDIAL

ヌンを参照

原初の卵　ŒUF PRIMORDIAL

すべての時代を通じて、卵のイメージはこれから生まれる生命を象徴したが、ヘルモポリスの神学者たちは、ロータス*のイメージと同時に原初の卵のテーマを発展させた。卵は、原初の水の中から突き出したヘルモポリスの「高い所」にある巣の上に置かれた。そしてその卵が孵ることにより、世界創造の朝に太陽が誕生した。もう1つの伝承によると卵はプタハ神と同一視されるアメン*の精子によって生命を育んだ。そして8柱神*がそこから生まれた。

前4世紀の終わりにトトの大司祭となり、一大勢力となった神官団のなかでも最も有名であったペトシリスは、トゥーナ・アル＝ゲベルの見事な墓を飾る伝記的碑文の中で、自分の業績を3度も繰り返し自慢している。それはヘルモポリスの神官たちの目の前で聖なる宇宙の卵が

孵る場所を復元したことである。「ラーが最初の時に生まれた場所である偉大な池の回りに、わたしは空間を作った。そして人々が踏み込めないようにした。大地がまだヌン*の中に抱かれていた時のことである。そこは始まりの時にすべての神々が生まれた場所である。すべてのものはそこで生まれ[…]、「卵」の半分はその場所に埋まっていた。そしてそこは、卵から生まれたすべてのものがいた場所である」

墓のグラフィートに「賢者」と記されたペトシリスの貢献で、ヘルモポリスの神殿の周壁の中には池が作られ、その中央には太陽が生まれた神話上の場所を象徴する島と、原初の卵の殻で作られたという聖なる象徴があった。

原初の卵の「図像」と呼べるものは、クヌム神*の轆轤の上にあるものである。たとえば、エスナ神殿に描かれた、デキウス皇帝が神に像を捧げている場面、あるいはまた、より詳細に描かれたデンデラ神殿の「金職人の工房」には、牡羊の姿の創造神が台の上で作品を作っている姿が描かれている。いずれの場合も台の上に置かれた粘土の塊は完璧な卵の形をしている。

→クヌム、ケレヘト、8柱神、ロータス

B.: G. Lefebvre, "L'oeuf divin d'Hermopolis," *ASAE* XXIII (1923), p.65-67.

建造の神々

CONSTRUCTEURS (DIEUX)

鎮壇の神々の集合。古王国時代から散発的に登場する建造の神々は、ウナス王の時代のエレファンティネ島の碑文に現われる。しかし、ギリシア・ローマ時代の神殿、なかでもエドフ神殿に、建造の神々が頻繁に登場する。エジプト語の名前はケネムウであり、彼らを創造した土器職人の神、クヌム*の複数形にあたる。彼らは、7柱の牡羊の神々の軍団であり、テキストには、「タ[テ]ネン*の子どもたち」とされている。他の原初の神々の軍団であるジャイスウ*やシェブティウ*の兄弟である。

彼らが登場する場面を見ると、ホルスの聖域、すなわちエドフ神殿の神話上の創設にかかわっていることが示唆される。たとえば、プロナオスの西の壁の外壁上段には、彼らが神殿の鎮壇の儀式に参加する様子が描かれている。トト神*がこの出来事を記録する中、プトレマイオス9世とセシャト*が「縄を持って」儀式を進行している。建造の神々は、それぞれウアス杖とアンクのサインを持ち、玉座に座っている。最初の神だけが、手になにも持たない。この神の名前はネヘプ、すなわち、模型製作者であり、轆轤の上で、「ラー・ホルアクティの偉大なる場所」とされる聖域の模型を作っている(*E* X, pl. 105)。

建造の神々、エドフ神殿のプロナオスの西の壁（外壁）に描かれた図、プトレマイオス朝。

建造の神々は、名前だけでなく、図像もクヌム神の姿をとり、つねに牡羊の頭の人間として描かれる。

上に描写した場面のほかに、周壁の西壁の内側にも同じ場面が描かれている。この場面では、プトレマイオス10世が、セシャト女神とともに儀式を進行しており、7人の神々は、左手を腰の高さに、そして右手を頭の高さに上げ、セシャトの後に立っている（*E* X, pl. 147、E XIII、pl. 540-542）。周壁の東の壁の内側では（*E* X, pl.152）、座っている場面（北の角、*E* XIV, pl.606）と立っている場面（南の角、*E* XIV, pl.604-605）が見られる。彼らは儀式を描いた長い場面の両端におり、神殿の護衛の神々*の4つの軍団の長に囲まれている。最後に、周壁の北の壁の内側では、7柱の建造の神々が24人の神々の軍団の一部を成している。ヘルモポリスの8柱神*の前には、神殿が建設される場所にある葦の上に、天のハヤブサが止まっている。建造の神々は、セシャトの後にしゃがんでおり、手にはアンク*のサインを持っている（*E* X, pl.149、*E* XIV, pl.560）。

特徴：アンクのサイン、轆轤

→シェプティウ、ジャイスウ（7人）、セシャト、トト

B.: E. A. E. Reymond, “The Children of Tanen,” *ZÄS* 92（1966）、p.116-128.

ケンティ・アメンティウ
KHENTY-IMENTYOU

後にオシリスに代わられたアビュドスの古い神。エジプト王朝時代の最初の王たちが埋葬されたアビュドスのネクロポリスの主人であるケンティ・アメンティウの名前の意味は「西の者の頭」である。すなわち、太陽が毎夜「死」を迎えるナイルの西岸に埋葬された「死者」の長である。その起源においては、犬の姿をしていた古い葬送の神は、アンジェティ*やソカル*のように完全にオシリスの影響でかき消されてしまった。もともと、この神の名前は、異なる神々の形容辞であった。とくに同じ役割をになうもう1人の犬の神アヌビス*の形容辞となることが多かった。その結果、古王国時代の終わりには2柱の神々は同化していった。

しかしケンティ・アメンティウが完全に消えることはなかった。

『ピラミッド・テキスト*』においては、ケンティ・アメンティウはまだ独立した神として存在しているが、すでにケンティ・アメンティウはオシリスとアヌビスの形容辞となっている。ここには死者のために祭壇に捧げられた「何千のパンとビールの壺」（§474）の記述、また、「西の者の頭」が冥界の入り口で死者となった王の手を取り歓迎する（§1393）様子や、神と同化した王が座るべき玉座を示す（§759）様子が記されている。

ケンティ・アメンティウの名前が単独で現われる場合、実際に古代のアビュドスの神が出現しているのか、それともすでに彼にとって代わった神が登場しているのか明確でない。そして多くの場合は後者である。

時代によってケンティ・アメンティウの図像はアヌビスの姿や、オシリスの姿をとる。第1王朝においては、台座の上に横たわる犬の図が名前の決定詞であった。後になると白冠をかぶったミイラの姿の人物になった。

また、第20王朝のラメセス9世墓（KV 6）の壁には、墓を思わせる閉ざされたスペースの中、ゲブ*とタテネン*の間にいるケンティ・アメンティウが登場する。ミイラの姿をとるケンティ・アメンティウは、後の時代の葬送のパピルスにも登場する。そしてときに、髭をつけたヘビの頭の人物でマアトのダチョウの羽根を頭に飾っている。また、1度は犬の頭の人間の姿で正面から描かれ、王笏の代わりにトカゲを尻尾でにぎっている。

ジュミラック・パピルスの挿絵には、礼拝所の中に描かれた人間の頭の横に彼の名前が記され、アビュドスに埋葬されたオシリスの聖遺骨箱と同一視されている。

特徴：アテフ冠、白冠、ダチョウの羽根、王笏

→アヌビス、オシリス

B.: J. Spiegel, *Die Götter von Abydos. Studien zum ägyptischen Synkretismus*, *GOF* IV/1, 1973.

ケンティ・イアウテフ
KHENTY-IAOUTEF

メンフィスの神。パレルモ・ストーンに刻まれている王の年代記にはサフラー王がケンティ・イアウテフ神の神殿のために農地を捧げたという記述がある。この神の決定詞にはプタハ神*とまったく同じサインが使われている。イミ・ケンティ・ウル*、ケンティ・メデフェト*、そしてケンティ・チェネネト*と同様に第5、そして第6王朝には独自の神官がいた。しかし古王朝以降は独立した神として登場することはないようである。

「イアウトの呪物を支配する者」という意味の名前をもつケンティ・イアウテフは、アビュドスのセティ1世の神殿にあるメンフィスの神々のリストに中に見ることができる。ここではプタハ神と完全に同化しており、元来はプタハ神の1地方の姿と考えることもできる。

古い時代に記されたケンティ・イアウテフの名前の決定詞がこの神の唯一の図像である。プタハと完全に同化する以前の図像も細部に若干異なる点が見られたかもしれないが、メンフィスの偉大な神の姿と非常に近いものであったと考えられる。

→プタハ

ケンティ・イルティ　KHENTY-IRTY

レトポリスのハヤブサの神。第3王朝から下エジプトの第2ノモスの都であった、古代のケム、ギリシア語でレトポリス、そして現在のアウシムは、カイロから北西に数キロ行った所にある。その地では、多くの名前で崇拝されているハヤブサの神がいた。

「ケムに住む者」は、実際のところハロエリスの1つの形である。「世界の玉座にいる」天の球体の神。このホルスの2つの目は、太陽（右眼）と月（左眼）である。この2つの天体が見えるか、見えないかによって神の名前が変わった。「2頭の牡牛が結ばれる」太陽と月が反対の位置にある時、すなわち、満月の時、神はケンティ・イルティである。これは「2つの眼をもつ者」である。そこで2つの光は「彼の顔の中」にある。そして新月で、太陽と月を同時に見ることができない時、神は、ケンティ・エン・イルティとなる。「2つの眼をもたない者」である。(しばしば、メケンティ・イルティとメケンティ・エン・イルティと記されることもある)。

戦争の神であるケンティ・イルティは暗闇が続く時にとくに危険に晒される。彼は盲目のままあたりを叩き続ける。これは光と闇の終わることのない戦いの間、暗闇が一時的に勝利することを象徴している。ケンティ・イルティには2つの聖なる動物がおり、太陽と月の2つの要素をそれぞれ象徴している。まず1つは太陽のイクネウモン*（マングース）であり、もう1つはほとんど盲目のトガリネズミ*である。この2匹は、第12王朝から互いの役割を補いあってきた。

ケンティ・イルティをオシリスの息子としている『コフィン・テキスト*』によると（呪文305, 705）、この神は、死者の目を開ける役割をもつ（呪文105, 107）。そしてギリシア・ローマ時代になると、2つの目を儀式の中で供物として捧げるようになる（E IX, pl. 76）。

多くの場合、包帯を巻いたハヤブサの姿で描かれるケンティ・イルティは、背中についているように見える殻竿を持っている。これはケンティ・イルティの名前の決定詞として、『ピラミッド・テキスト*』の中ですでに使用されている（§810b）。また、とくに特徴のない人間の姿や（*D* VIII, pl, 740）、プスケントをかぶったハヤブサの頭の人間の姿で表現される場合もある（*E* XI, pl. 315）。さらに、形容辞「ケムの主人」をともなう、高い台に載ったプスケント冠をかぶるハヤブサの姿をしている場合もある。ルーヴル美術館に所蔵されている第26王朝のアマシスのナオス*に見られるものがこれに相当する（D 29）。

特徴：殻竿、プスケント

→イクネウモン、ケンティ・イルティの子どもたち、トガリネズミ、ハロエリス

B.: E. Junker, Der sehende und der blinde Gott, *SAWM*, Munich, 1942.

ケンティ・イルティの子どもたち

ENFANTS DE KHENTY-IRTY

オシリスや死者を守護する精霊。ギリシア・ローマ時代におけるエドフ神殿やデンデラ神殿の碑文には、しばしばホルスの子どもたち*に続いて、彼らと結びついたレトポリスの神であるケンティ・イルティの子どもたちのことが記されている。

集合的にケンティ・イルティの子どもたちと呼ばれる神々は、つねに同じ順番で現われ、ホルスの子どもたちと同様に4人で構成され、オシリスの守護にあたっている。ヘカ、イレマウアイ、マアイテフ、そしてイルレンエフジェセフ*である。

古い時代にも時々登場する守護の精霊は、異なる性格をもつ。当然のことながら、よく知られているのは最も強い精霊であり、4人の中の最後のイルレンエフジェセフがそうである。彼らの関係については論じられていないが、彼らは4人一緒に、また彼らの仲間と共に、『コフィン・テキスト*（呪文404）』や、『死者の書*（第99章）』に登場する。いずれの書においても、彼らの名前は、「死者の帝国」に到達するために、死者が乗船することを願う船の部分の名前であり、死者はこれらの名前を知らなければならない。

ときに名前の表記が異なる場合もあるが、ケンティ・イルティの子どもたちはつねにホルスの子どもたちと共に登場し、月の円盤を頭に飾り、「北天図」において、北天の星座を囲む神々の間に見ることができる。最も古い図は、ハトシェプスト女王の建築家である、センエンムウト墓（TT 353）のものである。

デンデラでは、神殿の屋上へと続く、東の階段の壁を飾る、昇る行列と下る行列に、ハトホル*のナオス*を運ぶ8人の神官の名前として、彼らの名前が記さ

れている。ホルスとケンティ・イルティの子どもたち、それぞれ２人がナオスの前、そして２人がナオスの後にいる。

ケンティ・イルティの子どもたちは一緒に、デンデラのオシリス礼拝所の「時間の見張り」を行なう。彼らは、昼も夜も第５、６、７、８番目の時間を担当する。最初の４時間はホルスの子どもたちの担当である。

エドフでは、第１の「ソカルの間」の北側の壁に、ホルスの子どもたちの後にいるケンティ・イルティの子どもたちが描かれている（*E* XI, pl.284）。４人を区別する特徴はなにもない。全員、完全な人間の姿で、腰布を巻き、３つに分けた鬘をかぶり、護衛のために必要な道具、右手に刃のついた棍棒、左手にナイフを持ち、オシリスの方に向かっている。

デンデラでは、集合名のもとに３度登場するが、図像においては、それぞれ、昼と夜の自分の担当の時間において１人ずつ、オシリスの後に描かれている。エドフと同様に表現されているが、武器は持たず、特別な特徴は見られない。

特徴：ナイフ、刃のついた棍棒

→イルレンエフジェセフ、ケンティ・イルティ、ホルスの子どもたち（４人）

ケンティ・ケティ　KHENTY-KHETY

アトリビスの主要神。下エジプトの第10ノモスは「黒い牡牛」であるケムウル*からその名前をえているが、ケンティ・ケティは、現在のベンハにあたる都アトリビスの主要神である。

その名前の意味は不明であるが、ケンティ・ケティの最古の図と思われる、ウセルカフ王の葬祭殿出土の印章に記された名前の決定詞を見ると、もともとワニの神であったと思われる。後の時代になるとホルスの姿が主体になっていくが、ワニの姿が消えることはなかった。

第12王朝の後半からケンティ・ケティは、ケムウルの性格をとるようになった。牡牛の姿をとることはなかったが、新王国時代の初めからは、ハヤブサの頭に角を飾るようになる。そして碑文においてはホルス*・ケンティ・ケティの名前をになっている。

少なくともアメンエムハト４世の治世からは、「アトリビスの主人」の最も一般的な図像はハヤブサの頭をもつ人間、すなわち、ホルスの姿であった。この姿のもと、ケンティ・ケティは基本的に太陽神であり、とくに朝の太陽を表わしている。これによって彼はアメン・ラー・ホルアクティ・アトゥム*の船において「宇宙の主人の舵取り」となっている（*MH* VI, pl.430）。あるいはまた、ハルシエシス*のように、セトであるカバを銛で射るホルスの船の舵取りの棹を持っている（*E* X, pl.148）。

ケンティ・ケティはまた、オシリスと

も同化し、第26王朝には、アトリビスに住む・オシリス・ケンティ・ケティ・ホルスと名乗っている。これはアトリビスに埋葬されているとされる、「オシリスの心臓を守る」ホルスである。彼はこの役割において配偶神であるクウイト*の力を借りる。クウイトは、プトレマイオス朝に、彼の配偶神となった守護神であり、心臓の計量において天秤ばかりの均衡を約束する女神である。

第5王朝のケンティ・ケティの名前の決定詞に描かれているワニの図を除けば、彼の最古の図像はアメンエムハト4世の治世6年のもので、シナイ半島のサラビト・アル＝カディムの神殿にあるステラの側面に今も残っている。ハヤブサの頭の神で2枚の高い羽根と太陽円盤を飾り、円盤に飾られたラエウスが2重のものであれば、メンチュウ神*と区別がつかない図像である。

ジュミラック・パピルス（ルーヴル美術館　E 17110）や他の末期のテキストには、ケンティ・ケティは依然としてワニとして描写されている。デンデラのローマ時代の誕生殿の聖域の入口（*MamD*, pl.LVI）においてはマガ*と同化している。しかし、ワニの姿で描かれることはまれである。碑文によるとルーヴル美術館に保存されている（D 29）アマシスのナオスにおいて、ケンティ・ケティは、ワニの頭をもつ人間の姿で描かれ、頭にヘムヘム冠をかぶっていた。イビス神殿の聖域の壁には牡羊の水平な角の上に飾ったプスケント冠をかぶっている。

彼はまた、アテフ冠をかぶったハヤブサの姿で描かれるが（*D* VIII, pl.698）、ホルス・ケンティ・ケティの最もよく見られる姿は、プスケント冠（*D* III, pl.249; *D* V, pl.329）、アテフ冠（*E* XI, pl.303、315）、あるいはまた頭の天辺から前に向かって伸びた牡牛の角（1本あるい2本）が載った太陽円盤（*MH* V, pl. 313、373）をかぶったハヤブサの頭の人物である。

コペンハーゲンに所蔵されているステラ（ニイ・カールスベルグ・グリプトテク美術館、Æin 895）には、「アトリビスに住む・オシリス・ケンティ・ケティ・ホルス」が、髭をつけ、太陽円盤で飾ったミイラの姿で描かれている。そこにはオシリスの性格が強調されている。

カイロ・エジプト博物館には、アメンヘテプ3世の治世に作られた数多くの神々の像があるが、その中に頭のない巨大なヘビの像（Caire 30/10/26/9）がある。この台座には、波打つヘビの体にそって2行の碑文が見られ、「ホルス・ケンティ・ケティの住処の良き精霊」と記されている。

特徴：アテフ冠、牡牛の角、太陽円盤、高い羽根、プスケント、ヘムヘム冠

→アネムヘル、クイト、ケムウル、ホルス、マガ

B.: O. Koefoed-Petersen, "Khenti-khéti, dieu chtonien. À propos de la stèle ÆIN 895 de la Glyptothèque Ny Carlsberg à Copenhague," *RdE* 27 (1975), p.134-136, pl.10; P. Vernus, *Athribis. Textes et documents relatifs à la géographie, aux cultes, et à l'histoire d'une ville du delta égyptien à l'époque pharaonique, BdE* LXXIV, 1978.

(→口絵/p.29)

ケンティ・チェネネト

KHENTY-TJENENET

メンフィス地方の神。メンフィス地域の神であり、古王国時代（第5と第6王朝）には、この神に使える神官がいた。この時代、独立した神であったとしても、まもなくプタハ神*と密接に同化してしまう。やはり一地方神にすぎなかった。その名前の意味は「出現した大地を支配するもの」であり、タテネン*との密接な結びつきを思わせる。ケンティ・チェネネトの名前は、メンフィスの創造神の形容辞の1つであり、イミ・ケンティ・ウル*、ケンティ・イアウテフ*、あるいはケンティ・メデフェト*と同じである。これら4柱の神々は、「4柱のプタハ」として、『コフィン・テキスト*』（呪文 215）によると、「ホルス*がオシリス*の口を開く法廷」において死者の開口を行なう者たちである。この神の図像は知られていないが、ペルシア支配時代に属するセラペウム出土のステラを信じれば、この神のために捧げられた神殿がこの時代にあったとされている。

→タテネン、プタハ

ケンティ・メデフェト

KHENTY-MEDEFET

メンフィス地方の神。第５、そして第６王朝の神官の称号としてのみ知られる神である。彼ら神官は、「ケンティ・メデフェトの予言者」と呼ばれていた。また、アビュドスのセティ１世の神殿にあるメンフィスの神々のリストの中にその名前を見ることができる。このリストに現われるケンティ・メデフェトの名前の意味は不明であるが、後についている要素はおそらく地名であると思われる。リストでは、「ケンティ・デェフェネト」と形容されているプタハの前に記されている。この名前もまた、明確ではないがプタハ神の名前の１つの形であると考えられる。

ケンティ・メデフェトは、メンフィス地方の神の１柱であり、おそらくプタハと同化したものと思われる。それは特別な形容辞によって定義されるプタハ神の１つの側面なのかもしれない。

→プタハ

香　ENCENS

香を焚くことは、王や王の名前によって神官が執り行なう典礼に限らなかった。香炉や小さな鍋の中に指先で樹脂の粒を投げ入れる人物を描いた場面は、神殿や葬送の礼拝所の壁、王や私人のステラの段を飾る多様な場面の中で最も多く見られる。香は神々や死者のためのものであった。

ファラオ時代のエジプトはオリエントの他の民族と香りに対する嗜好を共有していた。そのなかでも、香り高い煙をあげる香を忘れてはならない。樹脂を焚く煙は、エジプト中の数えきれない聖域から昇り、人間と多くの神々をつなぐ役割を果たしていた。しかし、香は宗教儀式ばかりでなく、魔法のまじないにもともなわれ、サソリや蛇の駆除、ある種の病の治癒、そして単純に家の中で香を炊き香りを楽しむためにも使用された。

テレビンノキ（セネチェル）やオリバナム（アンティ）の樹脂、あるいはミルラ（没薬）やエゴノキは、調合によく使われた材料であり、現在でもエドフやフィラエなどの神殿の「薬剤室」の壁に刻まれた処方箋にその名前を見ることができる。香は「薬剤室」で調合され、そのなかでも有名なのが、ディオスコリデスが描写している、キフィと呼ばれるものである。それは「儀式のために大きな需要があり」、プルタルコスやガリエヌによると、「たそがれ時」に炊かれるものであった。理想的には16の材料を使って調合され、材料の中には、古くなったワイン、ハチミツ、種を抜いた干しぶどう、テレビンノキの樹脂、アスファルト、ミルラ、地中海のピスタチオ、２種類のジュニパー（セイヨウネズ)、そしてカルダモンなどが含まれる。

古王国時代からギリシア・ローマ時代まで、多くのテキストに、香そのものに対する讃歌が記されている。これを研究すると、エジプト人が香の使用にあたえていた象徴的な意味を汲みとることができる。香は、先王朝時代の墓からも発見されており、先史時代から存在していたことが検証されている。

芳香性の樹脂は、樹脂を生み出している樹木の涙や汗と考えられていた。そして象徴的に神の体の一部、「眼」あるいは、「心」から滲み出るものと考えられ、神が放つ芳香は「ホルスの眼」と結びつき、「神の心」と呼ばれていた香は、神の放つ香しい「汗」と考えられていたのである。

また、芳香性の樹脂を燃やすと、２重の効果がえられた。香りと煙は、嗅覚だけでなく視覚をも刺激し、２重の象徴につながった。このような香の役割は、『ピラミッド・テキスト*』の中で、幾度となく繰り返し記されている。

香の放つ香りは、水と同じように清め

の効果をもち（§20）、香は儀式の中で聖水と結びついていた。また香は、遺体が腐敗する際の堪え難い匂いを消す力をもっていたばかりでなく（§1790）、同音の動詞である「聖なる者とする」と「香を炊く」という語の言葉遊びによって、「ホルスの眼」の煙は、死者である王を聖なる者とする効果があった（§2271）。また、保護の役割も果たした（§21）。

樹脂が燃える際の煙が天へと昇っていくさまは、眼で見ることができた。王は、この煙の階段を使って天へと昇って行くことが可能となった（§365）。それは太陽光線を昇るのと同じ効果があった（§1108）。王は１人で天へと昇ることもあれば、天の空間を守り、天と地を切り離す役割をもつシュウ*やテフヌウト*によって「香の煙にのって天へと導かれる」こともあった（§2054）。

香が、人間の祈りを神にとどける、人間の世界と神の世界を結ぶ特別な会話の手段であるとすれば、その会話は一方通行のものではなかった（§§376-378）。「樹脂の煙に乗って天へと飛ぶ」ウペセト女神のように、神々の中には、天に昇るばかりでなく、祭礼における香の煙に誘われて地上へと降り立つ神々もいた。エドフ神殿にある碑文によれば、王は「ホルスの腕（香炉）」を手に持ち、神の影像の前に立つことによって、「樹脂の香りの方に神を招く」ことができた。そして「ホルスをその影像に止まらせる」ことが可能となった。このように、香には、神殿において、神のバー*を儀礼のための像に宿らせる力があると考えられていた。

→供物、香油、シェズムウ、デドゥン、プント、水

B.: A. M. Blackman, “The Significance of Incense and Libations in Funerary and Temple Rituals,” *ZÄS* 50（1912）, p. 69-75; K. Nielsen, *Incense in ancient Israel, VetTest., Supplements* XXXVIII（1986）, p. 3-15 & 108-111.

（→口絵/p.29）

子牛　VEAU

雌雄を問わず、古代エジプトのパンテオンでは、数多くの神がなんらかの牛の形をとっているにもかかわらず、子牛の姿が欠落しているのは不思議である。実際、下エジプト第12ノモスでは、「聖なる子牛」が象徴となっており、神の姿になんらかの影響をあたえているが、牛の女神や牡牛の神に相当する子牛の神は存在しない。

『ピラミッド・テキスト*』（1029b）の中で、天を求める死者である王は、みずからをラーの息子として差し出し、「天で生まれた黄金の子牛、ヘサトによって創られたまるまると太った黄金の

子牛」と名乗る。また他では（§ 2080）、やはりヘサトから生まれた「天の牡牛」に関する言及がある。テキストには具体的には記されていないが、子牛は日々を重ね、牡牛へと成長する。そして「暗闇」の中で、「神秘のうち」に母と結ばれる。そしてみずからを生み出す。それが「カムウテフ（母から生まれた牡牛）」という名前の意味である。天の牝牛が身ごもることによって、太陽もまた、翌日に若い牡の子牛として生まれ変わる。『死者の書*』第109章の挿絵には、「2本のトルコ石のシコモア・イチジクの木」の間に太陽が現われる様子を「シュウがもち上げた天を横切り、東の主人の扉を開いてラーが現われ出ずる」と記している。死者は次の言葉で呪文を閉じる。「わたしは、東のバウを知っている。それはラー・ホルアクティである。それはクウレルの子牛である。それは朝の星である」

デンデラでは、ハトホルの息子とされているイヒが「牝牛の若い子牛」になるが、それは称号の中で記されていることであり、母親とは異なり、イヒが動物の姿で描かれることはまったくない。

また、第５王朝からローマ時代の終わりまで、黒、赤、白、斑模様の４頭の雄の子牛を神の前に連れていく儀式を描いた100あまりの図が見られる。神はアメン神である場合が多い。この儀式はメレト箱*の清めと密接に結びつき、子牛は対称的に配置されていることが多い。子牛は神ではなく、なんらかの聖なる家畜として、場面の意味にはさまざまな解釈があたえられてきた。後世になると、場面にともなわれる碑文に、より詳しい説明が記されるようになる。カルナクのコンス神殿の前に立てられている、「エウエルゲテスの門」にある碑文を読むと、4頭の子牛は、神の「鞭打ち場」に導かれている。これは「上エジプトの大麦」が豊かに実ることを祈願する儀式である。プトレマイオス３世は、右手にヘビの頭の杖を持っている。そして左手には、曲がった杖の一種と、先にアンクのサインのついた、子牛がつながれた綱を持っている。両手に持った杖は、「穀物を破壊する青虫」を２つに切ったそれぞれの半分であり、半分に切ることによって、聖なる穀物が健康で豊かであり、穀物倉庫の象徴である聖域を満たすようにという祈りが込められている。それに対して神は、畑が倍の穀物を産出し、山のように積まれた収穫が「雲を突き破る」ことを王に約束した。他のテキストによれば、元来、牧畜民に由来した、この農耕の儀式は、王が神殿に家畜を奉納する儀礼を象徴したものと考えられる。さらに儀式がオシリス信仰と結びついて新しい解釈が生まれた。儀式の意味は明確ではないが、４頭の子牛は、敵に見つからないようにオシリスの墓を踏みつけて覆っていると考えられていたようだ。メレト箱*の清めの儀式でも同じことが行なわれ、4つの方位と結びついている。植物の神であるオシリスは、穀物そのものであり、エジプト全土を意味した。2つの儀式が描かれた場面を研究すると、2つの儀式は宗教的に重要な年中行事の中で続けて行なわれたようである。まず、箱の儀式の後に子牛の儀式が行なわれた。オペト祭、オシリスの神秘の祭り、ソカルの祝祭、ミンの祭礼、谷の祭礼、エドフで行なわれた「豊かな婚礼」の祝祭、そして夏の第1月の祭礼などが、2つの儀式が行なわれた場であった。

→イヒ、ヘサト、メレト箱、ラー

B.: A. M. Blackman, H. W. Fairman, “The Significance of the Ceremony *İwt bİsw* in the Temple of Horus at Edfu,” *JEA* 35 (1949), p. 98-112, pl. VII; *JEA* 36 (1950), p.63-81; A Egberts, *In quest of meaning. A study of the Ancient Egyptian Rites of Consecrating the Meret-Chests and Driving the Calves, EgUit* VIII, 1-2, Leyde, 1995.

(→口絵/p.29・30)

香水 PARFUM

香油を参照

香油 ONGUENT

考古学的資料、多くのテキスト、神殿の壁を飾る祭礼の場面、葬祭の礼拝所に描かれた日常生活の場面などを見ると、エジプト文明において香油が重要な役割を果たしていたことは明白である。

蒸留の技術が確立するまでアルコールは存在しなかったため、現在われわれが「香水」と呼んでいるものはなかったしかし植物油(ヒマ種子、亜麻、胡麻など)や動物の脂肪をベースとして多様な方法(圧搾法、足踏み法、製粉法、温浸法、侵出法など)で抽出した香料を混ぜた、液体や軟膏が存在した。1つ例を上げれば、メジェトという香油は、牛の脂肪に火を入れ1年間寝かせたものであるそしてワインに漬けて赤い色をつけ、香りをつけるために石で蓋をした壺に入れる。

香油は神の体から発散されるもの(涙血、汗など)と考えられ、香油や軟膏に入る材料は、特別な効力をもつとされホルスの眼*と同一視された。日々の生活においては、熱く乾燥したエジプトの気候の中で、香油はまず生きている者の皮膚と髪を守った。さらに死者の遺体にも施され、ミイラ作りに使用された。「開口の儀式」の後に新しい命へと再生できるように「7つの主要な香油」が重要な役割を果たした。

聖なる世界においては、香は神々に供

物として捧げられる。また、軟膏のように彫像に塗布される他、王の体にも施された。聖なる香油はときにメレヘト*女神によって人格化された。そして儀式を行なう者は香*に対するのと同じように香油にも直接問いかけた。『ピラミッド・テキスト*』の呪文の中に、死者となった王の息子が香油に向かって語りかけるものがある（§ 742a)。

独特の形状をもつ先の細い高い壺や、まれに楕円形の壺に入れて神々に奉納される香油は、パン*、水*、ワイン*、ミルク*、そして香*など、王が儀礼の中で捧げる食物などの供物の一部を成している。そしてその数は必然的に4とされていた。たとえば、オベリスクの側面の頂上の部分を飾る図には、香油の壺の図が描かれている。

アビュドスのセティ1世神殿からギリシア・ローマ時代の聖域まで、香油の描かれた場面を見ると、日々の儀式の中で彫像に塗布する香油は右手の小指で行なわれていたことがわかる。そして折った他の指を親指で抑えていた。このことは、エドフの「実験所」のテキストに詳細に記されている。「香油の塗布には2本の指が使われた。神の体に供物を塗布する指には琥珀金の指覆いがかぶされていた」。また、別の碑文は香油を塗布する王を「[すべての]部分を備えたホルスの眼を運ぶ実験所の主人シェズムウ*」と比較している。またエドフ（*E* XI, pl.226 と*E* XII, pl.342）やデンデラ（*D* III, pl.198）では、神の眼とされる聖なる香油の中に入れる、王の役人の小指には小さな神の眼の像がある。

→シェズムウ、ホルスの眼、メレヘト

B.: É. Chassinat, “Quelques parfums et onguents en usage dans les temples de l'Égypte ancienne,” *REgA* 3（1931）, p.117-167.

（→口絵/p.30）

護衛の神々　DIEUX-GARDIENS

守護神。1985年に発表された重要な研究によって、「エドフの60人」そして「ファルバイトスの77人」がエジプト人が「護衛の神々」と呼ぶ神々のなかでも最もよく知られている。これらの神々は、守護の神々であり、その守護の対象は場合によって異なり、神殿、聖なる牡牛のミイラ（コム・アブ・ヤシン)、オシリス*、あるいは死者であった。

エジプト人が想像する宇宙の概念は、創造と破壊を繰り返す、終わりのない戦いの舞台であり、そこには、宇宙の均衡を維持し、創造神が確立した世界の秩序を守るために、悪と戦う運命をになった神々の出現が不可欠であった。

エドフの神学者によると、戦いは、世界の最初の瞬間に始まった。聖なるハヤブサは、水に浮く葦に止まるやいなや、邪悪な蛇の攻撃を受けなければならなかった。「ヌンから現われた」独特な形をした魔法の武器、創造神の意志によって特別に創られたセゲメフの槍によって、蛇は追いやられた。しかし、この蛇は、宇宙創造の前から存在する、時を越えた存在であり、多様な名前の下に悪の力を象徴しており、完全に破壊することは不可能である。そこで、将来の攻撃を避けるために、創造神は、みずからの体内から吹き出す4つの蒸気のようなものに、名前をあたえ、この戦闘的な存在に4つの象徴的な動物の要素をあたえ、4つの風*がやってくる4つの方角を支配することにした。こうして世界の初めに創られた神話上の神殿の周囲に、四角い結界が創られた。4柱の神々は、それぞれ同じ姿の14人の従者をともなった：蛇（地／東)、ハヤブサ（空気／南)、ライオン（火／北)、そして牡牛（水／西)。この活力に満ちた護衛軍団は、後に実際の神殿の周壁を象徴し飾ることとなった。

4柱の護衛の神々は、神の住処の周囲を護衛するために、神殿の周壁の戦略的な、また正確な方位に描かれた。これらの神々は、神殿複合体の周壁の旗竿を立てる凹みに見ることができる。東には、ソプドゥ*と結びついたハヤブサと蛇、西には、ライオンと牡牛と結びついたハ*が、塔門の正面を守ろうと刀をふりかざしている。また、神殿の入口部分プロナオスの前の柱には、奥の聖域を守るために同じ図像が描かれている（*E* IX、pl. 50)。彼らは必要とあれば、新しい戦闘のために、その石像から飛び降りる用意ができている。

「神々、シェデヌウの生きているバウ」そして「ファルバイトスの77人」も守護の神々である。以上の神々にかんしては、前4世紀から1世紀にかけて約12の記念碑があり、ほぼ完全なリストがわれわれに残されている。彼らは「オシリスからあふれる聖なる水」、「アトゥム自身の唾」、「用心深い足どりの放浪者」、あるいは、「力ある者の中で、最も力のある者、そして崇拝される者」などの名前をもち、いずれも創造神の肉体や精神の特徴を定義する名前をもつ。彼らは、ホルメティ*の体から生まれたホルス、すなわち、アポピスに勝利する戦いの神話が進化した地であるデルタの東の町シェデヌウの勝利に満ちたホルスと考えられていた。本来、アポピスを打ち倒し、ラー*を守る役割をになっている77人の神々は、ラーの生命を受けて、同じ77の負の力に対抗して、オシリスの再生復活を見守る役割をもっている。これらの負の力は、個々に名前はあたえられていないが、魔法の書においては、7あるいは7の倍数の数を使って「77のロバ」、あるいは「77のイヌ」と呼ばれている。

護衛の神々は、オシリス・ラーの具現化したものとして「シェデヌウの主人」と呼ばれる聖なる牛の棺に、また、私人の石棺、トゥーナ・アル＝ゲベルのペトシリスの墓、カルナクのオシリスの「カタコンベ」、エドフやデンデラのソカル神の聖域、そしてデンデラ神殿の屋上にある２つ目のオシリスの礼拝所に見ることができる。ときには、アトリビスの「70の部屋」の壁のように、簡単な記述があるだけの場合もある。

護衛の神々のなかでも、古代のコプトスの北にある、アル＝カラアの小さな神殿に見られた神々は、このローマ支配時代の記念碑に関する研究が出版されたことによって、神秘の通路に見られる神々として注目が集まった。そこではデンデラと同じような姿を見せている。彼らは３人ずつの８つのグループに構成され、人間の頭や動物の頭をもっている。それぞれ長い棒の先に斧をつけた武器を持っており、そのため「斧やり兵」という愛称で知られている。しかし碑文には、集合的に「見張り」（イヌの頭）、「守護神」（ライオン）、「護衛」（牡羊）、「罠の主人」（ヒヒの頭）、「迫害者」（ハヤブサ）、「棍棒の主人」（人間）、「彼らの持つナイフの主人」（人間）、そして「防衛者」（牡牛）の８つの名前で記されている。

エドフの護衛の神々の図像は一団として描かれている。碑文には、従者の数とは無関係に「10人の長」と描写されているが、それぞれの軍団には14人が描かれている。彼らは人間の姿をしていることもあるが、ネブ・マバの従者はハヤブサの頭の人間、ネブ・デスの従者はライオンの頭、アア・セネジュの従者は蛇の頭、そしてウル・ヘムヘムの従者は牡牛の頭をもっている。この最後の神々は、ネブ・デスの軍団とともに、エドフ神殿の戦略的に重要な場所の外壁に現われる。また、周壁の西の壁の内側の「有翼日輪に供物を捧げる儀式」の場面に、それぞれ異なる武器を持って描かれている（*E* X, pl.148, *E* XIII, pl. 546-550）。また、対称的な場面である、東の壁の「最上級の牛の肉の供物」の場面にも現われる（*E* X, pl.148）。ライオンの頭の神々は、それぞれの手に槍とナイフを持っている。中には、先が細くなったナイフしか持っていない者もいる。

ファルバイトスの「77人」の軍団の図像は、元となる１つのイメージに限定されたクローンではなく、もっと多様である。さらに、軍団の同じ神がときに応じて、姿を変えることもある。動物の頭をした人物（犬、トキ、ハヤブサ、牡羊…）、ウアス杖とアンクのサインのほかには特徴のない人間の姿の神々、たとえば、アトゥム、オシリス、ミン*、オヌリス*、あるいはハピ*などの偉大な神々の図像を借りたもの、そして太陽円盤やダチョウの羽根を頭に載せたミイラのシルエットなど多様な姿が、神殿の壁、墓、そして石棺などに長い行列を作っている（*E* XI, pl. 283と285）。

行列を作るように、前後してまったく同じ玉座に座ったアル＝カラアの「斧やり兵」たちは、片手にめずらしい斧、もう一方の手にアンクのサインを持っている。

特徴：斧、剣、棍棒、ナイフ、銛、矢、槍、弓

→アア・セネジュ、ウル・ヘムヘム、ジャイスウ（7）、ネブ・デス、ネブ・マバ、ホルメルティ

B.: J.-Cl. Goyon, *Les Dieux-gardiens et la genèse des temples*（*d'après les texets égyptiens de l'époque gréco-romaine*）. *Les Soixante d'Edfou et le Soixante-dix-sept dieux de Pharbaethos, BdE* XCIII, 1985; S. Cauville, "À propos des 77 génies de Pharbaïthos," *BIFAO* 90（1990）, p. 115-133, pl. V-VI; L. Pantalacci, "Compagnies de gardiens au temple d'el-Qal'a" in D. Kurth（éd.）, *3. Ägyptologische Tempeltagung*, Hamburg, 1.-5. Juni 1994（1995）, p. 187-198.

（→口絵/p.30）

心の平衡　PSYCHOSTASIE

心臓の計量を参照

古代のホルス　HORUS L'ANCIEN

ハロエリスを参照

コタル　KHOTAR

ケセルティを参照

コフィン・テキスト　COFFIN TEXTS

コフィン・テキストを参照

コフィン・テキスト　TEXTES DES SARCOPHAGES

1935年から1961年の間にアドリアン・ド・バックによって出版された7巻の学術刊行物以来、エジプト学者は葬送と魔法の呪文の集大成を『コフィン・テキスト』と呼んでいる。まだ出版されていないものも含めれば、さらに数は多くなると考えられるが、現在出版されている1185の呪文は、第9王朝から第13王朝の間、中王国時代の位の高い人物の木製の棺の内側に記されていたものである主な出土地はアシュート、アル＝ベルシャ、メイル、ベニ・ハッサン、そしてリシェトのネクロポリスであるが、他の地（カフル・アンマル、ハラガ、セドメント、コム・アル＝ヒシンなど）や、棺以外の場所（墓の壁、カノポス容器、ステラ、ミイラのマスク、パピルス）にも記されていた。

この多様な内容の集大成は、ピエール・ラコーによってカイロのコレクショ

ンにかぎったものが、『宗教テキスト』というタイトルで初めて出版されている。カイロ・エジプト博物館の研究報告書に1904年から1915年の間、シリーズで論文が掲載されたもので、『コフィン・テキスト』が中王国時代の葬送の書、『コフィン・テキスト』の呪文と重なる部分のある『ピラミッド・テキスト*』が古王国時代の葬送の書、そして『死者の書*』が新王国時代とその後の時代の葬送の書とされている。

死者が新しい生命を生きる館である棺の内側に、何行にもわたって草書体のヒエログリフで記されたテキストは、いわゆる「葬送の儀礼の民主化」によって、ファラオの独占物ではなくなった。さらに『死者の書』の登場によって葬送の民主化が進んだ。『コフィン・テキスト』は、書によって呪文の長さは多様で、ときに挿絵をともない、また「供物の野」や『2つの道の書*』のような来世の地図をともなうことがあった。それは位の高い死者にとって、死後の生命をえるために重要な書であった。葬送の書を持ち、その内容を知ることによって、死後の体を統合し、新たな生命をえて、ラーと同化し、「イアルの野*」の第1の門を通り抜け、天へと続く「梯子を縛り」、「門扉」を開き、「新たな死」を迎えることなく、ハトホル*の部屋に入り、空気や水を確保し、4つの風*を支配し、心臓を守り、最後の審判で正義を勝ちとることが可能になる、と考えられていたのである。

→『死者の書』、『ピラミッド・テキスト』、『2つの道の書』

B.: R. O. Faulkner, *The Ancient Egyptian Coffin Texts*, Warminster, 1973-1978; P. Barguet, *Les Textes des sarcophages égyptiens du Moyen Empire, LAPO* 12, 1986.

(→口絵/p.31)

コブラ COBRA

アセベト、イシス、ウアジェト、ウヌウト、ウペセト、ウラエウス、ウレトヘカウ、ケンシイト、セクメト、タイト、タセネトネフェレト、テフヌウト、テメト、ネフティス、ハトホル、メヒト、メレスゲル、メンヒト、ラーの眼を参照

コランテス KOLANTHÈS

ギリシア・ローマ時代のアクミームの3柱神の息子。前3世紀の初め、アクミーム地方において、外国起源の名前をもつ子どもの神がいた。ギリシア表記でコランテスと読み、ミン神*を父に、アペレトイセト*と同化したレピト*を母とする3柱神をきずいている。彼は「ミンの嫡子」であり、「ホルスの眼の偉大なる子孫」である。同時にまたコランテスは「イシス*とオシリス*の息子」で

ステラに描かれたコランテス、ローマ支配時代。ベルリン・エジプト博物館（inv. 22489）。

もある。

「コランテス、子ども」は、岩のステラや、アクミームの北と南にあるGebelシェイク・アル＝ハリディやプトレマイオス朝の石切り場のデモティックの碑文で知られている。また、古代のアトリビス、ソハーグの南にあるワンニナのレピト神殿のテキストにも登場する。１度は母親と共に登場し、ロンドンとベルリンにあるヒエログリフの２つのステラに描かれている他、ギリシア語の碑文によって知られている。

コランテスの名前は、ヒエログリフ、デモティック、そしてギリシア語の碑文に数多く登場するが、アクミームの聖家族の子どもであるコランテスの図像はめずらしい。現在のところ、プトレマイオス４世の治世のもの（大英博物館n°949）からハドリアヌス帝治世のもの（ベルリンのステラinv.22489）まで４つのステラが知られている。

ベルリンのステラには、コランテスは、ハロエリス*とレピトの間に描かれ、他の２人の神々と同じ背丈で描かれているが、左手の人差し指を口に当てた伝統的な子どものポーズをとっている。そして額は子どもの編み毛で飾られている。前にウラエウスを飾ったキャップ型の帽子をかぶり、ヘムヘム冠*を頭に飾っている。襞のある長い衣をまとい、心臓の形のペンダントを身につけ、鳥と命のサインを右手に持っている。他の図像では裸で描かれている場合と、腰布を巻いている場合がある。そしてプスケント冠を頭の上に直接、あるいは、まるい鬘の上にかぶっている（ワンニナ）。

特徴：口にあてた指、子どもの編み毛、プスケント、ヘムヘム冠、裸体

→アペレトイセト、ミン、レピト

B.: A. Sharff, "Ein Denkstein der römischen Kaiserzeit aus Akhmim," *ZÄS* 62 (1926), p.86-107.

コンス　KHONSOU

月の神。アメン*とムウト*の子どもとして有名な神であり、新王国時代の初めからこの3人はテーベの3柱神を形作っている（p.33口絵上参照）。コンス神はトト神*と共にエジプトのパンテオンの中で主要な月の神である。彼の名前はケネスという動詞から派生したもので、動きの概念を表わしている。コンスの名前は「旅するもの」という意味である。この名前は『コフィン・テキスト*（呪文806)』の呪文が示すように、天における月の動きを象徴している。呪文の文章は音遊びで、死者が「コンスのように動き（ケネス)、星のように瞬く（カバス)」と書かれている。さらに後の時代になると、神の名前に「王の子ども」という意味をあたえるために文字の書き順が変わった。この王は明らかにアメンである。プトレマイオス朝の神学者にとってコンスは「旅人」であった。

コンス神が最初に登場するのはまったく別の時代の『ピラミッド・テキスト*』であり、1度だけ不思議議な「人肉食の讃歌」の中に現われる（§402a)。同じ内容が『コフィン・テキスト』の呪文573にも現われる。コンスは荒々しい神であり、「首領たちを打ち、首を切り」、「体の中にあるものをとり出し」、王の食卓に差し出す。この時代、コンスの最も古い姿は、ペピ2世の葬祭殿へと続く参道の壁に描かれた、ペピ2世に向かって進む神々の行列の中に見られるが、他の神々と区別する特徴は見られない。中王国時代の『コフィン・テキスト』の他の呪文（呪文 310）には、コンスの危険な性格が強調され、コンスから「身を守らなければならない」とされている。コンス自身がいうように、彼は「最も乱暴」で、「怒りを投げつけ、心臓を燃やすもの」である。

神の名前にともなう定型の長い形容辞のそれぞれの意味を解くのは簡単ではない。しかしコンス神の名前の研究者G・ポズネルによると、それぞれの形容辞はコンスの異なる側面を階層的に示している。なかでも重要なのは慈悲や優しさを強調するテーベのコンス・ネフェルヘテプ、そしてコンス・パ・イル・セケルウ、すなわち「計画を実行するもの」である。第22王朝の時代の小型の護符である「託宣布告」の定型文から察すると、より正しくは「運命を定めるもの」と呼んだ方が良いのかもしれない。上記2つの名前のコンスは、最初のものが「大コンス」そして2番目のものが「小コンス」と考えられていた。もともとは、この2人の間に神官たちは、「永遠に若いもの」という意味のコンス・ウン・ネケヌウを置いていた。このコンスは最初のものから現われたものであり、２番目のものよりも上のランクにある。また、碑文にはコンス・パ・ケレド「子どものコンス」、コンス・パ・アジェル「救世主コンス」、コンス・ウネキィ「ミイラであるコンス」などがある。このほかにも複合的なコンス・イアフ、コンス・トト、コンス・ラー*、そしてコンス・シュウ*がいる。この最後のコンス・シュウは、マディーナト・ハブの周壁内で行なわれる、創世に大きな役割を果たしたケマテフ*や他の原初の神々が眠る「ジェメの丘」を祝う10年祭において重要な役割をになっていた。

「大コンス」より位が下であるとはいえ、コンス・パ・イル・セケルウ（小コンス）は人々の間でたいへんな人気があった。それは彼が人々の病を治すとともに守護神であり、「２国に使者を送る」力をもち、「彷徨う精霊を追い払う」力をもっていたためである。小コンスと大コンスの間にあった相互依存の関係は、「ベントレシュ王女」あるいは「バクタン国」のステラ（ルーヴル美術館 C284）の碑文に描写されている。ベントレシュは王女の名前であり、ステラには王女の治癒、つまり、彼女の父が統治する国の病が癒えたことが語られている。この「偽の」古文書は、ペルシア支配時代より前に彫られたはずがないが、あたかもラメセス２世の治世に書かれたように偽造されている。この物語の中でテーベのコンス・ネフェルヘテプ（大コンス）は、王の前に出現し、コンス・パ・イル・セケルウ（小コンス）のもつ魔法の力をあたえ、悪霊にとり憑かれていた王女を治癒した。この役割を果たし、テーベに帰還した「小コンス」はふたたび「大コンス」の傘下となり、バクタン国の王子が贈った感謝の品々が小コンスの手に残ることはなかった。

月の神としてコンスはトト神の役割の多くをになっている。なかでも時間の管理と命の長さの分配を司り、ヘフ*の象徴を捧げる王に「何百万という年と月、そして何十万という日々と時間」をあたえ、「心のままに長寿をあたえ」、また「短命にすることもあった」コンスはまた、裁判官、宰相、そして魔法使いであった。そしてエジプトの宗教に独特なことであるが、コンスの神官団にとって彼は創造神であった。月の満ち欠けと動きという彼らの神の変貌を神官たちは詩的な表現を使って表わした。たとえば、月が昇る様子と重ねて、コンスは「ヌン*から出現した天へと昇る美しい若者」と呼ばれる。また、三日月のコンスは「情熱的な牡牛」、さらに欠けて行く月は「去勢された牡牛」である。

コム・オンボにおいてコンスはセベク*

とハトホル*の息子であり、2つの聖域において崇拝される2つの3柱神の1柱を形成している。

ラメセス3世の治世下に造営の始まったコンス神殿、そしてカルナクの聖域内南西にプトレマイオス3世が建てた塔門「エウエルゲテスの門」には、テーベのコンス神のほぼ完璧なパノラマ図が描かれている。コンスが登場する10余りの儀式の場面において、コンスは同じ図の中で2つの異なる姿で現われることがある。コンスのもつ多様な性格は一般に考えられているように1つの特定の像に表現されているわけではない。碑文がない場合、どの図がどのコンスを表わしているかは明確でない。

そのためテーベのコンス・ネフェルヘテプは、王笏とウアス杖を手に持ち、ハヤブサの頭に大きなウラエウスをつけた月の円盤と三日月を飾った人間の立ち姿をとることもあれば、複合笏を持って玉座に座るミイラの姿の子どもの神の場合もある。さらには同じ月の象徴を頭に飾り、子どもの編み毛を持ち、王の帯状冠とメナト*の首飾りを飾ったコンス・パ・ケレドとして描かれるもある。さらにまたコンス・トト（*E* XI, pl.235）としてハヤブサの頭やトキの頭をもつこともある。同じコンス・トトが、ヘリマアト（p. 586図参照）のようにクッションの上に座り、指をくわえた小さな子どもの姿で描かれることもあれば（バンクス・ステラ n°10）、さらには、癒しを願う小像に彫られた聖なる姿の中にウジャトの目をもつヒヒの姿で彫られていることもある。コンス・パ・イル・セケルウがどの姿をとるかを決める特定の法則はないようである。聖なる特徴にかんして僅かにいえるのは、コンスの図像にともなう形容辞がなんであろうと、複合笏を持つ姿はプタハ*とオシリス*と共通しており、それはこの2人の偉大な神と同様にミイラの姿をとる場合に限られている。

船首を飾るハヤブサの頭のアイギス（バンクス・ステラn°8）は、ときにそれ自体が神と同様に信仰の対称になるが、他の動物の姿をとることもあった。プトレマイオス3世のプロピロンの台の部分には、「大コンス」が月を頭に戴くハヤブサの頭のライオンの座像として描かれている。ここでは王のカルトゥーシュを守るネクベト*やウアジェト*と結びついている。カルガのイビス神殿の壁画においては、コンス・シュウはヘムヘム冠をかぶるハヤブサの頭のワニとして描かれているが、またヒヒの姿でも描かれている。コンスはまた「偉大なるサル」であり、その姿でも登場する。タニス出土の青花崗岩の2つのヒヒの像は、コンス・ウン・ネケヌウと「小コンス」のものである。そして残された碑文から判断すると２つの像はそれぞれ「大コンス」の像の右と左に「座っていた」

特徴：アテフ冠、ウラエウス、王笏、口にくわえた指、子どもの編み毛、太陽円盤、高い羽根、月の円盤と三日月、ネメス頭巾、複合笏、ヘムヘム冠、メナトの首飾り

→アメン、イアフ、シュウ、トト、ムウト

B.: P. Clère, *La Porte d'Évergète à Karnak*, 2e partie, Planches, *MIFAO* LXXXIV, 1961; Ph. Derchain, *Mythes et dieux lunaires en Égypte*, *SO* 5, 1962; G. Posener, "Une réinterprétation tardive du nom du dieu Khonsou," *ZÄS* 93 (1966), p.115-119.

（→口絵/p.31）

サ

祭壇　AUTEL

神殿の壁を飾る多くの儀式の場面には、神々に供物を捧げる様子が描かれている。神官によって直接供物が捧げられている場面と、祭壇に用意された供物を描いた場面がある。いずれの場合も、供物を受けとる神々に食物を「差し上げる」という表現が使われている。神の聖なる食事の場合、この言葉と同じ語根の言葉によって、神々が食べ残した供物を神官らがみずからかたづけることが表現されているようである。

他の儀式の道具と同じように、祭壇は神殿の家具のひとつと考えられていた。祭壇には神秘的な要素はなく、その上に犠牲が載ることもなかった。

供物はたんに飾るように盛られることもあれば、軽く火を通されることもあった。祭壇には、その用途によって2つのタイプがあり、異なる言葉で呼ばれていた: 供物を支えるものと炎の祭壇（調理のできる祭壇）である。

正式な祭壇ではないが、籠も前者のひとつである。長方形に編まれた籠の上に載ったパンは、供物を示すサインである。ヘテプと読まれる、このヒエログリフのサインは、エジプトのすべての時代を通じて、墓に見られる供物台の原形となり、供物そのものを表わす言葉となっている。アブ・グラーブにあるニウセルラー王の太陽神殿の石の祭壇には、中央のまるい部分を囲む四角の端の部分に4つのヘテプのサインが刻まれている。

よく描かれている供物台は、非常にシンプルな形をしている。優美な円形の卓に、裾の部分が若干曲線を描く、円錐形の長い足がついている。台の上にはしばしば、ロータスの花を一輪挿した水差しが置かれた。供物台は神と、神と向かいあう人物の間に置かれた。また、パン、壺、肉、鳥、野菜、果物の籠、花など、より多くの供物を捧げるために複数の供物台が用意されることもあった。

神々の食事や飲み物を載せるための祭壇は、4つ足をもつ本当のテーブルであった。その上には、さまざまな料理が神殿の主のために日常的にふんだんに盛られた。また供物を用意した神官などの人々の目にも触れた。このように供物を顕示することは、さまざまな聖域の大きな石製の祭壇にも見られた。祭壇は一枚岩の祭壇や彫刻されたもの、ときには階段や斜路によってプラットフォームへと導かれる巨大なものとなることもあった。ディール・アル＝バハリ（神殿のテラスの上段部分）やテル・アル＝アマルナ（アテンの大神殿）などをその例として上げることができる。このような巨大な供物台の周囲には、さらに多くの小さな供物台が置かれていた。

炎の祭壇は、円卓であるが、卓の部分が皿のように凹んでおり、火鉢の役割を果たすものであった。他の供物台と同じ大きさで、一般の供物台の横にならんで置かれることもあった。また、ときには若干小さく作られ、調理中の鳥肉が載った供物台を手でかかげもち、神々に差し出すことができるようになっていた（cf. p.38口絵左上参照）。

→供物、祭壇の神々

（→口絵/p.31）

祭壇の主人（神々）

MAÎTRES D'AUTEL (DIEUX)

供物を載せる台をつかさどる神々。エドフの偉大なホルス神殿の聖なる中の聖なる部屋へと通じる扉の内側にある「供物の部屋」の両側の壁には、対称的に2つずつ配置された4つの場面が描かれている（*E* XII, pl.355-358）。ギリシア・ローマ時代の他の神殿にも見ることができる上記の場面には、神殿の主人である神が、王につき添われたもう1人の神と向かいあっている。王を先導する神はパンや花束などの供物を運んでいる。末期王朝時代の神学者たちは、古代から伝わる伝統的な使者と執事の役割を4人の

聖なる供物を集めるムネヴィス、エドフ神殿、プトレマイオス朝。

豊穣の神々に結びつけ、仲介者としての神々を想定した。彼らは明確な仕事をもっている。王が捧げた供物を祭壇*に集め、神殿の主人である神にとどけた後、その代償に、王に対して「２つの偉大な王冠」と「大地を覆う球体」をとどける。すなわち、宇宙を支配する王権をあたえるのが、その役割である。また、「地上に棲む牡牛であり、祭壇の神々の一部」である4頭の聖なる牡牛、アケト（2）*、ヘサト*、ウリト*、そしてセカト・ホル*は、それぞれ４人の執事の神々の伴をする。

ホルスと王の間に描かれた４人の神々は供物台の上に軽く前屈みになっておりその手を供物台に向かって伸ばしている。彼らを「供物台の上に屈む者」と描写する碑文を忠実に表現した図である。

上記の図では動物の頭をもつ神々であるが、生産をつかさどる神々*の行列においては、完全に人間の姿をしている場合もある。彼らは羊の頭のアゲブ・ウル*、ムネヴィス*、セマ・ウル*、そしてアピス*である。最後の３人の神々は牡牛の頭をもつ。彼らはときに供物を運んでいる者として描かれることもある。

→アゲブ・ウル、アケト（2）、アピス、祭壇、ヘサト、ムネヴィス、ウリト、セカト・ホル、セマ・ウル

B.: J.-L. Simonet, *Le Collège des dieux maîtres d'autel. Nature et histoire d'une figure tardive de la religion égyptienne*, *OrMons* VII, 1994.

魚 POISSON

オキシリンクス、ハトメヒト、ラテスを参照

サクミス SAKHMIS

セクメトを参照

サソリ SCORPION

イシス、セペルトゥウネス、セルケト、タビチェト、ヘデデトを参照

サティス SATIS

クヌムの配偶神、エレファンティネ島と第一急湍の婦人。サティス女神の名前を含む固有名詞は、第1王朝から見られ、サッカラのジェセル王の階段ピラミッドの下にある地下回廊から出土した数えきれない壺に刻まれた、あるいは彩色された短い碑文の中に見ることができる。サティスは古い女神であり、彼女の名前は、第１急湍と結びついた「セーヘル（島）のもの」を意味するエジプト語のセチェトのギリシア形である。セーヘル島はエレファンティネより少し上流に位置し、エジプトに流れ込む急流の最後の部分にある。はじめは１柱で登場したサティスであるが、クヌム*の配偶神となり、この夫婦神にアヌキス*が加わり、中王国

時代の初めには3柱神がきずかれた。しかし彼らは模範的な家族神とは異なる。アヌキスが彼らの娘であるという記録は残されていない。この時代から2柱の女神の役割はクヌム神の側でナイルの氾濫をつかさどる手伝いをすることであったと思われる。『ピラミッド・テキスト*』には、サティスが「エレファンティネの4つの壺」の水で王を清める女神であったと記されている（§1116）。彼女の名前は言葉遊びによって名前の文字を完全に変えると、「弓を引く」女神であり、矢のように氾濫を「放つ」。それを合図にアヌキスが、作物が育つようにナイルの氾濫を納める。

カイロのドイツ考古学研究所の発掘によって、第18王朝の神殿を支えている石の板の下の地下クリプタにサティスの古代の聖域が出現した。ここには花崗岩の大きな岩石が3つあり、そこから渦巻く水流が出現していた。この自然の力が神格化し、女神はナイルの氾濫と結びついた。後の時代になるとサティスはソティスやイシス・ソティスと同一視されるようになり、ヘリアカル・ライジングによって宣言される洪水の到着と結びついた。

「ラーの眼*」、あるいは「ヌビアを支配するもの」という称号を分かちあうアヌキスのように、「その美しさで二国に光をあてる」サティスは、南から襲ってくる敵に「鋭く噛みつくような痛みをあたえる矢」を放ち、エジプトの南の境界を守っている（『コフィン・テキスト*』呪文 313）。ヌビアとの結びつきによってサティスは、デンドゥールの例のようにマンドゥリスの配偶神となることがある。また、ヌビアのアメン*の配偶神であり、アヌキスとともに地元の多くの聖域に登場する。エジプト本土においてはサティスはディール・アル＝マディーナにおいて深い信仰を受けている。この地では王の墓の職人によって、外国の神々がテーベの地に紹介されている。また、ファイユームにおいてもエレファンティネの3柱神の1柱であるサティスは、ナイル急湍におけるナイルの氾濫をつかさどる神として崇拝されている。

中王国時代以前の女神の像は知られていない。中王国時代末期においてサティスの姿は定着したようである。エレファンティネのメンチュヘテプ2世の聖域に残る唯一のレリーフには、肩紐のある鞘型の衣をまとい、赤冠をかぶった姿で描かれている。第12王朝においてはつねに簡素な鬘をかぶっており、ハゲワシの髪飾りをかぶっている場合とかぶっていない場合がある。センウセレト1世の治世において初めてアンテロープの長い角に囲まれた白冠をかぶるようになる。この冠は直接頭の上に載っている場合と鬘の上に載っている場合がある。鬘は不思議にハゲワシの髪飾りと結びついており、ときにうなじの上につけられた尾の部分しか残っていない場合がある。そして額の上には、ウラエウスのようにハゲワシの頭が飾られている。このようにして上エジプトの冠は、サティス特有の冠へと発展した。しかし女神はまたアテフ冠*をかぶることもあった。とくにディール・アル＝マディーナにおいては、アテフ冠をかぶったサティスが見られる。またプスケント、あるいは、ウラエウスをつけたバンドを巻いた鬘の上に、ハトホル冠、牡牛の角や太陽円盤を載せていることもある（*MH* VII, pl. 566）。サティスがソティスやイシス・ソティスと同一視されている場合は、末期の青銅製の像に見られるように、白冠の天辺のまるい部分、あるいは冠の額の上の部分に星が飾られている。

フウ*とシア*、あるいはイリ*やセジェムのように互いに離れることのできない「1対」の神の場合のように、ギリシア・ローマ時代になると1柱の女神がサティスとアヌキスの2柱の女神を同時に象徴するようになる。多くの場合、サティスはさらにソティスと混同され、ハゲワシの髪飾りの上にハトホル冠をかぶるようになる（*E* X, pl. 93）。

特徴：アテフ冠、アンテロープの角、ウラエウス、帯状冠、白冠、赤冠、ハゲタカの髪飾り、ハトホル冠、プスケント、星

→アヌキス、クヌム、ソティス

B.: D. Valbelle, *Satis et Anoukis*, Mainz am Rhein, 1981.

（→口絵/p.32）

「サ」のサイン　*SA* (SIGNE)

守護を表わす護符。その性格が不明なジェド柱*とは異なり、古王国時代のマスタバ墳の壁に刻まれた場面から、「サ」のサインの意味は明らかであり、護符に選ばれた理由も明確である。このサインは、パピルスで編まれたマットを巻いたもので、材質はしっかりとしていて固い。まるめるように折って、先端に近い部分をくるくる結んだものである。マットの製作の図のほかに、まるめられたマットが、漁師や牛飼いなどによってどのように使用されているかを示す場面を見ることができる。漁師は、首と片方の肩に、それを浮きのように掛けている。また牛飼いは、野生に近い家畜の角による攻撃から身を守るために使用している。

牧畜民が身を守るために使った、編んだマットが、あらゆる危険から身を守るための護符となったのはごく自然なことである。

サインの形は時代とともに変化した。最初は、編んだリースの形に近かったが（中王国時代の首飾りの要素）、次第に結んでいる部分の位置が高くなり、アンク

のサインの棒の部分の先端が割れたような形になっていった。

護符となった、まるめたマットの図は様式化して特定の神々の特徴となった。タウレトやイペトは、その守護神としての役割を強調するために、その前足をそれぞれ「サ」のサインに載せて、体を支えている。まれに、1つのサインに両手を載せていることもある（p.165図参照）。
→イペト、トゥエリス、ベス

サフ　SAH

オリオンを参照

サマヌフィス　SAMANOUPHIS

シェマネフェルを参照

サラピス　SARAPIS

アレクサンドリアの主要神。アレクサンドリアにおける主要な神であるサラピスは、数世紀もの間にわたってエジプトのパンテオンを広げていった神々の1柱である。神格化という栄誉を受けた人物などのまれなケースや、異国の神が輸入された場合とは異なり、サラピスは、プトレマイオス朝の権力、そしてユニークなことに古典作家による完全なる創造の産物であった。サラピスの出現は古典作家と完全に時代が一致するわけではないが、後1世紀、その信仰が浸透する過程において創作は続いた。サラピスの創作には、アレクサンドロス大王の意図や、プトレマイオス3世のかかわりがあると見られている。しかし、プルタルコス（『イシスとオシリス』、28-29）やタキトゥス（『歴史』、IV、83-84）による、サラピス信仰のギリシアにおける起源や神の複雑な性格の記述など、一般に広まっている説を信じれば、プトレマイオス1世の見た夢が大きな役割を果たしていたようである。「この神の起源はギリシアの作家によって明らかにされていない。エジプトの神学者は次のように語っている。偉大なエジプトを確固たるものとしたマケドニア王朝の最初の王プトレマイオスは、アレクサンドリアの基礎、城壁、神殿、そして宗教などをきずいていた頃に次のような夢を見た。夢には美しく、だれよりも背の高い若者が現われ、ル・ポンまで王の最も信頼おける友に自分の彫像を運ばせるように指示した。この彫像を迎える王国や町には繁栄が約束される。その後、この若者は燃え盛る炎の中を天へと昇っていった[…]この神は、病んだ体を癒すことから、多くの者はアスクレピオスではないかと考えた。また、人々に人気の高かったオシリスだと考える者、またすべての主人であるジュピターであると考える者がいたまた、その象徴から大半の者は冥界の神ディス・パテルであると考えている」

プルタルコスによれば「多くの神官が

サラピスはオシリスとアピス*の要素をもっていると証言している」。実際、サラピスの名前は上記の2柱の神の名前でできている。メンフィスの古い神は死後オシリスとなり、エジプトの神の中にヘレニズムの要素を入れることによってエジプト土着の信仰とマケドニアの宗教が1つになっている。

サラピスは冥界の神であり、オシリスから葬送の神の性格を引き継いでいる。しかし冥界の主人であるサラピスはまた、古代のエジプトの神と同様に豊作をつかさどる神でもある。豊穣の神は、王冠として1ブッシェルの穀物を測るのに使用されたカラトスを頭に戴いている。サラピスはまた、夢の中に出現する託宣の神であり、癒しの神である。サラピス信仰は、イシス信仰の広まりによって恩恵を受けるまでの間、前2世紀から後1世紀においては翳りを見せたが、王の役割と密接に結びつき、プトレマイオス朝の守護神であった。

サラピスの記念碑は、エジプトの神々との結びつきを明確に示している（アヌビス*、アピス*、ホルス*、ベス*、ハトホル*、オシリス・カノポス*）。また、ギリシアの神々との結びつきも明らかである（アスクレピオス、アフロディテ、アポロン、アテナ、デメテル、ハイジ*、ディオスクレス、セレネ、ヘルマヌビスなど）。しかしサラピスの妻はイシスであり、これによってオシリスに代わって、2人はアレクサンドリアの王の夫妻となる。息子ハルポクラテスとともに、彼らはイシス信仰の3柱神を形成する。

石製、そして木製の彫像、胸像や頭像、ブロンズやテラコッタの小像、ランプ、装飾を施したカップ、彫刻を施した宝石、カメオ、貨幣など。今日までサラピスの図像は豊富で、1500余りの多様な作品が残されている。

エジプトの神とは、ほど遠い姿のサラピスは純粋にギリシアの神である。つねにキトンやヒマティオンを身につけ、玉座に堂々と座る姿は、「若く美しい男」というより、一目でサラピスとわかる、カラトスを頭に載せた中年、あるいは老人の姿をしている。ハデスのように地獄の入口を守る犬ケルベロスをともない、その頭の上に手を載せていることもある。

ときに立像、あるいは半分体を横たえたサラピスの体は、下の部分をヒマティオンの襞で覆われ、顎には髪と同様にふさふさとした豊かな巻き毛の髭をたくわえている。額には特徴的な巻き毛の房が5本たれている。片手は上げ、もう一方の手には王笏、パテラ杯、豊穣の角、あるいは植物の王冠を持っている。あるいは同時に上のうちの2つを持っていることもある。

他の神々と同化したサラピスは、独特の姿をもつようになる。しばしばアメン*と混同されるサラピスは牡羊の角と羽根の王冠をかぶっている。また、ヘリオス*と同一視される場合は、太陽光線の後光をもつ。ヘラクレスと同化する場合は裸体が強調され、棍棒を持つ。アガトデモンの場合は、人間の頭をもつ蛇の姿。また、イシス・テルムティスを象徴するコブラの場合は、完全に蛇の姿をとることもある。

特徴：アテフ冠、王笏、カラトス、植物の冠、パテレ、豊穣の角

→アガトデモン、アヌビス、アピス、イシス、オシリス、ハルポクラテス

B.: J. E. Stambauch, *Sarapis under the early Ptomemies, EPRO* 25, 1972; W. Hornbostel, Sarapis. *Studien zur Überlieferungsgeschichte, den Erscheinungsformen und Wandlungen der Gestalt eines Gottes, EPRO* 32, 1973; Ph. Borgeaud, Y. Volokhine, “La formation de la légende de Sarapis: une approche transculturelle,” *ARG* 2 (2000), p. 37-76.

（→口絵/p.32）

サル　SINGE

アトゥム、トト、ハピ、８柱神、ヘジュウルを参照

3柱神　TRIADE

創世神はその役割から１柱であるが、創世神を除き、エジプトのパンテオンの神々が１柱でいることはまずない。実は９人とは限らない多くの９柱神*のほかに、ヘルモポリスの８柱神*や８柱のヘフウがいる。また４柱の群神、また正反対の役割をもつ２柱の神々、あるいは互いに補いあう２柱の神々、そして複数を最も端的に象徴する３柱神が、一般によく見られる神の群像の形である。とくに末期王朝になると、聖家族を構成する多くの３柱神が、エジプト中に見られるようになる。そしてほぼすべての大きな聖域において神学者は、聖なる家族を構成するために、テーベではハルプラー*コム・オンボではタセネトネフェレト*など、新しい神を「創り」、子どもや妻、ときにはその両方を与えた。

最もよく知られているのがオシリス*、イシス*、そしてホルス*で構成される家族であるが、もともとは単独に存在していた神々によって構成される３柱神はふつう、夫婦と子どもの神によって形成される。末期王朝においては、子どもの神の名前の後には「子ども」という形容辞が続くことが多い。特定の神殿などと結びつかないオシリスの家族とは異なり、多くの聖家族は神殿や地域と密接に結びついている。最も有名なものはメンフィスの３柱神であり、プタハ*、セクメト*、ネフェルトゥム*で構成されており、そしてテーベの３柱神はアメン*

ムウト*、そしてコンス*である。彼らはタニスなど他の地域においても崇拝を受けている。また、エドフのホルス*、デンデラのハトホル*とその息子ハルソムトゥス*。そしてコム・オンボの2つの神殿では、一方にセベク・ラー*、ハトホル、コンス、そして他方にハロエリス*、タセネトネフェレト、パネブタウイ*の3柱神がいる。さらにエスナのクヌム*、メンヒト*、ヘカ*。そして同時代のアレクサンドリアでは、サラピス*がオシリスに代わり、イシスとハルポクラテスとともに聖家族を構成している。

他の「3柱神」の中には古典的な家族構成をもたないものもある。第1急湍のアヌキス* がその例である。中王国時代に3柱神の一員として加わったアヌキスは、クヌム神とサティス*の娘ではない。彼女はナイルの氾濫の水を鎮め、引かせる役割をもち、氾濫のプロセスの中でクヌムやサティスの役割を補っている。2人はナイルの水かさを増すのに対し、アヌキスは水を引かせる。また、ディール・アル=マディーナでは、理由は明確ではないが、王のネクロポリスの職人によって崇拝を受けていたアジアの神々であるカデシュ*とレシェプ*がミン神*と共に3柱神を形成している（p.23口絵左上参照）。また、第19王朝になると「国家の3柱神」といえるものが神学者らによって構成された。これは、エジプトの3つの主要な首都の神々を集めたもので、「アメンの讃歌（ライデン・パピルスI-350）に明確に記されている。「3人の神々、アメン、ラー*、プタハは他に比類なき神々である。その名前はアメンのように隠されている。顔はラー、体はプタハ。彼らの町はエジプトの中で永遠に栄える。テーベ、ヘリオポリス、フウト・ア・プタハ、すなわちメンフィスは永遠に続く」。キリスト教における三位一体の概念はなかったと思われるが、プタハ・ソカル・オシリスのように3つの名前で表される「複合的な神」は、3柱神というよりも三位一体に近い存在といえる。

また3柱神の神々は、同じ神の異なる側面を表わすこともあり、3つの異なる表象が可能である。わかりやすい例としてタニスにあるテーベのコンス・ネフェルヘテプ（「偉大なるコンス」）は、右にコンス・ウン・ネケヌウ、そして左にコンス・パ・イル・セケルウ（「小さなコンス」）と2つのコンス像に囲まれている。

→アメン、オシリス、9柱神、クヌム、セベク、8柱神、プタハ

B.: H. Te Velde, “Some remarks on the structure of Egyptian divine triads,” *JEA* 57（1971）, p.80-86; J. G. Griffiths, *Triads and Trinity*, Cardiff, 1996.

（→口絵/p.32・33）

シア　SIA

イリ、フウを参照

シェズムウ　CHEZMOU

ワイン圧搾機と香油の神。エジプトには非常に複雑な性格をもつ神々がいる。しかしシェズムウほど、2つのまったく正反対の側面をもちあわせる神はいない。ときに慈悲深い神であり、また、ときに血なまぐさい屠殺者である。

ワインの圧搾機を人格化した神であり、ワイン絞りのサインが名前を表わす事実が、シェズムウの性格の2面性を説明している。このことは『ピラミッド・テキスト*』の中にすでに記されている。シェズムウは彼自身が人格化している圧搾機から絞り出される、王に捧げる「葡萄の液体」の主要な守り神である(§1552a)。また、ワインの赤が血を思わせることから、残虐な屠殺者のイメージがあり、『ピラミッド・テキスト』の『人肉食の讃歌』に記された驚くべき内容には、神々を切り刻み、死者である王の食事としてあたえるために「夕げの鍋の中で、肉片を焼く」とされている(§403a-b)。後になると、手に血のついたナイフを持つ姿で、あるいは、葡萄の房を押しつぶすように、網の中の罪人の頭を満足そうににぎりつぶす姿が見られる。遂には、みずから増殖し、死者が恐れる、怒れる神々の一群となる(『コフィン・テキスト*』呪文469)。

新王国時代になると、その性格は発展し、圧搾機を使って作る香油や香料など他の製品のイメージが発酵した液体のイメージにとって代わる。また、血に飢えた殺戮者のイメージは薄れ、「偉大なるシェズムウ」として知られるようになる松明のための松脂や、聖なる像に施す貴重な軟膏、ミイラ作りの薬剤を作る神として、シェズムウは「香料調合所の主人」となり、ミイラ作りの準備に必要な包帯を用意するタイト女神*やヘジュヘテプ*と同じ葬送の神の称号をえる。

早くからレトポリスの牡羊の神ケルティ*と結びつき、またときに同一視されたシェズムウは、下エジプト第2ノモスの都の神であり、中王国時代からは、いくつかのデカンの神でもある。

シェズムウの図像は、主にギリシア・ローマ時代から検証されている。デンデラでは、神殿の屋上に導く階段の壁に、王の夫妻、そしてハトホルの礼拝所に向かって女神のナオスを運ぶ神官、あるいは聖なるものの中で最も聖なる場所へとふたたびナオスを降ろす神官の後に続いて、両腕にそれぞれの供物を持って運ぶ多くの神々とともにいるシェズムウを見ることができる。シェズムウの姿はそれぞれの行列の中に、2つの側面をもつ神として2回見ることができる。まず、香料の神として、タイト女神につき添われライオンの頭をもち、両手に軟膏の壺を持った姿で描かれている。また、聖なる屠殺者として、メンフイ*の後にいるシェズムウは完全に人間の姿で、腰布をつけ、3つに分けた鬘をかぶり、顎には神のつけ髭をつけている。手には皿を持ち、その上には、対称的にその実際の大きさとは無関係に、2本の牛の足と、2切れの牛の肉、そして2体の死骸の破片が載っている。

デンデラでは、オシリスの遺骸を守る神の1柱であり、夜の第12番目の時間と、昼の第1番目の時間の見張りに就いている。シェズムウは牡牛の頭をもち、少なくとも昼の見張りの図では、角の間に圧搾機とセド祭のヒエログリフのサインの中間のようなめずらしいサインを載せている。

特徴：ナイフ、軟膏の壺、肉片

→香、ケルティ、生産をつかさどる神々、タイト、軟膏、ヘジュヘテプ、ホルスの眼、メレヘト、メンフイ

B.: M. Ciccarello, "Shesmu the Letopolite" dans *Studies in honor of Georges R. Hughes, SAOC* 39 (1976), p. 43-54.

（→口絵/p.33）

シェズメテト CHEZEMTET

ライオンの女神。バステト女神*、あるいは、セクメト女神*の姿のひとつとして描かれることが多い。第4王朝には、シェズメテト信仰があったことが、神官の称号によってわかっている。ライオンの女神として明確な性格をもっている。エルカブのプトレマイオス朝の聖域においては、ネクベト*と同化しているようである。ギリシア人がスミティスと記すようになったその名前の語源は、シェズメトと呼ばれるシナイ半島の地域と密接な関係がある。シェズメトとは、この地域で産出される鉱物であるマラカイト（孔雀石）や、遊牧民が身につける腰帯と同音である。この腰帯はソプドゥ神の特徴であり、美しい緑の石（緑色マラカイト）で作られたビーズで飾られている。

シェズメテトは、太陽が昇る東の地域の女神であり、『ピラミッド・テキスト*（§§ 262b、2206c）』の呪文には、地平線から生まれる太陽、すなわち王、の母として描写されている。そして『コフィン・テキスト（呪文310、364、485）によれば、すべての死者の母でもある。

ときに「プントの女主人」と同一視されるシェズメテトは、バステト*、ウアジェト*、そしてセクメト*と結びつき、4人の姉妹を形成している。そしてハトホル女神と結びつき、ハトホルの4つの顔を象徴している。

シェスメテトが初めて登場するニウセルラー王の葬祭殿（ベルリン・エジプ

ト博物館所蔵のステラ、N°16101)、後の時代のサフト・アル＝ヘンナのナオス*、あるいはまた、デンデラのギリシア・ローマ時代の神殿（*D* X, pl. 97）において、シェスメテトは、ほぼつねにライオンの頭の女神として描かれている。「遊牧民の衣装」を身につけていると考えられているシェスメテトは、とくに目立った特徴はないが、ときに太陽円盤を頭に飾り、腕には守護を象徴する翼をもつ時がある（アビュドス、セティ1世の神殿のオシリス礼拝所の天井)。

デンデラの神殿や誕生殿には、ライオンの頭をもつ蛇として描かれている。これは1年の各1日の守護神の役割をあたえられた他の女神と同じ姿である。

特徴：太陽円盤、翼

→ウアジェト、セクメト、ソプドゥ、バステト、プント

B.: P. E. Newberry, *"SSMT," Studies presented to F. Ll. Griffith*, Londres, 1932, p. 316-323, pl. 50; Ph. Derchain, *Elkab I. Les Monuments religieux à l'entrée de l'Ouady Hellal*, Bruxelles, 1971.

シェセルウ　CHESEROU

使者の精霊を参照

シェド　CHED

救いの神。現在残っている資料によれば、おもしろいことに、「唯一神」の時代であったアマルナ時代に、蛇やサソリから守ってくれる神として、シェドは初めて登場する。儚く消えたアクエンアテン王の都、アケトアテンにあった家の中から出土した2つのステラにシェドは描かれていた。

この時代から、シェドの名前の意味である「救うもの」は、護符や、後に「ホルスのステラ」へと発展する奉納の飾り版に多く現われるようになる。イシス*の息子であるシェドは、彼自身がサソリに刺された時に、母の魔術で治癒したことをきっかけに、みずからが「救い主」となっている。そのため、しばしば毒のある危険な動物を操っている、あるいは殺している姿で描かれる。

ホルスと同一視されることの多い「偉大なる神、天の主人」シェドは、他の多くの神とも多様な関係を結んでいる。たとえば、イシスは、アマルナ出土の2つのステラにおいて、シェドにアンクのサインを渡している。あるいは、シェドはベス神*とともに戦車に乗っている。シェドはまた「2国に生命をあたえる」プタハ*と結びつく。フルン*は、多くの小型の護符ステラの反対の面を飾り、特別な結びつきを感じさせるばかりでなく、シェドが元来メンフィスに起源をもつ神であることを示唆している。あるいは、図像を詳しく観察すると、レシェ

シェド、ディール・アル＝マディーナ出土の書記ラモーゼのステラ。第19王朝、カイロ・エジプト博物館（JE 72024）。

プ*のように額にガゼルの頭を飾っていることから、アジア起源の神である可能性もいなめない。

記念碑によって姿は若干異なるが、シェドはつねに若い王子として描かれている。ときに裸で、胸には大きな胸飾りを飾っている。また、しばしば後ろの方が長い腰布を巻いている。そして子どもを示す編んだ髪の房をつけている。頭にはウラエウスではなく、ガゼルを飾った冠をかぶっている。

古い時代の２つの碑文には、若いホルスの試練を思わせるように、巨大なサソリが２本の矢でおびやかされている場面がある。サソリの上には、救い主である神が、弓、矢、そして矢立てを持って立っている。

その後、シェドは２匹のワニの上に立ち、それぞれの手に蛇*やサソリをつかんでいる姿で描かれるようになる。ときには数頭のライオンやアンテロープをつかんでいることもある。手には矢とともにライオンのたてがみやアンテロープの角をつかんでいる姿が描かれる。

最後に、後の時代の呪術ステラには、王の狩りの様子を描いた場面と似た図が見られる。グリフォンや、勇ましく駆け出そうとする馬が引く戦車にシェドが乗っている。戦車の操作はベス神に任せている。ベスは、口輪をつけた２頭のワニにつないだ手綱をにぎっている。シェドは、目の前で逃げる危険な動物たちに矢を放っている。あるいは、槍で突き刺している。

特徴：ガゼルの頭、子どもを表わす編んだ髪の房、戦車、矢、矢立て、槍、弓

→グリフォン、ハルポクラテス、フルン、ベス、ホルスのステラ

B.; G. Loukianoff, “Le dieu Ched. L’évolution de son culte dans l’ancienne Égypte,” *BIE* XIII (1931), p. 67-84, pl. I-III; J. Berlandini, “Bés en aurige dans le char du dieu-sauveur,” dans *Egyptian Religion – The Last Thousand Years, Studies Dedicated to the Memory of Jan Quaegebeur, Part I, OLA* 84, p. 31-55.

ジェト　DJET

永遠を参照

ジェド DJED

ジェド柱を参照

ジェド柱 PILLAR-*DJED*

オシリスの護符、安定の象徴。古代エジプト人が飾りとしてしばしば使用する「ジェド柱」と呼ばれる物体の正確な意味は、どのテキストにも記されていない。先史時代の暗闇の中から生まれたこの象徴は、どの時代においても繰り返し使用される聖なる象徴であるが、それが具体的になにを意味するかは不明である。

しばしば枝分かれした幹が描かれているが、最古の形は、様式化した穀物の束であった可能性があり、もともと、古代における農耕の祭礼と関係があったと考えられる。この広がった足のある柱はまた、頭をもち、たくさんの帯の上に平らな4つの要素が重なるように置かれ、オシリス*の背骨を象徴している。『死者の書*』第155章にある「黄金のジェド柱の呪文」によると、シコモア・イチジク*の繊維で作った紐でジェド柱の護符を首に掛けて埋葬された死者は、「黄泉の国で幸福な者」になると記されている。また、この象徴は、安定と継続の象徴であり、ジェド柱の形のヒエログリフのサインには同様の意味がある。

聖なる象徴はプタハ神*、ソカル*、そしてオシリスと結びつくようになり、オシリスとは完全に一体化する。簡素なジェド柱は、「オシリス・ジェド」と呼ばれる（たとえばルーヴル美術館にあるアマシスのナオス（D 29））。また、ジェド柱には、しばしば目や腕が加えられ、「生きた」姿になる。そのイメージは聖なる存在として、「偉大なる神、天の主人」という形容辞があたえられる。あるいはまた、「偉大なるジェド、神々の父、聖なる中で最も聖なる中に宿る者」とされる。

オシリスと同一視されたジェド柱は、祭りの間、巨大なオシリス・ジェドとして台座の上に載せられた。この祭礼はエジプト語でジェドゥウと呼ばれたデルタ地帯の町ブシリスで始まったものである。この町の名前は1本、あるいは2本のジェド柱で記される。そしてこの町にオシリスの背骨の柱が埋葬されていると考えられている。しかし『コフィン・テキスト*（呪文337と338）』に記されていることから、ジェド柱は、メンフィスにおいて少なくとも中王国時代から知られていたことがわかっている。氾濫の季節の最後の日、コイアクの月の30日の夜明けに、王自身が「ジェド柱を立てる」行事を行なう。それはアビュドスの神殿に見られるセティ1世のように、1人でジェド柱を持つ場合もあれば、ケルエフ墓（TT 192）のアメンヘテプ3世のように、神官の力を借りて縄で引いていることもある。祭礼の中で王は、息子であるホルス*の役割をになっている。祭礼はオシリスの再生復活、敵を倒す勝利、そして息子への王権の継承を象徴している。これはファラオの王権を祝う儀式である。

しかし、ジェド柱は生きている者ばかりでなく、死者を守る護符として、数えきれないほど多様な大きさ、そして材質で作られている。ジェド柱の優美なシルエットは馴染み深いものである。ジェド柱はまた、イシスの結び目*と結びつきがあり、装飾フリーズなどに、交代に描かれることがある。また、アンク*のサインやウアス杖とも関係が深く、プタハとコンス神*が持つ混合笏などに見ることができる。

オシリスと同一視されることによって、この象徴は聖なる人格と考えられるようになり、多様な記念碑に描かれた。アビュドスの神殿のオシリス複合体においては、供えられたオシリス・ジェド柱に、セティ1世が2枚の布を捧げている図がある。ジェド柱は白いバンドで留められた赤く長い腰布をまとい、上に載せた要素の1つに目が描かれ、頭となっている。そして2枚のまっすぐな高い羽根を載せた太陽円盤をかぶっている。それに対してケルエフの墓では、台の上に立つジェド柱は、そのかたわらの碑文から「ソカルの宮殿にいるオシリス」であることがわかる。そして装飾からそれが死者の神であることが明白である。太陽円盤と2枚のダチョウの羽根で飾ったジェド柱の上の部分が頭の代わりになっている。他の場面では、単純に人間の頭が載せられたジェド柱には多様な冠が飾られている。あるいはまた、太陽の船を載せる支柱となって腕をもつ場合がある。また、手には位置によって王笏、ときには2本のウアス杖、あるいはまた、聖水を入れた壺を持ち、糸のように描かれた聖水を撒いていることもある。また、崇拝の姿勢で両腕を挙げている場合や、守護のポーズで翼を広げていることもある。

特徴：アテフ冠、ウラエウス、王笏、聖水の壺、太陽円盤、角、翼、羽根、ヘヌウ冠

→イシスの結び目、オシリス、ソカル、プタハ

B.: H. Schäfer, "Djed-pfeiler, Lebenszeichen, Osiris, Isis," *Stuies presented to F. Ll. Griffith*, London, 1932, p.424-431; J. van der Vliet, "Raising the djed: a rite de marge," S. Schoske (éd.) *Akten des vierten Internationalen Ägyptologen-Kongresses, München 1985, Band* 3 (1988), p. 405-411.

(→口絵/p.33)

ジェバウ　DJEBAOU

シェブティウを参照

シェプシィ　CHEPSY

月の神。新王国時代の初め、ヘルモポリスのパンテオンは、「偉大な（神）」という意味をもつ名前の新しい神をその数に加えた。この名前は実際のところ、あらゆる神の形容辞にすぎない。それはシェペス（後のシェプシィ）である。彼が１人の神として初めて登場するのは、アメンヘテプ２世の時代の人物の彫像に彫られた供物の定型文である。そこにはトト神*とならんでシェプシィの名前が記されている。

シェプシィは太陽円盤をかぶっていることもある。またメルエンプタハ王時代のヘルモポリスでは、アメン神殿の碑文がテーベの偉大な神と同一視している。しかし、トキの頭の姿で描かれていることや、テキストの中で、ネヘメタウイ*が配偶神とされていることから、どうもシェプシィはトト神の姿の１つではないかと考えられる。

碑文には、シェプシィは「偉大なる神、天の主人」とされる。しかし多くの場合、彼は「ヘルモポリスに住む者」であり、彼はヘルモポリスの「主人」であるとされている。プトレマイオス朝のあるテキストには、８柱神の８柱の原初の神々は、「父親であるシェプシィと同様に、ウヌウにその場所をもつ」とされている。

シェプシィの図像は、大半がラメセス朝（アブ・シンベル、マディーナト・ハブ、王妃の谷付近の墓など）に属し、３つのタイプに分けることができる。完全に人間の姿のもの、ハヤブサの頭のもの、そしてトキの頭のものである。人間の姿の場合は、編んだ髭とまるい鬘をかぶり、太陽円盤、あるいは月の円盤と三日月を頭に飾っている。ハヤブサの頭をもつ場合は、３つに分けた鬘をかぶり、上下エジプトの２重冠をかぶっている。トキの頭の場合は、アテフ冠を支える捩じれた牡羊の角を飾っている（*MH* VII, pl. 546）。

特徴：アテフ冠、ウラエウス、太陽円盤、月の円盤と三日月、プスケント

→トト、ネヘメタウアイ

B.: B. Schmitz, “Ein weiterer Beleg für den Gott Schepsi; Hildesheim pelizaeus-Museum 5134,” *Studien zu Sprache und Religion Ägyptens zu Ehren von Wolfgang Westendorf überreicht von seinem Freunden und Schülern*, Göttingen, 1984, p. 841-852, pl.1.

（→口絵/p.34）

シェブティウ　CHEBTYOU

創世の神々の集団。エドフに伝わる特別な神々。エドフの神学者が想像した創世神話の主役の中に「偉大なるシェブティウ」がいる。彼らはエドフ神殿の創設神話と結びついた８柱の神々であり、「聖なる供給者」と呼ばれている。そし

て「兄弟」とされているジャイスウ*や建造の神々*と同じように「タテネンの子どもたち」と考えられている。彼らは、創世を助けた神々として、天地創造の証人であり、また、彼らは集合的に声を発して世界創造に参加したとされている。より具体的にいえば、彼らの最初の2柱、「遠くの者」であるウアと「偉大なる者」であるアアの行為によって宇宙は創られた。建造の神々の最初の神であり、実際に仕事を行なったネヘプと同様に、ウアとアアは他のシェブティウの「力」をともなわずに多くの場面に登場する。彼らはエドフの創世神話において重要な役割を果たし、神殿の周壁の北壁内側の場面にその図が描かれている（*E* X, pl. 149、*E* XIV, pl.561）。創造された世界を混沌から「分離する者」として、ウアとアアは原初の水によって運ばれた葦の束を動かないように固定した。そして聖なるハヤブサ、ウト・ジェス・ホルが休むことのできる浮き（ジェバ）となるように安定させた。同時にエドフの町と上エジプト第10番目のノモスに名前をあたえた。

同音である「浮き」という言葉と「あたえる（ジャウ）」という動詞はジェバと読める。この言葉遊びを使い、エドフの場面にともなわれる碑文は、シェブティウを「ジェバウ」と描写している（*E* X, pl.105）。エルマントのプトレマイオス王朝の神殿のクリプトに刻まれた短い創世神話には、神話の中で「プタハ*の子どもたち」とされるヘルモポリスの八柱神、6柱の建造の神々、そして7柱のジャイスウをともない、シェブティウはジェバウの名前で登場する。

シェブティウの最初の2柱がホルスの「浮き草」を固定している。エドフ神殿の周壁の北壁（内部）、プトレマイオス朝。

ハヤブサの頭をもつジャイスウや、牡羊の頭をもつ建造の神々とは異なり、シェブティウはつねに人間の姿をしている。エドフ神殿のプロナオスの外側、建造の神々の図の下、西の壁の最上段には8柱の神が全員描かれている。ならぶように座り、プトレマイオス9世とともに、聖なる銛、すなわち、「ベヘデトの偉大なるホルスの棍棒」であるセゲメフの槍、そして葦の「浮き草」に止まるハヤブサを崇拝している（*E* X, pl.105）。ウアとアアが葦の束を抑えている場面のほかに、この2人が他のシェブティウをともなわずにヘルモポリスの8柱神（E X, pl.152, E XIV, pl.605）やジャイスウ（E X, pl.147, E XIII, pl.539）とともに神殿の基礎を作る儀式に参加している図が描かれている。

特徴：アンクのサイン、ウアス杖

→建造の神々、ジャイスウ

B.: E. A. E. Jelinková, "The Shebtiw in the temple at Edfu," *ZÄS* 87（1962）, p.41-54; E.A.E. Reymond, "The Children of Tanen," *ZÄS* 92（1966）, p.116-128.

シェペセト　CHEPESET

守護の女神。本来「高貴な婦人」を意味するシェペセトは、（たとえば、オペト神殿のラトタウイのような）女神の形容辞や、王妃の称号に使われていたが、新王国時代になると女神としての独立した存在となる。

いわば、女性の守護を約束する個人的な守護の天使のような役割を果たしている。あるいはレネヌウテト*やメスケネト*に近い女神で、彼女等と同じように、運命を人格化した神であるシャイ*の配偶神である。

また、4柱、まれに7柱の軍団で現われる女性の精霊の場合もある。宗教的な魔法の書には、しばしば「メンフィスに住む4柱のシェペスウト（複数形）」のように記されていることがある。これは出産の部屋の4つの壁を象徴しているようである。そのため4つの方位から訪れる危険に向かい、誕生の瞬間の母と子どもを守っている。メッテルニヒ・ステラにおいて、ホルスの体を守る姿にその例を見ることができる。彼女たちは、墓の4つの壁に置かれた4つの魔法のレンガとも結びついている。さらに、石棺の4つの隅で使者の遺体を守る4人の女神とも同化している。そして彼女たちは松明で悪の影響を追い払うカバの女神とも同一視されている。そして特定の順番で、1年の12ヶ月を守っている。

シェペセトは大きな特徴をもたず、特別な図像をもたない。たんにふつうの女神であり、「4柱のシェペスウト」が登場する魔法の書には、彼女たちに関する特別な描写はない。

シェペスウトが、1年の月の保護や建物の保護を約束するカバの女神と同一視される場合は、図像もカバの女神の姿であり、フィラエ島やデンデラの誕生殿のアーキトラーブ（台輪）に見られるように、太陽円盤と2枚の羽根を載せた帯状冠を頭に載せ、トゥエリス*のように守護の役割を象徴するサのサイン*の上に前足を載せ、立った姿で描かれている

→シャイ、月の神々、トゥエリス、メスケネト、レネヌウテト

B.: J. Quaegebeur, *Le dieu égyptien Shaï dans la religion égyptienne et l'onomastique, OLA* 2（1975）, p.155-160.

シェベト　CHEBET
　ウンシェブを参照

シェヘブ　CHEHEB
　風（4つの方位）を参照

シェマイウ　CHEMAYOU
　使者の精霊を参照

シェマイト　CHEMAYT
　タイトを参照

シェマネフェル　CHEMÂNEFER
　ワニの神。末期王朝の固有名詞学によれば、他の地域においても崇拝を受けていた可能性があるが、シェマネフェルはギリシア・ローマ時代のエスナ神殿の装飾と碑文のほかには登場しない。ときにセベク・ラー*と同一視される神は、ネイト女神の息子であるが、「イヘト*の牡牛から生まれた」シェマネフェルはまた、「メヘト・ウレト*の角の間にいるラー*」でもある。言い換えれば、それは朝に昇る太陽のイメージであり、牡羊の頭をもつワニは、「大地を明るくするもの」と呼ばれ、対称性の遊びにより正面の壁の内側に飾られた姿は、ラー自身のもつもう1つの姿と考えることができる。

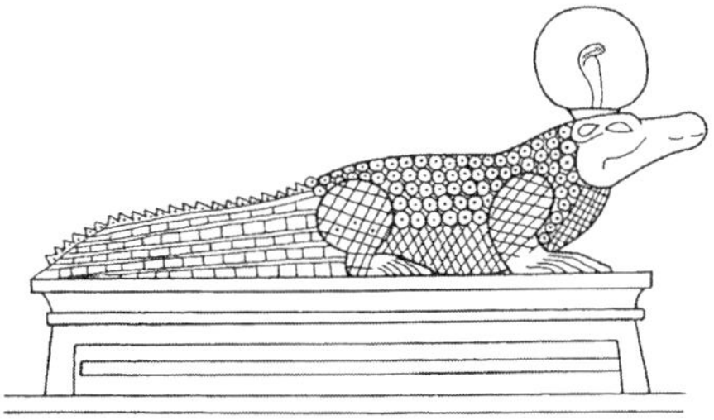

シェマネフェル、エスナ神殿、ローマ支配時代。

　ギリシア語に訳すと、その名前は「美しい南のもの」を意味するサマヌフィス、あるいはセメノフィスであるが、それはワニの細長い姿と、神のもつ良き性格を思わせる名前である。
　頭には、ウラエウスを飾った太陽円盤を載せ、シェマネフェルは、塔門の形の台座の上に載った姿で描かれる。あるいはまた、ワニの頭をもつ人間の姿で描かれ、立っている場合と座している場合があるが、太陽円盤、アテフ冠、ヘムヘム冠、あるいはヘヌウ冠をかぶっている。
特徴：アテフ冠、ヘムヘム冠、ヘヌウ冠、太陽円盤、ウラエウス
→クヌム、セベク、ネイト

シェムウ　CHEMOU
　季節の神々を参照

ジェレテフ　DJERETEF
　アトゥム神の手を人格化した女神。中

王国時代のアシュートのネクロポリスで発見された石棺の碑文の多くには、アトゥム神の横に、その名前が「彼の手」を意味するジェレテフ女神がいる。これは「自身から生まれ出た存在」という創造神の自慰行為をヴェールで隠すことなく明確に表わしており、創造神は、その妻である「手」によって、みずからが生まれた後に自慰行為を続けた。ヘリオポリスの神学者によって昇華された創世神話では、神が合わせた両手が膣を表わし、そこから双子のシュウ*とテフヌウト*が出現した。『ピラミッド・テキスト*（§1248）』の文章は次の文のように直接的である。「アトゥムは、自慰行為を行なう者としてヘリオポリスに生まれ出た。彼はみずからの体の一部をにぎり、歓喜の頂点に到達した」。また、同じ音の言葉遊びを使って、神の唾や涎から双子が生まれたとすることもある。後のサイス朝になると、神官たちは、デルタ地帯に残る神話や伝説を編集し、文章は穏やかで婉曲的なものとなった。これは現在、ブルックリン美術館に残るパピルス（n°47.218.84）に見ることができる。女神は「黄金、ラーの神の手」、「神の精液に包まれたもの」、「身ごもったもの」、そして「若く美しい姿で見る者を喜びに満たす者」であった。

同じ概念は、前1千年紀前半のテーベの神官団の頂上に置かれた、アメンの聖なる巫女がもつ「神の手」という称号の中に明確に見られる。

→アトゥム、イウサアス、テメト、ネベト・ヘテペト

B.: E. Chassinat, “La déesse Djeritef,” *BIFAO* X（1912）, p.159 sq.

シェン（サイン-） *CHEN* (SIGNE)

永遠と守護を表わすシンボル。シェンの記号は、両端を結んで輪を作る、しばしば2重の紐を表わす。ヒエログリフのサインの1つであり、非常に豊かな象徴的意味をもち、護符となっている。

それは閉ざされた空間を表わし、その中に在るすべての物が保護されているというイメージをもつ。そこから完璧な宇宙を表わし、すべてを囲む輪は、太陽の日々の行程を表わすと考えられるようになった。マディーナト・ハブの碑文においてアメン神がラメセス3世に語る言葉に表現されているように、宇宙において王は主人である。「あなたは、この地において、エジプトの王であり、太陽の円盤が囲むすべてのものの統治者である」カルトゥーシュは、他でもないシェンが長い王の名前を囲むために楕円形に変化したものであり、王の地上における王権を示している。

また、2つの端を結ぶ紐と同様に、円には終わりがない。そのためシェンのサインは、永遠の象徴となった。それは、

ウロボロスのように、一度始まった時の流れに終わりがないことを示唆している。

シェンのサインは、永遠の守護をあたえる護符の力をもち、宝飾品などにおける装飾の役割も果たしている。その意味から、多くの私人のステラや、新王国時代初期の王の石棺の頭や足の部分に描かれた、黄金のサインの上にひざまずくイシス女神とネフティス女神の手ににぎられている。さらには、あらゆる時代を通じて、王の神聖なる称号が刻まれている壁画の中で、王の頭上に大きく羽根を広げて羽ばたく、ハゲワシのネクベトや、ハヤブサのホルスのツメににぎられている。

→ウロボロス、永遠性

B. : G. Jequier, “Les talismans *ânkh* et *chen,” BIFAO* XI（1914), p.121-143.

（→口絵/p.34）

シェンタイト　CHENTAYT

イシス女神の分身、オシリスの泣き女で守護神の役割を果たす。エドフ神殿の第1の「ソカルの間」の入口に刻まれた、オシリス神に関するテキストによると、「2人の妹はオシリスと共にいる、彼女等はオシリスの守護を命じる。イシス*はネフティス*とともに、シェンタイトはメルケテス*とともに、兄の完璧な姿を祝すために」と記されている。これはまさに、シェンタイトとメルケテスの2人の女神がイシスとネフティスの分身であり、また本質であり、互いに同じ関係をもっていることを示唆している。

遅くとも第19王朝から単独で登場するシェンタイトは、メルケテスの出現よりずっと以前から知られており、実際のところ、オシリスの死を悼み、涙を流す妻であるイシスの分身であった。その名前は「苦しむ」という語根から派生しており、未亡人を意味する。場面によって、彼女はさらに2人のシェンタイトに分身する。1人はアビュドスに、そしてもう1人はブシリスに住む。

イシスと同様に、「未亡人」であるという事実は特別な性格をあたえる。彼女は、兄でもあった夫の遺体の上で嘆く最初の泣き女であり、守護と復活のために遺体を再生しミイラとすることを約束する女神である。

オシリスの神秘の祝祭が行なわれる場所である「シェンタイトの住処」に刻まれたテキストには、女神の「役割」が記されている。すなわち、「ゲブの娘」が携わる仕事と祝祭をまとめたものである。まず「包帯を巻く」シェンタイトは、「毎年兄の再生をもたらす糸を紡ぐ者」である。そしてもう1人の自分の助けを借りて、「バラバラになった遺体がふたたび1つになる者」の再生復活を実現する。

新王国時代においては、シェンタイト

は牛の姿で描かれることもあった。アビュドスにあるセティ1世神殿のオシリス複合体の第1の間においては、ミイラとなった動物の姿で描かれている。また、マディーナト・ハブのラメセス3世葬祭殿においては、ハトホル冠をかぶった牛の頭の女神として描かれている。

ルーヴル美術館に所蔵されているアマシスのナオス*（D 29）には、嘆きのポーズで描かれている。曲げた腕を胸にあて、髪は悲しみでふり乱している。

ギリシア・ローマ時代のフィラエ島、エドフ、そしてデンデラにおけるシェンタイトの図像は、イシスと完全に同じものとなっており、図の近くに刻まれた碑文を見ない限り、互いを区別することは不可能である。葬送のベッドの足下に立ち、目の前にいるメルケテスと共にオシリスの守護を約束している2人は、クイト*の仕草で、まるで「守護のために腕を広げる」ように、翼のある腕を大きく広げ、片手にダチョウの羽根を持っている。鞘型の細身の衣を身につけ、3つに分けた鬘をかぶり、それぞれを象徴するサインを頭に載せている。

また泣き女としては、再生する神が横たわるベッドのかたわらで、短い鬘をバンドで留め、正座をして、片手は腿の上に置き、もう一方の手は嘆きのポーズで顔の高さに挙げている（cf. p. 326）。

特徴：イシスの象徴、ウアス杖、ダチョウの羽根、翼

→イシス、オシリス、ケベフウト、ネフティス、メルケテス

B.: S. Cauville, “Chentayt et Merkhetes, des avatars d'Isis et Nephthys,” *BIFAO* 81,（1981）, p.21-40.

（→口絵/p.34）

シコモア・イチジク　SYCOMORE

上エジプトの灼熱の道や運河を越えて、大きなシコモア・イチジクの涼しい木陰に辿り着いた者は、この樹木が古代エジプト人の想像力に及ぼした影響を容易く理解できるであろう。そしてシコモア・イチジクを意味するネベトという言葉が樹木を表わす限定符の代わりに家の決定詞をつけると「避難所、隠れ場所」という意味をもつという事実にも驚かないであろう。

第18王朝の初めに生きた著名なテーベのイネニの庭には、実際にはシコモア・イチジクの4倍のヤシ*の木が植わっていた。しかし、庭で楽しむことはイネニにとって「シコモア・イチジクの木陰で休憩する」ことを意味していた。これはイネニの墓の柱の1つに描かれた彼の領地の絵にともなわれた碑文である。

生きている者によって大切にされたシコモア・イチジクは、死者の世界や神の世界においても重要な役割をもっていた。ただし、国の42のノモスのうちこの樹

木を聖なる樹木としたのは、2つのノモスだけである。

シコモア・イチジクは、樹木の女神と密接な関係をもっていた。一種の木の精と考えることが可能で、ヌウト*女神と同一視され、またハトホル*、イシス*、ネフティス*、あるいはまたネイト*などと同化し、女神の名前は明確にされていなくても「シコモアの婦人」「乳をあたえるもの」あるいは「主人を守るもの」などの形容辞の後に彼らの正体が隠されていた。

新王国時代からギリシア・ローマ時代までシコモア・イチジクの女神の図像は多様であり、また豊富である。『死者の書*』第59章の挿絵にその多様な図を見ることができる。女神は死者に食べ物と清い水をあたえている。トトメス3世墓の有名な図では、王は、腕と乳房をもつ樹木である「母イシス」に乳をあたえられている（p.159図参照）。実際、女神と樹木の組合せから考案できるすべての図像がそろっているといっても過言ではない。樹木のサインを頭に載せただけの女神、シコモア・イチジクの前に立つ、座る、あるいはひざまずく女神、そしてなんらかの形で樹木と同化した女神：完全に幹と同化している場合もあれば、頭、腕、乳房と腕、腕1本などが樹木の中に見られることもある。すべての図像を網羅することはできないが、女神はときに牛の頭をもち、ハトホル冠をかぶり、頭の上に女神の名前が記されている。名前はときに太陽円盤の中に刻まれていることもある。

これら偉大な女神のほかに、あまり知られていない神がシコモアとの結びつきで登場することがある。デンデラ神殿の屋上のオシリス複合体の中（西の第1礼拝所）で、オシリスの遺骸を守る神々の中に、それぞれが木の上にいる4羽のガンがいる。かたわらの碑文には彼らの名前が記されており（ネブ、ケベク、シン、そしてニセネジュ）、「シコモアの守護神」と記されている。明確な説明はないが、「オシリスの敵の頭を切りとるもの」と描写されている。

最後に、シコモア・イチジクは、『死者の書』第109章「東の魂を知るための呪文」の中でラーとも結びつき、死者は次の言葉を宣言しなければならない：「わたしはラーが出ずる2本のトルコ石のシコモアを知っている」そこには2本の樹木の間から出現する太陽円盤を頭上に戴く若い牡牛の挿絵が描かれている（p.30口絵左上参照）。

→イシス、ヌウト、ハトホル

B.; M.-L. Buhl, “The Goddesses of the Egyptian Tree Cult,” *JNES* VI（1947）, p. 80-97; N. Baum, *Arbres et arbustes de l'Égypte ancienne. La liste de la tombe thébaine d'Inéni*（*n° 81*）、*OLA* 31,

1988.

（→口絵/p.35）

時間の女神

HEURES (DÉESSES DES)

昼と夜の時間を人格化した女神たち。神々の中には、その多様な称号によって昼や夜の時間と結びつく者がいる。たとえば、ラーの船の上では、ラーが昼の旅の12時間の間に次々ととる姿に敬意を表して、それぞれに対応する神々がいる（イシス*、ネフティス*、トト*、バステト*、メンチュウ*…）。あるいはまた、昼と夜の24時間の毎時間、オシリス*の護衛の儀礼に参加する神々がいる（ホルスの4人の子どもたち*とケンティ・イルティの子どもたち*、そしてシェズムウ*…）。そして時間自体もまた、時を分割する他の単位と同様に神格化され、頭に太陽円盤や星を載せた女神の姿として登場する。

このような女神たちは、第18王朝になるまでは見られない。初めて登場するのはディール・アル＝バハリのハトシェプスト女王葬祭殿である。夜の時間にかんしては、『アムドゥアト書*』、『地の書*』、そして『門の書*』にすでに見られる。『門の書』においては名前をもたないが、他の場面では彼女たちは光と結びついた名前をもっている（たとえば、「暗闇を捕える者」、「輝く光」、「天を照らす者」など）。あるいはまた、ラーやオシリスの守護者としての役割が強調されている名前もある（「その炎で傷つける者」、「悪を追い払う者」、「敵を追いやる者」など）。その守護の力はすべての死者に及び、死者を守る神々と結びつき、エジプトの歴史の最後の1千年の間、彼女たちは、石棺や墓の壁に度々描かれた。

ハトシェプスト女王葬祭殿に初めて登場した第18王朝から、ギリシア・ローマ時代まで、時間の女神たちの図にはあまり変化が見られない。両腕を体の横に置き（ペトシリスの墓、トゥナ・アル＝ゲベル）、あるいは、ウアス杖とアンクのサインを手に持ち（ディール・アル＝バハリ）、あるいは、太陽の船を引いている姿で描かれている（『アムドゥアト書』）。また、「不思議な西の国」の暗闇の中で船を導いている姿や（『地の書』）、太陽を拝んで両腕を上げている姿などがある（エドフ神殿）。僅かな多様性はその頭飾りに見られる。なにも飾っていない場合、星を1つ飾っている（夜の時間）、あるいは太陽円盤（昼の時間ととき に夜の時間）を飾っている場合がある。また、円盤の中に星が1つ描かれている時や、星の上に円盤が載っていることもある。

特徴：ウアス杖、太陽円盤、星

→『アムドゥアト書』、イルレンエフジェセフ、永遠、ケンティ・イルティの子ど

もたち、『地の書』、デカン、トト、ホルスの子どもたち、『門の書』、レンペト

(→口絵/p.35)

死者の裁判

JUGEMENT DES MORTS

心臓の計量を参照

死者の書 LIVRE DES MORTS

死後再生し、西の世界に入り、出る。死者の世界で働くのを避け、変身し栄誉を受ける。糞や尿を飲み食いすることなく、香しいそよ風を吸い、好きな時に水を飲み、黄金のハヤブサの姿をとり、あるいは聖なるハヤブサの姿をとる。そして書記の盃とパレットを手に入れ、アビュドスに入りオシリス*の後に続き、その目を使い、その頭をもとの場所にもどす。漁師の網から逃げる。ラー*の船に乗る。天に穴を開け、遺体に魂をあたえる。以上は『死者の書』とともに埋葬される幸運をえたエジプト人が死後に望んだ多くのことがらのごく一部である。

『死者の書』は、リヒャルト・レプシウスが1842年に発行した初版につけられたタイトルであり、もともとは「日の下に出ずるための書」という題名をもち、呪文を集めた、長さも多様な書の総称である。古王国時代に王のために用意された『ピラミッド・テキスト*』や、中王国時代の『コフィン・テキスト*』と同様に、この重要な2つの書から発展した『死者の書』は、冥界における死者の勝利を約束するものであり、同時に「葬送の儀礼の民主化」をもたらしたものということができる。書は魔法の力によってだれにでも死後の生命を約束する。『ピラミッド・テキスト』や『コフィン・テキスト』を望めない者は、質素な墓を安全に守り、冥界の旅にもって行くために『死者の書』を選んだ。その証拠にサッカラの未完成のセケムケト王のピラミッドの「南の墓」の遺跡では、砂に敷いたパピルスのマットの上に埋められた女性の遺体のかたわら、3体のシャブティと共に美しいパピルスの書が大切に納められていた。

新王国時代の初めからローマ時代まで使用された『死者の書』は、サイス朝(第26王朝)になって規範的な版が完成した。ときには皮、ミイラの包帯、葬送の家具、そしてディール・アル=マディーナでは岩窟墓の壁に記されることもあったが、大多数は死者の名前と称号を記したパピルスの巻物であり、多様な章によって構成されていた。各章の表題は赤いインクで記されていた。これがラテン語のルブリカの語源である。表題は草書体のヒエログリフ、ヒエラティック、そして後にはデモティックで記され、多くの場合、とくに新王国時代には美しい彩色を施した「挿絵」をともない、『死

者の書』は世界で最古の挿絵つき本となった。

『死者の書』は、4つの部分に大きく分かれている。冥界の旅、死者の再生、日の下への出現、地下の世界、そして追加部分がある。全192章が揃っているパピルスはない。章の選択、数、順番、そして長さはそれぞれの『死者の書』によって異なる。また、専門の製作者がおり、名前と称号を入れるだけの多様な既製品が用意されていた。しかしアンハイのパピルス（大英博物館10472）や有名なグリーンフィールド・パピルスとして知られているネスタネベトイシェルウ王妃の書など、より美しく独創的なパピルス（大英博物館 10554）は、特別注文されたものである。

B.: P. Barguet, *Le Livre des Morts des anciens Égyptiens, LAPO* 1, 1967.

（→口絵/p.36）

使者の精霊

ÉMISSAIRES (GÉNIES-)

ある種の神々の威力を人格化したもの。古代エジプト人は、彼らが崇拝する神々の大半は、彼らの中に宿る力を遠くから発揮することができると信じていた。この恐ろしい力（バウ）は、古代の碑文が次のように表わす多様な軍団によって人格化されていた：「伝達者たち（ウプウティウ）」、「使節団（ヘビウ）」、「使い走り（シェマイウ）」、「殺戮軍団（カティウ）」、「監視船団（ペケルティウ）」、「処刑軍団（ヘン（ウ）ティウ）」、「矢（シェセルウ）」、あるいはまた、「誘拐団（ケデフティウ）」など。しかしエジプトの文献の中では、しばしば「使者の精霊」という名前で知られている。

ドミティアヌス帝のナオスには「アトゥム*の伝達者」という表現が見られる。また、デンデラでは、ハトホル女神*は「使者たちの女王」と呼ばれている。さらに『ホルス*とセト*の冒険』の中では、オシリスが「神や女神を恐れぬ表情のない顔の伝達者」たちを解き放つと仲間の神々をおびやかし、息子が王位を継承できるように画策している。ジュミラック・パピルス（ルーヴル美術館E 17110）の文章には、「オシリスの祝祭」を疎かにすると、「殺戮団と使者たちは、ナイフで武装し、アヌビス*の命令を受けて動き回る」と記されている。この悪意に満ちた精霊のなかでもとくに有名なのは、破壊の力の権化である危険な女神たちが放つ精霊である。ライオンのセクメト*、バステト*、あるいはムウト*、戦闘のネイト*、あるいはまた、鋭いツメのハゲワシの女神ネクベト*。精霊たちは、ネイトの息子トゥトゥ*を頭とする7人の軍団を構成し、女神によって放たれた矢のように恐ろしい早さで病や死をもたらす。また、彼らの悪意を善へ

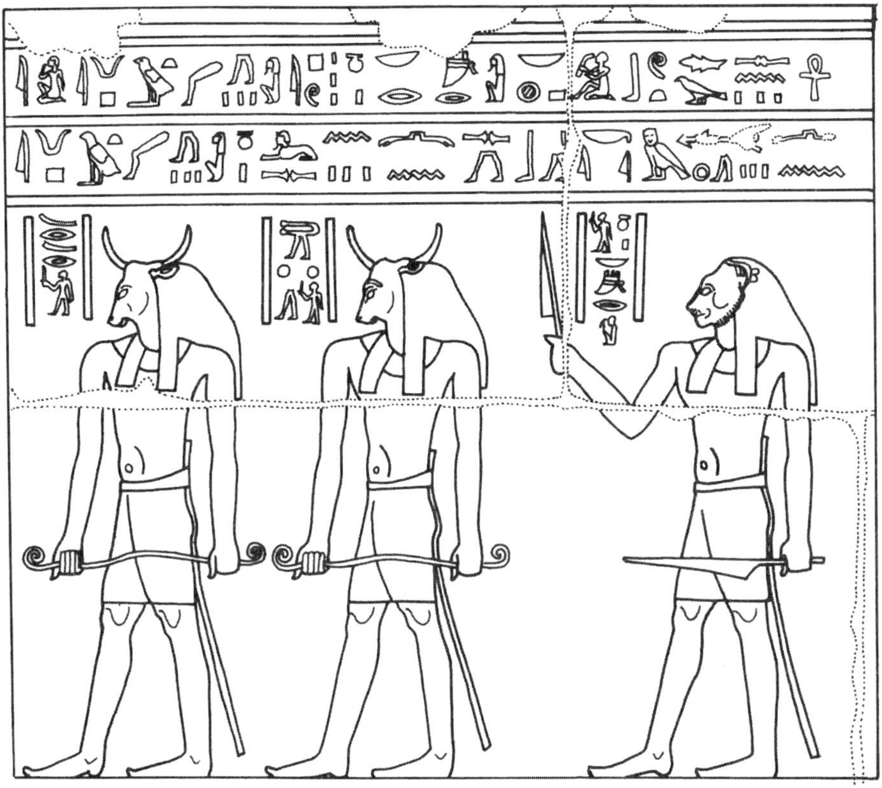

「宇宙の主人」の使者のうちの3人、アルマント神殿。ギリシア・ローマ時代。

と中和することによって災いを回避できるのも彼らを放った女神たちだけである。とくに日没、10日目、月の終わり、年の終わりなどの、一定の時の区切れ目には危険が増した。もちろん魔法の力で、危険をしりぞけることは可能である。「その年のペストの風」によって広められたミアズム（悪い気）を払いのけるために、「1年の最後の日の書」や「エパゴメンの日々の書」に記された魔法の処方がある。

アルマント神殿に残るクリプトの報告書には、「宇宙の主人の伝達者」という集団のことが記されている。おそらく、この中の1人を除いて、他では知られていない面々である。彼らは「死の主人」と呼ばれ、彼らにとって「人生は忌むべきもの」であり、「だれも彼らから逃れて生き延びる」ことはできない。彼らの「顔や目は炎と化し」、ライオンの頭や牡牛の頭をもつ。前者はナイフで武装し、後者は両手に先端が渦巻き状になった鞭を持っている。

記念碑によって、使者の神々の図像は若干異なる。また、描かれている人数によって2つのタイプに分けることができる。まず、人格化された「矢」は、それぞれが動物の頭をもつ個々の神として表現されるか、あるいはまた、1つの名前のもとに括られる複合神として描かれている。

まず、最初の場合の例をあげると、ブルックリン美術館のステラ(n°58.98)や、カイロ・エジプト博物館のドミティアヌス帝のナオス* (Reg.temp. 2/2/21/14)がある。ここではトゥトゥ*の後ろにならぶ7人の伝達者が見られるが、いずれも2本のナイフを手に持ち、それぞれ異なる頭をもっている：ワニ（あるいはライオン)、牡牛、ライオン（あるいはハヤブサ)、ヒヒの頭、犬（あるいは牡牛)、セト神の動物の頭（あるいは犬)、ウサギ（あるいは牡羊）(cf. p. 557)。

ギリシア・ローマ時代のほとんどの大きな神殿で見られる2番目のタイプの図像は、複数の人格を複合した図が、それぞれの伝達の神を表わしている。例を1つあげると、エルカブのネクベト神殿のクリプトには、「鉤爪と炎の顔」である4本目の矢が、蛇の上で向かいあって立ち、手を差し伸べる2人の人間として描かれている。その両横には、通りすぎるハヤブサの頭のヒヒとライオンの頭のヒヒがいる。デンデラの同じような図には、一方がヒヒの頭、そして他方が犬の頭で描かれている（*D* X, pl.196)。

トゥトゥの図像は、使者たちの長であるために、しばしば使者の図と一体化している。トゥトゥの頭からは1人から8人まで、ときによって異なる数の動物の頭が飛び出している。アレクサンドリアにあるギリシア・ローマ博物館のレリーフの破片（n°3211）に見られるように、胸や背中、とくにスフィンクスの姿の神の頭から使者の神々が飛び出しているような図がある。本書の図では、まるで後光のように非常に小さい7つの頭が、トゥトゥの髪の中から生えているように見える：コブラ、ハゲワシ、ハヤブサ、トキ、ワニ、牡羊、サルが王冠を支えるベス神の頭の両側に描かれている。

特徴：動物の頭、ナイフ、鞭、矢

→アトゥム、アヌビス、ジャイスウ、セクメト、トウトゥ、ネイト、ネクベト、バー、バステト、ハトホル、パンテ(神)、ムウト

B.: J. Capart, "Les sept paroles de Nekhabit," *CdE* XV (1940), p. 20-29; O. Firchow, "Die Boten der Götter," *Ägyptologische Studien, Festschrift H. Grapow, VIO* 29 (1955), p. 85-92; V. Rondot, "Une monographie bubastite,"

BIFAO 89 (1989), p. 249-270; Chr. Thiers, Y. Volokhine, *Ermant I. Les cryptes du temple ptolémaïque, MIFAO* 124, Le Caire, 2005.

(→口絵/p.36)

シストルム　SISTRE

儀式用の楽器。儀式や葬送の場面の中で人々の手ににぎられているシストルムには2つのタイプがある。碑文によると、このカタカタと鳴る楽器には3つの異なる名前があたえられている（セシェシェト、セケム、イブ）。形状としては、「ナオス」型シストルムとアーチ型のものがある。

ナオス型のシストルムは第6王朝から知られている。最古の例は、テティ王のカルトゥーシュのあるアラバスター製の奉納シストルムである。セケム*笏の形に近く、このタイプのシストルムはローマ時代まで使用された。様式化したパピルスの茎の上に台形の小型の建物を載せた散形花序の形をもち、金属製の小さな円盤が棒に通っている。中王国時代になると2つのハトホルの頭が加わり、バト女神*の角が彷彿される2つの渦巻きが「ナオス」を囲み、ハトホル柱のイメージをもつ。ハトホル柱は女神を奉る神殿に見られるが、これはシストルムを石柱で表現したものといえる。

アーチ型のシストルムは第18王朝になって初めて登場する。ハンドルの部分は以前のものと変わらないが、楽器の部分は、穴の空いたアーチ型の金属に、ときに蛇の形の小さい棒が差し込まれ、ふると棒に通された円盤が音を立てる。

「ナオス」型のシストルムのほとんどはファイアンス製である。それに対してアーチ型のシストルムはブロンズ製である。前者は奉納品としての役割が大きいと思われる。

形状はどのようなものであろうとも、シストルムの役割は「パピルスを刈りとる」儀式と結びついていたようである。この儀式はもともと、シストルムが象徴するハトホルの信仰と結びついている。そして後に、他の女神（イシス*、バステト*、セクメト*、アヌキス*、ネベト・ヘテペト*など）、あるいは男性の神々（アメン*、ホルス*、オシリス*）の信仰と結びついていった。楽器の音色はパピルスの葉が擦れあう音に似て、喜びと癒しをあたえた。

メナトの首飾りとも結びついているシストルムは、王、王妃、王女、巫女、神官、楽士、歌い手、そしてメレト*やイヒ*のように音楽と結びついた神々の手ににぎられている。なかでもイヒはシストルムを人格化した神である。儀式の中でシストルムの音は神々の心を癒すとされている。とくに恐ろしいセクメトをなだめ、また神々の出現をうながす役割も果たす。

ローマ時代になると、アーチ型のシストルムしか見られなくなるが、イシス信仰の広まりと結びつく。シトゥラ*と同様にギリシア・ローマ時代のイシスと結びついたシストルムは、聖なる楽器としてイシスの手ににぎられ、イシス信仰とともに地中海世界に広まった。

→イウサアス、イシス、イヒ、ネベト・ヘテペト、バト、ハトホル、メナトの首飾り、メレト

B.: Chr. Ziegler, *Catalogue de instruments de musique égyptiens. Musée du Louvre*, Paris, 1979.

（→口絵/p.36）

シトゥラ　SITULE

儀式用の壺。アメンエムハト１世の誕生名を記した例があることから、第12王朝には使用されていたことが明らかになっている、清めの水などを入れる壺はシトゥラの名前で知られている。ラテン語の名前で、フランス語のバケツの語源である。末期王朝やギリシア・ローマ時代の多くの墓から青銅製のシトゥラが出土している。多くのものは細長い貝型の円筒形をしており、胴体よりも少しせまい口の部分につけられた２つの輪を通った可動式の持ち手がついている。壺の下の部分は平らなもの、まるみのあるもの、とがったもの、そして突起のあるものなど、約20の異なる形のものを大きく４つのタイプに分けることが可能である。

新王国時代には、金や銀のシトゥラが作られることもあった。この時代、シトゥラには短い碑文が刻まれることはあったが、装飾が施されることはなかった。しかし末期王朝になると、多くの場面が描かれ装飾をともなうようになる。清めの水の呪文の横には、多様な神々に供物を捧げる被葬者の図や、逆に葬送神官から供物を受けとる被葬者の図が描かれている。また、太陽の誕生や昼と夜の船による旅の図など、神話の物語を描いた場面も見ることができる。

神殿や葬送の儀礼の中で使用されるシチュラには、ミルクや水が入れられた。新王国時代においては、役人がシトゥラにミルクを入れ、ネクロポリスへ向かう葬送の行列が行く道にミルクをふりまき清めの儀式を行なった。ギリシア・ローマ時代になるとアプレイウスが「乳房のようなまるい形の小型の壺」と描写するシトゥラはイシス女神と結びつく。壺の中味はイシスが息子ホルス*にあたえた乳を象徴する。また、ナイルの氾濫を象徴するオシリスの信仰とも結びつく。墓において死者に供えられるシトゥラに入った清水は、死者がナイル川の聖なる再生の水に漬かる儀式を象徴しているのかもしれない。

→イシス、壺

B.: M. Lichtheim, "Oriental Institute Museum Notes: Situla n°11395 and some Remarks on Egyptian Situlae," *JNES* VI（1947）, p. 169-179, pl. IV-VII.

（→口絵/p.36）

シャイ CHAÏ

運命を人格化した神。人間の一生は、生まれた時に神々の意志によってあたえられた、逃れることのできない運命によって定められている。エジプト人はそう信じていた。新王国時代の初めから、この避けることのできない運命という抽象的な概念は、シャイという神によって人格化された。その名前はもともと形容辞にすぎなかったが、その意味はまさに「決める者」であった。

シャイは、自分の分身である女性のレネヌウテト*をほぼつねにともなう。彼女は気まぐれな運命の女神である。そして碑文や図像は２人をしばしば同一視している。２人は神が命じたままに動く運命を象徴する存在である。彼らはまた、人の誕生時に果たす役割によって、出産の場所を象徴するメスケネトと結びついている。メスケネトもまた人の運命の一端をになっている。さらに乳をあたえる乳母の役割を果たすレレト女神*やシェペセト女神*とも結びついている。また彼女たちのように同音の名前をもつ4人の守護の神々が知られている。

シャイはまた、神々の創造力やその結果を人格化しているため、彼らの多くと関係をもっている。ときにその権力の下にいることもあれば、あるいはまた、彼らと同一視されていることもある。たとえば、「ラーは、寿命を定めるシャイの主人である」と言われることもあれば、「アメン・ラーはすべての神々のシャイである」と言われることもある。神々の創造の意志であり、人間の運命であるシャイは、王の運命をつかさどる時、宇宙の秩序を保証する役割をもち、国の繁栄をになっている。これによって、エジプトの人民の運命をつかさどる「エジプトのシャイ」となる。

また、確立した信仰ではないが、慈悲深いアガトデモン*として、シャイは末期王朝から崇められてきた。穀物の守護神である蛇の女神レネヌウテトとの結びつきから、シャイもまた穀物やワインの生産を見守る農業の神と考えられている。

最後に、デモティックで記されたテキストやギリシア・ローマ時代の神殿の碑文を見ると、シャイは、原初の神、そして創造神と考えられていたようだ。「原初の時に、最初に現われ存在した者」と記されている。そしてプタハ・タテネン*自身が「偉大なるシャイ」と描写されている。

抽象的な概念を象徴する神であるため、

シャイの図像は、レネヌウテトなど、彼の配偶神の図に比べてあまり発展することがなかった。少数の墓の壁や石棺に描かれた心臓の計量*の場面などに、僅かにその姿を見ることができるだけである。

人間の姿のシャイは、有名なアニの『死者の書』第125章に描かれた見事な挿絵に見ることができる（大英博物館10470）。シャイは天秤の下に立ち、片手を軽く差し出している。伝統的な男性の神に共通する姿で描かれ、腰布を巻き、胴鎧を身につけている。頭には、3つに分けた鬘をかぶり、編んだ顎髭をつけ、また牛の尾を身につけている。他のパピルスでは、レネヌウテトと共に、ならんで、あるいは、向きあって描かれているが、屈んだ姿の小さな人の姿で、神というよりもヒエログリフのサインのようである。また、人間の頭をもつ2つの誕生レンガの姿で描かれることもある。

第21王朝になると、牡羊の姿をとるようになる。ケンブリッジのフィッツウィリアム博物館所蔵の石棺には、ワニの頭をもつ牡羊の姿で描かれている（n°E 1.1822）。大英博物館所蔵の長いグリーンフィールド・パピルス（大英博物館、10554）の場面では、シャイは、ヘペテト（ホル）が守る、オシリスの玉座を載せた階段のある台座チェンチャトのかたわらにいる。タニスのオソルコン2世の墓やメンフィスにあるオソルコン2世の息子シェションクの墓にもシャイの図が見られる。

サッカラ出土の第30王朝の石棺の蓋（カイロ・エジプト博物館、CGC 29310）には、他には見られない4人のシャイの図が見られる。4人のシャイは、守護神の群の中で、巨大なナイフを持ち、屈んだ姿でならんでいる。全員蛇の頭をもち、下エジプトの赤冠をかぶっている。

特徴：牛の尾、赤冠、ナイフ

→アガトデモン、ケペセト、タプサイス、ハトホル（7人）、ヘペテト（ホル）、ヘロン、メスケネト、レネヌウテト、レレト

B.: J. Quaegebeur, *Le dieu égyptien Shaï dans la religion égyptienne et l'onomastique, OLA* 2, 1975.

ジャイスウ（7） DJAÏSOU (LES SEPT)

創造の時の7つの言葉を人格化したもの。エスナの宇宙創世神話の碑文（inscr. n°206）には、メヘト・ウレトの牛の姿のネイト女神が、言葉の力によって世界を創造したことが記されている。言葉は、7度、聖なる者から発されたものであり、「ジャイスウ」、すなわち、後のチェズウは、「言葉」として「彼女の行く先々で守護の力をあたえる」とされた。

コフィン・テキスト（呪文　407-408）に記録が残る「メレト・ウレトの7つの

言葉」は、ハヤブサやハヤブサの頭をもつ神としてギリシア・ローマ時代の神殿に多く見られる。とくにエドフ神殿では、「タテネンの子ども」としてシェプティウ*や建造の神々と同じ称号をもち、この地方の神話の中で、世界の創造、そして神殿の基礎作りの役割をになうものと考えられていた。またときに、「トト神の7人」と呼ばれ、プトレマイオス朝のディール・アル＝バハリの聖域では、「言葉」を示す表意文字の上に休むハヤブサの姿として描かれている。彼らは、文字の神と密接に結びついている。宇宙創造のテキストは、「ジャイスウ」の言葉どおりに写本されているとされている。それに対して、他のテキストは、ジャイスウらが「神が命じるままに」行動したと記している。

メヘト・ウレトを守るという事実から、彼らはオシリス*、あるいは、死者を見張る護衛の役割をになっており、他のミイラの守護神とともに石棺に描かれている。その反面、ある種の神々の恐ろしい使者となることもあり、矢を放ち的にあてることができた。エジプト語でシェセルウは、「矢」と「発話／的」の二重の意味をもっていた。

テキストの中では、集合的に描写されているが、ジャイスウは、各々名前をもち、多様な図像表現の中で個々に特定することが可能である。その結果、2つのリストを紹介することができる。そのうち最初の4つの名前が双方に共通である（ネフェルハト、アペルペフウイ、ネブデシェル、カ／キ）。残りの3つは、多くの場合、ビク、カクとシンであるが、ときにベクベク、ケデブムウテフ、あるいはマンケブにとって代わられることがある。

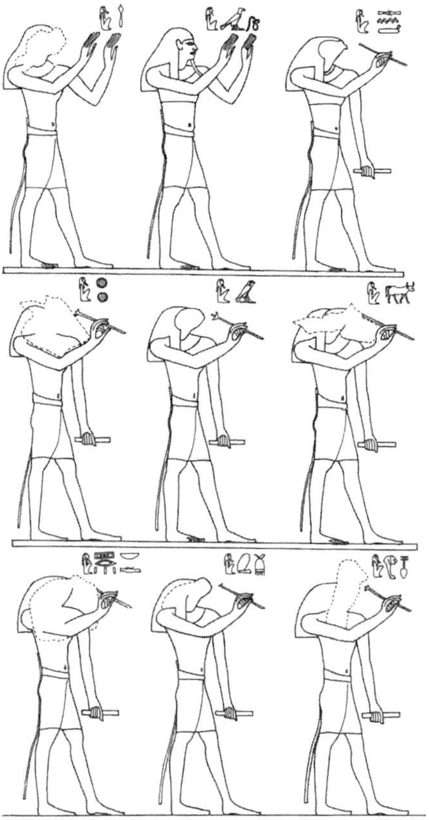

ジャイスウと最初の2人のシェプティウ、エドフ神殿の周壁の西の壁（内側）、プトレマイオス朝。

ジャイスウの図像は、他の「タテネンの子どもたち」の図像より多様である。カルナクでは、人間の姿で描かれ、これといった特徴はない。コンス神殿の重要な創世神話の碑文にともなう図には、トト神とオシリス神*の間、フウ*とシア*の横、イリ*とセジェムの横、そしてセシャト*の横にいる。

エドフではハヤブサの頭をもつ。神殿の第1列柱室のアーキトレーブ（*E* IX, pl. 80)、あるいは、「ラーの玉座の礼拝所」(*E* IX, pl. 29a, *E* IX, pl. 322）では、太陽円盤を頭に載せ、トト神の後に7人が座している。また、周壁の西壁の内側には、シェブチュウの最初の2人の神々である、ウアとアアをともない、プトレマイオス10世とセシャト*による神殿の基礎作りの儀式を助ける彼らの姿が描かれている。彼らの前に立つトト神のように、それぞれ書記のパレットとペンを持ち、この出来事を記録している（*E X*, pl.147, E XIII, pl.539)。

死者の守り神として、彼らは人間の頭のハヤブサの姿をとる。たとえば、ルーヴルの石棺D7には、太陽円盤を頭に載せた彼らの図が描かれている。デンデラのオシリス複合体の西にある第1礼拝所の「ネシェメトの船の守護の本」の下にある共通の台座には（*D* X, pl.155, 171)、牡牛の頭をもつ4番目の神を除いて、上記ルーヴル美術館の石棺と同じような姿で描かれている（但し、壁の状態が悪く、最後の4人の神は冠をかぶっていないということしか明確にいえない）。

特徴：書記のパレット、太陽円盤、ペン
→建造の神々、護衛の神々、シェブティウ、使者の精霊、セシャト、トト、メヘト・ウレト

B.: S. Sauneron, “La légende des sept propos de Méthyer au temple d'Esna,” *BSFE* 32 (1961), p. 43-48; E. A. E. Reymond, “The Children of Tanen,” *ZÄS* 92 (1966), p.116-128.

笏 DJÂM

王笏、天の支柱を参照

笏 SCEPTRES

神々や王が手に持つ権威の象徴であり道具である、王笏、杖、そして棒の種類は、王冠よりも数が多い。すでに『ピラミッド・テキスト*』の中に王笏は登場する。王は、「下エジプトと上エジプトがその頭をたれるように」ヘカ笏を持ってくるようにと命令を下している（§202)。また、「アハ笏で打ちつけ」「イアアト棒で国を治める」（§1150 866)。さらには、「オシリスの玉座に座り」「手には王笏を持ち、生きている者に命令をあたえる」(§134)。

エジプト語には、棒や王笏をさす70

を越える言葉や表現がある。その内の約12種類がツタンカーメン王墓（KV 62）から出土している。古代エジプト人が、王権の象徴である王笏にあたえた重要性が伺われる。黄金や銀で飾った葦の杖は、金で巻かれている。短い碑文によれば、王笏は「王がみずからの手で切り長さを調節している」とされている。子どもの王の背丈に合うように作られた王笏は、あらゆる種類のものが全部で130ほども、ツタンカーメン王墓に埋葬されており、図像などで知られている笏の実物の資料を提供している。

ツタンカーメン王墓には２つのウアス杖しか見つからなかった。またウアジュ杖は１本も発見されなかった。この２つの杖は神の聖なる特性を表わすものとして第１王朝から広く一般に知られていた。ウアス杖は私人の副葬品として象徴的に埋葬されることも多かった。多くの人々は神と同化することを望んでいたのである。ウアス杖はつねに神々の手に持たれ、ウアジュ杖は女神の持つ杖という決まりごとがあった。しかしときにネイト女神*が「男性」の杖を持っていることもあり、また王が神の杖を手ににぎっていることもあった。

パピルスの茎を表わすウアジュ杖は、散形花序のデザインが省略され柄頭となっている。ウアジュ杖は新緑、隆盛、そして再生を意味し、ウアス杖は権力と支配を象徴した。また蛇を抑え、動かなくするための棒に似た、先端が二股となった長い杖がある。その高い頭の部分は元来曲がっている（p.9口絵右参照）。この杖は、ギリシア・ローマ時代になると犬の頭の形をもつようになり、なんの根拠もなく「セトの頭」であるとされた。先端のとがった耳は前に曲がっているが（p.451図参照）、これはセト神*の動物とはまったく関係がない。また、オンボス神殿の発掘によってピートリが明らかにしたように、ウアス杖は神の儀式において使用された。その例の１つに、アメンヘテプ２世の称号を刻んだ自然釉のかかった2.10mを越える長い杖がある（ヴィクトリア・アルバート博物館、437-1895）。やはりアビュドスにおいてピートリが発見した第１王朝の王の１人ウアジュのホルス名を記した象牙製の櫛（カイロ・エジプト博物館、JE 47176）の装飾を見ると、ウアス杖は天の支柱*の１つであると考えられている。このことは『ピラミッド・テキスト*』に明確に記されている（§1156c）。また、杖の部分に規則的な波形がある点でウアス杖とは異なるジャム杖もまた、天の支柱の役割を果たすとされている（§§339c、348a-b、360b-d）。

長さの短いアバ笏は、王が供物を清めるために使用されるもので、通常、もう一方の手には長いメケス笏がにぎられている。この短い笏の把手の先端には平らなパピルスの散形花序がついている。そこからさらに平面状の要素が伸びており、上部の方が下の部分よりも少し細長くなっている。この形の表意文字はケレプあるいはセケムと読むことができる。3つの言葉はいずれも同じ概念を運んでおり、権威、支配、そして権力を示している。実際にケレプ笏とセケム笏が存在するが、碑文や図像による文脈なしに、この2つの笏を見分けることはむずかしく、またアバ笏とも区別することが不可能である。名前はともかく、葬送のステラや墓の壁画では、権威ある位の高い人物のもつ力をこれらの杖が伝えている。

ネカカ笏（殻竿）と曲がったヘカ笏は、単独で持つことも可能であったが、通常、オシリスにならって王たちが胸の上で腕を交差し、対にして持つことが多い。彫像などに表現されたこの姿勢は、人間にとっても神にとっても、正に王権の正統な象徴であった。2つの笏は、最初にレトポリスで発見され、次にヘリオポリスで発見された。これらはそれぞれオシリスの肩甲骨と脛骨と考えられている。カイロ・エジプト博物館所蔵の有名なパレット（JE 32169）の中ですでにナルメル王が手にしている殻竿は防御のための道具であった。ハエ追いの1種であり、揺すると先端につけられたたれ飾りが発する雑音が悪霊を払うと考えられていた。さらに短い把手と曲がった形を特徴とするヘカ杖は、アンジェティが持つ、曲がった長い杖に由来しており、王権を象徴していた。

神々や王に共通する象徴的王笏のほかに、プタハ*とコンス*に共通する複合的な笏があった。2つの笏は上下に重ねられており、権力、生命、そして安寧を象徴した。メンフィスにおいて、ソカル*を通して、プタハとオシリス*が結びついたため、最終的にオシリスがこの笏を手に持つようになったと思われる。

→王冠、玉座、供物、天の支柱、ファラオ

B.: A. Hassan, *Stöcke und Stäbe im Pharaonischen Ägypten bis zum Ende des Neuen Reiches, MÄS* 33, 1976; H. G. Fischer, "Notes on Sticks and Staves in Ancient Egypt," *MMJ* 13 (1978), p.5-32

（→口絵/p.37）

ジャコウネコ　GENETTE

マフデトを参照

ジャッカル　CHACOL

ぺとネケンのバウを参照

ジャッカルの頭　CYNOCÉPHALE

サル、トト、ハピ、ヘジュウルを参照

シュウ　CHOU

空気と光の神。シュウとその双子の妹ともいえるテフヌウト*は、世界で最初の夫婦となった。2柱は「アトゥムの燃える炎」の中から直接生まれてきたといわれている。言い換えれば、ヘリオポリスの創造神の孤独な自慰行為によって射精された精子の中から生まれてきた。また、別の伝説によれば、2柱は創世神が立て続けにしたくしゃみによって生まれてきたともいわれている。これは2つの同音を使った言葉遊びによって2柱の名前を説明している（イシェシュとテフ／テフェン）。

『コフィン・テキスト*』（呪文75から83）の一連の呪文である、『シュウの書』と呼ばれる書は、死者がシュウに変身することを許す呪文である。その中で神自身が、その誕生の多様なプロセスを説明している。「わたしは、子ども時代を知らずに生まれてきた。わたしは母の腹の中から生まれて来なかった。わたしは卵の中で創られなかった。わたしは自然に生を受けたのではない。アトゥムは私を口から吐き出した、妹のテフヌウトとともに[…]。わたしは彼の心の中で生まれた。彼は魔法の力で私を創った[…]。彼は私を鼻から吐き出した。わたしは彼の鼻孔から出てきた」

「形の見えない」神としてシュウは空気と風*の神である。彼はヌン*の中でアトゥムとともにいた生命の息であった。

シュウ神、カエムウアセト王子の墓（QV 44）、王妃の谷、第20王朝。

そしてシュウの出現は「みずからの中から生まれ出た者」の意識を目覚めさせた。このようにして創造のメカニズムにスイッチが入ったのである。創造神により初めて創造されたものとしてシュウは生命そのものを象徴する。ときに、父により宣言されたように「生命」と呼ばれることさえある。「それはわたしの生きている娘、テフヌウト。彼女は兄のシュウと共にいるであろう。彼の名前は生命。そして彼女の名前はマアト」

彼は2重に重要な役割を果たす。命の息として創造神の出現を可能にする重要な役割をになっているだけでは満足せず、宇宙の要素をあるべき場所に納め、太陽が日々の航行を行なうことができるようにする。これによって神が果たすべき日々の世界の運行を確かなものとする。そこでシュウは天と地を分け、ふたたび結びつくことがないようにつとめた。天と地が結びつくことは、時の終わりを意味する恐ろしい災害であり、避けなければならないことであった。「わたしは娘のヌウト*をわたしの上にもち上げ、父アトゥムに捧げ、その領域とする[…].わたしはゲブ*をわたしの足の下に置く[…]。そして私自身を彼らの間に置く」

おそらくこれが、彼の名前の起源である。シュウとは、長い間、「空虚である」という意味の語幹から派生した名前だと考えられていた。しかし、それよりも天と地の間に位置する、彼の姿勢を示していると思われる。それは「立ち上がり、もち上げるもの」という意味をもっている。護符などにおいて、シュウは地面にひざまずき、両手を上げている。その姿勢はヘフ*の姿勢によく似ている。

シュウはまた、光の神である。そして声や音のように、シュウが作った空間を通り抜けていく。実際、彼は光そのものである。エジプト人がシュウの駆け抜ける驚くべき早さを知っていたことは、彼自身が語る言葉の中に見ることができる「暗闇の後に、天に光をあたえるのは私である[…]。天の空間は私が歩むためにある[…]。わたしは大股で駆け抜ける光である[…]、そして去った[後に]ふたたび帰ってくる[…]。ラーが西の地平線を航行する時、わたしは道を開く」

テフヌウトの兄であるシュウはまた、遠方の女神の神話の主役の1人である。彼女がヌビアの砂漠に逃げた後、怒り狂ったライオンを探し出し、なだめ、エジプトの父のもとに連れ帰る役割をになったのはシュウである。この役目の中で、シュウはオヌリス*と同一視されるそのためオヌリスを表わす図像で描かれることがある。あるいはまた、オヌリス・シュウという名前で呼ばれることもある。

妹のように、シュウはライオンの姿をとることができるが、より一般的には人間の姿をとり、その頭飾りで知られている。一番多いのは、彼の名前を表わすサインでもあるダチョウの羽根で、頭に直接飾られているか、あるいは額に巻かれたバンドによって留められている。例として、カエムウアセト王子の墓の図がある（王妃の谷、QV44）。この場面でシュウは、ラメセス3世を迎え「サンダルの下に統一された北と南」を領地としてあたえている。しかし頭に飾った4枚のまっすぐな羽根は、オヌリスの特徴であり、4つの風*を表わしている。はっきりとオヌリス・シュウの名前で呼ばれていない場合でも、この飾りを飾っていることがある。

シュウがヌウトを腕の先で支えている場面は、ピラミッドの時代から、宗教的な書物や葬送の文章において描写されているが、不思議なことに、第19王朝の初め以前に、この場面が絵画として描かれた例は見られない。この場面が初めて登場するのはアビュドスで、セティ1世のセノタフの石棺の間の天井に描かれている。この場面は『ヌウトの書*』と呼ばれる書に属し、王家の谷のラメセス4世墓（KV2）にふたたび現われる。この2つの場面では、ゲブは不在で、シュウは、ヌウトの異常に長く伸びた腹の下に立ち、長く広げた両腕は、女神の頭と両手を同時に支えている。ほぼ裸で、前で結んだ腰布を巻いている。

第21王朝と22王朝の葬送のパピルスや石棺には、この場面が多く描かれ有名になった。しかし理由は不明であるが、後の時代になると見られなくなる。この場面は多様であり、全部を網羅することはできないが、ゲブがつねに登場することは明らかであり、シュウはときに不在であり、また、ときに他の神によって代わられていることがある（ハ*、ヘカ*、ヒヒの頭の神など）。シュウは、腰布を巻き、立っているか、あるいはひざまずいている。そして2人の神、あるいは、2羽の牡羊の頭をもつ鳥の助けを借りて、もち上げた両腕を支えてもらっている。彼らはときに太陽の船を囲んでいる。またしばしば、シュウの手はヌウトに触れていない。そして年のサインや折った布が、頭の上のダチョウの羽飾りの代わりに飾

オシリス・シュウ神、イビス神殿、カルガ・オアシス、第27王朝（第1次ペルシア支配時代）。

られていることもある。

19世紀の初めにアレクサンドリアの海から引き上げられ、現在ルーヴルに所蔵されているアマシスのナオス*（D 29）には、シュウとテフヌウトが共に同じ台座の上に描かれている。太陽円盤を飾った人間の頭をもつ鳥の姿で、2人はこの世界に出現した順番で描かれている。まず、ラー・ホルアクティとアトゥムの間に、そして次にゲブとヌウトの間に描かれている。イビス神殿では、同じような鳥がそれぞれジェド柱の上に描かれている。『ナポレオンのエジプト誌』のプレートにもその屋根の部分が描かれている「10年ナオス」の台座の部分の壁には、シュウは2枚の高い羽根を頭につけ、座ったライオンの姿で描かれている。このナオスは現在、ルーヴル美術館（D 37）所蔵である。また、19世紀初頭から数度にわたって海底から回収された重要な破片がアレクサンドリアの博物館（JE 25774）に所蔵されている。また、もう1つのナオスに刻まれたテフヌウトの像の図から推察すると、（上エジプトの古代の聖域である）「ペル・ウルの主人」の像 がこの記念碑に納められていたと思われる。碑文によれば、この像は「4パーム（30センチメートル）」の高さがあり、「最高級の金箔を施した銀製」のものであったとされている。

特徴：オヌリス冠、太陽円盤、高い羽根、ダチョウの羽根

→アイギス、アトゥム、遠方の女神、オヌリス、風（4つの方位）、9柱神、テフヌウト、ドゥナ(ヌ)ウイ、ヌウト、ヘフ(ウ)、マアト、メレフウ、ライオン

B.: R. O. Faulkner, “Some Notes on the God Shu,” *JEOL* VI（1964）, p. 266-270; Ph. Derchain, “Le nom de Chou et sa fonction,” *RdE* 27（1975）, p. 110-116.

（→口絵/p.37）

樹木　ARBRE

ナイルの豊かな泥土によって、エジプトは肥沃な土地に恵まれているが、アフリカのオアシスであることに変わりないそしてヤシの木が唯一の「森」を形成しており、樹木はめずらしい存在であった古代においては、現在よりもさらに種類が少なかったと思われる。というのも現在のエジプトの植生の一部となっている樹木の多くは、19世紀の終わりにエジプトに定着したものである。オーストラリアから来たユーカリやトクサバモクマオウ、ブラジルから来たジャカランダ、マダガスカルから来たカエンボク、インドや中国原産のバニアンやハカマカズラそしてアフリカの他の地域から来たマホガニーやエリスリナなどがその例である

第18王朝初めのテーベの地域で育てられた樹木や灌木のリストが残っている。アメンヘテプ1世からトトメス3世

の治世を生きた「アメン*の穀物倉庫の長であったイネニ」は、シェイク・アブド・アル=クルナの自分の墓（TT 81）の外側のポーチの柱の1つに、自分の所有していた樹木を描かせた。図にともなう碑文には、約20余りの名前が見られる。その中で注目に値するのは、アカシア*やバラニテス、すなわち、イシェドの木、が見られないことである。そして各種類の木が領地に何本あったかが記されている。約500本の樹木や灌木の中に、シコモア・イチジク*（73）、ペルセア*（31）、ナツメヤシ*（170）、ドームヤシ（120）、イチジク（5）、モリンガ（2）、ツタ（12）、ザクロ（5）、アカシアの一種（8）、ニセアカシア（16）、キリストノイバラ（5）、ヤナギ*（9）、タマリスク（10）がある。名前の1つは抜けており、少なくとも5つの種が今日まで同定されていない。

ここであげられている多様な植物は、種類や経済的価値による分類ではなく、そこには異なる次元の分類を見てとることができる。すなわち、これらの樹木は宗教的に重要なものから順番にならべられているのである。エジプトの神々が、動物界や植物界に出現するとすれば、後者は単独で、あるいは集団で、聖なる林を形成する。そこにあるのは、個々の神々とのせまい結びつきではなく、死者の世界における大きな役割である。

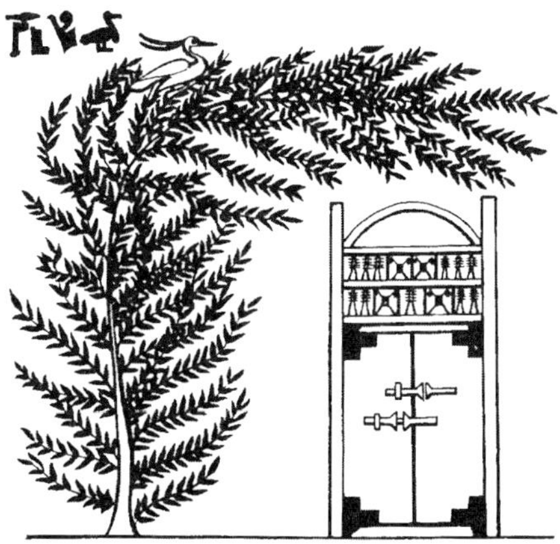

柳の木に止まるサギ、ハルシエシス、フウの墓、プトレマイオス朝。

リストの中で、神と位格的統合が可能なのは、シコモア・イチジクくらいである。ヌウト*の化身、そしてハトホル*、イシス*、まれにネフティス*、ネイト*、イメンテト*とも結びつく。多様な碑文を見て行くと、ペルセアはハトホルやコンス*と結びついている。ナツメヤシはオシリスの体液から育っている。そしてドームヤシはミン*やトト*と結びついている。そしてモリンガの名前はヘテプバケフ*やケリバケフ*に見られる。魔法の儀礼の中で、アポピス*の目を象徴するボールを打つために王が使用するバットはモリンガで作られている。キリストのイバラの冠を編むのに使用されたとされるキリストノイバラは、ソプドゥ*やサフト・アル=ヘンナのナオスに描かれている神々と結びついている。

しかしエジプト語でネベスと呼ばれる棘のある大きな灌木を、ナツメと訳すのは誤りである。これはキリストノイバラ（*Ziziphus spina-christi*）といわれるクロウメモドキ科（Ziziphus）の別の種である。この植物は末期王朝時代の宗教的な地名に使われることが多かった。すべての樹木と神々の世界の間に関係があるわけではないが、ヤナギもまた、アトゥム神*やベヌウ鳥*と結びつき、ヘリオポリスの神学の中で重要な要素である。

エドフ神殿の聖域の外側の壁の下に刻まれた、エジプトのノモスの行列の図には、42のノモスと結びついた植物の名前を見ることができる。それぞれのノモスや地方には、聖なる樹木の名前が記され、どこに植えられていたかが記されている。半分以上のノモスが2つ、4分の1が1つ、そして他は3つの植物の名前が記されている。とくに多く見られるのがアカシア、バラニテス、そしてキリストノイバラである。

→アカシア、イシェドの木、イチジク、シコモア、ペルセア、ヤシ、ヤナギ

B.: M.-L. Buhl, “The Goddesses of the Egyptian Tree Cult,” *JNES* VI（1947）、p.80-97; N. Baum, *Arbres et arbustes de l'Égypte ancienne. La liste de la tombe thébaine d'Ineni*（*nº81*）, *OLA* 31, 1988.

（→口絵/p.37）

シリウス　SIRIUS

ソティスを参照

シン　SIN

ジャイスウ（7人）を参照

神格化　DIVINISATION

イアフメス・ネフェルトイリ、ハプの子・アメンヘテプ、アメンヘテプ1世、アメンヘテプ3世、アンティヌス、ヘカイブ、イムヘテプ、イシ、カゲムニ、ウジャレネス、ペホル、ペテイシス、ピイリス、プラマレス、ラメセス2世、センウセレト3世を参照

人格化　PERSONNIFICATIONS

アイオン、アケル、アレクサンドリアアキト、シャイ、ジェレテフ、ドゥアウル、生産をつかさどる神々、使者の精霊、永遠、ユーテニア、ハピ、ヘフ、ヘメスウト、時間、フウ、ヒュギエ、イアベト、イアティ、イヒ、イメンテト、イペト、イリ、ケフェトヘルネベス、マアト、メンアンク、メンビト、メンネフェル、メンケト、メレヘト、メスケネト、メスタシトミス、ネメシス、ネプリ、ニウト、ヌン、ウアセト、ウレト・ヘカウ、Petbé、ケベフウト、レンペト、季節、セジェム、セジェメト・ネベト、セケト、シア、天の支柱、テネメト、チェセメト、チェト(イ)、風（4つの方位）。

神官　PRÊTRE

神殿建築のもつ象徴的意味は多様であるが、神の住処である神殿*に属する神官は、日常的な意味で「神の召使い」であった。この表現はまさにヘム・ネチェルという称号の直訳であり、「予言者」や神官職のなかでも高い位の者をさす語である。神官職は多様であり、他の表現が見つからないため、ここで一括して使用している「神官」という言葉は、実際には神殿で働く多くの人々の多様な機能を総括している。奉られている神の重要性や神殿の規模によって、同じ称号をもつ神官の役職は実際には異なっていたと思われる。たとえば、アシュートの北にある中部エジプトの町、「カイトの主人、メリムウトエフ*の大司祭」であったネビリという神官の内実は、テーベのアメン神の「大司祭」とはまったく異なっていたはずである。アメン神官団は新王国時代には強大な権力をにぎり、第20王朝末期には、ヘリホルがラメセス９世を追放し、ついには王の地位にまで昇りつめたのである。

神官の日常的な仕事は、マクソンズ・ド・ロシュモンティクスの表現を借りれば、「理想的な人間の生活を神が送れるように実現すること」であった。彼らの仕事は教典を守ることでもなく、信者の数を増やすことでもなかった。その規模は神殿によって異なったかもしれないが、彼らの果たすべき役割は、日に3回行なわれる神の儀礼を滞りなく行なうことであった。ナオスを開く特権をもち、神の彫像の面倒を見るということは、そこに宿る神と直接に触れることを意味する。あるいはまた、その役職によっては、神が召し上がる供物を用意し、また日々の衣服を用意することを意味した。

重要な地位は世襲制のように思われるが、どのように神官の地位に昇ることができたのかは、正確にはわからない。まして、神官になるために、どのような教育を受けたかは明らかではない。また、彼らの宗教的知識の内容も不明である。それに対して、神殿に入るために守らなければならなかった清めの決まりごとの詳細はわかっている。ヘロドトスによれば、すべてのエジプト人は「つねに洗い立ての麻の衣服をまとい」「見た目よりも礼節のために割礼を行ない」「神々に仕える際に害虫を防ぎ、汚れがないように、体中の毛を一日おきに剃っていた。神官は麻の衣服とパピルスのサンダルしか身にまとわなかった。他の衣類や履物は禁じられていた。彼らは昼に２回、夜に２回、冷たい水で体を洗った。このほかにもあげることができないほどの数多くの細かい規則があった（『歴史II、37』）」これらの規則の中で、ギリシアの歴史家によって不思議なことに見逃されていたものがある。その中には、禁止されている特定の食物や、神殿における行事をつかさどる3ヶ月の間、性的行為を禁じたものがある。神官は実際に1年の一定の期間しか神官の勤めを果たしていなかった。彼らは、それぞれが4つの「フュレ（古代ギリシアの部族）」の1つに属し、彼らは交代で勤めを果たし、季節ごとに1ヶ月のみ役職に就き、自分の属する集団の休みの期間である3ヶ月は一般人として過ごしていた。

神殿の運営の責任をもつ者や、祝祭や特別な儀礼で大事な役割を果たす神官の資格をもつ者のほかに、神殿には楽士や歌い手、その他の「専門家」と呼ばれる人々がいた。その中には祝祭を行なう最適な時を定めるために星の動きを観測する「時をつかさどる者」、神話の解釈を行ない、1年の日々の吉兆を占う「占い師」、パピルスに記されたテキストを管理し朗誦する「朗誦神官」や、聖なる科学の管理人であり、伝道者である「命の館の書記」などがいた。さらに葬送の儀礼をつかさどる神官、あるいは医師団でもあるセクメト*の「ウアブ神官」などをあげると、われわれが「神官」とひとくくりで呼ぶ役職は、エジプトにおいて多くの異なる称号をもっていたことがわかる。しかし、これら多くの人材が神殿の壁に描かれることはまれであった。なぜならば、長いファラオ文明の数世紀の間、真の意味で「神官」であったのはファラオ*であった。ファラオは唯独り真の意味で儀礼を行なうことができる神官であり、「神の召使い」の一団は決して王の代理として儀式を行なうことはできなかったからである。

→供物、神殿、ナオス、ファラオ

B.: S. Sauneron, *Les prêtres de l'ancienne Égypte*, Paris, 1998.

（→口絵/p.38）

心臓の計量　PESÉE DU CŒUR

「心臓の計量」は、ときに「命の計量」あるいは「魂の計量」と不正確に訳される『死者の書*』の挿絵のなかでも最もよく知られている図であり、この葬送のテキストを世界で最古の啓蒙書としている。また、この場面は古代エジプト人にとって最も重要な場面であった。第125章の挿絵は、死者の運命が永遠に定まる瞬間を写し出している。

第18王朝の『死者の書』では、いくつかの最も重要な要素で構成されていた「心臓の計量」の場面であるが、時代とともに細部にわたって非常に丹念に描かれるようになり、その結果、中心となる計量のための天秤ばかりを除いて、この場面はパピルスによってかなり異なる。

つねに平衡を保つ2つの皿は、「2つのマアトの部屋」において、オシリスの前に置かれている。そしてアヌビスによって導かれた死者は、死者の神オシリスの助手である42人の陪審員の前で「否定告白」を行なう。そして彼の言葉が嘘でなかったことを証明するために、その心臓（まれには死者自身）が天秤ばかりの皿の1つに載せられる。そしてもう1つの皿に置かれたマアト女神の小像（あるいは羽根）と平衡を保たなければならない。

心臓が死者に反する証言をしないように、『死者の書』の第30章に記された2つの呪文の1つを朗唱する死者は、天秤ばかりの横にいる（立っている、あるいは座っている）アヌビスの助けを借りる。アヌビスは、天秤ばかりの動きを止め、あるいはまた、皿を吊るす鎖をしっかりとにぎり、皿が理想的な場所に留まり動かないように加減する。アヌビスの役割をホルス*が代わって行うこともある。あるいはまた、ホルスが助手となることもある。末期王朝時代には、ハルシエシスやホルス・ケンティ・ケティ* が死者をオシリスや聖なる裁判の陪審員の前へと導く責任をもつこともあった。

彼らの近くには、トト神*や「貪り喰うもの」がいる。前者はときに、「真実を切り出す」ナイフを手に持つヒヒの姿で描かれる。また、多くの場合は、トキの頭をもつ人間の姿で書記のパレットを手に持っている。トト神は、死者が「正しい者」であるという裁定を記録する聖なる書記である。死者の希望が裏切られた場合には、後者が待っている。それは褒美を待つ、食い意地の張った犬の姿で天秤ばかりを見つめている。

説明はないが、死者が裁判のために導かれる部屋の名前（2つのマアトの部屋）の通りに、若干の例外もあるが、マアト女神は2度描かれる。まったく同じマアト女神が前後にならんでいる場合と、上下にならんで2人描かれる場合がある。後者の場合は、上にいるマアトが男性として描かれる。

より詳細に装飾された挿絵の場合には、他の神々が主要な登場人物となることもある。運命を象徴するシャイ*とレネヌテト*、そしてメスケネト*、イメンテト*、さらにヘリオポリスの8柱神の面々、フウ*とシイア*。このほかに「ネクロポリスの主人である大8柱神」や「西の主人である小8柱神」もその中に見ることができる。

→アヌビス、オシリス、トト、ホルス、マアト、貪り喰うもの（牝）

B.: C. Seeber, *Untersuchungen zur Darstellung des Totengerichts im Alten Ägypten, MÄS* 35, 1976.

（→口絵/p.38）

神殿　TEMPLE

神官*が「神の召使い」であるように、エジプトの神殿はS・ソウネロンの定義によると「神が現われる場所」であった。それは他でもない「神の家」であった。そしてナオス*に納められたカルト像に、神は効果的に表現されていた。シナゴーグ、教会、そしてモスクとは異なり、そこは信者が祈りを捧げに来る場所ではなかった。神殿は機能的役割をもち、そこでは理論上、唯一王だけが神殿の主人と直接対話を行ない、儀礼を執り行なうことができた。その目的はただ1つ、世界の秩序を守ることであった。一般の人々は神殿においてなにも行なうことはなかった。祭の際に神殿に入るとしても、彼らは神殿の第1中庭より奥に入ることはなかった。また、彼らは行列の船に乗って神の像が神殿の外に出る時以外、神の姿を拝むことはなかった。しかしこの機会に彼らは託宣を受けることができた。しかしふつうの時も、護符の小像や質素なステラを通して、あるいは熱心な信者が聖域の外壁に描いた粗雑な図像の足下で、祈りを捧げることはできた。

先史時代の葦の小屋から、現在まで見事な状態で保存され、まるで昨日建てられたように見えるエドフ、フィラエ島、あるいはデンデラのようなギリシア・ローマ時代の広大な聖域まで、エジプトの多くの神殿は異なる様相を見せる。また、その規模も多様である。有名なロゼッタ・ストーンに刻まれたメンフィスの勅令によると、エジプト人は第1位、2位、そして3位の位の神殿を分けて考えている。第5王朝の太陽神殿の遺跡、そしてギザ、アブ・シール、およびサッカラのピラミッド複合体の葬祭神殿を除いて、古王国時代の聖なる建造物は残っていない。中王国時代も同様である。カルーン湖の北にあるカスル・アル＝サガにある7つの壁龕のある奇妙な神殿や、第12王朝にセンウセレト1世がカルナクに建造した「白の宮殿」として知られる見事な船の倉庫がこの時代に属する。エジプトの神殿という概念が成長するのは、カルナクの神殿複合体を含み、新王国時代まで待たなければならない。そして後の時代になるとエドフがより完成された例となる。カルナクにおいては、崩れてしまったアメンの領域や多くの塔門よりも第20王朝の初めに周壁の南西の角に建てられたコンス神殿が描写されることが多いが、これはその設計と配置が明確なためである。

神殿は神聖な場所であり、その心臓部で聖なる彫像を守ることによって神の力を確かなものとした。そこは呪文や魔法の図像の宝庫であり、人々を圧倒する高いレンガの塀で囲まれていた。第6王朝にヘリオポリスの神殿の周囲に建てられた塀は5メートルの厚みがあった。原初のときに世界の端に迫る無秩序な混沌を追いやったように、神殿の塀は外の世界を支配する無秩序から聖域を切り離している。1887年以来、マスペロやロシュモンテーによって解釈されてきたように、神殿は宇宙そのものを象徴している。パリの文学部で行なわれたオリエント民族史の公開講座の開会の辞をロシュモンテーは次のように結んでいる。「皆様、エジプトの神殿とは斯様なものであったのです。それはナイル渓谷に住んでいた人々が想像した宇宙の姿を縮小したものであり、多くの名前をもつ神が宇宙創生論を実現する場でありました。そして神の魂は、信奉者によって神殿という物質界に閉じ込められていたのです」

理想的な神殿の正面には塔門があり、そこにはイシス*とネフティス*を象徴する2つの塔があった。2人の女神は太陽がその間を昇る地平線の高みを象徴した。それは朝、太陽が昇るバクウの山であり、また、夕に太陽が沈むマヌウの山であった。すなわち、塔門は太陽の日々の運行を象徴していた。次に列柱に囲まれた大きな中庭、そして大列柱室があった。列柱室の柱は植物を象徴し、パピルスの茂みを表わしていた。柱は天井を支え、天井はまた星を抱く天を表わしていた。エドフを例にとると、床がわからない程度高くなっていき、天井はさらに低くなり、光はなかなか奥の部屋に入らなかった。次に第2列柱室、「供物の間」、そして聖域へと導く第3の部屋があった。聖域は神殿の中の神殿ともいえる場所で、そこにはナオスと神の像が納められていた。神像は、多くの礼拝所を分ける回廊に囲まれ、神殿の他の部分と同様に、壁には数多くの儀礼の場面が、P・ダシャンが「神殿の文法」と呼んだ法則に従って描かれていた。

時代や神殿の重要さによって、命の館、倉庫、工房、そして神官たちの居住空間、聖なる周壁のほかにも異なる要素や建物が加えられた。誕生殿、聖なる湖、ナイロメーターのある井戸、聖なる動物の囲い、サナトリウムなどの設備があった。ローマ時代に属する約50の破片から修復された「神殿のマニュアル」には、神殿内のすべての建物や建物の部分とその役割が記されている。そこには、外界に混乱が生じている場合にカルト像がクリプトに移されたことなどが記されている。

→供物、神官、ナオス、ファラオ

B.: M. de Rochemonteix, "Le temple égyptien" dans *Œuvres diverses, Bibliothèque égyptologique* III, Paris, 1894; P. Montet, "Le rituel de fondation des temples égyptiens," *Kêmi* XVII (1964), p.74-100; E. A. E. Reymond, *The Mythical Origin of the Egyptian Temple*, New York, 1969; R. H. Wilkinson, *The Complete Temples of Ancient Egypt, London*, 2000; J. Fr. Quack, "Organiser le culte idéal. Le Manuel du temple," *BSFE* 160 (2004), p.9-25.

（→口絵/p.38）

スウテク　SOUTEKH

セトを参照

スカラベ　SCARABÉE

豊かな象徴によって、スカラベはエジプト人が最も尊ぶ護符の1つとなった。動物の世界の偉大な観察者であるエジプト人は、真の昆虫学者の目でスカラベを理解した。スカラベの形態学、そして生物学的特徴をエジプト人の目が見逃すことはなかった。なかでも幼虫期の変態の様子や、スカラベが完璧な球体へと糞を転がして作る様子は、太陽の球体のイメージと結びついた。

玉を転がして土の中へと消え、ふたたび土の中から突然現われるスカラベの行動は、エジプト人の目には日々の太陽のサイクルを思わせた。夕べにヌウトによって呑み込まれた太陽は、夜の旅を終え、翌朝世界へともどされる。夜明けに活動するスカラベの生態は、生まれ出ずる太陽と結びついた。それはエジプト人固有の不思議な思想といえる。紀元1年頃のプリニウスは次のように記している。「玉を転がすスカラベ」は「この行為によってエジプトの多くの地で神となった。エジプトの儀式を説明する上でアピオンはスカラベ甲虫が太陽の航行を模倣していると不思議な説明をあたえている（『自然史』、XXX、xxx、99）」

スカラベに聖甲虫（*Scarabeus sacer*）という名前をあたえたナイル渓谷の古代の住人は、この甲虫が手足と頭を使って糞を円くまとめ運ぶ様子を観察した。その糞を回転する様子は、まるで職人が轆轤を回して土器を作る様子に似ていたことから、この様子をネヘプ(ウ)と呼んだ。この語の語根はまさに轆轤をさしている。また、丸めた糞は土の中に埋めたが、それは卵や幼虫を守る場であるとともに幼虫の餌ともなった。プルタルコスはこのように説明しているが、神官たちはこれに若干のフィクションを加え、約4世紀後のホラポロン（『ヒエログリフィカ』I、10）のような説明となった。「実際、スカラベには牝はいない。牡しか存在せず、栄養素ともなる糞の玉の中に精液を注入すると子孫が誕生するのである。それは生殖には理想的な場である」夜の間、太陽が西から東へと天とは反対の道を動いて行くように、スカラベは糞を転がして後へと進んで行く（『イシスとオシリス』、10と74）。スカラベは糞の玉の一部を食べながら、まるみを帯びた壺のような形へと整え、まずとがった部分を作り、そこから梨型の形を作り閉じる。卵は中で孵り、まるまった、ころころと太った幼虫になる。そしてJ-Hファーブルが描写したように「神官の姿で麻布の包帯に包まれたミイラ」のような「美しい」蛹へと成長する。

この観察は多くのイメージを生み出した。たとえば、「スカラベが転がす糞の玉のように」出現する太陽の讃歌のテキストや挿絵、そしてラメセス6世墓(KV 9)に描かれた『地の書*』では、大きな赤い球体から正に翼を広げて出ようとしている、太陽を押すスカラベが描かれている。スカラベは自分の前に太陽円盤を押している(p.286図参照)。同じ墓の同じ壁にはオシリスが描かれているが、楕円形の閉ざされたスペースの中で体を丸めている姿は、糞の玉の中で変態を遂げる幼虫の姿を描いているとしか思えない。さらにプスセンネス王の腕輪や胸飾りのような宝飾品と結びつく象徴であるシェンのサインは、スカラベが尻や後足につけているもので、スカラベが糞を食べた後に吐き出す、靴ひものような黒い紐を表わしているようである。

エジプト人は、夜の間に再生する太陽をスカラベが変態するさまと重ねて想像するだけでは満足しなかった。彼らは土の中から突然現われるスカラベを創世の朝に「初めて登場する」太陽と重ねて見ていた。あるいはまたケプリ*が日々昇る姿と見ていた。そして「神がみずからの中から生まれる姿」ととらえ、『ピラミッド・テキスト*』(§1587b)においては、スカラベをヘリオポリスの創世神と同一視して、アトゥム*・ケプリと呼んでいる(§1652a)。ケペルという語根には「生まれ出る、現われる、形をもつ」などの意味がある。そしていずれの場合もスカラベの表意文字をともなって記される。そしてスカラベ自体がケプレルという名前をもつ。ブレンナー・リンド・パピルスの『アポピスの書』(大英博物館 n° 10188)には、「宇宙の主」が創世を説明した言葉が記されている。そこにはスカラベのサインをともなう20余りの言葉が記されている。この文章を訳すのはたいへんむずかしい。そこには命の突然の出現が記され、それはケプリに限られたことではなかった。「みずから生まれ出た」創世の神であるプタハは、「呪術的」な記念碑において、ときに人間の頭をもつスカラベの姿をもつ(たとえば、プーシキン博物館のステラ I. 1. A. 4468)。また、ジェミラック・パピルスによると、アビュドスは「スカラベの町」と呼ばれていた。オシリスの頭が発見され、トト神*がそれをもち上げた時、その下にスカラベがいたためである。それはオシリスの遺骸の中で一番重要な頭が再生と結びついていることを示している。

→アトゥム、アピ、イウサアス、イムヘテプ、イルト、ケプリ、トト、ラー

B.: Y. Cambefort, "Le scarabée dans l'Égypte ancienne. Origine et signification du symbole," *RHR* CCIV

(1987), p.3-46; id., Le Scarabée et les dieux, Paris, 1994.

(→口絵/p.39)

スコス　SOUCHOS

セベクを参照

スフィンクス　SPHINX

神話上の動物、王、あるいは神。先史時代末期、そして王朝時代の初めに登場したパレットの装飾には、「ホルス*」である王の権力を示すために、動物がもつ野生の力を借りて、ライオンや牡牛の姿で王が描かれている。有名なナルメル王のパレット（カイロ・エジプト博物館、JE 32169）の片面において、王は牡牛の姿で、城壁で囲まれた町の壁を角で突つき、町の住人を足の下に踏みつけている。また「戦場のパレット」(大英博物館　EA 20791）においては、名前の不明な王が、体がバラバラになった人物を貪り喰おうとするライオンの姿で描かれている。

幾世紀をへて、2つのイメージは異なる運命を辿った。牡牛はファラオの形容辞、「力強き牡牛」の称号、そしてナルメルの時から見られる腰布のベルトについた牡牛の尻尾として残るにとどまった。しかし、ライオンの姿は象徴的なスフィンクスを生み出した。

ライオンと王が合体した姿をギリシア人はスフィンクスと呼んだが、この名前は「命ある像」という意味のエジプト語chezep ânkhからきているようである不幸なオイディプスの謎めいた伝説とは無関係である。スフィンクスは第4王朝に突然偉大な姿で現われた。最古のものは正に最も有名で巨大なギザの大スフィンクスである。長い間スフィンクスはカフラー王のものと考えられてきたが、その様式からクフ王のものではないかという説が強くなっている。

古王国時代からローマ時代まで、エジプトのスフィンクスは横たわるライオンの体に王のネメス頭巾をかぶる人間の頭をもつものが多かった。しかしときにライオンの耳をもつ、鬣に囲まれたごくふつうの顔になっていることもある。第12王朝やハトシェプスト女王の治世のスフィンクスに、このような例を見ることができる。またスフィンクスが多様な神々と結びついたことによって他の動物との組合せが生じた。たとえば、ライオンの体に他の動物の頭をもつものがあるトゥトゥの複合的な形においては、人間の頭に多くの動物の頭がつけ加えられたが、多くの場合はハヤブサや牡羊の頭をもっていた。また、メレスゲルのコブラやセトの動物の場合もあった。ハヤブサの頭のライオンが初めて登場するのは、第5王朝のサフラー王の葬祭殿である。スフィンクス、あるいはグリフォン*はヌビアにおけるホルス（ワディ・アル＝セブアのラメセス朝の神殿）、コム・オンボのハロエリス*、あるいはエドフの太陽神ホルスと考えられる。多くの観光客が訪れることから有名なカルナクの牡羊の頭のスフィンクスは、アメン神の権力と生殖力を示している。

ギザの王のネクロポリスの守護神である大スフィンクスは、新王国時代の初めに太陽の性格をもつようになる。ハルマキス*と同一視され「偉大なるケプリの像」として再認識され、またカナンの神フルン*とも同一視された。

ギリシア語のスフィンゲとは関連がないが、エジプトにおいても「女性の」スフィンクスが存在した。王の姿のハトシェプストのほかにも多くの王妃がスフィンクスの姿で描かれた。ライオンの体に腕、あるいは翼をもち、ネメス頭巾の代わりに王妃の象徴であるハゲワシの髪飾り、その上に帯状冠（ビントアナト、QV 71）、あるいは羽根（トゥイ、QV 80）を載せている。また神々の世界では、ディール・アル＝マディーナで発見されたオストラコンに描かれたアシュタルテ*の姿がある。翼をもつライオンの姿で多くの乳房をもち、女性の頭には外国の帯状冠の上から横に編み毛をたらしている。帯状冠にはめずらしい飾りが載っている。これはムウトネジェメト王妃のスフィンクスの頭飾りを思い起こさせる。王妃のスフィンクスは、ホルエムヘブ王と王妃の２体像の玉座の王妃の側の横の部分に描かれている（トリノ・エジプト博物館、Cat. 1379）。

特徴：ウラエウス、翼、ネメス

→アケル、グリフォン、トゥトゥ、ハルマキス、ファラオ、フルン、メレスゲル

B.: S. Hassan, *Le Sphinx. Son histoire à la lumière des fouilles récentes*, Le Caire, 1951; C. Zivie-Coche, *Sphinx! le* Père la terreur, Paris, 1997.

（→口絵/p.39）

スミシス　SMITHIS

シェズメテトを参照

生産をつかさどる神々

ÉCONOMIQUES (GÉNIES)

豊穣と生産を人格化したもの。これらは、「生産をつかさどる神々」の名前の下にまとめることができる。ギリシア・ローマ時代の神殿の壁の下の部分には、多様な姿の神々が長い行列を作っている。

これらの寓意像の中には、古王国時代の王の葬祭殿の壁や、中王国時代の州候の墓、また新王国時代の王墓の中にすでに描かれているものもある。これらの神々は、ナイルの氾濫の多様な側面を象徴するもの、豊穣や生産を象徴するもの、そして上下エジプトを構成するエジプト国家の地域を象徴するものに分けること

ができる。これらの像は、合わせて上下エジプトを象徴する平行にならぶ2列の行列を作り、神殿の軸にそってさまざまな部分に描かれている。

行列の最初、神殿に奉られている神に、上下２国の豊かな供物を捧げる王の後には、氾濫の神であるハピがいる。ハピがいなければ、彼に続く神々の存在はありえない。両性具のハピはナイルの氾濫の水がもたらす豊穣のイメージそのものなのである。

王とハピの後には、ありとあらゆる農産物を集めるように指示する神々（ネプリ*、レネヌウテト*、セケト*など)、猟や魚を求める神々（ケデドゥ*など)、日常的に必要な物資を精製する神々（アキト*、メンケト*、タイト*、ヘジュヘテプ*など）などの多様な重要性を持つ神々が続く。なかでもレネヌネトなどは、行列の中の静かな姿を遥かに越える多様な役割をもっている。

最後のグループは、エジプトの42の地域を人格化した神々である。ナイル渓谷地域の22のノモスとデルタ地帯の20のノモスが対称的に行列を作っている。その中には、運河（メル)、農耕地（ウ)、そして沼地（ペフウ）を人格化した神々がいる。

「生産をつかさどる神々」は立ち姿やひざまずいた姿で描かれている。男性を強調した身体的特徴や、彼らがもつ、あるいは彼らをとり囲む多様で豊かな品々が生産の豊かさそのものを表現している

慣習的に「ナイル」と呼ばれるハピや、同じタイプの神々（ペフたち、ウアジュ・ウル*など）は、両性具有者として描かれ、たれ下がる乳をもち、その大きな腹を強調する裸体を隠すに足りない飾りを身につけている。彼らは行列の中で、上下エジプトの象徴である植物やノモスを象徴する紋章で髪を飾っている女性の神々は、みな同じような姿をしているが、耕地を示すヒエログリフのサインを頭につけている。

また神々は、供物を示すヘテプのヒエログリフのサイン、すなわちゴザの上に乗ったパン、の形をした皿を思い思いにもっている。そこには、パンと壺、果物と花、鳥や牛の肉…など、あらゆる種類の食物や容器が積まれている。そして皿の下のスペースには、パピルスの茂みが描かれ、その前を家畜や狩りの獲物である動物が歩いている。そして「ナイル」の化身である神々の手や腕からは長いロータスの花が地面へとたれている。

特徴：牛の肉、果物、魚、多様な壺、鳥の肉、布、花、パン、麦

→アキト、ウアジュ・ウル、ウリト、ケデドゥ、ケネメト、シェズムウ、セカト・ホル、セケト、タイト、テネメト、ネプリ、ハピ、ヘジュヘテプ、ヘサト、メンケト、メンフウイ、レネヌウネト

B.: J. Baines, *Fecundity Figures. Egyptian Personification and the Iconology of a Genre,* Warminster, 1985.

（→口絵/p.40）

聖水　LIBATION

水、ミルク、ワインを参照

聖なるバトン　BÂTON SACRÉ

聖なる象徴を参照

聖なる誕生　NAISSANCE DIVINE

聖なる誕生テオガミーを参照

聖なる誕生　THÈOGAMIE

エジプト学の研究書には、ドイツ語でゲボルツレジェンダ（誕生の伝説）、フランス語でテオガミ（テオガミー）、あるいは、「聖なる誕生の謎」と呼ばれる概念がある。これは新王国時代の王の奇跡の誕生、あるいは、ローマ時代の大神殿の誕生殿における神の子の誕生をさしている。

記念碑によってかなりの違いは見られるものの、同じ「書」から出典しているもので、王の讃歌の中から歌劇として演じられたものであり、「誕生の家」の壁に描かれた場面に合わせて、祭儀の中で、特定の日に文章は朗誦され、あるいは、劇として演じられた。

この讃美歌は、王が「ラー*の息子」となった第5王朝までさかのぼる。ウエストカー・パピルスには、最初の3人の神の子の誕生が記されている。また、6つの記念碑がある。時代順に紹介すると、まず、第18王朝初めのディール・アル＝バハリのハトシェプスト葬祭殿の2層目のテラスの北柱廊。それより100年ほど後の時代に、ルクソール神殿の中にあるアメンヘテプ3世のために造られた部屋。それから1000年を越えた後のデンデラのネクタネボス1世の誕生殿（第30王朝）、プトレマイオス朝のエドフ神殿とフィラエ神殿、さらに新しくデンデラのトラヤヌス帝の治世のローマ時代の誕生殿をあげることができる。

アメン*神が、地上における後継者を作る意図を9柱神に伝えた時から、セシャト*が王である子どもとそのカー*に何百万年の命と力をあたえ、地上の主人とする時までの流れを描く聖なる劇は、第18王朝になると、15の場面があった（後の時代になると16になる）。この聖なる劇は、元来、ファラオの聖なる起源を確固たるものにする意図がある。また、ハトシェプストの場合は、その権力の執行を正統化する目論見があった。聖なる誕生を記念する上で、一番重要な場面は、聖なる婚姻の場面そのものである。ここでは、神と王妃の出会いが非常に控えめに描かれている。碑文によれば、神は王

セルケト（左）とネイトの前で行なわれたムウトエムウイアとアメンの婚姻。ルクソール神殿、第18王朝。

の姿をとり、王妃は神の香水の香りで目覚める。そしてクヌム神*が子どもとそのカーを創り、メスケネトや数々の神々が見守る中、ヘケト*（あるいはハトホル*）が子どもに命の息をあたえ、子どもの誕生を助ける。そしてヘサト*とセカト・ホル*が生まれたばかりの赤子に乳をあたえる。そして最後の戴冠の場面の前に、子どもと神である父との対面の場面がある。

→9柱神、セカト・ホル、セルケト、トト、ネイト、ファラオ、ヘケト、ヘサト、ヘメスウト

B.; Fr. Daumas, “Les Mammisis des temples égyptiens”, *Annales de l'Unversité de Lyon*, Troisième série, Fasc, 32, Lyon, 1958; H. Brunner, “Die Geburt des Gottkönigs”, *ÄA* 10, 1964.

聖なる紋章　ENSEIGNE DIVINE

聖なるは紋章。トトメス4世の治世から第20王朝の終わりまで、新王国時代を通して、エジプトの彫像技術は、エジプト学者が「紋章の棹」と呼ぶ神具によってさらに豊かなものとなった。

これらの品は、「偉大なる紋章（あるいは棹）」を意味するパ・メドゥ・シェペスと表現され、王、あるいは、私人の手ににぎられ支えられている。それは、神殿の家具の一部であり、ノモスの象徴や、軍旗とは異なるものである。聖なる紋章は、大きなアイギスの首飾り*を長い棹の上に載せて支えているもので、アイギスには神や人間の頭、あるいは動物などが飾られている。棹は運び手の肩や額の高さで支えられる。たとえば、碑文に神の名前が記されていない場合も、「アメン*の紋章」はクヌム神*と同様に牡羊の頭、それに対してハトホル*の紋章は、3つに分けた鬘をかぶった女性の頭で帯状冠の上に載せた太陽円盤を囲む牛の角を飾っている、などどの神のものかわかる。

聖域に飾られ、行列の際に神官によって運ばれる、聖なる紋章の棹は、貴重な木材で作られており、しばしば金箔や琥珀金が貼られリボンで飾られている。神の力を象徴するこの道具は、神殿の中でその存在を誇示しており、神の船の台座の後ろ、そして神の船が神殿を出る時には、神殿の外に飾られた。

また、王のカー*を象徴する、王の肖像となる頭像を載せた棹も存在した。この聖なる象徴は、王の健康と安全を約束するもので、宗教儀礼の対象となった。おもしろいことにその発展は、ラメセス朝の終わり、彫像を載せた棹が見られなくなった時期に相当する。

「予言者」、「牡羊の紋章の聖なる父」、「アメンの聖なる棹の仕事の監督者」、あるいは「聖なる棹の歌い手の長」などの称号を見ると、聖なる紋章には、それぞれ儀式を執り行なう特別な神官がいたことがわかる。そしてこれら神官が神に供物、清水、香、歌などを捧げる役割をになっていた。さらには、いくつかの王の彫像と同様に、聖なる紋章は、土地の所有まで許されており、その収益が信仰を維持するのに使用された。また多くの信者もおり、メドゥウをともなう「ネスパメドゥ[紋章に属するもの]」などの名前をもつ者がいた。これは第25王朝の初めからテーベの固有名詞に見られた。また、エレファンティネにおいては、5世紀までギリシア語の名前の中にその名残を見ることができた。

→アイギス

B.: B. Van de Walle, "Le pieu sacré d'Amon," *Archiv Orientálni* XX (1952), p. 111-135; A. Hassan, *Stöcke unt Stäbe im Pharaonischen Ägypten bis zum Ende des Neuen Reiches, MÄS* 33, 1976; H. De Meulenaere, "L'enseigne sacrée du dieu Khnoum dans l'onomastique gréco-égyptienne, " *CdE* LXXV (2000), p. 235-240.

(→口絵/p.40)

生命のサイン　SIGNE DE VIE

アンク（サイン）を参照

ゼウス　ZEUS

アメンを参照

セカト・ホル　SEKHAT-HOR

乳母の役割をになった牝牛の女神。死者となった王を飾るすべての象徴を描写する『ピラミッド・テキスト*』には次のような文章がある（§1375)。「母親はイシス*、乳母はネフティス*、そして乳をあたえるのはセカト・ホル、ネイト*は王の後に、セルケト*は王の前にいる」

（名前に牝牛の決定詞がついていることから「牝牛セカト・ホル」と呼ぶこと

が多い）セカト・ホルが上記の4人の重要な守護神とともに登場するのは、この女神の重要性を示している。

エジプトの歴史を通して切り離すことのできない、もう1人の乳をあたえる牝牛ヘサト*とともに、セカト・ホルは王に乳をあたえる役割をになう。彼女はまた「ミルク壺を持つ家畜の女主人」である。ヘサトともに家畜の世話をして「生命と健康」をあたえるミルクを確保する。

すべての時代そして国家全域において見られた上記の役割のほかに、末期王朝になると下エジプト第3ノモスの都イマウ（デルタ地帯の西の端にある現在のコム・アル＝ヒシン）の町と強い結びつきをもつようになり、ハトホルと同一視されるようになる。この2人の女神のうちどちらが、この町において最初の存在であったかは不明である。オシリスの右腿を納めた骨箱をめぐるオシリス信仰がこの地に根づいたときに、セカト・ホルが「遺体を守る」女神となり、おそらくミルクの効能によって「遺体を襲う腐敗を退治した」とされている。

聖なる牝牛として「祭壇の神々とともにいる」セカト・ホルはアピス*の配偶神でもある。またイマウに伝わる地方伝説ではアピスは「母親セカト・ホルの腿の間から出現し、この世に登場した」子牛とされている。

ディール・アル＝バハリ、そして少し後のフィラエの誕生殿では、セカト・ホルはヘサトとともにハトシェプストの聖なる誕生の場面に登場する。正座する2人の女神は牛の頭をした乳母の姿で、生まれたばかりのハトシェプスト女王とそのカーに乳をあたえている。2人とも角の間に載せた太陽円盤の上に2枚のダチョウの羽根を飾っている。

またコム・アル＝ヒシンで出土した現在カイロ・エジプト博物館所蔵のステラ（CGC 22186）には立っている姿のセケト・ホルが描かれている。牛の頭をもつ女神はイマウの神々の間に登場する。ステラには、プトレマイオス3世エウエルゲテスの誕生日と戴冠を祝って、カノポスの神官らによって編纂された前238年のカノポス勅令が刻まれている。

エドフやフィラエに見られるように、聖なる乳母である女神はカルナクのオペト神殿に描かれた生産をつかさどる神々の行列に登場する。女神は王冠の代わりにミルクの壺をかぶり、やはりミルク壺のように見える重そうな壺をたくさん載せた盆を持っている。

特徴：太陽円盤、ダチョウの羽根、ミルク壺

→アピス、祭壇の神々、ハトホル、ヘサト、

B.: O. Perdu, “La déesse Sekhatohor à la lumière des données locales et nationales” dans *l’Égyptologie en*

1979. Axes prioritaires de recherches (Colloques internationaux du CNRS, nº595), I. Paris, 1982, p.255-266.

セクメト SEKHMET

ライオンの女神、プタハの妻、そしてメンフィスの婦人。『天の牛の書*』によると、砂漠において反逆者となった人間らを殺戮し、ラー*のもとへもどったハトホル*は次のように言う。「ご覧になったように、わたしは人間に対して力をふるい、それはわたしの心をいたく満足させました」。女神はことのほか虐殺を楽しんだようだ。しかし、「王なるラー*」はこの残虐な行為を抑えるために次のように答えた。「わたしは王としてわたしの力（セケム）を人間らに示し、その数を減らす」。そこには多くの言葉遊びが鏤められ、「このようにしてセクメトがこの世に出現した」とされている。ライオンの女神であることは具体的に記されていないが、これが恐ろしいセクメトであることにまちがいない。「力あるもの」、それがこの名前の意味である。それはハトホルの姿の１つであり、「ラーの眼*」という名前で、早い時期から朗唱の中に登場している。これもまたセクメトの姿の１つである。

メンフィスの創世神プタハの妻であり、ロータスの神ネフェルトゥム*の母であるセクメトは、「メンフィスの婦人」としてこの地で崇拝を受けた。しかしエジプト全土を通じてセクメトは危険な恐ろしい女神であり、「敵の血で命をつなぐもの」であった。『ピラミッド・テキスト*』においては僅かな記述しか見られないが、そこでは、セクメトは再生する王の概念と結びつき（§§262b, 2206c）、セクメトと王の心の間には言葉にできない絆がある（1547c）。『コフィン・テキスト*』の呪文を見ると、「すべての人間に」恐怖を抱かせる彼女の性格は明確であるが（呪文 651）、それに対してすべての神は「みずからを守る方法を知っている」（呪文 336）とされている。呪文には、「セクメトの口から吐き出される炎」（呪文336）、そして「矢」（呪文149）の記述がある。また、女神の前を行く「ナイフの使い手」（呪文 311）がいる。「矢」と「ナイフの使い手」は、テキストには他の名前でも現われる神の小部隊を表わす。エジプト学者は一般に「使者の精霊」と呼んでいる。セクメトは、「使者の精霊」を通して力を実現する。ネイト女神*や他の危険な神々と同様にセクメトは「女主人に逆らう敵に対して使者」を解き放ち、「敵の体を灰のように粉々にする」ことができる。

女神の怒りはいつ爆発するかわからない。しかしとくに変化の起きるとき、日の変わり目、月や年の変わり目、10年の変わり目に恐ろしい危険な存在となる。

そして「その年の悪疫に満ちた空気を撥ね除ける」ために魔法が必要となる。たとえば、『1年の最後の日の書』の呪文などが使用される。セクメトの使者の行為は、創造神が創世の時に定めた秩序を乱すものである。王の最も重要な役割は宇宙の秩序を守ることであったため、「あらゆる名前のもと、あらゆる場所で」女神が王に対して手下どもを解き放つことがないように、女神の力を魔法で永遠に封じ込める必要があった。アスワンのプトレマイオス朝の小神殿には、セクメト・バステト*であるイシス・ソティス*に対する碑文が記されている。そこには（半分にすると1年の365日の数となる）730の異なる姿の「年の婦人、月と日の王」があると記されている。この暦に捧げる祈祷は、すでに1000年以上前から知られている。そして現在でも600体近くほぼ完形で残っている膨大な数の女神の像がある。これはアメンヘテプ3世が彫らせたものであり、もともとはテーベの左岸、現在のコム・アル＝ヘタンの広大な葬祭殿のために製作されたものである。その内のいくつかがカルナクのムウト神殿の周壁の内側に移されている。1つ1つに異なる短い碑文が刻まれ、地理、神学、政治、祭儀、あるいは宗教哲学的性格を表わした形容辞がついている。いずれも王に愛をあたえる女神の異なる出現であると記されている。これら彫像は他に比類のない集合体でありJ・ヨヨッテは、「花崗岩で作られた偉大なる記念碑であり『讃歌』である」と記述している。このほかにも断片的に残る多くの儀礼、そして年の危険を避ける魔術の記録などがあるが、なかでも『セクメトを癒すための儀式』という重要なテキストが残っている。1年の12の月に相当する碑文と場面は、エドフ神殿のプロナオスの6つのアーキトレーブそれぞれの2つの側面に刻まれている。広間の西の半分には、3つの季節それぞれの最初の2つの月、東の半分において最後の2つの月の場面が見られる。J-C・ゴヨンが示すように、儀式は同時に王に対する儀式を意味し、王が女神のケネド台座に上る行為において頂点を迎える。この儀式はラーの眼の破壊力を王が獲得しその攻撃から身を守ることができるようになったことを象徴している。

力あるものは、その力を加減できる。思いのままに恐ろしい使者を放ち、疫病や死を万延させることのできるセクメトは、同じように使者をなだめ良き使者とし、さらには病を癒す使者とすることができる。実際、第5王朝からウアブ神官は特別な医療団を作っていた。

血に飢えた動物の恐ろしい姿は危険を示している。セクメトが完全に人間の姿をして描かれることはまれである。エドフ神殿の「ソカルの第1室」に描かれたセクメトがそのまれな例である。泣き女の神々*の間で上半身は軽く傾き、嘆きの仕草で両腕を上に挙げている（*E* IX, pl. 24a, *E* XI, 281）。セクメトはごく少数の例外を除いてライオンの頭の女性の姿で描かれるが、穏やかなセクメトはライオンではなくネコの頭をもつことがある。デンデラのローマ時代の誕生殿の「9柱神の間」にその例を見ることができる（*MamD*, pl.69）。セクメト像は、上記アメンヘテプ3世の石像の「讃歌」がエジプト、および、世界中に残されているため、われわれにとって親しみ深いものとなっている。現在、ルーヴル美術館に11体、大英博物館に約30体所蔵されており、世界中で見られるといっても過言でない。さらに考古学者が王の葬祭殿跡から何十という像を今でも発掘している。女神はウラエウスを飾った太陽円盤をかぶっていることが多く、また、セクメト・バステト*やウレト・ヘカウ*など他の神と融合した姿をもつ場合も同じ飾りを頭に載せている（*MH* IV, pl.241）。玉座*に座っている姿、そして立像の場合も、鎌首をもたげたコブラのデザインの帯状冠の上にハトホル冠を載せ、つねにウアジュ杖と命のサインを手にしている。ディール・アル＝マディーナのネブエンマアト墓（TT 219）の「偉大なるセクメト、プタハに愛されしもの」、あるいは、マディーナト・ハブのメンヒト・セクメト・バステト・ウアジェト*など、神殿や墓の壁画に描かれたセクメトは、ライオンの頭の天辺に巨大なウラエウスを1つ載せている。

セクメトは、以上のような「古典的な」姿のほかに、まったく異なる姿をとることもある。カルガのイビス神殿の祭壇室の入口においては、セクメトはイクネウモンの姿をとっている。しかし図の描かれた壁の状態から自信をもって「ファラオのネズミ」であると言いきることはむずかしい。「治癒を祈る」ステラや小像においては、数えきれないセクメトの小さな姿が、毒虫などの刺し傷や咬み傷を癒す呪文の横に刻まれている。「階段にいるもの」と呼ばれる女神は、ライオンの頭の女性を横から見た姿であり、階段の最上段にいる。またときには太陽円盤をかぶった鎌首をもたげたコブラの姿をしている（メッテルニヒ・ステラ、MMA 50.85）。あるいは「セクメト・ウアジェト*」と呼ばれるライオンの頭のコブラの場合もある（トリノ・エジプト博物館のステラ Cat. 3031、あるいはプーシキン博物館のステラ、I.1.a.4468）。最後にデンデラのオシリス複合体の西の第2礼拝所においては、女性の姿で描かれているが、腕はなく頭はウジャト眼に置き換えられている（*D* X, pl.196）。後に立つ両翼を開いたハヤブサに守られ、セクメトは階段の上の台座の上で正座している。その横にはシェペスウトと同じ数の７人のカバの女神が飾られている。彼女たちは通常のサのサインではなくナイフを押さえつけているように見える。

特徴：アテフ冠、アンクのサイン、ウアジュ杖、ウジャト眼、ウラエウス、帯状冠、太陽円盤、ハトホル冠、メナトの首飾り

→ウレト・ヘカウ、遠方の女神、シェゼムテト、時間の神々（クロノクラテス）、使者の精霊、テフヌウト、泣き女の女神、ネフェルトゥム、バステト、ハトホル、プタハ、マヘス、ムウト、メヒト、メンヒト、ラーの目

B.: Ph. Germond, “Sekhmet et la protection du monde,” *AH* 9（1981）; S. E. Hoenes, *Untersuchungen zu Wesen und Kult der Göttin Sachmet*, Bonn, 1976; J. Yoyotte, “Une monumentale litanie de granit; les Sekhmet d’Aménophis III et la conjuration de la déesse dangereuse,” *BSFE* 87-88（1980）, p.46-75; J.-Cl. Goyon, “Le rituel du setp Semt au changement de cycle annuel, d’après les architraves du temple d’Edfou et textes parallèles, du Nouvel Empire à l’époque ptolémaïque et romaine”, *BdE* 141, Le Caire, 2006.

（→口絵/p.40）

セケト　SEKHET

畑とその生産物を人格化した女神。数多くの「豊穣を象徴する存在」の中で、セケトはナイルの氾濫で運ばれる肥沃な泥が大地にもたらす品々を象徴している。セケトの名前は、「畑地」、あるいは「田舎」を意味する単語である。すなわち、ナイルの氾濫の恩恵を受ける地域をさしている。そこは沼地であり、畑地である。ヒエログリフのサインでは、細長い地面の上に葦の散形花序が３つ描かれている。セケトはこのヒエログリフをつねに頭に飾っている。

『ピラミッド・テキスト*』の時代から知られている女神は、水鳥の猟を人格化したハブ神という息子をあたえられている（§555d）。セケトはギリシア・ローマ時代の神殿において、農業の祭の場面で多く登場する。イシス*、ハトホル*、そしてネベトゥウ*などがセケトの姿を借りることがある。

第５王朝には、アブ・シールのサフラー王の葬祭殿にセケトは登場する。しかし図像が現在では失われていることから、現存する最古の図は、名前を示す決定詞から判断して、第６王朝のディール・アル＝ゲベラウィの州候ジャウの墓に描かれた、頭になにもつけず、両手に鳥を持っている女神の図である。この図を除けば、第18王朝の初めのステラに描かれたセキィトと記された女神がセケ

トの像であると思われる。女神は、ハトシェプストの娘「(アメン）の聖なる妻(アメンの女性神官）ネフェルウラー」の前に立っている。このステラは現在個人の所蔵である。

ギリシア・ローマ時代の生産をつかさどる神々の行列においては、場面によって立っている姿とひざまずいている姿が見られるが、つねにそれぞれの聖域の主要な神に捧げる農産物の供物を運んでいる。デンデラの聖域の外壁下段においては、セケトは、頭に載せた畑のヒエログリフのサインによって特定できるが、自然の生産物（鳥、花…）だけでなく、人間の作った品々（パン、壺…）など、ふんだんな供物を運んでいる。彼女の前には豊かに繁ったパピルスの茂みが描かれ、豊かな水鳥や子牛がそれぞれ猟の獲物と家畜を象徴している。

特徴：畑を示すヒエログリフのサイン。

→ネベトゥウ、ハピ

B.: J. Baines, *Fecundity Figures. Egyptian Personification and the Iconology* of a Genre, Warminster, 1985.

（→口絵/p.41）

セケム笏 SEKHEM (SCEPTRE-)

王笏を参照

セジェム SEDJEM

イリ、フウを参照

セジェメト・ネベト SEDJEMET-NEBET

聞く力を象徴した女神。神々に祈りを聞いてほしいという欲求は、末期王朝になると増し、メスタシトミス*、そしてトトシトミスやハルシトミス（「トト(あるいはホルス）は聞く」）という神々を生み出した。そして聞く力をもつ神々はパンテオンの男性の神に限らなかった。比較的まれであるが、セジェメト・ネベト（すべてを聞くもの）という表現はムウト*、ネフティス*、ネベト・ヘテペト*、そしてとくにイウサアス*などの女神の形容辞として使用される。そしてラメセス朝の破片、そしてデンデラにおいてはハトホル*と同化する女神のリストの中で、この表現は１人の独立した女神をさしている。ヘリオポリス出土のラメセス朝の破片を見ると彼女はイウサアスの形の１つにすぎないのかもしれない。デンデラにおいてもイウサアスの名前にこの聖なる形容辞がついている可能性がある（*D* II, pl.160)。

個人のコレクションに所蔵されているケイ化砂岩のブロックには、セジェメト・ネベトの唯一の図像と思われる絵がある。そこには「セジェメト・ネベトに愛されるもの、ヘリオポリスの主人」と描写される、（最初のカルトゥーシュしか残されていないが）ラメセス２世と思われる人物と向きあう女神が描かれている。とくに大きな特徴をもたない姿で、頭にはハトホル冠をかぶり、手には女神が一般的に持つウアジュ杖ではなく、ウアス杖を持っている。

特徴：ウアス杖、ハトホル冠

→Iousäas、Mestasytmis、セジェム

B.: G. Godron, “À propos de la déesse Sedjemet-Nebet,” *RSO* XLIII（1968), p.319-326, pl.I.

セシャト　SECHAT

書物と文字の女神、図書館の守護神。頭に飾った象徴からすぐにセシャトとわかる女神は、エジプトのパンテオンのなかでも最も古い神の１人である。セシャトの名前は、「パレルモ・ストーン」に刻まれた王の年代記に２度登場する。いずれも第１王朝のデン王の治世の出来事と結びついている。１つは神殿の建設、もう１つは女神とマフデト*の像の製作に関する記述である。彼女はその名前の意味が示すように、「書くもの」であり、トト神*の配偶神ではないが、彼の横にまるで妻のように座っている姿が描かれることがある。彼女は、もう１人のトト、あるいは女性版であるとも考えられる。聖なる書記の知恵や科学というよりも、文字そのものと直接結びついた神である。ギリシア・ローマ時代の神殿において彼女の名前と結びついた形容辞は、「図書館（あるいは文字）の婦人（あるいは女王)」であり、「生命の館を支配するもの」である。またセシャトは「この地にあるすべてのものを数える」存在である。このように彼女は王の称号を定め、「アトゥム*の年」と「何百、何千という王位更新祭」を王に約束し、「偉大なるイシェドの木*」の葉に名前を書くことによって、「ラーの力、アトゥムの王権、シュウの王位、そしてゲブの玉座」をあたえ、生命の長さを計算し、「永遠に年代記」に登録する。このように、イリ*やセジェムとともにセシャトは王の戴冠にかかわっている。

書くという技能の女主人であるセシャトはまた、建設を支配する設計図の女主人でもある。『ピラミッド・テキスト*』（§616）は彼女を「建設者の婦人」と形容し、王の「遺体のすべてを統一」して王の体を「再構築」するネフティスと同化している。そして『コフィン・テキスト*』は、繰り返し（呪文　297、355、709、902）造営とセシャトを結びつけている。セシャトはこの分野で象徴的な役割を果たす。王はセシャトとともに「設計の基礎」を作る。すなわち、セシャトは、王が建造する神殿の土台を作る重要な儀式に立ち会う。この儀式は王が造営しようとしている将来の聖域の壁の位置を定める儀式で、４つの杭を打ち立て、その周囲に縄を張る象徴的なものである。この儀式は方位を決めるために

星の見える夜に行われる。テキストには具体的に「メスケネト（オオグマ座）の方角を見るように」と記されている。この儀礼の図は、第2王朝からギリシア・ローマ時代まで数多く描かれているテーマの1つである。ヒエラコンポリス出土のカセケムイの門の脇柱（カイロ・エジプト博物館、JE 33896）、エドフ神殿の第2列柱室の南の壁に描かれたプトレマイオス4世の場面などを例としてあげることができる（*E* IX, pl.40d、*E* XII、pl. 369）。この場面においては、しばしばセシャトが1人で神殿の基礎作りの儀礼を象徴しており、場面は同じ構図で描かれている。セシャトと王は互いに向かい合い、それぞれ長い棍棒を手に持ち、4つの杭のうちの2つを打ちつけようとしている。この4つの杭は神殿の聖域の境の四隅を象徴的に確定するものである。

セシュという動詞には「書く」という意味だけでなく「描く、塗る」という意味もあり、セシャトには神の化粧をつかさどるという2次的な役割がある。第30王朝のものと思われる末期の碑文によると（カイロ・エジプト博物館、JE 45936)、「ソカル*がその美しさを創った」とされるハトホル*に化粧を塗るのはセシャトである。フィラエにおいて、プトレマイオス8世が化粧の供物をセシャトに捧げているのもごく自然なことに思われる。

第12王朝の初めから、セシャトはしばしばセフェケト・アブウイの名前で登場する。現在わかっている限りでは、最初にセシャトがこの名前で登場するのは、アメンエムハト3世がファイユームの南のマディーナト・マアディにレネヌウテトのために建てた小さな神殿である。この時初めて、セフェケト・アブウイという意味の不確かな表現が現われるが、これはおそらく女神の髪飾りの特徴を表現したものであり、1対の角（アブウイ）と7つの枝（セフェク）で構成されるロゼッタを表現しているようである。

さらに末期王朝になると、対称的な場面に登場する「大」セシャトと「小」セシャトが現われる（*E* IX, pl.29a & 29b)。エドフの誕生殿の「供物の部屋」(*MamE*, pl.XVIII)、デンデラの礼拝所の入口の1つ（*D* VII, pl.637）やクリプト（*D* V, pl.336）では前後にならんでいる。どのようなテキストにもこの二重性を説明する記述は見当たらない。しかしエドフの「コンスの礼拝所」の碑文においてイシス女神*が「大セシャト」と形容され、ネフティスが聖なる助手とされていることから、それぞれがオシリス*の2人の妹と同一視されている可能性がある。

名前はセシャトであろうが、セフェクトアブウイであろうが、女神の図像は時代をへても変化していない。わずかに3

つに分けた鬘の上につねに載せている象徴の細部に小さな違いが見られる程度である。手には筆を持ち、女神の特徴的な鞘型の衣をまとい、姉妹たちと異なるのはヒョウの毛皮をまとっていることである。このヒョウの毛皮は、神官（p.38口絵左上参照)、また神々の世界ではハレンドテ*やイウンムウテフ*、さらにデンデラにおいて1度だけアヌキスが身につけているものである（*D* V, pl.340)。

サッカラのカバウソカルのマスタバ墳から、末期王朝の上エジプトの大聖域にいたるまでの3000年の時をへて、セシャトの独特な髪飾りの2つの要素は進化している。第3王朝からギリシア・ローマ時代までの間、ナルメルのパレットに刻まれたモチーフに似ている7本の軸をもつ「花びら」で構成されたロゼッタ紋様は、幾何学的な紋様となり、遂には5本の枝の星の紋様へと発展する。また、象徴の上の部分は、暦の月の象徴を思わせる鈍いアーチの三日月のような形の上に縦に挿した2本の羽根のような形が発展し、コンパスの足のようにも見える2本の枝、さらには、2本の角を逆さまにした形、そして向き合ったコブラのようにも見える。

ディール・アル＝マディーナにあるラメセス朝の墓には、非常にめずらしいセシャトの図と名前がある。彫刻師ナクトアメンの「モノクローム」の墓（TT 335）の第2室の壁には、たいへんユニークな場面が描かれている。死者は王の特権をみずからにあたえ、トト神にマアト*を捧げている。ここではセペド(エト)・アブウイ、すなわち「2つの角のとがったもの」と呼ばれる「図書館の婦人」が場面の端に現われ、頭に飾った「花」の象徴は、放射状の「花びら」を描いたロゼッタというよりも6枚の「葉」を描いた植物紋様のように見える。中央の7番目の軸の両側に対称的に葉は描かれている。この象徴は逆さまに描かれた1対の角のように見えるアーチの下にある。

ハトホルのシストルムやメナトの首飾り*、あるいはオシリスのジェド柱、まれではあるがトト神の書記のパレットのように、セシャトの象徴は女神自身を表現することが可能である。先端にシェンのサイン*を載せた長い杖の上にこの象徴を見ることもある。たとえばカルガのイビス神殿では、血のついた腕にアンクのサインの輪を通し、それぞれの手がヘフ神のように永遠の象徴をともなう年のサインをもっているものがある。あるいはまた、アトフィフのプトレマイオス朝の聖なる牝牛の墓のように、台座の上に女神の象徴がとりつけられている場合もある。その周囲では人間の姿の神々が短い対話を行なっている。また、デンデラでは、神官たちが神殿の屋上に向かって行列して運ぶ象徴の間に見られる。また、「円盤の統合」の祭が終わった後に、室内に運び込まれるのを見ることができる（*D* VII, pl.668、683）。

最後に、『ピラミッド・テキスト*』（§426b）には、セシャトの名前の男性形が登場する。しかしこのセシャヌウという神が登場するのは、１度だけであり、その正体は不明である。

特徴：盃、書記のパレット、角、年のサイン、７枚の花びらの「花」、筆、ヒョウの毛皮

→イシェドの木、イリ、建設の神々、神殿、トト

B.: G. A Wainwright, “Seshat and the Pharaoh,” *JEA* 26（1940）, p.30-40; D. Bastin, “De la fondation d'un temple; ‘Paroles dites par Seshat au Roi Sethi Ier,” dans M. Broze, Ph. Talon（éd）, *L'atelier de l'orfevre, Mélanges offerts à Ph. Derchain* 1992, p.9-24; D. Budde, *Die Göttin Seschat, Kanopos* 2, Leipzig, 2000.

（→口絵/p.41）

セト神　SETH

砂漠の神、嵐と混沌の神。しばしば実の兄のオシリスの殺戮者として、その性格を規定されるセト神は、エジプトの神々のなかでも最も複雑な神の1人であり、不思議な動物によって象徴されるという点で、他の神々とは異なる。不思議な犬の姿ともいえる象徴となる動物は、先の別れた尾をもつ優雅なグレーハウンドのような姿で、曲がった長い鼻先と、まるで先端を直角に切ったような長い耳をもっている。それは通りかかるキリンを狙って身を潜めるリカオン、オカピー、あるいはまたは、めずらしい長い耳のツチブタなど、さまざまな種類の動物を思わせる姿をしているが、ギリシア人が彼らの神「ティフォン」と同一視した「セト」神の動物は、現実世界には存在しない。

セトは、オシリス*、イシス*、そして妻でもあったネフティス*と同様に、ヌウト女神*とゲブ神*の子どもであり、ヘリオポリスの偉大なる九柱神の３世代を形成する神の1人である。この神聖なる家族の中で、長兄でなかったことが、セトの不幸を招いた。長男であったオシリスは、エジプトの国土を分ける際に、豊かな「黒い土地」を受け継ぎ、農業と秩序をもたらした。それに対して、セトは、後にその守護神となったオアシスを除いては、不毛で荒れた砂漠を受け継ぐほかなかった。プルタルコスの目には、その事実は「嫉妬」と「憎悪」を育むに充分な理由に映った。そしてセトは「恐ろしい犯罪」を犯す。その結果、世界には「混沌」がもたらされ、「地も海も悪に満ちる」（『イシスとオシリス』、27）。

プルタルコスによるセトの肖像は、手厳しいものである。「セトは混乱をもたらす。その手にかかると、弱い物はすべて、その影響を大きく受け、変化する。セトが触れると、太陽は揺らぎ、傷つく。大気には乾いた風と嵐、そして稲妻と雷が満ちる。セトが触れると、水と空気は悪臭に冒される。セトは月に到達しようと飛び上がり、抗う。混乱した月はその明かりを失い陰る（『イシスとオシリス』、55）」

創造された世界の淵で、混沌としたカオスが、その破壊的な活動を続けるように、セト神の敵意に満ちた領域は、オシリスの領域を囲み、世界の秩序に脅威をあたえている。しかしホルスとセトの王権をめぐる戦いによって表現される対立は、世界の均衡にとって欠かすことのできない要素である。セトの暴力が激しければ激しいほど、ホルスの勝利も確固たるものとなる。このライバル関係は、エジプトの王権が確立された時代、ホルスを守護神とするヒエラコンポリスとセトを守護神とするオンボスの間にあった実際の対立の名残である可能性がある。先王朝時代の夜明け、王権は「２人の主人」にあたえられ、王妃は「ホルスとセトを見る者」と呼ばれた。なぜならば２人の神が王の体に宿ると考えられたからである。第２王朝における王の称号が「ホルス名」と「セト名」の間で揺れているのは、当時の政治的な事情を反映し

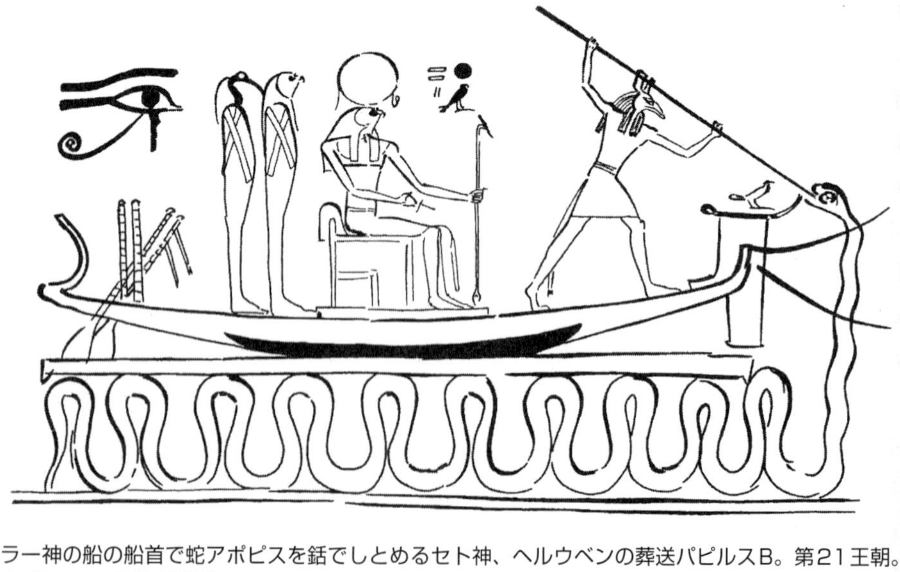

ラー神の船の船首で蛇アポピスを銛でしとめるセト神、ヘルウベンの葬送パピルスB。第21王朝。カイロ・エジプト博物館。

ていると考えられる。当時、「ホルス名」よりも「セト名」が優先していた可能性があり、ペルイブセン王は「セト名」を選択し、カセケムイ王は「ホルス名とセト名」を選んでいる。

約2000年の間、なかでも嵐と風の神であるバアル神を崇拝するヒクソスの支配下の時代には、セトは重要な神として存在した。またラメセス朝においては、3人の王がセト名をその称号にもち、セト神は、碑文や壁画において他の偉大な神々と同列に扱われ、その肯定的な性格が強調された。たとえば、『ホルスとセトの冒険』では、この2人はともに「偉大なる王子のなかでも最も偉大なる者」とされ、セトは、その兄弟の系譜を自分のものと主張し、誇りをもって、太陽の船の先頭で神を守る役割を名乗っている：「我はセトなり。9柱神の中で最も強き者。毎夜、太陽の船の船首で、太陽神ラーの敵を打ちとる。その偉業は他のどの神にもなしえない」。同じように、1例にすぎないが、テーベとデンデラの間、ナカダ（トゥク）にある、オンボスのセト神殿の扉のまぐさ（リンテル）には、1対の対称的な図に「強き者セトの大司祭」であるウセルハトという人物が、セト神とアメン神を崇めている場面がある。2柱の神は、背中合わせにセマ・タウイの象徴の上に座している。これは2柱の神が同等でなければ存在しえない構図である。

誕生の時から暴力的な性格であったセトは、「誕生の時にも、場所にも恵まれなかった」とプルタルコスに描写されている。母親の脇腹を破り誕生したセトは（『イシスとオシリス』、12）、残虐なオシリス伝説の敵役に成るにいたり、その否定的な人格を隠すこともなかった。オシリス信仰が勝利するとともに、兄オシリスの殺戮者であり、その甥ホルスの敵として、禁断の人物というレッテルを貼られたセトは、その悪魔的な性格を究極の域へと昇華した。

象徴的な不可思議な動物の図像との結びつきが強いため、セト神が他の動物をはじめ、さまざまな姿をとることをわれわれは忘れがちである。正式な神の像とはいえないかもしれないが、有名な蠍王の棍棒の頭の上に記されたサインの上に見られる神の姿（アシュモレアン博物館、E.3632）、そして第2王朝ペルイブセン王のセレクの上の姿を除けば、トリノ博物館にある、ヘリオポリス出土の第3王朝のナオスの破片に見られる図が、セトの最古の図（inv. suppl. 2671/18）である。この図は、上記ナオスの別の破片に描かれたゲブ神にあらゆる点で似ている。いずれもジェセル王の特徴をもち、人間の姿をしているが、頭の上のセトの動物によって神を特定できる。現在わかっている考古学的資料によれば、セトの動物の頭をもつ人間の姿のセトが初めて描かれたのは、現在、ベルリン・エジプト博物館に保存されている、アブ・シールのサフラー王の葬祭殿の壁の破片（n°21782）である。彼に続くソプドゥ*と同様に、セトの名前は記されていないが、しばしば使用される「オンボスの者」という形容辞をともなう。すでに消えてしまっている他の少なくとも2人の神と同様に、いずれの神も縄につながれた2人の捕虜を王に差し出している。王は、場面を区切る2行の碑文の向こうに描かれている。2人の神は、ウアス杖*を右手に持ち、左手にはアンクのサインと捕虜をつなぐ縄のほかに、装飾を施した戦闘用の斧を持っている。また、アブ・シンベルの小神殿には、ホルスの反対側に、ラメセス2世に王冠をかぶせるセトが見られる。あるいはまた、玉座の横に上下エジプトの象徴的な植物を結んでいる姿が描かれていることもある。しかし、エジプトの歴史を通じて最も多く見られるセトの姿は、私人の質素なステラに描かれた、信者の敬意を受けている姿である。タニス出土のラメセス朝のステラには、バアル神の長い紐をつけた高いティアラをかぶった人間の姿で描かれている。このように人間の姿で描かれることはまれであるが、逆に動物の姿をとることは多く、座した犬の姿をとることが多い。また、ルーヴル美術館にある、ラメセス2世がアシュタルテ（p.口絵右下参照）に向きあっている場面を描いたステラ（E 26017）のアーチ部分に見られるように、セトの動物の頭をしたスフィンクスの姿をとることもある。また、アレクサンドリアのカイトベイの要塞の下にあった、セティ1世のオベリスクに描かれたセト神の図は、王の名前を記す役割を果たしていた。

セティ1世の王墓（KV17）の天体図の天井には、デカン*や惑星と結びついた神々の間にセト神がいる。ひとつはセトの動物の頭をもち、それとは別の水星（セベグゥ）と結びついた図では、ロバの頭をしている。ロバが選ばれたのは、その長い耳のためだと考えられる。ハノーファーのケストナー博物館にある呪術ステラのアーチ部分には、「ソカルの嫌悪」と呼ばれる図がある（n°1935.200.445）。セトは首に縄をかけられ、両腕を後ろ手に縛られ、「セクメトの処刑場」という名前の周壁の中の杭に縛られて座っている。

エドフ神殿の西の周壁（*E* X, pl. 148）の内側に描かれたホルスの勝利の図にはすべての段にあらゆる大きさのセトの図が描かれている。水に棲む大きなほ乳類の姿で描かれることは他にはあまりないが、ラメセス2世によってセト神のために建造された神殿のあった上エジプトの第10ノモスのネクロポリスの1つ、ア

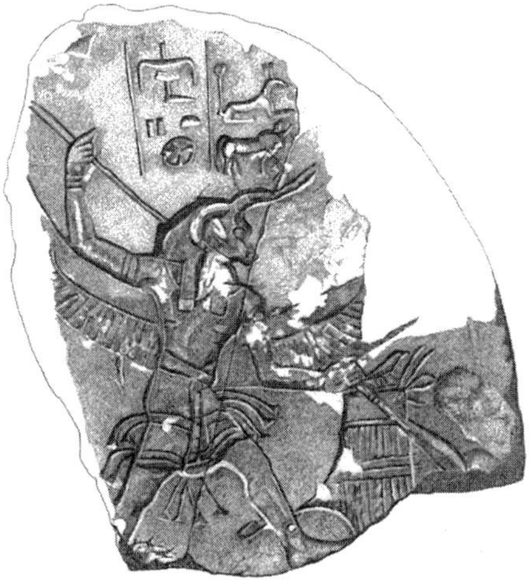
牡牛の頭のセト神。第19王朝、ニイ・カールスベルグ・グリプトテク美術館、コペンハーゲン（ÆIN726）。

ル＝マトマールで発見されたステラには、手を上げて祈っている人物の前で、「チェブウの主人、セト」であるとんでもない大きさのカバがパピルスの茂みの前に自然な姿で描かれている。

残念ながら破損しているが、コペンハーゲンのニイ・カールスベルグ・グリプトテク美術館にある、ラメセス朝のステラ（ÆIN726）には、その形容辞「オンボスの牡牛、セト」のように、牡牛の頭の人物として描かれているめずらしいセトの図がある。とがった長い角のある頭をもち、ラーの船の舳先でまさにアポピス*を銛で突こうとしているところである。バランスをとるためにしっかりと足を広げ、1対の翼をつけ、アジアの神々の特徴をもつ腰布を身につけている。

つねにアポピスを銛で突くセトであるが、カルガ・オアシスのイビス神殿の第1列柱室の壁には、太陽の船ではなく、巨大な蛇の上に立つ、ハヤブサの頭をもつセトが描かれている。頭にはプスケント冠をかぶり、横にはライオンが歩んでいる。背中に不思議な翼とハヤブサの体が見られる。この図は、リビア砂漠のオアシスに見られる図像の影響を受けているように思われる。その姿は、ダクラにあるアイン・ビルベイヤ神殿（p.126図参照）のアメン・ナクト*のものに近い。また、ディール・アル＝ハガルのローマ時代の小さな神殿には、ネフティスと共にいるハヤブサのセトが見られる。

特徴：牡牛の角、斧、牡羊の角、プスケント、銛

→アシュ、アシュタルテ、アナト、アポピス、アメン・ナクト、イガイ、イシス、オキシリンコス、オシリス、オリックス、カバ、ネフティス、ネムティ、バータ、バアル、ババ（ベボン）、ホルス、マガ

B.: J. G. Griffiths, *The conflict of Horus and Seth from Egyptian and Classical sources,* Liverpool , 1960; H. Te Velde, *Seth, God of Confusion, PÄ*.6, 1967（2e éd. 1977）; J. Vandier “Le dieu Seth au Nouvel Empire. À propos d'une récente acquisition du Louvre,” *MDAIK* 25（1969）, p. 188-197, pl.

VIIb; G. Soukiassian, "Une étape de la proscription de Seth, " *GM* 44 (1981), p. 59-68; D. Meeks, "Seth. De la savane au désert ou le destin contraire d'un dieu" dans Chr. et D. Meeks, *Les Dieux et Démons zoomorphes de l'ancienne Égypte et leurs territoires*, Carnoules, 1986, p. 1-51.

(→口絵/p.41・42)

セヌウイ　SENOUY

ワニの神、セベクの父。残念ながら保存状態はよくないが、第18王朝の終わりに属するパピルスに、A・ガーデナー卿が「釣りと網漁の楽しみ」と名づけた文学作品の一部が残されている。この物語の場面となる沼地は、セベク神を「湖の主人」とするファイユームであると思われる。物語にはセヌウイと呼ばれるセベクを息子とするワニの神が登場する。

セヌウイは、文字通り「2人の兄弟」を意味する、この神の名前はエジプト語では他に見られない。しかしギリシア時代になると、まったく同じ意味をもつプソスナオス*という名前で、カスル・アル＝バナート（ユーヘメリヤ）の碑文に登場する。さらにオキシリンコスのパピルスにも登場する。1000年の時をへているが、新王国時代の「2人の兄弟」の神とギリシア・ローマ時代のワニの神は、同じ神であると考えられる。

碑文によってセヌウイのものであると確証できる図像は発見されていない。しかしネイト*がセベクの母であることから、「2人の兄弟」と呼ばれる神は、ネイトの乳にぶら下がっている2匹の小さいワニではないかといわれている。同様に、ギリシア・ローマ時代には、バトン・イレト（テアデルフィ）出土のステラに描かれたプネフェロス*の「顔」を囲む2匹のワニがセヌウイであると考えられている。

→セベク、ネイト、プソスナウス、プネフェロス

B.: W. Spiegelberg, "Das Heiligtum der zwei Brüder in Oxyrhynchus," *ZÄS* 54 (1918), p.140.

セネトネフェレト　SENETNEFRET

タセネトネフェレトを参照

セパ　SEPA

ムカデの神。『ピラミッド・テキスト*』の時代から知られているセパは、『死者の書*（第142章)』においては「ヘリオポリスで最も気高い魂」としてオシリスと同一視されている。また、ミイラ作りの部屋の守護神であるアヌビスとも密接に結びついている。ナイルの洪水の上昇において重要な役割を果たすムカデの神である。

エジプト人が極端に語呂合わせを好む

こと、また、鋭い観察眼をもっていることが、ムカデの神にあたえられた役割を説明している。同じ語根が人型棺、ノモス、そしてオシリスの遺体を包む帷子、さらには王を運ぶ玉座を意味する。ムカデの足はドイツ語、フランス語（1000）、英語（100）、そしてアラビア語（44）においてその足の数を大袈裟に表現されている。しかし、ムカデは、全部で21 対、すなわち、42の足をもっている。それはエジプトのノモスの数であり、それぞれの地に埋葬されたオシリスの遺体の42の部分である。さらには王の輿を運ぶ21人のにない手の足の数とも一致する。王の輿は玉座の下にあるエジプトの国土全体を象徴している。

ナイルの洪水は、オシリスの遺体からしみ出す体液であると考えられている。ジュミラック・パピルスに記されているように（VI, 6）、死者の神はセパとしてヘリオポリスに埋葬された。そしてサイス朝のステラの碑文よると「セパの新しい水」は、豊穣を約束する洪水である。同じようにカルガのイビス神殿の碑文にはセパの洞窟は、「洞窟内の水が上昇する」と開かれると記されている。

毎年、神の祭の頃、厳粛な行列がヘリオポリスからケラハへと続く「セパの道」を行進した。それは下エジプトの神話上のナイルの水源であり、水が分岐する前の地点で、洪水の到着を容易にするために運河が作られた。

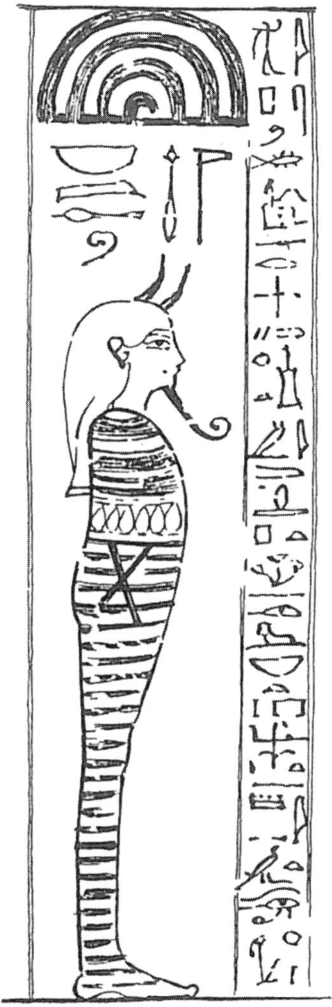

セパ神、タウジャトラーの葬送パピルス。第21王朝、カイロ・エジプト博物館（JE 34033）。

ムカデはその大きさや姿から絵に描かれることはなかった。いずれにしてもケプリ*のスカラベ、セルケト*のタイコウチ（サソリ）に比べ、セパの図が見られることはあまりない。しかし少なくとも1度、タウジャトラーという名前のアメンの歌い手の2つの葬送パピルスの1つにセパの図を見ることができる（カイロ・エジプト博物館、JE 34033）。アーチ型の天井をもつ厨子の下に、ミイラの立像として描かれた冥界の約60 の同じような小さな姿の神々の中で、「ヘリオポリスの偉大なるセパ」、「偉大なる神、正義の主人」は人間の頭をもつ姿で描かれている。彼は先端が巻き毛となった長い髭をつけ、背中にかかる鬘をつけ、ムカデの触角である1対の短い角が特徴となっている（咀嚼のためのハサミの可能性もある）。

→アヌビス、オシリス、ハピ

B.: H. Kees, “Der Gott Sepa,” *ZÄS* 58 (1923), p.82-90; V. Loret, “Le mille-pattes et la chaise à porteurs de pharaon,” *RdE* 6 (1951), p.5-20; J.-P Corteggiani, “Une stèle héliopolitaine d'époque saïte,” *Hommages à la mémoire de Serge Sauneron (I), Égypte pharaonique, BdE* LXXXI (1979), p. 115-153, pl. XVIII-XXV.

セビウメケル　SÉBIOUMÉKER

メロエの神。ライオンの神アペデマク*と同様に、セビウメケルは「ナガとムサワラートの主人」であり、純粋にメロエの神である。エジプト国内では見ることのない神である。彼が登場するのはムサワラート・アル＝スフラとタボの神殿に限られているが、かなり北のカワで美しい彫像が発見されている。

「ヌビアを支配する偉大なる神」という形容辞をもつセビウメケルは、その像の下に刻まれた生命のサインや次の王との対話から創世神であったと考えられる「わたしはあなたに夜の間に現われるものをあたえる。[そして]昼の間に起きるすべてのことをあたえる。わたしは完全なる魂の喜びの中で、あなたに太陽の年をあたえ、[そして]月の月をあたえる[…]わたしは天のラーの生命と同じ寿命をあなたにあたえる」。しばしば一緒にいるアレンスノフィス*と共に、セビウメケルは守護神の役割を果たす。

セビウメケルの図像は、アペデマクの図像に比べて非常に「エジプト的」である。つねに先のとがったつけ髭をつけ、プスケントをかぶった男性の姿で描かれる。しかしこのプスケントには2重のウラエウスの縁飾りがついている。1つは正面を向いており、他は羽根をもち横向きについている。

カワの小像（国立博物館、カルツームn°2715）は、アペデマク神殿の壁画のように、腰布を巻き、肩で結んだ肩紐のついた羽根の胴衣を身につけている。腕手首には輪を飾り、ペクトラルと大粒のまるいビーズの首飾りをつけている。エジプトの2重冠にはウラエウスの縁飾りとも思われるビーズの飾りがついている。そして杖、あるいはウアス杖を右手に持ち、左手にはアンクのサイン*を持つ。

2つの「柱像」では、アレンスヌフィスとともに描かれ、聖域の入り口でそれぞれライオンを縛った紐を手に持っている。2人の守護神の胸像は、神殿の門の上の正面のブロックに、アメンの牡羊の頭を囲むように浮き彫りで彫られている。

持徴：ウラエウスのフリースのあるプスケント

→アペデマク、アレンスヌフィス

B.: St. Wenig, "Arensnuphis und Sebiumeker. Bemerkungen zu zwei in Meroe verehrten Götter," *ZÄS* 101 (1974), p. 130-150, pl. VI-IX.

（→口絵/p.42）

セフェケトアブイ

SEFEKHETÂBOUY

セシャトを参照

セベク　SOBEK

ファイユームとコム・オンボで信仰されるワニの神。エジプトの風土におけるナイルの影響を見ると、ナイルに生息するワニが神として崇められないはずがない。事実、この恐ろしいワニはセベクという名前で崇拝され、エジプトのパンテオンの中でアメン*、メンチュウ*、クヌム*と同様にセベク・ラー神となることで最高神と同化した。

もともと「緑の沼地」の神であった水の世界のセベクは「ヌン*から出現した」神であり、王をセベクと結びつける『ピラミッド・テキスト*（§§507-510)』の文章の中でナイルの氾濫と密接に結びついている。ネイト*の息子であるセベクは、その生殖力と性欲が協調され「精液の主人、その欲望のままに夫たちから妻を奪うもの」と記されている。同じように『コフィン・テキスト*』の呪文991は、「射精するもの」と描写される「セベク」に、死者が「変身」することを可能にする。また、第13王朝の『ラメセウム・パピルス（VI)』の讃歌には「熱を帯びた牡牛（あるいは牡羊)」、あるいはまた、「ヘメスウト*の男根」と描写され、ここでもセベクはその性欲が強調されている。

さらに時代が下ったドミティアヌス帝の時代、コム・オンボ神殿の塔門の台座には、3柱神をきずくハトホルとコンスの間にセベクが描かれている。そこに刻まれた讃歌（この時代までセベクには配偶神がなかった)、そして彼らの前を行進するノモスの行列には、創世神としてのセベクが讃えられている。「ヌンから出現した偉大なる神」は「最初の時から存在していた神。その2つの目が水を炎と燃やし、夜の中に光を創った」とされている。あるいはまた、「この世に初めてみずから生まれたワニ」は次々と火、空気、水、山、そして豊かな自然と豊作を約束する大地、そしてあらゆる生き物、人、植物、動物を創造した。碑文はまた神がとる恐ろしい動物の姿について詳しい描写をしている。「巨大なワニ、その脅威をあたえる姿は権威に満ちている。暴力と早さ。とがった牙、鋭い歯、恐怖をあたえる瞳、そして力強い体」「その尾はナイフのように鋭い刃となり」「骨を砕く」、まるで「肉のように砕く！」とされている。

「湖の土地」として中王国時代にファイユームの町が発展したように、ギリシア・ローマ時代、プトレマイオス朝の最初の王たちもまた、この地に大きな関心をもった。そしてセベクはギリシア語でスコスとなり、クロコディロポリスとなった町の「主人」となった。そしてプネフェロス*とプソスナウス*を除いてセベクのギリシア形を頭につけた多くのワニの神々が生み出された。ソクネブティニス*、ソクノパイオス*、ソキス*、ソコノブコヌス*、ソクノブライシス、ソコノピスなどである。

セベクは多様な姿で現われ、動物、すなわちワニの姿で表現されるとは限らない。コム・オンボ神殿の列柱室の場面では完全な人間の姿で描かれ、ヘヌウ冠をかぶり、太陽の船の船首に立ち、長い槍を持ってアポピス*を退治しようとしている。あるいはまた、マディーナト・ハブのラメセス3世の葬祭殿においては羊の頭をもつ人間の姿で描かれ、頭の上には大きなウラエウスが鎌首をもたげている（*MH* VII, pl. 546）。

「セベクのバー*はワニである」と『天の牛の書*』には記されている。セベクは川辺にいる両生のワニの姿で描かれることが多い。あるいはワニの頭の人間の姿で描かれていることもある。めずらしいものでは護符などの小さな像に見られる人間の頭をもつワニの図があるさらにハヤブサの頭のものもある（カラニス出土のペテスウコス*の像、アン・アーバーのケルセー博物館25752＋25779）。

セベクが完全に動物の姿をしている場合は、ミイラの姿の場合を含め、台座の上で横たわっていることが多い。尻尾は体にそって置かれていることもあるが、台座の支柱にそってたれていることもある。いずれにしても台座の上に載っている。ワニの頭の人間として描かれている場合は、ハワラ出土のアメンエムハト3世の時代の石灰岩製の胸像（ボストン美術館所蔵　MFA 12.1003）に見られるように鬘の横から人間の耳がのぞいていることがある。

いずれの姿の場合も冠はかぶっていな

いことがある。あるいは太陽円盤だけを頭につけていることもある。また、神々の一般的な頭飾りを組み合わせたものをかぶっていることがある。最もよく見られるのは太陽円盤と２枚のダチョウの羽根（あるいは鳥の羽根）を載せた皿（帯状冠）である。帯状冠には、牡羊の角が横から突き出ている場合、さらには２匹のウラエウスが全体を囲んでいる場合がある。

特徴：アテフ冠、ウラエウス、帯状冠、赤冠、太陽円盤、角、羽根、プスケント、ヘヌウ冠

→９柱神、コンス、シェマネフェル、セヌイ、ソキス、ソクネブティニス、ソクノパイオス、ソスナウス、ハトホル、プネフェロス、プラヘス、ペテスウコス、ヘメスウト、ネイト

B.: Ch. Kuentz, “Quelques monuments du culte de Sobk,” *BIFAO* XXVIII (1929), p. 113-172, pl. 1-II; A. Gardiner, “Hymns to Sobk in a Ramesseum Papyrus, “ *RdE* 11 (1957), p.43-56, pl. 2-4; C. Dolzani, *Il dio Sobk*, Rome, 1961; W. Rübsam, *Götter und Kulte im Faijum während der grieschisch-römisch-byzantinischen, Zeit*, Bonn,1974.

（→口絵/p.43）

セペデト　SEPEDET

ソティスを参照

セペルトゥネス　SEPERTOUNES

サソリの神。タビチェト*女神に続き、異なる綴りで登場するセペルトゥネスは、「ホルスの妻」の１人であり、人々に支持される性格をもつ。仲間たちと同様に魔法の呪文の中で、サソリの咬み傷を癒すため、あるいはまた、安産を願うために呼び出される。

→セルケト、タビチェト、ヘデデト

セマ・ウル　SEMA-OUR

４人の「祭壇の神々」の１人。『ピラミッド・テキスト*』の時代から知られ、死者となった王は、セマ・ウルを呼び出し（§201a)、みずからをセマ・ウルと結びつけ（§§ 913d, 1145c)、あるいはラーと結びついたセマ・ウルを父としたった（§ 809c)。その名前は「偉大なる殺戮者、牡牛」であり、野生の力を象徴し、王と結びついて最高の戦士となる。

末期王朝になると神学者はセマ・ウルをアゲブ・ウル*と相対する「祭壇の神々*」の１人とした。すなわち、王と神の間をとり次ぎ、王からの供物を神にとどけ、その見返りに王権を約束する神々の１人である。

神学者たちはまた、乳母の女神ヘサト*をセマ・ウルの配偶神とし、セマ・ウルを現在のアルマント、ルクソール南西のヘルモンテス、すなわち「上エジプトのヘリオポリスのブキス*（聖牛)」

とした。

セマ・ウルは牡牛の頭の人間の姿で描かれるが、エジプト人の対称形を好む傾向が過剰となり、牡羊の神であるアゲブ・ウルまでが牡牛の頭で描かれることもあった。同様にセマ・ウルもアゲブ・ウルと向きあって羊の頭で描かれることがあった（デンデラ神殿とEl-Qala神殿）。
→アゲブ・ウル、祭壇の神々、ブキス、ヘサト

セマト・ウレト SEMAT-OURET

牝牛の女神。野生の牡牛であるセマ・ウルの女性形の名前をもつセマト・ウレトは牝牛の女神であり、セマ・ウルと同様に『ピラミッド・テキスト*』に初めて登場する。『ピラミッド・テキスト』の中では、現在のアル＝カブ、上エジプト第３ノモスの首都であった「ネケブに住む、偉大なる野生の牝牛」と描写されている。ハトホル*、セカト・ホル*、あるいはヘサト*のようには、セマト・ウレトは、王の母として枯れることのない乳をあたえ（§§729a、2003b）、あるいは王を天へとかかげる（§1566c）。

ネクベト*の町との結びつきから、プトレマイオス朝に、この地で崇拝されていたスミティス女神が、セマト・ウレトのギリシア名であったと誤って考えられていたが、現在ではスミティスの名前の起源はシェゼメト* であることがわかっている。しかし『コフィン・テキスト*』の呪文（呪文 398）には、「セマ・ウルの尻尾」と「ネクベトの腕」との関係が見られる。この2つは死者を運ぶ船の船首と船尾にある舵をさしている。このことからセマト・ウレトは南の白い女神、すなわちネクベトと結びついていると考えられている。彼女はまたハトホルとも同一視されていることは、やはり『コフィン・テキスト』の別の呪文（呪文　612）により明らかである。

セマト・ウレトの図像は残されていないが、テキストの描写が複数あることから、エジプト人がどのような姿でセマト・ウレトを想像していたかを知ることが可能である。人間と動物の姿を複合したもので、豊かな乳房をたらし、長い髪明るい白の冠に羽飾りをつけている。
→セマ・ウル、ネクベト

セメヌフィス SEMENOUPHIS

シェマネフェルを参照

セルケト SELQET

（カメムシ目、タイコウチ科の水性昆虫、英仏では水サソリとも呼ばれる）タイコウチの女神。後にサソリの女神として描かれるようになったが、セルケトはもともとタイコウチの女神であった。新王国時代の初めになると、女神の象徴であるタイコウチが、次第にサソリにとっ

て代わられるようになる。サソリとタイコウチは形状が似ているが、タイコウチは毒針をもたない点でサソリとは異なる。エジプト人はこの事実をよく知っていた。しかし英仏で水サソリと呼ばれている水性昆虫と恐ろしいサソリは、エジプト人にとってもよく似たものに見えたようである。エジプト人は昆虫学者の詳細な観察で、タイコウチ（*Nepa cinerea* L.）が空気を運ぶ2つの尾状の管をもち、小さな泡を吐き出して、水の中で息をしていることを知っていた。この昆虫の表意文字が女神の名前を記すのに使用され、また、その意味を伝えている。その意味はまさに「その管が（空気）を吸う者」である。『ピラミッド・テキスト*』に3度登場するセルケト・ヘトゥがその発展した姿である（§§606d、673d、1375c）。

「セルケトの魔術師」の称号をもつメリカという人物の第1王朝に属する葬送のステラがサッカラで発見されている。女神はもともと、下エジプト第6ノモスのブトとサイスの間にあるケデムという町に起源をもつようである。彼女は、「西洋ミツバチの神殿」で崇拝を受けていた。この神殿の西に第30王朝の碑文があり、「セルケトの仲間」がいたことが記されている（カイロ・エジプト博物館、JE 45936）。彼女は守護神として現われ、イシス*、ネフティス*、そしてネイト*と早くから結びつき、とくにデルタ地域においてネイトとともにオシリス*の2人の姉妹と同様の扱いを受けていた。『ピラミッド・テキスト』は、この4人が王の守護神であったことを記している（§§605-606、1375）。その中で1度、セルケトは、ネフティスに代わって死者となった王に乳をあたえる姿で描かれている（§1427）。また、この4人の女神は石棺の守護神として描かれており、それぞれカノポス容器を守るホルスの子どもたちと結びついている。この4人の配置にかんしてはとくに規則はない。セルケトは、石棺の死者の頭を守る時もあれば、足もとを守ることもある。また、内臓を納めた容器を守る場合は、守護神としてケベフセヌウエフと結びついている。つねに姉妹たちと登場し、ギリシア・ローマ時代には、オシリス*の遺体の前で嘆く泣き女たちの間に見ることができる。しかし最も重要な役割は、呪術テキストの中の「傷口の婦人」という形容辞に見ることができる。セルケトは、自身が毒をもつ者の1人であることから、毒をもつ動物や虫に刺された傷、また咬まれた傷を予防し癒す力をもつ。

セルケトは、蛇やサソリの危害を無効にする力をもち、無秩序な混沌を具現化したヘビと闘う女神である。セルケトは『コフィン・テキスト*』の2つの呪文に登場する（呪文436と885）。彼女は「レレクを追い払い」その毒を破壊する役割をになっている。そして後になると、『アムドゥアト書*』の第7番目の時間において、すでに体には6本のナイフが突き刺さり、力を失ったアポピスを縄で抑え、太陽の船が夜の旅を続けられるようにするセルケトの姿が見られる。

彼女は「セルケトの魔術師」たちの守護神であった。彼らは、儀礼を行なう者たちであり、またサソリや毒蛇に冒された時に訪れる医術師である。ブルックリン・パピルスn°47.218.45の「蛇学の論文」に、彼らのうちの1人がもっていた処方箋が記されている。魔法の医術において、どのような呪文を治療のために使用していたかを見ることができる。

末期王朝時代になると、ヘデデト女神*のように、彼女もまた、サソリに刺されたホルス*を治癒する術を知っていた偉大なる魔法使いイシス女神と同化する。イシス・セルケトの姿は、碑文で覆われた魔法の像や小さな神像に彫られた。像に水をかけ流すことによって、水は魔法の力を蓄え、あらゆる刺し傷や咬み傷の薬となったのである。

セルケトはまた、聖なる誕生の神話*において重要な役割を果たし、ディール・アル＝バハリやルクソール神殿、あるいは誕生殿の王の誕生神話の中に登場する。ネイト女神とともに、彼女はアメン神と王妃の出会いを助ける。彼女たちは共に2人の足を支え、婚姻の助けをしているようである（cf. p. 542）。彼女はまた、北天図の中心にある星座の1人でもある。

危険な内容のヒエログリフのサインは、その危険な部位をとり除き、魔力によって危害を無効にすることができると考えられている。しかし、「女神の像やサソリの像は意図的に」無害なタイコウチの姿にとって代わったわけではない。セルケトの図像の場合は、その逆であり、非常にリアルなサソリの姿が描かれている。2つの爪、4本の足、先端に針のある尻尾。2006年には、テル・アル＝ファルカの先王朝時代の奉納品の遺物の中から、サソリの姿が非常にリアルに再現された象牙製の小像が出土している。しかし、サソリが女神を特定するようになるのは、ギリシア・ローマ時代になってからである。

第18王朝の初めにおいては、女神の頭を飾っていたのは明らかにタイコウチであった。側面の2本の足は描かれていない。死んだ昆虫は、乾燥すると簡単に足を失う。昆虫は縦に描かれ、頭は高い位置にある。虫は女神の額に後ろで結んだバンドで直接留められている（ディール・アル＝バハリ）。また、ネイト女神の象徴に似たサインと対称的になるように台座の上に載せられていることもある（ルクソール）。いずれの場合も、アンクのサインの輪がまるで腕輪のように、曲がった腕に見える２つの前爪に飾られている。同じ王朝の最後になると、セルケトの頭に飾られている象徴は完全に様式化し、タイコウチともサソリともいえないものとなる。ツタンカーメン王のカノポス箱を守る金箔を施した４柱の女神の木像の１つに、そのようなセルケトの姿を見ることができる。体の側面にある８つの足は消え、刺すために立った尻尾のようなものは、昆虫が息をするための管にすぎない。実際、この繊細な管の曲線を平面図では表現できない。２次元では、この先端を描くのはむずかしい。ネフェルトイリ王妃の墓（QV 66）では、タイコウチの2つの目が女性の胸のふくらみに変えられている。

さらに後の時代になると、呪術の像である、セルケトの小さな姿は、ナイフを手に持ち、あるいは蛇やサソリを自由に操り、その頭には丁寧に描かれたサソリが載っている。また、ときにサソリの頭の女神として描かれることもある。プトレマイオス王朝やローマ支配時代の神殿でも同様である。たとえば、エドフ神殿の聖域の後ろにある主軸上の礼拝所に見られるセルケトは、イシス・セルケトが頭に載せるハゲワシの上に直接サソリを飾っている（*E* XI, pl. 297）。また、デンデラのオシリス複合体の礼拝所においては、他の泣き女のように裸の頭を鞭で叩いていない場合は、サソリを頭に載せた女神の姿でオシリス*を守る他の女神のように２本のナイフをふりかざしている（*D* X, pl.102）。

この時代の護符のほかに、末期王朝においては、ルーヴル美術館に所蔵されているような青銅製の小像が見られる（E 5017）。セルケトは半分女性、そして半分がサソリの姿で体はサソリで、その尾を立てているが、女性の胸をもち、爪の代わりに２本の腕をもっている。女神がかぶっているハトホル冠から、イシス・セルケトであることがわかる。エドフ神殿の碑文には、「死をもたらす毒をもつ偉大なる蛇」と記されている。しかし、碑文がなければ女神を特定することはむずかしく、イシス・ヘデデトであってもおかしくない。あるいはデルタで多く見られるイシス・ウハト、すなわち「イシス・サソリ」など、多くのサソリの女神の中で、セルケトは最も知られている女神であるにすぎない。

最後に、時の神々の作る長い行列の中の１人として、セルケトはライオンの頭の蛇として登場することもある（*D* VII, pl.632）。また、ライオンの頭をもち、屈んでいる女性の姿で描かれることもある（*D* I, pl. 75）。さらに猫の頭をもつ立像として描かれることもある（*MamD*, pl.69）。

特徴：ウラエウス、タイコウチとサソリのヒエログリフのサイン、翼、ハゲタカ

の頭飾り、ハトホル冠、

→イシス、ケベフセヌウエフ、セペルトゥネス、タビチェト、泣き女の女神、ネイト、ヘデデト

B.: C. Spieser, "Serket, protectrice des enfants à naître et des défunts à renaître," *RdE* 52（2001）、p. 251-264。

（→口絵/p.42）

センウセレト3世　SÉSOSTRIS III

第12王朝5代目の王。カーカウラー・センウセレト3世は、ディール・アル＝バハリの王の葬祭殿にステラ（カイロ・エジプト博物館、JE 38655）を立て、ネブヘテプラー・メンチュヘテプ2世を模範と崇め、「父」と呼んだ。このメンチュヘテプ2世に次いで、センウセレト3世もまた、中王国時代、ヌビアにおいて神の称号をもつ2人目の王となった。

彼は、この地域において多くの行動を起こし、遂には伝説の人物となった。ヘロドトスによると、センウセレト3世は、「エジプトで唯一エチオピアを支配した王」であるとされている（「歴史、II、110」。彼は繰り返し行なわれた軍事遠征によって、アフリカに隣接したエジプトの前線を第2急湍の南まで広げ、この地で神と崇められるようになった。

センウセレトに対する信仰は、トシュカの近くのゲベル・アッグ、センウセレトが到着する以前に建てられていた要塞に隣接した神殿、あるいは自身が建てたブヘン、ウロナルティ、クンマ、そしてセムナの神殿において見ることができる。セムナにはセンウセレトが立てた境界ステラがあり、後の時代になって、トトメス3世が建てたセンウセレトとデドゥンを奉った神殿がある。神となった王は、行列の船に乗った姿で描かれることが多い。そしてヌビアの神と密接に結びつき、完全に同化しているともいえる。

神センウセレトの図像は、王の姿で描かれているが、片手にアンクのサインを持つことによって神の性質を表現している。長いまっすぐな髭をつけ、牡牛の尻尾で飾られたシェンディトをまとっている。南に遠征することが多かったため、ウラエウスを正面につけた上エジプトの白冠をかぶっている。棍棒で武装し、ウアジュ杖に似た長い杖を持っている。

特徴：アンクのサイン、ウラエウス、王笏、棍棒、白冠

→デドゥン、メンチュヘテプ2世、ファラオ

象　ÉLÉPHANT

砂漠化が進む以前はナイル渓谷を囲む台地で、サバンナの他の動物と同様に象を見ることができた。しかし偉大なる宗教神話が発達した時代には、すでに象の姿は見えなくなっていた。象は先史時代の岩絵に描かれた動物寓話の中で活躍す

るばかりでなく、巨大な厚皮動物を示すヒエログリフのサインもあるが、エジプトの数多くの動物神の中に象を見ることはできない。

非常にめずらしい象の図像の例として、ニウセルラー王の太陽神殿「季節の間」のレリーフや、ルーヴル美術館所蔵の青銅製の小像などがある。しかし神殿を装飾する浮き彫りや沈み彫りのレリーフに描かれた象の図像を見るためには、スーダンのメロエ文化を訪れる必要がある。たとえば、ムサワラート・アル＝スフラの巨大な周壁から中庭に通じる入り口の１つは、等身大の象の彫像で守られている。また、動物のモチーフの台座の上に立つ柱には、ライオンを囲む２頭の象、あるいはまた、象を囲む２頭のライオンの図がある。また、「ライオンの神殿」の壁の下の部分には、象の上で大きな梯子に立ち、象の鼻と、鎖でつながれた一連の捕虜につながる紐をもつ王の姿が描かれている。

同じ場所、発掘者が「神殿300」と呼んだ建物の壁には、前３世紀後半の落書きがある。それは象の神を描いたと解釈されている。しかし、この不器用な手で刻まれた下手な図ほど不確かなものはなく、太陽円盤を頭に載せて座っているヒヒの頭の神と見えなくもない。

B.: I. Hofmann, "Eine Neue Elefantengott-Darstellung aus dem Sudan," *JEA* 58 (1972), p. 245-246, pl. XLII.

ソカノブコヌス

SOKANOBKONEUS

セベクを参照

ソカル　SOKAR

メンフィスのネクロポリスの古い神。世界最古の石造建築である第3王朝に建てられたジェセル王の階段ピラミッドで有名な地サッカラの名前はメンフィスのネクロポリスの古代の主人ソカルの名前に由来している。

この神の起源は不明であり、その名前の語根である動詞セケルはめずらしい言葉で、『ピラミッド・テキスト*（§§241と1847）』あるいは『コフィン・テキスト*（呪文613）』に見られるだけである。しかし現在でもコプト語の中に「航海する」という意味で残っている。これは神の「船*」ではなく神の「旅」を意味する。洪水の季節の終わりに行なわれる大祭の夜明け、「聖なる朝のソカルの出現」の時には、神官たちが肩にソカルの聖なる舟をかつぎ、旅立ちの様子が再現された。

『ピラミッド・テキスト』によれば、ソカルは、ソカルと結びついた死者である王（§§445、620、2240）を迎え（§2042）、清める（§§990と1356）。そして神の舟に乗せて天へと運ぶ（§§1824と1826）。しかし、この時代、ソカルの性格は複雑なものになった。第５王朝よりソカルはプタハ*と結びつき、さらにオシリス*と結びついた。これによってプタハ・ソカル、ソカル・オシリス、そしてプタハ・ソカル・オシリスという融合神となった。

ソカルは葬祭の神の性格が強調されているが、プタハより前から職人の守護神として、なかでも金属の加工とかかわっていた。古王国時代のマスタバ墓からギリシア・ローマ時代の神殿まで、多くの碑文にはソカルが「自分の手」で作った、あるいは職人に作らせた宝石、食器、鏡などの記述がある。ソカルの葬送の神としての性格はオシリスとの結びつきによって明らかであるが、これはもともと墓の副葬品を用意する職人によって崇拝を受けていたためであるとも考えられる。

「偉大なる神、ネクロポリスの主人」としてソカルはつねに「シェティトの主人、（あるいはシェティトに住む主人）」、あるいは「ロ・セタウの主人」という形容辞をともなう。シェティトとはソカルの船の中央にある聖なる厨子をさし、冥界の神の性格を強調している。ソカルの図の中には丘の姿をしているものがあり、地下の埋葬室の起源を示しているとも考えられる。それは「ソカルの秘密の洞窟」であり、イシスの頭によって封印されている。太陽はその上を『アムドゥアト書*』の第５時間目に通る。そしてロ・セタウとは大ピラミッドの南にあるとされる特別な場所で、その名前は「曳き舟の場所」を意味する。これは神話上の来世の入口に棺が運ばれる様子を示しており、伝承によると、それはギザのネクロポリスにあるとされている。

ロ・セタウでソカルの祭儀は行なわれた。その中でソカル神の特別な舟（ヘヌウ舟）が重要な役割をもった。「曳き舟」の重要性はメフェクの重要性を意味した。これは縄で引かれる木製の橇で、上に舟が置かれた。新王国時代になると、死者は首飾りのように結んだタマネギを首にかけ、「（メンフィス）の周壁の周りで繰り広げられる美しい祭りにおいてソカルの後に続くこと」を望んだ。行列におけるこの慣習は第１王朝から見られた。

この祭は洪水が起きる第４番目の月の26日の夜明けに行なわれた。この月は、コプト時代の前はコイアックと古い名称で呼ばれていた。この時に発芽が起こりミイラとなったソカルのハヤブサが太陽のハヤブサへと再生すると考えられていた。ローマ時代になるとソカルの祭礼とオシリスの祭礼が混同されるようになる。そしてコイアックの月には、発芽を象徴する植物の作りものを用意し、２人の神の再生復活を祝うようになる。この像は黄金の桶にオオムギや多様な穀物を混ぜて作ったもので１キュービットの長さがある。その詳細はデンデラ神殿のオシリス複合体の東の通路の壁に刻まれた「オシリスの秘儀」の中に記されている。これらの像は１年の間保管され、ネクロポリスのだれも知らない場所に埋められた。

また宗教テキストの中にはソカレトという女神の名前も登場する。ソカルの女性形というよりも形容辞の１つであり、デンデラなどにおいては、イシス*やハトホル*がいずれもソカレトと呼ばれている。イシスは「ソカルの聖なる妹」、そしてハトホルは「女性のハヤブサ」、オシリスの妻と呼ばれている。また、ヘヌウの舟*はハトホルと結びつくこともある。ソカルの聖なる舟はソカレトの名前で人格化される。

通常アテフ冠、あるいは白冠をかぶっているソカルは人間の姿、あるいはハヤブサの頭のミイラとして描かれる。最も美しい例の１つは第22王朝のタニス政権のシェションク２世の銀製の棺の蓋である（カイロ・エジプト博物館、JE 72154）。しかしまたサッカラ南のペピ２世の葬祭殿に向かう参道の壁に描かれたレリーフのように、頭になにもかぶっていないこともある。第６王朝のこの図において初めてソカルはハヤブサの頭をもつ人間の姿で描かれている。またタニスのプスセンネスの墓のように完全に動物の姿をとることもある。入口の西の壁にアテフ冠をかぶったハヤブサの姿で描かれ、塔門の形の台座に立ち、その前には巨大なウラエウス*がいる。また、ルーヴル美術館のアマシスのナオス*（D 29）のように完全に人間の姿の場合もある。ここでは高い台の上で、オシリス・ジェド*と２人の姉妹イシスとネフティス*の間に横たわるミイラの姿をとる。そして最後にラメセス３世が「（全部で44ある）すべての名前において」ソカルを崇拝しているマディーナト・ハブ神殿の巨大な場面にともなう碑文には、ソカルの特別な舟の詳細な描写があるが、これは神自身を描写しているようにも思われる（MH IV、pl.221）。

プタハ・ソカルの名前で、神は、ヘヌウ舟ではない簡素な舟の中に描かれていることがある。ソカルは横たわるハヤブサの姿をしているが、ときに２枚の羽根を広げていることがある。ディール・アル＝マディーナのパシェドゥ墓（TT 3）に描かれた図の横には「２つの河岸を輝かせ天を横ぎる」と記されているが、それは太陽神の性格を表わしている。

末期王朝の初めから墓のミイラの近くにプタハ・ソカル・オシリスの彩色された木像を納めるようになった。台座の上に立っているこの像には空洞があり、中には麦の実を入れたミイラの形の小像が入っていたと思われる。また葬送のパピルスを納めたものが少なくとも１つ発見されている。神は肌を緑色に塗られ、あるいは金箔が施され、ヘヌウ冠をかぶり、足もとにはシェティトに横たわる「ミイラの姿の」ハ　ヤブサの小像が置かれていることがある。

特徴：アテフ冠、ウラエウス、王笏、太陽円盤、高い羽根、白冠、複合笏、プスケント、ヘヌウ冠

→アケル、オシリス、オリックス、ジェド柱、プタハ、船

B.: M. Sandman Holmberg, *The God Ptah*, Lund, 1946; J.-Cl. Goyon, "Le cérémonial pour faire sortir Sokaris. Papyrusu Louvre I. 3079, col. 112-114, *RdE* 20（1968）, p. 63-96, pl.4; G. A. Gaballa, K. A. Kitchen, "The Festival of Sokar," *Orientalia* 38（1969）, p. 1-76, pl. I-II; M. Atzler, "Randglossen zum Totengott Sokar," *RdE* 23（1971）, p.7-13; C. Graindorge-Héreil, *Le Dieu Sokar à Thèbes au Nouvel Empire, GOF* IV/28, 1-2, 1994.

（→口絵/p.42・43）

ソカレト　SOKARET

ソカルを参照

ソキス　SOXIS

「2度大きい」ソキス神は、3つの資料にだけ登場する。ギリシア・ローマ時代にファイユーム地方で崇拝を受けた数多いワニの神の1人である。スコス*の名前の上に作られた、地方の2次的な神にすぎないソキスの名前の意味は不明である。おそらく、まぐさの一部であったと思われる石のブロックを見ると、カラニス（コム・アウシム）の遺跡の北西にあった碑文のない美しい神殿がこの神のものであったと思われる。また、あるパピルスの中にソキスの託宣のために書かれた質問が残っている。また、エウヘメリア（カスル・アル＝バナト）の神殿で信仰を受けていたことがわかっているこの神殿においてソキスはプソスナウス*とプネフェロス*に結びついていた。

→セベク、プソスナウス、プネフェロス

B.: G. Wagner, S.A.A. El-Nassery, "Une nouvelle dédicace au grand dieu Soxis. Karanis, 26 août – 2 septembre 72 A. C.," *ZPE* 19（1975）, p. 139-142, pl. I,b.

ソクネブティニス　SOKNEBTYNIS

ギリシア・ローマ時代にファイユームで信仰されていた数多くのワニの神々の1人。その名前は「テブティニス（ウンム・アル＝ブレイガト）の主人」という意味をもつ。この地で、後1世紀から4世紀、プトレマイオスの治世に崇拝を受けていた。この地で出土したパピルスによると、クロノスと混同されていたようである。しかしまた、ソコピコノシスの名前が示すようにコンス神*とも結びつ

いていた。また、実際に場所が同定されていないが、古代の書に登場するケルシオシリスという地で信仰されていたことが記述されている。
→セベク

ソクノパイオス　SOKNOPAIOS

ギリシア・ローマ時代にファイユームで信仰されていた数多くのワニの神々の1人。この名前はエジプト語の「ソベク、島の主人」をギリシア表記したものである。カルーン湖の北の重要な都市部であるソクノパイウ・ネソス（ディマイ）で信仰を受けていた。この地で、ハヤブサの頭をもつワニの姿で登場し、託宣を行ない、癒しの神と考えられていた。この神はイシス女神の異なる姿と結びつき、なかでもイシス・ネフェルセスと結びついている。
→セベク

ソコノピス　SOKONÔPIS

セベクを参照

ソティス　SOTHIS

シリウス星を人格化した女神。エジプトの人々は、天で最も輝く星セペデトを人格化した女神を「星の女王」と呼んだ。後にギリシア名ソティスがあたえられた。ヴィクトール・ユーゴーの文章には、「その前では他のすべての星が褪せて見えるシリウス」という記述があるが、これはまさに古代エジプト人の表現と同じである。おおいぬ座のアルファ星と天文家が示すシリウスは、光り輝くオリオン座のリゲルやベテルギウス、さらにはサフとして人格化されているオリオンの三ツ星など、周辺の星の輝きが褪せて見えるほど強い輝きを放つ。

ソティス女神の主要な性格は星の観察に基づいている。二重星であるシリウスは、そのヘリアカル・ライジングが重要な意味をもつ。太陽と接近しているため見ることのできない70日間の後に、夜明けの地平線に現われるのが、ヘリアカル・ライジングである。前4000年の終わり頃から、ナイル渓谷に住む人々は、夏至の頃、1年の初めを告げるナイルの氾濫と同じ時に起きるシリウスのヘリアカル・ライジングに大きな象徴的意味をあたえるようになる。ソティスは氾濫を告げる前兆と考えられるようになり、年の女神であるレネペト*や豊作をもたらすナイルの水かさを増すサティスと結びつく。「わたしはソティスの両腕に2つの洞窟から流れ出す原初の水ヌンをあたえる。この水は畑や植物を美しく輝かせる」とエドフ神殿の「ナイルの部屋」には記されている。また、プルタルコスは「エジプト人は星々の中で水をもたらすシリウスをイシスの星と考えていた」と語っている（『イシスとオシリス』、38）。

実際、『ピラミッド・テキスト*』の時代からソティスはたんにイシスの星ではない。イシス自身なのである。オシリスと同一視されているオリオンにともなう数多くの呪文（§ 882b）、あるいはまた２人の肉体的な結びつきを露骨に描写する呪文（§§632b-c、1636a）、それに続くホルスの誕生が明らかに示すようにソティスはイシス自身である。ホルスは「とがった、効率のよい」（§§632d、1636b）という意味をもつセペデトの男性形セペドという語で形容される。それはまたソプドゥをさす（§1863b）。フィラエの碑文によると「オリオンはオシリスのバー*」である。また、ディール・アル＝マディーナの場面に記された碑文によるとソティスは「ソティスの名前をもつイシスのバーであり、南の空の偉大なる者、天のオリオンである兄オシリスをネクロポリスで眠りにつくまで守護する」とある。

ジェル王の名前を記した第１王朝の象牙のパレットは、長い間ソティスの最古の姿を残すものであると考えられてきた。そこには角の間に年の象徴を載せた牝牛が描かれている。しかし現代ではこの図はセカト・ホル*であるとされている。そのためソティスの最古の図像は、第９あるいは第10王朝の石棺の蓋の内側に描かれたデカンの表に見られるものである。女神はオリオンの正面で、ソティスの名前を記すヒエログリフのサインである「とがった」飾りを頭に載せた女性として描かれている。この象徴は、頭に直接載っている場合、円錐台の飾りの上に載っている場合、あるいはまた、対称性を強調して、正面にいるオリオンを示すヒエログリフのサインを思わせる支えの

ソティス、パディアメンエムイペトの墓天井の「天体図」（TT 33）、アサシーフ、第26 王朝。

上に載っている場合がある。片手にはアンクのサインを持ち、もう一方の手には通常の女神の杖であるウアジュ杖に代わりウアス杖を持っている。

ソティスは、第18 王朝の初め、センエンムウトの墓（TT 353）の天井の天体図において初めてイシス・ソティスと呼ばれるようになり、船の上に立つ女神の姿がよく描かれるようになる。片手にパピルスの形状の杖を持ち、ミン神のように直角に腕を曲げ、まるで高い髪飾りが落ちるのを抑えようとするかのように頭の上に手を上げている。この髪飾りは、ときによって異なる形をとるが、多くの場合、1対の羽根と後ろ向きの1枚のダチョウの羽根で飾られている。その上には円盤が載せられている。羽根は台形の皿の上に留められているか、あるいは直接鬘の上に載っている。末期王朝になると、体にそって多くの星が描かれるようになる。そしてセシャト*特有の髪飾りをつけていることがある（アイン・アル＝ムフテッラ、エスナ）。第30王朝のネクトネブエフの棺には、頭になんの飾りもつけず、大きな星の下で、光線を放つ円盤の下にソティスが描かれている。

ディール・アル＝マディーナのプトレマイオス朝の礼拝所では、デンデラと同様に、列柱室の天井の東の部分に、船の上に横たわる牝牛の姿のソティスが描かれている。オリオンが彼女の方をふり返っている。ソティスは、角の上にある円盤の中に描かれた大きな星を頭に飾っている。

フィラエ島の誕生殿には、急湍の三柱神に植物の供物を捧げるプトレマイオス８世が描かれている。ここでは、クヌム*とアヌキス*の間、サティスに代わってソティスが描かれている。しかし、これは石工による誤りの可能性もある。碑文がないため、ハゲワシの頭と尾の上に飾られたアンテロープの角で囲まれた白冠を頭に戴く女神が「ソティス、年の初めの女主人」であると断言することはできない。カルガのイビス神殿のレリーフでは、ソティスは、鬘の上にアヌキスの羽根の髪飾りをつけている。

デンデラの「宝物の部屋」では、ライオンの頭のソティスは、デカンの神々の先頭に立ち、セクメトをなだめる祭儀に加わっている（*D* IV, pl.291）。また、神殿の屋上のオシリス複合体の西の第2礼拝所の壁龕においては、「偉大なソティス、エレファンティネの女主人」は、弓と２本の矢を持つ女性の姿で、サソリを載せた冠をかぶっている（*D* X, pl.198）。イシス・ヘデデトと同化した姿と考えられ、末期王朝の碑文やブロンズ像においては、星の代わりにサソリが冠の前に飾られていることがある。

最後に、ローマ時代になると、テラコッタ製の小像や、アレクサンドリアで造られた貨幣の裏には、犬に横座りをするイシス・ソティスが描かれている。シリウスが、1年のうちで一番暑い「犬の日々」に見られ、「子犬」という言葉が、最も暑い時期をさしているためである。

特徴：アンテロープの角、ウアジュ杖、ウアス杖、白冠、羽根、星

→イシス、オリオン、ケネム（ケネメト）、サティス、デカン、ハピ

B.: L. Kákosy, "Die mannweibliche Natur des Sirius in Ägypten," *StudAeg* II（1976）, p.41-46; N. Beaux, "Sirius, étoile et jeune Horus," *Hommages à Jean Leclant, 1. Études pharaoniqes, B d E* 106/1（1994）, p .61-72; I D . , "Associations divines et réalité astronomique. La représentation de *Spdt,*" *Hommages Fayza Haika, BdE* 138（2003）, p.51-61.

ソプドゥ　SOPDOU

デルタの東の沼の神。ソプドゥという神の名前は、楔形文字やギリシア文字による表記を参考にすると、前1千年紀の間、エジプト人によってサフティと発音されていた。J・ヨヨッテによれば、ネフティス*やオノリス*のように、サフティスと呼ぶことができる。現在のサフト・アル＝ヘンナの最初の部分にその名前が隠されている。ワディ・トゥミラトの入口、現在のザガジグである、ブバスティスの中央に、「ソプドゥの館」と呼ばれる、ピー・ソプドゥを見つけることができる。すなわち、下エジプトの第20ノモスの都で、「東の主人」という性格で、その配偶神ケンシト*とともに崇拝を受けている。

非常に古い神であり、第2王朝には神官の称号によって、その信仰が確認されている。銅やトルコ石の採掘のための遠征が行なわれた、デルタの東の境界の守り神であり、侵入してくる遊牧民たちを追い払う役割を果たしていた。「アジアの民を打つ者」、「メンチュウの民を踏みつける者」、「シェゼメトの地の主人」などの形容辞をもつ。豊かな鉱山の地であるシナイ半島には、上記のシェゼメトと同音のクジャク石（緑色マラカイト）があり、遊牧民の腰紐の前だれを飾るビーズとなっていた。これが神の特徴になる

エジプト人が好む、言葉遊びや語呂合わせによって、『コフィン・テキスト*』の碑文（呪文69）には、敵に直面してしまった死者に対して、次のように助言し幸運を祈っている：「ソプドゥのようにとがりなさい」。実際、神の名前を記す文字は、「長い棘」の形をしており、「とがった、鋭い」という意味をもつ－セペド－である。そして比喩的に、「正確な、手際が良い、時間に正確な」などの意味をもつ。「体自体がとがった」と描写されるソプドゥは、「とがったホル

ス」、あるいは「キリストノイバラの城に棲む偉大なる棘」という形容辞をもち、その聖域は、「とがった者の館」と呼ばれていた。この問題の「とがったもの」とは、聖なる石を連想させた。この石は、近東の他の文明において、神の力が宿るとされているもので、「とがった者の城の主人の謎のとがったもの」と呼ばれていた。横たわるハヤブサの前に置かれたこの石は、この地域の聖なる品であり、また、エジプトの敵である東の人々を打ちのめす、神の化身であった。

より古い図においては、人間の姿をしており、「アジアの民」を思わせる自然な髭が「東の民」の性格を示している。第５王朝になると、アブ・グラーブのニウセルラー王の太陽神殿出土のレリーフ片にその姿が描かれているが（ベルリン・エジプト博物館 n°14800)、その顔は、同時代、アブ・シールのサフラー王の葬祭殿で発見された浅浮き彫りのレリーフ（ベルリン博物館 n°21782）に見られるものよりも、さらに大きな髭で顔全体が覆われている。その図では、シェゼメトの腰紐で飾られた腰布をまとい、頭にはふさふさとした鬘をかぶり、その両端には、丈の高い羽根がバンドで留められている。彼の前を歩むセトと同様に、王に向かって（今は消えている）２人の捕虜を差し出している。手には、彼らをつなぐ縄と装飾を施した戦闘の斧と命（アンク）のサインを持っている。それより時代の下ったラメセス２世の時代、カルナク神殿の列柱室の南の壁に見られる同様な場面では、ソプドゥが、多くの征服された地域の捕虜を縄で縛ってつかんでいる。ここでは、神の姿は、よりエジプト化しており、「東のホルス」となったソプドゥは、遊牧民の腰紐はつけず、顎には編んだ髭がある。

ツタンカーメン王墓（KV62）で発見された、葬送の儀礼の後に墓内部に置かれた神々の像の中に、ソプドゥの像がある（283b)。それはゲメフスウ*（283c）にあらゆる点で似ており、区別しているのは、頭を飾っている２枚の羽根飾りだけである。神は、しばしばミイラの姿をしているといわれているが、ソプドゥはハヤブサの姿で台座の上に休んでいる。

前11世紀になると、ソプドゥはハヤブサの頭の人間の姿で描かれるようになる。個人所蔵のサイス朝の青銅の像には、水平の角をもつ牡羊と、先端のとがった牡牛の短い角の両方をもつ姿で描かれ、その２重の角の上に、２重のウラエウスをつけた太陽円盤をつけ、さらに、いつもの２枚の羽飾りを飾っている。メンチュウ神*の伝統的な姿をとっている神は、神の戦闘的な性格を強調している。動物の角と羽根が組み合わさった装飾は、第４王朝に、シナイ半島のワディ・マガーラの岩に刻まれた場面に描かれた、外国の敵を打ちのめすスネフェル王の頭上にすでに見ることができる。

神の姿の中には、ベッドの上や、「謎のとがった石」を前に正方形の台座に横たわる、２枚の丈の高い羽飾りをつけたハヤブサ（p261図参照）の像がある。サフト・アル＝ヘンナの神殿にネクタネボ１世が奉納し、現在はカイロ博物館（CGC 70021）に所蔵されている、見事な飾りのナオスには、「多くの恐ろしい顔をもつ」ソプドゥのすべての姿が網羅されているようである。ソプドゥは、王笏と長い杖を持つ人間、ハヤブサの背中をもち２本のナイフで武装した人間、ハヤブサの頭をもつ歩む姿のグリフォン、人間の腕をもち、手足の代わりに踞った人間が弓矢をにぎるハヤブサ、玉座に座るハヤブサの頭をもつ人物、最後に、碑文に記された名前によって初めて同定できるものもある。翼のような腕を広げ、刀をふりまわすベス神のような人物像は、まちがいなく、「ソプドゥ、東の主人、アジアの民を打つ者」である。

プトレマイオス朝になると、刀をふりまわして、東から襲ってくるエジプトの敵を追い払うソプドゥが、フィラエ島やエドフの塔門の東の壁に、西の壁に描かれたハ神と対称的に描かれている（*E* XIV, pl. 674）。ソプドゥは、背中を神殿の門に向け、中王国時代の石棺に描かれたソティス像のようにとがった石を頭に載せている。

特徴：王笏、シェゼメトの腰紐、装飾された戦闘の斧、高い羽根、翼、白冠、ナイフ、弓と矢

→ゲメフスウ、ケンシト、シェゼメテトシュウ、ハ

B.: I. W. Schumacher, *Der Gett Sopdu, der Herr der Fremdländer, OBO* 79, 1988; J. Yoyotte, “Le roi Mer-djefa-rê et le dieu Sopdou – Un monument de la XIV° dynastie,” *BSFE* 114（1989）, p.17-63.

（→口絵/p.43）

ソムトゥス　SOMTOUS

ヘラクレオポリスの子どもの神。「２国を統一するもの」を意味するセマ・タウイというエジプト語の表現をギリシア語で表現した名前である。ファイユームの南東、現在のイフナシア・アル＝マディーナ、大ヘラクレオポリスのパンテオンの神々の１人である。この町の名前は、ヘラクレスに由来する。ヘリシェフ*、ハトホル*と３柱神をきずく子どもの神であり、父親と同様にソムトゥスもまたギリシア人によってヘラクレスと同化している。

多くの点で共通する性格をもつハルソムトゥス*と同様にソムトゥスは「子ども」と呼ばれることが多く、聖なる子どもであるハルポクラテスとも共通点をも

つ。その性格は太陽と王権に深く結びついている。

開いたロータスの上に座る太陽の性格を表現したソムトゥスの青銅製の奉納版には、花の中で生まれる若い太陽の性格が示されている。王としての性格は名前だけでなく、ネメス頭巾*や王笏*によってさらに強調されている。また、片手にレキト鳥、すなわちタゲリを羽根でつかんでいることがある。この鳥を手なずけるさまは、王が臣下を支配する姿を象徴している。

ソムトゥスは、セトに勝利した若いホルスと、やはり戦いの勝者であるヘラクレスが融合したイメージをもつ。

（立像、玉座に座った姿、ロータスの上に踞る姿など）異なる姿の青銅製のソムトゥスの小像は、つねにネメス頭巾をかぶりヘムヘム冠をかぶっている。そして子どもの編み毛をたらしている。しかし浅浮き彫りの中には（イビス神殿やフィラエの誕生殿など）、キャップ帽をかぶっているものもある。あるいはまた（アルマントの誕生殿のように）プスケントをかぶっている場合もある。エジプト様式の図像では、裸の姿で描かれ、指を口にあてている。しかしギリシア様式の図像においては、襞のある長いチュニックをまとい、体にまとわりつく襞がギリシア風の体型を強調している。

図像においては、手に持った棍棒がヘラクレスとの結びつきを示し、この神の特徴となっている。つねに棍棒の把手を持ち、棍棒の先端を肩にかけている。

ローマ支配時代初期の典礼の衣を纏ったソムトゥス・ヘラクレス（前30年頃）。カイロ・エジプト博物館（*JE 59117*）。

特徴：ヘムヘム冠、口にあてた指、棍棒、子どもの編み毛、ネメス、裸体、王笏、ウラエウス

→ハトホル、ハルソムトゥス、ハルポク

ソムトウス

ラテス、ヘリシェフ

B.: J. Quaegebeur, “Somtous l’Enfant sur le lotus,” *Mélanges Jacques Jean Clère, CRIPEL* 13 (1991), p.113-121, pl.15.

タ

大地の書　LIVRE DE LA TERRE

「大地の書」の最初の編集者であるA・ピアンコフは、この葬送の書にふさわしい『太陽円盤の創造』というタイトルをつけた。ピアンコフによると、この書は「夜の暗闇の中で、新しい太陽を再生するプロセスに説明をあたえようと追究した、新王国時代の賢者たちの物理神学的な推測の成果」である。しかしテキストはしばしば省略され、まちがいを生み、統一性を欠く。「それは全体像のわからない異なる作品からとった断片的な場面をつなげたものにすぎない」

今日では冥界の書であることを強調して、『大地の書』、あるいは『アケル*の書』と呼んでいる。これはピアンコフが太陽の船の地下における航行の場面にのみあたえていたタイトルである。見る者を不安にさせる不可思議な絵と文章の連続は、ラメセス６世墓の側面の壁と埋葬室奥の列柱に向かう壁において唯一完成した、あるいは最も発展した形を見ることができる。他の王墓（ラメセス７世、９世、オソルコン２世）においては、一部の場面やテキストしか使われていない。また後の第26王朝の私人墓に供えられたパピルスでも全編を見ることはない（TT 33、TT 197）。ペルシア支配時代やプトレマイオス朝の棺も同様である。

細かい点において最も内容の近い『洞窟の書*』のように、『大地の書』は「神の誕生」を語る。そこには冥界における太陽の再生復活が描写されている。書は、不均等に分けられた上段と下段に分かれている。そして最後の場面も、多様な姿で出現する新しい太陽を大きな１つの場面にまとめることはない。

『アムドゥアト書*』や『門の書*』とは異なり、『大地の書』は、夜の12時間*に相当する12のセクションに分けて太陽の船の直線的な進行を描いていない。おそらく時間は船の進行とは反対の方向

「大地の書」（詳細）、ラメセス6世墓（KV 9）、埋葬室北壁、第20王朝。

を見ている12人の女性のシルエットによって表現されていると思われる。時の留まることのない流れに関する記述は、繰り返し見られる。なかでもクレプシドラ（水時計）が描かれた場面においては、「時間を隠す者」という名前をもつ神の勃起した性器の中から時間が生まれている。

ラー・アトゥムの船は、アケルの背中に乗り、あるいは、アケルの姿で冥界に出入りするが、船は数少ない場面にしか登場しない。神は牡羊の頭のスカラベ、あるいは「書」の第2部のように牡羊の頭の人間として歩いて旅する姿が描かれる。他の部分では多くの異なる大きさの赤い円盤が、「偉大なる神」にあいさつをする多様な神々の中に登場する。これら円盤が光を放って過ぎ去った後は、ふたたび暗闇に包まれる。

→アケル、時間

B.: A. Piankoff, *La Création du disque solaire, BdE* XIX, 1953; P. Barguet, “Remarques sur quelques scènes de la salle du sarcophage de Ramsès VI,” *RdE* 30 (1978), p.51-56.

タイト　TAYT

織物と布の女神。「その手で作った布で神々の肌を覆うもの」であるタイトは、その男性形ヘジュヘテプ*と同様に糸、織物、布、そして衣服の神であり、主に葬送文学やギリシア・ローマ時代の神殿に登場し、その中で重要な役割をになっている。初期の時代においては麻と結びつき、もともとはデルタのブト地域の神であったようである。

タイトは『ピラミッド・テキスト*』の中で王の母として登場するが（§741b)、またイシスとも同一視されている（§741e)。タイトは死者である王に衣をまとわせ、雌の鳶の姿で空へと導く役割をもつ。衣服が体を守るものであることから、タイトは王の称号となり、王の額にある恐ろしいウラエウス*となる。

同じように、彼女が織る包帯がミイラに使用されるため、遺体を保存する過程の中で彼女は葬送の神の性格をもつ。葬送のコンテクストにおいて彼女は、ミイラ作りに欠かせない香油の主人であるシェズムウ*と結びついている。また、オシリス*の屍の上で嘆く泣き女の神々の間に見ることができる。

また場合によっては、ハトホル*やネイト*と同一視されることがあるタイトは、シェマイトという女神と明らかに同化している。2つの名前をもつが、少なくとも同じサインを1つ共有し、その性格や力も明らかに同じであることから、1人の女神の2つの側面と考えることができる。

古代からタイトはテキストの中に現われるが、新王国時代以前にはタイトの図像は見られない。初期の図像においては、タイトがもつ役割を示すのは、彼女の名前にともなわれる決定詞に限られている。

王墓の壁に描かれた『アムドゥアト書*』においては、タイトはイシス（第6時間目)、そして星を頭に飾った姿で時間の女神の1柱として登場する（第7時間目)。

カルナクのオシリス・ヘカジェトの礼拝所の内部、オソルコン4世に捧げられた場面において、タイトは初めて布の女神として登場する。他の豊穣の神々の中で彼女は両手にそれぞれ布を持って歩んでいる。

またタイトはカルガのイビス神殿の2つの場面に登場する。ヘビの頭の女性で低い帯状冠をかぶり、2枚の布やウアス杖を手に持っている。

ギリシア・ローマ時代になると、コム・オンボの誕生殿、メダムードの神殿、そしてデンデラ神殿において、タイトは布と衣服を象徴するヒエログリフのサインを積み上げた皿を持つ女性の姿で描かれる。あるいはまた、畳んだ2枚の布と2つの箱を持っている。デンデラにおいては、タイトは女性の姿か、ライオンの頭をもつウラエウスの姿で描かれる。後者は「供物の間」のフリーズを飾る365の神々と同じ姿である。

特徴：布、布の箱

→ウラエウス、シェズムウ、生産をつかさどる神々、泣き女の女神、布、ヘジュヘテプ

B.: H. El-Saady, "Reflections on the Goddess Tayet," *JEA* 80 (1994), p. 213-217; E. Cruz-Uribe, "Comments on the Goddess Tayt," *Iubilate Conlegae. Studies in Memory of Abdel Aziz Sadek, Part II, VarAeg* 11 (1996), p.17-55.

(→口絵/p.44)

松明(たいまつ) TORCHE

古代エジプト人の目には、暗闇は、他の原初の混沌の力と同様に、世界の創造以前から君臨していた存在であった。創世神の仕事は、創り上げた宇宙の端に暗闇を追いやることに留まり、闇は完全に消え去ることはなかった。太陽が夜の航行を始める日々の終わりに、脅威に満ちた暗闇は訪れた。暗闇は冥界に満ち、再生の旅をする太陽は、通る道に迫る闇から、まるで逃げるように進むしか術がない。そこでは松明の灯火で暗闇と戦い、身を守るより方法がなかった。

死者に松明をあたえるために、『死者の書*』には多くの呪文が用意されている。大きな挿絵で構成された第186章には、松明の守護神であるレレト*、あるいはシェペセト*と思われる、名前の記されていないカバの女神が描かれ、アセベト*のように、墓の前で炎をかかげ、死者を出迎えている。また、第137章Aの挿絵には、ホルスの子どもたち*とされている4人の人物がそれぞれ手に松明を持って描かれている。同章のBには、「守護の婦人」であるカバの女神イペト*が香炉のように見えるランプに火を灯そうとしている姿が描かれている。第137章Aに記された「最上級のリビアの油を含んだ赤い布の4つの炎」、そして短い章である第137章Bのユニークな松明は、「ラーのように地平線で輝く」ホルスの眼*と同一視されている。ディール・アル=マディーナのラメセス朝の墓には、腕をもつウジャト眼が、2本の芯があるランプをオシリス*の後ろでひざまずく死者の上にかかげている図がある。死者の前には、「松明に炎を灯す呪文」が記されている。そこには暗闇に道が開かれる幸運が願われている。

オックスフォード大学のボードレアン図書館に所蔵されているスクライン・パピルスn°2、ネスパヘランの葬送のパピルスに描かれた神々の中に、炎を示すヒエログリフのサインを頭に載せたミイラの姿の人物が描かれている。同様の図は、熱と光というラーの側面を強調しているもので、『太陽の讃歌*』に登場するラーは炎のサインを頭に飾った人間のシルエットをしている。オックスフォードのパピルスにおいては、死者のバー鳥*が「炎が発する熱」にあいさつをしている。

それはすべての道に明かりが灯り、暗闇に出会うことがないようにという願いを描いたものである。

→アセベト、イペト、シェペセト、ホルスの目、レレト

（→口絵/p.44）

太陽　SOLEIL

アピ、アテン、アトゥム、鏡、ケプリ、ハトホル、ラー、ラトタウイを参照

太陽の讃歌　LITANIES DU SOLEIL

現在では『太陽の讃歌』あるいは『ラー*の讃歌』と呼ばれている宗教書は、第18王朝に登場した。この本には長い枕の言葉がある。「西にいるラーを奉るため、そして西において統合されるラーを崇拝するための書の序章…」という始まりは、この書が人間にとって生前、そして死後のいずれにおいても役立つものであることを示している。

最初の版は、アメンヘテプ２世が父のトトメス３世のために作らせた帷子に完全な形で記されている。さらに省略した形のものがトトメス３世墓の石棺の部屋の2本の柱と、宰相のウセルアメンの墓に刻まれている。第18王朝の他の王墓には見られないが、後にセティ１世、そして第19、20王朝の多くの王が、王家の谷の墓の最初の２つの通路の柱に「太陽の讃歌」を刻ませている。新王国時代以降は、カルナクの「湖のタハルカ」の建造物など、宗教的な建物に文章や図が描かれているのが見られる。また、第25王朝や26王朝の巨大な私人墓では、石棺や葬送のパピルスに、この讃歌が記されている。

『太陽の讃歌』は２つの部分からなり、太陽神を74の姿と異なる名前で讃える歌である。とくにその真の姿とオシリス*との融和を祝している。テキストの初めの数行は、つねに同じ形式をとり、太陽神に直接語りかける形で始まる。それは「高貴な力をもつ者」に対するあいさつで始まり、その後、神の異なる側面を１つずつ定義していく形をとる。太陽神は、人間の頭や動物の頭（牡羊、ハヤブサ、スカラベ、アンティロープ、サル、ネコ、など）をもつミイラのシルエットの形をとることが多い。讃歌は死者が新しい命に目覚めるように、冥界に降りて行く夜の太陽神を描写している。死者となった王は、ラーのすべての出現をその名前で知っている。それによって王はラーと一体となり、「西の神々」の１人になることができる。そして日々の太陽の航行の伴をすることによって、新しい生命をえることが可能となるのである。

『太陽の讃歌』にはタイトルとテキストの導入部分の間に、序章となる大きな絵があり、地下埋葬室の入り口の壁の高さ全体を覆っている。そこには上にヘビ、

そして下にワニが対称的に描かれており、それぞれアンティロープの頭をともなっている。その間に描かれた太陽円盤の中には牡羊の頭の神とスカラベが描かれている。ヘビとワニはこの円盤を守っているようである。

B.: A. Piankoff, *The Litany of Re, BollSer* XL. 4, New York, 1964; E. Hornung, *Das Buch der Anbetung des Re im Westen*, I, Text; II, Übersetzung und Kommentar, *AH* 2 et 3, 1975-1976.

（→口絵/p.44）

タウレト　TAOURET

トゥエリスを参照

タセネトネフェレト TASENETNEFRET

コム・オンボのハロエリスの配偶神。タセネトネフェレトは、ときに女性形の定冠詞のないセネトネフェレトと記されることもある。それは「完璧な妹」という意味をもつ。末期王朝時代、コム・オンボの神学者によってハロエリスを中心とした聖なる家族を構成するために創作された女神で、コム・オンボにおいてのみ奉られている。ハロエリスは、ギリシア・ローマ時代の神殿に奉られている2柱の神々の1柱で、タセネトネフェレトを妻、そしてパネブタウイを息子としている。彼女はまたテフヌウトと結びついている。それは遠方の女神*の神話の中で、配偶神であるハロエリスがシュウと同一視されているためである。同時に、パネブタウイ、あるいは、まれであるがコンス神の母親であり、ハトホル女神*の姿の1つでもある。

さらにウペセト*とも同一視され、彼女はラー*のウラエウスであり、「その頭にいる者」である。そしてこの役割において彼女は、「生きる者を喰い尽くす炎」であり、「父の敵を破壊する者」である。

長く体にぴったりとした衣をまとい、首輪を飾り、髪は3つに分け、ハトホルの髪型をしている。その上には羽根が飾られている場合とない場合がある。手にはウアジュ杖とアンクのサインを持つ。すべての女神がかぶっているわけではないハゲワシの髪飾りを除いて、タセネトネフェレトの図像は、碑文をともなわなければ、この時代の他の女神の図像と区別することができない。

特徴：アテフ冠、ハゲワシの髪飾り、ハトホルの髪型

→ウペセト、テフヌウト、パネブタウイ、ハロエリス

B.: A. Gutbub, *Textes fundamentaux de la théologie de Kôm Ombo, BdE* XLVII (1973); Id., *Kôm Ombo I. Les inscriptions du naos*, Le Caire, 1995.

タテネン　TATENEN

ヌンから出現した最初の大地を人格化した神。タテネンはメンフィスの神であり、その意味は「出現した大地」、すなわち、原初の丘の出現をさす。その大地の「先端」は、異なる名前をもつが、エジプトの創世神話に共通するものであり、「自分自身の中から」出現した創世神が、世界創造の仕事を行なうために必要な場である。それはヘリオポリスのベンベン石、ヘルモポリスの「原初の丘」、テーベのイルトの大地に相当するメンフィスの大地である。同時にそれはナイルの氾濫の後に現われる肥沃な土地を表わす。それは「初めての時」が毎年繰り返されるという概念を表わしている。また、タテネンはときに結びつくアケル*やゲブ*と同様に冥界の神であり、大地の深さや豊かさを人格化した神である。

その性格から察すると、おそらくケンティ・チェネネト*と同じくらい古い神と思われる。アシュートのネクロポリスで発掘された第12王朝の初めに属する一連の棺に記された葬送の定型文の中にその名前が登場する。中王国時代以前にはその名前は見られないようである。新王国時代になるとプタハ神と密接に結びつくようになり、ラメセス朝の初めからは、プタハ・タテネンとして完全にメンフィスの創世神と同一視されるようになる。

プタハ・タテネン、アメンヘルケプシェフ王子の墓（QV55）、王妃の谷、第20王朝。

冥界の神であるタテネンは、夜、地下の世界を太陽のように旅する死せる王の守護神である。そのため王家の谷の王墓を飾る葬送のテキストの中にしばしば登場する。『アムドゥアト書*』では、タテネンの漕ぎ手が冥界の旅の中で死者を運ぶ。また「太陽の讃歌*」では王の男根となる。そして『地の書*』では、アケルの体の中を通り抜ける太陽の船を迎える。タテネンは冥界を象徴しており、一般の死者も、『死者の書*』の第180章に見られるように、冥界においてタテネンに迎えられることを望んでいる。

文化的混合主義の時代であるプトレマ

イオス朝になると、テーベの神学者はプタハ・タテネンを「8柱神の父」としてイルト*やアメンオペ*と同一視した。またエドフでは、タテネンはシェプティウ*、建設の神々、そしてジャイスウなど、それぞれの地方神話の中で創世の仕事に力を尽くしたとされる神々の父とされた。

アシュートの棺には、タテネンの図は描かれていないが、名前には神の座像の決定詞が見られる。この神の頭にはウラエウスのように2匹のヘビが前後にならぶように飾られている。あるいはまたタテネンの特徴である2枚のダチョウの羽根を飾った冠をかぶっている。

ミイラの姿で描かれることもあるが、ほぼつねに人間の姿をもつタテネンの頭は、まれに例外はあるが、2枚の羽根で飾られている。まっすぐな羽根の場合もあれば、ダチョウの羽根の場合もある。ラメセス6世墓（KV 9）に描かれた『洞窟の書*』の場面のように、他に装飾のない場合もあるが、多くの場合は水平な牡羊の角とその間にはさまれた太陽円盤とともにヘヌウ冠*を形作っている。アメンヘルケプシェフ王子の墓（QV 44）に描かれている「神々の父」プタハ・タテネンはそれぞれが小さな太陽円盤をかぶったウラエウスで飾られたヘヌウ冠をかぶっている。

王の葬送の書の中では、タテネンはゲブのような姿で描かれることがある。膝まで地面の中にあり、まるで大地を人格化している神が完全に大地から離れることがないことを強調しているかのようである。

特徴：ウラエウス、牡羊の角、太陽円盤ダチョウの羽根、鳥の羽根、ヘヌウ冠

→アケル、アメンオペ、イルト、ゲブ、建設の神々、ケンティ・チェネネトシェプティウ、ジャイスウ、プタハ

B.: M. Sandman Holmberg, *The God Ptah*, Lund, 1946; H. A. Schlögl, *Der Gott Tatenen nach Texten unt Bildern des Neuen Reiches, OBO* 29, 1980.

タテネンの子どもたち

ENFANTS DE TA (TE) NEN

建設の神々、シェプティウ、ジャイスウを参照

タビチェト　TABITJET

サソリの女神。ときに女性形の冠詞を省略してビチェトと呼ばれるタビチェトは、不思議な神話に満ちた魔法のテキストに数多く登場する。またラメセス3世の魔除けの像で知られている。

エドフ神殿のテキストには、「ホルスの母」とされているタビチェトは、（タメネト、セペルトゥネス*、イフェドシェト、ウペトセプウ、セフェドセプウなど）「ホルスの妻たち」の1人である。

しかし、これら多くの名前は、セルケト*の形容辞にすぎないのかもしれない。彼女たちと同様に、タビチェトは、サソリの刺し傷を治癒し、「体の中に入った悪い液体を追い出し」、「すべてのヘビの口を閉ざす」呪文の中に現われる。

現在知られている資料を見る限り、タビチェト固有の図像というものは知られていない。彼女は、呪文の中にしか登場しない可能性がある。女神の図像と思われるものは、どれもセルケトのものに似ており、頭にサソリを載せた女性として描かれている。あるいはまれに、末期王朝の青銅製の小像に見られるように、女性の頭をもつサソリの姿で描かれる。

→セペルトゥネス、セルケト、ヘデデト

B.: B. Van de Walle, "L'ostracon E 3209 des Musées royaux d'art et d'histoire mentionnant la déesse scorpion Ta-Bithet," *CdE* XLII (1967), p.13-29; Id., "Une base de statue-guérisseuse avec une nouvelle mention de la déesse-scorpion Ta-Bithet," *JNES* 31 (1972), p.67-82.

タプサイス TAPSAÏS

ローマ時代、ダクラ・オアシスで崇拝されていた女神。古代のケリスであるイスマント・アル＝カラブの発掘によって今までまったく知られていなかった女神の存在が浮かび上がった。ギリシア語でタプサイス、あるいはトナフェルサイスと呼ばれる女神の名前は、２つの微妙に異なるヒエログリフの形をもち、後１世紀から４世紀にかけて人口が増え重要な町となったこの遺跡においてのみ知られている女神である。多くの場合ネイト女神*と結びついており、トゥトゥ*／ティトエスを奉る神殿の壁を飾る場面において、この神の配偶神として描かれている。この神殿はトゥトゥを奉ったエジプト唯一の神殿であり、タプサイスを描いた青銅製の小像が、神殿の聖域に隣接した小さな建物から出土している。

タプサイスはシャイ*の女性版と仮にいうことができるであろう。彼女は運命の概念と結びついている。このことはプトレマイオス王朝の中頃以降女性名として見られたタプサイスの名前から明らかである。彼女の名前は、エジプト語のタ・パ・シャイ、すなわち「シャイに属する者」のギリシア形である。後２世紀からしばしば見られる彼女のもう１つの名前トナフェルサイスは、タ・ネフェル・シャイ、すなわち「運命に美しい者」と訳すことができる。イシス*、ハトホル*、そしてヌウト*の形容辞でもある彼女の名前は、神殿の中で、この地方の神をさす名前として２度ヒエログリフの碑文の中に現われる。

「偉大なる女神、オアシスの婦人」、あるいは「町の摂政」と呼ばれたタプサイスは、「敵を屠殺場へと誘う」とされている。これはギリシア語における「勝利者」の形容辞と考えられる。頭にかぶった冠は、彼女が王の性格をもつことを示している。これは配偶神であるトゥトゥが「上下エジプトの王」と呼ばれていることに関係している。

1992年に発見されためずらしい小像は、後2世紀、あるいは3世紀のもので、ハゲワシの髪飾りの上にハトホル冠をかぶっている。193年のものとされるレリーフにはペルティナクス帝がタプサイスにシストルムとメナトの首飾りを供物として捧げている場面が描かれている。

主要な聖域の壁に塗られた装飾においては、女神はプトレマイオス朝の王妃によく似た姿で描かれている。羽根飾りの衣をまとい、ハゲワシの髪飾りの上にハトホル冠の様式の赤冠、あるいはまた、2枚の高い羽根と太陽円盤を飾った帯状冠をかぶっている。いずれの場合も、手にはウアジュ杖*とアンク*のサインを持っている。

特徴：赤冠、ハゲワシの髪飾り、ハトホル冠

→シャイ、トゥトゥ、ネイト

B.: O. E. Kaper, K.A. Worp, “A Bronze representing Tapsaïs of Kellis,” *RdE* 46 (1995), p. 107-118, pl. IX-XI; O. E. Kaper, *Temples and Gods in Roman Dakhleh. Studies in the indigenous cults of an Egyptian oasis,* Groningen, 1997.

(→口絵/p.44)

チェセメト　TJESEMET

メンフィスのプタハ神殿の凹凸のある塔を人格化した女神。メンフィスのプタハ*神殿の遺跡の南で1948 年に発見されたセティ1世の不思議な礼拝所（現在も同じ場所にある）には、対称的に配置された非常にめずらしい2柱の女神に囲まれたメンフィスの創世神の像がある。女神はそれぞれ膝の上に、若者の姿の王を載せている。王はプタハ神の方をふり返っている。プタハ神の右にはメンネフェル*、そして左の女神は、背柱に記された碑文からチェセメトという名前の女神であることがわかる。この像がチェセメトを描いた唯一の像であり、他で女神の像を見ることはない。しかし、彼女の名前は防御建築のコンテクストの中で城壁、あるいは町、神殿、要塞などの、防御を目的とする周壁の一部を示す要素として頻繁に出現する（男性形でチェセムという言葉は番犬を意味する)。

この建築物の模型は奉納品として発見されており、四角い塔の形で底辺よりギザギザの凹凸のある上の部分がせまくなっている。耳の図が刻まれ、プタハのように「祈りを聞く」神の信仰を思わせる。この奉納品は正にチェセメト女神が

チェセメト女神の胸像、石灰岩製、セティ1世礼拝所、ミト・ラヒーナ、第19王朝。

頭にかぶっている冠の形である。女神は実際にある建築物を人格化したものである。それはプタハ大神殿の入口の1つを守る塔である。この場所は、伝統的に神が「祈りを聞く場」となっており、この古代のメンフィスの遺跡で発見された城壁の模型に、プタハ神は「偉大なるチェセメトの主人」と形容されている。

めずらしいチェセメトの図像は、髪飾りを除いてメンネフェルの像となんら変わることがない。ぴったりとした長い衣をまとい、ハゲワシの髪飾りを載せた重い鬘をかぶり、上に冠を載せている。一見オヌリス*のまっすぐな高い羽根と皿のように見えるが、底の皿の部分が凹凸のある塔を載せている。冠はチェセメトが表わす塔の奉納品によく似ている。

特徴：凹凸のある塔の形の冠

→アレクサンドリア、イアベテト、イメンテト、イペト（2）、ウアセト、ケフェトヘルネベス、ニウト、プタハ、メンアンク、メンネフェル

B.: J. Berlandini, “Le chapelle de Séthi Ier. Nouvelles découvertes: Les déesses Tsmt et Mn-nfr,” *BSFE* 99 (1984), p.28-52.

チェト（ティ） TJET'(Y)

王の食卓を人格化した神。エドフ神殿の北の内壁に、この地の聖なるハヤブサのホルス*、ハトホル*、ハルソムトゥス*から成る3柱神に、プトレマイオス11 世が鳥と肉の供物を捧げている場面がある。聖なる食卓の前で王が朗唱しなければならないテキストの中にチェト（チェティ）という神が登場する。女神

メンビト*が王や神のベッドを象徴するように、チェト（チェティ）は、王の食卓を象徴する神である。

「テーブルのもの」を意味する名前をもつ神は、図像をもたない。しかしテキストはチェト（チェティ）とアトゥム*の結びつきを強調し、そこには何度も「シュウ*を吐き出し」という表現が見られる。そしてシュウはフウ*と同一視され、神々の饗宴に必要な供物を「運ぶ」役割をになっている。

→アトゥム、シュウ

B.: A. M. Blackman, "The King of Egypt's Grace before Meat," *JEA* 31 (1945), p.57-73.

チェニ TJENI

聖なる牝牛。カルナク神殿の列柱室の壁には、同じ儀式の場面が繰り返し描かれている。その1つにセティ1世が「父であるアメン・ラー」に「チェニの領域の牝牛」から絞ったミルクの入った2つの壺の供物を捧げる場面がある。これらの牝牛の群れは、王と神の間に描かれた4頭の牝牛によって表現されている。トトメス3世のアク・メヌウ（王位更新祭の間）の東にある、ソカル*の間に隣接した小さな部屋の南の壁に描かれた同じような場面の横には、王が2頭の牡牛と2頭の牝牛をアメン・カムウテフに捧げている図がある。この場面では、王

チェニ、カルナク神殿、アク・メヌウのソカル神の間の倉庫、第18王朝。

のカーと共に、「角のある動物の女主人、チェニ」と呼ばれる神が、王の後につい

ている。

以上２つの場面において４頭の牛の図は、牛の大きな群れを象徴しており、チェニがミルクと結びついた神であることがわかる。正確にはミルクの生産をつかさどる聖なる牛飼いである。

イアティ*のように栄養に満ちた液体であるミルクそのものを人格化した神ではないが、チェニは第５王朝から知られている。サッカラのウナス王のピラミッドの上神殿に導く参道の壁に描かれた２つの「葬祭の領域」は、チェニの名前を語幹とした名前で呼ばれている。

人間の姿で、大きな特徴をもたないチェニは、ディール・アル＝バハリの王に乳をあたえる場面、そしてサッカラ南のペピ２世の葬祭殿に上る長い参道に描かれた神々の間に見ることができる。

カルナクでは、アク・メヌウに隣接した部屋で、うしろに編み毛のないネメス*頭巾に似た髪型で、短い腰布を巻き、腰紐に牡牛の尻尾を飾っている。ごく一般的なウアス杖*とアンク*のサインを持ち、石の一部が欠けているため、聖なるつけ髭の部分が破損している。

→イアティ、ミルク

チェネネト　TJENENET

メンチュウ神の配偶神。ルクソールから南に20キロ程行った、ナイル東岸にある古代のジェルティ（トゥピウム）にあるトード神殿には、装飾や碑文のあるブロックが多く見られる。それを見ると、チェネネトは、メンチュウ神の妻たちの中で、最も古く、重要な女神であったことがわかる。称号に戦争の神の名前を入れ、メンチュヘテプ（メンチュウは満足する）の名をもつ第11王朝の王たちは、最初のカルトゥーシュの中に「チェネネトの息子」という称号を記し、チェネネトがメンチュウの妻であることを明らかにしている。これは、（やはりメンチュウ神の配偶神である）イウニト*の場合には見られないことである。

ギリシア・ローマ時代の碑文を見ると、チェネネトは「神、あるいは、神々の母」であり、王や神の誕生や母性と結びつきがある。このことから４柱のメスケネト女神のうちの１柱の役割をになっているとも考えられる。そして牛の子宮のサインを頭に飾っている。このサインはまっすぐな棒状の要素の先が２つに分かれ、渦巻き状に巻かれているものである。理由は明確ではないが、アンジェティ*も同じ頭飾りをつけている。まだラトタウイ*という新しい神が登場する以前に、「２国の女性の太陽」という形容辞をもっていたチェネネトは、ときにこの女神と混同されることがある。チェネネトは太陽の性格をもっている。そのことは、「ラーの眼」、「炎」、「アトゥムの娘」、あるいはまた、「ラー・ホルアクティのウラエウス」などの形容辞によって示されている。そしてその結果、ときにハトホル*、テフヌウト*、あるいはケプセト*などと同一視される。

多くの女神と同様に、他の多くの形容辞をもっている。「天の婦人」、「完璧な顔のもち主」、「すべての神々の女王」。最後に、彼女はカルナクの9柱神において、イウニトの上におり、最後から2番目の神となっている。

チェネネトが初めて登場する中王国時代のトード神殿のブロックには、肩紐で結んだ鞘型の衣をまとい、唯一の特徴として、長い鬘の上にハゲワシの髪飾りを飾った姿で描かれている。後になると、ハゲワシの上に、さらにプスケント冠やハトホル冠をつけるようになる。

後になると、時代を問わず、牛の子宮の様式化されたサインが頭を飾るようになる。このサインは、鬘に直接載っている場合もあれば、ハゲワシの飾りの上に載っている場合もある（たとえば*E* IX, pl. 18, 23a)。また、皿状冠の上に載っていることもある（カイロ・エジプト博物館、第19王朝のステラ、JE 66338)。あるいはまた、ハトホル冠の太陽円盤の上にある時もある（カルナク、オペト神殿)。トトメス4世の治世のステラには、チェネネト女神がメンチュウ神の後に立っている姿が描かれている。このような図の中では、渦巻き状の先端をもつ牛の子宮のサインは、2枚のダチョウの羽根となることもある。羽根は非常に高く前を歩くメンチュウ神の羽根飾りより高い位置まで聳えている。

エドフでは、ある場面の中で、チェネネトはイウニトと混同されており、チェネネト・イウニトという2つの名前をもつ1人の神として描かれている。ここでは、頭の上に載せたハゲワシの上に大きなウラエウスを載せた姿で描かれている(*E* X, pl.87)。

チェネネトはまた、太陽円盤を飾ったライオンの頭の女神として現われることもある（フィレンツェ考古学博物館、ステラ Inv. n° 6390、ここではラトタウイとひとつになっている)。そしてトード神殿の床下のクリプトにある、非常におもしろい図を見ると、チェネネトは、2つ、あるいは3つの頭をもつ奇妙なカバの姿をもつことがあるようである。碑文を読むと、ラピスラズリ製の4パーム（30 cm）の高さのこのタイプの像が3つあり、高さ1キュービット（52.35 cm）の黄金の女神像と共に、同じナオスの中に納められていた。

特徴：ウラエウス、皿状冠、太陽円盤、ハゲワシの髪飾り、ハトホル冠、2つの渦巻きをもつ頭飾り、プスケント

→イウニト、9柱神、メンチュウ、ラトタウイ

B.: M. Th. Derchain-Urtel, *Synkretismus*

in ägyptischer Ikonographie. Die Göttin Tjenenet, GOF IV/8, 1979.

（→口絵/p.45）

地の書　TERRE (LIVRE DE LA)

大地の書を参照

月　LUNE

イアフ、オシリス、鏡、銀、コンス、シェプシ、トト、ヘジュウル、を参照

月（暦）の神々 MOIS (DIVINITÉS DES)

守護の神々。古代エジプトでは、古くから12柱のカバの女神が1年の12の月を支配すると考えられていた。1912年、G・ダレシーはサイス朝からギリシア・ローマ時代までの末期王朝の資料を比較研究し、短い論文の形で女神たちのリストを発表した。しかし詳細に見ると、月の守護にあたっていたのは、これら女性の名前をもつ神々に限られていたわけではない。女神たちのリストがあるコム・オンボの誕生殿跡や、フィラエの誕生殿の前庭のアーキトレーブの研究によると、月もエパゴメンの日々と同じように、4人（あるいは3人）の守護神の下に置かれる。それぞれのグループはパンテオンの重要な神を中心としている（トト*、アメン・ラー*、ハトホル*、アヌビス*、ムウト*など）。カバの女神の1柱はつねにナオスの中に描かれる、そしてその後に子どもの神が続く。前にいるカバの女神と同じナオスの中にいる場合もある。そして2番目の女神が続く。この女神はナオスの中にいるとは限らない。彼女は太った両生のほ乳類の体に女性、ライオン、あるいはハゲワシの頭をもつ。ディール・アル＝バハリのプトレマイオス朝の聖域に残る2つの例を見ると次のような構成になっている。まず、ハプの子・アメンヘテプに捧げられた、北の壁に描かれた冬（ファメノート）の3番目の月の場合は、プタハ*、「ヌウトの胸に抱かれる偉大なるイペト」（カバの女神の中では1番人気の高い女神）、そして子どもの姿の神はイヒ*、あるいはホル・ヘケヌウ*、最後に「イレト・アトゥム・メリティテス」（父に愛されたアトゥムの眼）であるライオンの頭のカバの女神が続く。また、夏（エピフィ）の3番目の月の第16日に誕生したイムヘテプに捧げられた南の壁に描かれた場面では、碑文によると、ネイト女神*（ここではアメネト*と混同されている）、そして「生きているものを食べるアンケト」（カバの女神の中で11番目の女神）が続く。そして子どもの神は名前が記されておらず、記念碑によって異なる。そして最後にハゲワシの頭をもつカバの女神「ヘケヌウト・エム・テプ・エン・ネベス」が続く。

夏の３番目の月の神々、ディール・アル＝バハリ（プトレマイオス朝の聖域の南の壁）、ギリシア・ローマ時代。

フィラエ島とコム・オンボの誕生殿の図像を比較すると、この２つの記念碑にかんしては、最初のカバの女神の姿はほとんど変わらない。開いた口からは舌が出ている。帯状冠の上には2枚のまっすぐな羽根が飾られ、ときにハトホル冠が載っている。そしてつねにナオスの中に立ち、トゥエリス*のように前足（腕）で大きなサのサインを抑えるように体を支えている。その他、偉大なる神々は通常の姿、子どもの神の若さは裸の姿で強調されている。しかし額に子どもの編み毛が描かれていることはまれである。彼らは王笏を持ち、口を手にあてていることは滅多にない。そして２番目のカバの女神も１番目の神と似た姿をしているが、毎回異なる頭と飾りをつけている。

アル＝カラアの小さなコプト神殿の碑

文は、コム・オンボの誕生殿のものとまったく同じであり、月を支配する12のカバの女神やエパゴメンの5日と結びついた神々の小像が、典礼家具としてこれらの神殿に納められていたことを伝えている。これらの像は、おそらく神々の多様な性格を表現するために、さまざまな鉱物や木材（トルコ石、黄金、紅玉、隕鉄、ファイアンス、モリンガなど）で作られていた。女神たちの小像は、特別な時、とくに「彼女たちの月」に、中心となる重要な神の像の周囲に置かれ、「文字通り」防御壁を形成していた。

特徴：アテフ冠、ウジャト眼、ウラエウス、サのサイン、笏、赤冠、太陽円盤、ハトホル冠、プスケント、まっすぐな羽根、満月と三日月

→エパゴメンの神々、トゥエリス、メスケネト

B.: G. Daressy, "Thouéris et Meskhenit," *RT* XXXIV (1912), p.189-193; H. De Meulenaere, "Anthroponymes égyptiens de basse époque, III. Les déesses-hippopotames dans l'onomastique, *CdE* XXXVIII (1963), p.217-219; D. Mendel, *Die Monatsgöttinnen in Tempel und im privaten Kult, Rites égyptiens* XI, Turnhout, 2005.

ツバメ　HIRONDELLE

エジプト人は優秀な自然の観察者であった。また、言葉遊びが大好きであった。このことが、彼らの逞しい想像力の中で、神々の世界にツバメを登場させることとなったが、ツバメ自体が神となることはなかった。

エジプト人は、「尾の先が2つに割れた」小さな鳥が渡り鳥であり、遠くの地へ飛び立った後にかならずもどってくることを知っていた。そして同じように、死者もまたかならずもどってくると考えた。ツバメを表わす語（メネト）と、「留まる、変わることなくしっかりとした状況を保つ」という意味の動詞（メン）は同音であり、ツバメは「不変」を表わす象徴となった。そして『ピラミッド・テキスト*（§1216）』の時代から「破壊されることのないもの」、すなわち、決して地平線の下に隠れることがないため、王がその姿になりたいと望む北天の星と同一視された。

以上から、死者が「ツバメの姿になりたい」と考えたのは不思議なことではない。『コフィン・テキスト*』には、ツバメに変身する呪文がある（呪文283、293、294）。『死者の書*』の第86章には、砂丘の上に止まるツバメの挿絵が見られる。第21王朝の葬送パピルスには、繰り返しツバメの図が見られる。ツバメは「イシス*の偉大なるバー*」、あるい

アニの「死者の書」の挿絵に描かれたツバメ、第19王朝、大英博物館（10470）。

は「ネフティス*の生きているバー」と形容されている。

テーベのネクロポリスの職人たちのお気に入りだったツバメは、2人の女神と結びついている。プルタルコスによると、オシリスの死を嘆いたイシスは、ツバメの姿でビブロスへと飛んでいる（『イシスとオシリス、16』）。またツバメは、朝の旅のはじめには、ソカル*やラー*と共にいる。太陽の船の船首で見張りについているツバメは、夜明けに美しい光がもどってくるときの最初の光線を象徴している。背中に星を背負う小鳥の護符は、この姿を象徴していると思われる。たいへん美しい紅玉髄で作られた護符が、ツタンカーメン王墓で発見されている。

「ドゥアトの女主人」でもあるツバメは、夜明けを告げる者である。そして他の多様な鳥たちと共に、新年に王権を確認する儀礼の中で、王の前に香油を運んで塗る役割をになっている。

B.: F. Servajean, “À propos d’une hirondelle et de qeulques chats à Deir al-Médina,” *BIFAO* 102 (2002), p. 353-370.

壺　VASES

神殿の道具の中には、液体の供物を入れる簡素な器から、祭礼のための特別な器まで、さまざまな典礼用の容器があった。これら容器の少しずつ異なる形は、現在残っている神殿などの壁に描かれた儀式の場面に見ることができる。たとえば、「ナイル急湍の主人」であるクヌム神*の前でナイルの聖なる水を注ぐ場面では、ケネム壺が使用される。丈の高い壺で、クヌム神の名前を記す役割を果たし、豊かなナイルの氾濫を約束するものである（*E* XII, pl. 379, 413, 415）。

まるみを帯びた壺は水やワインの奉納に、水差しはビール、小さな容器はミルク、盃は香、丈の高い壺や円錐柱胴形の器は油や軟膏、水差しは、神酒や儀式の清めのために使用された。ヘス壺やネムセト壺のような簡素な形の聖なる道具は貴金属で作られ、より複雑な形の容器の起源であったと思われる。

優美な形の水差しであるヘス壺は、ホ

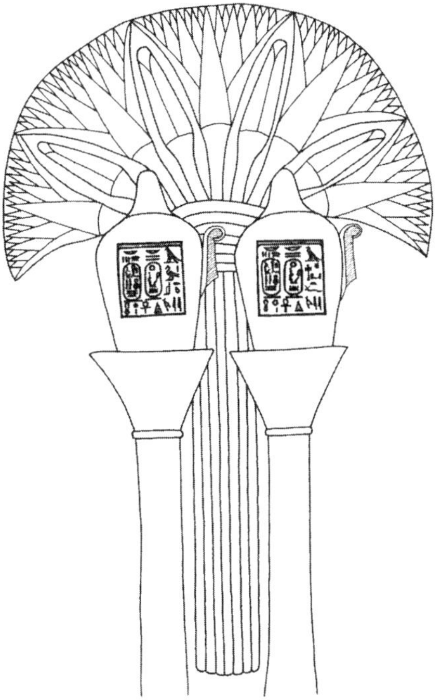

ネムセト壺、アビュドスのセティ１世神殿、第19王朝。

ルス神*やトト神*によって行なわれる王を清める儀式に使用される。タニスの王墓では、金の塊で作られた２つの見事なヘス壺が発見されている。おそらくアンクのサインの曲線を模したもので、壺の口の部分は平らで牡羊やハヤブサの頭の形の蓋がついている。あるいはまた、アビュドスのセティ１世をハルシエシス*が３つのヘスで清めている図のように、多くの要素がハンダつけされていることもある。

ネムセト壺は、よりまるみを帯びた水差しで、「開口の儀式」の時にかならず使用される道具である。注ぎ口の部分は、マアト女神のダチョウの羽根の形をとることもあった。この形は、ディール・アル＝マディーナのネフェルアブウの墓（TT 5）に描かれた、ハルシエシス*が死者を清めるために使用している「エレファンティネの水」をたっぷりと入れた壺に見られる。それは新年の祝祭の時に、ナイル川まで行列で運ばれた「アメンの壺」の形をとっている。壺にはナイルの氾濫の豊かな水が満たされた。「銀、金、鉄、銅」などで作られ、ときに足のついた聖なる壺は、大きなサイズのネムセト壺であり、牡羊の頭の形をした蓋で閉じられていた（*MH* VII, pl. 526）。

→香、香油、クヌム、シトゥラ、ビール、水、ミルク、ワイン

（→口絵/p.45）

ディオニソス　DIONYSOS

オシリスを参照

ティトエス　TITHOÈS

トゥトゥを参照

ティトの結び目　TIT (NŒUD-)

イシスの結び目を参照

ティフォン　TYPHON

セトを参照

テエフィビス　TEËPHIBIS

託宣者としてのトト神を示す名前。マディーナト・ハブ神殿からほど遠くないプトレマイオス８世エウエルゲテスが建立したカスル・アル＝アグーズのトト神に捧げた小さな神殿では、トトはつねにトキの頭をもつ姿で描かれる。ここに描かれた場面にともなう碑文には、「耳を傾ける者」、あるいは「話をするトキの顔」という形容辞が記されている。テエフィビスは、この２つ目の形容辞をギリシア語で記したものであり、ヒヒや牡羊の名前を基とする固有名詞と同じように作られている。

このトト神を示す名前は、託宣の方法を示している。信者たちは神に聞いてもらうように祈りを捧げに来る。これに対して神は直接、その声で託宣をあたえる。また、カスル・アル＝アグーズの神殿にはおそらく保養所が完備されていたと思われる。ここに奉られた神々の中にはディール・アル＝バハリの聖域において託宣をあたえていたイムヘテプ*、ハプの子・アメンヘテプ*などがいる。

テエフィビスの図像は、月の円盤の冠をかぶったトキの頭のトト神としばしば混同される。これはテエフィビスがヘルモポリスの主人であるトト神の「トキの顔」という１つの側面を強調する形容辞にすぎないためである。

→イムヘテプ、トト、ハプの子・アメンヘテプ、パヘルアメン

B.: J. Quaegebeur, “Teëphibis, dieu oraculaire?” *Enchoria* V（1975）, p.19-24.

デカン　DÉCANS

デカンの星々を人格化した神々。毎日、星占いを読まない人でも、黄道12宮（獣帯）の12のサインによって、自分の運勢が異なること、また、第１デカン、第２デカン、あるいは第３デカンに生まれたかで、同じサインでも運勢が異なることは知っているだろう。しかしバビロニアの黄道12宮の起源が、１年を10日ごとに36のデカンに分けた古代エジプト人であったことを知らない人は多い。われわれが今日「デカン」と訳す言葉は、当時は少し異なる意味をもっていた。

エジプト人は、エジプト天文学固有の36の星座を人格化した神々のことバケティウと呼んでいた。元来、「働く、仕える」という概念を表わす語根に属する言葉である。これらの星座は、日々、地平線に昇り、子午線の頂上に到達し、一定の通過地点を通る。この事実を利用して、夜の時間を定めることができた。第18王朝のセンエンムウト墓（TT 353）から後３世紀中頃のエスナ神殿の天井画までの間、デカンの星々は、さらに多くの「家族」に再編成され、その数は、特別なエパゴメンの日々を含むデカンを

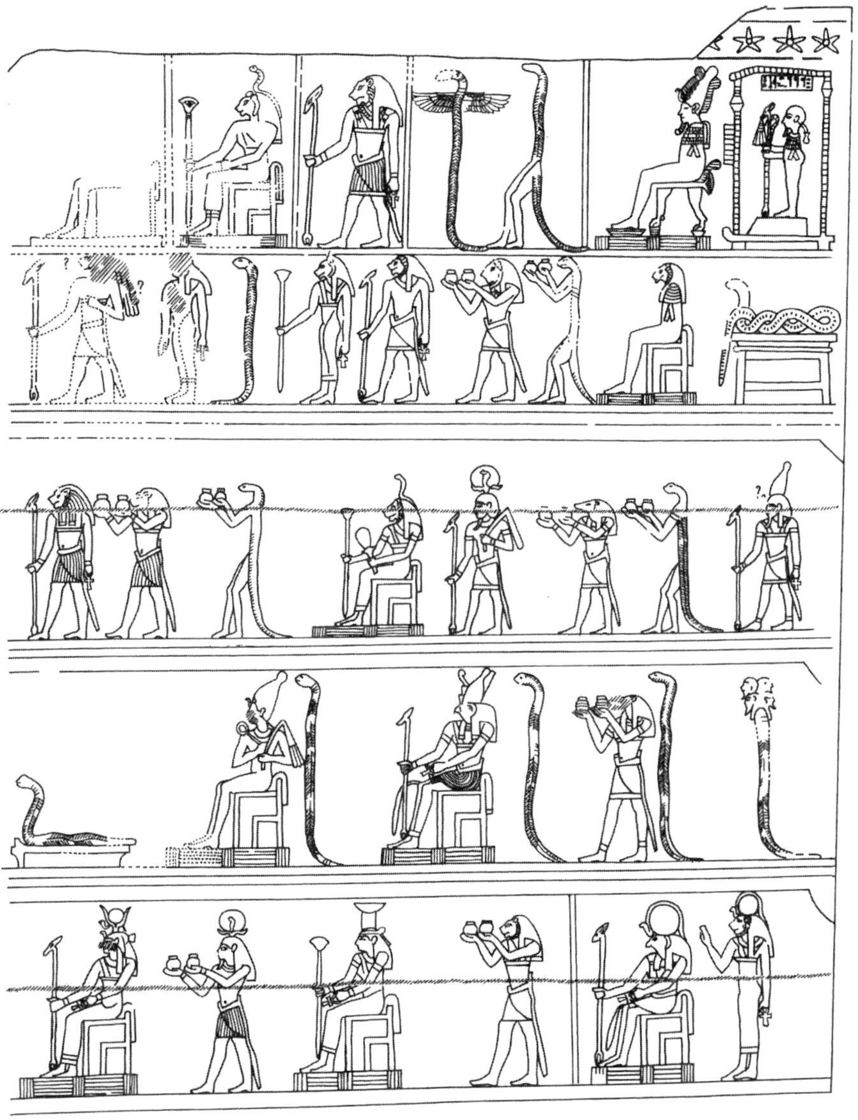

デカンの図、カルガ・オアシス、イビス神殿、第27王朝（第１次ペルシア支配）。

数えないでも36を越えることがあった。そこに出現する神々は、リストによって異なり、構成も異なった。たとえば、ホルスの子どもたち*は、デカンの神となったが、１つのデカンに１人ずつ、あるいは２人ずつ、あるいは４人一緒に現われることがあった。同様に、同じ船の中にいるイシス*、ネフティス*、セト*、そしてホルス*も、同時に3つのデカンに現われることもあった。

カールスバーグ・パピルスn° 1の天文テキストによると、18のデカンがシリウスの後に、そして18のデカンが前に現われる。1つ、あるいは、複数の星に相当する36のデカンを同定することは現在の天文学者にとって困難なことである。 29のデカンの星々までを同じ夜のうちに見ることが可能である。そのうち8つが「昇る星々」、12が「働く星々」、そして9が「降りる星々」といわれていた。その他の7つは、70日間は見ることができなかった。新しいデカンの星々は、10日間ごとに現われ、その間に、他の1つのデカンの星々が「死んだ」。専門家が「デカンの帯」と呼ぶ帯の中で、どのデカンも同じサイクルを辿った。1年に1度、日の出の直前に、太陽のように地平線に現われるヘリアカル・ライジングの後、デカンは東の空に、前の日より4分ほど早く昇る。そして夜の12時間目、太陽が地平線に現われる頃、子午線に到達して終わる。80日後に天頂に達し、120日間「天の真ん中で働く」。10日後になると、天頂に達するのは、第11時間目になる。その10日後には、第10時間目、そしてさらにその10日後には 第9時間目のように移って行く。4ヶ月間の活動の後、子午線に到達するのは昼の明るい時間帯となる。「ヌウト女神に呑み込まれ」西の地平線の下に沈むまでの90日間は休んでいるとされる。ヌウト女神は上記の理由から、「子豚を呑み込む雌豚」と形容される。この後、70日間の地平線の下に沈んでいる見えない期間がある。この期間、デカンは「ゲブの家」にいる。その後, 天の女神によって世界にふたたび新しく甦り、「ドゥアトの門」を通り、新しいサイクルを始める。

セティ1世の時代にはデカンの図はまだ見られなかった。王墓の天井に描かれた天体図には、唯一、デカンに結びついた神々の図が名前とともに描かれている神殿によって若干異なるが、ギリシア・ローマ時代において見られる図像は、プトレマイオス朝のデカンである。これらの図像は、第22王朝に初めて登場したと考えられる。天体図の2段に見られる守護神の図が、タニスのオソルコン2世の墓から出土した息子ホルナクト王子の2つの腕輪に描かれている。これらの図像は、同じ守護の役割で、護符、メナトの首飾りの錘、セクメト・バステト女神の小像の玉座の横、第27王朝以降の神殿の壁、ダレイオス王がアメン神とテーベの3柱神に捧げて、改修したカルガ・オアシスのイビス神殿の古い時代の聖域などに見ることができる。

デカンの神々は、たとえば、台座の上に載った4つの牡羊の頭、ナイフが刺さった円上にならんだ切りとられた捕虜の頭、ワニの頭の像が載ったナオス、4つの人間の頭をもつ蛇、翼をもつ蛇、人間の手足をもつ蛇など、非常に複雑な図のほかに、多くの場合、動物（ハヤブサ、牡羊、トキ、犬、牡牛、ライオン）の頭をもつ男性、またまれに、女性として描かれた。多様な星をともない、多様な冠をかぶり、多くの場合、動く星である彼らの性格を思い起こさせる船の中に立っている。それとは異なる姿もイビス神殿や、デンデラ神殿の「宝庫の間」の壁を飾るフリーズ（*D* IV, pl. 289-297）に見ることができる。そこではセクメト女神をなだめる儀式に参加するデカンの星々が描かれている。そしてルーヴル所蔵の黄道図には2つを除くデカンの姿が描かれている。(*D* X, pl. 60)。

特徴：アテフ冠、ウラエウス、王笏、太陽円盤、翼、壺、白冠、ハトホル冠、羽根、船、プスケント、蛇、星、満月と三日月の円盤

→オリオン、ケネメト、シェヌウビス、ソティス、『ヌウトの書』、ハルポンクヌフィ

B.：W. Gundel, *Dekane und Dekansternbilder, Studien der Bibliothek Warburg* XIX Glückstadt, 1936; L. Kakosy, "Decans in late egyptian religion," *Oikumene* 3(1982), p. 163-191; J.-Cl. Goyon, "L'origine égypitienne des tablettes de Grand," dans J. H. Abry (éd.), *Les Tablettes astrologiques de Grand*, Lyon, 1993.

デドゥン　DEDOUN

ヌビアの神。『ピラミッド・テキスト*（§§803c、994d、1017a、1476b、1718a）』に何度も登場する神であるが、デドゥンは、真の意味でエジプトの神ではない。事実、この古代の葬送のテキストの中で、他の神々と共に、天に昇る死者である王を助け、清めの香*をもつデドゥンは、「ヌビアに住む者」という形容辞をつねにともない、エジプト起源の神でないことが明確にされている。このヌビアの神は、上エジプトの記念碑に多く見られるが、中王国時代のデドゥンを奉った神殿は、第2急湍にあるセムナやクンマの要塞までナイルをさかのぼらないと見ることはできない。これらの神殿においてデドゥンは神格化したセンウセレト3世、あるいはまた、第1急湍の主人であるクヌム神*と結びつき崇拝を受けていた。

ディール・アル＝バハリでは、ハトシェプスト女王に、ヌビアの民族を臣下として差し出すデドゥンの姿がレリーフに刻まれている。カルナクにおいても、トトメス3世に南の民を差し出す、プン

トトメス３世を歓迎するデドゥン神。アル＝レシーヤのヌビア神殿、第18王朝。

トの国から運ばれた黄金を測る天秤のかたわらにホルスと共にいるデドゥンを見ることができる。香、黄金、そして征服された民族など、南から来るものはすべて、デドゥンの権威の下にあった。このような理由から、王が世界の支配者となることを許す不思議な儀式の中で、４つの方位を象徴する４人の神々（南のデドゥン、東のソプドゥ、西のセベク、そして南と北のホルス）の１人として登場する。４人の神々は支柱の上にその像が飾られかかげられる。この様子を表わした図は、保存状態は悪いが、カルナクに２つ、第18王朝のハトシェプストのものが１つ、そして第25王朝のタハルカ王のものが１つ残こされている。カルナクではまた、トト神が率いる15人の神々の仲間の１人である。この神々は、その大人数にもかかわらず、「小さな９柱神（エネアド）」と呼ばれている。

現在では、多くの博物館に散ってしまった、プトレマイオス１世や２世のカルトゥーシュが刻まれた、プトレマイオス朝初期の石のブロックを見ると、中部エジプトのオクシリンコスから遠くない現在では消えてしまったペル・ケフェトの神殿で、デドゥンが崇拝されていたことがわかる。ブロックの１つを解読すると（ブザンソン美術歴史博物館、inv. A. 995-7-2)、デドゥンの系譜がわかる。デドゥンの母は、トゥエリス女神であるとされている。

ギリシア・ローマ時代のフィラエ島では、ヌビアの神アレンスヌフィス*の姿を彼の中に見ることができる。

『ピラミッド・テキスト』においては、デドゥンの名前が鳥のサインの決定詞をとっていることが多く、その起源においては、ツバメ、セキレイ、あるいは、猛禽類の鳥の特徴をもっていた可能性がある。ハトシェプスト女王時代になると、上記の儀礼の中でハヤブサの頭をもつ人間の姿で描かれているが、これは向かいあう北と南を象徴するホルスと混同されている可能性もある。このほかの場合には、人間の姿で描かれ、腰布をまとい、髭と鬘をつけ、ウアス杖とアンクのサイン以外の特徴をもたない。また、王を歓迎する時はその２つももっていない場合がある。ペルケフェト出土の石のブロック（ライデン国立古代博物館、inv. F 1961/12,3）では、太陽円盤を載せた短い鬘をかぶっている。また、ゲベル・バルカルのアメン神殿においては、太陽円盤と羽根を載せた、羊の水平の角の冠をかぶっている例が唯一見られる。デドゥンを描いた場面の中には、髭のないものがあり、形容辞の中に何度も記されているように、彼が「若い男」であったことが強調されている。

特徴：ウラエウス、牡羊の角、太陽円盤、羽根

→香料、ソプドゥ、ハ

B.: H. Gauthier, “Le dieu nubien Doudoun,” *RevEg, NS* II (1920), p. 1-41.

テネメト　TENEMET

ビールの女神。テネメトは、古くから存在した神であるが、メンケト*ほど、頻繁に登場することはない。テネメトの名前は、ビールの一種をさす言葉であり、この発酵飲料を人格化した女神である。初めて登場するのは中王国時代であり、『コフィン・テキスト*』の呪文21に現われる。また、この呪文は『死者の書*』の第169章にふたたび登場する。この呪文においては、ナトロン、ミルク、そして香と同様にビールは死者の清めのために使用され、後に消えてしまう男性形の神チェネムウとして登場する。

生産をつかさどる神々の中で、テネメトはメンケトとよく似た姿で描かれている。これは驚くことではないであろう。エドフの誕生殿の柱の間の壁には、ビールのカップを載せた皿を持つ、とくに特徴のないひざまずいた女性として描かれている。コム・オンボでは、額にロータスの花を飾っており、20余りの異なる姿を見せている。

→ビール、メンケト

B.：W. Helck, *Das Bier im Alten Ägypten*, Berlin, 1971.

（→口絵/p.45）

テフヌウト　TEFNOUT

原初の女神、太陽の熱を人格化している。ヘリオポリスの神官たちが想像した創世神話において、「アトゥム*の原初のもの」であるテフヌウトは、創造の初めにおいて登場した最初の女神である。それまで無気力なヌン*の中で自他の区

別なく漂っていたテフヌウトはそこから離れた存在となった。兄であり夫であるシュウ*とともに、テフヌウトは孤独な創世神によって「世界に置かれた」とされている。創世神は「みずから存在へと生まれでた」ものであり、自慰行為、あるいは、唾を吐く行為によってみずからの体から2人を創り出した。

多くの書は異なる見解を示すが、エジプト学では伝統的な論理的対称性を重視し、シュウが乾燥した空気を象徴するのに対し、テフヌウトは湿気を象徴すると考えられている。

『コフィン・テキスト*』の呪文80には、創世神の言葉が記されているが、それによるとテフヌウトの性格はまったく異なる。アトゥムは言う。「それは生命に満ちた娘テフヌウトである。彼女は兄のシュウと共にいる。生命は彼の名前であり、マアト*が彼女の名前である。わたしは2人の子どもと生きる。わたしは2羽の小鳥と生きる。わたしは彼らとともにいる。そして彼らの中にいる。1人はわたしの後に。そしてもう1人は前に。命はわたしの娘マアトとともに休む。1人はわたしの前に。もう1人はわたしの後に。わたしは彼らの上に立つ。彼らの腕は私を包む」

テフヌウトがマアトと、そしてシュウが命と同一視されていることの重要性のほかに、創世神が強調しているのは、2人の子どもとの物理的に近い距離感である。同じテキストの別の箇所では、これらすべてがヘリオポリスにおいて行なわれたと書かれている。「その時、彼は1人であり、そして3人となった」とされている。それは三位一体と考えることが可能である。シュウとテフヌウトはいずれも太陽である。前者が光であり、後者は熱である。いずれも人が感じる太陽の2つの側面をともに象徴している。

碑文の中で「敵を灰と化す偉大な炎」、あるいは、「口から吐かれる、燃えるような息」と形容されるテフヌウトは、太陽のエネルギーを人格化しており、ウラエウス、「ラーの眼*」、またときにハトホル*と同一視され、遠方の女神の伝説*の中で怒りに狂ったライオンとして登場する。

『ピラミッド・テキスト*』の呪文（§1405a）を見ると、テフヌウトが地上界において大地と空を分けるシュウと同じような役割をになっていたことが記されている。これは彼女が死者となった王を「香の煙」と共に天へ導く役割をもつなど、天の神の性格をもつことから不思議なことではない。

他のライオンの女神の多くと同様に、テフヌウトもコンテクストによって異なる3つの姿で現われる。女性の姿（*MH* VII, pl.572）、ライオンの頭の女性（p.10口絵右上参照）、そして完全にライオンの姿である。

ウラエウスの場合はコブラであるが、テフヌウトはめずらしい姿をとることもある。第19王朝には、フウネフェルの『死者の書*』の挿絵においてアテフ冠*をかぶった牡羊の頭の神として描かれている（大英博物館9901）。この場面ではすべての他の神々（ラー*、シュウ、ゲブ*、バネブジェデト*）も牡羊の頭をもっている。第26 王朝には、ルーヴル美術館に所蔵されているアマシスのナオス*（D 29）において、シュウと共に人間の頭をもつ鳥の姿で現われる。父親であるアトゥムと２人の子どもであるゲブとヌウトの間、台座の上に止まる太陽円盤を頭に飾ったテフヌウトとシュウは双子の鳥のようである。デンデラでは、神殿の屋上へと昇る、あるいは下る階段の壁画に描かれた行列の場面で、プスケントをかぶったハヤブサの印で描かれている。

多くの図像の中から他に３つの例を紹介すると、カルガのイビス神殿では、テフヌウトは頭に高い羽根を載せた帯状冠をかぶったライオンの頭の女性の立像、あるいは、正座して手には布で巻いた１本の弓を持ち、頭にはウジャト眼を飾っているライオンの頭の女性。そしてシュウ神の像が納められていたとされる有名な10年ナオス（破片はルーヴル美術館（D 37）とアレクサンドリア博物館（JE 25774）に保存されている）と対を成すとされる、現在では消えてしまったナオスの壁には、テフヌウトが描かれていた。テフヌウトは、ライオンの座像として描かれている「ペル・ウル（上エジプトの古代の聖域）の主人」シュウと同じ姿勢で、牝のライオンの姿で（p. 329図参照）、頭にはウラエウスで囲まれた太陽円盤を飾っている。像にともなう碑文は「テフヌウト、ペル・ネセル（下エジプトに相当する聖域）の婦人」と記されている。兄であり夫であるシュウの像と同様に、テフヌウトの像もまた「繊細な金箔を施した銀製」で、高さは「４パーム（30cm）」あったと記されている。

特徴：アテフ冠、ウラエウス、太陽円盤、羽根、弓と矢

→アイギス、アトゥム、ウヌリス、ウラエウス、遠方の女神、シュウ、セクメト、タセネトネフェレト、泣き女の女神、ネブトゥウ、パウトヌフィス、ハトホル、マアト、メスケネト、メヒト、ラーの眼

（→口絵/p.46）

テーベの女神

THÈBES (DÉESSE DE)

ウアセトを参照

デメテル　DEMÉTER

イシスを参照

テメト TEMET

アトゥム神の女性版。マスペロなどが「文法的夫婦神」と表現した神々の中にアメネト*とアメン*などがある。テメト女神もまた、アトゥム神に女性形の-tを加えたものであり、このタイプの配偶神と考えられる。

彼女の名前が初めて登場するのは、保存状態の悪いラメセス朝のパピルスに記されたウラエウス*への讃歌である（チェスター・ビーティ・パピルスVIII、v°9、1-10）。この讃歌は後に、より完成された形でエルカブのプトレマイオス王朝のスペオス（岩窟神殿）の天井に見ることができる。明確に4つの正面の顔をもつハトホルと同一視され、テメトは、西のネイト*、東のバステト*、北のウアジェト*、そして南のネクベト*と次々同化している。4つの方位は、宇宙全体に彼女の力が及ぶことを示している。

アトゥムの配偶神であると同時に女性形であるテメトは、また娘として登場することもある。彼女は「ラーの眼」の形容辞をもち、女性の太陽と考えられている。「朝の太陽」であるライトに対して、彼女は「夜の太陽」である。この称号によってテメトは創世神の船の船首にいる。「額に現われるウラエウス」の姿をとり、船とその乗船者を守り、世界の支配を助ける。また、「ヘビの女王」であるハトホルと混同され、豊穣を約束する女神である。

デンデラでは、テメトは「地平線の婦人」でありライオンの頭をもつ。あるいはまた（「神秘の廊下」の聖域の外壁において）女性の姿、そして鎌首をもたげたコブラの姿で守護の役割を果たす多くの神々の間に見ることができる（ローマ支配時代の誕生殿の聖域）。

エドフ神殿の第1の「ソカルの部屋」では、アトゥム神とともに、オシリス神を崇める神々の間におり、カノポス壺の守護神のすぐ後にいる。2人とも王笏を持つミイラの姿で描かれている（*E* XI、pl.281）。

末期王朝の棺にも同じ姿のテメトを見ることができる。たとえば、アンクアピスの棺には守護の女神として手にナイフを持つテメトが描かれている（カイロ・エジプト博物館、CGC29303）。

めずらしい図像の中に、アバセト*女神との結びつきを示すものがある。カルガのイビス神殿の聖域の北の壁には、ミイラというより包帯を巻いたハリネズミの姿のテメトが描かれている。太陽円盤をかぶり、水平に置いた大きな城のヒエログリフのサインの上にいる。そこには「カー*の城を支配するテメト」という碑文がある。また、太陽円盤をかぶらない姿が、反対側の壁に描かれた、やはりアトゥムと共にいる2人の女神イウサアスとネベト・ヘテペトを表わす2つのシステルムの横に2度現われる。ハリネズミの1匹は礼拝所の屋根におり、もう1匹は礼拝所の中にいる。こちらには次の碑文がついている。「ヘリオポリスの貴族（あるいは、創世神を示す『老人』）の城に住む、生きている偉大なる神」

特徴：王笏、太陽円盤、ナイフ

→アトゥム、アバセト、イウサアス、ジェレトエフ、ハトホル

B.: Ph. Derchain, *Hathor quadrifrons. Recherches sur la syntaxe d'un mythe égyptien*, Istanboul, 1972.

テルムティス　THERMOUTHIS

レネヌウテトを参照

天の牛の書　LIVRE DE LA VACHE CÉLESTE

王家の谷深く掘られた王墓の壁や天井を飾っている、多くの挿絵をともなう他の長編の作品に比べて、『天の牛の書』として知られているこの書は、葬送の書というよりも、古代エジプトの物語や伝説のアンソロジーといえる書である。書には、神話時代、ラーがまだ地上にいた頃に起きた、人類の滅亡をもたらす出来事が短く語られている。この出来事の結果、ラーはこの世に新しい秩序をもたらし、みずからは天にしりぞいた。

物語の主人公たちを見ると、起源は明らかにヘルモポリスである。未完成な形で、このテキストが最初に見られたのは、3つの挿絵をともなう、ツタンカーメン王の金箔を張った厨子の一番大きなものである。また、ラメセス6世王墓（KV9）の壁龕に一部が見られた他は、以下の3つの王墓で見られる：セティ1世墓（KV17）、ラメセス2世墓（KV7）、そしてラメセス3世墓（KV11）の石棺が置かれている埋葬室に隣接する小さな副室。

物語は唐突に始まる。ラーの権威の下に、人間と神々が共に幸せに暮らしていた時代があった。しかしラーが年を老いて、その力が衰退したため、初めての反乱が起きた。反乱者を罰するために、ラーは、先祖の神々、「シュウ*、テフヌウト*、ゲブ*、ヌウト*、そしてヌン*の中に共にいた父と母」に相談をする。なかでもラーのことを「生み出した者よりも偉大なる神」と認めるヌンみずからに相談した。そして神々は、彼の「目*」を使わすように忠告した。これは物語に多く見られる言葉遊びの一つであり、ハトホルを意味する。すなわち、人類を滅ぼすためにハトホルを送った。人々は彼女を恐れ、砂漠へと逃げ出した。血に酔った女神は、彼女の「心を満たす」殺戮に走った。そのさまを見たラーは考えを変え、彼女から人々を守ることを決意する。結果、人類を滅ぼすのではなく、その数を減らすことで満足す

天の牛の書挿絵；金貼りのツタンカーメン王の第1厨子、第18王朝、カイロ・エジプト博物館。

ることになった。彼はたくみに口実を作り、7000壺のビールをヌビアの赤鉄鉱で赤く染め、殺戮の場に送った。女神は、今度は酒に酔い、殺戮の手を止め、敵、すなわち、生き残っていた人間を放り出したまま眠ってしまう。

この書の後半には、矛盾があり、辻褄が合わないため、傑作とは言い難いが、「心の疲れ果てた」ラーは、その疲れを癒すために天へとしりぞく。そしてヌウト女神の背中を行き来する永遠の周遊を始める。ヌウト女神はそのために牛の姿をとる。牛はあまりにも巨大なため、シュウの支えをもってしても、その高さに震え始める。そこで8人の神ヘフウの助けを呼ばなければならなくなる。そして彼らは、2人1組になって、牛の足を支えることになる。3つの挿絵の中で一番大きなものが、この図である。そして横には碑文が添えられ、丁寧な説明がされている。残りの2つの絵の1つには永遠を象徴する2つの姿であるネヘフとジェトが描かれている。またもう1つの絵には天を支える王が描かれている。昼と夜の交代に加えて、人間の反乱の前にはなかった死が登場する。天にラーが去り、地上の王権を放棄したことで、トトが宰相となり、新たな後継者が設けられることになる。その方法にかんしては割愛するが、ラーは世界創造の最後の段階に入る。地下の埋葬室へと続く、小さな部屋の壁に彫られた物語は、死者である王がラーとなり、その聖なる先祖と共に永遠の命を繰り返すことを約束している。これが、この神話が王墓に記されている理由である。

→永遠性、遠方の女神、シュウ、セクメト、天の支柱、ハトホル、ラー

B.: Ch. Maystre, “Le Livre de la vache du ciel dans les tombeaux de la vallée des Rois,” *BIFAO* XL (1941), p. 53-115; E. Hornung, *Der Ägyptische Mythos von der Himmelskuh: Eine Ätiologie des Unvolkommenen, OBO* 46, 1982; N. Guilhou, *La Vieillesse des dieux, OrMons* V. Montpellier, 1989.

天の支柱　PILIER DU CIEL

天の支柱を参照

天の支柱　SUPPORTS DU CIEL

天を支える柱を人格化したもの。ヘリオポリスの神学者たちが想像した、天地創造の過程において、天と地を分ける瞬間は宇宙の構造を定める上で重要な役割を果たす。それは「足の下にいるゲブ神*」と共にシュウ神*が行なった仕事であり、「娘のヌウト」を天へともち上げ、「父であるアトゥム*の領域として捧げた」のである。このようにして太陽が日々の航行を行なうことができる天ができた。

世界がぶじに運行し、日々の営みが繰り返されるためには、シュウが辛い姿勢で天を支え続けることが不可欠であった。しかしたとえ神であっても、本人が言うように、ときには疲弊する。その結果、時代によって名前や数は変わるが、シュウを助け、天を地から離す役割を担うものが登場したことは自然なことである。

『ピラミッド・テキスト*』には多くの「王笏」に関する記述が現われる。これらの笏は天を支える人間の姿で描かれている。そこには「ウアス杖で天を支える（§ 1156c）」王、「天の4つのジャム笏を持つ」4柱の神々（§348a-b）、そして「天の東を4つのジャム笏で支える」4人の兄弟（§360b-d）、あるいはまた「ジャム笏で天を東の方向へと押し上げる」4人の精霊（§339c）などが記されている。

いずれの場合もシュウとのかかわりは具体的に記述されていない。しかし正に『シュウの書（コフィン・テキストの呪文75-83）』と呼ばれる書において、死者は「シュウの支柱アア」と同一視されている。実際には4人しかいない可能性があるが、集合的にヘフウと呼ばれる、シュウの肉体から発散された体液と考えられる8人の神々がいる。アトゥ

天を支える女神アハイト、キィト、ファイト、トゥアイト、デンデラ神殿、ローマ支配時代。

ムがみずからの中から生まれた日、原初の海の中でヘフウという名前があたえられた。彼らは、天の周囲を囲むように天を支える、シュウの「天の軍団」である。シュウ自身はまた「ゲブをヌウトから引き離す偉大な柱［セケネト］とされている（呪文223）。

新王国時代になると『天の牛の書*』の中にヘフウが登場する。そこには異なるヘフウの起源が説明されている。彼らはラーの意志によって生まれた。長い足をもつ牝牛の姿をとるヌウトは、支えがないと震えて立っていられない。そこで8人の神々は2人一組で牝牛の4本の足を支えている。ラーは、シュウにヌウトの腹の下に入って支え、薄闇の中にいるヘフウを守るようにと命じる。

ヘフウは世界の端をもって支えている。その外では、創世神によって追いやられた原初の混沌の力が支配している。『コフィン・テキスト』に記されているように、そこは薄闇に支配されており、とくに夜明け、そして夕暮れは、「アポピス*の子どもたち」の攻撃を受けやすい危険な時間である。ヘフウの神々は「周壁」で立ち上がりエジプトを守る。彼らは光と暗闇の間にある「天の支柱」であり、秩序ある宇宙を守る存在である（イスマイリアのナオスの神話伝説 n° 2248）。

ギリシア・ローマ時代になると天の支柱は4柱の女神によって人格化された。彼女たちはそれぞれの役割を表わす名前をもち、4つの方位、そして4つの風*と密接に結びついている。まれにもち場が異なる場合もあるが、南にはアハイト（「つねに立っているもの」）、「決してもち場を離れることのない唯一のもの」；東にはキィト（立ち上がるもの）、「彼女の足は仕事を放り出すことはない」；西にはファイト（「立ち上がるもの」）「男性の腕をもつもの」；北にはトゥアイト（「支えるもの」）「伸ばした腕の力強いもの」がいる。

また、宇宙の秩序を守るために、王が天の支柱の役割を果たすことがある。プトレマイオス朝の大神殿の壁には「天をもち上げる」儀式に関する記述が見られる。また、行列用の船を載せた祭壇の部分に、天の支柱の神々に代わって、王が描かれていることがある。ギリシア・ローマ時代より以前にも、現在ウィーンにある（ÄS 5106）セティ1世の船には、天を表わすヒエログリフのサインを支えるために両腕を前にかかげる王の姿が描かれている。この姿は同じ面に4度現われる。また、レプシウスがワド・バン・ナカーのイシス神殿からベルリンにもち帰った祭壇の2つの面にはメロエの王ネタカマニと女王（カンダケ）アマニトラ（後1世紀）がファイトとキィトに代わって天を支えており、別の面ではトゥアイトとアハイトが描かれている。

ツタンカーメン王墓の金箔を施した木製の厨子の一番大きなもの、さらにはセティ1世墓の壁画に見られる『天の牛の書』の主要な挿絵には、8人のヘフウの立っている姿が描かれている。星の描かれた腹の部分を支えるシュウとともに、ヘフウはヌウトの4本の足のそれぞれを2人ずつ受けもち、牛がよろけて転ぶことのないように支えている。彼らは簡素な腰布を巻き、長い鬘をつけ、人間の姿をしており、これといった特徴は見られない（p.414図参照）。

アハイト、キィト、ファイトとトゥアイトは、互いを区別する特徴をもたない。コム・オンボ神殿の列柱室の天井の4つの角、そしてデンデラ神殿においては、オシリス礼拝所の2つの天井をはじめ、何度も登場する。その1つ、現在ルーヴル美術館に展示されている有名な黄道図には、四角い天井の4つの角に足を置き、立った姿で中央にある「黄金の天空」を支えている4人の女神たちの図がある。女神と女神の間、まるい天空と四角の辺の間のせまい空間（4ヶ所）には、2人のハヤブサの頭をもつ人物が向かいあうようにひざまずいている。彼らもまた両腕を高くかかげ、天空を支えている。彼らの名前は記されていないが、おそらく8人のヘフウであると思われる。彼らは自分たちの役割をになった女神たちを手伝っているものと思われる。

ローマ支配時代になると、（ダクラ・オアシスの）カラト・アル＝ムザウワカのペトシリスの岩窟墓の2つの部屋の天井を飾る天体図に、裸体で翼をもった4人の巻き毛の女神が正面を向いた姿で描かれている。

多くのステラの装飾が描かれる空間は枠によって区切られている。下の部分はしばしば1本の線に省略された大地のサインで区切られ、上部はステラにそってアーチ状、あるいは線状に描かれた天のサインによって区切られている。天のサインは2本の杖（ジャム杖、あるいは、ウアス杖）によってそれぞれの角が対称的に支えられている。

特徴：正面、翼

→（４つの方位の）風、天の牛の書、ヘフ

B.: D. Kurth, *Den Himmel stützen.* Die "*Tw3 pt*"-Szenen in den ägyptischen Tempeln der griechisch-römanischen Epoche, *Rites égpytiens* II, Bruxelles, 1975.

（→口絵/p.46）

天の書　CIEL (LIVRES DU)

ヌウトの書、昼と夜の書を参照

トゥアイト　TOUAYT

天の支柱を参照

ドゥアウ　DOUAOU

目医者の守護神。『ピラミッド・テキスト*』に数多く記されているにもかかわらず（§§480d、994b、1155a）、中王国時代以降、ほとんど記載のないドゥアウ神にかんしてはあまりよく知られていない。少なくとも、２度、ヘリオポリスの南東の地域を起源とする、東の神ソプドゥと同等に扱われている。この地域は、現在のオールド・カイロであるエジプトのバビロンの近く、毎日太陽が昇る場所とされている。ドゥアウの名前は、「朝」を意味し、地理的には「東」をさす。ヒエログリフのサインで記されているが、その明らかな意味はわからない。ときにコンス神のサインと混同されるヒエログリフのサインは、柔らかい袋のように見える。しかし古い例を見ると、「大きな肉片」のようである。さらに正確に言うと「牛の前足の４分の１」であり、ケンティ・イレティ神*の祖国である下エジプトの第２ノモスの象徴に非常によく似ている。ケンティ・イレティが周期的に盲目になる事実は、ドゥアウとの結びつきを示しているように考えられる。

実際、ドゥアウは目医者の守護神であり、古王国時代には、多くの「目医者」が「ドゥアウの予言者」という称号をもった。ペピ１世のピラミッドにある、他に例のないテキストには、この神の役割が記されている。「新しい呪文1053」は、「ドゥアウの緑のアイシャドウ」を目医者の神と直接結びつけている。

今日にいたるまで、ドゥアウを表わす唯一の図像は、そのめずらしいサインであり、その良い例としてアブ・グーラーブのニウセルラー王の太陽神殿から出土した石のブロックをあげることができる。そこには、王の更新祭の行列にならぶ、サインを運ぶ３人の運び手を見ることができる。少し大きめに描かれた２人のジャッカルにはさまれて、中央の人物がドゥアウのサインを運んでいる。

B.: B. Grdseloff, "Le dieu Dw3w, patron des oculistes," *ASAE* XLI（1942）, p.207-

217.

ドゥアウル DOUAOUR

王の顎髭を人格化した神。死者である王が、「(その）再生」の日に、神の前で「栄光に満ちた」姿であるように、あらゆる手段を講じる必要があった。『ピラミッド・テキスト*』の文章の中には、ドゥアウルという神の存在が記されている。この神によって、王は飾られ、身を清められ（§2042b)、顔を剃られた(§1428a)。さらに「黄金の家において」、葬送の儀礼の時に開口の儀式が行なわれた（§1329c)。

ドゥアウルは、王のつけ髭を人格化した神であり、身だしなみの神の役割を果たしている。その神官団は、王の日々の髭や髪の手入れを行なう他、王位更新のセド祭など、特別な儀礼の折りに、王の身だしなみを整える。

『コフィン・テキスト*』には、ドゥアウルが「開口の儀式*」において役割をもつことが記されている。彼は死者にふたたび「視覚」をあたえるとされている（呪文231)。この魔法の儀式のために使用される手斧は、この神の名前と同じである。

ドゥアウルには、特別な図像がないと思われる。王の特徴を人格化した神として、完全な人間の姿をとる。サッカラのペピ２世の葬祭殿から出土した装飾を施した石のブロックには、やはりほかのな

ヘケスとヘプウイとともにいるドゥアウル（右)、サッカラのペピ２世葬祭殿、第６王朝。

にかを人格化したと思われる神であるヘケスやヘプウイ*を後にともなった姿で描かれている。その名前以外は、この3柱の神を区別する特徴はなにもない。いずれも腰布を巻き、鬘と髭をつけ、ウアス杖とアンクのサインを持っている。

ブバスティスの大神殿の壁に描かれた、オソルコン2世の王位更新祭の場面では、ドゥアウルの名前は失われているが、まったく同じ順番で、同じ特徴をもつ3人の神々が、他の多様な神々の間に描かれている。

→ヘケス、ヘプウイ

ドゥアムテフ DOUAMOUTEF

ホルスの子どもたちを参照

トゥエリス THOUÉRIS

カバの女神、出産時の女性を保護する女神。エジプトのタウレト（タ・ウレト）、「偉大なる者」のヘレニズム版であるトゥエリスはカバの女神である。一般的にカバの姿の神を示す時に、この名前が使われる。とくに、1年の12ヶ月の守護の神々と結びついている。

同じ役割をもつ、男性の神であるベス神*とも結びつき、その恐ろしい姿で悪の力を寄せつけず、妊娠中、そして出産時の母と子を保護する。

その厄よけの役割によって、彼女は家庭の守護神となり、そのおもしろい姿にもかかわらず、椅子、ベッドやベッドの頭の飾り、そして新王国時代からは、数多くの護符に描かれるようになる。

タウレトは、たとえば、ファイユームでは「白い者」、ゲベル・シルシラでは「清い水」など、簡単な形容辞で修飾される。あるいはまた、イペト*、レレト*、シェペセト*など他の女神と同一視されることもあり、区別をするのがむずかしい。デンデラのローマ時代の誕生殿のアーキトラーブの装飾では、トゥエリスは、乳をあたえる役割において、イシス*やハトホル*と同一視されており、ロータスの上に座っている神を崇拝するベス神と結びついたカバの図像の数々は、まったく同じように描かれており、女神らを区別をすることは不可能である。

他の場面においては、「われはレレトである、声を上げ攻撃し、貪り喰う、近づく時、声を上げる者である。[…] われは力に満ちたトゥエリスである。仲間のために戦うものである。[…] われは地平線に住むイペトである。そのナイフは宇宙の主人を守る」と女神自身が多くの名前を語っている。これはルーヴル美術館に所蔵されている像の背柱に刻まれている文章である（E. 25479）。

カイロ・エジプト博物館にある、サイス朝のトゥエリスの彫像は（CGC 39145）、彫刻師の見事な技とその保存状態の良さで注目に値するとともに、また、女神の伝統的な姿を忠実に表現したすぐれた例である。非常に不思議な複合体である像は、牝のカバの姿をもち、ライオンの後ろ足で立っている。乳房は妊婦の大きな腹の上にたれ下がり、腕は人間、手はネコ科の手で、体の横にあり、保護のシンボルである2つの大きなサのサインによりかかっている。カバの頭をもち、口は開き、歯と舌を見せている。頭には、皿を載せた3つに分けた鬘をかぶり、その先は、ワニの尻尾となって背中にそって長く伸びている。イペトやレレト、そして彼女たちに似た女神のように、ときには1匹のワニを背中につけていることもある。これは中王国時代の「魔法の象牙」にすでに見られる。また、「北天図の天井」に見られる北天の星座の中に同じ姿を見ることができる。

トリノ・エジプト博物館のティイ王妃の木製の小像や、ディール・アル＝マディーナのナクトアメンの岩窟墓(TT 335)のように、カバの頭に代わって、女性の頭が描かれることもある。ナクトアメン墓では、女神は名前ではなく、「西の礼拝所の女王」という形容辞によって特定されている。また、名前が記されることなく、ナイフで武装したタウレトの仕草の保護の女神が描かれていることもある。(フィラエ島の誕生殿のように)彼女たちは、カバの体に牝牛やライオンの頭をもつ。めずらしい例としては、美しい女性の体にカバの頭をもつ女神の姿がある(ラメセス朝のステラ、ルーヴル美術館　E. 16374)。

トゥエリスは、通常のカバの姿とはほど遠い、完全な人間の姿をとることもある。同じ記念碑の中に2つの異なる姿で描かれることもある。ときに優美な若い女性の姿で描かれ、近くに記された碑文がなければ、イシス女神かハトホル女神と見まがうほどである。アブ・シンベル小神殿の図、ホルエムヘブ王に乳をあたえるゲベル・シルシラの図、あるいはまた、私人のステラなどに、そのような図を見ることができる(グラスゴー・アートギャラリー＆博物館、カイロ・エジプト博物館RT 8/3/25/7)。

特徴：ウラエウス、殻竿、サのサイン、皿状冠、シストルム、ナイフ、ハトホル冠、松明

→イペト、オキシリンコス、カバ、サのサイン、シェプセト、ベス、レレト

B.: B. Bruyère, “Sur la déesse Toëris (Ta-ourt),” *Rapport sur les fouilles de Deir el Medineh (1935-1940), FIFAO* XX, 3, p.72-82.

(→口絵/p.46)

洞窟　CAVERNE

『洞窟の書』を参照

洞窟　QUERERTS

『洞窟の書』を参照

洞窟の書　LIVRE DES CAVERNES

古代における書の題名が不明なまま、エジプト学者は、新王国時代の王墓の壁に刻まれた3つの偉大な葬送の書の中で最も新しく、まれで、謎の多い書を『洞窟の書』と呼んだ。この書は、勝利に満ちた再生にいたる太陽の夜の旅を描写している。

『アムドゥアト書*』や『門の書*』と同様に、『洞窟の書』もまた、メルエンプタハ王の時代に初めて、王の祖父にあたるセティ1世のアビュドスのオシレイオンにおいて登場する。この書もまた再生までの太陽の冥界の旅を記している。しかし他の書と明らかに異なるのは、12の時間による分割、そして最初の2つの書に見られる神の乗る船の直線的な航行による統一感が見られない点である。冥界の2つの部分は、鎌首をもたげた大きなヘビによって分けられ、そこにまたがるように、太陽円盤にともなわれた牡羊の神が足を置いている。ヘビ自体が3つに分かれ、6つの枠が構成され、そこに次々と洞窟の場面が描かれている。

『洞窟の書』は、ラメセス9世の治世までラメセス朝の数多くの墓の中に描かれている。なかでも太陽がふたたび登場する最後の場面は、メルエンプタハ王（KV 8)、タウセレト女王とセトナクト王（KV 14)、そしてラメセス3世（KV 11）の埋葬室において重要な位置を占めている。そして王の棺を守る金箔を施した木製の厨子の壁に描かれたものは、いずれも現在では失われており、完成された姿はラメセス6世の巨大な岩窟

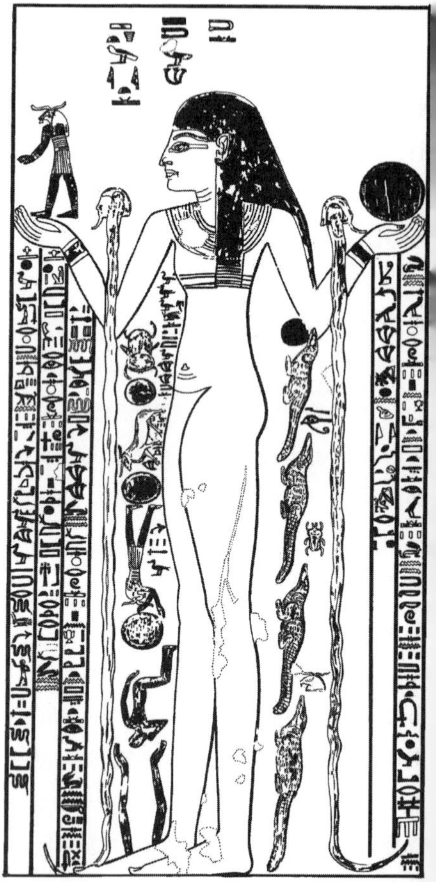

「洞窟の書」、ラメセス6世墓（KV 9)、第20王朝。

墓の最初の部分と（KV 9）、第26王朝のパディアメンエムオペト（TT 33）の神殿型墓に見られるだけである。この神殿型墓においては、破壊された部分が修復されている。最初の2つのセクションは、末期王朝の棺には滅多に見られないが、これらは、かつては王墓にしか見ることのできなかった他の「書」と深い関係がある。

楕円形の包みに入った人物、ナマズやトガリネズミ*の頭をもつ神々、肉片の刺さった丘、オシリス*の鬘や髭、刑執行人にともなわれた頭を切りとられた罪人たちを描いた場面。別の罪人たちは縛られ逆立ちで歩んでいる。さらに『洞窟の書』には、太陽円盤を迎える牡羊の頭のミイラ、アケル*の2重のスフィンクスの図の上にいる波打つヘビの上に横たわる勃起したオシリス、罪を冒した者たちが釜茹でにされる大釜など、不思議な図が多く描かれている。これらのときに不快で謎に満ちた図にはテキストがともなうことが少なく説明も意味も不明瞭である。P・バンゲによると『洞窟の書』は、「死者の体から新しい存在を再生するための神の探求」を示しているようである。そこにはラー* やオシリスが描かれている。エジプトの人々がなんとか辻褄を合わせている矛盾に満ちた冥界の旅は、ヌウト女神*の腹の中で行なわれる。背中の曲がった年寄りの姿に身を隠していた神は再生し、杖をウアス杖にもち替え、日が昇る時に3重の姿で現われる。その姿は牡羊の頭のスカラベ、太陽の子ども、そして太陽円盤である。

B.: A. Piankoff, *Le livre des Quererts,* Le Caire, 1946; P. Barguet, “Le livre des cavernes et la reconstitution du corps divin,” *RdE* 28（1976）, p.25-37; D. Meeks, Chr. Favard-Meeks, *La Vie quotidienne des dieux égyptiens,* p.221-239, Paris, 1993.

トゥトゥ TOUTOU

スフィンクスの神。20世紀の最後に行なわれた2つの重要な発見により、トゥトゥ神の性格がより明確になった。トゥトゥは、それ以前にも、ギリシア・ローマ時代の神殿、ステラ、奉納の飾り版や、トラヤヌス帝やハドリアヌス帝の時代の貨幣などによって知られていた。最初の発見は、後1世紀から4世紀にかけて、ダクラ・オアシスの重要な町であった、古代のケリス、現在のイスマント・アル＝カラブで行なわれた。ここには、エジプト全土で唯一のトゥトゥを奉った神殿がある。2番目の発見はアブ・シールで、こちらはより古い時代のもので、第26王朝最後の2人の王アマシスとプサメティコス3世と同時代のイウファアという人物の未盗掘の墓の埋葬室の壁に描かれていた。この墓

使者の精霊やベス神と共にいるトゥトゥを描いたステラ、前1世紀、ブルックリン美術館(n°58.98)。

はトゥトゥの最古の図があると考えられていたプトレマイオス８世の時代のフィラエ神殿より古い。さらに、その名前は、トゥアトゥアと記されている。ブリュッセルに所蔵されているナオスの破片（E5818）に記されたアプリエスのカルトゥーシュ以降、チュアウアという形になっていることが確認されており、これが今日までに発見されているトゥトゥの最古の名前であると考えられている。

そのめずらしい像にともなう碑文によると、ギリシア人がティトエス、あるいは、トトエスと呼んだ、スフィンクスの神トゥトゥ、「偉大なる神、勇敢なる者」は、ネイト女神*の息子である。また、ときにラーの息子として知られているトゥトゥは、危険な女神の恐ろしい使者として、疫病や死をその年のペストとともに広める「セクメト*の大量殺戮軍団、バステト*の使者の精霊の長」として知られている。また、危険な使者の衰えることのない脅威を抑え、しりぞけ操る力は、祈りを捧げる者の運命を左右し、トウトウを復讐や運命の神と結びつけ、また、逆説的に守護神の役割をあたえる結果となった。ダクラにある神殿の発見によって、その配偶神であるタプサイス/トナフェルサイスの存在が明らかとなった。また、ペトベ*やネメシス*のグリフォン*や、アガトデモン*とも結びついている。しばしばベス神*、あるいは、勝利の冠をあたえてくれる母親のネイトやアテナをともない、彼女たちと同じように人の眠りを見守る。

太陽円盤、ヘヌウ冠、あるいはプスケントなどの冠をかぶる、人間の頭のライオン（フィラエ、エスナ、ドミティアヌスのナオス）、あるいは、雌のライオン（カラブシャ）として描かれるトゥトゥの最も多く見られる姿は、小型の記念レリーフや、小像に見られるように、歩くスフィンクスである。

ネメス頭巾、ウラエウス、そして編んだつけ髭をつけ、胸あてのような布を足もとまでたらし、尾の先は、地面の上に横たわる、あるいは、ウラエウスのように鎌首をもたげる蛇の頭になっている。ときには、蛇が冠をかぶっていることがある。トゥトゥは翼をもっていることもあり、巻き毛の鬘をつけていることもある。そして後光がさしている場合や、冠をかぶっている場合がある（多くの場合はヘヌウ冠）。また荒々しく頭をもち上げた2匹の蛇を横にともなっていることが多い。ライオンの前足にはナイフがにぎられていることがあるほか、ときには人間の腕を持ち、片手で操っている敵を殺戮しようと、もう一方の手で斧をふり上げている。

トゥトゥは、多くの神の要素を集合的にもっている。たとえば、多様な動物の頭を自分の頭や冠に飾っている（コブラ、ハゲワシ、ハヤブサ、トキ、ワニ、牡羊、サルなど）（cf.p.136）。また、動物が胸から飛び出している図（ワニ）や背中から飛び出している図（牡羊）などがある。1つの像の中にすべてを集約しようとしているのである。それはまさに、使者の精霊の一団が、彼の中から飛び出そうとしているかのように見え、トゥトゥという名前の意味を説明している。トゥトゥは「集合」という意味をもち、複合的な図像の概念を示している。

イスマント・アル＝カラブの神殿と誕生殿には、歩くスフィンクスというだけでなく、2つ、あるいは3つの人間の顔をもつ姿で描かれている。前者は、台座に飾られ、「使者の長」という称号の通り、スフィンクスの足下の台の側面には、使者の精霊の一団が描かれている。2つ目のものは、ヤヌスのような特徴をもち、頭は縦に2つに分かれ、前を向いている人間の顔とライオンのマスクに分かれている。さらにその上には後ろをふり向くワニの頭が載っている。

特徴：ウラエウス、不思議な頭部

→グリフォン、使者の精霊、スフィンクス、タプサイス、プネフェロス、ベス、ペトベ、ネイト、ネメシス、

B.: S. Sauneron, “Le nouveau sphinx composite du Brooklyn Museum et le rôle du dieu Toutou-Tithoès,” *JNES* 19 (1960), p. 269-287; V. Rondot, “Le naos de Domitien, Toutou et les sept flèches," *BIFAO* 90 (1990), p. 303-337, pl. XVII-XXIII; O.E. Kaper, "The god Tutu (Tithoes) and his temple in the Dakhleh oasis," *BACE* 2 (1991), p. 59-67, pl. 12-13; Id., *The Egyptian God Tutu. A Study of the Sphinx-God and Master of Demons with a Corpus of Monuments, OLA* 119 (2003).

ドゥナ（ヌ）ウイ　DOUNÂ (N) OUY

上エジプトの第18ノモスのハヤブサの神。上エジプト第18ノモスの名前の起源である神は、時代と共にその名前や図像が変化したため、同定する上でエジプト学者にいくつかの問題をあたえた。この地域のサインは、台座の上に止まるハヤブサの図であるが、『ピラミッド・テキスト*』には、神はドゥナヌウイ（「翼を広げたもの」）という名前を明確にあたえられている。あるいはまた、「その爪をあらわにするもの」として知られている。ハヤブサは第19王朝までは、つねに折り畳んだ翼で描かれていたが、後になると、翼を大きく広げた姿で描かれるようになり、ドゥナヌウイと呼ばれるようになる。その意味は「両腕を広げた者」である。

後の時代のジュミラック・パピルス（ルーヴル美術館E.17110）には、ドゥナヌウイのノモスの宗教史や神話が記されており、この神の性格をより詳しく知ることが可能である。それまでは、清めの儀式で、この神が東を象徴していることが知られていた。他の方位は、ホルス*のアイギス（北）、セト*（南）、そしてトト*（西）によって象徴されていた（例として『ピラミッド・テキスト』の§§27a-b/28a-b、あるいは『コフィン・テキスト*』の呪文354と528をあげることができる）。

彼はアヌビスの姿の１つで描かれ、「ハヤブサに変身し、父親のオシリスの後ろ、そしてオシリス神の体液を入れた壺の後ろで、その腕（翼）を開いた」と描写されている。そのためドゥナヌウイと呼ばれた（IV, 1-3)。デンデラのオシリスの礼拝所の１つには（東の礼拝所n° 2)、この逸話が描かれている。エジプト全土のノモスの神々が２重の行列をする中に、その１人として、聖なる「体液」を納めた壺を運ぶアヌビスがおり、「疲れた心をもつ者（オシリス）の体液を集める者ドゥナヌウイ」とされている

さらに次のような記述がある（VII, 23/VIII, 1)。「ドゥナヌウイがハヤブサの姿で翼を広げる時、それはシュウ*である。シュウのバー*は、空へと舞い、ドゥナヌウイの姿で、息子ゲブ*の前に現われる。それは父オシリスの後ろにいるホルスである」。このように新しく２つの結びつきが紹介されている。その最初のものは、コム・オンボ神殿の碑

文にも見られ、そこではシュウに言及し、「ドゥナヌウイのバー［…］は、4つの風のように天に昇る」と記されている。

時代によって翼を折り畳んでいたり、広げていたりするノモスの象徴のほかは、ドゥナヌウイの図像は非常にめずらしい。彼の姿は、デンデラの屋上にあるオシリス複合体に描かれた、暗殺された神を見守る多くの神々の中にある（西の礼拝所n°2）。高い台座の上に止まり、ハヤブサは、守護というよりも、まさに羽ばたかんとするように、大きな翼を広げている。その横の碑文には、「体液の神殿における偉大な神」は「父オシリスのかたわらで」その翼を見せつけると記されている。

特徴：内臓を納めるヒュドリア、または壺

→アヌビス、オシリス、シュウ、ホルス

B.: J. Vandier, "Quelques remarques sur le XVIIIe nome de Haute Égypte," *Festschrift zum 70. Geburtstag von Professor Dr. Hermann Kees, MDAIK* 14（1956）, p.208-213; *Id., Le Papyrus Jumilhac*, Paris, 1961.

トゥナフェルサイス　TNAPHERSAÏS

タプサイスを参照

トゥフェニス　TPHÈNIS

テフヌウトを参照

トゥリフィス　TRIPHIS

レピトを参照

トカゲ　LÉZARD

アトゥム、アハ、イルレネフジェセフ、ケンティ・イメンチュウを参照

トガリネズミ　MUSARAIGNE

末期王朝時代、トガリネズミを描いた数多くの青銅製の小像、木製や石製の小型の棺の蓋に金箔を施し、浮き彫りにした像などが見られた。トガリネズミの3つの種が検証されている（*Crocidura flavescens*、*Crocidura nana*、そして*Crocidura floweri*）が、いずれも聖なる動物である。王像の台の部分に刻まれた碑文によると、第12王朝から神として見られるようになったようである。アメンエムハト３世像の台座には（ベルリン博物館1195）、王のカルトゥーシュを囲むように対称的に彫られた２つの短い碑文があり、左側のものは、「アマムウに愛された者」と記され、右側には「カテルウ」と記されている。

このように結びついた２つの神の名前は、トガリネズミとイクネウモン*をさしている。この２つの動物はそれぞれ、ケンティ・エン・イルティ*とケンティ・イルティ*が具現化したものとされている。レトポリスの天のホルスの２つの側面であり、太陽と月であるホルスの２つ

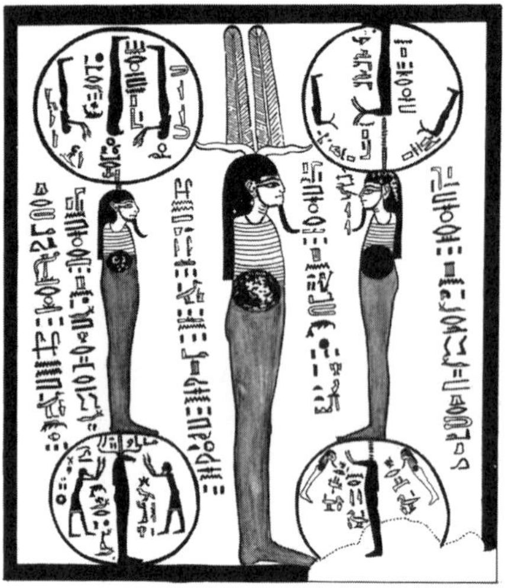

トガリネズミの神（右の円の中）、『地の書』の挿絵、ラメセス6世墓（KV 9）、第20王朝。

の目が光を失う、あるいはとりもどす様子を描いている。すなわち、新月の時に月は姿を消し、反対に満月の時には月と太陽が同時に相対するように天にある。

目の見えない状態を表わすのが、当然のことながらトガリネズミである。古代エジプト人は、この小さな昆虫を食するほ乳類の動物が夜行性であり、ほぼ盲目であることを知っていた。そして飽きることを知らない食欲のもち主が自分と同じ重さの昆虫やミミズを毎日食べることを観察していたエジプト人は、トガリネズミにアムアム、「食いしん坊」という名前をあたえた。『死者の書*』第145章には、「オシリスの住処であるイアルの野」の第21番目の門の護衛がトガリネズミであると記されている。また、先端が球根状の長い鼻には触手のような鼻毛があり、視野を補っていることもエジプトの人々は知っていた。小像では表現しきれない鼻毛は、王墓の壁には描かれていることがある。トガリネズミの神は、『洞窟の書*（ラメセス4世、6世、9世）』に、大きな2本の髭をもつ「箱」に入ったミイラのシルエットで描かれている。また、『地の書*（ラメセス6世）』では円の中に描かれていることもある。

→イクネウモン、ケンティ・イルティ

B.: E. Brunner Traut, “Spitzmaus und Ichneumon als Tiere des Sonnengotts,” *NAWG, Jahrgang* 1965, nr. 7, p. 123-163.

トキ　IBIS

ケリバケフ、コンス、シェプシイ、トトを参照

トト　THOT

月の神、「神の言葉」の主人、そしてヘルモポリスの主人。エジプトのパンテオンの中で、中心的地位を占め、ギリシア人がヘルメスと同一視するようになったトト神は、ジェフウティのヘレニズム名である。ジェフウティという神の名前の意味は不明である。またトトは、月の神々の中で最も重要な神である。その性格は非常に複雑である。トトは月自体を人格化すると同時に、相矛盾するように

われわれには思われるが、月の守護神であり、護衛であり、また同時に敵でもある。もともと、おそらく下エジプトの第15ノモスの神であり、ヌビアの地まで信仰が及んでいたトキの神であったが、上エジプト第15ノモスのヘルモポリスにその存在が知られるという幸運に出会った。この地で、ネヘメタウイ*を主要な配偶神とし、古い神々の役割を自分のものとした。なかでもサルの神であったヘジュウル*との出会いから、ヒヒというもう1つの聖なる動物の特徴をもつようになる。

『ピラミッド・テキスト*』によって、トト神には母親がいないことが知られている（§1271b)。死者となった王に「ラーのように天を旅する」ことを約束し、また「トトのように天を横ぎる」ことを約束した呪文（§130d）の中で、トトは正式に月であるとされている。ラーとトトは、人間に光をあたえる。トト神はまた、『コフィン・テキスト*』の呪文の中にも登場する。月の満ち欠けを語る死者が、トトのことを「月の初めには小さく、真ん中に大きくなるもの、それはトト」と語っている（呪文156)。新月の細い三日月は、トキの細い嘴を思わせ、また、満月の円盤と組み合わされ、トト神の頭を飾る。また、『天の牛の書*』には、太陽と月を比べる文章がある。人間が反乱を起こし、ラーが天に隠れた時、ラーは次のように語ってトトを自分の代理とした。「おまえはわたしの代わりをつとめる、トトはラーの代理である」。このようにトトは、太陽神の宰相となった。

エジプト人は、トトが月であると同時に、月を守る神でもあることに矛盾を感じなかったようである。夜の太陽である月は、ホルスの眼*と同化し、その満ち欠けはホルスがおった傷によるものとされていた。三日月はホルスの眼がいずれ満たされることを意味し、トトは、「眼の部分を操る者」とされていた。そして他の神々の力を借りて、トトはメヒ、すなわち「満たす者」となった。トトは、ウジャト眼が「祝福を受ける」、つまり満月になるように「ウジャト眼*を完成させる者」であった。ディール・アル＝マディーナ出土のステラのアーチの部分に描かれているように、同じ1人の神が、1つの場面において多くの姿で登場することはめずらしくない。この場面においては、トキの頭のイアフ・トト神が、頭に月の円盤と三日月を飾り、船の中に座している。そして「永遠の主人」という形容辞をもつ人間の腕をもつヒヒによって差し出された、左のウジャトの眼に象徴された満月を受けとっている（トリノ・エジプト博物館所蔵のステラ、n°50046)。

暦の起源は、月の満ち欠けを観察する

ことから始まった。それは神話的な要素に優先し、厳格で正確、誤りは許されなかった。それこそまさにトト神の性格である。完成された「知識人」であるトトは、「聖なる言葉の主人」であり、知的な活動を支配する文字の主人、「ペンの主人」であった。トトはまた、計算にも長けていた。そして「年、月、日、時間、そして分を数える」時を計る主人であった。ディール・アル＝マディーナ出土のオストラコンには、「生命の時を数える者」と記されている。つまり、トトには人間の運命を決める重要な役割があたえられていた。「(生命の) 息の長さは彼の手ににぎられている。その後にシャイ*とレネネト（レネヌウテト）*が控えている」

祭礼の日取りを決め、供物を備えるために、月の朔望を観察し、太陰暦を知っていた神官たち*は、1ヶ月が29日と半分の長さで、月が毎月、つねに半日早く現われるのを知っていた。この宇宙の秩序の困った不規則性を説明するにあたって、彼らはトト神が1ヶ月を少し短くして、供物を半日に割り当てたと想像している。このことは、たとえば、ジュミラック・パピルスの中で、ババ神*に「ラーにあたえられるべき供物をトトが奪った」とおおっぴらに訴える機会をあたえている。月の朔望はまた、オシリス神*の遺体がばらばらにされ、再生された逸話と同化している。チェスター・ビーティー・パピルスn°VIII（大英博物館10688）には、暗殺された神の肩と太ももの「4つの部分をもつ」トトが非難されている。また、1年360日に加えられる5日間のエパゴメンもトトと結びついている。プルタルコスによると（『イシスとオシリス12』)、彼は「月と盤上遊戯をして」「その明るい時期それぞれの70分の1」を勝ちとっている。月に対して勝ったそれぞれの取り分は、ラーの呪いによって「月、そして年のどの瞬間」にも子どもを生むことができなくなったヌウト女神*にあたえられ、神々の誕生日となっている。

カルナクのオペト神殿の碑文によると、トトは「ラーの心臓、タテネンの舌、そして『その名前が隠されている者（アメン）の喉』」あるいは、「ラーの舌、アトゥムの心臓」と記されている。つまり、フウ*やシア*と同様に「言葉の創造神」としての役割をになっている。他にもトトは、その知能と能力に裏打ちされた多数の役割をもつ。「聖刻文字」、すなわち、ヒエログリフの師であるトトは、書記の守護神であり、「世界の言葉を分けた者」である。年代記から法律まで、文字にかかわるすべてのものの神であると同時に、恐ろしい魔法使いでもある。そして秩序と計測の神であるトトは、セシャト*と共に神殿の基礎作りの役割をもち、ときにテクの名前で呼ばれる。これは神殿の土台作りに欠かすことのできない測沿線の錘である。「神の書記」であるトト神は、助手であるイリ*やセジェムとともに書記の道具の責任をもつ。そしてペンを手に持ち、「偉大なるイシェドの木」に王の名前を刻んでいる姿が描かれる。あるいはまた、死者の心臓の計量の結果を記録している姿が見られる。また、「2人の仲間を分ける者」としてホルス*とその叔父であるセト*の対立の仲介をする。

ギリシア・ローマ時代の神殿の儀礼の場面では、トト神は、イセデン、あるいはイセデスの名前で登場する。これは形容辞にすぎないかもしれないが、満ちる目との結びつきで現われる。まったく異なる神の形容辞である可能性もある。この神は、王を息子、あるいは後継者とする。ときに犬の頭をもつイセデンは、エドフ神殿の誕生殿の供物の間において、完全な人間の姿でトトの横に描かれている（*MamE*, pl. XVIII）。

時代とは関係なく、神なる書記の多様な姿は、3つのタイプに分けることができる。一番多く見られるのは、トキの頭をもつ人間の姿である。あるいは、完全にトキの姿をしている場合や、座しているヒヒの姿をとることもある。完全な人間の姿をとることはまれである。その第1の性格がトキの神であるため、ヒヒの頭の人間として描かれることはまれであるが、『アムドゥアト書*』の6時間目（中段）、トゥーナ・アル＝ゲベルの賢人ペトシリスの墓、あるいは、ネクタネボ1世の地下墓地にその姿が描かれている。どのような姿にしろ、頭にはなんの飾りもつけない場合と、エジプトの緯度で見られる月を思わせる、水平な三日月の凹みに載る月の円盤を飾っている場合がある。そしてアテフ冠やヘムヘム冠をかぶるトト神は、同じ場面に2度、異なる冠をかぶって登場することがある。エドフ

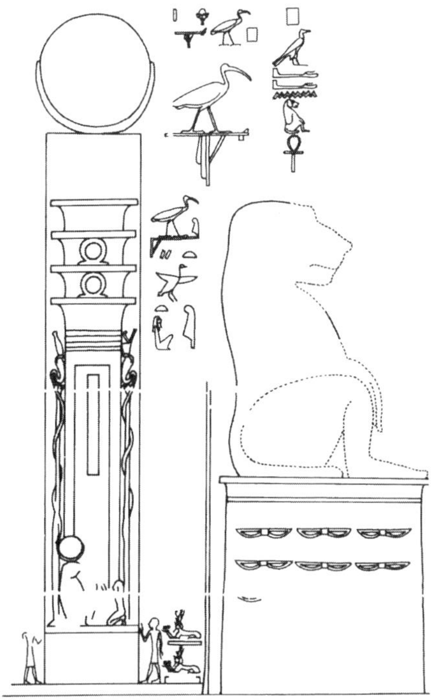

トト神の多様な姿、エウエルゲテスの門、カルナク神殿、プトレマイオス朝。

神殿の「コンス神の礼拝所」がその例である（*E* X, pl.303）。あるいはまた、ブダペスト国立西洋美術館所蔵の第21王朝の石棺の破片に見られるように、マアト女神のダチョウの羽根や大きなウラエウス*を飾っていることもある。

イアフ*やコンス*と融合するトト神は、それぞれの神がもつ図像要素が混ざった形で現われる。イアフ・トトは月の円盤の姿（バンクス・ステラn°6）と三日月の姿で出現することがある。あるいは月の円盤や三日月を頭に飾った人間の姿の場合もある（*MH* VII, pl.562）。コンス・トト神の場合は、コンスのようにハヤブサの頭をもつ場合と、トトのようにトキの頭をもつ場合がある。あるいはまた、バンクス・コレクションのステラn°10のように、指を口にあてた子どもの姿で描かれることもある。

トトはまた、驚くような姿で登場することもある。アビュドスの神殿のオシリスの礼拝所の第２部分においては、「トト、マアトの牡牛」は台座に立つ巨大なトキの姿をしている。セティ１世がこのトキに香炉を捧げている。また１対の化粧を施した目が描かれたセケム笏には、はっきりと碑文に「トト、神々の力」と記されており、このセケム笏に対して王はパンを捧げている。カルナクの聖なる周壁の南西にある、プトレマイオス３世がコンス神殿の前に建造したとされるプロピロン、「エウエルゲテスの門」の装飾には、「テーベのコンス、ネフェルヘテプ、マアトの主人」と結びついたトト神の３つの図像が見られる。ここに描かれたトト神の姿は、フィラエ神殿の列柱室の柱（北西の角）にも見られる。２つの短い碑文には、それぞれ「生きているヒヒ」そして「台座のトキ」と書かれている。犬のような顔立ちの座ったヒヒと台座に載ったトキの横には、たくさんの象徴で飾られた大きな書記のパレットがある。トト神のパレットに向かって、小さな２人の人物が片手を挙げて崇拝の姿勢をとっている。あるいは、王の小像がアビュドスの聖骨箱、あるいは、台座の支柱を支えるように、パレットを支えているのかもしれない。そして人間の腕の先に小さなまるい壺を差し出している小さな２つのスフィンクスがいる。パレットの皿の部分は、ジェド柱で飾られている。ジェド柱の下には、ひざまずいている人物の崇拝を受けるヒヒが描かれている。彼は上下エジプトの王冠をかぶり、植物模様の柱にいる２匹のコブラに囲まれている。そしてシェンのサインの形の黒いインクと赤いインクの容器が見られる。ヒヒの上のいくつかのサインによって、そこに「トト・パ・マアト」（あるいはパ・マアティ？）」がいることが記されている。サインは不明瞭であるが、計測の神、そして裁判の神としての正当性を明白にしている。エドフ神殿に見られる碑文と同じく、トトは「マアトの者、秩序をもたらす者、賢者、すぐれた者、正確な者、正義の者、この国を治める神」と描写されている（*E* VI, p.169）。月の円盤と三日月がパレットを「飾っている」ことから、「9柱神の書記」がもつ独特の飾りは、システルム*がハトホル*を、ジェド柱がオシリス*を、そしてティトの結び目がイシス*を象徴するように、トト神だけを象徴し、トトのイメージを決定づけているものと思われる。最後にローマ時代になると、デンデラのオシリス複合体の西にある2つ目の礼拝所には、壁の状態が悪く断言はできないが、人間の足をもつスカラベの体にトキの頭をもち、弓を持つ人間として描かれている（*D* X, pl.201）。

デモティックで記されたサトニの物語には、「トトの書」の研究が記されている。これは、神自身の手で記された魔法の集大成とされている。恐ろしい秘密を覗き見る危険を冒した者に信じられない力をあたえる書であり、これを見た者は「たちまち神々の世界」に身を置くことになる。トト神の作品をめぐる謎は、ヘルメス哲学に影響をあたえ、「3倍偉大なる」神は、ヘルメス・トリスメギストスとなる。

特徴：アテフ冠、ウラエウス、牡羊の角、書記のパレット、ダチョウの羽根、ヘムヘム冠、ペン、三日月と月の円盤

→イアフ、イシェドの木、イリ、ウヌウト、ウンシェブ、遠方の女神、コンス、シェプシイ、心臓の計量、セシャト、セト、テエフィビス、ネヘメタウイ、パウトヌフィス、ハプの子・アメンヘテプ、ヘジュール、ホルネフェル、ヤシ、ラー、ラアトタウイ

B. ; P. Boylan, *Thoth, The Hermes of Egypt*, London, 1922; Ph. Derchain, *Mythes et dieux lunaires en Égypte, SO* 5, 1962; C. J. Bleeker, *Hathor and Thoth. Two Key Figures of the Ancient Egyptian Religion, SHR* XXVI, 1973; M.-Th. Derchain-Urtel, *Thot à travers ses épithètes dans les scènes d'offrandes des temples d'époque gréco-romaine, Rites égyptiens* III, Bruxelles, 1981; D. Kessler, "Der Gott Thot-Stier," dans *Gedenkschrift für Winfried Barta, MÄU* 4（1995）, p. 229-245.

（→口絵/p.46・47）

鳶　MILAN

イシス、ネフティスを参照

ナ

ナイル　NIL

ウジャト・ウル、ネイロス、ハピ、ユーテニアを参照

ナイルパーチ　PERCHE DU NIL

ラテス（魚）を参照

ナイルパーチ　ラテス（魚）　LATÈS (POISSON)

現在のエスナの西の砂漠において、多くのミイラ化した魚が発掘されており、偉大なナイルパーチの信仰があったことを証明している。この有名なスズキ目アカメ科のナイルパーチ（*Lates niloicus*）は、古代の町、ギリシア名ラトポリスの名前の起源である。

「地理志（XVII, I, 47）」の中で、ストラボンは、町の主要な主人であるクヌム神*に言及していない。そして特別な解説もなくアテナ女神とともにナイルパーチがこの地で崇拝を受けていたと語っている。事実、ネイト女神*と同一視されるアテナとの結びつきによって、エスナやサイスにおいてもナイルパーチの信仰が存在する。

後３世紀中頃のデキウス帝の治世の神殿の碑文の中に１度だけナイルパーチが登場する。これが一番新しいナイルパーチに関する言及である。このテキストはネイト女神が創造神として崇拝される、非常に重要な創造に関する朗唱テキスト（inscr. n°206）である。原初の水の中に「彼女は自身の中から出現した」「地が[まだ]暗闇の中にあった頃、なんの植物もなく、[…] 彼女は牛の姿をしていた、そして神の姿は、どこにあるにしろ、まだ知られていなかった。そして彼女はナイルパーチの姿をとり、進み始めた（訳：S・ソウネロン）」と記されている。

天地創造の時にネイト女神の化身の１つであったナイルパーチは、エジプト人にとっては、偉大な女神が目に見える形

で出現したものであった。カルガ・オアシスのイビス神殿の聖域の壁にその姿が描かれている。聖なる魚は死後、丁寧にミイラとされ、エスナの砂漠に大量に葬られている。ナイルパーチは生前、数センチから1メートル半にも達するが、そのミイラと共に、何百という稚魚や、成魚の大きな鱗を葦で編み込んだめずらしい輪飾りが置かれている。

→ネイト

B.: I. Gamer-Wallert, *Fische unt Fischkulte im Alten Ägypten, ÄA* 21, 1970.

ナオス NAOS

エジプトの神殿を描写する際に、専門家はギリシア語のナオスという語を使って2つの異なるものをさす。1つは、ギリシア・ローマ時代の神殿の中で最も奥に位置する「聖なる中の聖なる場所」にある礼拝所である。この建物は、神殿内において独自の屋根をもつ建造物である。もう1つはかなり大きさのある聖なる厨子で、ピラミッド状、あるいはドーム状の天井の下には神の像が納められていた。神殿における重要な要素である神の住処ナオスは、新王国時代においては木製であったが、末期王朝になると1つの石のブロックを刻んだものとなった。カイロ・エジプト博物館には約50のナオスがあるが、大半はこの時代のものである。とくに第30王朝の2人のネクタネボのものが多い。その中にはエドフのホルス*神殿にネクタネボ2世が捧げた黒い石の見事なナオスなどがある。ネクタネボ2世は、アッシリアやペルシアの侵入によって衰退した聖域の復興に尽力した王である。

神官は毎朝、ナオスの封印を解き、扉を開き、そして夕方には錠をかける。そして開いたナオスの前で日に3回、日々の儀礼を行なう。この儀礼は、原初の時を再認識するもので、その目的は創造の時に確立された宇宙の秩序を日々の中に再現することである。清めを受けた神官は、神が宿ると信じられている影像の前で、神を守り、生命のために必要と考えられる支度を行なう。まず、神を起こし、影像の朝の洗顔を行ない、衣をまとわせ、香を炊いて、供物を捧げる。これらすべては祈祷とともに行なわれた。それは一種の物物交換で、神に「仕える」これらの行為に対して、満足した神は、世界の秩序のためにその役割を果たすと考えられていた。

→供物、神官、神殿

(→口絵/p.47)

泣き女(女神)
PLEUREUSES (DÉESSES)

オシリス神の悲劇を嘆く女神たち。オシリス神話の中で、イシス女神とネフティス女神は、卓越した「２人の泣き女」の役割を果たし、同音異義語の言葉遊びによって鳶の姿で、死者のミイラの頭、あるいは足下を守っている。ときに彼女たちは、他の女神をともない、兄の遺体の上で嘆きを分かち合い、「栄光の呪文」を朗唱する。

また、多くの女神と結びついた８人の泣き女が存在する。碑文によると、彼女たちは必要な清めの儀礼を受けて、２人ずつ組となって神殿に入る。

デンデラ神殿の屋上にあるオシリス複合体の礼拝所には、泣き女の女神にともなわれたイシスとネフティスを見ることができる。ネギとイバトの２人は他で見られることはあまりないが、タイト*、ヌウト*、ネイト*、セルケト*の４人はよく知られている。エドフの第１番目の「ソカル神の部屋」には、「絶望と痛みの泣き声」をあげる聖なる泣き女が４人、あるいは８人１組でいる（*E* XI 、pl.281）。４人の場合は、ネイトとセルケトがオシリスの姉妹に加わる。そしてカノポス壺の守り神となる。８人が１組になる場合は、テフヌウト*、ヌウト*、セクメト*、バステト*、ウアジェト*、そしてシェジェムテト*が「心臓の動きが鈍くなった者（オシリス）のために天へと届く声で泣き、また大いなる嘆きが冥界へと降り注ぐ」とある。この文章はデンデラの碑文に記されている。

デンデラ神殿の「夜の時間の護衛」の場面の中で、彼女たちは、夜の１時間目にタンバリンを叩き、８時間目には、目覚めの讃美歌を歌う。図像において彼女たちを区別することはできない。イシスとネフティスだけが頭にバンドを巻いている。８人はいずれも嘆きのポーズをとっている。片腕は体にそってたれ、もう一方の腕は折り、額に向かって手を伸ばしている。東の第３番目の礼拝所では、全員腕を高くかかげている。そして両手には、嘆きの仕草で頭を叩くための鞭を持っている。

特徴：タンバリン、嘆きの仕草、鞭（？）

→イシス、ネフティス

ナマズ　SCHILBÉ

ヘトメヒトを参照

ニアウ、ニアウト　NIAOU, NIAOUT

８柱神を参照

ニウト　NIOUT

テーベの町を人格化した女神。後の時代になって最大の「都市」であるローマを都市（*Urbs*）という言葉を使って、都市名を使わずにさすことができたように、少なくともテーベの記念碑の装飾や碑文において、長い間、２国の王都であったテーベは、エジプト語の町（ニウト）という名前でさし示すことができた。

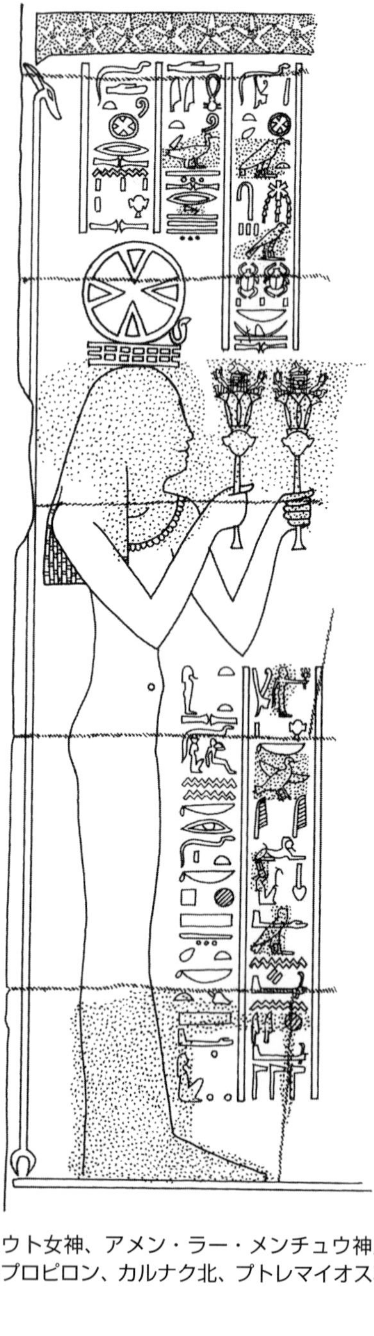

ニウト女神、アメン・ラー・メンチュウ神殿のプロピロン、カルナク北、プトレマイオス朝。

カルナク北のメンチュウ神殿にある、プトレマイオス朝の大きな門の南の正面のまぐさ石に見られるように、ニウトは人格化され女神となった。彼女は、プトレマイオス3世とベレニケ2世がメンチュウ神、ラトタウイ*、そしてハルプレ*にマアト*の像を捧げている2つの対称的な場面に見ることができる。いずれの場面においても、王夫妻はマアトにつき添われ、その右（東側）にはウアセト*、そして左（西側）にはニウトがならんでいる。

両手は顔の高さに上げ、供物を受けとる神々に向かって2つのシストルムをふっている。彼女は他の女神や女王と変わることのない女性の姿であるが、その頭飾りだけが独特である。頭には、灌漑をした土地を示すヒエログリフのサインの上に、町のサインを載せた飾りをかぶっている。まるい町のサインは太陽円盤の代わりを果たしている。これはウラエウスの存在によって示唆される。

特徴：町のヒエログリフのサイン

→アレクサンドリア、イアブテト、イメンテト、イペト（2）、ウアセト、ケフェトヘルネベス、チェセメト、メンアンク、メンネフェル

B.：H.Schäfer, “Nwt als Name für Theben,” *ZÄS* 41（1904）, p.140-141.

西の女神

OCCIDENT (DÉESSE DE L')

イメンテトを参照

ヌウト　NOUT

天のアーチの女神。宇宙の神であるヌウトは、名前が示すように天空を具現化した女神である。ヌウトはシュウ*とテフヌウト*の娘であり、大地を人格化したゲブ*とともに、ヘリオポリスの9柱神の中で男と女から成る2番目の夫婦である。

太陽の航行の場を確保し、世界の運行を確実なものとするため、ヌウトは父であるシュウによって兄である夫と離され、その結果、ふつうに夫婦の交わりを行なうことが困難となった。ラーは「シュウがもち上げた天を航行する」。最も多く見られるヌウトの形容辞は「神々を生み出した者」である。彼女はオシリス*、セト*、イシス*、そしてネフティス*の母である。彼らに加えて末期王朝にはハロエリス*が加わる。これら5柱の神々が5日あるエパゴメンの日々に世界に生まれたと考えられているためである。プルタルコス(『イシスとオシリス、12』)によると、エパゴメンの日々はヘルメス(トト*)によって作られた。実は、ヘルメスが月とセネト・ゲーム(古代エジプトの盤上遊戯)をして遊び、勝ちとった日々である。1年にエパゴメンの日々を加えることによってレア(ヌウト)には子を生む機会があたえられた。この話はクロノス(ゲブ)との秘密の関係に嫉妬したヘリオス(ラー)が「月や1年のどの日にも」子どもを作ることができないようにヌウトに呪いをかけたことに端を発している。

ハトホルのようにラーの娘であるヌウトであるが、同時にラーの母であることに対して矛盾は感じられていない。ヌウトは、夜になるとラーを呑み込み、毎朝、ラーを地上にもどす。そうすると星々は消え去る。ヌウトが今度は星々を呑み込むためである。それはまるで「牝豚が子豚を呑み込むようである」とゲブの非難を受けたと『夜の書*』には記されている。夜になると彼女はふたたび「千のバー」となり、星がふたたび輝いた。それは「巨大なふるい」と描写されたヌウトから星の光が美しく漏れるためである。

頭の上に載せた名前を示すヒエログリフのサインによってヌウトを特定することは容易である。小型のまるい壺ヌウ、女性形の*t*、そして天を示すサイン。ヌウトは通常、若い女性の姿で描かれ、大きな特徴は見られない。肩紐のついた鞘状の衣をまとっている。衣は網状の飾りをつけていることがある。また、襞のある衣を長いベルトを飾っていることもある。ときに、イシスやネフティスのように翼の生えた腕をもち、棺の足もとや頭を守っている。守護の姿勢で羽根を広げ、ペクトラル（胸飾り）を飾っていることもある。

ヌウトの図像は人間の姿に限らない。シコモア・イチジクと結びついた姿のほかに（p.35口絵上参照）、最も古い姿は天を象徴する姿である。「神話」を描いた葬送のパピルスの挿絵、新王国時代の王墓の天井、ギリシア・ローマ時代の神殿、あるいは私人ステラなど、多様な時代の数多くの図像の中で、最もよく知られているのは、大地の上に長く伸びた女性の姿で形作られた天のアーチである。その手足は指先から指先までピンと伸びている（p.442図参照）。天の川は、地平線の１点からもう１点へと女性の形が作るアーチともいわれている。シュウによって支えられている図もあれば、シュウの描かれていない図もある。またゲブとともに描かれている図や単独の図もある。ヌウトはつねに裸体であり、いつも同じように星が描かれている。あるいは、時間ごとに進んで行く太陽を描いた赤い円盤が描かれている（p.536-7図参照）。

ヌウトの姿はその下に横たわる者にとって「天」を表わす。数多くの棺の蓋の内側にはヌウトが描かれている。彩色を施したものもあれば、彫られたものもある。いずれにしても死者の上に守るように体を広げている。なかでも最も美しい例をカイロ・エジプト博物館に所蔵されている棺に見ることができる。これはプスセンネス１世がメルエンプタハ王から「借りた」ものである（JE 87297）。また他の棺の外側には、死者の胸の上にひざまずく女神が描かれている。やはり翼のある腕を広げ守護の仕草をしている。ディール・アル＝マディーナにあるラメセス朝の岩窟墓（イリネフェル墓、TT 290）の入口の上に描かれた女神も同様な姿をしている。

ツタンカーメン王の金箔を施した厨子の中で最大のものの内側、そしてセティ１世墓、『天の牛の書*』の主要な挿絵において、ヌウトは、８人のヘフウの助けを借りてシュウが支える牝牛の姿で描かれている。ヘフウたちは、２人ずつ女神の足をそれぞれ支えている。

ルーヴル美術館にあるアマシスのナオス*（D 29）では、ヌウトはゲブの後にいる。彼らの前にはアトゥム*、シュウ、そしてテフヌウトがいる。それぞれ玉座に座っている。２人ともミイラの姿でヌウトは上エジプトの白冠、ゲブは下エジプトの赤冠を３つに分けた鬘の上にかぶっている。ギリシア・ローマ時代になると、ヌウトは他の女神と同じようにハゲワシの髪飾りの上にハトホル冠をかぶっている。ヌウトであることは、太陽円盤の上に載せたヌウ壺の存在によって明らかである。また、子豚を呑み込む雌豚の比喩がブタの形の護符の意味を説明している。また、イシス*と同じように、雌のカバの姿をとることもある。これがときにイペト*と混同される理由である。デンデラのオシリス神殿（西　n°2）の1つにはナイフを持ったカバの姿で描かれている（*D* X, pl. 198）。

特徴：帯状冠（皿）、天を示すヒエログリフのサイン、翼、ヌウ壺、ハゲワシの髪飾り、ハトホル冠、ヘス壺、裸体

→ゲブ、シコモア・イチジク、シュウ、赤冠、泣き女（女神）、ヌウトの書、昼と夜の書、メスケネト、メヘト・ウレト、レレト

B.: H. Grapow, “Die Himmelsgöttin Nut als Mutterschwein,” *ZÄS* 71 (1934), p. 45-47; J. Bergman, “Nut – Himmelsgöttin – Baumgöttin – Lebensgeberin,” *Humanitas religiosa; Fetschrift für H. Biezais,* Stockholm, 1979, p.53-69; N. Billing, *Nut. The Goddess of life in Text and Iconography, USE* 5 (2002).

（→口絵/p.48）

ヌウトの子どもたち　ENFANTS DE NOUT

イシス、オシリス、セト、ネフティス、ハロエリスを参照

ヌウトの書　LIVRE DE NOUT

『昼と夜の書*』の2つの部分とともに『ヌウトの書』は『天の書』を構成する。王家の谷のラメセス9世墓（KV 6）の埋葬室の天井には省略した形で描かれている。

巨大な天の女神の図を中心とした構成は、正確な地形が描かれており、書というよりも地図である。「演劇テキスト」の名前で知られている集大成は、アビュドスにあるセティ1世の記念碑であるセノタフの「地下室」の天井西半分に初めて登場する。天井の残り半分には『夜の書』が描かれている。また、ラメセス4世墓（KV 2）にも同じ構成を見ることができる。第26王朝の重要な私人墓であるテーベのムウトイルディス墓（TT410）には、不完全であるが、この書が見られる。また、おそらく紀元1世紀のものと思われるヒエラティックとデモティックで記された2つのパピルス、カールスバーグIとIaが、そこに納められていたと考えられる。パピルスには、テキストのほか、今は消えてしまった挿絵に関する詳細な説明を記した文章が見られる。

そこには「天の下に手を置く王子」であるシュウ*によって支えられ、手足を伸ばしたヌウト*が描かれている。第21王朝の初めから、数多くの葬送のパピルスで馴染みとなった姿は、大地の上にアーチを描くヌウトの体である。まだ長く伸びたゲブ*の体が描かれてはおら

『ヌウトの書』の構成、ラメセス４世墓（KV 2）、王家の谷、第20王朝。

ず、大地は単純に波打つ線で表現されている。翼を１つだけもつ太陽円盤が女神の口の前に置かれている。また、ネクベト*のハゲワシと、「腿の下に」有翼スカラベが描かれている。ヌウトの体は、「説明的な」短い碑文によって囲まれ、また一部が覆われている。これらの碑文の行は不規則にならび、天の描写だけでなく、太陽の航行の道が説明されている。その体の内側には完璧な暗闇しかない。セティ１世墓には、ラメセス４世墓にはない要素が見られる。「演劇の書」と人間の頭をもつ鳥の２つの巣である。そして女神の頬には「西の地平線」、そして性器の近くには「東の地平線」と記されている。そして「偉大なる神が女神の口に入り」、「母なるヌウトの腿を広げ天へと昇る」と書かれている。O・ノイゲバウアーとR・パーカーは、36のデカン*のリストに「セティ１世とラメセス４世の宇宙論」という名前をあたえているが、この命名はたいへんよくできている。女神の体にはデカンのリストが論理的に記され、星の道の始まりは「ソティスが昇るナイルの氾濫の最初の月」であると書かれている。シュウの周りにはすべてのデカンが働く日々、休む日々、そして昇る日々が記されている。そして「演劇テキスト」がその進行を説明している。星々は昼の間は見ることができない。これはヌウト女神の体の中を星が進行しているためである。ヌウトは太陽を地上に置く時に星々を呑み込むとされている。碑文の中には妹に対するゲブ神の叱責を見ることができる。ゲブは星々を呑み込むヌウトのことを「子豚を呑み込む雌豚のようだ」と非難している。このようにして各デカンが通り過ぎ消えるのを説明している。1つのデカンを構成する10日間は、次々と「死」を迎え、ふたたび新たに「生き返る」。70日間は「ゲブの住処」、すなわち「ドゥアト」に留まり、その後にふたたび現われる。この「70日（7×10）」の間に星々は清められ、再生する。

→シュウ、デカン、ヌウト

B.: H.O. Lange, O.Neugebauer, *Papyrus Carlsberg n° I. Einer hieratisch-demotische kosmologischer Text*, Copenhague, 1940; O. Neugebauer, R. A. Parker, *Egyptian Astronomical Texts*, vol. I, Providence, 1960; M. Clagett, *Ancient Egyptian Science*, vol. 2, p. 357-403, Philadelphie, 1995.

布　ÉTOFFES

何千年という月日、極上の亜麻布を惜しみなく使って、死者を包んでいたことからもわかるように、エジプトの人々は、布をたいへん重要なものとして大切にしてきた。葬送のステラ、そして古王国時代のマスタバ墓において、「千枚の布」は、パン、ビール、赤肉、鶏肉、そしてアラバスターの皿などとともに、つねに理想的な数である1000という冠をかぶり、死者が「永遠の家」に常備したいと願った食糧や製品のリストの中に見られた。そして後の時代、ギリシア・ローマ時代の神殿を飾る豊穣の神々の姿の中に、糸紡ぎや機織りを人格化した神々がいた。

布に結びつく神としては、タイト*やヘジュヘテプ*がいるが、このほかにも何人かの神がいる。包帯を供給する女神の1人レネヌウテト*と機織りの守護神の1人であるネイト女神*は、碑文の中で、「2人の機織り」と呼ばれている。イシス*とネフティスもまた、糸を紡ぎ、機を織り、包帯や、2人の兄であるオシリスの帷子、「穢れのない大きな布」を作った。また、日々の神々の儀礼の際に、神々の彫像がまとう彩色された布も彼らが製作すると考えられていた。

しかしもちろん、実際には、日々の布は、神殿に隣接した工房で製作され、「布の部屋」に貯えられていた。「聖なる場所のなかでも最も聖なる場所に入り、神々を布で飾る」神官は、朝の「神々の化粧」の時に、この部屋から集めた新しい布で、神の彫像の着替えを行なった。慣習として、この衣替えは重要な祭礼の時に限られていた。そしてエドフ神殿に残る碑文によれば、日々の衣は、開いたナオスの前に捧げられる4束の布に限られていた。1つは白で、神を敵から守る役割を果たした。1つは青で、神の影像を隠し、生命力をあたえ、恐れを抱かせるものであった。緑の布は、神の体を健康にし、厄を避け、万全な状態にするもの、そして最後に、赤は「聖なる布」であり、神の手足を覆う役割を果たした。

これらの象徴的な色は、4つのメレト箱の中に納められた布の色と同じである。王は儀式の中で、4度、神の前で棍棒や王笏をふり上げて、4つのメレト箱を清めなければならない。プトレマイオス朝のこの儀式の図にともなう碑文によると、この異なる4色は、オシリスの遺骸を包んだ布と結びついており、そのため守護や魔法の力をもつとされている。

上とは異なる儀礼で、多様な布を詰めた箱が登場するのは、第18王朝のアメンヘテプ3世の治世、そしてプトレマイオス朝最後のクレオパトラ7世の治世である。布を納めた箱は、特別な神官らによって、楽士をともない、行列を作って運ばれた。前者は、ルクソールで、王とハトホル・マアト*と考えられた王妃の聖なる婚礼を祝したものであり、後者は、デンデラで行なわれた「円盤の婚姻」の祭礼で、ハトホルと太陽神の神話上の結婚を象徴したものである。いずれの祝祭も新年の日に行なわれた。

葬送の儀礼においては、「オシリス」となるすべての死者は、だれもが、自分の遺体が死者の神と同じように扱われることを希望した。すなわち、香油を施される前に、しっかりと清められ、神と同じ布による守護を受けることを願った。例として『死者の書*』第171章には永遠にまとうことのできる「清い布」を得るための呪文、第145章には、死者が着替えることができるように、多様な「衣服」を得ることができる呪文が記されている。

→供物、タイト、ヘジュヘテプ、メレト箱

B.: M.-L. Ryhiner, *La procession des étoffes et l'union avec Hathor, Rites égyptiens* VIII, Bruxelles, 1995.

（→口絵/p.48）

ヌン　NOUN

創世の前の原初の水を人格化したもの

ヌン神は、ヘルモポリスの8柱神*のなかでも最初の神であり、最も重要な神である。ヌンは原初の海を人格化したもので、その乳房の中から創世神は自分の存在を意識し宇宙創造に着手した。その最初の仕事は、創造した世界の端へ「怠惰な液体」を追いやることであった。すべてはそこから始まり、最後の時はそこで終わる。『死者の書*』の終末論を表わす文章（第175章）には、驚くべき創世神の言葉が記されている。それは、終末の時、みずからが創造したものを神自身が破壊し「新しくヘビへと変身する」というものである。

ヌンにはありとあらゆる豊かな可能性が眠っている。それは創世神の最初の姿として認識されたものである。テーベの神学者たちは、アメン神の中に「すべてのものを創造した偉大なるヌン」の姿を見た。ヌンは「みずからの中から生まれ存在した偉大なる神」であり「神々の父」と形容された。ラー自身が『天の牝牛の書*』の最初の部分で、ヌンを「年長の神」として呼びかけている。ラーはあらゆる場合において、創世神を助け助言をあたえている。そして『コフィン・テキスト*』は、天地創造の最初の日を「アトゥム神*がヌンに語った」日と記している。

神殿を囲む巨大な周壁は、基礎を作るレンガが波の形を作り、聖域が象徴する創造された宇宙を囲む原初の水のイメージを作っているように見える。その水は創造された世界を破壊しようとする混沌の力であり、堕落した者や死産した子どもたちの住処である。しかし、同時にヌンには生命力があふれており、太陽は毎夜ヌンから再生する。そこにはすべてを清める命の力がある。そしてナイルの氾濫はヌンから生まれ、毎年エジプトを「ヌンの姿」にした。そこには飽きることなく創世の時の状況が繰り返された。

８柱神の図像においては、他の男性の神々の中でカエルの頭をもつのがヌンである。８柱神の中で唯一単独で現われるヌンは、彼の名前を表わすサイン、天を表わすサインの上に３つのまるい壺を載せたサインによってヌンであることがわかる。また、ハピのように両性具の姿や豊穣を表わす姿で描かれる。

ナイルの氾濫の神ハピが反対側の壁の同じ高さに描かれている（*D* V, pl.333）デンデラ神殿のクリプトには、すでにアビュドスのセティ１世神殿に見られる図像がある。そこには台座に載って踞っている人物として「偉大なるヌン、神々の父」が描かれている。体を覆う布で腕は隠れ、頭には太陽円盤と２枚のダチョウの羽根が飾られている（アビュドスの図においては、太陽円盤がなく、腕を見せている神は、殻竿を手ににぎっている）。

エドフ神殿の第２列柱室の西に隣接した「ナイルの間」には、牡牛の頭のヌンが描かれている（*E* XII, pl.411）。このめずらしい図は、ヌンがメダムードの牡牛を人格化したパ・カ・アア・ウル・ケペス*と同一視されていることを示唆している。

『門の書*』の12番目で最後の時間の図は、世界の最初の日、太陽が水の中から昇った時のように、日々の太陽の誕生を描いている。この図は、アンハイの『死者の書*』（大英博物館10472）などに繰り返し登場する。そこではみずからが人格化している水の中から、上半身を出しているヌン神が、腕の先に太陽の船をもち、頭の上にかかげている。まるで中央にいるスカラベがヌウト*の腕の中に天球を押し上げることができるように助けているように見える。

特徴：太陽円盤、２枚のダチョウの羽根、３つのヌウ壺、両性具の肉体

→アトゥム、パ・カ・アア・ウル・ケペス、８柱神、ハピ

（→口絵/p.48）

ヌン、ナウネト　NOUN, NAUNET

８柱神を参照

ネイト　NEITH

サイスの古い女神。エスナでも崇拝されている。デルタ出身の女神であり、なによりも「サイスの婦人」である。下エジプトの２つのノモスの都がその名前をになっている。ネイトはエジプトの女神の中でもその信仰が非常に長く続いた。初期王朝時代にはその存在がすでに知られている。アビュドス出土の黒檀の小型の飾り板には古代の聖域が描かれており、そこにネイトの象徴が見られる。第１王朝の２人の王妃、ネイトヘテプとメルネイトには、ネイトの名前が含まれている。異教時代の最後の数世紀にネイト信仰はふたたび活気をとりもどす。後３世紀の中頃のエスナ神殿のラトポリスの神話を編纂していた神学者によってネイトは原初の女神へと格上げされた。

末期王朝になり唯一の女性の創世神となる以前は、ネイトは守護神としての役割をになっていたようである。王の後に控え、また棺の中にいる死者を見守り内臓を守る。この役割において彼女は『ピラミッド・テキスト*（§1375）』の時代からイシス*、ネフティス*、セルケト*と結びついている。また、彼女たちとともに「泣き女」の役割を果たす。また単独で寝ている者の周囲にいる悪い精霊を矢で追い払い、安らかな眠りを約束する。ネイトは弓矢の名人であり、「息子の敵に矢を放つ者」とされている。この戦闘の女神の性質によって、ネイトはアテナと同一視された。サイスを２国の都とした第26王朝の王たちは、オシリスの後継者を決めるにあたってネイトが９柱神に賢い忠告をあたえたと考えた。

サイス起源の影響を受け、エスナ神殿の碑では、創世の物語の中で彼女は第１義的な役割をもつ。女神を讃えた歌や祈りにはその性格が細かく描写されている。「南の国のサイスの町」の神官たちは、彼女の中に「その２つの層は男性、１つの層は女性」の両性具の創世神を見る。それは「女性の役割を果たす男性」であり、「男性の役割を果たす女性」である。彼らはまたネイトを「星の子どもたちを生む」天のアーチと同一視し、原初の水の懐から「まだ大地が闇に覆われていた

時にみずからの中から現われた」女神と描写している。ネイトは次に牝牛の姿をとり、さらにナイルパーチとなり、光と原初の丘*を創造し、太陽を生み出して創造の仕事を完成させた。「ラー神の聖なる母」は多くの偉大な女神と同一視され、「国全土の守護神」でもある。彼女は正しい時にナイルの氾濫を起こし、植物を繁殖させる。時の女王であるネイトは「砂漠の石切り場の女主人」、そして貴石、香、布の女主人であり、「だれもがその存在を頼みとする有能な女神」である。彼女の前には「何百万という年月が、時の果てまで続いている」

歴史の初めからネイトは、彼女の名前を示す2つの表意文字で知られていた。最初のサインはサイスのノモスの象徴となる。それは盾の上で交差した2本の矢である（その起源は2匹の甲虫のイメージを示唆しているのかもしれない）。もう1つのサインは1つの容器に入った2本の弓である。

前者は、カイロ・エジプト博物館に所蔵されているステラ（JE 34550）に描かれた（第1王朝の）ウディム王の母メルネイトの名前に見ることができる。後者は、やはりカイロ・エジプト博物館所蔵（JE 88418）のサッカラのジェセル王の階段ピラミッドの地下で発見された閃緑岩製の小型容器に記された（第2王朝の）ニネチェル王のホルス名の横に刻まれている。これはネイト女神の最も古い図像で、女神はこのサインを縦に頭に載せている。体にぴったりとした長い衣をまとっているが、これはすべての時代に共通する。手にはウアス杖を持っている。後の時代になると特徴的な武器（2本の小さい弓、あるいは1本の弓と2本の矢）を同時にもっていることもある。

時代が変化してもあまり変わることのない図像であるが、交差する2本の弓の象徴は頭の上に横に置かれていることもある。また、守護の女神として翼をもつこともあり、とくに棺の角に描かれている場合は羽根をもっていることが多い。一番多く見られるネイトの姿は、サイス朝の青銅製の小像に見られるもので、アメネト*のように下エジプトの赤冠をかぶり、ときにその上に2重のウラエウス*を飾っている（カイロ・エジプト博物館 JE 38963）。またルーヴル美術館のナオスのように（D 29）、3つに分けた鬘をかぶり、台座の上でしゃがみ、矢は見られないが弓を射ようとしている姿で描かれている。

ファイアンス製の多くの小像では、乳房にぶら下がっているように見える2匹の小さなワニに乳をあたえている。これらのワニは、古い讃美歌においては、それぞれをシュウ*とテフヌウト*と同一視されている。また、ネイトはセベクの母であるとされているため、セベクの父であるセヌウイ*の姿をそこに見る者もいる。

ネイトはまた、セルケトの前では彼女と同じようにアテフ冠をかぶり守護の羽根をもつ、かま首をもたげたコブラの女神として描かれている（第21王朝のパプウンの名前を記した棺、トリノ・エジプト博物館）。さらに北天の星座を描いた天井に見られるように縦に描かれたワニに寄りかかる、牝のカバの姿で描かれることもある（プトレマイオス朝のパピルス『ファイユームの書』）。

特徴：アテフ冠、ウアス杖、ウラエウス、赤冠、翼、矢、弓

→アメネト、イヘト、シェマネフェル、シカモアイチジク、使者の精霊、ジャイスウ、セヌウイ、セベク、タプサイス、テメト、トゥトゥ、ナイル・パーチ、泣き女、ヘメスウト、ホルスの子どもたち、メヘト・ウレト、メンヒト

B.: R. El-Sayed, *La déesse Neith de Saïs, I. Importance et rayonnement de son culte, II. Documentation, BdE* LXXXVI, Le Caire, 1982.

（→口絵/p.49）

ネイロス　NEILOS

ナイル川を人格化したギリシア・ローマ時代の神。まさにナイル川を人格化した神。ネイロスは、一般に考えられてきたように、ファラオ時代の恵み深いナイルの氾濫を象徴するハピ神のヘレニズム版とは異なる。彼は古代の氾濫の神ではなく、ギリシア人の想像の中で、世界の他の川と同様に、オーケアノスとテーテュースの間に生まれた息子であった。シチリアのディオドロスの報告によれば（歴史叢書I、19、4）、別名エジプトとも呼ばれるナイル川の神は、伝説上の王、ニレーの名前をとってネイロスと呼ばれるようになった。この王は、「ナイル川を有効利用するために数多くの運河を建設することに奮闘し、ナイル川の名前の由来となった」とされている。ネイロスは、管理されたナイルを表わすと同時に、ナイルの氾濫がもたらす豊かさを象徴している。アウグストゥス帝の治世の初めから、ナイルがもたらす豊穣は、川の神の伴侶と考えられたユーテニア*という女神によって人格化されるようになる。

数多くのネイロスの図像のなかでも、最も有名なのは、ローマのイシス神殿で発見された、バチカンの噴水の彫像である。そこではティベリス（ティベリス川の神）に似た彫像が見つかっている。いつものように髭のある川の神は、裸で、体を半分横たえ、ヒマティオン（ギリシアの外衣）が右の腿を覆っている。スフィンクスの背中に寄りかかっている左の腕には、果物で一杯の豊穣の角をかかえ、麦の穂をにぎった右手は何気なく腿の上に置かれている。ネイロスは、ワニ

とマングースと遊ぶ16人の男の子に囲まれている。彼らは、寓話上のキューピットの小人たちで、人々が待ちわびるナイルの氾濫の水かさの単位（キュービット）を象徴している。彼らの数は1から16までときによって異なる。16は大プリニウスによれば、氾濫の最大水量を示す数字であった。

上の彫像より小さく、不完全なものであるが、アレクサンドリア博物館の白い大理石の彫像（inv. 29448）も同じ姿勢をとっている。下半身はヒマティオンの襞で覆われ、カバによりかかり、右手には葦を持っている。キューピットの小人が1人だけ豊穣の角の口の部分に腰掛けているが、その姿も完全ではない。

ネイロスの図像は多様である。ときにはワニ、逆さまにした壺、あるいはロータスに寄りかかって横たわっている。あるいはまた、立像や座像で描かれる。手には異なる特徴的な品をもつ。胸像は、単独で、あるいはユーテニアをともない、アレクサンドリアの数多くの貨幣の裏側を飾っている。

特徴：葦の束、キューピットの小人、穀物の穂、スフィンクス、ナイロメーター、豊穣の角

→ハピ、ユーテニア

B.: D. Bonneau, *La Crue du Nil, divinité égyptienne à travers mille ans d'histoire (332 av.-641 ap. J. -C.) d'après les auteurs grecs et latins, et les documents des époques ptolémaïque, romaine et byzantine*, Paris, 1964.

（→口絵/p.49）

ネカカ笏　NEKHAKHA (SCEPTRE-)

笏を参照

ネギト　NEGYT

泣き女の（女神）を参照

ネクベト　NEKHBET

ハゲワシの女神、上エジプトの守護神。ネクベト女神には多くの性格が見られるが、なによりもまず上エジプトの称号となる女神である。それはコブラの女神ウアジェト*が下エジプトの称号の女神であるのに対応する。そこで彼女は、現在のアル＝カブである「ネケブの者」であり、それが彼女の名前のもつ意味である。また、現在のコム・アル＝アハマルである「ネケンの白」とも呼ばれる。それはすなわち、古代における南の王国の先史時代の首都、上エジプト第3ノモスに位置するヒエラコンポリスをさす。

彼女は白いハゲワシの姿をとる。また牝牛やコブラの姿もとる。『ピラミッド・テキスト*』には、名前を使わず、「ネケブに住む者」と記され、2度ほど「偉大なる野生の牝牛」と描写されている（§§729、2003）。頭は白く長い…羽

根をもちと記されている。あるいは白い頭の「羽根を広げた」ヘビ（§2204）と書かれている。同じ書の他の文章には、白冠をかぶったネクベトが描写されている（§§ 900、1111）。彼女は守護神であり、王はその守護を仰ぐ（§1451）。あるいは王を抱く母の姿をもつ（§910）。このためギリシア人は、自分たちの出産の女神であるエイレイティアとネクベトを同一視している。

２国が統一された後、ネクベトとウアジェトは共に国の守護神となる。２柱の女神は王冠の正面を飾るハゲワシとウラエウス*で表現される。初期の時代から、第２番目の王の称号であるネブティ名、すなわち「２人の女主人の名前」に、王権の守護神としての２人の役割を見ることができる。そして何世紀もの間、彼女たちの姿は王冠を飾った。

また、ネクベトはウヌウト*やテメト*（ハトホルの４つの顔のうちの南の顔）などの女神とも結びついた。鋭い爪をもつハゲワシであるネクベトは、セクメト*、ネイト*、そしてバステト*のように危険な女神でもあり、恐ろしい７人の使者の精霊団を送り出すことができる。しかし彼女の「矢」は、命令以下、守護の精霊に変身することも可能で、危険な姉妹たちが送り出した従者の力を中和することができた。

アル＝カブの女神の最古の図像は、アブ・シールのサフラー王葬祭殿に描かれたもので、サフラー王に乳をあたえる女性の姿で描かれている。彼女はハゲワシの髪飾りをかぶっているが、レリーフの保存状態が悪いため上エジプトの白冠をかぶっているかどうか判断することはできない。この時代から2500年後、エドフ神殿に描かれた場面においては、ハゲワシの髪飾りの上に白冠をかぶったネクベトがウアジェトと共にプトレマイオス８世に王冠をかぶせている（p.15口絵右下参照）。

人間の姿のネクベトのほかに、ハゲワシの頭と翼をもつ女性の姿（トゥーナ・アル＝ゲベルのペトシリスの墓）、あるいはハゲワシの頭の女性（カイロ・エジプト博物館の青銅製の小像、JE 39141）として描かれることがある。また上エジプトを象徴する植物の上に止まるハゲワシ、あるいは神殿の天井や王の墓で天空を舞う姿で描かれたハゲワシなどがある。さらに守護の仕草で翼を広げ、鎌首をもたげたコブラの姿をとることもある。ネクベトは、白冠やアテフ冠を直接頭の上に、あるいはハゲワシの髪飾りの上にかぶっている。人間の頭のハゲワシやコブラの姿をとることは決してない。そして「偉大な野生の牝牛」の図が描かれることはなかったようである。

アル＝カブの神殿のクリプトには、不思議な使者の一団のかたわらに立ち、命令を下すネクベトが描かれている。彼女は手に弓とひと握りの矢を持っている。
特徴：アテフ冠、翼、白冠、ハゲワシの髪飾り、矢、弓
→ウアジェト、ウヌウト、使者の精霊、セマト・ウレト、テメト
B.: J. Capart, *Quelques observations sur la déesse d'El-Kab*, Bruxelles, 1946.
（→口絵/p.49）

ネスレト NERSET
ウラエウスを参照

ネヌン NENOUN
ハロエリスを参照

ネハヘル神、デンデラ神殿、ローマ支配時代。

ネハヘル NEHAHER

葬送の精霊。中王国時代、『コフィン・テキスト*』に初めて「恐ろしい顔の者」という意味をもつネハヘルという名前の地下の世界の精霊が登場する（呪文 47、1090、1135）。彼は60 は下らない悪魔の１人であり、人々を震え上がらせる性格と形相はつねに「顔」という言葉をもつ名前で表現される。

ネハヘルは、『死者の書*』第125章に、「２つの真実の間」で死者をさばく陪審員の神々の１人として登場する。また、『アムドゥアト書*』や『洞窟の書*』にも何度も登場し、そこで当然のことながら成功はしないが、太陽の航行を妨げようとしている。ラーと死者となった王の敵であるネハヘルは、おそらくホルス*やオシリス*の敵でもある。

多くの悪霊と同じように、彼もまた性格の曖昧さをもち、ときに良い役割を果たすこともある。

ネハヘルの名前の限定符は、葬送のパピルスによって多様に異なる。座している神のサインのほかにワニやヘビのものがある。ヘビの姿をとることが一番多いようである。デンデラ神殿の西のクリプトn°1では、ネハヘルはトト神や他の神々と共に保護の役割を果たしている。この場面においては、ネハヘルは

牡牛の尻尾を飾った腰布を巻き、ヘビの頭の人間として描かれ、ウアス杖*とアンク*のサインを手に持っている（*D* VI, pl.531）。

B.: R. El-Sayed, "Nehaher," *Bulletin du Centenaire*, supplément au *BIFAO* 81 (1981), p.119-140.

ネブアンク　NEBÂNKH

アトリビスの２次的な神。ネブアンクは、アネムヘル*とメレフウ*とともにアトリビスの２次的な神であり牛の姿をもつとされる。「生命の主人」を意味する彼の名前は、他の地では多様な神々の形容辞にすぎない。この名前でオシリスが奉られている特別な礼拝所がカルナクにある。第25王朝に建てられたものである。

アトリビスの碑文によれば、ネブアンクは天の神である。あるいはまた、王位更新祭で役割を果たす神、そして「黒い牡牛」としてナイルの氾濫を象徴するオシリスとなる。

個人の名前に多く現われる人気にもかかわらず、ネブアンクが碑文ではなく、図像として描かれることはあまりなかったようである。少なくとも現在残っている資料にはネブアンクの図像は残っていない。

ネフェルセス　NEPHERSES

イシスを参照

ネフェルトゥム　NEFERTOUM

ロータスの神、プタハとセクメトの息子。ネフェルトゥムは、「良き香りの神」と定義されている（S・モレンツ）。あるいは、「宮廷の王の香水の神」である（R・アンテス）。もともとは、ロータスの神というよりも、青いロータス*の香りを人格化していたようである。いずれにしろ、『ピラミッド・テキスト*（§266a）』の文章には、王をネフェルトゥムと同一視し、「ラーの鼻先に香るロータスのように現われた」と表現している。

この短い定型文は重要な役割をもっている。花が呼吸をしているというイメージに加え、太陽との結びつきを確立し、古代エジプト最古の宗教書の中に登場する神との関係を明確にしている（§483b）。「ネフェルトゥムのイメージ」と描写されるロータスはまさに「ヌンから出現した」原初の花であり、この花の中から太陽の子どもは毎日、まるで初めて出現した時と同じように現われる。

『死者の書*（第125章）』では、ネフェルトゥムはオシリスの裁判の42人の補佐官の１人となっている。彼はメンフィスを代表している。古くから知られている存在であり、中王国時代からセクメトの息子と考えられていたにもかかわらず、父親であるプタハ神*と共にメンフィスの3柱神を形成するようになるのは末期になってからである。またそれは自然発生的というより意図的である。

母親との結びつきから戦士としての性格をもち、ときに敵を殺すライオンの姿をとることがある。この側面において、彼はセクメトの息子、あるいはバステト*の息子であるマヘス*と同一視される。

カルガ・オアシスのイビス神殿の聖域の壁の同じ段の中に、ネフェルトゥムは少なくとも8つの姿で描かれている（人間、ライオンの頭のミイラ、敵をなぎ倒すライオン、ロータス、牡牛…）。しかし最も多く見られる図は、第18王朝のホルエムヘブ王の墓のように、開いたロータスの花を頭に載せた人間である。葬送のパピルスにおいては、ミイラの姿の人間の頭の部分がロータスに替わることもある。

ネフェルトゥムを描いた末期王朝の青銅製の彫像では、歩く姿の人間が描かれている。左腕は体の横にあり、右腕は折り曲げられ、肩にかけるようにケペシュ刀*を持つ手が胸にあてられている。王のシェンディトのような腰布をまとい、編んだつけ髭をつけ、ウラエウス*を飾った3つに分けた鬘の上にはロータスの花が飾られている。花の上には2枚の羽根が飾られ、2つのメナト*の首飾りの錘が囲んでいる。この像には誕生の象徴が表現され、太陽がロータスから生まれることを強調していると思われる。末期王朝の護符には、ライオンの上に立つ姿が描かれる。また、その象徴（支柱の上に飾られたロータスの花の上に羽根とメナトの首飾りの錘が載ったもの）がネフェルトゥムに替わって描かれている場合もある。ハロエリスと対称的に描かれたホルスのステラなどがその例である。

ダラム博物館には、おそらく第三中間期のものと思われる、めずらしい石灰岩製のネフェルトゥムの小像がある（N 43）。青銅製のロータスの冠をかぶり、玉座に座る王のような姿で表現されている。

特徴：ケペシュ刀、羽根、ホルスのステラ、メナトの首飾りの錘、ロータスの花、ロータスの形の笏、

→セクメト、バステト、プタハ、マヘス

B.: S. Morenz, J. Schubert, *Der Gott auf der Blume. Eine ägyptische Kosmogonie und ihre welweite Bildwirkung*, *Artibus Asiæ*, *Supplementum* XII, Ascona, 1954; R. Anthes, “Zum Ursprung des Nefertem,” *ZÄS* 80（1955）, p.81-89; H. Schlögl, *Der Sonnengott auf der Blüte*, *AH* 5, Genève, 1977.

（→口絵/p.50）

ネフェルハト　NEFERHAT

ジャイスウ（7人）を参照。

ネフェルヘテプ　NEFERHOTEP

上エジプト第7ノモスの子どもの神。ネフェルヘテプの名前は長い間、他の神の形容辞にすぎなかった。完全な神となるのはかなり末期になってからである。コンス*、クヌム*、あるいはセベク*の形容辞であったネフェルヘテプは、ときに有害となる彼らの魔力に対して、魔法の力をなだめる側面があり、遂には「完璧ななだめ」を具現化した神となる。

この神は、アコリスの治世の資料の中に初めて登場する。しかしネフェルヘテプを表わす最も古い小像は、少なくともサイス朝にはさかのぼるようである。そして不思議なことに、その信仰地が上エジプトであるにもかかわらず、小像はメンフィスの多くの地域から出土している。

カルナクで崇拝を受け、プトレマイオス朝にはネフェルヘテプのための礼拝所が用意されている。上エジプト第7ノモスの首都、古代のフウト・セケムである、フウ（ディオスポリス・パルヴァ）の主要な神であるネフェルヘテプは、ハトホル*と結びつき、ときに息子、ときに夫である。もともと、子どもの神であり、命や王の治世が「長く続くこと」を象徴しているネフェルヘテプに王はみずからを重ねた。

子ども時代は1つの過渡期である。そしてネフェルヘテプはときに大人の神として聖なる牡羊と結びつく。しばしばオシリス*と同一視されるが、ときにはホルス*とも結びつく。すなわち、息子が父親を継ぎ、さらにその地位を次の息子に受け渡す。この永遠に繰り返す営みを彼は象徴している。イシス*は彼の母であるとともに、フウ出土の記念碑の破片に見られるように妻でもあった。この地においては、神格化した女性であったウジャレネス*もまた彼の配偶神である。

末期王朝時代の小像や、また浮き彫りのレリーフにおいても、ネフェルヘテプの像はつねに同じ姿で描かれている。

立像も座像もつねにウアス杖とアンクのサインを持ち、イベスと碑文に記されている円く、短い独特の鬘をかぶっている。そして鬘の天辺に載せることができるように、耳と襟首のあたりで短く切られた赤冠のプスケントをかぶっている。帯状冠のようなバンドには正面にウラエウスが飾られ、腰布をまとった神は編んだつけ髭をつけている。そしてときにハート型のペンダントをつけた大きな胸飾りを身につけている。

特徴：ウラエウス、プスケント、まるい鬘

→ウジャレネス、ハトホル

B.: C. Vandersleyen, “Amenhotep III incarnant le dieu Neferhotep,” *OLP*

6/7（1975/1976）、p.535-542, pl. XX; J.-Cl. Goyon, Cl. Traunecker, "Une stèle tardive dédiée au dieu Neferhotep (CS X 1004)," *Cahiers de Karnak VII, 1978-1981*（1982）, p. 299-302.

ネフォテス　NÉPHÔTÈS

ネフェルヘテプを参照

ネブタウイ　NEBTAOUY

パネブタウイを参照

ネフティス　NEPHTHYS

泣き女、そして守護の女神。オシリス神話を古典悲劇と比較すると、このドラマの中でネフティスが演じるのは忠実な追従者という役どころである。ヌウト女神*の4人の子どもたちの中で、彼女が演じるのは最も控えめな役割である。

ネフティスは、兄であるオシリスの暗殺者セト*の妻であるが、彼女は夫がバラバラにしたオシリスの遺体を探すために姉のイシス*を助ける。ネフティスはつねにイシスのかたわら、あるいはイシスの影におり、死者となった神の再生の儀式に立ち会い、守護の役割を果たす。そしてこの役割においてアヌキス*とともに翻訳不可能なケレスケトという形容辞をもつ。

すべての死者はオシリスとなることから、ネフティスの守護の力は兄に対するだけではなく、すべての死者に及ぶ。つねにイシスと結びつくネフティスはネイト*やセルケト*とも結びつき、棺やカノポス容器の箱を見守る。ネフティスが庇護するハピ*と共に彼女の担当は肝臓である。

イシスとネフティスは彼女たちの分身でもあるシェンタイト* とメルケテス*とともにオシリスのミイラの頭と足の部分に、向きあうように描かれる。彼女たちは「2人の泣き女」、すなわち「ジェルティ」である。ジェレトという言葉は鳶を意味し、2人は鳶の姿で描かれることもある。つねに対称的に描かれる2人の女神は、東と西、東風と西風、2つの太陽の船、永遠*の2つの側面などの象徴となる。これら対称的な事象の中でネフティスは東、夜の船、そしてネヘフを象徴する。

エスナに近いコミルにあるローマ時代の神殿の遺跡の発掘調査から、この神殿においてネフティスが奉られていたことが示唆されている。この遺跡の後の壁の基礎の部分に刻まれたアントニウス・ピウス帝時代の讃美歌には、ネフティスがアヌキスとともに登場し、パンテオンの多くの女神と同一視されている。セトのほかに彼女はアンタイオス*の配偶神である。

ある伝説によるとネフティスは不毛であるとされており、『ピラミッド・テキスト』は彼女には膣がないと記している（§1273b）。プルタルコスは、アヌビス*はオシリスがネフティスと「冒した過ち」の結果生まれた子どもだとしている（『イシスとオシリス 14』）。ネフティスはセトを恐れた結果、子どもを「危険にさらす」が、慈悲深いイシスによって救われたアヌビスには高い位があたえられた。

ローマ帝国にイシス信仰が広まった時、ネフティスは姉の世界的な栄光の恩恵を受けることはほとんどなかった。インタリオなどにおいて、イシスと対称的に羽根を広げてオシリスを守るシルエットとして登場する程度である。

伝統的に女性の姿で描かれるネフティスであるが、ときに鳶の姿で描かれることもある。またまれに巨大な「イシスの結び目」として描かれることもある。ネフティスは頭の上に彼女の名前を記す２つのサインを載せている。籠（ネブ）のサインを載せた宮殿（フウト）のサインである。２つのサインは太陽円盤の中に記されることもあるが、また太陽円盤の上に記されることもある。そして「兄を守る神の妹」はハトホル冠をかぶっている。

大きな特徴をもたないネフティスであるが、イシス、そして２人の分身シェンタイトやメルケテスとともに泣き女の仕草でその役割を示す。またクイト*のように死者やオシリスに向かって羽根を広げた両腕が、守護神としての役割を明らかにしている。ネクベトと混同されている場合もあるが、まれに守るように羽根を広げたハゲワシの姿で描かれることもある（大英博物館所蔵の棺、EA 22939）。

また「炎を吐く」ウラエウス*と同一視される場合もあり、ヘビの頭の女性として描かれている唯一の例をエドフ神殿の「メヒト*の礼拝所」（*E* IX, pl.30）に見ることができる。またイシスのように毒を吐こうとしている鎌首をもたげたコブラの姿をとることもある（ラメセス・メンチュヘルケプシェフ王子墓（KV 19）、王家の谷）。

特徴：太陽円盤、翼、ネフティスの名前を記したヒエログリフのサイン、ハゲワシの髪飾り、ハトホル冠、

→アヌキス、アンタイオス、イシス、オシリス、シェンタイト、シコモア・イチジク、セト、泣き女の女神、ハピ、メスケネト、メルケテス

（→口絵/p.50）

ネブデシェル　NEBDECHER

ジャイスウ（７人）を参照

ネブ・デス　NEB-DES

エドフのホルス神殿の守護神。ライオンの頭の神は、ときに誤ってウル・デス

と記されることがあるが、その名前は「ナイフの主人」という意味をもつ。エドフのプトレマイオス朝の神殿の4組の守護神の中で、2番目の軍団の長であるネブ・デスは、ナイフで武装した14人の従者と共に、北から訪れる危険からホルス*の領域を守る。

いつも武装しているわけではないネブ・デス（*E* X, pl.153）は、神殿の塔門の西の部分、ホルスの図の前にある旗竿を立てる壁龕に従者全員と共に描かれている（*E* XIV, pl.666）。また、東の周壁の内側の壁にはウル・ヘムヘム*の下に、両手にナイフを持ったライオンの頭の人間の姿で描かれている（*E* XIV, pl.606）。

また、東の周壁の内側、最上段の上に飾られたフリーズには、ライオンの頭をもつハヤブサの姿で描かれている。黄金のサインの上に止まり、羽根を大きく広げ、アア・セネジュ*と共に王のカルトゥーシュを囲み守っている。

特徴：鋭いナイフ

→アア・セネジュ、ウル・ヘムヘム、護衛の神々、ネブ・マバ

ネブネルイウ　NEBNERYOU

葬送の精霊。王妃の谷にある、いずれもラメセス3世の息子の墓であるパラヘルウネムエフ墓（QV 42）、セトヘルケプシェフ墓（QV 43）、そしてカエムウアセト墓（QV 44）と、この3人のうちの1人の妻と考えられるティティ王妃の墓（QV 52）には、同じ場所にまったく同じ場面が描かれている。他の墓では痕跡しかないが（QV 38、サトラー王妃墓）、シャンポリオンが王墓の中で目撃した記録が残っている。その場面は埋葬室の入口右側にあり、壁には2人の人物がマスタバの形の支柱を2人でともに支えている。そして反対側の壁には黒い犬とライオンが上下にならび、同じ支柱の上に描かれている。

ここに描かれているのは、恐ろしい葬送の霊の性質をライオンの頭とナイフで示すネブネルイウ、すなわち、「恐怖の主人」という名前の精霊である。しかしこの表現はたんに他の神々の形容辞にすぎないのかもしれない。彼はヘリマアトと呼ばれる2人目の精霊を守っているように見える。ヘリマアトは、ネブネルイウの後にしゃがんでいる、その姿は冥界の番人の攻撃的な姿ではなく脆弱な姿である（p.586図参照）。

「恐ろしいライオン、その顔は昼も夜も怒り狂っている、[…] その燃えるような息に人々は震え上がる」この描写はネルウ、「恐ろしいもの」の側面の1つにすぎないのかもしれない。ネルウは、「オシリス*の住処の不思議な門」の第1番目の門の番人でハゲワシの頭をもつ。死者は『死者の書*』第146章の呪

文を唱えればだれでもこの門を通過できる。ネルウはまた、イルレンエフジェセフ*と結びついた門番の精霊でもある。

ネブネルイウは、立った姿のライオンの頭の人間で描かれる。左手にはナイフを持ち、右腕は水平の高さに上げ、手のひらを広げて前に差し出している。首飾りを飾り、手首、腕、そして足首に輪を飾っている。胴衣を身につけ、牡牛の尻尾で飾った腰布を巻いている。

またヘリマアトをともなわないネブネルイウが、オックスフォードのボードリアン図書館に所蔵されている葬送のパピルスに描かれている（スクライン・パピルス　nº2）。ここでは彼の名前の決定詞と同じハゲワシの頭をもつミイラの姿で描かれている。

デンデラでは、ライオンの頭の人間の姿で描かれ、屋上にある礼拝所の中にいるオシリスの守護神の１柱として描かれている。２本のナイフを１つは前に、もう１つは頭の上にふり上げ、敵意に満ちた者たちを追い払おうとしている。

特徴：牡牛の尻尾、ナイフ

→ヘリマアト

B.: B. Bruyère, "Neb-nerou et Hery-Maât," *CdE* XXVII (1952), p.31-42.

ネブヘペトラー　NEBHEPETRE

メンチュヘテプ２世を参照

ネブマアト　NEBMAÂT

葬送の精霊。『死者の書*』の有名な第125章に見られるように、ネブマアトは、２人のマアト*の部屋に集まった聖なる陪審員、すなわち、オシリス*の42人の補佐官の１人である。つねに15番目の位置に座っていると思われる。死者は、長い間「否定告白」と呼ばれてきた告白を１人１人の補佐官の前で行なう現在では、より正確に「無実の宣言」と呼ばれている。裁判を受ける者は、名前の明記された聖なる人物１人１人に対して、具体的にこれこれの罪を犯していないと宣言する。「マアティの部屋」に来た者は、ネブマアトに対しては、パンの配給を誤魔化したことがないと否定する

博物館に所蔵されている数多くのパピルスや、数は少ないが壁画に見られる「２人のマアトの部屋」の図像の大半を見ると、42人の陪審員を区別することはほとんどできない。いずれも髭のある小柄な人物の立像、あるいはまた、正座した姿で、頭にはマアトのダチョウの羽根を飾っている。彼らが区別される場合は、ネブマアトはヒヒの頭をもっている。ほとんどの陪審員が簡素に描かれている中、ネブマアトはネヘブカウ*とともにオシリスの補佐官の中でめずらしく独自の図像をもっている。ディール・アル＝マディーナの多くの岩窟墓の「モノクロームの」壁に、ネブマアトは１人で

ネブマアト、ナクトアメンの岩窟墓（TT335）、ディール・アル＝マディーナ、第19王朝。

あるいはメレセゲル*をともなって描かれている。「神々の父」、あるいは「ネクロポリスの偉大なる神」と形容されるネブマアトは、牡牛の尻尾で飾られた腰布を巻き、立った姿で手にはナイフと大きなヤシの葉をもって描かれる。あるいはまた、細身の衣をまとい、ヤシの葉だけをもって座している場合がある。いずれもぴったりとしたキャップ帽をかぶり、先端が曲がった長いつけ髭をつけている。プタハのまっすぐな髭とは異なっているが、「マアトの主人」という名前は、メンフィスの創世神プタハの主要な形容辞の1つであり、ときにプタハと同一視されることもある。

特徴：キャップ、ナイフ、ヤシの葉

→プタハ、メレセゲル

ネブマアトラー　NEBMAÂTRÊ

アメンヘテプ3世を神格化した姿。アメンヘテプ3世は、エジプトのパンテオンの神々の1人として、生前に、ネブマアトラーの名前でみずからを神格化した最初のファラオである。後にラメセス2世がその例にならっている。ネブマアトラーは、治世30年の初めての王位更新祭の際に王の姿と即位名をもつ神として神格化した。

自分の神聖を正統化するための誕生神話や奇跡の誕生の逸話を創作するに飽きたらず、また、アメン*、ホルス*、ハピ*、ハレンドテス*と肩をならべる、あるいは同化するだけでも満足せず、第18王朝9代目の王は、神々と対話をする唯一の存在として、まるで鏡に映る自分と遊ぶように、みずからの姿を神として崇拝するようになる。

善し悪しはともかく、どこか現代的なエスプリをもつ、ときに芝居がかった、20世紀にもその例を欠くことのない個人崇拝を象徴するネブマアトラーの図像

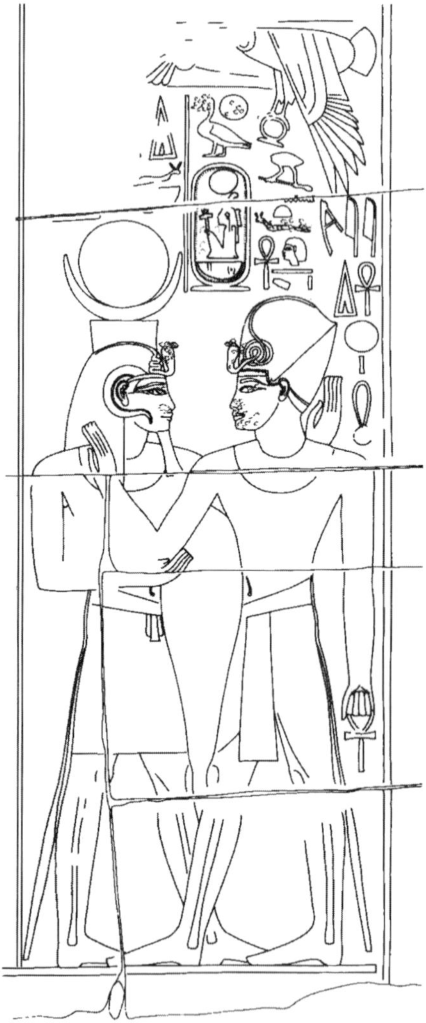

みずからの神の姿に迎えられているアメンヘテプ3世、ヌビアのソレブ神殿、第18王朝。

は、遠くスーダンにあるヌビアの第3カタラクトの少し上流、ソレブの王位更新祭記念神殿に見ることができる。

この遺跡に残る記念碑の装飾や碑文の研究の結果、神殿が「要塞」であったことがわかっている。ネブマアトラーの名前は、カルトゥーシュの中にある場合とない場合があるが、頭音法によってアメンと読むことができる。そしてアメンの月の姿を見せている。記念碑は「ヌビアの主人、天の偉大なる神、そして主人」が、王の象徴、あるいは代理としてヌビアの地を長く支配していたことを示している。

ソレブ神殿に残る壁や柱に描かれた約12の図像は、すべて同じネブマアトラーの像である。他の男性の神々と同様に、神が身につける腰布は、イシスの結び目*のように結ばれたベルトで巻かれ、牡牛の毛の尻尾をつけている。首には胸飾りを飾り、編んだ髭をつけている。そしてウアス杖にアンク*のサインを持つ。つねに正面にウラエウスを飾ったネメス頭巾をかぶり、耳を囲むように牡羊の角をつけている。また、月の性格を強調する冠をかぶっている。トト神*やコンス神*のように直接頭に載せるのではなく、ときに大きさの異なる皿の上に、三日月を水平に載せ、その上に月の円盤が載っている。

月の冠は、アメンの後ろに座る、右手に王笏を持つネブマアトラーを描いた小型のステラや、王権を表わす、通り過ぎるライオンの姿と組み合わされたグラフィティに描かれている。また、ネブマアトラーは、スフィンクスの姿、そして巨大な彫像の形で崇拝を受けている。ハレンドテスと同一視される場合はハヤブサの頭をもつ人間の姿で描かれる。

特徴：ウラエウス、牡羊の角、皿、月の円盤と三日月、ネメス頭巾

→ファラオ、ラメセス２世

B.: H. Goedicke, "The deification of Amenophis III" dans *Problems concerning Amenophis III*, Baltimore, 1992; S. Bickel, "Aspects et fonctions de la déification d'Amenhotep III," *BIFAO* 102 (2002), p.63-90.

ネブ・マバ　NEB-MÂBA

エドフのホルス神殿の守護神。ハヤブサの頭の神で名前は「銛の主人」である。プトレマイオス朝のエドフ神殿を守る４人の守護神*の最初の神である。14 人の従者と共に、南から来る危険に対してホルスの領域を守る役割を果たしている。

つねに武装しているわけではない（*E* XIII, pl. 550-551）ネブ・マバは、神殿の塔門、ホルスの前の旗竿を立てる東の壁龕に従者たちといる（*E* XIV, pl. 674）。また、東の周壁の内側の壁に、銛と長いナイフをもったハヤブサの頭の人間としてアア・セネジュ*の上に描かれている（*E* XIV, pl. 605）。西の周壁の内側の壁の最上段のフリーズには、黄金のサインの上に止まるハヤブサの姿で両翼を広げ、相棒のウル・ヘムヘム*とともに王のカルトゥーシュを守っている。

特徴：ナイフ、銛

→アア・セネジュ、ウル・ヘムヘム、守護神、ネブ・デス

ネプリ　NEPRI

収穫や穀物の神。収穫や穀物の女主人であるレネヌウテト*の息子と考えられるネプリ神の名前はエジプト語で穀物を表わす。ネプリの性格を表わす２つの称号は、２つの異なる象徴で表現される。ひとつは収穫を待つ麦の壁。そしてもうひとつは、種撒きと発芽である。

前者は、第５王朝のアブ・シールのサフラー王の葬祭殿の図像に見られる。ネプリは豊作を表わす。収穫は、「国中の穀物を増やす」ナイルの氾濫に依存する。そのためネプリはハピと結びつき、その姿もハピと同じである。その酷似した容姿は、セマ・タウイの祭礼の中で二国を象徴する植物をならんで束ねる２人の図に強調されている（センウセレト１世の彫像の玉座の側面）。

種まきと芽生えの象徴は、土に植えられた種が芽生えることからオシリス*の再生を思わせる。『コフィン・テキスト*』では、ネプリはオシリスと同一視され（呪文80）、死者が「ネプリに変身する」呪文（呪文330）が納められている。ネプリは「死後に再生する者（呪文

ネプリ神、ヌビアの岩窟神殿、ワディ・アル＝セブア、第18王朝。

99）」である。

ネプリには、新王国時代にはネプレト（ラメセス３世墓（KV11）、ギリシア・ローマ時代にはネピト（デンデラ神殿）と呼ばれる女性の片割れがいた。彼女は「パンの女主人」である。

サフラー王の神殿の中に描かれた豊穣の図の中に、ネプリの最古の姿がある。その姿はケフデドゥ*の姿を思わせるものであり、その性格を見事に表わしている。それは狩りの神が、獲物の鳥を集めた頭をもつように、穀物の神の体は麦の実でできている。さらに後の時代、アメンヘテプ3世がワディ・アル＝セブアに作った小型の岩窟神殿には、生産を象徴する両性具の姿で描かれる。ネプリは8つの麦の穂を頭に飾り、２つの大きな麦の束を持っている。また時に、ごくふつうの男性の神の姿で描かれることもあり、かたわらに記された碑文と両手に持った（*D* II, pl. 140）、あるいは頭に飾った（『アムドゥアト書*』の２番目の時間）麦の穂でネプリだとわかることもある。

穀物の芽生えは再生復活、あるいは誕生を象徴し、子どもが乳を飲む姿と結びついている。末期の時代に同一視されたハルポクラテスの例のように、レリーフ、ステラ、あるいは彫像に描かれたネプリは母親の膝に載って乳を吸う若い子どもの姿で描かれる。

そしてネプリは、「植生のオシリス」である。オシリスの姿に作られた木製の箱に麦とナイル・シルト（肥沃な土）を混ぜたものを入れ、そこから麦が芽生える様子は、死者の神と穀物の神を１つに結びつけたものである。

女性形のネペレトは、新王国時代にはヘビの頭の女性として描かれていた。ギリシア・ローマ時代になると完全に人間の姿で描かれ、あらゆる種類のパンを持ち、頭には、芽生えた麦で一杯の籠を載せている。

→オシリス、生産をつかさどる神々、レ

ネヌテト

B.: J. Leibovitch, "Gods of Agriculture and Welfare in Ancient Egypt," *JNES* XII (1953), p.73-113.

ネブリデ NÉBRIDE

宗教的なシンボル。ギリシア語で「子鹿の皮」を意味するネブリデは、オシリス礼拝所でオシリス神の前に描かれているのをしばしば見ることのできる不思議なものである。それは様式化した皮で、死骸となった動物の首から滴る血を受ける皿にとりつけられた棒にたれ下がっている。

プトレマイオス朝、そしてローマ支配時代のテキストである、貴重なジュミラック・パピルス（ルーヴル美術館 E 17110）は、上エジプト第18ノモスの宗教史に関するものであるが、2つの主要な神の伝説と2義的な伝承を通じて「ネブリデの謎を知る」上で重要な鍵となっている。

最初の伝説は、オシリスの遺体が切り刻まれた後に、ミイラの作り方を発明したアヌビス*が、「デルタのパピルスを刈りとり、[…] ネブリデの上に集めた」とされている。そして各地に分散した遺体を集めた後、「聖なるパヴィリオン」の中で、ネブリデの上に敷かれたパピルスの上に「神の肉を集めた」とされている。このような理由から、ナイルの氾濫と考えられているオシリスの「体液」を含んだとされるネブリデは、「満つるもの」と呼ばれ、挿絵の中でオシリスの遺体の多様な部分が包まれている包みとして描かれている。

もう1つの伝説は、ラメセス朝の物語「ホルス*とセト*の戦い」のエピソードの1つである。ここではネムティと同一視されているイシス*の息子*にあたえられた罰が記されている。それは怒りによって彼が母親の頭を切った後、ヘサト*によって彼が癒されたことを示している。すなわち、息子は罰として「皮と肉」をはぎとられたが、ヘサトがネブリデとその支えや皿を使って自分の乳をバターのように攪拌し、このように用意した香油を使って「癒した」とされている。

そして最後の伝承は、ネブリデの名前を説明するために、ケンミスの茂みに隠れていた子どものホルスをさす「パピルスの中にいる者（イミ・ウアジュ）」とアヌビスの形容辞の1つである「包帯を用意する者（イミ・ウト）」という音のよく似たエジプト語の表現を使っている。そしてネブリデはヒョウの毛皮であるとするもので、セトがこの動物の姿をとったことから、暗殺されたオシリスの体液を集める容器としてアヌビスが皮を剥ぐように命じたという説である。

→アヌビス、オシリス、ネムティ

B.: U. Köhler, *Das Imiut.*

Untersuchungen zur Darstellung und Bedeutung eines mit Anubis verbundenen religiösen Symbols, GOF IV/4, A-B, 1975.

（→口絵/p.51）

ネベトゥウ　NEBETOUOU

エスナのクヌム神の配偶神。「地域の女主人」という意味の名前をもつ女神をエドフやコム・オンボの神殿に見ることができる。ネベトゥウは、ギリシア人がラトポリスと呼んだエスナのパンテオンに属し、この地方のクヌム神*の配偶神であり、ときにヘカ*の母親である。

「田舎の女主人」としてネベトゥウは、セケト*に近い存在であり、ときに彼女の姿をとることがある。ネベトゥウは畑を活性化する女神であり、麦の穂を揺らす風である。女神は１人で、あるいは息子をともなって行進する。とくに氾濫の季節、祭礼の暦に従って彼女が通る地は緑になる。「エスナの婦人」は「恐怖の中で飢えと渇き」を感じ、「すべてのものに生命をあたえ」、「野原を広げる」

ネベトゥウが登場する多様な祭儀の場面における形容辞を見ると、彼女はクヌム神のもう１人の配偶神メンヒト*と完全に同一視、あるいは混同され、またときに、レネヌウテト*、ウアジェト*、イシス*、あるいはテフヌウト*とも混同されている。彼女は「すべてのものの女王」であり、「宮殿の女主人」、「天の女主人」、「ラーの眼*」、「ラーの娘、彼の額に住む者」などと形容される。

ネベトゥウは特別な特徴をもたない。エスナにおいては、彼女の図像はギリシア・ローマ時代の神殿の壁画に見られる多くの女神と同じである。体にぴったりとした長い衣、豊かな胸、大きな首飾り、腕輪、３つに分けた鬘にはハゲワシの髪飾り、その上には皿（帯状冠）、そして牝牛の角の上には太陽円盤、そしてウラエウスが飾られ、手にはウアジュ杖とアンクのサインを持っている。

特徴：ハゲワシの髪飾り、ハトホル冠

→クヌム、セケト、テフヌウト、ヘカ、メンヒト

（→口絵/p.51）

ネベト・ヘテペト　NEBET-HETEPET

イウサアスを参照

ネヘフ　NEHEH

永遠性を参照

ネヘプ　NEHEP

建設の（神々）を参照

ネヘブカウ　NEHEBKAOU

ヘビの女神。『ピラミッド・テキスト*（§1146b）』には、ネヘブカウの性質が明確に記されている。それは「幾重にも

折りたたまれたヘビ」であり、女神の名前は、「結ぶ、組み合わせる」などを意味する動詞や、「首」や「くびき」を意味する語の語根となるネヘブという言葉でできており、「エネルギーをひとつにまとめるもの」を意味する。これは、破壊者である危険なヘビとはまったく正反対の性質を示している。破壊者とされるヘビは原初の混沌の力を具現化したものであり、ネヘブカウとは逆に命のエネルギーを破壊するものである。

『コフィン・テキスト*』に20回ほど登場するネヘブカウは、「レネヌテトを母としてこの世に生まれたゲブの息子」(呪文 762)として紹介されている。聖なるヘビは「大地の息子」とされ、この結びつきは納得のいくものである。同じ呪文にはまた「すべての神のカー*」とも記され、さらに「彼のうちにネヘブカウのカーをもたない神はない」とされている。この同じ内容は数多くの呪文に繰り返される。アトゥム*とラー*によって繰り返される和解は、ネヘブカウが、宇宙の活力を1つに融合することを約束する創世の太陽神の1つの形であることを示している。

彼はまた、名前との同音性からもともと首の守り神であり、守護神の役割をもつ。そしてネヘブカウの女性形であるネヘベトカウも、ハトシェプストの守護神として、スペオス・アルテミドスで、ネヘメタウイ*の形容辞となっている。

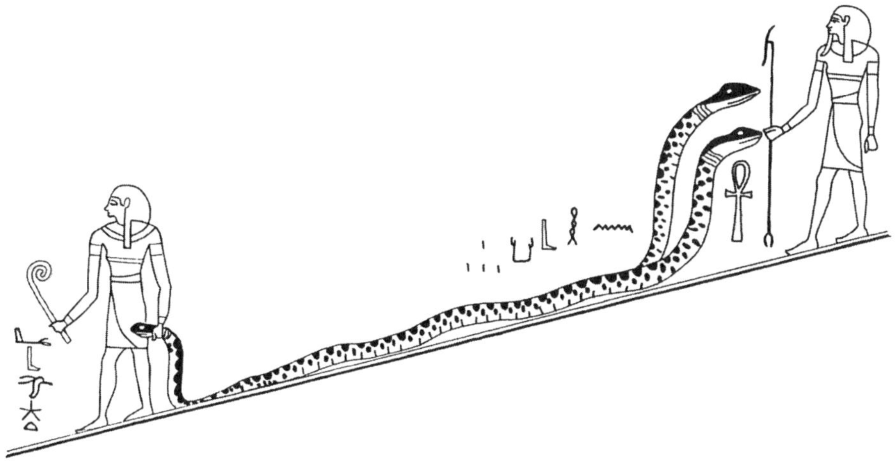

「アムドゥアト書」の第4時間目に登場するヘビのネヘブカウ、セティ1世墓(KV 17)、王家の谷、第19王朝。

『アムドゥアト書*』の第4時間目に描かれたネヘブカウは完全に動物の姿をしているが、3つの頭をもつ空想上のヘビとなっている。2つは前方に分かれた形で、最後の1つは反対側の尻尾の部分にあり、同じ方向を向いている人物によって頭をつかまれている。

聖なるヘビの図像は、人間の要素とヘビの要素を組み合わせた、ありとあらゆる可能性を見せる。ヘビの頭の人間（子ども）、腕だけ供えたヘビなど。その腕は曲げられ、まるで頭を支えているように見える。サイス朝やプトレマイオス朝のファイアンス製の護符には、人間の足をもつ鎌首をもたげたヘビとして描かれており、腕は先の説明のように曲げた形で頭を支えている。メッテルニヒのステラのように2次元の図においては、ネヘブカウはウジャトの眼を描いた太陽円盤を腕に持ち、捧げるように前にかかげている。アトゥム神の図像にも同じようなものが見られる（p.99図参照）。

ヘリオポリスの神殿で見つかったラメセス2世時代の彫像には、玉座*に座ったネヘブカウが見られる。3つに分かれた鬘をかぶり、完全に人間の姿でとくに大きな特徴をもたない。

特徴：ウジャト眼、複数の頭。

→アトゥム、カー、ゲブ、レネヌウテト、ラー

B.: A. W. Shorter, "The God Nehebkau," *JEA* XXI (1935), p.41-48.

ネペ（水サソリ） NÈPE (SORPION D'EAU)

セルケトを参照

ネヘメトアウアイ NEHEMETÂOUAY

トト神の主要な配偶神。エジプトのパンテオンのなかでも重要な神であるトト神の主要な配偶神であるが、ネヘメトアウアイの性格はあまり知られていない。新王国時代以前には知られていなかった女神であるが、ギリシア・ローマ時代の神殿に多く見られる。名前は「神学的」であり、作為的に作られた女神という印象を受ける。ネヘメトアウアイに対する解釈は多様で、ときには正反対の解釈もある。G・ジェキエによると彼女は「はぎとられたものの守護神」であるが、P・モンテは「泥棒を捕える者」ととらえている。前者が正しい解釈と思われ、慈悲深い女神で失われたものを救い守る神である。

ネヘメトアウアイはトト神のかたわらに見られ、とくにトト神が崇拝を受ける中部エジプト、現在のアシュムネインであるヘルモポリス・マグナや、ギリシア人がやはりヘルモポリスと呼ぶデルタの中央部にあるイビス・ノモスの都バフ（現在のテル・アル＝バクリヤ）などに

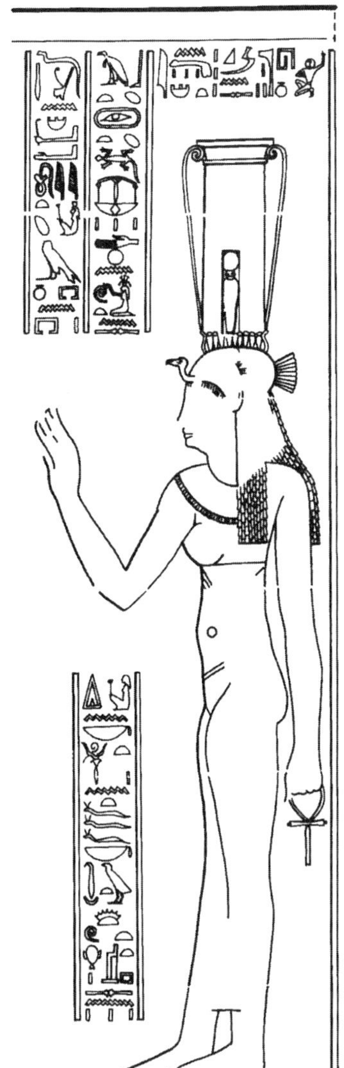

ネヘメトアウアイ女神、カルナクのエウエルゲテスの門、プトレマイオス朝。

おいて見ることができる。

頭にかぶるハトホルのシストルムは、偉大なハトホル*との結びつきを示しているが、碑文などによる説明はない。彼女が「住む」ヘルモポリスでは、「額に宿るラーの眼」、あるいは「天の女主人、2国の女王」とされている。そしてこの地方の他の神々とも結びついている。ときには、ウヌウト*、セシャト*、ヘケト*などと同一視され、また、シェプシィ*の配偶神と考えられることもある。イビスのヘルモポリスでは、この町の神学者たちが想像した3柱神の息子ホルネフェル*の母とされている。

ネヘメトアウアイの通常の姿はハトホルの姿である。ハトホルや他の多くの女神と同様に、ハゲワシの髪飾りをつけ、その上に載せた帯状冠に太陽円盤を囲む牝牛の角が載っている。またしばしば「ナオスの形」のシストルムを冠のようにかぶっている。また、このシストルムだけが描かれている場合や（パピルスの茂みの上から出ているように見えることもある）、ハトホルの髪型の牝牛の耳をもつ若い女性の頭の上に載せられていることもある。

他の聖域では見ることのできない多様な姿の神々が描かれているカルガ・オアシスのイビス神殿では、ネヘメトアウアイは、短い碑文の説明では理解できない、異なる姿で度々現われる。台座の上でひざまずいた2つの頭をもつ女性、正面から見たトキの頭をもつ女性、ハトホルの象徴であるシストルム（台座の上にあるものと、ないもの）などである。
特徴：システルム冠、ハゲワシの髪飾り、ハトホル冠
→ウヌウト、シャプシイ、トト、ハトホル、ホルネフェル
B.: J. Parlebas, *Die Götten Nehmet-Awaj*, Kehl, 1984.

ネムティ　NEMTY

上エジプト第12ノモスのハヤブサの神。エジプトのパンテオンの中で、ある意味でネムティは新参者であるといえる。長い間、ネムティは他の名前で知られていた。彼の名前がネムティと確定したのは実は1960年代になってからのことである。台座の上の船に乗るハヤブサのサインで記される名前が、それまで考えられていたようにアンティではなく、「航海者」と訳すことのできるネムティであるということが、この時初めて確立した。

ネムティの名前の意味（移動の概念）とその図は、彼が神々の聖なる渡し守であり、１つの河から他の河へと神々を運ぶ役割をになっていることを示している。

この役割のために、ネムティは『ホルス*とセト*の冒険』の神話の中で運の悪い登場人物となっている。彼は欲のために高価な代償を払うことになる。オシリス*の系譜を受け継ぐのが、息子のホルスか弟のセトか、客観的に決めるために９柱神が集まった「中央の島」に「イシスに似た女性を船に乗せて運んではいけない」とネムティは命じられる。しかしイシスは老女に化けてネムティの前に現われる。そして騙されたネムティは、値段交渉の末、女神を島へと運んでしまう。彼は１斤のパンの贈り物をあざ笑い満足しなかった。そして黄金の指輪と交換に彼女を運ぶ。イシスに先を越され、王座を逃したセトは怒りに「体調を崩し」、命令に背いたネムティを見せしめにするように９柱神を説得し、足の指を切り落としてしまう。そして黄金は「自分の町においては嫌悪すべきもの」とネムティに宣言させる。

ジュミラック・パピルスの「ネブリデの謎」の物語では、（ホルスと同一視された）ネムティは怒りに任せて母の頭を切ってしまったために、自分の「 肌と肉（黄金）」を切りとられることになった。これは上エジプト第12ノモスにおける黄金の禁止令を説明する方便であったとも思われる。

ネムティの名前を表わすサインそのものが神の図であるが、その他の図像を見ることは、配偶神であるライオンの女神マティト*と同様にまれである。

シナイ半島のサラビト・アル＝カディムにあるハトホル神殿に、アメンエムハト４世の治世６年に奉納されたステラには、セトの姿で登場する華奢な船の上に立つネムティが描かれている。それは彼

サラビト・アル＝カディムのハトホルの聖域のステラに描かれたネムティ、第12王朝。

の名前を示すサインを思わせる姿である。幸いにも横にサインが刻まれており、この神が「ネムティ、東の主人」であることがわかる。この形容辞は『コフィン・テキスト*』の呪文607に見られるもので、ソプドゥ*のものと同じである。

マディーナト・ハブにおいては、マティトを従えてラメセス3世の崇拝を受けるネムティの姿を見ることができる。ここではハヤブサの頭に太陽円盤を飾った姿で描かれている（*MH* VII, p.544）。

ギリシア・ローマ時代には、フィラエ神殿の東の第1塔門、クリプトn°1のB室とC室をつなぐ通路、そしてデンデラ神殿の屋上にあるオシリス礼拝所の1つに、ネムティの図像を見ることができる。いずれも「偉大なるホルス、オシリスの息子」とされており、ハヤブサの頭をもつ人間の姿で、プスケント冠をかぶり、手には、ウアス杖とアンクのサインを持っている。同じ図は、末期王朝のネムティヘテプという名前の男性の葬送ステラにも見ることができる（ベルリン・エジプト博物館、n°19400）。

特徴：太陽円盤、プスケント、船

→マティト、ネブリテ

B.：E. Graefe, *Studien zu den Göttern und Kulten im 12, und 10. oberägyptischen Gau (insbesondere in der Spät- unt Griechisch-römanischen Zeit)*, Freiburg, 1980.

ネメシス　NÉMÉSIS

聖なる復讐を人格化した女神。神による復讐を人格化したネメシスは、ギリシア・ローマ時代を通じてアレクサンドリアで信仰されていたギリシアの神々の1人である。ユダヤ人地区からほど遠くない場所に、ネメセイオン（ネメス神殿）はあった。アッピアーニによれば、カエサルは、ライバルに勝利し平和をとりもどしたことを記念して、ポンペウスの首をそこに埋め、ネメシス・パクス（平和のネメシス）の影像を立てたとされている。

女神のもつ唯一の特徴は、テュケから引き継いだ運命の車輪である。ローマ時代になると、グリフォンと結びつき、玉座*の上で羽ばたく、あるいは、4つの足で平衡を保つ「復讐の鳥」として、後5世紀末のパノポリスのノンノスによって描写されている（ディオニューソス譚、48篇）。J・クアエジベールが示すように、この時代のエジプトにおけるグリフォンのイメージは、「神々の復讐者」であるペトベのイメージに相当する。2人の神は完全に同化し、復讐の神として、人の徳や罪によって報酬や罰をあたえた。そして女神となったグリフォンは、たんにネメシスの1つの特徴ではなくなり、女神そのものと考えられるようになった。

この特徴の下、ネメシスはアレクサンドリアの神々（イシス*、サラピス*、アガトデモン*）、そしてスフィンクスの神であるトゥトゥ*と結びついた。さらには、デルタの西の端、古代のテレヌティスであるコム・アブ・ビルウから出土した葬送のステラには、アヌビス*やホルス*とともに死者の守護神の役割を果たすネメシスの姿を見ることができる。

アレクサンドリアの彫像や貨幣には、ネメシスの古典期のイメージを見ることができる。チュニックをまとい、あるいは鎧を身につけ、翼をもち、立っている。右足は罪を犯して打ち砕かれた人物を踏みつけ、左手は運命の車輪に置いている。

グリフォンの姿のネメシスは、多様なステラや、テラコッタ、青銅、あるいは、ファイアンスの小像に見ることができる。そのなかでも最も美しいのは、ブルックリン美術館に所蔵されているものである。この像は完形で保存されており（acc. nº53.173）、比較的大きく、トルコ石色の青のファイアンスで作られている。3世紀初めにアクミームから出土したものである。この幻想的な動物は短い翼をもったスフィンクスの姿で、豊かな女性

ネメシスのグリフォン、ローマ支配時代、ブルックリン美術館（nº53.173）。

の胸をもち、ハヤブサというよりもセトの動物の頭をもっている。その印象は人間の目によって強調されている。立った耳はたてがみとほぼ同化している。後ろ足の上に座り、前足は運命の車輪の上に置いている。

特徴：運命の車輪、グリフォン、翼

→グリフォン、トゥトゥ、ペトベ

B.: J. Quaegebeur, “De l’origine égyptienne du griffon Némésis” in : *Visages du destin dans les mythologies. Mélanges Jacqueline Duchemin* (1983), p. 41-54; H. Riad, “The Goddess Nemesis: Her Worship in Alexandria and Other Parts of Egypt,” dans *Alexandrian Studies in memoriam Daoud Abdu Daoud, BSAA* 45 (1993), p. 261-267 (pl. XLV-XLVII); B. Lichocka, *Némésis en Égypte romaine, Aeg Trev* 5, 2004.

年　ANNÉE

レンペトを参照

ノモス（神々）

NOMES (PERSONNIFICATIONS DE)

生産をつかさどる神々を参照

ハ

バー　BA

人間、そして神を構成する主要な要素。エジプト人がバーと呼ぶものは、アンク*やカー*と同様に複雑な概念であり、現代の言葉で、一言に翻訳できるものではない。コプト教徒は、キリスト教の「魂」に相当する概念として、バーという言葉を使用するよりも、ギリシア語からサイキという概念を借りることを好んだ。共通した意味はあるものの、翻訳された言葉は満足の行くものではなく、正しい定義をするには、そのままエジプト語を使用する方がふさわしい。

バーはすなわち、人間の非物質的な要素であり、アク、カー、名前、影、心臓、体（そしてミイラ）などに加え、人間が神々と共通して所有するものであるが、人間のバーと神のバーでは、若干意味が異なる。

中王国時代の文学テキストである『疲れた男とバーの対話』に見られるように、人は生前も自分のバーに呼びかけることができるが、バーが現われるのは死後である。太陽の航行のリズムに合わせ、バーは昼の間、自由に体を離れる。そして夜になるとミイラと合体する。墓の礼拝所に遺族が置いた供物をとどけるのはバーの役割の１つである。

また、バーは神の世界にも属する。神が出現するのも、その力を発揮するのもバーの力による。神はまた、他の神のバーになることもできる（アメン*はシュウ*のバー、そしてソティス*はイシス*のバーなど）。あるいはまた、聖なる動物のバーになることもある（プタハのバーであるアピスの聖牛、セベクのワニなど）。しかし、無限の名前をもつ神々が生命に限りある人間と同じようにたったひとつのバーでこと足りるとは考えられない。テキストには、たとえば、儀式の際に神が彫像に降臨する場合など、神のバーは単数形で記されているが、実際には複数のバーをもつ。その数は神によって多様に変わる。ラーは7、アメンは10、そしてエドフのホルスは14。さらに、シェデヌウと戦うホルス、ホルメルティ*は77のバーをもつ。7の倍数は魔法の呪文の中で重要な意味をもつ。そして天に輝く無数の星によってヌウトは「千のバー」をもつといわれている。

テキストには、バーの複数形が現われるが、そこには2つの異なる意味があることを明確にする必要がある。アメンのバーは、宇宙を構成する10の要素である（太陽、月、風と空間、水、火、人間、大小の動物、鳥、水に棲む生き物、そして糧となる植物）。そしてエジプト語でバーの複数形であるバウは、神がもつ恐ろしい力や、使者の精霊*を使って遠くから発揮する力を集合的に表現したものである。

図像には、その微妙な意味の違いが表現されており、人間のバーと、神々のバーがもつ複雑な概念の違いを見ることができる。個人のバーは、男性も女性も、人間の頭をもつ鳥として描かれている。有名な「魂の鳥」である。夜の訪れとともにエジプトの墓の周りを飛ぶ、まるい頭をした機敏なフクロウの姿を見たことがある者は、この鳥がバーの図像のインスピレーションの源であると思わずにはいられない。それに対して、神のバーの図は、その内容によって多様な幅がある。

太陽のバー、コンスウメスAパピルス、第21王朝、ウィーン美術史博物館。

いくつかの例をあげれば充分であろう。王が供物を捧げるマディーナト・ハブに見られるラーのバーは、いずれも牡羊の頭をもつ人間の座像として描かれている（*MH* VI, pl. 423-424）。オペトの神殿の北のクリプトのアメンのバーはまったく異なる。最初のものは男性、そして唯一裸でない5番目のバーは女性の姿をしている。他の8人は両性具有者であり7番目のものは牛の足をもつ。10のバーのうち、3人はライオンの頭、最後から2人目はワニの頭、そして最後の者は2つの蛇の頭をもつ。残りの5人は正面を向いた人間の顔をもつ。全員が左手にアンクのサインを持ち、下腹の高さにある右手にはアンクをつないだ鎖がにぎられている。そしてこの鎖は斜め十字に首に巻かれている。7番目、8番目、そして最後のバーは、頭になにも載せていない。

しかし他の者は次の順番で頭に飾りを載せている。太陽円盤、満月と三日月の飾り、風のサイン、3つの水の壺、炎、王のカー、そして赤冠。また、ブルックリン美術館所蔵の呪術パピルスのテキストには、「7つの顔をもつベス神*」の多様な図像を合体した描写がある。鳥の背中、ワニの尻尾、4対の翼をもち、「アメン・ラーのバウ」のようである。

それに対し、オペト神殿では、アメン・ラーはつねに「偉大なオシリス*のバー」として描かれている。目覚めようとする神の頭上で翼を広げて羽ばたいている勃起した鳥の姿をもち、人間の頭にはアメンの高い羽根の冠を飾っている。バネブジェデト*がラー、シュウ、ゲブ、そしてオシリスのバーの合体したものを具現化する時、このメンデスの神は4つの牡羊の頭をもつ人間の姿となる。

→神のパントゥス、護衛の神々、使者の精霊、バネブジェデド、ペとネケンのバウ

B.: L. V. Zabkar, *A Study of the Ba Concept in Ancient Egyptian Texts, SAOC* 34, 1968; D. Kessler, "Die kultische Bindung der Ba-Konzeption, 1. Teil: Die Tempelbindung der Ba-Formen," *SAK* 28 (2000), p. 161-206; 2. Teil: Die Ba-Zitate auf den Kultstelen und Ostraka des Neuen Reiches, *SAK* 29 (2001), p. 139-186.

(→口絵/p.52)

ハ　HA

西の砂漠の神。デルタの西の端、下エジプトの第7ノモスの主要な神であるハは、広大なリビア砂漠とそのオアシスの神である。古くから知られているハは、「偉大な神、西の主人」、「リビアの王子」、あるいはまた「マヌウの山の主人」として知られている。その形容辞は、ハの領域が左岸のネクロポリスに始まることを示唆している。

フィラエ島やエドフ神殿の壁に見られるような「東西南北に向いた」装飾において、ハの役割は王を守護し、エジプトの敵を倒す戦いを補佐することである。ソプドゥ*が東の敵、デドゥン*が南の敵を退治するように、ハは西から来る敵をおもに退治する。そのため塔門の東の壁に描かれた「東を行進する主人」と反対の対称的な西の壁にハの姿を見ることができる（*E* XIV, pl.666）。

彼はもともと「砂に生きる者」と呼ばれる人々、すなわち、砂漠地帯を移住する遊牧民の神である。神殿の造営において、土台（ファウンデーション）を作る儀式が行なわれる際に、「生きているハの姿」の王が、将来の聖域となる土台の溝に砂を注ぐ儀式を行ない、ハに祈りが捧げられる。

一般的なハの姿は、人間の姿をした神

で、頭上にみずからの名前のヒエログリフのサインを載せている。それは（ときに２つ、一般的には３つの頂点をもつ）地平線の山の形をしている。その上に、イメンテト*の名前に見られるダチョウの羽根が載っていることもある。

東の民にもときにその守護が及ぶ「偉大な西の神」は、「すべての敵を殺戮するように」王に刀を差し出している（フィラエ島の第1塔門）。あるいは、長い槍で武装し、目に見えない敵を突く動作をしている（バハレイヤ・オアシスのベナティ墓、第26王朝）。また、カルガ・オアシスのイビス神殿では、ホルスと同化し、弓と刀を持ち、両手に鎖でつないだ捕虜をつかんでいる。

ブルックリン美術館所蔵の片麻岩の小像がハァと思われる（Acc.nº 58.192）。第3王朝の終わりから第５王朝のはじめのものと考えられるこの立像は、刀で武装し、男根を筒に納め、まるみを帯びた鬘をかぶり、編んだ顎髭をもつ特徴ある姿をしている。

特徴：ダチョウの羽根、地平線の山々を示すヒエログリフのサイン、ナイフ、槍、弓

→イガイ、イメンテト、ソプドゥ、デドゥン

B.: D. Wildung, “Two Representations of Gods from the Early Old Kingdom,” *Miscellanea Wilbouriana* 1 (1972), p. 145-160.

（→口絵/p.52）

バアル　BAÂL

シリア・パレスチナの神。雷と風のカナンの神、セム語で「主人」を意味するバアルの信仰は、多様な神をさしていた可能性がある。アメンヘテプ２世の治世に、アシュタルテ*、レシェプ*、フルン*などと時を同じくして導入されたが、嫌われ者のヒクソスと強く結びついていたバアルは、他の神々のように一般の人々の信仰の的になることはあまりなかった。

セト神と同一視される戦闘的な雷と稲妻の主人として、バアルはラメセス朝のパンテオンの中で重要な地位を維持していた。ラメセス２世はカデシュの戦いを語る中で、みずからを「父であるメンチュウ神」や「戦うバアル」と比べている。しかしバアルの存在は、デルタの東の地域にあるピ・ラメセスとメンフィスの外では知られていなかった。バアルはセト神が悪魔として忌み嫌われる以前、河岸の港であるペルウ・ネフェルの守護神として知られていた。

アナト女神がその配偶神であるが、バアルにはその女性版である、ビブロスの婦人、バアレト女神がいる。サラビト・アル＝カディムで発見された砂岩のスフィンクスの碑文に、彼女の名前はハ

セト・バアル神、「400年ステラ」、第19王朝。カイロ・エジプト博物館（JE 60539）。

トホルと結びついて記されている。バアレトは『コフィン・テキスト*（呪文1006）』にすでに登場しており、この呪文によって死者は、破壊力をもつ女神から逃れたいと願う。

その故郷においては、しばしば金箔を施した青銅製の小像が多く発見されている。ウガリトの遺跡であるラス・シャムラに関する調査報告によると、2つのおもしろいステラが発見されている。1つは「エジプト」風であり、2本の角と縦に伸びた高い突起のあるヘルメットをかぶり、頭の上に棍棒をふり上げ、もう一方の手には、身長と同じくらい大きい稲妻を持っている。もう1つのステラは、完全にエジプト様式であり「ジャプウナのバアル」の姿を描いている。その像は、ミカル*の図に似ており、先を切った自然な髭を生やし、円錐形の冠には角はなく非常に長い飾り紐がたれている。

エジプト本国においては、有名な「400年ステラ」のアーチの部分に描かれた「ラメセスのセト」の図が、エジプトのバアル神をたくみに描いている。このステラは、ヒクソスの古い首都であるアヴァリスにラメセスの支配が根づいていたことを示している。円盤と先端のとがった2本の角を載せた「リボンのついた冠」をかぶり、裾に房のついた腰布を長いエジプトの腰布の上に重ね、編んだ髭をつけ、大きな胸飾りは、胸で交差するまるい飾りのついた2本のバンドでベルトにつながっている。

特徴：裾が房になっている腰布、角、紐をつけた冠

→アシュタルテ、アナト、ケセルテイ、セト、ミカル

B.：R. Stadelmann, *Syrisch-palästinensische Gottheiten in Ägypten, PÄ* 5, Leyde, 1967; I. Cornelius, *The iconography of the Canaanite gods Reshef and Ba'al; Late Bronze and Iron*

Age I periods (*c 1500-1000 BCE*), *OBO* 140, 1994.

パウトヌフィス　PAUTNUPHIS

トト神の特別な姿。ヌビア、ダッカのプトレマイオス朝の神殿に、プヌウブスのトト神にあたえられた「完璧な戦士（あるいは男）」というギリシア語の形容辞がある。ここではトト*はテフヌウト*を配偶神としている。これはローマ支配時代のデンドゥールにも見られるトト神の１つの側面であり、遠方の女神の伝説と結びついたオヌリス*の姿の１つである。

パウトヌフィスは、オヌリスと同一視され、人間の姿の神として描かれ、「遠方の女神をなだめる者」に特有の頭飾りを持っている。すなわち、まるみを帯びた鬘の上に、低い帯状冠をかぶり、そこに４枚のまっすぐに立った羽根を飾っている。一般的にウアス杖*とアンク*のサインを持っている。

特徴：オヌリスの冠

→オヌリス、テフヌウト、トト

パ・カ・アア・ウル・ケペス
PA-KA-ÂA-OUR-CHEPES

メンチュウ神の原初の姿。ギリシア・ローマ時代、少なくともプトレマイオス3世エウエルゲテスの治世の初め、オペト神殿、カルナク、マディーナト・ハブのプトレマイオス朝の塔門やディール・シャルウィートの神殿など、テーベ地域の記念碑の多くに新しい神が登場した。とくにメンチュウ神の信仰地であった「テーベの守護」をつかさどる4つの聖域、カルナク北、メダムード、トード、そしてアルマントにおいて、この新しい神が町の守護神として崇拝されるようになる。

新しい神の名前は、戦闘の神の形容辞の中で頻繁に使用されていたものが発展したにすぎない。訳すると「崇拝される偉大な牡牛」となり、その後に「メダムードに住む者」という説明がかならずつく。

つねに動物の姿でメンチュウ神の登場を告げるブキス*の牡牛とは異なり、パ・カ・アア・ウル・ケペスは人間の姿をした「メダムードの牡牛」として描かれ、原初の神としてとらえられている。カルナク北とマディーナト・ハブの同じような碑文によると、この神はもともと「初めに現われた」ヌン*と同一視されている。そしてヌン自身、牡牛の頭をもって描かれていたと考えられる（*E* XII, pl. 411）。なぜパ・カ・アア・ウル・ケペスがメンチュウの地位を得たかは不明であるが、描かれた場面の位置や構成からメンチュウ神の原初の姿であったと考えられる。トード神殿では、ラトタウイ*とハルプラー*とともにメンチュウ神の代わりに３柱神をきずいている。

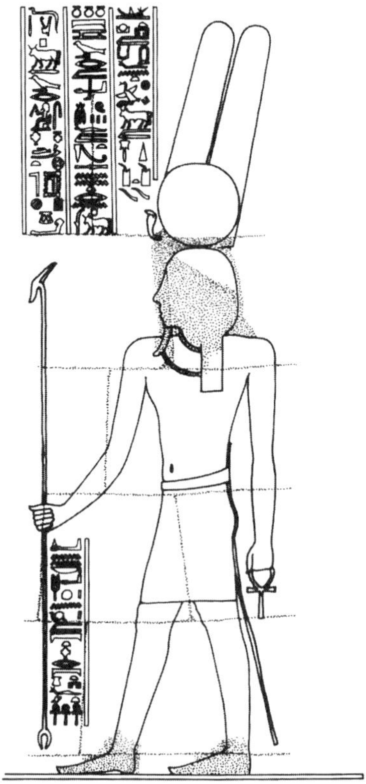
パ・カ・アア・ウル・ケペス、カルナク北、アメン・ラー・メンチュウ神殿のプロピロン、プトレマイオス朝。

マディーナト・ハブのプトレマイオス朝の塔門に描かれたパ・カ・アア・ウル・ケペスは、創世の主人公たちである先祖の神々が休むジェメの丘の上にいる。図像上の細部（王冠の種類、２重ウラエウス、そして肌の色）や碑文はパ・カ・アア・ウル・ケペスがメンチュウの原初の姿であったことを裏づけている。メダムードのキオスクのテキストによると、創造の時に、プタハ神は最高神メンチュウの意志を実行に移したとされている。また、メンチュウとラトタウイはヘフウやヘヘトのような原初の神々と結びつき、マディーナト・ハブのギリシア・ローマ時代の塔門に描かれている。

立った姿（カルナク北、マディーナト・ハブ、アルマント、ディール・シャルウィート）、あるいは座った姿（カルナクやトード）で描かれ、大きな首飾りで胸を飾るパ・カ・アア・ウル・ケペスは、つねに儀式用の牡牛の尻尾がたれ下がっているベルトをつけた、簡素な腰布をまとった姿で描かれる。３つに分けた鬘や、ネメス頭巾、そしてメンチュウ神独特の冠をかぶっている。それは２枚の鳥の羽根で飾られ、その一部は鎌首をもたげた２重のウラエウスをつけた太陽円盤によって隠されている。オペト神殿の「北の間」の壁では、黒い煤の層の下に完全にパ・カ・アア・ウル・ケペスの肌の色が保存されていた。「夜の主人、光を創造した」者、「２国をその円盤の光で照らす」者と描写されているパ・カ・アア・ウル・ケペスの肌はラピスラズリの青である。この色は原初の海であるヌンと結びついた神であることを示している。

特徴：牡牛の尻尾、太陽円盤、高い羽根、２重のウラエウス

→ヌン、ハルプラー、ブキス、メンチュ

ウ、ラトタウイ

B.: U. Kaplony-Heckel, "Sowahr der Stier von Medamod liebt! Ueber die Ortsgötter in den Tempel-Eiden" dans Chr. Eyre, A. Leahy A. Montagno Leahy (éd.), *The Unbroken Reed, Studies in the Culture and Heritage of Ancient Egypt in Honour of A. F. Shore, EES, Occasional Publications* 11, London, 1994, p. 149-159; S.H. Aufrère "Le propylône d'Amon-Rê-Montou à Karnak-Nord" *MIFAO* 117, p.351-358, Le Caire, 2000.

ハゲワシ　VAUTOUR

ネクベト、ムウトを参照

パケト　PAKHET

ライオンの女神、スペオス・アルテミドスの女主人。『コフィン・テキスト*（呪文 470a-d）』の呪文の中で、死はパケトと同一視され、「偉大なるパケト、突き刺すような目をもち、鋭い爪で、夜の間、略奪をするライオンの女神」と描写されている。そこには「引き裂くもの」という意味の名前にふさわしい女神がリアルに描かれている。

上エジプト第16ノモスの神々の１柱である。第12王朝の州侯の妻たちには「パケトの女神官」という称号があたえられていた。中王国時代から知られている女神であるが、ベニ・ハッサンの南数キロ、バトン・アル＝バカラの砂漠の谷の入口、石灰岩の採掘地にハトシェプスト女王が造営させた岩窟神殿において、スペオス・アルテミドスの女主人として崇拝されている。

ギリシアの狩りの女神と同一視されているため、パケトの神殿は「アルテミスの洞窟」と呼ばれている。この神殿内の碑文、そしてワディの奥深く岩に掘り出された小さな壁龕に記されたすべての碑文は、女神を「ナイフの山の女主人」と描写している。これは採掘所をさしている名前と思われるが、同時にパケトは谷の女主人でもあり、彼女自身が谷を作ったとされている。

第19王朝の初めにセティ１世によって大規模な改修が行なわれた主神殿において、パケトは他の神々（アメン、トト、カルナクの大９柱神）の中で第１番目の神である。セティ１世によって簒奪されたハトシェプストの戴冠の場面では、ウレト・ヘカウ*・パケトという２重の性格をもって描かれている。また、「パケトの山」に、ハトシェプストとトトメス３世の名前が彫られた小型の岩窟神殿においては、パケトは、ハトホル*、ラー・ホルアクティ*、そして「ヘルウルの主人」と呼ばれるこの地方におけるクヌムと結びついている。また、シリウスのエジプト名であるセプデトとパケトの鋭い爪をさす言葉が同音であることから、「ウアセトの讃歌」に見られるように、この2柱の女神は近い存在と考えられている。

また、この地域に多く見られるネコのミイラの埋葬から、家ネコがパケトの聖なる動物であったと思われる。

パケトの図像は、エジプトのパンテオンの他のライオンの女神ととくに変わらない。立像や座像は、ウアジュ杖、あるいはアンクのサインを手に持っている。大きな特徴は見られず、ライオンの頭の女神として描かれ、ぴったりとした鞘のような衣をまとい、3つに分けた鬘には、場合に応じて、ウラエウスを飾ったシンプルな太陽円盤、あるいは、帯状冠の上に載せたハトホル冠をかぶっている。

特徴：ハトホル冠、太陽円盤、ウラエウス

→ウレト・ヘカウ

B.: S.Bickel, J.-L. Chappaz, "Le Spéos Artémidos, un temple de Pakhet en Moyenne-Égypte," *Hatchepsout, femme pharaon. Les Dossiers d'Archéologie* 187, novembre 1993, p.94-101.

バステト　BASTET

ネコの女神、ブバスティスの婦人。ときに耳に黄金の輪を飾った、聖職者の像のような青銅製の座った姿のネコの像は永遠のエジプトのイメージを伝えている。この像はネコの女神バステトであり、ハトホル女神*の４つの顔の１つである。穏やかな姿はバステト、ハトホルの怒りに満ちた姿は恐ろしいライオンの女神セクメトになる。

下エジプト第18ノモスの都、現在ではザガジグ市に吸収されているテル・バスタの象徴である女神バステトは、今では荒れ果てている神殿よりも町の名前に残っている。バステトは、リビア時代にとくに人気が高かった。第22王朝や第23王朝の王たちは「バステトの息子」と呼ばれることによって、この地がエジプト全土の都であると宣言していたのである。数世紀後になると、ギリシア人はバステトをアルテミスと同一視した。ヘロドトスは、エジプトの大きな宗教的祭りに関する記述の中で、ハトホルの酒の祭りにならぶ「重要で最も人気の高い」祭礼が、バステトを奉るためにブバスティスで行なわれたと記している（『歴史 II、59』）。

ときにネコ、ときにライオンの女神は、下エジプトにおいては、愛すべき慈愛に満ちた存在であったが、第３中間期以前のイメージは異なるものであった。その起源は「ブバスティスの婦人」であり、言葉遊びによって「イシス*のバー」と形容されていたライオンの女神は危険な女神の１柱であった。バステトはしばしば同一視される姉妹たちと同様

に、死の使いを解き放つことができた。これらの危険な使者に対しては、魔法の呪文によって 逃げる、あるいは追い払うなどの対処をする他に、人間には術がなかった。「バステトの炎」や「バステトが吐き出す恐怖」について語る碑文もあるが、また同時に、「哺乳類の乳」を連想させ、バステトには古くから乳をあたえる女神の役割があった。『ピラミッド・テキスト*』の中では、バステトは王に乳をあたえている（§1111)。後の時代の図像においては、母性が強調され、お腹の大きな姿（大英博物館所蔵の像、n°60279）で描かれることや、子猫に乳をあたえる姿で描かれることもある。

「ラー*の眼」そして「アトゥムの眼」であるバステトはこの２人の神の娘でもある。ブバスティスの神官は、これに留まらず彼女にアトゥムを夫としてあたえ３柱神をきずくことに躊躇しなかった。その息子は、ホル・ヘケヌウ*、マヘス、あるいはまた、マヘスと結びついていたネフェルトゥム*に代わる場合があった。

バステトの古くから知られていた姿は、この神の最古の図像と一致するようである。この姿は当時すでに広く知られていたようである。動物と人間の２つの要素の境目を鬘で上手に隠した図には、動物の頭をもつ男性、あるいは女性の姿が描かれている。ウアス杖を持つ、ライオンの頭の女性である女神の像がヘテプセケムウイ王のホルス名の横に彫られている。さらにその後継者であるネブラーと描かれた図もある。これらの図はサッカラのジェセル王の階段ピラミッドの地下のギャラリーから出土した何万という石製容器の中から発見された２つの容器に描かれていた。王の容器に描かれていたもう１柱の女神ネイト*のように、バステトは第２王朝から知られている。他の神々は図としては描かれていない。

王家の谷で発掘されたラメセス９世の息子ラメセス・メンチュヘルケプシェフ王子墓（KV 9）の例のように、バステトは太陽円盤を頭に飾ったネコとして描かれる。バステトが、耳の先のとがった家ネコの頭や体の青銅製の小像として頻繁に登場するのは、末期王朝になってからである。プトレマイオス朝になると、まるみを帯びた耳をもつライオンの頭で現われる。そして頭には鎌首をもたげた大きなウラエウスが飾られていることが多い（*D* I, pl. 66；II, pl.123；V, pl.372など）。あるいはまた、治癒の像の場合はライオンの頭のコブラの姿で現われることもある。

最もよく知られている座るネコの像の他に、あられもない姿で体を横たえ、子ネコたちに乳をあたえている小像が多く見られる。あるいは、単に子ネコに囲まれている像もある。また立っている女神の像もある。しばしば腕に籠を下げ、ネコの頭の女性で、片手にアイギス、そしてもう一方の手でシストルム*を奏でている。このタイプの像は細かい部分に多様な変化が見られ、同じモチーフが繰り返し登場する。胸の部分で結ばれた襞のあるイシスのショールをまとった女神が、アイギスの代わりに片手に子どもを抱いている姿をローマ支配時代のテラコッタ製の小像に見ることができる。

特徴：アイギス、アテフ冠、ウラエウス、籠、シストルム、太陽円盤、白冠

→アイギス、ウレト・ヘカウ、ウラエウス、シェゼムテト、シストラム、使者の精霊、テメト、泣き女、ネフェルトゥム、ハトホル、ホリ・ヘケヌウ、マフデト、マヘス、メンヒト、ラーの眼

B.: N. E. Scott, "The cat of Bastet," *BMMA* 17/1 (1958), p. 1-7; L. Delvaux, E. Warmenbol, *Les divins chats d'Égypte: un air subtil, un parfum dangereux*, Louvain, 1991.

（→口絵/p.53）

ハセ　HASE

ウヌウトを参照。

バータ　BATA

上エジプト第17ノモスの神。羊とほぼ同音の羊の神が、古王国時代のマスタバの壁画に刻まれた羊飼いの歌の中に登場するが、上エジプト第17ノモスの都、サカの主人であるバータ神は、アマダにあるヌビアの神殿の碑文により少なくともトトメス4世治世から知られている。

バータは、アヌビス*との争いを語る『2人の兄弟の物語』の主役として知られ、セト*の姿の1つとされている。ジュミラック・パピルス（ルーヴル美術館、E. 17110）には2つの神話が記されている。いずれもサカの名前の神話上の由来を紹介している。最初の物語は、オシリスの遺骸との関係で大切な品々を盗んだ後、バータは牡牛「カ」に変身して、アヌビスから空しく逃れようとする。アヌビスはバータを去勢した後、取り返した品々を背中「サ」に載せる。もう1つの物語では、牡牛の背中に載るのはオシリスの遺体そのものである。テキストには、「［この理由のため］サカと呼ばれる」と記されている。

バータの姿を見る機会は少ないが、2つのタイプの像が見られる。マディーナト・ハブのラメセス3世葬祭殿の第2塔門の外壁に描かれた場面では人間の姿をしている。ここではクサエのハトホル*をともない、とくに目立った特徴はない。唯一の特徴は、牡牛の尻尾をつけている点である（*MH* VII, pl.578）。そしてバータは牡牛の姿をとることができる。

上記の物語を伝えるジュミラック・パピルスの挿絵には、牡牛の姿のバータが描かれている。逃れようとするバータは、

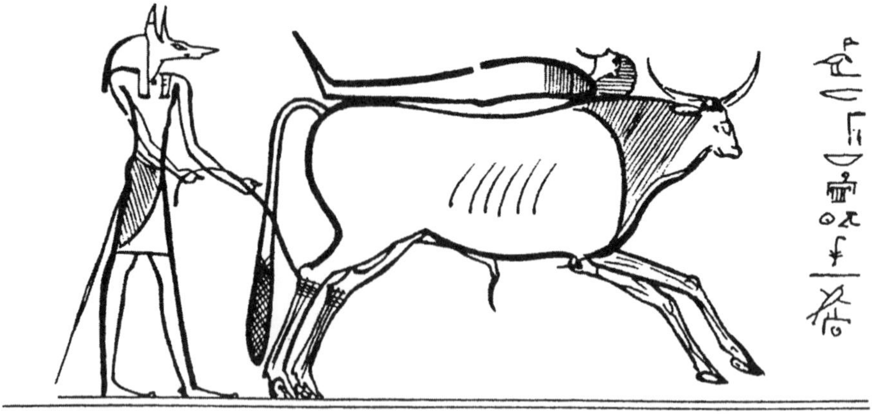

牡牛の姿のバータ、ジュミラック・パピルスの挿絵、ルーヴル美術館（E17110）。

アヌビスに捕まり、背中にオシリスのミイラを載せている。

また、デンデラ神殿の「新年の中庭」の生産をつかさどる神々の行列の中では人間の姿で描かれている（*D* IV, pl.299）。

特徴：牡牛の尻尾

→アヌビス、セト

B.: J. Yoyotte, "Sur Bata, maître de Sako," *RdE* 9（1952）, p.157-159.

ハチミツ　MIEL

古代エジプトにおける主要な甘味料であるハチミツは、「人間にとって甘いもの」であったが、若い母と子どもを癒すことを目的とした呪文集（ベルリン・パピルス 3027）が明らかにしているように、来世にいる者にとっては、にがみの同義語であった。日々の生活に流通しているものであり、栄養源、魔術の材料、そして薬としての役割などをになっていた。また当然ながら、それは乳香、麻布、パピルス*などとともに神々に捧げられる供物でもあり、おそらく聖なる起源をもつものであったと思われる。実際、ソルト・パピルス825（BM 10051）（大英博物館に長い間所蔵されていた命の維持の典礼集：19 世紀初めにこのパピルスを所有していた英国領事の名前にちなんでソルト・パピルスと呼ばれている）の内容を信じるならば、ラー神*が涙を流し、「その眼から落ちた水は、地上においてミツバチとなり、「花々やあらゆる木々の中」で活発に動き、蝋と蜜ができた。後者は、「日々の聖なる信仰の儀式」や「ミイラ作りの儀式」の書において

「ラーの眼から出た」ものと形容されている。

香炉に似た円錐形の小型の壺に入ったハチミツの供物は、ギリシア・ローマ時代のエドフやデンデラ神殿において多く見られる。ハチミツは繁殖や豊穣の神々の供物として重要な役割を果たした。たとえば、ミン*神（*E* IX, pl. 32b & 40j)、救いの役割で崇拝されている男根を強調した形のテーベの神アメン*・パ・アジェル（*E* IX, pl.35c)、そしてバネブジェデト*（*E* X, pl.76）などの供物である。しかし同時に、ときに上記と対称的に位置する場面において（*D* IX, pl.937）トト神*に捧げられていることもある（*E* XIV, pl.639)。トト神にとって、真実は「蜜にたかる虫」の働きによってできるハチミツよりも甘い。ハチミツを知らないプルタルコスは、エジプト人について次のように記している（『イシスとオシリス、68』)。「第1月の19日、ヘルメスに捧げる祭礼がある。その祭の中で、人々はハチミツとイチジクを食べ、次の言葉を唱える：「甘きもの、それは真実なり」と。

ハチミツが登場する場面にともなう碑文には、ハチミツを捧げられた神々の会話が記されている。それによると、媚薬の効能をもつハチミツは、たとえば「射精する牡牛」という形容辞をもつ神の勃起を助ける。治癒的効能をもち、活力をあたえるハチミツは、王権と結びついた祭礼で役割を果たし、とくに上エジプトと下エジプトの古代の2つの聖地であるペル・ウルとペル・ネセルと結びついている。ミツバチに結びついた象徴を見ると、ハチの図がハチをさすビトの名前を記すのに使用されるのは当然だが、さらに同音であるハチミツと赤冠*をさすのにも使用される。また「ミツバチに属するもの」を意味するビィティは、下エジプトの王をさし、ときにエジプト全土の王を示すこともある。

B.: B. H. Stricker, “Süss ist die Wahrheit,” *MDAIK* 37 (1981), p.465-467; M. Zecchi, “On the Offereing of Honey in the Graeco-Roman temples,” *Aegyptus* LXXVII (1997), p.71-83.

８柱神　OGDOADE

天地創造の前の混沌の力を表わす神々の軍団。マラウィの北数キロにあるアシュムネインの町は、住人は気づいていないかもしれないが、上エジプト第15ノモスの都、ヘルモポリスの町の遺跡である。この町は、ギリシア人が最も重要な神ととらえたトト神を彼らの神ヘルメスと同一視したことからヘルモポリスと呼ばれた。町の現在名には、古代のケメヌウ、「８の町」の名残が見られる。これは古代エジプトの４つの創世神話のうちの１つが誕生した宗教的な都のエジプト名である。

「8」と呼ばれた8柱神は、4組の聖なる夫婦の集合体であり、いずれも原初の存在を表わすユニークな神々である。それぞれに男性と女性の神がいる。ヌン*とナウネトは「原初の水」、ヘフとヘヘトは「空間の無限の広がり」、ケクとケケトは「暗闇」、アメン*とアメネト*は「隠された者」である。「空虚」を表わすもう1組の神々（ニアウとニアウト）はときに「原初の神々」の最初、あるいは最後の夫婦の代わりをつとめることがある。彼らは、聖書の創世記の中でトフ・ボフと表現されている存在と非常に近い、あるいは同じものと考えることができる。「名前の数は」「10となる」が、アメンとアメネトが構成するカップルは他の4組の神々の本質を集めたものと考えられるため8という数字となる。

『ピラミッド・テキスト*』の中には1度、古代エジプトにおける8柱神の存在を示唆するケメヌウの名前が記されている（§2270）。しかしテーベの神学者が、ヘルモポリスの伝統を発展させ、多くの相矛盾するテキストから8柱神の性格と役割をまとめたのは末期王朝になってからのことである。同じことは小規模な形でメンフィスやファイユームでも行なわれていたと考えられる。

ヘルモポリスの神官たちは8柱神をみずから生まれ出る神々と考えた。そしてテーベの神官たちは、「ヌンから出現した」卵*から生まれたと考えた。それに対してメンフィスの神官らは光を生み出す中でプタハ・タテネンによって創造されたと考えた。彼らはつねに「ラーの父母であり」太陽が飛び出したロータスの花は彼らの精液によって咲いたとされている。それは「黄金の偉大なロータス、宝石で飾られた美しい銀のユリ」の供物と呼ばれている。エドフ神殿やデンデラ神殿には、「8柱神によって生まれた完璧な継承者」であり同時に「八柱神を創った者」である子どもの太陽とともに、8人の神々がロータスの供物を受けとっている姿が描かれている。「その神を受けとりなさい。水の部屋の中央にいる神、あなたがたの体の中から飛び出した神を受けとりなさい（おー、8つの者たちよ）、巨大な湖から飛び出した偉大なロータスは、光を放つ、その最初の時。[…] 沼地から出現したロータスをあなたに供える。沼地にいるラーその人の目、彼はすべての先祖の頂点にいる。彼らは神々より前にいたものを創造した者であり、この国のすべてのものを作った者である」

ジャイスウのような他の原初の神々と同様に、創造の仕事に深くかかわった八柱神の神々は、その役割を終えた時に1度死を迎える。テーベの神官たちによれば、8柱神はジェメの丘、現在のマ

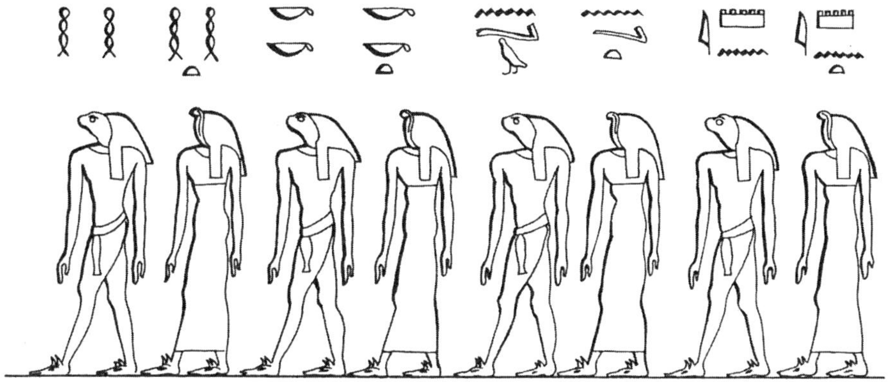

アマシスのナオスに描かれたヘルモポリスの８柱神、第26王朝、ルーヴル美術館（D 29）。

ディーナト・ハブに眠り、アメンは10日ごとに死者を祀るためにやってくる。

第26王朝以前には、８柱神の図像を見ることができない。ルーヴル美術館に所蔵されているアマシスのナオス*（D 29）に描かれた、ヘフ、ケク、ニアウ、そしてアメンの4組の夫婦を区別することはできない。男性の神々はベルトにペニス・ケースをつけ、４柱ともカエルの頭をもっている。女性陣は紐のない鞘のようなぴったりとした衣をまとい、ヘビの頭をもち、男神と同じように犬の頭の飾りをつけた靴を履いている。同時代、バハレイヤ・オアシスにあるベナティの墓の壁には、同じような２つの場面において八柱神は異なる姿で描かれている。１つの場面では満月をもち上げる手伝いをするヘビの頭の神々であり、もう１つの場面では、日没に手を上げて太陽を拝むサルの姿をしている。この図は後の時代、エドフ神殿の第１列柱室のペディメント（切り妻）にも見ることができる。

「地平線の神を作った先祖の神々」は完全に人間の姿をしていることもあるが（カルナクのエウエルゲテスの門とメンチュウ*の門）、多くの場合はカエルやヘビなど、原初の水を思わせる水性動物の頭をしている。彼らは特別な特徴をもたないが、太陽の誕生に貢献したことから、フィラエ神殿の場合のように、男性の神々はスカラベ、女性の神々は太陽円盤を頭に飾っていることがある。

カルガ・オアシスのイビス神殿の聖域の南の壁には、ヘルモポリスの神々を描いた１つの段の中に、８柱神は２つの異なる姿で描かれている。ロータスから現われた子どもの太陽を拝むように両腕を上げている４組の神々からほど遠くない場所に、4対の頭をもつ人物が描かれている。頭の半分は前方を、そして残りの半分は後方を見ている。そして碑文には「ヘルモポリスの主人」と記されている。これは8柱神を1つの人物像として描いたものと思われる。

ロンドンのユニヴァーシティー・カレッジには、緑の蛇紋石で作られたケクを単独で表現した小像がある（UC 30154）。ケクは両性類の頭をもつ踞った人物として描かれている。おそらく8柱神の他の神々の像も同じようにセットで存在したと考えられるが、ケクのものが現存する唯一のものである。

特徴：スカラベ、太陽円盤

→アメン、原初の卵、ヌン、ロータス

B.: K. Sethe, *Amun und die acht Urgötter von Hermopolis, APAW*, 1929, 4 (Leipzig).

図：アマシスのナオスに描かれたヘルモポリスの8柱神。第26王朝、ルーヴル美術館（D 29）。

パテク　PATÉQUE

厄よけの魔法使いとしてのプタハの姿。

「彼はヘパイストスの神殿の奥に入り込み、神の彫像に満足する。彫像は実際パテクによく似ている。フェニキア人が船の船首に飾り、海を渡って広めた像である。まだパテクを一度も見たことのない人に、そのイメージを伝えるために、ピグミーの姿であると伝えよう。カンビュセス王はふたたび、神官だけが入ること許されているカベイロイの神殿に侵入する。そして彫像を愚弄したあげく、焼き払う。彫像はヘパイストスに似ている。カベイロイはヘパイストスの子どもであるとされている」

ヘロドトスは、以上のようにカンビュセスがメンフィスにあるプタハ神殿を訪問した時のことを語っている（歴史　3巻　37　訳：A・バルゲ）。この記述によって、グロテスクな小人の姿で、台座にメンフィスの神の名前が刻まれているファイアンス製の小像に、「パテク」、あるいは「プタハ・パテク」という名前がついていたことがわかる。ホルス*・ステラに、他の神々と共に、蛇、ワニ、その他の危険な動物を追い払っている小人として描かれていることから（大英博物館36250）、このタイプの像が厄よけの性格をもつことが明らかである。そしてサイス朝の初めからは、パテクはふつうの背丈の人間の姿で描かれるようになった。彼らはもともと、神々の世界における小人の金細工師として古王国時代のマスタバ墳の壁に描かれている、プタハ神によって発明された金細工の技術を実際に行なう者たちである。

ベス神*や類似の神々とその性格を共有しているパテクは、裸の小人の姿をしており、軟骨形成不全の症状を示す奇形をもっている。頭が異常に大きく平らで、腹が大きく、曲がった腰をもち、腕は捻れ、足はがに股である。

最もシンプルな小像には、とくに特徴がない。一般に、坊主頭で髭もなく、にぎりこぶしを腰にあてている。しかしこの非常に人気の高い護符の図像上の多様なレパートリーをすべて網羅することはできないと思われる。

現在、偶然に残っている、多様な収蔵品の中には、子どもを象徴する編んだ髪をもつもの、アメン*の頭飾りを載せたもの、あるいは、ヘムヘム冠、スカラベ、月の円盤などを頭に載せたパテクがいる。このほかにも手に蛇やナイフを持ち、ホルス*やシェド*のようにワニに載っているもの。あるいは、口から出ようとしているのか、あるいは、喰われているところなのか不明の、2匹のヘビと共にいるもの、3つの頭をもつもの、などさまざまである。

小像の中には、よく知られている神々と合成されているものもある。たとえば、パテクの背中から他の神の像が突き出ているものや（セクメト*）、あるいは他の神々がパテクを囲んでいるものがある（イシス*とネフティス*）。

特徴：スカラベ、ナイフ、蛇、ワニ

→プタハ、ベス

（→口絵/p.53）

バト　BAT

上エジプト、第7ノモスの古い女神。『ピラミッド・テキスト*』の中で死者となった王をさまざまな聖なる存在と見なす文章の中に、「2つの顔をもつバト」という表現がある（§1096b）。バトは上エジプト第7ノモスにおいて古くから崇拝されていた女神であり、カルナクのセンウセレト1世の「白の礼拝所」にある地方のリストに登場する。このリストには地方の名前が、不思議な紋章であるヒエログリフのサインで記されている。第7ノモスの印は、2つの顔をもつ女性で、牝牛の耳をもち、頭には螺旋状の様式化した角が載せられているものである。

バトは、上記のような姿以外で見られることはない。王の名前の一部として、第1王朝の初めには有名なナルメル王のパレットに登場する。あるいはまた、同じ時代に、ヒエラコンポリスで発見された閃緑岩の壺の縁に描かれている。ハトホルと共通する特徴をもち、第11王朝になると、近隣の第6ノモスの強力な女主人であるハトホルと混同されてしまったことも納得が行く。その結果、新王国時代の初めになるとバトは影の薄い存在になってしまう。

「ナオス*」型の多くのシストルム*や、石材を積み上げたハトホル柱の中に、2人の女神の象徴が融合しているのを見ることができる。またバトのサインは、メ

ンカウラー王の3柱神のひとつに見られ、女神がイシス*女神とも強く結びついていることを示している。『コフィン・テキスト*』の短い呪文の中に2人の結びつきを見ることができる（呪文411）。

バトによく似た図像は、ウルや肥沃な三日月地帯で見られるが、人間の顔と牡牛の耳をもつ独特の姿のバトが、メソポタミア起源であることを示す証拠はない。

バトがハトホルにとって代わられる以前、古王国時代においては酷似していたハトホルとバトの2柱の女神の角の形は、時代とともに異なる進化を遂げる。メンカウラー王の3柱神は、右にハトホル、そして左には第7ノモスを人格化した女神によって囲まれている。「琴の形」のハトホルの角に載る太陽円盤に対して、バトの頭に載っている角は螺旋状のものである。また、バトはイシスの結び目の代わりに、古王国時代において「宮殿の執事」が身につけていた印を載せていることもある。

プトレマイオス朝やローマ時代においては、ジュミラック・パピルス（ルーヴル美術館　E.17110）の挿絵の中にバトの姿が見られる。名前はバイトと記されている。長方形の台座の上に載せられたハトホルのアイギスの姿をしている。

特徴：角と牝牛の耳

→イシス、ハトホル

B.: H. G. Fischer, “The Cult and Nome of the Goddess Bat,” *JARCE* I (1962), p.7-23; II (1963), p.50-51.

ハトホル　HATHOR

愛と踊りと歓喜の女神。エジプトのパンテオンにおいて重要な神であり、後にギリシア人が、アフロディテとして奉るようになった女神。「天と地をその美で満たす」ハトホルは、聖なる女性の象徴であり、愛、歓喜、陶酔、舞踊と音楽の女神である。

非常に古くから存在する女神であり、その名前は「ホルスの城」を意味し、もともと、太陽神ホルス*が日々駆け抜ける天空を支配する女神をさす。ヌウト女神*と同じように、ハトホルも太陽を支え、毎朝、ホルスに新たな生命をあたえる。その宇宙における役割によってハトホルはラーの母となる。また、他の原初の牛の神々、イヘト*、メヘトウレト*、セカト・ホル*と結びついている。

記念碑から、地域によってハトホルがとる多様な姿を知ることができる。ハトホルは正に、「多くの名前をもつ」女神であり、「多くの姿をもつ」女神である。その形容辞は、エジプト内外に広がるその信仰地の数よりも多く、その美しさを強調しており、その神格の多様性を示している。以下は一部である。「天の女主人」、「すべての神々の女王」、「黄金」、「黄金に光り輝く者」、「神々の黄金」、

「女神の銀」、「２国に生命をあたえる者」、「宮殿の女主人」、「生命の婦人」、「母の中の母」、「南のシコモア・イチジク*の婦人」、「音楽の婦人、竪琴の音色の女主人」、「舞踊の女主人」、「西方のネクロポリスの女王」、「ビブロスの婦人」、「香油の婦人」、「トルコ石の女主人」、「鉄の女主人」、「書記の女主人、書庫の女王」などである。

ハトホルは、相反する側面をもちあわせており、ほとんどの女神と結びつき、または同一視されているといえる：なかでもイシス女神*、マアト女神*と結びつき、さらに「その笏でエジプトを緑で覆うウアジェト*」とも結びつく。そればかりでなく「ハピ神*を洞窟から誘い出すソティス女神」、ハピの助けを借り穀物を育てるレネヌウネト*、機織りの女主人タイト*、書記や書庫を支配するセシャト*などとも結びつく。

ハトホルはまた、「天の４つの地域における女性なる太陽」であり、この４つの方位をもつハトホルは、テメト*と同化し、「ラーが愛する４つの顔」は、ネイト*（西)、バステト*（東)、ウアジェト*（北)そしてネクベト*（南)とそれぞれ結びついている。

ラーの母、天の牛であるハトホルは、矛盾もなく、同時にラーの娘でもあった。そして「ラーの眼」であるハトホルは、『天の牛の書』*では、血を貪るライオンのセクメト女神である。また、後の時代のデモティックで記された太陽の目にまつわる神話である遠方の女神*の伝説における主人公、恐ろしいテフヌウト*でもあった。そして世界の運行のために必要な、すべての女性の顔をもっていた。「百万年の船の愛の婦人」、「ハトホルの姿を見て輝く太陽円盤」ラー神の創造をうながす妖艶な美のもち主。また、性的な欲望を満たすハトホルは、ネベ・ヘテペト*と同一視される癒しの女神でもあった。

母性の象徴であり、子を育むハトホルは、葬送の神としての重要な役割をもっている。ハトホルは、西方の女神イメンテト*と同化し、死者を迎える女神でもある。

セベク*、ネフェルヘテプ*、ヘリシェフ*、アメンナクト*など、多様な神の配偶神であるハトホルは、エドフの太陽のホルスの妻であり、息子ハルソムトゥス*が生まれる。毎年、この聖なる結婚の祝祭の期間に女神はエドフを訪れる。

デンデラにおいては、彼女はイヒ*の母である。

天の牛、冥界の女主人、そして美しい若い女性であるハトホルは、最初から太陽円盤を角で囲んだ飾りを王冠としてかぶっていた。あまりにも多様な側面をもつハトホルの全容を短い紙面で一度に網羅することは不可能に近い。

ルーヴル美術館には、エジプト彫刻の傑作とはいえないが、ハトホルの4つの姿を一同に集めた未完の彫像がある（E. 26023）。けつ岩質の砂岩に彫られたユニークな彫像には、中央に牛、向かって左側には「ナオス」の形のシストルムを頭に飾り玉座に座る女性、右側には太陽円盤を載せたライオンの頭をした女性が立っている。そして牛の下には、人間の頭をもつ衣をまとったコブラがいる。

デンデラ神殿の広間やクリプトを巡り、あるいはハトホルに捧げられた研究資料を調べれば、ハトホルの図像の全体像が見えてくる。また、その特徴を整理することもできる。そして牛の角の間に太陽円盤を載せたハトホル冠以外の、多くの冠のカタログを作成することができるであろう。とくに目を引くのは、人頭の女性のハヤブサや、列柱室の柱頭に見られる牛の耳をもつ4つの顔などである。また、忘れてはならないのは、メナトの首飾り*やシストルム*など、官能的な意味をもつ聖なる品々である。いずれもハトホル女神自身を象徴する品々である。

さらに、ハトホルは、王を守り、死者を庇護するために、パピルスの茂みから現われる慈悲に満ちた聖牛である。また、メンフィスにおいては、「南のシコモア・イチジクの婦人」として牛の頭（ブケパロス）をもつ姿をとり、イチジクの樹からその上半身を出している。

最後に、デンデラ神殿のオシリス聖堂複合体（東第2聖堂）には、現在ルーヴル美術館にある有名な黄道の天井図のある部屋がある。この部屋へと導く扉のまぐさの部分には太陽の船の図がある。この図は、太陽神としての女神の性格をよく表わしている。中央にある円盤の玉座に座っているのは、ハトホル、そしてフウ*とシア*をともなうラー・ホルアクティが後ろにいる。フウとシアは、船の前方で両手をかかげるトト神とマアト女神と同じように両手を上げ崇拝の姿勢をとっている。

特徴：アテフ冠、アメンの鬘、牛の角、牛の耳、ウラエウス、シストルム、赤冠、太陽円盤、高い羽根、メナトの首飾り

→イウサアス、イヒ、イメンテト、遠方の女神、シコモア・イチジク、使者の精霊、シストルム、セクメト、セベク、テフヌウト、テメト、ハトホル（7柱の）、ハルソムトゥス、ホルス、メナトの首飾り

B.：S. Allam, *Beiträge zum Hathorkult (bis zum Ende des Mittleren Reiches,)* *MÄS* 4, 1963; J. Vandier, “Un groupe du Louvre représentant la déesse Hathor sous quatre de ses aspects,” *Mélanges de l'Université Saint-Joseph* XLV（1969), p. 159-183, pl. I-XI; Ph. Derchain, *Hathor quadrifrons. Recherches sur la syntaxe d'un mythe égyptien*, Istanboul, 1972; C. J. Bleeker, *Hathor and Thoth. Two Key Figures of the Anciet Egyptian Religion, SHR* XXVI, 1973.

（→口絵/p.53・54）

ハトホル（7柱の）

HATHOR (LES SEPT)

人間の運命を宣告する女神たち。エジプトのテキストに登場する「7柱のハトホル」はしばしば私たちの物語に現われる妖精と比較される。良い妖精も悪い妖精も新生児の揺りかごを訪れ、運命を告げたり、魔法をかけたりする。これは新しいテーマではない。『宿命の王子』や『2人の兄弟の物語』などの話において、7柱のハトホルたちは重要な役割を果たしている。前者の物語の最初に「ハトホルたちは運命を告げるために登場する」彼女たちは生まれたばかりの王の子どもに「ワニによって、そしてヘビの口によって、(あるいは)犬によって死を迎える」と告げる。2つ目の物語では、クヌム神がラー・ホルアクティ*の命令によって弟のバータのための女性を作る。そこに訪れた7柱の女神は口を揃えて「彼女は刀によって生命を落とす」と告げる。

女神たちが初めて登場したのは新王国時代である。7柱という象徴的で神話的な意味をもつ数がかならずしもつねに明確に表現されているわけではないが、「ハトホルの行列に登場するクサエの老女たち」は、すでに『コフィン・テキスト*』に示唆されている（呪文61）。「7柱のラーの娘たちは、7つの小さなバンドに7つの結び目を結び」とトリノの呪術パピルスに記されており、赤い紐を結んで悪運を閉じ込める呪文が言及されている。

7柱のハトホルに人間の運命を決める力がなかったとしても、彼女たちには定められた運命を告げる役割があった。恐ろしい運命を避けるために、「彼女たちが煙に乗って空へと飛んで行くように」と彼女らを追い払おうとする人々もいたが、彼女たちが基本的に悪意のある女神というわけではない。中には愛おしい女性を魔法で呼び出そうと彼女たちを呼び求める者もいる。あるいはまた、ハーグに保存されているラメセス朝の小さなステラのもち主のように、子孫に繁栄をあたえてもらうようにハトホルの7柱に祈願する者もいた。

ギリシア・ローマ時代になると、彼女たちは慈悲の女神となり、聖なる誕生の秘密を伝える誕生殿において神の子どもを守る役割を担い、乳をあたえ、タンバリンやシストルムで子どもをあやす。

7柱のハトホルの最古の図像は、第18王朝の終わりの香油の容器に彫られたものである（ルーヴル美術館、

E.25298)。容器の大きさが小さいため図像は簡素なスケッチである。7人の女性の小さなシルエットで、正面にウラエウスをつけ、頭には太陽円盤を抱く牝牛の角を載せている。

ハーグのステラは、よりユニークなものである。ステラの中央にある少し深い長方形の壁龕の中に7柱のハトホルは正面を向いて彫られている（実際には5人しか描かれていない）。体にぴったりとした衣をまとい、ハトホル冠をかぶっている。浮き彫りで粗く彫られた女神は立った姿で手をつないでならび、全員で「1つの言葉」を放っているように描かれている。

エドフ、デンデラ、そしてフィラエのギリシア・ローマ時代の神殿では、本殿と誕生殿においてそれぞれの土地の偉大なるハトホルを象徴した形で7柱の女神が描かれている。図像では聖なる誕生を助ける役割、そして楽士の役割が強調されている。ハゲワシの髪飾りの上にハトホル冠をかぶり、前後にならんで、座って聖なる子どもに乳をあたえている者、立ってシストルム*やタンバリンを奏でている者がいる。19 世紀の中頃に破壊されてしまったアルマントの誕生殿では、ハトホルの頭をもつ7羽の鳥の姿で2つのグループに対称的に分かれ、出産の場面の上を飛んでいる。

特徴：ウラエウス、シストラム、タンバリン、ハゲワシの髪飾り、ハトホル冠

→シャイ、ハトホル

B.: F. W. von Bissing, H. P. Blok, “Eine Weihung an die sieben Hathoren,” *ZÄS* 61 (1926), p.83-93; Ch. Desroches-Noblecourt, “Un ‘lac de turquoise.’ Godets à onguents et destinées d’outre-tombe dans l’Égypte ancienne,” *MonPiot* 47 (1953), p.1-34, pl. I-II.

ハトメヒト　HATMEHYT

「メンデスの婦人」として崇拝された女神。イルカそれとも魚か？ハトメヒト女神の象徴的な動物の正体は、エジプト学者の間で同意を見ていない。終わることのない論争であるが、女神の名前が「魚の先頭に立つ者」という意味をもつにもかかわらず、また様式化された図像がかならずしも支持していないが、象徴的な動物は、まちがいなくイルカであると結論されたかに思われた。しかしこの結論は、1993年から1996年の間、メンデスの遺跡で発見された魚の奉納ミイラの発見によってふたたび覆された。テル・アル＝ルバで発掘を行なっていたカナダ調査隊が、土器に納められていた若いナマズ（*Schylbe mystus*）の遺骸を多数発見したためである。この発見は、ラメセス朝にメンデスで魚が崇拝されていた事実を示している。また、奉納されていた魚が、ギリシア人がレピドテスと呼

ハトメヒト、アルマントの誕生殿（現在残っていない）、ローマ支配時代。

んだコイ科の淡水魚バーベル（*Barbus bynni*）ではないことを示している。しかし、この発見はメンデスにおいてもともと信仰の対象となっていたのがイルカであった可能性を否定していない。バネブジェデトの聖なる牡羊が後にヤギになったように、ハトメヒトのイルカが後にナマズになった可能性もいなめない。

ハトメヒトが「メンデスの婦人」として崇拝されている下エジプト第16ノモスの象徴は、台座に載ったハトメヒトの動物であり、彼女がこの地域で最も重要な女神であったことを示唆している。しかし、後にバネブジェデトがこの地の神となり、ハトメヒトはその配偶神となる。

この地方の神学者たちは、この夫婦の子どもとして神の子ハルポクラテス*をあたえ、メンデスの3柱神とした。第3中間期から末期王朝までこの信仰は見られた。また、ハトメヒトは、オシリスのバラバラにされた遺体を再生し守る神々の1人でもある。

メンデスのノモスの象徴が、台座に載ったイルカであるか魚であるかは別として、それが女神自身の象徴であるとすれば、ハトメヒトの通常の姿は、頭にこの象徴を載せた女性の姿である。直接頭に載せている場合もあれば、帯状冠の上に載せている場合もある。また、牡牛の角の上に載せた太陽円盤の上に象徴が載せられていることもある。

デンデラ神殿の屋上にあるオシリス複合体の東の礼拝所の入口には、短い碑文の説明からは意味がわかりにくい、不思議な図がある。ハトメヒトは、メンチュウ*の後に続き、ホルス*とウレト・

ヘカウ*の前に、両性具有の人間として立っている。ハトメヒトは、3人の仲間と同じように、ミン*やアメン・カムウテフ*の姿勢で、片手を後に上げ、空中にある殻竿に触れることなく「支えて」いる。壁の保存状態が悪いため、正確ではないが、女神はアメンの冠をかぶり、明らかに女性の胸をもつと同時に、もう一方の手で勃起した男性の性器をつかんでいる。これと同じような図は、カルガ・オアシスのイビス神殿の聖域に描かれたライオンの頭のムウト女神の像に見ることができる。

特徴：アメン冠、殻竿、メンデスの象徴

→バネブジェデト、ハルポクラテス

B.: R. Engelbach, “Notes on the fish of Mendes, “ *ASAE* XXIV (1924), p. 161-168, pl. I-II; D. Meeks, “Le nom du dauphin et le poisson de Mendès,” *RdE* 25 (1973), p.209-216.

バネブジェデト　BANEBDJEDET

牡羊の神、メンデスの主人。その名前が文字通り表わすように「牡羊、メンデスの主人」であるバネブジェデトは、下エジプト第16ノモスの都における主要な神であった。しかし、配偶神であるイルカの女神ハトメヒト*の信仰がそれ以前すでに存在していたことは、女神の名前がこの地域の名前の由来になっていることからも明らかである。

牡羊の神の聖なる動物は、水平な捩じれた角をもつ種（*Ovis longipes palaeoaegyptiaca*）である。この種が絶滅した後は、角が曲がっている牡羊（*Ovis platyra aegyptiaca*）、あるいはヤギとなる。古典作家の言葉を信じるならば、この聖なる動物は豊穣の神として奉られていた。

「牡羊の中の牡羊」の驚異的な生殖能力によって、その性格は羊であるが、「種をつける牡牛」として、パン神と同一視され、そこここで見られる形容辞に露骨に表現されているように、満たされることのない欲情で知られていた。ヘロドトス（『歴史II、46』）に記されている内容は驚くに値しないが、「時を得た」奇才のように「公然と交尾するヤギ」は、エドフ神殿の碑文の1つには、性欲に溺れ、楽しむことしか考えられない「あらゆる美しい女性に手をつける」神として描写されている。

オシリス*の聖なる町であるブシリスと近いことから、バネブジェデトは、早くからオシリスと結びついていたとされる。「牡羊」という語と「バ（出現）」という語は、まったく同音であり、いずれもエジプト語でバと発音される。前者は、羊の鳴き声の擬音に由来していると思われるが、この言葉遊びから牡羊の神はオシリスのバー*であると見なされるようになる。彼はまた、「ラー*

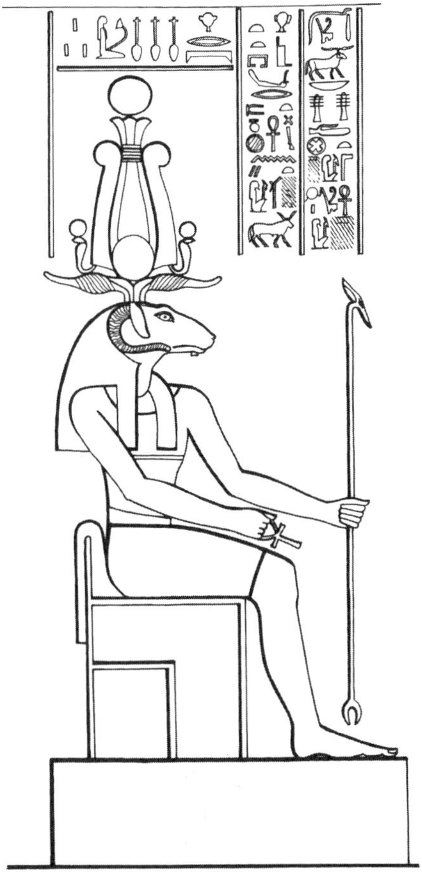

バネブジェデト、アルマントの（現在は消滅している）誕生殿、ローマ支配時代。

のバー」ともなる。遂には、同時にラー、シュウ*、ゲブ*そしてオシリス*のバーとなる。言い換えれば、火、空気、土、そして水である。そして「4つの顔をもち地平線に出現する」と描写される4つの霊となる。この4つのバーが1人の神に統合されるという宗教的な概念は、テーベの「4柱のメンチュウ*」にも見ることができる。アマシス王はこの概念を壮大な形で具現化した。神殿の中庭の四角形の4つの角に、花崗岩の1枚岩でできた4つの巨大なナオスを建造したのである。現在ではシュウのナオスしか残っていないが、8メートルに近いその高さは、この企画の壮大さを今に伝えている。

バネブジェデトに結びついた他の神々の中には、クヌム*やヘリシェフ*などの牡羊の神が特別な地位をもっていたようである。デンデラのクリプトには、2つの対称的な図が見られる。メンデスとその配偶神がウアジェト*をともない、ネクベト*をともなうヘリシェフとハトホル*の反対側にいる。この図からバネブジェデトが下エジプトの牡羊、そしてヘリシェフが上エジプトの牡羊であると考えられる（*D* VI, pl. 517）。

イムヘテプ*の母であるケレドアンクは、しばしばバネブジェデトの娘であるとされるが、メンデスの3柱神は、バネブジェデトと配偶神ハトメヒト、そして息子のハルポクラテス*の3人で成立している。この3番目の神の登場は、オシリスの3柱神への回帰を示唆している。

バネブジェデトの一般的な図像は、アテフ冠をかぶった牡羊の頭をもつ人間である。しかしこれが唯一ではない。

たとえば、有名な「メンデスのステラ（CGC 22181）」のアーチの部分には、同じ場面の中でバネブジェデト神と「メンデスの牡羊」がそれぞれ異なった姿で描かれている。太陽円盤を載せた２種類の角を頭につけた聖なる動物である「生きている牡羊」を載せた高い台座の後に、バネブジェデト神が牡羊の像を支えているように描かれている。

第20王朝になると、王家の谷（KV 19）に埋葬されているラメセス9世の息子の1人であるラメセス・メンチュヘルケプシェフ王子の墓において、この神は捩じれた角の牡羊の頭をもつミイラの姿の人間として描かれている。神はパピルスのマットの上に立ち、冠と同じくらい大きな２匹のウラエウスに囲まれたアテフ冠をかぶっており、プタハ神*やコンス神*が通常手に持つ複合された王笏を持っている。

バネブジェデトはまた、第３中間期の『ドゥアトにいる者の書』というタイトルの葬送パピルスにおいて、不思議な姿の神々の中に登場する。『太陽の讃歌*』の中のラーの姿に似た、あるいはそっくりの人物群の中に、バネブジェデトは、ヤギの頭のミイラの姿で描かれていることがある。あるいは芸をする犬のように後ろ足の上に座っているヤギの姿を見ることができる。

最後に、エドフ神殿の聖域の中の聖域の東の外壁においては、完全な人間の姿をしている（*E* X, pl.91）。それに対して、デンデラではあらゆる要素をもつ姿で現われる。とくに特徴のない牡羊の頭の人間（*D* VI, pl.517）、２枚の高い羽根を載せた牡羊の頭をもつ、座っている小さな人間（*D* I, pl.75）、同じ羽飾り（*D* VIII, pl.696）、あるいは、太陽円盤をつけた（*D* X, pl.53）牡羊の頭の鳥、あるいはまた４つの牡羊の頭をもつ人間として描かれ、アテフ冠をかぶり、２匹は前、２匹は後ろを向いている（*D* X, pl.198）。この神の像は、「1つの首に4つの顔をもつ者」という表現を具現化したものであり、同じような4つの頭をもつ牡羊の護符を見ることができる。

特徴：アテフ冠、ウラエウス、太陽円盤、複合された笏

→ケレドアンク、ハトメヒト、ハルポクラテス

B.: Ph. Derchain, "Mendès et les femmes," *Enchoria* 25 (1999), p.20-23.

パネブタウイ　PANEBTAOUY

コム・オンボで奉られている２つの３柱神のうちの1柱の子どもの神。パネブタウイはコム・オンボ以外では見られない。母親のタセネトネフェレト*と同様に、末期王朝のエジプトの神学者が、ギリシア・ローマ時代の大神殿の主要な２柱の主人の１柱ハロエリス*を中心とした聖家族を作るために創作したものである。この神殿はエジプトで唯一、2柱の

パネブタウイ、コム・オンボ神殿、プトレマイオス朝。

重要な神をともに奉っている神殿である。

ときに定冠詞のパを省略してネブタウイと記されることもあるが、つねに「子ども」という形容辞がつくこの神の名前は、「2国の主人」という意味をもつ。この名前は慣習的に王の称号の最初のカルトゥーシュの前に記される称号である。このことから、この神の重要な性格は王の役割と結びついていると考えられる。もうひとつの性格は、他の子どもの神のものを借りているように思われる。たとえば、イヒのように彼はまた「音楽の主人」である。

対称性の遊びによって、神殿の北の軸の3柱神の息子であるパネブタウイは、対称的な立場のコンスに代わり「喜びの主人」となり、南の軸において、セベク*とハトホル*を親とする「完璧な子ども」となることがある。

ネメス頭巾の下に隠れた子どもの特徴である編み毛を除き、滅多に手を口に運ぶことのないパネブタウイは、3柱神の息子というよりも王そのものの姿である。

ネメス頭巾の上にかぶった2重冠や、彼の名前はまさに王の性質を表わしている。

特徴：ウラエウス、口にくわえた指、子どもの編み毛、太陽円盤、ネメス、プスケント、ヘムヘム冠、三日月

→タセネトネフェレト、ハロエリス、

B.: A. Gutbub, *Textes fondamentaux de la théologie de Kôm Ombo, BdE* XLVII (73); ID., *Kôm Ombo I. Les inscriptions du naos*, Le Caire, 1995.

ババ（ベボン） BABA (BÉBON)

男性的な力を誇示する神、セト神の性格をもつ。「ティフォンにセトの名前を譲った」エジプト人にとって、セトの名前は、「暴政を行ない虐げる者」を意味

する。プルタルコス（『イシスとオシリス、49』）は、さらに次のように言っている。「もう１人ベボンがいる。人々の中には、ティフォンの仲間であるという者もいるが、マネトンによれば、「ベボン」と呼ばれているのは、ティフォンそのものである」

プルタルコスによってわれわれに伝わっている情報が正確であるとすれば、セト神と、エジプト人がババと呼んでいる神は、末期王朝には同一視されるようになっていた。しかしババの複雑な性格は、そのような単純な等式では説明できない。

新王国時代の初めから赤いイヌと考えられていたババは、もともとヒヒの神であった。また、おそらく「穴」という意味の語根とも結びついている名前は、台座の上で合わさった白冠と殻竿のサインで記される。このことから王権と結びついた神であることが示唆される。

『ピラミッド・テキスト*』には、「耳が赤く、体の後ろの部分の紫がかった」サルと描写されている（§1349b）。年老いたヒヒであり、その男根が天の門の閂となっている（§502a）。そして王は「夜の天の主人、ヒヒの中の牡牛」としてババと同一視される（§516c）。

この後の時代、太陽の船の中にババを見ることができる。また、その要素から月の神の性格をもつことが示唆される。

ババ、ケンナのパピルス。第18王朝、ライデン博物館（T 2）。

あるいはまた、ナイルの氾濫や豊穣の神の性格をもつ。しかしあまり推奨できない側面ももつ。まず、その生殖力によって、ババは「子どもを作り、子牛を増やす」とされている。彼は精力の模範として、人間が「欲情のままに生殖行為を行なえるように」魔術の書が呼び出す存在である。また、ジュミラック・パピルスに見られるように、神話の中では、77匹の極悪な犬の群れを引き連れている。喧嘩っ早く、残虐で、嘘つきというよりも泥棒であり、ラー神*を嘲笑うことなど平気である。トト神*とは諍いを起こし、どこから見ても「極道者」のレッテルを貼られるにふさわしい。

『死者の書*』の第17章の註釈には、ババは、「イヌの頭をもち、人間の眉をもつ」神として、「炎の湖の周囲を護衛する」という描写がある。別の表現をするとヒヒの頭を意味する。この註釈の横に描かれた図には、イヌの頭をもち、大きな2本のナイフを持って2つの燃え上がる炎の横に立っている人間の姿で描かれている。プトレマイオス王朝になると、同じ挿絵には、歩く人間の姿でババが描かれている。腰布をまとい、上エジプトの白冠をかぶり、ババの名前を記す殻竿を持っている。

1年の最後から2番目の月（エピフィ）の16日目と結びつき、エドフ神殿のすべての「時」の神*と同様に、ババはハヤブサの頭をもち、しゃがんだ姿勢でプスケントをかぶる神として描かれている。

特徴：殻竿、ナイフ、白冠

→セト、トト

B.: Ph. Derchain, “Bébon, le dieu et les mythes,” *RdE* 9 (1952), p. 23-47; J. Vandier, “La légende de Baba (Bébon) dans le papyrus Jumilhac (Louvre E. 17110,” *RdE* 9 (1952), p. 121-123; Ph. Derchain, “Nouveau documents relatifs à Bébon,” *ZÄS* 90 (1963), p.22-25.

ハピ　HAPY

ホルスの子どもたちを参照

ハピ　HÂPY

ナイルの豊かな氾濫を人格化した神。ギリシア・ローマ時代には、古代における他の川と同様にナイル川自体がネイロス*の名前で崇拝された。しかし、古代エジプトにおいては、3千年紀を越える長い間、ナイルの氾濫というユニークで印象的な現象がハピという人格を得て、エジプトの人々の信仰の対象となった。毎年、「その時」が訪れ、ナイルの氾濫がやってくると、原初の海が再現され、すべての生命が湧き出るさまをエジプト人は目撃した。

みずから生まれるものと考えられたハピは、相互に補いあう2つの要素を統一し、豊穣の象徴として両性を備える存在であった。［ハピは、］「神々の父であり、同時に母であった［…］そしてその愛称は、「女性」である。［彼］は［ヌン］から生まれたすべてのものの種が生み出される母体である。それは偉大なるハピ、神々の父、それはヌン、それはハピの姿。半分は男、そして半分は女。［水が男であり］、そこから生まれた原初の丘が女である。［すなわち］彼は父であり、母である」以上は、デモティックで記されたベルリン・パピルスの創世神話の一節である（13603）。

また、『ナイルの氾濫の讃歌』が知られており、４つのパピルス２つのタブレット、そして70余りのオストラコンがある。おそらく新王国時代を通じて書記の学校において、最も頻繁に写本されたテキストである。この讃歌は、「地から現われ、エジプトを生命で満たす者」というハピに対する呼びかけで始まる。ハピは恩恵をもたらすだけでなく、ときには、厄をもたらすこともあった。氾濫はときに規模が小さく土壌を潤わすのに不十分であったり、あるいはまた、強すぎて害を及ぼすこともあった。そのため水が丁度よい高さにかさを増す必要があった。予測は時とともに変化した。『コフィン・テキスト*（呪文358）』には、７キュービット、また、ローマ時代にはネイロスの彫像の周りで遊ぶニンフのペシェスが16キュービットの水かさを人格化していた。「ハピの到来」が望ましいものであるかどうかを知ることは重要であり、パレルモ・ストーンに刻まれた王の年代記に見られるように、第１王朝から、毎年の氾濫の水かさが計られ記録されていた。そしてハピを満足させるために、供物や犠牲、そして正しい祈りを捧げることが必要であった。また、女性の小像をナイルに投げ入れてハピの発情をうながすことも大切であった。ゲベル・シルシラのステラには、ナイルの氾濫が生み出す恩恵が「エジプトの糧、食物、餌」と記されている。神も、人間も、そして動物もこの恩恵を共有しているのである。それは生産をつかさどる神々*の行列を想起させる。ハピは、王の後ろで、渓谷やデルタの恵みが運ばれるのを監督している（cf. p.132）。この行列は、ナイルの氾濫が2つの異なる源流から来るとエジプト人が考えるようになった第19王朝の初めから2倍になった。南のハピは、「ビーガの山」の麓に「巣」があると考えられていた。そして北のハピは、旧カイロ、イスタブル・アンタルの台地の麓にその洞窟があると考えられていた。

ハピは、ナイルの氾濫の現象を人格化したばかりでなく、水そのものであり、洪水を操る神であった。また、神学者の中には、氾濫のプロセスで重要な役割を果たす、他の神々の存在を主張する者もあった。まず、氾濫を告げるソティス、そしてエレファンティネ島ではクヌム神*とサティス女神*、カルナクではアメン*、ヘリオポリスではセパ*。その遺骸から湧き出る体液そのものがナイルの氾濫であり、エジプトに豊穣をもたらすと考えられていたオシリス*。そしてエジプトはイシス女神の体そのものであった。王もまた、治世6年にアメン*、ミン*、そしてヘメン*に祈りを捧げることによって、奇跡の氾濫をもたらしたタハルカのように、効果的に氾濫を管理する能力をもつと考えられていた。

ハピはまれに、アビュドスのセティ1世の神殿のオシリス礼拝所の例のようにごく「ふつう」とあえて言える人間の姿をしていることもある（マアト女神、そしてネフティス女神と共にいる図など）。とはいえ、ハピは、2つの鳥の頭をもち、腰布をまとい、豊穣の神の特徴である両性具有の姿をしている。洞窟の中でひざまずき、ナイルの氾濫を解放しようとする姿、あるいはマディーナト・ハブでは、ラメセス3世の崇拝を受けるために、セマ・タウイの場面で2人に分身して玉座に座している姿などが見られる。あるいはまた、ノモスを人格化した神々の行列を先導している場面では、漁師や船頭の腹帯を巻いただけの、ほとんど裸の姿で、大きな胸と腹を見せている。頭にはパピルスの束、あるいは、上エジプトの「スゲ」を載せている。また、ロータスやアンクのサインがたれている供物台を持っていることが多い。さらに、エドフ神殿の「ナイルの部屋」の2つの場面のように、箔を施した背の高い水差しをまるで王笏のように、胸にあてていることもある（*E* XII, pl.411, 413)。2つの場面を描写する碑文の1つには、ハピは「自分の体から出る体液で神々に生命をあたえる」と記されている。そしてもう1つの場面の上に記された碑文は、ナイルの氾濫をハピの「汗」と描写している。

デンデラの東のクリプトn°1（B室、東壁）の壁には、クリプトに収納されていた祝祭のための像の図が描かれている。ハピはヌンと対称的に反対の位置に描かれ、頭には、2枚の羽根を載せたカルトゥーシュを飾っている。これは両手に持ったパピルスの束と似ており、パピルスの束を2つ合わせて作ったように見える。カルトゥーシュにはアメンヘテプ3世の即位名が記されており、神格化したアメンヘテプ3世がハピ神と同一視されている（*D* V, pl.329, 335)。その横に記された碑文によると、このクリプトの他の像と同様に、この像は黄金で、高さが1キュービット（52.35cm)であった。

古代のナイルのカノポス支流の河口、アブ・キールの沖合、トーニスの水中遺跡で発見された巨大な花崗岩製の像には、「ナイルの神々」と生産をつかさどる神々*の行列と思われる場面が彫られている。行列の一員という姿で、ハピは両腕に供物台を持ち、腹の下で結び、前にたれている一枚の布のほかは裸である。編んだ髭をつけ、大英博物館に所蔵されている彫像（EA 8)と唯一異なるのは、3つに分けた鬘の上にパピルスの束を載せている点である。大英博物館の彫像は頭になにも載せていない。

特徴：供物台、上下エジプトの象徴植物、水差し、両性具有、ロータスの花

→アヌキス、ウアジュ・ウル、ウレト・ヘカウ、サティス、生産をつかさどる

神々、セケト、セパ、ソティス、ネイロス、ヌン、水、ユーテニア

B.: D. Bonneau, *La Crue du Nil, divinité égyptienne à travers mille ans d'histoire,* Paris, 1964; J. Baines, *Fecundity Figures. Egyptian Personification and the Iconology of a Genre,* Warminster, 1985; D. van der Plas, *L'Hymne à la crue du Nil, EgUit* IV, 1986.

（→口絵/p.55・56）

パピルス　PAPYRUS

パピルス（*Cyperus papyrus* L.）は、アラブ時代に乱獲した結果、一度完全に消えてしまった。そして20世紀の後半にあらためてエジプトに紹介されたが、それは観光客が求める安物の古代のパピルスの模写を作る原材料を用意するためであった。現在、カイロ郊外で栽培されているパピルスから、古代のナイル渓谷の景観を想像することは困難である。とくにデルタ地帯全体において、沼地にスゲが豊かに生い茂っていた状況を想像するのはむずかしい。

葦やその他の水性植物とともに、エスナ神殿の碑文が「緑であたりを覆う草」と記すパピルスは、高さが4メートルにも達し、侵入することのできない茂みを作っていた。その茂みは水鳥の隠れ家となり、書記の大切な道具であるパピルス紙、葦舟、マット、籠、縄、サンダルなどの日用品の材料をふんだんに提供した。それればかりでなく、テオプラストスを信じれば、田舎ではパピルスは人気のある食材であり、煮たり、焼いたり、あるいは生のパピルスの茎を咬み、その汁を吸ってから繊維を吐き出していた。

ソルト・パピルス825の「命を保つ祭儀」によると、パピルスの根茎は、神から出現したものとされている。それはラーの唾の中から生まれた。スペインでは、今でもオルチャータ・デ・チュファと呼ばれる、キハマスゲ（*Cyperus esculentus* L.）の地下茎の汁を使った飲み物があり、カタロニアでは、今でも伝統的にこの汁を「イシスの乳」と呼んでいる。パピルスからもこれに似たミルク状の汁が出る。医療パピルスであるエーベルス・パピルスは、パピルスの汁の香りを母乳の香りと比べ、その汁が命と健康と若さをもたらすとしている。そのため女神が持つパピルスの形の笏のように、パピルスの茎と散形花序をモチーフとしたパピルス柱（ウアジュ柱）は護符となり、生きている者をその年の危険から守り、死者の体が永遠の若さを保つようにする力をもつ。また、長石は緑の色がパピルスの色を思わせるため、彫刻を施しミイラの首に置くこともある。これは、「死者の書」第159章と第160章で勧められている守護の方法の1つである。

パピルスをさす3つの同義語には、メ

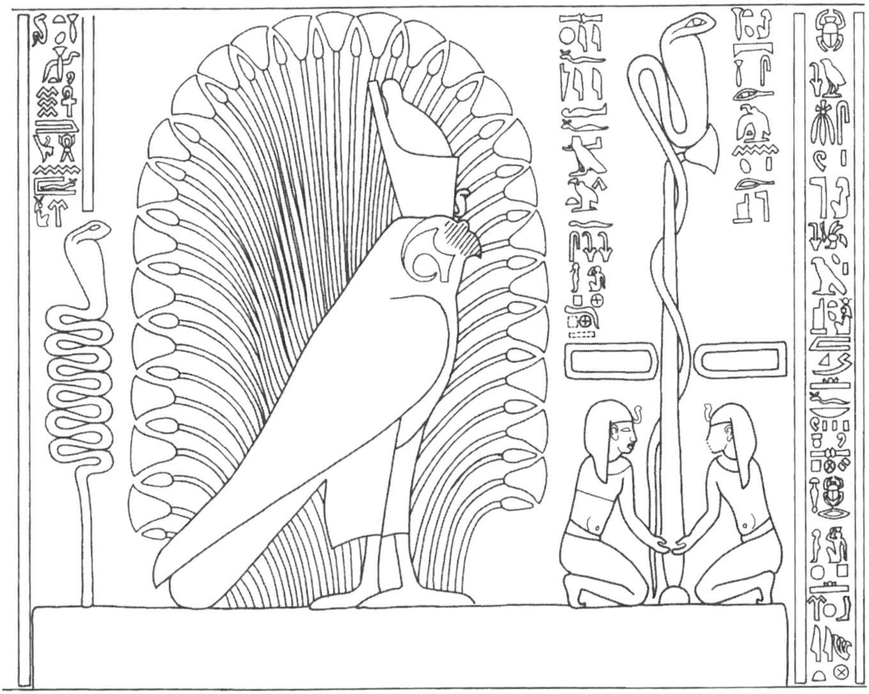

ケンミスの沼地のパピルスの茂みでウアジェトに守られているホルス、フィラエ島の誕生殿、プトレマイオス朝。

ネフ、チェウフィ そしてウアジュがある。この最後のウアジュという言葉に、パピルスがもつすべての象徴が集約されている。というのもウアジュという言葉は、緑、生命力、そして再生復活の概念を運んでいる。それは、パピルスが切られたり、焼かれたりすると、あふれるように樹液が出るさまに由来している。また、密集して生えるパピルスの茂みは、恰好の隠れ場所であり、その後にはウアジェト*の領域がある。ここは「パピルスの上にいる者」の警護の下で、幼いホルスが育った場所である。これがまさに、有名なケンミスの沼地である。誕生殿を囲むように、回廊に立つ散形花序の柱頭をもつパピルス柱は、イシスが息子を隠したパピルスの茂みを建築の上で再現したものであり、「ブトでホルスを守るように幼子をとり囲む茂み」である。記念碑の心臓部は、ホルスの「巣」にあたる。同様に、神殿の中で、パピルス柱をもつ部屋は、ウアジィトと呼ばれ、父の後を継ぐために若いホルスが隠れていた沼地を象徴し、将来の王と幼いホルスを重ねている。

パピルスは単独で、あるいは他の植物とともに死者に捧げる供物である。とくに新王国時代にはパピルスの供物が見られたが、ギリシア・ローマ時代になると、エドフ、デンデラ、カラブシャ、そしてエスナの神殿において、それは特別な供物となる。ほとんどの場合、パピルスの供物を受けとるのは、「パピルスの助けを借りて息子ホルスを守る」あるいはまた、「生命のパピルスによって2国」を緑にするウアジェト女神である。

→イシス、ウアジェト、ウク、ネブリデ、ハルモテス、ホルス、メンヒト

B.: H. Ragab, *Le Papyrus*, Le Caire, 1980; R. Parkinson, S. Quirke, *Papyrus*, London, 1995; M. Erroux-Morfin, “Le Papyrus et son offrande. Cypéracées et Joncacées dans les textes égyptiens d'époque tardive,” *ERUV* II, *OrMonsp* 2001, p.17-38.

ハプの子・アメンヘテプ

AMENHOTEP, FILS DE HAPOU

神格化した建築家、宰相。ファラオ時代、神となる栄誉を得た人間はめずらしい。ファラオはその誕生から神であり、戴冠によって神として崇拝を受ける。しかしハプの子・アメンヘテプの場合は何世紀という時をへて神の地位へと昇っていった。

ギリシア人がアトリビス（現在のベンハの中心地）と呼んだデルタ地帯の町で生まれアメンヘテプはハプの息子といわれている。王の書記をつとめ、町の神ホルス・ケンティ・ケティの大司祭という地位に昇った後、50代の時にアメンヘテプ3世の治世（前1387-1348頃）のテーベの宮廷に召喚された。王の建築師であり他にも多くの称号をもつアメンヘテプは、王の加護を受け、また80歳代という当時ではたいへんな長寿であったこともあり非常に重要な人物へと上り詰めた。アメンヘテプは多くの造営に携わり、その中には遠くヌビアのソレブにある王位更新祭の神殿、そしてテーベ西岸のネクロポリスにある王の葬祭殿があるが、現在では入口を守る有名なメムノンの巨像を除いてすべては消えてしまっている。

アメンヘテプ3世は「すべての作業の監督」であるアメンヘテプに、アメン神殿に約10体の自分の彫像を作ることを許した。その結果、地上において人々とアメン神の間を結んでいたアメンヘテプは、その役割を宗教界においても永遠のものとした。アメンヘテプ3世の勅令により「数百万年の」の神殿という、かつてない規模の葬祭殿を作ったアメンヘテプは人々の記憶に大きく残った。そのため多くの人々がアメンのお告げを聞くために神殿を訪れ、彫像に手を触れた結

果、刻まれていた碑文が摩耗して消えてしまったほどである。

後にアメンヘテプは賢者、あるいは予言者と考えられるようになった。そしてプトレマイオス2世フィラデルフォスの治世初めになると、「癒し」の聖人となり、アメノテス神のように人々が苦しむ病を消す「良き薬」の役割を果たすようになる。トト神とセシャト女神が親とされたが、アメンヘテプの実際の親は完璧な音遊びでアピス*、そしてハトホル*と結びついている。アメンヘテプはまた、地上においてアメン神の役割を果たすようにアメン自身によって選ばれたアメンの息子であるとされている。

末期王朝のカルナク、カスル・アル＝アグーズ、ディール・アル＝マディーナ、ディール・アル＝バハリとトード神殿の聖域では、「兄弟である」イムヘテプと結びついている。イムヘテプ自身はイムテス・アスクレピオスとなっている。ディール・アル＝バハリのハトシェプスト葬祭殿のテラス3階部分にあるプトレマイオス朝の礼拝所では、2人の神格化した人間は健康を人格化したアスクレピオスの娘ヒュギエ*とともに3柱神を形成している。ギリシア語の多くの碑文によると病に悩む巡礼者の多くは、夢の中に現われた神の姿を見て神殿に隣接した療養所を訪れた。その信仰はテーベの外に広がることはなかったが、その記憶は多神教の時代の最後まで残り、紀元6世紀頃まで子どもの名前の中に残った。

アメン大神殿の第10塔門の入口で発見された1対の彫像など、神殿に残る彫像は高い位の人間を理想化した肖像である。なかでも有名なものは、足を組んで座り、膝の上に広げたパピルスの巻物に文字を書く準備をしている書記の姿のもので、静かに人々の話を聞きとろうとしている仲介者の姿をよく表現している。

第20王朝のディール・アル＝マディーナのインヘルカウ墓（TT 359）の壁画には、アメンヘテプが神の位に昇るための大事な段階が示されている。そこには墓の主とその夫人が亡くなった約20人の王、王妃、そして王子、さらには1人の正座する書記に向かって崇拝している図が描かれている。この書記こそ「貴族」アメンヘテプ・フイの愛称をもつハプの息子である。

神として崇められている神殿の壁画においては、ハプの子・アメンヘテプは宰相の位に相当する衣服を身につけている。長い腰布は脇の高さに紐で結ばれている。頭には円くなめらかな鬘をかぶっている。そして鬘を覆う布が肩まで美しくたれている。トード神殿の壁画では、さらにウラエウスをつけた見事なバンドを飾っている。すべての神と同様に片手にはウアス笏とアンクのサインを持っていることもある。しかし多くの場合、アメンヘテプは書記のパレットとパピルスの巻物を持ち、地上における彼の仕事を示す特徴をとることが多い。

多くの青銅製の像があるイムヘテプとは反対にアメンヘテプの像は数少ない。シカゴ大学オリエント研究所付属博物館には、マディーナト・ハブ出土の石灰岩製のめずらしい彫像がある。かつては金箔が施されていた小さな像は「医者の長」であるアメンヘテプが「兄弟」イムヘテプと同様に膝にパピルスの巻物を広げ玉座に座る姿で描かれている。カルナク神殿の第1塔門の入口近くで発掘されたカイロ・エジプト博物館にある巨大な像（JE 37206）は、神となったアメンヘテプの立像である。上半身は裸で古代から王の腰布である正面に襞の入ったシェンディトを身につけている。

特徴：ウラエウス、書記のパレット、パピルスの巻物

→アンティヌス、イシ、イムホテプ、ウジャレネス、カゲムニ、ピイリス、ヒュギエ、ヘカイブ、ペテイシス

B.: D. Wildung, *Egyptian Saints, Deification in Pharaonic Egypt*, New York, 1977; Id. *Imhotep und Amenhotep: Gottwerdung im alten Ägypten, MÄS* 36, Munich, 1977.

（→口絵/p.56）

バベル　コイ科の淡水魚

BARBEAU

ハトメヒトを参照

パヘルアメン　PAHERAMON

リビア砂漠独特の託宣の神としてのアメン。2003年、シーワ・オアシスの南東140 km、リビア砂漠の小さなオアシス、ファラフラに向かう道路の出発点にある、アル＝バハレインで、イタリア考古学調査隊（トリノ大学）のアレクサンドリア・センターによる、小さなエジプト神殿の発掘調査が行なわれた。この神殿はネクタネボ1世のカルトゥーシュと、同時代のリビアの王であるウンアメンのカルトゥーシュがあったことから、第30王朝のものとされている。シーワのアモネイオンや近隣の神殿ウム・ウバイダで信仰されていたことが知られていたにもかかわらず、この発掘の数年前には疑問視されていた、パヘルアメンと呼ばれる神が、この遠く離れた土地の神殿において崇拝されていたことがわかった。パヘルアメンという名前は、「アメンの顔」という意味であり、第20王朝のテーベで、すでに知られていた。固有名詞の中に、パヘルアメンナクト、すなわち「パヘルアメンは力がある」という意味をもつ個人名がある他、パネジェム1世の息子、アメン大司祭メンケペルラーのアイギスの下で行なわれていた託宣を行なう女性神官の称号にも、この名前は見られる。また、テーベの山に刻まれたグ

ラフィートには、牡羊の頭に太陽円盤を載せた、単純化されたアメン・ラーの像がある。テエフィビス*、メスタシトミス*、あるいはフネフェロス*など、人々の祈りに耳を傾け、託宣をあたえる他の神々と同様に、「顔」に関心が集中している事実は、パヘルアメンもまた、託宣の神であった可能性が高い。有名なアメン神殿が近隣にあることも、この事実を支持している。

アル＝バハレインの小さな神殿から出土したブロックに刻まれたパヘルアメンの像を初めて見る者は、うしろにライオンの頭のテフヌウトが描かれていることもあり、碑文がなければシュウ神*だと勘違いするであろう。胸像しかない神の像は、大きな胸飾りをつけ、3つに分けた鬘をかぶり、大きなダチョウの羽根を太陽円盤と同じ高さに飾っている。ここでアメンはたんに「王」と形容され、「神々の王」の形容辞をもたないことから、人間の特徴が強調されていると考えられる。もう1つの記念碑のブロックでは、パヘルアメンは正面にウラエウスを飾ったバンドを頭につけている。若干残っている色彩から、胴衣を身につけていたことが推測される。胴衣の部分は彩色だけで表わされている。

特徴：ウラエウス、太陽円盤、ダチョウの羽根

→テエフィビス、フネフェロス、メスタシトミス、

B.: W. Spiegelberg, “Der heilige Widderkopf des Amon,” *ZÄS* (1926), p.23-27; Kl. P. Kuhlmann, “Gleanings from the Texts in the Sanctuary of Amun at Aghurmi (Siwa Oasis),” *MDAIK* 57 (2001), p. 187-195; P. Gallo, “Ounamon, roi de l'oasis libyenne d'El-Bahreïn,” *BSFE* 166 (2006), p.11-30.

(→口絵/p.56)

パヘルシェフ　PAHERCHEF

牡羊の神。リビアのオアシスのアル＝バハレインの小さな神殿に奉られた、この地方のパンテオンに、パヘルアメンとともに、「顔、正面」を意味するヘルという語を含む名前の神がいる。この神の信仰は、シーワのアグルミの聖域で見られる。そしてバハレイヤでは、アイン・アル＝ムトフェッラに、サイス朝の王アマシスによって立てられた聖域で、パヘルシェフ、すなわち「牡羊の顔」という名前の神として崇拝されている。そこにはヘリシェフ*の姿が垣間見られる。しかし、ほぼ同音の名前をもつパヘルシェフは、「湖の上にいる者」というまったく別の意味をもつヘラクレオポリスの主人ヘリシェフの名前に、定冠詞のパをつけただけの神ではない。実際、音が似ている（羊の頭という意味の）シェフィや、（畏敬という意味の）シェフィトの意

味が異なるように、他の解釈が可能である。アグルミの託宣の神殿において、パヘルシェフは「イシェルウの女主人、ムウト」と共にいる。螺旋状の角をもつ神は、ヘリシェフというより、おそらくアメンの「顔」を象徴している。このことから、パヘルアメンの別名とも考えられ、託宣の神としての性格をもっていると思われる。

パヘルシェフは、牡羊の頭をもつ人間の姿をしており、3つに分けた鬘の上に水平な角を載せている。その上にはアテフ冠、ウラエウスで飾られた太陽円盤などが載っている。腰布と胴衣をまとい、ウアス杖を片手に持ち、もう一方の手にアンクのサインを持っている。

特徴：アテフ冠、ウラエウス、牡牛の尻尾、太陽円盤

→アメン、ヘリシェフ

B.: Fr. Labrique, “Le catalogue divin de ‘Ayn al-Mouftella; jeux de miroir autour de ‘celui qui est dansce temple,’” *BIFAO* 104 (2004), p.327-357.

ハヤブサ FAUCON

風（4つの方位）、ゲメフスウ、ケンティ・イルティ、ケンティ・ケティ、ソカル、ソペド、ドゥナヌウイ、ネブ・マア、ネヌウン、ハルシエシス、ハルネベセケニス、ハルプラー、ハルポンクヌウフィ、ハルマキス、ハレンドテス、ハロエリス、フルン、ヘメン、ホルアクティ、ホルス、ホルソムトゥス、ホルネフェル、ホルメルティを参照

バラニテス BALANITE

イシェドの木を参照

ハリネズミ HÉRISSON

アバセト、テメトを参照

ハルサフェス HARSAPHÈS

ヘリシェフを参照

ハルシエシス HARSIÉSIS

ホルスの特殊な姿。ハルシエシス、すなわち、「ホルス*、イシスの息子」という名前の下にホルスはその多くの側面の1つを隠している。誕生時にケンミスの沼地に隠されたまだ弱々しい小さな子どものハルポクラテスとは異なり、ハレンドテスに近いハルシエシスは、父の遺骸を集めるために多くの試練と戦いに打ち勝った若者である。地上におけるオシリスの後継者であるハルシエシスは、だれもが認める王であり、他の多くの神々と共通する「永遠の主人、9柱神の王、天の偉大なる主人である神」などの形容辞をもつが、なによりもまず「正統な王」である。

ときにロータス*の花の中に座る子どもの姿をもち、指を口に当てているハル

シエシスは、多くの場合、ハヤブサの頭をもち、腰布を巻いた男性の姿で描かれる。頭には上下エジプトの2重冠をかぶり、フィラエ神殿の第1塔門に見られるように、儀式の中で王が2つの要素をハルシエシスに捧げている。

サフト・アル＝ヘンナのナオス*においては、図の横の碑文に名前が記されていなければハルシエシスとわからない図が描かれている。それは鳥の背中をもつアメン*の姿をしている。また、ミイラの姿ではなく、腰布を身につけているが、直角に曲げた右腕を宙に浮いている殻竿に向かって上げている姿は明らかにカムウテフと同化にしているものもある。

ジュミラック・パピルスの挿絵には、2度ハヤブサの頭の男性の姿で登場する。その1つにおいてハルシエシスは、プスケント冠を頭にかぶり、2つの翼をもつ姿で立っている。もう1つの図では台座にひざまずき、アテフ冠をかぶり、2つの図に共通のウアス杖に加えて王の殻竿を持っている。

特徴：アテフ冠、アメンの冠、殻竿、太陽円盤、翼、プスケント

→イシス、オシリス

ハルソムトゥス　HARSOMTOUS

デンデラの3柱神の息子。ハルソムトゥスは、エジプト語のホル・セマ・タウイ、すなわち「2国を統一したホルス」をギリシア表記した名前である。末期王朝時代のエジプトには数多くの神の子が存在し、その像には名前が刻まれることがなく、「ハルポクラテス*」のタイプの神と認識するしかない。

ハルムウトゥスは、「良き結びつき」と呼ばれるデンデラのハトホル*とエドフの太陽のホルス*の婚姻によって実った子どもである。ハトホルは毎年20日間ほど神殿を出て、豪華な行列の船に乗り、厳かにナイルを上り、夫の聖域を訪れる。エドフの誕生殿の碑文によると、夏（エピフィ）の第3月の新月の夜に懐妊したハトホルは、冬（ファルムウティ）の最後の月に聖なる子を産み落とした。約10ヶ月の妊娠期間であり、若い神がふつうの子よりも強く育つために、この期間が必要であったと神学者らは考えたようである。

ヘラクレオポリスの3柱神の息子であるソムトゥスと近い存在であり、2重の性格をもっている。神の息子である後継者は「ラーの生きている魂」であり、「エジプトの王」と考えられた。ハルソムトゥスは太陽の子どもとしばしば同一視され、地上の王であると同時に神の世界の王でもあった。

碑文からハルソムトゥスであると断定可能な青銅製の小像の数々は、人差し指を口にあてた子どもの姿で描かれている。座している姿、あるいは歩んでいる姿の

神は、ヘムヘム冠を載せたネメス頭巾の上から子どもの編み毛をたらしている。
（デンデラ神殿の「布の部屋」、イシスの門）のようにハヤブサの頭をもつこともあれば、レリーフの中には高い羽根を飾ったヘビの頭の人物のように描かれていることもある（イシスの門）。さらには水平な牡羊の角と太陽円盤を飾っていることもある（「出現の部屋」の柱）。
特徴：口にくわえた指、子どもの編み毛、太陽円盤、高い羽根、ネメス頭巾、ヘムヘム冠
→ソムトゥス、ハトホル、ハルポクラテス、ホルス
B.: E. Louant, "Harsomtus the Child, Son of Horus of Edfu, and the Triple Confirmation of the Royal Power," dans D. Budde, S. Sandri, U. Verhoeven (éd.), *Kindgötter im Ägypten der Grieschisch-Römanischen Zeit. Zeugnisse aus Stadt unt Tempel als Spiegel des interkulturellen Kontakts, OLA* 128 (2003), p.225-249.

（→口絵/p.57）

ハルヌフィス　HARUNOUPHIS

ホルネフェルを参照

ハルネベセケニス HARNEBESCHENIS

ホルスの地方神。ハルネベセケニスというギリシア名には、ホル・ネブ・セケムというエジプト語を見ることができる。すなわち、「レトポリスの主人、ホルス」である。現在のアウシム、デルタの先端から程遠くない、下エジプト第2ノモスの重要な町で崇拝されていたハロエリス*の特別な形である。また、かなり南でもプトレマイオス朝の石切り場のデモティックのグラフィートにその名前を見ることができる。また、ローマ時代のステラには、アクミームの神々の間に描かれている（ベルリン・エジプト博物館、Inv.22489）。また、セベク神と古代のホルスが奉られている神殿にも描かれており、コム・オンボの神々の間に登場する。
戦争の神であるハルネベセケニスは、多くの碑文に登場する。とくに救い主ジェドヘルの「治癒の像（カイロ・エジプト博物館、JE 46341）」の碑文によると、魔法の力をもち、末期王朝の人名に多く登場することから人気の高い神であったことがわかる。
ハロエリスの図である可能性も否定できないが、ハルネベセケニスは、ベルリン・エジプト博物館所蔵のギザ出土のステラ（Inv.17549）に描かれている。高浮き彫りに彫られたハヤブサの頭の人物は、ローマ軍団のホルスであり、鎧を身につけ、盾の前に立っている。その右には、めずらしい剣の形の*i*のヒエログリフの

大きな図がある。ハヤブサの頭の神は、正面を向き、頭にはプスケントをかぶり、右手には大きな槍、左手にはケペシュ刀（湾曲刀）*を持っている。弓、矢で一杯の矢筒、そしてベルトに挿した短刀が戦闘の神の性格を強調している。

特徴：剣の形の*i*のヒエログリフ、ケペシュ刀、盾、短刀、プスケント、槍、弓と矢、→ハロエリス

ハルプラー　HARPRÊ

メダムードの3柱神の息子。つねに「子ども」という形容辞をもち、その名前が「太陽のホルス」の意味をもつハルプラーは、母親であるラトタウイ*と同様に、末期王朝の神学者が創作した神で、メンチュウ・ラー*、あるいはアメン*・ラー・メンチュウとなり、太陽の性格をもつようになったメンチュウ神にあたえられた聖家族の一員である。「ティベリウスの門」のブロックの碑文では、ハルプラーは「メダムードの牡牛」の息子と記されている。トード神殿の第2中庭に描かれた場面には、「8柱神の完璧なる青年」と記されており、父親はパ・カ・アア・ウル・シェペス*である。これはラトタウイの横にいるメンチュウに代わる牡牛が人間となった姿である。

ハルプラーの最も古い姿はタハルカの治世にさかのぼるようである。そしてアントニヌス・ピウス帝の時代までカルナクのテーベ地域、メダムード、トードなどで見られた。そして古代のヘルモンティスであるアルマントでは、クレオパトラ7世と息子カエサリオンが建造した誕生殿にハルプラーの誕生の図が描かれている。

残念ながら19世紀の中頃に破壊されてしまったこの記念碑には、多様な姿の子どものハルプラーが描かれていたようである。その記録はレプシウスの調査報告『エジプトとエチオピアの記念物』に残されている。「ラーの聖なる母」が地上に産み落とした天に昇る太陽のスカラベ、父親に紹介される若き神、王のように玉座*に座り王笏を持つ姿など、描かれた場面には王としての性格と太陽の性格が強調されている。なかでも興味深い図は、クレオパトラが他の6人の聖なる子どもたち（子どものホルス・シュウ*、ソムトゥス*、ハルポクラテス*、イヒ*、子どものヘカ*、そしてホル・ヘケヌウ*）とともにいるハルプラーを拝む姿である。いずれの神も手には王笏を持ち、異なる王冠をかぶっている。まるで王の役職にともなう装飾や特徴の目録のようである。王は、誕生殿の神学に従い、その地域の3柱神の子どもと同一視されている。

アルマントの誕生殿の場面では、ハルプラーは太陽の子どもとして描かれている。太陽を押しているスカラベの姿で描

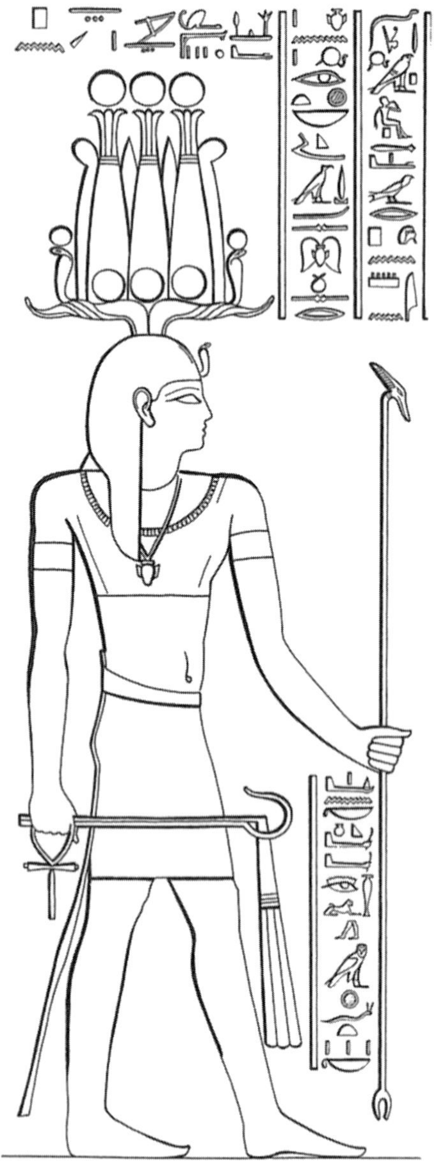

ハルプラー、エウエルゲテスの門、カルナク神殿、プトレマイオス朝。

かれていない時は、口に指をあててロータスの花に座る姿で描かれている。あるいは、ハヤブサの頭をもち、牝牛イヘト*の角の間に座っている。または、メンチュウの腕に抱かれ、あるいはラトタウイの腕に抱かれ、乳を飲んでいる。いずれの場合も裸の姿で、大人の姿で玉座に座るカエサリオンから崇拝を受けている場面でも裸の姿をしている。

他の場面では王の姿をしている。たとえば、カルナクの「エウエルゲテスの門」では、ハルプラーは母親の後に描かれ、プトレマイオス３世がメナトの首飾り*を捧げている。その姿は王の姿であり、とアンク*のサインだけが、この構図の中で向かいあっている王とハルプラーを区別している。ハルプラーだけが右手に王笏を持っているが、２人とも雄牛の尾をつけた腰布を巻き、同じネメス頭巾にヘムヘム冠をかぶっている。

特徴：ウラエウス、王笏、口にあてた指、子どもの編み毛、赤冠、ネメス頭巾、白冠、プスケント、ヘムヘム冠

→メンチュウ、ラトタウイ

B.: D. Budde, “Harpare-pa-chered, ein ägyptisches Götterkind im Theben der Spätzeit unt Griechisch-Römaischen Epoche” dans D. Budde, S. Sandri, U. Verhoeven (éd.), *Kindgötter im Ägypten der Griechisch-Römanischen Zeit. Zeugnisse aus Stadt und Tempel als Spiegel des interkulturellen Kontakts, OLA* 128 (2003), p. 15-110.

ハルポクラテス　HARPOCRATE

若いホルスの姿。ハルポクラテスの名前は、エジプト語のホル・パ・ケレドを訳したものであり、「子どものホルス」を意味する。それは新王国時代以降、死者となったオシリス*とイシス*の婚姻によって生まれた子どもをさす。プルタルコス（「イシスとオシリス、19」）が語っているように、この子は「時が満つる前に生まれてきた子どもであり、弱く五体も弱々しく」、あるいは「不完全な未熟児」であった（65）。

セトから隠れてケンミスの沼地のパピルスの茂みの中で育ったハルポクラテスは（p.245参照）、ウアジェトを中心とする神々の守護をえて、他の若いホルスの姿と性格を受け継いでいった。彼は「ネケンのホルス」のように朝の太陽であり、若い青年である。そして消え去るとハルシエシス*の姿となり、父の後を継ぐ聖なる後継者の模範となる。また母親の魔法の呪文によってサソリの毒が治癒したことから彼自身が「救世主」となった。そしてシェド*の性格を受け継ぎ、危険な動物や毒のある動物を操り、殺すことのできる神の王子の姿をもつ。「ホルスのステラ*」ではシェドの役割を受け継ぎ、完全に自分のものとしてしまう。さらに、穀物や収穫の神であるネプリ*が、乳を吸う生まれたての子どもの姿をとることから、ハルポクラテスと同化し、ハルポクラテスはミン神*とも結びつき豊穣の神となり、農業文化の中で大事な役割を果たすようになる。

エジプトのパンテオンの家族神の中で子どもの姿をとるハルポクラテスは裸の姿で描かれる。「子どもの編み毛」をもち、どのような冠をつけていても額から耳にかけて巻き毛がたれている。そして指を口にあてる仕草で描かれる。この仕草はギリシア人やローマ人によって「秘密と沈黙」の仕草と誤って解釈された。それは多くの人々の目にエジプトの「密教」のシンボルと考えられた。

太古の昔、原初の水から誕生した時のように、毎日出現する若い太陽として描かれたハルポクラテスは、ヘルモポリスの伝統に従って、頭に太陽円盤を戴き、ロータスの花の上に座っている。

フィラエ島の誕生殿には、ティベリウス帝がハルポクラテスに上下エジプトの冠をあたえているめずらしい図が見られる。頭にはプスケントをかぶり、指を口にあてた姿であるが、胴体は歩くライオンの背中に載せたナオス*の形の玉座*から飛び出しているように見える。それは同時にメンビト*であり、担ぐための支えのないアメンオペ*の行列の厨子のようである。

ギリシア・ローマ時代になると、テラコッタ製やブロンズ製のハルポクラテスの小像が数多く出土し、その数はイシスの像を越えている。イシス信仰の中でハルポクラテスの人気が高かったことを示唆している。その絶頂期は後2世紀であった。小像は細部の装飾に無限の多様性を見せている（麦の穂、棍棒、ロータス、松明、竪琴、など）。像はハルポクラテス1人の場合もあれば、他のエジプトやギリシアの神と共にいる場合もある。立像、座像、横たわった姿、あるいはひざまずいた姿。ナオスや船の中にいる像、そして玉座に座る像などがある。また、多様な動物の上に乗るハルポクラテスの像がある（ロバ、牡羊、馬、犬、鶏、ゾウ、カバ、ライオン、カエル、ガンなど）。

エジプトとギリシアの芸術様式を統合した、これらの豊かな図像の中で、エジプトにおいて最も一般的なものは、座った姿で、右手を口にあてる代わりにまるい壺の中に入れた姿である。この壺には以前想定されていたようにナイルの洪水の水が入っているのではなく、アテラと呼ばれる子どもにあたえられることが多い麦粥、あるいはレンズ豆の粥が入っているようである。この粥は治癒的な効能をもち、栄養を取る子どもの姿の神は、その守護の下にいる子どもたちの栄養を約束した。同時にまた、母から譲り受けた薬の力と治癒力をもつ神と解釈されていた。

ナイル渓谷の外では、ハルポクラテスの特徴は豊穣の角であった。ときに2つの角をもち、繁栄の神であることを明らかにしていた。また、ロータスの蕾、植物紋様の冠、矢筒などの他の要素をもつこともあった。

特徴：アテフ冠、アメンの冠、口にあてた指、ケペレシュ、子どもの編み毛、赤冠、壺、白冠、プスケント、ヘムヘム冠、豊穣の角、太陽円盤、裸体、

→イシス、オシリス、サラピス、ソムトゥス、ネプリ、ハトメヒト、バーネブジェデト、ハルソムトゥス、ベス、ホルスのステラ、ミン

B.: M. Malaise, “Harpocrate au pot,” dans *Religion und Philosophie im Alten Ägypten. Festgabe für Philippe Derchain zu seinem 65. Geburtstag am 24. Juli 1991, OLA* 39（1991）, p.219-232; S. Sandri, *Har-pa-chered*（*Harpokrates*）. *Die Genese eines ägyptischen Götterkindes, OLA* 151, 2006.

（→口絵/p.57）

ハルポンクヌフィ

HARPONKNOUPHI

ホルスの特別な形。この神の名前は、エジプト語の表現をギリシア化したものであるが、その起源には諸説ある。いず

れにせよハルポンクヌフィは、ホルス*の特別な性質を隠しており、その名前はギリシア・エジプトの魔術やコプト語の呪術パピルスに見ることができる。その名前はホルス・クヌム*、すなわち、「ホルス、生きている、完全なるホルス」（ホル・パ・アンク・ネフェル）をさし、あるいはまた、「ホルス、ケンメト*の支柱」（ホル・パ・イウン・ケンメト）、つまりデカンの最初の星ケンメトを支える星の神を示す。

呪術テキストによると、ハルポンクヌフィはオリオン、そしてシリウスと結びついている。シリウスが地平線から登場するヘリアカル・ライジングは、エジプトの暦の新年を告げる。ナイルの氾濫がヘリアカル・ライジングと重なることから、ハルポンクヌフィはアガトデモン*とも結びつき、豊穣と収穫を約束する。

ハルポンクヌフィの姿は、彫刻を施した宝石に見られる。その例として赤い碧玉の表に肖像が沈み彫りされ、裏側には名前がしっかりと刻まれた宝飾品がある。ここでは、船*の中央にあるロータス*の花の上にハルポンクヌフィが座っている。船自体がヌン*と思われるひざまずいた人物によって腕の先に支えられている。裸の子どもの神は、口に手をあて、もう一方の手には殻竿を持っている。

特徴：殻竿、口にあてた指、裸体

→ケンメト、デカン、ハロエリス、ホルス

B.: A. Delatte, Ph. Derchain, *Les Intailles magiques gréco-égyptiennes*, Paris, 1964.

ハルマキス　HARMAKHIS

ギザの大スフィンクスの聖なる名前。ハルマキスは、エジプト語の「ホル・エム・アケト」、すなわち、「地平線のホルス」を意味するギリシア語である。この名前の下にギザの大スフィンクス*は、第18王朝の始めから神として崇拝を受けるようになる。

このような形で新しい神が「誕生」することは、その大きさと立地条件によってすでに有名であった彫像に新しい宗教解釈をあたえることであり、めずらしい宗教現象である。文字通り新しい聖なる存在が「発明」されたことになる。明言はできないが、クフ王とカフラー王のピラミッドと大スフィンクスの位置関係がその理由と思われる。この巨大なスフィンクスの足下に立つ観察者から見ると大スフィンクスが砂に埋もれて頭だけが砂の上に見える場合、そびえ立つ２つのピラミッドが、その間を太陽が昇り、そして沈む地平線を表わす巨大なヒエログリフのサインに見える。

ハルマキスの太陽の性格は、「夢のステラ」の碑文に明らかに見ることができる。ステラはトトメス４世が立てた同じ

クフ王とカフラー王のピラミッドの前のハルマキス、メンチュウヘルのステラ、第19王朝、カイロ・エジプト博物館（JE 72273）。

場所、巨大な王の記念碑の足の間にある。まだ王子だった時に、トトメス４世は狩りの途中に夢を見た。夢の中で王は大スフィンクスを砂から掘り出すことを条件に神から王権を約束された。大スフィンクスは「ケプリ*の偉大なる像」として再認識され、その時「威光を放つ偉大な神」は将来の王の前に太陽の３つの姿をもつ父なるハルマキス・ケプリ・ラー*・アトゥム*として登場した。

名前の類似性からスフィンクスがホルアクティ*と呼ばれていたのではないかといわれているが、カナンの神フルン*としばしば結びつき、同一視されることが多い。「フルンの名前で」崇拝される多様な姿のスフィンクスは、ハルマキス、フルン、あるいはフルン・ハルマキスとして信仰されている。

「地平線のホルス」とされる他の多くの神々のように、ハルマキスは「偉大な神」あるいは「天の主人」と形容されている。しかしまたこの神にふさわしい地理的な形容辞ももつ。たとえば「砂漠の主人」や「セトペトを支配する者」、セトペトは「選ばれた場所」を意味し、スフィンクスを囲む聖なる場所を示している。

「夢のステラ」、その両脇にラメセス２世が立てた２つのレリーフ（ルーヴル美術館 B 18 , B 19 = N 131 a , b)、あるいはまた、ハルマキスの神殿で発見された数多くの私人ステラにおいて、ハルマキスは少し高い台座に横たわるスフィンクスとして描かれている。ときには「宮殿の正面」のモチーフで飾られていることもある。スフィンクスは、まれに様式化した鬣に囲まれた人間の顔のものもあるが、ほとんどの場合、どの時代もネメス頭巾をかぶっている。そして額にはウラエウスを飾っている。また、ときに太陽円盤、プスケント冠、あるいは他のタイプの冠（アテフ冠、あるいはヘヌウ冠）をかぶっていることもある。

ハルマキスはつねに髭をもつ、顎につけた髭はまっすぐな場合もあるが、神々の編んだ髭をつけている場合が多い。新王国時代になると大スフィンクスは古代の王の像ではなく、神の像と考えられるようになったためである。もともと髭をつけていなかったことから、大スフィンクスはカフラー王ではなく、クフ王の肖像であったと考えられる。ハルマキスの像は、聖扇を持つことが多く、またまれに、前足の間に王の立像が描かれていることがある。

フルンと同化される場合は、ハルマキスも前者のようにハヤブサの姿をとることがある。あるいはまた、横たわっている、あるいは歩いているハヤブサの頭のスフィンクスとして描かれることもある。少なくとも1例、ハヤブサの頭の人間の姿で描かれている。

特徴：アテフ冠、ウラエウス、聖扇、太陽円盤、ネメス頭巾、ヘヌウ冠、プスケント

→アトゥム、ケプリ、スフィンクス、フルン、ホルアクティ、ホルス、ラー、

B.: S.Hassan, *Le Sphinx à la lumière des fouilles récentes,* Le Caire, 1950; *C. Zivie*-Coche, *Sphinx! le Père la terreur,* Paris, 1997.

ハルモテス　HARMÔTÈS

ホルスの地方神。古代におけるアフロディトポリス、上エジプト最北の第22ノモスの都アトフィフで発見されたギリシア語のパピルスを見ると、ハルモテスがエジプト語のホル・メデヌウであることがわかる。これはメデヌウのホルスという意味である。

メデヌウのホルスの名前は、サイス朝（ヒエログリフ）や後3年（デモティックとギリシア語）に見られる固有名詞以外には見られない。

ブバスティスで発見されたブロックの装飾には、ハルモテスが「メフカトの婦人」であるハトホル*の3つの側面と共に登場する。ハルモテスが、アトフィフの近隣で崇拝されるハトホルと結びついていることはジュミラック・パピルス（ルーヴル美術館 E 17110）の文章でも明らかである。同様にカルガのイビス神殿で発見されたハルモテスの図を見ると、その信仰がトト神*や近隣の第21ノモスの都セメヌウ・ホルのクヌム神*の信仰と結びついていると考えられる。ハルモテスは、この図の中でミイラの姿の2人の神の間に描かれている。

アレクサンドリアにこの神の礼拝所が

ハルモテス、カルガのイビス神殿、第27王朝。

あるが、その信仰はアフロディトポリスの外にはあまり広がっていなかったようである。近隣のファイユームを除くと、ナイルの緑の渓谷と砂漠を分断する高台を横ぎるギルザの道の終点にあるフィラデルフィエに神殿があった。

短い碑文をともなうメデヌウのホルスの最古の図はイビス神殿の聖域の北壁の第7段目に見ることができる。神は、ハヤブサの姿でパピルスの散形花序、すなわちウアジュのサインの上に止まっている。プスケント冠をかぶった聖なるハヤブサの姿から、他の場面に見られるさらに古い図もハルモテスと同定することが可能となる。たとえばアトフィフで発見されたオソルコン1世のカルトゥーシュを刻んだブロックにも同じ姿が描かれており、ここではイシスの後に描かれ、名前は記されていないが、「パピルスの上に止まるもの、偉大な神」と表現されている。この図はイビス神殿に見られるもう1つの別の図と同じように、角と太陽円盤と2枚の高い羽根で構成された冠をかぶっている。

特徴：羽根のある太陽の冠、プスケント。

→ハトホル、ホリト、ホルス

ハレンドテス　HARENDOTÈS

ホルスの特別な姿。ハレンドテスは、2つの若干異なる古代エジプトの表現（ホル・ネジェ・イトエフ、ホル・ネジェ・ヘル・イトエフ）から派生したギリシア名であり、父親オシリス*を思うホルス*をさしている。

実際、エジプト語の名前の意味

は、「父親の面倒を見るホルス」であり、一般に考えられているような「父の敵を打つホルス」ではない。「ピラミッド・テキスト」の多くの文章を見ると（§§633b、898a-b、1406b、1637b、1685a）、ホルスは父親の再生復活のために、ありとあらゆる手段を使って気を配る親孝行な息子である。同時にまた、生きている王の玉座*を継承する「正統な」後継者でもある。「わたしはあなたの息子である。あなたの体から生まれた、あなたが愛する者である。わたしは、あなたの遺体を１つにし、あなたの心臓をもち帰るためにやってきた」。ラメセス２世の妻ネフェルトイリ王妃の墓の柱に描かれたハレンドテスの図の横に上記の文章を見ることができる。そして反対側にある柱には、イウンムウトエフ*の姿が描かれ、母親に対する孝行の徳を象徴している。

イウンムウトエフのように、ハレンドテスは父親の敵を打ちすえ、追い払う。しかし、これは敵を打つためというよりも、父親の遺体を守るためである。そのためハレンドテスは、すべての死者の遺体の守護神となる。

ハレンドテスの図像は、完全に人間の姿をしているため、イウンムウトエフの図像と混同されることが多い。たれ下がる神官のヒョウの毛皮によって、ほとんど隠されている腰布を巻き、ヒョウの手を左手に持ち、右手は、前にいる目に見

再生する父親オシリスの安定と力を約束するハレンドテス、オシリス礼拝所、デンデラ神殿、ローマ支配時代。

えない質問者の方をさし、言葉を発しようとしている。四角い小さな髭をもち、子どもの編み毛をもっている。その上にはときにウラエウス*で飾られた短い鬘をかぶっている。また、父親に向かって命や安定のシンボルを差し出していることもある。

デンデラ神殿の屋上にあるオシリス複合体の礼拝所には、異なる姿で出現する。ときに同じ部屋の中で姿が異なることもある。ハヤブサの頭をもち、冠を戴く場合は上下エジプトの2重冠をかぶっている（*D* X，pl.155、194、249、252）。また、台座の上に立つハヤブサの姿をとる場合や、ハルモテス*のように、パピルスの茎の上の散形花序に止まっている場合がある。前者の場合は、太陽円盤をかぶり（*D* X，pl.101）、後者の場合は頭に4枚のダチョウの羽根を飾っている（*D* X，pl.102）。

特徴：子どもの編み毛、太陽円盤、ダチョウの羽根、ヒョウの毛皮、プスケント

→イウンムウトエフ、ホルス

ハロエリス　HAROÉRIS

ハヤブサの神。「イシス*とオシリス*は生まれる前から愛し合い、母親の子宮の暗闇の中でひっそりと結ばれていた。この婚姻からアルエリスという名前の子が生まれた。その子は、エジプトでは古代のホルス、そしてギリシアではアポロンの名前があたえられた」。プルタルコス（『イシスとオシリス、12』）が、その誕生を語っているが、この1節の数行前には、同じ古代のホルスがレア（ヌウト*）によって、エパゴメンの第2日目にこの世に生まれたと記されている。この明らかな矛盾は、オシリスの死後に生まれたホルスと「兄」のホルス*を分けるためのものと思われる。ハロエリスは、古代の天の神であり、エジプト人はその右眼が太陽、左眼が月であると信じていた。

コム・オンボにあるギリシア・ローマ時代の神殿には、ハロエリスがセベク・ラー神と共に奉られている。神殿の軸にそって、聖域の奥、また中心にある「信仰のレリーフ」に刻まれている2重の讃美歌を見ると、2人の神をめぐる複雑な神学思想を理解することができる。

「偉大なライオンの聖なるカー」、つまりシュウ*として紹介されるハロエリスは、空気の神と同一視されている。腕には羽根があり、「生命の源である4つの方位の風」に囲まれたハロエリスは、ヘフ神のような態度をとっている。上エジプトのオンボスやクースの主人、また、デルタのレトポリスの主人でもあるハロエリスは、ケンティ・イルティと共に、オシリスの肩甲骨を納めた「聖遺骨箱」の守護神である。彼は「2つの聖な

る眼の主人。その正面には太陽と月…朝に夜に輝いている」。また、「その2つの眼で2国を照らす地平線に現われる偉大な子ども」ハロエリスは、新月から満月までの月の満ち欠けとも結びついている。ウジャト眼*を捧げる儀礼によって、その視野を快復すると、ウジャト眼は、エジプト語の眼という語と同様に女性形の「やって来る者」を意味する恐ろしいエペ・イイト（エペ、細い剣の形の*i*の音を表わすヒエログリフのサイン）となる。王によって「2つの眼をもつ偉大な父」にエペが捧げられると、ハロエリスは、「両腕に武器を持つホルス」となり、「夜の暗闇に放たれた狩人」となって「ラーの敵（の頭）を切りとる」。ここに登場する刃の部分が聖なる眼で飾られた特別な武器エペは、「来る」という動詞を書くために使われるサインであり、このサインは、もともと、人間の足をもつ葦の円錐花序であった。このサインは、「嘆願する者に慈悲をあたえる心」をもち、「神々や女神を癒す、完璧なる医師」であるようにと刻まれた讃歌のすぐ右に描かれている。

コム・オンボにおいては、デカンの神、ケネム（ケネメト）*とときに同一視されるハロエリスは、タセネトネフェレト*を妻、パネブタウイ*を子どもとして3柱神を形成する。誕生の地とされているクースでは、「上エジプトの主人」という形容辞をもち、古くからこの地で奉られているネヌウンという神と同一視されている。そして「偉大なるホリト」がその女性版である。

コム・オンボや他のギリシア・ローマ時代の神殿の壁を飾るさまざまな図に見られるように、最も一般的なハロエリスの姿は、ハヤブサの頭の人間で、3つに分けた鬘の上にウラエウス*をつけた太陽円盤を載せている。あるいは、プスケントなどの王冠*をかぶっている（*E* XI, pl.303と315；*D* X, pl.41）。ときに上エジプトの白いミトラ冠やアテフ冠をかぶっていることもある。

また、完全に人間の姿をしていることもある。たとえば、エドフ神殿の第2列柱室には、当地の「大9柱神」が見られるが、ハロエリスは、12の異なる姿のホルスの中にいる。いずれも冠をかぶらない座した人間で王笏*とウアス杖を持っている（*E* IX, pl.40c）。まれに完全に動物の姿の場合もある。たとえば、ディール・アル＝マディーナのカベクネト墓の第2室（TT 2）では、エドフのホルスとして描かれており、「偉大な神」は、プスケント冠をかぶったハヤブサで、砂州の上に止まっており、その前には、同じ冠をかぶった鎌首をもたげたウラエウスがいる。

さらに、2重冠（コム・オンボ）や月の円盤と三日月（フィラエ）をかぶった、身をかがめたハヤブサの頭のライオンとして描かれていることもある。また、ルーヴル美術館に所蔵されている「融合神」としてのベスの台座に記された碑文によると、この青銅の像は、ハロエリスのバウ（バーの複数）を表わしている。

特徴：アテフ冠、エペ・イイト（エペは細い剣）、王笏、太陽円盤、白冠、プスケント

→ケネム（ケネメト）、ケンティ・イルティ、シュウ、タセネトネフェレト、パネブタウイ、ハルネベセケニス、ホリト

B.: H. Junker, "Ein Doppelhymnus aus Kom Ombo," ZÄS 67 (1931), p. 51-55, pl. VII; A. Gutbub, *Textes fondamentaux de la théologie de Köm Ombo, BdE XLVII* (1973).

（→口絵/p.58）

パン　PAIN

現在でもナイル渓谷に住む多くの農民にとって、パンは日々の食物の基本となるものである。供物を現わすヒエログリフのサインは、マットに載ったパンであり、ビールが飲み物を象徴するように、死者が永遠に生きるために必要とする食物のすべてをパンは代表している。

多くの言葉がさまざまな種類のパンを区別しており、形や材料によって異なる名前があたえられている。パンは、肉、鳥、野菜や果物とともに神々や死者に捧げる供物の祭壇の上にふんだんに供えられていた。

水、ワイン、ミルクや香とともに、パンの供物は、神殿の壁に描かれた儀礼の絵の中に数多く見られる。王が神の前で「父にパンを捧げる」、あるいは、供物を清めるために「白いパンを叩く」図が描かれている。

生きている者にあたえられる食物、あるいはまた、死者が「永遠の住処」において、葬送の呪文の魔法を使って用意したいと願う供物のリストのいずれにおいても、パンはまず第１番に書かれている。そして「パンとビール」という表現が使われる。他のすべての供物を代表するパンとビールは、「アムドゥアト書*」の第6時間目を人格化した神として、頭にパン１斤とビールの壺を載せた姿で描かれている。

パン作りの女神アキトは、「生産をつかさどる神々」の行列の中でパンを表わしているが、彼女は真の意味でパンを人格化した神ではない。それに対してオクスフォードのボードレアン図書館に所蔵されている葬送のパピルス（スクライン・パピルス n°2）に描かれている「パンの女主人」と呼ばれる女神は、まさに人間が必要とする栄養を代表する供物を人格化している。彼女は、ミイラの姿の人物で、頭は先が細くなった籠になっており、そこにパンと新鮮なタマネギの束

が載っている。
→アキト、ビール

パン　PAN

バネブジェデト、ミンを参照

パン（つらなる）・テオ（神）
PANTHÉE (DIEU)

神々が融合した姿。このような混合神は他の宗教でも見られるが、多くの人々が「エジプト」的と考える図は、ギリシア人を驚かせ、ローマ人に皮肉を言わせた。それは人間と動物が１つになる図だからである。しかし、このようないわば怪物を生み出す融合が見る者にショックをあたえるかというと、そうではない。それはごく自然に、ときには優美に見える。ライオンのたてがみの中にある人間の頭、あるいは人間の頭の代わりにワニの頭、さらには、牡羊、イヌ、そしてヘビの頭をもつ人間の姿は、アメン*、アヌビス*、オヌリス*など、いずれも動物の頭をもち、堂々と行進している。この異質な２つの部分は、頭飾りや鬘によって見事に溶け合い違和感をあたえない。

しかしヒエロニムス・ボッシュの作品にも劣らない、恐ろしい想像力が生み出した幻想的な創造物の前に思わず釘づけになる者もいるであろう。とくに新王国時代の葬送の書が描写する死後の世界に棲息する創造物がこれに値する。王家の谷の埋葬室の壁には、そのような怪物が描かれ、あるいは彫られている。しかしD・ミークスが指摘するように、末期王朝になると、「パン・テオ（神）」とされている神の図も、実は「パン・イコニック（図像）」である、すなわち、図像を統合したものと考えられるようになった。

青銅製の小像、呪術用のインタリオ、浅浮き彫り、パピルスの挿絵など、多様な要素をあわせもつ図像は、実際のところ複数の神を組み合わせたものではなく、唯１人の神を表現している。これは、いくつかの神殿に見られるように、多くの姿を組み合わせることによって神がもつ多様な性格を提示する方法の1つである。たとえば、ネフェルトゥム*は、少なくとも８つの異なる姿（人間、ライオンの頭のミイラ、ライオン、ロータス、牡牛

「7つの顔をもつベス」呪術パピルス、ブルックリン美術館（n•47.218.156）。

…）で、カルガのイビス神殿の聖域の同じ壁の同じ段に描かれている。

ブルックリン美術館にある呪術パピルスの２つの挿絵には、混合図の見事な例が見られる。最初のものは、「９つの顔」をもつ図像で、ルーヴル美術館収蔵（n°E 11554）の青銅製の像によく似ている。

２つ目の挿絵の横に記された『７つの顔のベス神*の書』には、「アメン・ラーのバウ［…］神々には名前を隠された者、百万キュービットの巨人」と記され、さらに「その大きく不可思議な姿［…］は、通常、神々や人間の目から隠されている」と書かれている。少し離れた箇所、アメンの力を示すその姿の効力を発揮するために、声に出して朗唱しなければならない呪文が記されている。この図を「パピルスの新しい頁」に複写して、人間の「［守護のために］首に掛け」なければならない。2千歳のエジプトの魔法使いは、「百万キュービットの男」である。「１つの首に７つの顔をもつ者。ベス神、牡羊、ハヤブサ、ヘビ、ライオン、野犬の顔をもつ。そしてヘフ*神がその頭の上にいる。背中はハヤブサ、尻尾はワニ。手足はまっすぐに力強く広げている。腕には８枚の羽根があり、そのうち４枚は広げ、４枚はたたまれている。武器を持ち、胴衣を身につけ、頭には何百万という角が生えている」

例え、この不思議な図の描写が不完全であり、挿絵に見られるものとは異なっていたとしても、そこには偉大な力があると信じられていた。それは単なる厄よけではなく、例え「数百万の角」がなくても、また、犬の頭の形の「スリッパ」を描くことが忘れられていたとしても、テキストは次のことを約束すると考えられていた。悪事を犯したすべての人間は、この図を見ると炎に焼かれ、死を迎える。そしてその心臓は破壊される。

特徴：王笏、角、ナイフ、羽根、ヘビ

→アメン、使者の精霊、バー、ベス、

B.: S. Sauneron, Le papyrus magique ilustré de Brooklyn [Brooklyn Museum 47.218.156,] Wilbour Monographs – III, 1970.

（→口絵/p.58）

ピイト　PYT

リビアの土地の女神。ブバスティスの大神殿の壁に描かれた、オソルコン2世の王位更新祭を祝う神々の長い行列の中に、右腕しか残っていないピイトという名前の女神がいる。その図の横には、短い碑文が半分ほど残っており、その名前と「天の女主人、２つの地の摂政」という形容辞を確認することができる。彼女の名前の見られる礼拝所のすぐ前には、「リビアのホルス」の礼拝所がある。末期王朝時代の固有名詞学が証明するように、女神の名前は上記のホルス*を形容

している地名リビアそのものである。イシス*、ネイト*、オヌリス*と同等にならんでいることから、ピイトは、おそらくデモティック、そして後にギリシア語でアフロディテと呼ばれたリビアのハトホルの姿の1つと考えられる。

礼拝所の中で立ち、ピイトはウアス杖*を右手に持っている。そこで左手にはアンクのサインを持っていたと推測される。彼女の周りに描かれた他の女神のように、体にぴったりとした長い衣をまとい、おそらくハトホル冠をかぶっていたと思われる。

ピイリス　PIYRIS

カルガ・オアシスにおいてローマ支配時代に神格化された死者。カルガの北西約50キロの（アイン・アル＝ラバカ）に、一部岩窟内に作られた小さな礼拝所がある。神殿に記された碑文やギリシア時代のグラフィティの言葉を借りれば、そこには「主人」あるいは「とても偉大な神」ピイリスが奉られていた。建物は岩窟墓のある砂岩の崖を背に何回かの段階をへて建てられている。ピイリスは神格化された死者であり、墓の礼拝所で信仰が始まった。しかし信仰の重要性が増し、洞窟に直結するように神殿が造営された。

ナイル川で溺死し、弟のペホルとともにデンドゥールにおいて奉られていたペテイシスのように、ピイリスも「崇拝すべき者」という形容辞をもっている。彼らが神格化された明確な理由は不明であるが、ピイリスもまた井戸に落ちたと思われ、その事実（水死）が、カルガ・オアシスにおいて名誉ある神の地位に昇ったことと関連していると考えられる。

礼拝所の考古調査からは、ピイリスが神格化した説明は見つからないが、この神が治癒者であり救い主であったことがわかっている。奉納物を納め、ピイリスの救いをえるために人々は礼拝所にやってきた。この信仰は、後２世紀の初めから、おそらくキリスト教徒によって神殿が荒らされた後４世紀中頃まで２世紀以上続いた。

石灰岩の奉納版に、浅浮き彫りで掘られた牡羊の頭の神の横に、黒いインクで記されたピイリスへの碑文がある。アテフ冠をかぶり、ウアス杖とアンクのサインを持つ、エジプトの偉大な神のイメージで描かれている。これがピイリスの像である。

ピイリスはホルス*と同一視されていたようである。ピイリスの名前は、「偉大な者」を意味するエジプト語の「パル・ウル」のギリシア形であると考えられ、ホルスは、宗教テキストの中で、このように呼ばれることが多い。プスケントをかぶったハヤブサを描いた奉納版が多いが、中に人間を描いためずらしい青銅製の小像がある。袖で覆われた左手は曲がり、その先端には冠をかぶったマリオネットのようなハヤブサがいる。これはピイリスの肖像というよりも、治癒を望む病人に触れるための儀式を行なう、ピイリスの信仰と結びついた神官の姿のように思われる。あるいはまた、巡礼者のために用意された像とも考えられる。

→アンティヌス、イシ、イムヘテプ、ウジャレネス、カゲムニ、ハプの子・アメンヘテプ、ヘカイブ、ペテイシス

B.: A. Hussein, Le Sanctuaire rupestre de Piyris à ‘Ayn al-Labakha, *MIFAO* 116, Le Caire, 2000.

（→口絵/p.58）

東の女神

ORIENT (DÉESSE DE L')

イアベテトを参照

ビク　BIK

ジャイスウ（7人）を参照

羊　MOUFLON

アメンを参照

ヒティ　HITY

踊り子で楽士の神。「ベス神*」の名前で括ることのできる小人の神々の中に、多様なサインで記されるヒティという名前の神がいる。この名前の語根は「踊る」を意味するハイという動詞でできている。彼はベス神と共に守護の役割を分担している。デンデラのローマ支配時代の誕生殿の軒縁（アーキトラーブ）には、タウレトや他のカバの女神とならんで、ベス神とともに聖なる子どもを囲んでいるヒティが見られる。しかしなによりも彼はハトホルを敬う踊り子であり楽士である。そしてハトホルと深く結びついている。

デンデラのネクタネボの誕生殿の碑文には、ハトホルに対するヒティの言葉が記されている。「わたしは、あなたとともにいる良きヒティである。タ・セティからあなたとともに来たものである。わたしはあなたの心を癒すために踊る」

フィラエ島の小さなハトホル神殿には、「ハープを演奏する」、あるいは「女主人のためにタンバリンを打ち鳴らす」小人の楽士が描かれている。彼は遠方の女神*の帰還を祝い、喜びを表現しているだけでなく、ヌビアからエジプトに向かう喜びに満ちた行列を再現している。

碑文の助けがなければ、図像だけでヒティとベスを見分ける手段はなく、この２人の小人の神々を区別することは不可能といえる。フィラエ島のハトホル神殿の３つの柱に描かれた３つの図像はおそらくヒティである。名前はしばしば複数形で記されているため、タンバリン奏者とハープ奏者が同一人物であるとしても、ハープを演奏しながら踊りのステップを

ハープを弾くヒティ、フィラエ島のハトホル神殿、ローマ支配時代。

踏んでいる、もう1人の人物がだれであるかは明確ではない。

デンデラの誕生殿の軒縁（アーキトラーブ）においては、ロータス*の上に座る誕生したばかりの神を崇拝する仕草で両腕をあげたヒティとベスが横顔で描かれている。

特徴：小人、正面図、タンバリン、羽根の頭飾り、ハープ、

→アハ、トゥエリス、ハトホル、ベス

ビトジェト　BITJET

タビチェトを参照

日（の書）　JOUR (LIVRE DU)

「昼と夜の書」を参照

ヒヒ　BABOUIN

トト、ハピ、ババ（ベボン）、ヘジュウルを参照

ヒュギエ　HYGIE

健康を人格化した女神。健康と思いやりを人格化した女神。その称号によると、薬の神アスクレピオスの娘の1人、ときには妻である。ヒュギエは、純粋にギリシアの女神であり、ギリシア・ローマ時代のエジプトにおいてのみ登場する。いくつかのめずらしい記念碑が、アレクサンドリア（保存状態の比較的良い彫像）、ファイユームのテアデルフィ（レリーフ）、そしてディール・アル＝バハリ（ステラ）で発見されている。また、後1世紀後半のトラヤヌス帝の時代、上エジプト唯一のギリシアの町にあったプトレマイオ朝の神殿がアスクレピオスと「栄光と光に満ちた」ヒュギエを共に奉っていたことが、あるステラの碑文からわかっている。

ヒュギエは概念を神格化した女神であり、神話上の役割をもたないため、エジプトの神々と同化することはなかった。しかし、ハプの子・アメンヘテプ*やイ

ムヘテプと結びつき、3柱神をきずき、ディール・アル＝バハリのハトシェプスト女王葬祭殿のテラスの最上段に作られたプトレマイオス朝の小さな礼拝所に奉られている。

しかし、ディール・アル＝バハリの3段目のテラスの跡に建てられた神殿の壁に、ヒュギエはハプの子・アメンヘテプやイムヘテプと共に描かれることはなかった。エジプト様式の彼女の図像は残っていない。

ギリシア様式の肖像は、長いキトン（チュニック）とヒマティオン（外衣）をまとい、片手に薬瓶、もう一方の手に腕に巻きつけたヘビを持っている。この姿は、後2世紀のテアデルフィの家の壁で発見された前1世紀のレリーフに見ることができる。彼女はアスクレピオスの右側におり、彼女の父の聖なるヘビに薬をあたえようとしている。

現在、アレクサンドリア・ギリシア・ローマ博物館に所蔵されているシーディー・ビシュト出土の完形の影像においては、彼女は右手にヘビを持ち、左手には卵を持っている。

特徴：シトゥラ、卵、フィラエ、ヘビ、→イムヘテプ、ハプの子・アメンヘテプ

B.: H. Sobel, *Hygieia; die Göttin der Gesundheit*, Darmstadt, 1990; W. A. Daszewski, “A Statuette of Hygieia fromKom el-Dikka in Alexandria,” *MDAIK* 47 (1991), p.61-66, pl.1-2.

（→口絵/p.59）

ピラミッド・テキスト

TEXTES DES PYRAMIDES

サッカラの約10基のピラミッドの玄室の壁に刻まれていた、人類史最古の魔術と宗教の集大成をエジプト学者は『ピラミッド・テキスト』と名づけた。

「頁のようなレイアウト」をもち、青や緑に彩色された美しいヒエログリフの行は、まるでパピルス*に記されているような構成をもっている。最初に登場したのは、第5王朝最後の王（前2350年頃）ウナス王のピラミッドの玄室と前室である。しかし『ピラミッド・テキスト』の呪文の多くは長いプロセスをへて発展したものであり、初期王朝（ティニス）時代、あるいはアビュドスにおけるドイツ隊の発掘によって、原王朝時代にまでさかのぼることがわかっている。おそらく原王朝時代の終わりから歴史時代の初めの間に始まったと考えられる。以上を考慮すると、ウナス王以前、第4王朝時代の偉大な王たちが、『神の書』と呼ばれる呪文集であるパピルスの巻物をもたなかったことが不思議である。『神の書』の「神」は、後の『コフィン・テキスト（呪文225）』の記述からトト*神であったことがわかっている。

『ピラミッド・テキスト』はさらに発

展し、入口の通路さらにはシャフトの壁まで覆うようになり、第6王朝のすべての王のピラミッドで見られるようになった（テティ王、ペピ1世、メルエンラー王、ペピ2世）。このほか、女性として初めて墓に『ピラミッド・テキスト』を飾ったペピ2世の母親であるアンクエスエン・ペピ2世、ペピ2世の3人の妃、ネイト、イプウト、ウジェブテン、そして第8王朝の謎のファラオ、イビ王墓に『ピラミッド・テキスト』を見ることができる。

ペピ1世、メルエンラー王、そして最近ではペピ2世の墓から出土した碑文のブロックの解析により、1908年から1922年の間にクルト・ゼーテによって出版された759 の呪文、2291の段落で構成された『ピラミッド・テキスト』を越える内容が明らかとなり、新しい版やまったく新しい碑文が知られるようになった。いずれにしても、どの『ピラミッド・テキスト』の碑文もその多様な内容のすべてを網羅するわけではない。たとえば、テキストには、有名な「人肉食の讃歌」のように歴史時代にはすでに行なわれていなかった慣例なども入っている。魔法の呪文、儀礼、讃歌、供物のリストが神話の物語の間に鏤められているテキストの唯一の目的は、魔法の力によって王が永遠の生命をえて神々の間に永遠の住処を確保することである。第5王朝においては、神々の神話のなかでもヘルモポリスの太陽信仰の影響が大きく、後に発展するオシリス*信仰を凌いでいた。死者となった王は、周極星すなわち、地平線に沈むことがないためエジプト人が永遠の生命の象徴とした「破壊されることのないもの」の一部となることを望んだ。王はまた、ラー*やオシリスと結びついていた。呪文の中には葬送の儀礼の中で読み上げられるものもあった。

B.: R. O. Faulkner, *The Ancient Egyptian Pyramid Texts*, Oxford, 1969。

（→口絵/p.59）

ビール　BIÈRE

すべての固い食物を象徴するパン*と結びつき、エジプト人が永遠*の世界にもって行きたいと願う飲み物は、葬送の短い碑文によれば、ビールであり、ワイン*ではない。大麦を加熱したペースト状のものから作られ、糖化した水の中で発酵するビールには、多くの種類がありナイル河岸で最も広く飲まれていた発酵飲料である。

醸造酒の女神であったテネメト女神*やメンケト女神*によって人格化されたビールは、神々の世界でも重要な役割をもっていた。ビールは神々や女神に捧げられた供物の1つであり、とくにハトホル女神に捧げると、ワインのように酔わすことができた。

『天の牛の書*』の初めに記されているように、ビールは、酔いをもたらす力によって、神による人類破壊の伝説の中で重要な役割をになっている。遠い昔、人間はまだ地上に住んでいたラー*に対して反乱を起こした。セクメト女神の恐ろしいライオンの姿で現われたハトホル、すなわち、ラーの眼*は、ラーの命令を受けて人間を追って砂漠へと向かい、彼らを皆殺しにしようとする。ハトホルがあまりにも殺戮を楽しんでいたためか、ラーは考えを変え、人間の数を減少するに留めようとする。大量殺戮に歯止めをかけ、娘の血の煮えたぎるような怒りを納めようと、ラーは殺戮の場所に砕いた赤鉄鉱を加えた7千のビールの盃を用意する。これは娘を騙すためのラーの企みである。赤いビールが「人間の血」だと信じた女神は、これを飲みすっかり酔いつぶれて寝てしまう。そして生き残った人間は救われる。

『アムドゥアト書*』の第6時間目の上段には、葬送の供物を記録してまとめる神の姿が描かれている。この人物は編んだつけ髭と3つに分かれた鬘をつけたミイラの姿をしており、冠の代わりにパンとビールの壺を頭に載せている。

→テネメト、パン、メンケト

B.: W. Helck, *Das Bier im Alten Ägypten,* Berlin, 1971.

昼と夜の書

LIVRE DU JOUR ET DE LA NUIT

2つの相補う書に『昼と夜の書』という題をあたえたのは、A・ピアンコフである。彼はこの書の中に「挿絵のついたは概説」や「解説のついた地図」を見た。新王国時代において、2つの書が共に描かれているのは、ラメセス6世墓（KV 9）だけである。この2つの書が1つとなることにより冥界における夜の太陽の航行だけでなく、天における太陽の航行が描かれ、太陽の航行のサイクルが完全なものとなっている。しかし古代エジプト人の眼に2つの書が1つのまとまりとして見えていたかどうかはわからない。

ラメセス6世墓には、『夜の書』をともなう2つの『昼の書』が描かれている。3つ続く通路の天井には太陽の航行の2つの部分が上下に描かれている。大地の上にアーチを描くヌウト*女神の体でほぼ長方形の枠組みがあたえられ、昼の太陽の航行は最上段、ヌウト女神の体の長さいっぱいに描かれている。また、女神は埋葬室の天井に2重に描かれ、アーチ状の天井のそれぞれの半分には、『昼の書』と『夜の書』が描かれている。そして不思議な書き込みが記されている。

第22王朝には、オソルコン2世やショションク3世墓において、完成された『昼の書』を見ることができる。そして第25王朝タハルカ王時代のテーベのラーメス墓（TT 132）には、ヌウト女神の「腿の間」から生まれる太陽、そして女神に呑み込まれて「生命の眠り」につく太陽、この２つの間の道筋が描かれている。

テキストは神々の間を進む太陽の船を描いており、１つの時間から次の時間への区切りは明確に描かれていないことが多い。夜の間は牡羊の頭をしている神は、昼はハヤブサの頭の人間として立っている。しかし太陽の天の旅はヌウトの体に次々と描かれた12 の赤い太陽円盤の移動で表わされている。

『夜の書』は、『ヌウトの書*』と同じ時期に初めて登場し、アビュドスのセティ１世のオシレイオンの埋葬室の天井に描かれている。上記と同じ記念碑の前室にメルエンプタハ王が彫らせたもう１つの例は現在では完全に失われている。このほか、ラメセス６世墓の完全な２つの書は、ラメセス４世墓（KV 2）とラメセス9世墓（KV 6）にほぼ同じ状態で再現されている。さらにタニスの王墓（オソルコン２世、シェションク３世）、そして末期王朝のテーベの墓（TT 33, TT 132, TT 410）や第30王朝やプトレマイオス朝の棺にも記されている。王墓の壁を飾る他の「書」に描かれた冥界における太陽の夜の旅は、この書では天に描かれている。しかし上記のように、天といっても、星に覆われたヌウト女神の体内を旅していると考えられている。すなわち、ヌウトが太陽を呑み込み、翌朝世界にもどすまでの間、長く伸びた女神の体の下に記された碑文と図が旅の様子を表わしている。

『昼の書』とは異なり、「疲れを知らぬ者たち」に引かれた太陽の船が通る道、星々や惑星がつねに動いている道は、碑文が作る縦の行が「門」の役割を果たし、時間から時間への区切りを形作っている。それぞれは３段あり、各段がまた2つに分かれている。太陽の船の航行は、『アムドゥアト書*』や『門の書*』に見られるようにアポピスのヘビによって襲われることもなく、中段には多様な神々の行列が上に描かれ、下には最後の審判を勝ち抜いた者や罪人など多くの死者の行列が描かれている。「人間（そし動物やヘビ、いずれも創世神が創り出したもの）に生命をあたえるラーの完全な姿が現われる」と碑文に記された夜の最後の時間は太陽の再生復活を表わしている。「地平線の門の開いた点、陰門より出ずる」太陽はあらゆる姿をとる。昼と夜の船は船首と船首が接するように描かれ、太陽円盤がイシス*の腕からネフティス*の腕に受け渡され、さらに子どもやスカラベ*がヘフとヘヘトによって受け止められている。

B.: A. Piankoff, *Le Livre du jour et de la nuit, BdE* XIII, 1942; G. Roulin,

ヒルトヨル

Le Livre de la nuit, Une composition égyptienne de l'au-delà, OBO 147/1-2, 1996.

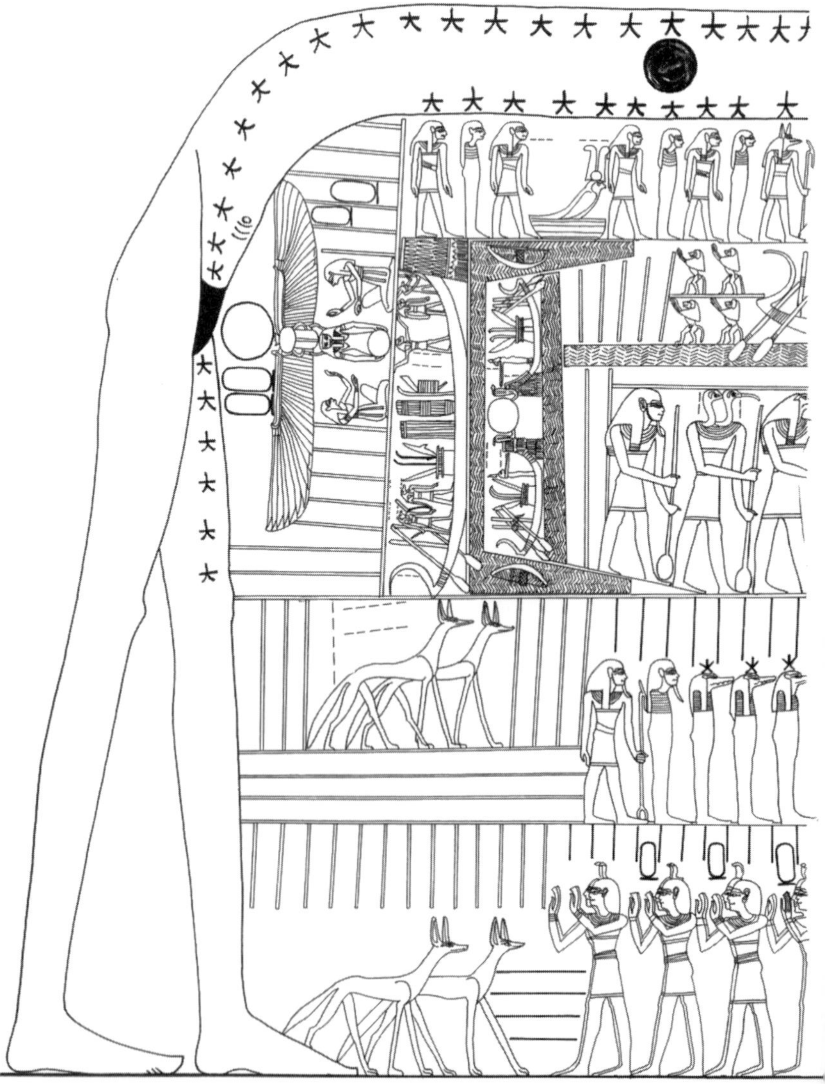

「昼の書」の始めと終わり、埋葬室の天井東半分、ラメセス6世墓（KV9）、第20王朝。

ファイト　FAYT

天の支柱を参照

ファラオ　PHARAON

3000年を超える歴史の中で、２国の

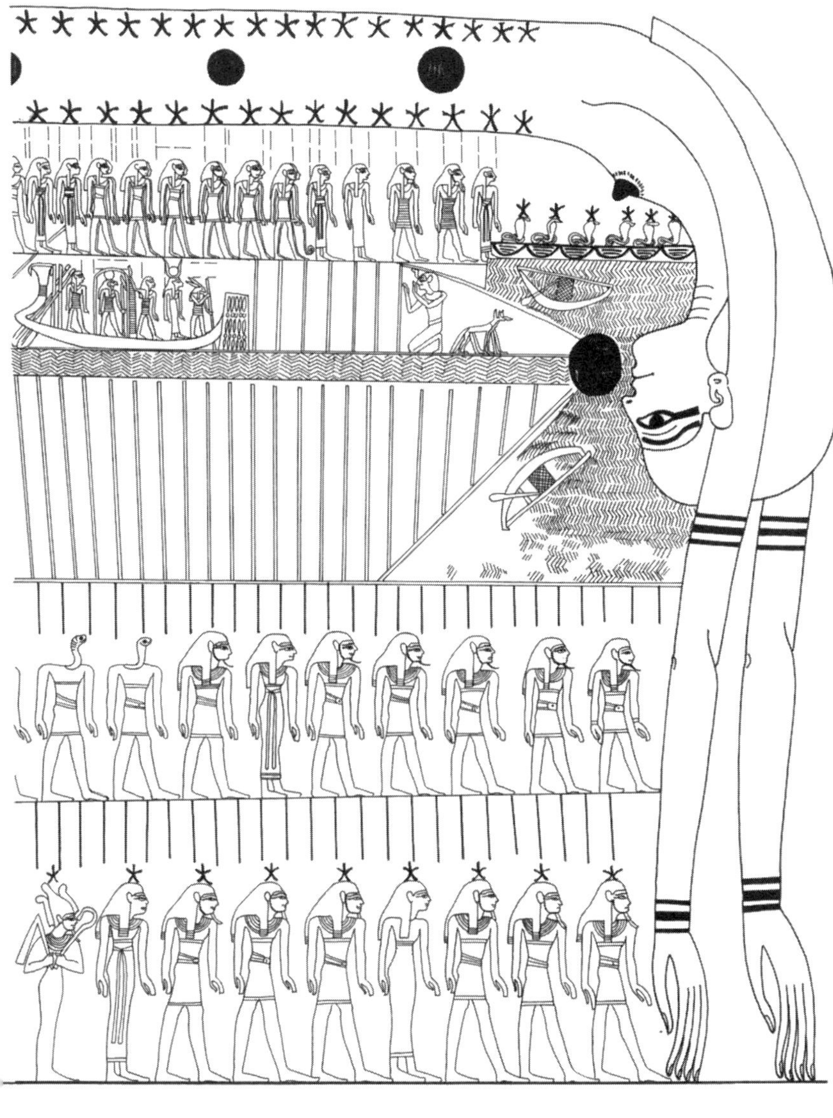

王座に就いた数々の王たちの称号に、古代エジプト文明を象徴する「ファラオ」という言葉がなかったことに驚きを覚える読者も多いはずである。この言葉は、末期になって初めて登場する言葉であり、エジプト語の「ペル・アア（大きな家）」、すなわち、宮殿を意味する語を起源として聖書の中に現われた語である。「ホワイト・ハウス」や「エリーゼ宮」と同じように、もともとは権力の中心である場所を示していた語が、権力を執行する人物をさすようになった例である。

先史時代の族長の子孫であり、同時に戦闘の長、行政官、そして神官であったファラオは、エジプトの世界観の中で神に望まれた特別な存在であった。ファラオはエジプトの神学を貫く論理を理解する上で重要な鍵をにぎっている。創世の時、創造神によって確立された秩序は、つねに原初の混沌の力におびやかされている。世界の秩序を永遠のものとするためには、最高神がみずから選んで地上に送った息子の力が必要である。これは「神の結婚（テオガミー）*」の最初の場面の中で、神が9柱神に宣言している。すでに誕生から聖なる者であるファラオは、全知全能の存在であった。王は人間であると同時に象徴であった。そして「宇宙の主人」の生きている姿であった。それはアピス*がプタハの「生きているバー」であったように、この世における神の具現という意味で、聖なる動物と神との関係に似ている。ファラオ自身が神の神聖を凝縮したものであった。このことは、王の5つの称号のうちの3つが示している。最初の称号はファラオをホルス*としている。3つ目の称号は、太陽との結びつきを強調し、「黄金のホルス」、そして最後の称号は、「ラーの息子」である。聖なる性格がファラオを神々と同等に置き、時を越えた神との対話者としている。ファラオは唯一神々に仕えることを許された者であり、王の役割を果たすと同時に神聖な者である。中王国時代の教訓文学である『父から息子への教訓集』には、「上エジプトの王を崇拝し、下エジプトの王を敬わなければならない」と書かれている。

太陽神の現世の息子であるファラオは、また1人の人間であった。その聖なる性格を確固たるものとするために、戴冠の儀や、セド祭（ヘブ・セド）を行なう必要があった。王位更新祭であるセド祭は、在位30年の終わりに王の「再生復活」を祝う祭礼であり、その後、3年、あるいは4年ごとに行なわれた。この祭礼を通して、王は象徴的に若返った。ラメセス2世は亡くなるまでに14回もセド祭を行なっている。称号と王の印となる数々の品々（p.29口絵左上参照）、そして王冠（p.15口絵右下参照）によって、王は「一般の人々の外にいる存在」となり、真の意味で神として特別の地位をあたえられる。ファラオはすべての神、そして女神の息子であると同時に彼らと対等な立場にある。そして多様な神々と、それぞれに結びつくことができる。さらには、第12王朝の王を絶賛する碑文は、アメンエムハト3世を讃えて、「太陽円盤よりも強く2国を照らす」、あるいは、「ナイルの氾濫よりも豊かな富をきずく」としている。多くの碑文によれば、美しいマアトの姿に象徴される宇宙の秩序を守るために、王はあらゆる努力を行ない、「国王陛下は、昼に夜に、神々の役に立つにはなにをすべきかを求めて過ごす。廃墟となった神殿を建て直し、神々の彫像を作らせ、神々の倉庫を満たし、祭壇を供物で満たす。ありとあらゆる供物を用意し、そしてその衣装箱を金、銀、銅で満たす」そして2つのステラには、タハルカ王が、治世6年に神々から奇跡の洪水を得たことが記されている。

末期王朝になると、具体的な年代は不明であるが、デンデラやフィラエなどの神殿の儀式の場面において、王のカルトゥーシュに名前が刻まれていない場合がある。これは、後に王名を刻むために空白になっている可能性もあるが、敢えて「ファラオ」という語の2つのサインだけが刻まれているとも考えられる。P・デルシャンによると、儀礼を行なうファラオは、現実の人物ではなく、「理想的な王、想像上の王であり、抽象的な存在である」そのため、個人の名前は神官にとって重要ではなく、その役割を演じているということが重要であった。実際、この時代、エジプトはローマの1地域にすぎず、儀式をつかさどるのは皇帝であったが、その治世は短く、遠くローマにおり、おそらくファラオとしての自覚もなく、エジプト世界における自分の役割を認識していなかった。また、実際にエジプトを訪れることもまれであった。デルシャンの言葉を借りれば、エジプトの神学者にとってファラオは象徴であり、「末期王朝の神殿においては、物理理論における引力と同じような存在であった」すなわち、「この世を動かすシステム（つまり世界）における基本要素であり、その存在なしにはなんの存在もありえない」ものであった。

特徴：ウラエウス、王冠、牡牛の尻尾、カルトゥーシュ、笏、杖、ネメス頭巾

→アメンヘテプ1世、神の婚姻（テオガミー）、供物、神官、神殿、スフィンクス、センウセレト3世、ネブマアトラー、プラマレス、マアト、メンチュヘテプ2世、ラメセス2世、

B.: G. Posener, *De la divinité du pharaon, CSA* XV, Paris, 1960; Fr. Daumas, “Le sens de la royauté égyptienne,” *RHR* CLX (1961), p. 129-148; Ph. Derchain, “Le rôle du roi d'Égypte dans le maintien de l'ordre cosmique" dans L. de Heusch (éd.), *Le Pouvoir et le Sacré, Annales du Centre d'Études des Religions* I (1962), p. 61-73; F. Abitz, *Pharao als Gott in den Unterweltsbüchern des Neuen Reiches, OBO* 146, 1995.

(→口絵/p.59)

フィラデルフィア（女神）
PHILADELPHE (DÉESSE)

プトレマイオス２世の姉であり妻。死後神格化した。外国起源の王朝の２代目の王であるプトレマイオス２世は、その治世の初めから、まだ若い血統の権力を正統化するために両親を「救世主」として神の地位に引き上げた。さらにみずからの神性を確認し、一般の人間の法律を越える、近親相姦となる姉アルシノエ２世との婚姻を実現した。２人は夫婦として「アデルフィ」の神となった。それはギリシア、そしてエジプトにおける原初の神々にならったものである。前268年に、姉であり妻であるアルシノエが亡くなった時、プトレマイオス自身はまだ生存していたが、「(弟を愛した）女神ピラデルポス」として彼女をエジプトのパンテオンに加えた。

有名な「メンデスのステラ（カイロ・エジプト博物館、CGC 22181)」の碑文によると、プトレマイオス２世が、彼の神殿において「生きている牡羊」を見るために行なった巡礼のことや、彼の治世の間に行なった宗教政策を知ることができる。その中に、治世15年に「女神」は天に昇ったとされている。そして王は彼女の影像を「すべてのノモス」の神殿に立て、それぞれの地方の神の「聖なる妻」とするように命じたという内容が記されている。

「上下エジプトの王」というめずらしい称号をもつ、新しい女神のエジプト的な性格は、弟であり夫であるプトレマイオス２世のかたわらで彼女が果たした政治的役割を思わせる。多くの形容辞は、アルシノエとエジプトの神々との結びつきを強調している。シーワの神の息子であると宣言したアレクサンドロス大王の例にならい、彼女は「アメン*の娘」であった。しかし彼女はまた「イシス*」、あるいは「イシスの姿をもつ者」でもあった。それは「ゲブ*の娘」であることを意味し、ゲブ神の王冠によく似た冠を頭にかぶっている。

多くの、ときにたいへん質素な記念碑を見ると、アルシノエに対する信仰は、神格化した王妃に対する公的な信仰の対象であったばかりでなく、一般大衆に人気のあるたいへん根強いものであったようである。

われわれにはあまり興味のない、純粋に「ギリシア様式」の肖像とともに、ア

アルシノエ2世のレリーフ、前270年、ケンブリッジ、マサチューセッツ、ハーバード大学アート・ミュージアム（1983.96）。

ルシノエ２世の「エジプト様式」の図像はたいへん豊かなものであった。その中にはギリシア的な象徴をもつ彫像もあるが、ファラオの伝統にのっとった多くのレリーフがある。

ニューヨークのメトロポリタン美術館にある小像（20. 2.21）は、明らかに王妃のギリシア的な肖像の影響を受けている。とくに貨幣に見られる肖像の影響が見られる。また首の部分は王妃の神性を強調するように金箔が貼られている。イシスと結びついた「女神フィラデルフィア」は、巻き毛の重たい鬘をかぶり、長い衣をまとい、右の胸の上で有名な「イシスの結び目」によって結ぶショールをまとっている。最後に、エルミタージュ美術館に所蔵されている像は、豊穣を表わす２重の角をもっている。これは彫刻師が無理矢理につけた感がある。明らかにエジプト起源ではない豊穣の角は、当時エジプト風と考えられ、純粋にギリシアの王妃の像には決して見ることのできないものである（inv. 39.36）。

ハーバード大学アート・ミュージアム所蔵（ケンブリッジ、マサチューセッツ）のレリーフの破片（inv.1983.96）は、神となった王妃の肖像の美しい例である。同様な図はデルタからヌビアまでの広い地域で発見された王や私人のステラ、神殿の壁画等にも見ることができる。「アメンの娘」としてカルトゥーシュの中に名前を刻まれたアルシノエは、花の笏を持っている。これは殻竿の一種で、３つに分けた鬘の上にかぶったハゲワシの飾りのように、エジプトの王妃独特のもち物である。彼女は、神格化した時にあたえられた複雑な冠をかぶっている。それはゲブ神がかぶる王冠の変形であり、下エジプトの王冠の上に２枚のまっすぐな高い羽根が飾られ、太陽円盤を囲む牛の角が載せられている。そして牡羊の水平な角が赤冠の「前」に飾られている。あるいはまた、ヒルデスハイムのレーマー・ペリツェウス博物館に所蔵された、よく似たレリーフの場合のように、赤冠を囲んでいることもある（inv. 1025）。

特徴：特別な複合冠、豊穣を象徴する２つの角

B.: S. Sauneron, “Un document égpytien relatif à la divinisation de la reine

Arsinoé II," *BIFAO* LX (1960), p. 83-109. pl. VI-X; J. Quaegebeur, "Ptolémée II en adoration devant Arsioné II divinisée," *BIFAO* LXIX (1970), p. 191-217, pl. XXVIII-XXIX; Id., "Documents concerning a cult of Arsinoe Philadelphos et Memphis," *JNES* 30 (1971), p.239-270; P. Dils, "La couronne d'Arsinoé II Philadelphe" dans *Egyptian Religion – The last Thousand Years, Studies Dedicated to the Memory of Jan Quaegebeur, Part* II, *OLA* 85, p. 1299-1330.

フウ　HOU

創造神の言葉を人格化した神。フウとシアが相手をともなわずに単独で現われることは滅多にない。いずれも男性の神であり、神の３つの重要な特性のうちの2つを象徴している。「創造神の言葉」、「聞く力」、そして３番目は、ヘカ*、すなわち、生命のエネルギーがもつ魔法の力である。多くの場合、視覚と聴覚を象徴するイリやセジェムとも結びついている。フウとシアは、イリとセジェムと同様に、互いに強く結びついており、ときに１つの存在のように考えられることもある。

シア、フウ（上左）、セジェムとイリ、前１世紀の『死者の書』の挿絵、ルーヴル美術館。

ある伝説によれば、彼らは、創造神がみずから割礼を行なった時に流れた血から生まれたとされている。別の伝説では、フウとシアは創造神と共に、原初の大洋にいたとされている。実際、他の状況は考えられない。彼らは創造神の創世行為をまとめ、説明する役割をになう。それによって、宇宙の主人はその全能の力を具現化することが可能となる。ヘカの魔力によって、神の心に宿った概念は名前をあたえられ、神の口から発せられた声が、存在をあたえる。

世界の創造が完成すると、彼らは、日々繰り返す太陽の航行の船に乗り込み、日々の再生復活に参加する。ラーとともにいる2人を見ることができる。ときには、乗組員は2人だけに省略され、1人が太陽の船の船首に、そしてもう1人が船尾にいることもある。

また、創造された世界の行政担当者、すなわち、聖なる宰相の役割をになうトト神を助け、フウとシアは、王が知恵と能力をもって国を治めることができるようにその能力を発揮する。ルクソールのカスル・アル＝アグーズの神殿には、ヘルモポリスの主人の「従者」として描かれ、フウは「食物の主人」と描写されているが、この表現は名前と同音であり、シアはその関係で「体を養うものの主人」として描写されている。

フウとシアは、太陽の船の中に描かれることが多い。人間の姿で、頭の上には、名前を表わす表意文字を載せている（cf. p.245）。フウは象の牙、シアは布のサインを載せている。エドフのように、2柱の神が、1柱の神として表現されている場合は、2柱の神のヒエログリフのサインがならんで、あるいは上下に記されている。これは神殿の塔門の東の部分、そして神殿そのものに見ることができる。

カルガ・オアシスのイビス神殿の聖域に近い小さな部屋には、他では見られない多くの神々の図像がある。ここにはイリ（人間の頭）とセジェム（イヌの頭）をともなうフウとシアにロータスの花束を捧げる王の姿が描かれている。彼らは牡羊の頭、あるいは動物の頭の人間として描かれている。あるいはまた両生類のカエルのように見える。これは世界が創られる前からラーと共に原初の水の中にいたことを考えると不思議なことではない。また他ではハヤブサの姿をしている。

特徴：象の牙のヒエログリフ（フウ）と布のサイン（シア）

→イリ、トト、ヘカ、ラー、

B.: A. H. Gardiner, “Some Personifications. II. *Hu*, “Authoritative Utterance”; *Sia*, “Understandin,” *PSBA* 38（1916）, p. 43–54; 83–95, pl. V.

フェニックス　PHÉNIX

ウンシェプセフ、ベヌウを参照

ブキス　BOUKHIS

聖なる牡牛、アルマントにおけるメンチュウ神の出現。メンフィスとヘリオポリスを代表するアピス*とムネヴィス*のように、ブキス（エジプト語でベク）は、エジプトの聖なる牛の1つであった。ブキスは、ヘルモンティス、現在のアルマントにおいて、メンチュウ神*の具現と思われていた。それは「使者」であり、「生きている魂」であった。アピスの聖牛のようには知られていないが、多くの共通点をもつと思われる。

テーベの古い戦闘の神は、唯ひとつの動物に出現した。この動物を選んだ神官たちにはその印が見えていたと思われる。ブキスの聖牛が死を迎えると、その後継者である新しいブキスがすぐに現われた。頭の部分は黒く、他の部分は白い革で覆われていた。母親である牝牛とともに、ブキスは聖なる牛小屋で暮らし、死を迎えるとミイラにされ、地下の通路にある集合墓に丁寧に葬られた。この集合墓は、ブケウムとして知られており、1929年から1930年の間、アルマントで発掘されている。セラペウムに比べると、その歴史は短く、最後のエジプト人のファラオであるネクタネボ2世の治世に初めて登場し、後3世紀のディオクレティウス帝の時代まで続いた。

テーベのほかでは、ブキスはトードやメダムードにおいて崇拝を受けていた。メダムードでは神殿の聖域の後にある中庭でブキスの託宣が行なわれていた。「祭壇の主人の神々」の存在を信じていたギリシア・ローマ時代の神学者は、神と王の仲介者である神々の集合体が、供物と交換に王に権限をあたえると考え、セマ・ウル*にアピスやムネヴィスと同じ地位をあたえた。彼らの仲間となったセマ・ウルは「上エジプトのヘリオポリス（すなわちヘルモンティス）にいるブキス」とされた。

カイロ・エジプト博物館にあるステラ（JE31901）によると、メンチュウの最後の具現といわれるブキスは後340年東ローマ帝国の皇帝コンスタンス２世の治世に死亡した。この荒い作りのステラにはミイラの姿で葬送のベッドの上に横たわる聖なる牛が描かれている。このステラは、今日にいたるまで「ファラオの伝統を象徴するヒエログリフで記された最古の記念碑」であるとされている。また同時に「ヒエログリフで記された最後から２番目の例」であるとされる。この最後の例は、後394年８月24日の日付のフィラエ島の「ハドリアヌスの門」の北壁に残るグラフィートである。このグラフィートは、「ビッガの高い山」の麓にある洞窟でハピ*がナイルの氾濫の水を流す有名な図の近くに見られる。

プトレマイオス５世エピファネスの治世25年、すなわち、前181 年のたいへん美しいステラがブケウムで発見されている（カイロ・エジプト博物館、JE 54313）。ギリシア朝の王が聖牛ブキスに緑の野のヒエログリフのサインを供物として奉納している。ブキスの上にはハヤブサの姿のメンチュウ神が羽根を広げている。ラーと同一視された聖なる動物は、金色に輝き、ミイラの姿ではなく、低い塔門の形の台座の上に立っている。様式化した角は、ほぼ完璧な半円を描き、その上に太陽円盤を載せている。メンチュウ神の2重のウラエウスで飾られ、その上にはハヤブサの2枚の高い羽根が載っている。

特徴：太陽円盤、2重のウラエウス、2枚の羽根

→アピス、メンチュウ、ムネヴィス

B.: E. Otto, *Beitrage zur Geschichte der Stierkulte in Ägyptien, UGAÄ* 13, 1938; L. Goldbrunner, *Buchis. Ein Untersuchung zur Theologie des heiligen Stieres in Theben zur griechisch-römanischen Zeit, MRE* 11, Bruxelles, 2004.

(→口絵/p.60)

ブーケ　花束　BOUQUET

神の前に捧げられた壺に生けられたロータスの花束、死者がその手に持ち、香しい花をかいでいる図、神々や王に奉納された花束、あるいはまた、葬送の儀礼の中で石棺の横に飾られた花。神殿や墓の壁を飾る儀礼や祭礼の場面に、なんらかの形で、新鮮な植物や花が飾られていないことはまずないといえる。

新王国時代以降、エジプト人が「山型のブーケ」と呼んだ見事な花や葉の装飾が登場する。この中にはごくふつうのブーケの大きさから、花束をかかえている人間よりも大きなものまである。ときに旗竿の高さまで、3本のパピルスの茎をその花と共に結んだものを中心に、多様な植物を積み上げて結んでいるもの、あるいはまた、トウや葦が中心になるものもある。花、蕾、花びら、葉、そして果実、さらに自然のものではない作り物までが共に1つの飾りにまとめあげられ、次々積み上げられているものや、花輪のように結ばれているものなど、いずれもその色や形の変化や対称性を楽しむように作られている。

巨大な山型のブーケの先端が神や王の「鼻孔に向かって」傾いていることから、その香りの重要性が明らかである。横に記されている碑文がそれを証言している。また、「歓びと健康」と同義の新鮮な植物の束は、その多様な要素が伝える象徴の複雑な集合体である。なかでも明らかなのは、植物の1年のサイクルに見られる生命の再生の象徴である。そのためブーケの中には、アンク*のサインの形をしたものもある。これは驚くにあたいしない。そしてアンクという言葉で山型のブーケが表現されることもある。中には簡単に解読できる要素もある。ブーケの頂上に飾られることの多い、青いロータス*とマンドラゴラ*の組合せ。これら水性の花の中から生まれる黄色い実は、ヘルモポリスの創世神話における太陽の

出現を示している。他の要素は説明が必要かもしれない。新鮮なブーケの中に描かれている矢車草や芥子の実は、特定の危険を避けるための魔法の呪文を唱える際に必要とされているものである。
→パピルス、マンドラゴラ、ロータス
B.: L. Keimer, "Egyptian formal Bouquets (*Bouquets montés*)," *AJSL* XLI（1925）, p.145-161.
（→口絵/p.60）

プサイス　PSAÏS
シャイを参照

プソスナウス　PSOSNAUS
ギリシア・ローマ時代にファイユームで信仰されていた数多いワニの神の１人。現在のカスル・アル＝バナートであるユーヘメリアの神殿で、プネフェロス*やソキス*と結びつき崇拝されていた。プソスナウスは、「2人の兄弟」を意味する名前セヌウイ*のギリシア語表記である。第18王朝の終わりのパピルスに記された沼地の狩りの楽しみを描写する文学書によると、セヌウイはセベク神の父をさしている。
→スウコス、セベク、セヌウイ、ソキス、プネフェロス
B.: W. Spiegelberg, "Das Heiligtum der zwei Brüder in Oxyrhynchus," *ZÄS* 54（1918）, p.140.

豚　PORC
セトを参照

２つの道の書　LIVRE DES DEUX CHEMINS
1935年から1961年の間にアドリアン・デ・バックによって出版された英語名『コフィン・テキスト*』の美しい要約版の最後の部分には、『2つの道の書』という名前があたえられている。
中王国時代の偉大な葬送のテキストの主要な部分（全部で1185のうちの1028の「魔法の定型文」、あるいは「呪文」）は、多様な遺跡で発見された長方形の棺の内側の壁に記されていた。その中で、第11、と第12王朝に属するアル＝ベルシャのネクロポリス出土の木製の棺の底に見られる100あまりの呪文（1029から1130）が『２つの道の書』を構成する。P・バルゲによると、これは道を開く通過儀礼のテキストであり、残りの呪文（1131-1185）は、その変化形にすぎず、ときに問題のある未熟なものである。
それは冥界の地図ともいえるもので、その中央には死者が歩まなければならない2本の曲がりくねった道がある。2本の道は、恐ろしく、また凶暴な葬送の精霊に守られている。越えることのできない「炎の運河」で分けられている2本の道が交差することはなく、2つの道の性質はまったく異なる。

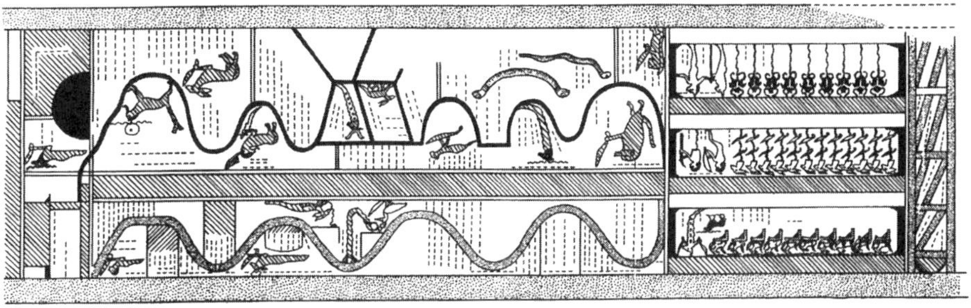

『2つの道の書』セピの棺の底の図像、第12王朝、カイロ・エジプト博物館（JE 32868）。

1本は青く塗られ、オシリスと結びついた水路である。死者の旅は夜の天の航行と結びつき、月の神であるトトと共に「幸福の野原」に辿り着くために道を歩む。

もう1本はその下に黒く描かれた、大地に作られた運河である。死者はそこを船で移動する。この場面では死者はラーと同一視されている。それは太陽が天の昼の旅で使用する移動方法である。

2本の道は、西のネクロポリスであるロ・セタウに向かっている。死者はマアトが住む「月の宮殿」を旅し、魔法の呪文を唱えることによって7つの門を通り過ぎた後、「全天の主人」である古代のホルスの玉座がある光の領土へと入ることができる。

→『コフィン・テキスト』

B.: P. Barguet, "Essai d'interprétation du Livre des Deux Chemins," *RdE* 21 (1969), p.7-17; L. H. Lesko, *The Ancient Egyptian Book of Two ways, NES* 17, Berkeley, 1972; E. Hermsen, *Die zwei Wege des Jenseits. Das altägyptische Zweiwegebuch und seine Topographie, OBO* 112, Fribourg, 1991.

プタハ　PTAH

創世神、メンフィスの主人。重要な神話には登場しないが、プタハはエジプトの重要な神々の1人であり、国中で信仰を受けている。それは後のアメン神*の場合と同様に、エジプトの首都であり、歴史を通じて重要な大都市として機能した町メンフィスの地方神であったためである。その結果、プタハは王の守護神となり、王位更新祭をつかさどる神となった。

聖なる職人であるプタハは、その名前が示すように、物作りの神であった。多様な技術を発明したのはプタハであり、そのためギリシア人はプタハをヘファイストスと同一視した。ソカル*の性格、そしてオシリス*の性格をとり込み、遂にプタハ・ソカル・オシリスが出現するように、プタハは葬送の神でもあった。プタハはなによりも創世神話の中で最も知性のある神として、エジプトの創世神の中で特別な地位を保っている。「メンフィスの創世神」は、言葉によって創造し、手を使うことなく、まず思考の住処である心の中に思いを浮かべたものが、言葉を通して生まれてくるとされている。

プタハは、「２国の王」であり、「その技術によって生きる」「マアト*の主人」であった。また「壁の南にいる者」と呼ばれたが、これは南にあるメンフィスの神殿の位置を示している。形容辞の中で最も頻繁に見られるものは、「美しい顔のもち主」、あるいは「親しみやすい顔のもち主」である。これは肉体的な特徴を示しているのではなく、「人々の祈りに耳を傾ける」親しみやすい人柄を表わしている。プタハの聖域の周囲には、祈りが届くように、耳を描いた奉納物が数多く見られた。

プタハは、多くの神々と結びついている。イミ・ケンティ・ウル*などは、もともとプタハ神の１つの側面を表わしていた神と思われる。また、「立ち上がる土地」と形容される、メンフィスの古い神タテネンと強い結びつきをもつ。そして時代をへてライオンのセクメト*を妻とし、香り高いロータスの神、ネフェルトゥム*を息子として３柱神をきずいている。第18王朝の初めには、牡牛の神アピス*と結びつく。初期王朝時代にさかのぼる、元来、独立した信仰であったアピスは、こうして「プタハの使者」となった。また、末期王朝時代になると、神学者によってプタハはイムヘテプ*の父親とされる。そして建築家の母ケレドゥアンクと共に新しい３柱神を作ることになる。

ドーム状の屋根をもち、簾のような壁をもつ礼拝所の中で、立っている、あるいは座しているプタハはつねに人間の姿をしている。最古の像は、中王国時代のものと思われる。ミイラの姿でぴったりと衣に包まれたプタハは、手だけを外に出し、ごくふつうのウアス杖や、あるいはまた長いジェド柱*やアンク*のサインをモチーフとした複合的な笏*を持っている。多くの場合、秩序ある世界の主人であることを示すために、マアトの名前を記すサインの形の台座の上に載っている。そして大きな胸飾りをつけ、その錘が背中にたれているのを見ることができる。彼はまた、神々の中では唯１人、まっすぐで四角いつけ髭をつけている。この姿の場合、頭には、鬘も冠も載せていない。そして耳が外に出るようなぴったりとしたヘルメットをかぶっている。このヘルメットはプタハを守護神とする鍛冶屋や、他の職人がかぶる帽子である。また、ヘルメットの上にときに太陽円盤が載っていることもある。このようなヘルメットは、古王国時代の奇形の小人である鍛冶屋を思わせる。そしてこれがサイス朝の初めにおけるプタハのイメージであった。

図像においては若干の多様性が見られる。プタハはタテネンの特別な冠を借りている時もある。また、エドフ神殿に見られるように、ソカル神と結びつき、ハヤブサの頭をもち、腰布をまとっていることもある（周壁の東壁の内側）。

イビス神殿の聖域に隣接した部屋に刻まれた場面には、クヌム神がその轆轤の上で作り上げたダリウスの像を完成しようとする、他に類を見ないプタハの図が描かれている。息子イムヘテプの姿を借りたプタハは、片手に絵の具のパレットを持ち、もう一方の手には筆を持って、子どもの姿の王像に色を塗ろうとしている。

特徴：太陽円盤、ぴったりとしたヘルメット、複合笏（アンク、ジェド、ウアス）、まっすぐな髭、ミイラの形の衣、メナト（の首飾り）

→アピス、イミ・ケンティ・ウル、イムヘテプ、ケリバケフ、ケレドゥアンク、ケンティ・イアウテフ、ケンティ・チェネネト、ケンティ・メデフェト、ジェド柱、セクメト、ソカル、チェセメト、ネフェルトゥム、パテック、メンネフェル

B.: M. Sandman Holmberg, *The God Ptah*, Lund, 1946.

（→口絵/p.60）

プタハの子どもたち

ENFANTS DE PTAH

建設の神々、ジェバウ（＝シェブティウ）、ジャイスウ、８柱神を参照

船　BARQUE

人間は世界に出現する神々を自分たちと同じように理解し表現していた。ナイル川という偉大な川にその存在を支配され、唯一の交通手段としていたエジプトの人々が、自分たちの神々もまた水の上を移動すると考えたことは不思議ではない。その結果、多くの神々は船に乗った姿で描かれている。実際、神官たちは、本当の船、あるいは船の神輿に神々の彫像を乗せて運んだ。あるいは、神々は空想上の船で天や冥界を旅した。

神によって創造されたこの世が永遠に続くために最も重要であったのは、ラーが日々の旅を続けるための２つの船であった。昼の船であるマネジェトは、帆を張って昼の空を航行する。夜の船メスケテトは、冥界を引き綱で引かれて行く。夜の船は、昼の船よりも、王の葬送の書の中に登場する機会が多い。『ピラミッド・テキスト*』は２つの船をイシス*とネフティス*（§210）に喩える。あるいは死者となった王の臀部（§ 1313a）

に喩えられることもある。2つの船は本来あるべき違いにもかかわらず、太陽が一方の船からもう一方の船に乗り移るために、船首と船首を合わせた時、寸分も違わずまったく同じように描かれている。この時、太陽はメレト女神*の手によって、1つの船からもう1つの船に移される。ラー神が単独でいる場合は「船室」のない簡素なパピルスの葦船の場合もある。太陽神は多様な姿で描かれる。座しているハヤブサの頭の人間、大きな太陽円盤、太陽円盤を飾ったハヤブサの頭、正面から見た顔など。メヘンの蛇で守られた礼拝所の中に立つラー神が、神々で構成された乗組員に囲まれている場合は、2つの船はより立派である。乗組員の構成はさまざまに変化するが、たとえば、トト*、マアト*、ハトホル*、そしてウプアウト*を前に、そしてカーマアト、フウ*、シア*、ホルス*を後ろに従えている。

ソカル神*専用の船であるヘヌウ船は、他の船とは装備の複雑さによって大きく異なる。船は木材と綱でできた橇に載っているが、メフェクと呼ばれるこの橇は、それ自体が信仰の対象になっている。不思議な要素を組み合わせた船首がこの船の特徴である。図像によって異なり多様であるが、なかでも完成されたものは後ろをふり返るオリックスの頭をもっている。長い角は、船体の長さに匹敵する大きさである。約20本のオールは扇状にきちんとならんでいる。牡牛の頭が見られるが、犠牲となった動物の口からは唾液が流れている。1匹の魚。1列にならんだハヤブサはときにツバメに代わることもある。ミイラの姿のハヤブサを飾った聖なる船室の反対側にある船尾には3つか4つの小さな舵がついている。ソカルの船は女神そのものである。あるいはまたソカレトという名前のもとにハトホル*と同化する。この船を肩にかついだ16人の神官はソカルの偉大な祝祭の日にメンフィスの周壁を練り歩く。

「追い返されることなく」この船に乗りたいと死者が切望するネシェメトの船は、オシリスの聖船である。中央には、神の像を飾った礼拝所、あるいは、オシリスの頭を納めたアビュドスの聖遺物箱*がある。そして船首には、儀式上道を切り開くウプウアウト*の象徴がある。「永遠の女主人」という形容辞をもつ船は、『コフィン・テキスト*』の呪文945において、それ自体が神と考えられている。そして呪文の中で、死者の肝臓と同一視されている。遺体の各部分は、傷つくことなく不死身なものとなるようにそれぞれ神や女神と結びついている。セト*の攻撃に備え、少なくとも第19王朝の初めから知られている魔法の儀式によって船自体も守られている。

毎年アメン神*が、オペトの祝祭の時に使用する「強力な船首をもつ」ウセルハトの偉大な船は、カルナクから「南のハーレム（ルクソール神殿）」までナイル川を航行する。この船は川を航行するための本物の船であり、人々はこの船に向けて直接祈りを捧げることができた。そして船上には、船首と船尾に牡羊の頭のアイギス*を飾った行列用の船が乗せられ、一目でアメンの船と見分けることができた。同様に、ムウト女神*には女神の頭、そしてコンス神*の船には月のハヤブサのアイギスが飾られ、他の船と区別することができた。

神殿の建築構造において「聖なる船の神輿」がいかに重要な位置を占めているか、あるいはまた、デンデラやエドフにおいて、ハトホルの船が、聖域の中の聖域に描かれている事実、さらにハトホル女神がホルスとの結婚を毎年祝うために神殿から神殿へと船に乗って移動したことを考えると、船のもつ重要性がわかる。エジプト人の象徴を理解するために、後2世紀の初めにイアンブリコスが記した文章には、「船に乗って旅することは、世界を支配する王権を示している（『エジプト人の秘儀についてVII、2』）と記されている。また、ルクソール神殿第1中庭の一部を占めているモスクに奉られたムスリムの聖人、アブ・アル＝ハッジャージの祭礼の間、船を担いで墓の周りを人々が練り歩く姿は遠い過去の無意識の遺産であると思われる。

B.: E. Thomas, “Solar Barks Prow to Prow,” *JEA* 42 (1956), p. 65-79.

（→口絵/p.60・61）

プネフェロス　PNÉPHÉROS

ギリシア・ローマ時代のワニの神。プネフェロスは、プトレマイオス朝からローマ時代にかけて多く見られたファイユーム地方のワニの神の1人である。主にテアデルフィ（Batn Ihrit）で信仰されていた。また、ペテスショス*と同一視されていたカラニス（コム・アウシム）や、Baccias（Kôm el-Âtl)、そしてユーヘメリア（カスル・アル＝バナート）でも信仰があった。固有名詞学、またスフィンクスの神ティトエス（トゥトゥ*）の図像から、プネフェロスとトゥトゥとの関連が見られる。

プネフェロス。マディーナト・アル＝ファイユーム出土のステラ。前1世紀、カイロ・エジプト博物館（JE 40720）。

神の名前は、「優しい顔の［もち］主」というエジプト語の形容辞をギリシア表記したものである。主要な神々の形容辞であり、なかでもプタハ神の形容辞として知られている。これは肉体的な特徴を表わしたものではなく、祈りを捧げる人々に対して慈悲深く、温和であるということを表現している。

この名前の意味が、その肖像を説明している。それは「恐ろしい口」の怪物ではなく、メスタシトミス*のように描かれている。ナオスの中で正面を向く人間の顔であり、王のネメス頭巾をかぶり、つけ髭をつけている。

→スショス、セヌウイ、トゥトゥ、パヘルアメン、パヘルシェフ、ペテスショス、メスタシトミス

プラマレス　PRAMARRÈS

ギリシア・ローマ時代、ファイユームにおいてアメンエムハト３世が神格化され、信仰の対象となった時の名前。ギリシア・ローマ時代の多くのギリシア語の碑文がファイユームから出土し、プラマレスという神の信仰が明らかとなった。名前には多くの変化形が見られる（フラマレス、プレエマレス、ポルラマンレス、ラマレス、ラバレス、マルレス…）。これらの名前から前19世紀の後半エジプトを支配した、アメンエムハト３世のニ・マアト・ラーという即位名を読みとることができる。プトレマイオス王朝末期、アメンエムハトがマディーナト・マアディにセベク*とレネヌテト*のために建てた神殿の２本の柱に、イシドロスという人物が刻んだ讃美歌がある。この讃美歌によってアメンエムハトがこの神であることが立証されている。碑文には、神殿が「セソオシス（すなわち、センウセレト３世*）の息子、ポルラマンレス」によって建てられたと記されている。また後の時代のステラには、ソベクに向かって立つ神の姿が描かれ、ギリシア語の名前ではなく、カルトゥーシュの中に名前が記されているが、中に記された文字はほぼ解読不能である。

ファイユーム地域に新たな可能性を見出し、経済的発展を成し遂げたプトレマイオス王朝の人々が、中王国時代すでに「湖の国」の価値を見出し発展させた技師、アメンエムハト３世を神として信仰の対象としたことは驚くに値しない。大規模な灌漑事業だけでなく、彼が残した記念碑（ギリシアの旅人が訪れる巨大な迷宮であったハワラの葬祭殿）の壮大さは、人々の心に深く刻まれ、王の名前とモエリス湖の名前が混同され、湖を掘ったのがアメンエムハトだということになってしまった。

セベク神と結びつき、プラマレスの信仰は、クロコディロポリス・アルシノエ（マディーナト・アル＝ファイユーム）、

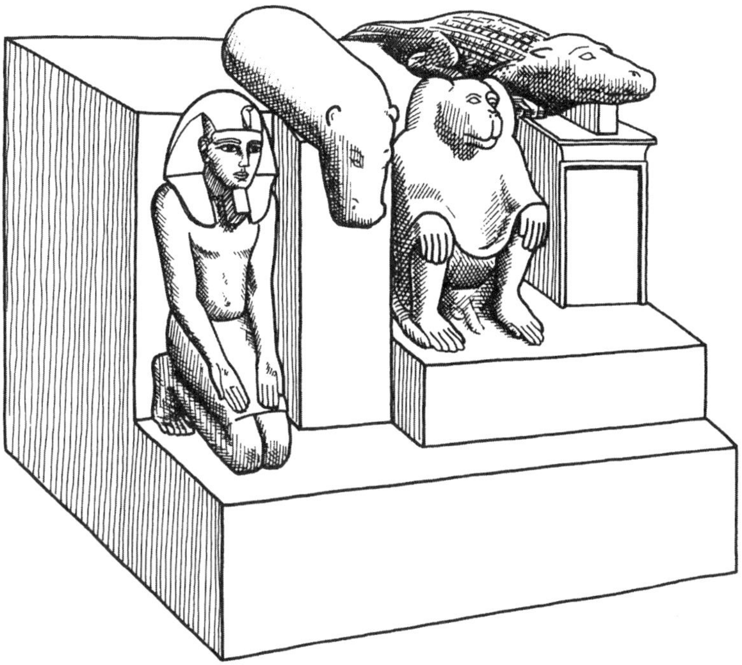

プラマレス、マディーナト・アル＝ファイユーム出土の奉納記念碑、プトレマイオス朝。

ハワラ、フィラデルフィエ、ナルムウティス（マディーナト・マアディ）、ソクノパイウ・ネソス（ディマイ）、ユーヘメリア（カスル・アル＝バナート）で見られた。ユーヘメリアでは、前２世紀中頃にプロピュライア（神殿の前門）が建てられた。

粗く作られたステラに描かれたプラマレスは、ネメス頭巾をかぶり、ウアス杖を持った王の立ち姿や座った姿で描かれている。

アメンエムハト３世によってキマン・ファレス（マディーナト・アル＝ファイユーム）にセベク神のために建てられた「偉大な部屋」の遺跡の近くで、プトレマイオス王朝のめずらしい小さな記念碑が発見されている。セベク神と結びついたワニ、トト神のヒヒ、そしてトゥエリスのカバと共に、祈りの姿勢でひざまずく人間の姿が描かれている。保存状態が悪く、まったく碑文のない記念碑であるが、その全体像から人物が神格化された王であることがわかる。ネメス頭巾をかぶり、腰布をまとった王は、その信仰者の健康と幸福のために祈りを捧げていると思われる。ファイユームの町の計画の責任をもち、神となった王は、ナイルに恵みをあたえる他の神々と同等に同じ台座の上に置かれている。

特徴：ウアス杖、ネメス頭巾

B.: O. Rubensohn, “Pramarres,” *ZÄS* 42（1905）, p.111-115, pl. VI; L. Habachi, “A strange monument of the Ptolemaic period from Crocodilopolis, “ *JEA*（1955）, p. 106-111, p. XXI; H. Riad, “Le culte d’Amenemhat III au Fayoum à l’époque ptolémaïque,” *ASAE* 55（1958）, p. 203-206, pl. I; E. Bresciani, “Iconografia e culto di Premarres nel Fayum, “ *EVO* 9（1986）, p.49-58.

フルン　HOUROUN

シリア・パレスチナの神。この神の存在は、一般にいわれているように、アジアの植民地の存在によるためか、あるいはギザの発掘に見られるように王の特別な加護によるものか、あるいはまた、その両方であるか、いずれにしても第18王朝にエジプト人にとり上げられたシリア・パレスチナの神々の中で、フルンは特別な地位をもつ。それはハルマキスのイメージとして大スフィンクスと同一視されたことによる。アメンヘテプ２世の治世から、王によって建造された聖域のファウンデーションには、王名の横にフルン・ハルマキスの２柱の神々の名前が記された飾り板が見られる。そして「フルンの名前で崇拝される」スフィンクスの図が見られる。そこには、いずれかの神の名前、あるいは２柱の神の名前が記されている。

ギザの外においては、フルンの信仰はディール・アル＝マディーナやデルタ地域において見られる。王のネクロポリスの職人の村では、フルンは救世神であるシェド*と同化し、この神がもつ「アジア的な」性格を譲り受けている。ウガリトのタブレットに記された神話上の詩には、魔法の力をもつ神として描かれ、蛇などに咬まれた時の呪文の中に登場する。この神には危険な動物を操る力があると考えられていたためである。デルタにおいては、有名なカイロ・エジプト博物館所蔵の巨大な彫像（JE 64735）が示すように、ラメセス２世の新しい王都であるピ・ラメセスがフルンの守護の下に置かれていた。東（奉納スフィンクス）、あるいは西（柱）で発見された、碑文の記された遺物によって、東と西の砂漠から訪れる危険からフルンが国家を守っていたことが記されている。

フルンは、ハルマキスとの結びつきから、カナーンの神々の中で唯一、人間以外の姿をもつ。たとえば、多くの奉納ステラにおいて、スフィンクスやハヤブサの姿をとる。また、アメンとレシェプとともに描かれているステラに見られるように(カイロ・エジプト博物館、JE 86123)、まれにハヤブサの頭の男性の姿をとることもある。

最もよく知られている彫像は、タニスで発見されたカイロの彫像であるが、もともとはピ・ラメセス、あるいは、ギザにあったものと思われる。「フルンに愛された」ラメセス2世が巨大な聖なるハヤブサの足の間に、若い子ども(メス)の姿で描かれている。太陽円盤(ラー)を頭に戴き、手には葦(スウ)の野の地図を持ち、巨大な判じ絵となっている。

特徴:太陽円盤、プスケント

→シェド、スフィンクス、ハルマキス、

B.: Stadelmann, Syrisch-palästinensische Gottheiten in Ägypten, *PÄ* 5, Leyde, 1967; J.van Dijk, "The Canaanite God Hauron and his Cult in Egypt," *GM* 107 (1989), p59-68 j C. Lilyguist, "On the Introduction of Hauron in Egypt," *JSSEA* 24 (1990), p92-99.

プント POUNT

同名の地名を人格化したもの。(ハトホル*、ミン*、シェジェメト*などの)エジプトの神々や(デドゥン*、マンドゥリス*などの)ヌビアの神々と結びつく、目を見張る美しさのプントは、まさに真の桃源郷であり黄金郷であった。なかでも有名なのは、香となる樹木と黄

第6王朝の壺に描かれたプントの女神、フェーベ・A・ハースト人類学博物館(inv. 11551a/b)。

金である。そして少なくとも1度、プントと呼ばれる同じ名前の女神によって人格化されている、この有名な国の正確な位置は、現在でもエジプト学者の間で論争の対象となっている。多くの者はアフリカの国と説き、他の者はアラビア半島のどこかにあったとする。あるいはまた、その両方である可能性もある。プントの女神は、現在カリフォルニア大学のフェーベ・A・ハースト人類学博物館に所蔵されている、ナガ・アル=デールで出土した方解石製の壺に優美な女性のシルエットとして描かれている。

現在バークレーにある、この壺には香り高い樹液が入っていた。そして側面に

女神プントの挿絵が刻まれている。プントは、第6王朝の最初の王テティの称号の前に立っている。そして「すべてのミルラ」を運んできたと宣言している。細身の体に長い衣をまとい、他の生産をつかさどる神々と同じ姿勢で歩いている。大きなアンクのサインの上に、プントは供物の台を差し出している。その上には、パンのサインの両側に２つの香油の入った背の高い壺がのっている。さらに時代の下ったメダムードのギリシア・ローマ時代の神殿の壁には、「神々の黄金、プントの女王」という碑文をともなうハトホル*女神が「神の土地」からやってきた香や、その他の貴重な品々を気品ある姿で差し出している。

特徴：香油の入った壺

→シェズメト、デドゥン、ハトホル、マンドゥリス、ミン

B.: A. B. Elsasser, V.-M. Fredrickson, *Ancient Egypt. An Exhibition at the Robert H. Lowie Museum of Anthropology of the University of California, Berkeley.* March 25-October 23, 1966, Berkeley.

ヘカ HEKA

生命のエネルギーと魔法の力を人格化したもの。『コフィン・テキスト*』の呪文の１つ（呪文261）は、次の断言で終わっている：「われはヘカである！」このように名乗る神は、「カーの主人、ラー・アトゥム*の後継者」である。「唯一の主人」がまだヌン*の中にいた時、すなわち、すべての物が存在する前に存在していたヘカは、すべての神を呼び出し、その出現の早さをシュウ*と争っている。そしてシュウ自身が、その出現にあたって、「われはヘカに従わない。われはヘカより前に存在した（呪文 75）」と宣言している。シュウとヘカは、命の息と行動における生命のエネルギーという、創世の２つの側面を象徴している。２人の神の争いは、創世神が宇宙を創る時に、この２人の存在が同時に必要であったことを強調しているにすぎない。

実際、宇宙の創世神に、自分の存在を初めて意識させる存在がシュウであったとすれば、ヘカは、創世神がその創造の仕事を行なうために必要な３つの能力の1つを人格化している。「言葉の力」と「知恵と理解」を象徴するとフウ*とシア*の横で、ヘカは、生命力に満ちた魔力を人格化していた。その魔力が活発になれば、概念として頭に浮かんだもの、そして口から発話され言葉にされたものは効果的に存在することができる。そして創造が一度実現すれば、新しい夜明けはその繰り返しとなる。そして彼らはラーと共に太陽の船の乗組員となる。太陽の船の図は多様であり、ときにはシアとヘ

カだけ、またときにはヘカとマアト*が乗り組んでいるのが見られる。

『メリカラーの教訓』というタイトルで知られる教訓文学を読むと、人間もヘカによって人格化される生命のエネルギーをもっていると考えられている。第1中間期のテキストには、創世神は、「人間に訪れる（小さな）災難をふり払う武器としてヘカをあたえた」とされている。それによってヘカは魔力となり、魔法の神となった。

また、生きるために食物を取るように、ヘカもまた、飲み込むことのできる栄養分のように考えられ、実在する物質として見られるようになる。それは。フウもまた同様である。そして体の中、まさに腸の中にいると考えられた。死後、正しい葬送の呪文を唱えることによって、死者は「ヘカの中で魔法を食べる」ことができた。そして魔力を回復することができた。

バハレイヤ・オアシスのベナティの墓では、「メンフィスに住む者」という形容辞をもつヘカは、プタハ*とセクメト*の子どもとされている。また、リビア時代の供養ステラを見ると、デルタの西の端、現在のコム・アル＝ヒシンにあたる、下エジプトの第3ノモスの都、イマウにおいてもセクメトはヘカの母と考えられている。

ギリシア・ローマ時代のエスナ神殿では、ヘカはクヌム*とメンヒト*の息子であり、その父の若返った姿をもつ。しかしネベトゥウ*やネイト*の後にもいる。また、地上の王の後継者とも考えられている。「豊かな土地を緑にし、植物に花を咲かせ、麦や大麦などの穀物を育て、その穂を実らせる生命の流れ」であるヘカは、祭りの行列の中にも見ることができる。

ヘカはまれに、スフィンクス*の姿をとることもある（エスナ神殿、あるいはルーヴル美術館所蔵の石棺）。また、ハヤブサの頭をもつこともある（月の円盤を頭に載せた青銅の像、ニューヨーク、メトロポリタン美術館、n° .4897）。ヘカは一般的に人間の姿で描かれ、とくに子どもの神の伝統的な図で描かれることが多い。

ヘカが初めて出現したアブ・シールのサフラー王の葬祭殿では、プタハがかぶっているようなぴったりとしたキャップを頭にかぶっている。そして他の神々がウアス杖を持つところを長くまっすぐな杖を持っている。それから時代が下り、デンデラの誕生殿では、生まれたばかりの赤ん坊を差し出すヘカが同じキャップをかぶって描かれている（*MamD*, pl.23B、41B）。また、ディール・アル＝バハリやルクソールにある神の婚姻の場面に描かれた図には、子どもの王とそのカー*を抱く姿で描かれている。そして長い髪をもち、後にいる両性を有するハピと同じ性質を顕著に見せている。また、神の髭をつけている場合とつけていない場合があるが、通常、短い鬘か3つに分けた鬘をかぶっている。ときに、ヘカの名前を表わすことがあるライオンの体の部分を表わしたヒエログリフを頭に載せていることもある。多くの場合、胸の上で両腕を交差し、王笏のように2匹の棒のような蛇を持っている（cf. p.196）。これはギリシア・ローマ時代のイシス女神が魔法を操る力があることを顕示するために、蛇をふり上げている様子を思わせる。また、ときにシュウに代わって、両腕を高くかかげ、ヌウト女神*を彼女の頭の下で支えているヘカの姿を見ることができる。

カイロ・エジプト博物館所蔵の使い古した護符（CGC 39226）では、プタハとセクメトの横にネフェルトゥム*と共に裸の子どもの姿のヘカが描かれている。子どもを表わす編んだ髪をもち、指を口でくわえている。また、奉納ステラでは、母親の後に立ち、円盤と三日月を頭に載せ、胸にヘカ笏を持ち、腿の上には、水平に殻竿を持っている。

「クヌムから最初に生まれた子」である、エスナの３柱神の子どもの神として、ヘカは王笏を持ち、ロータスに座る月の子どもの姿をもつことがある。頭には、多様な王冠をかぶる。その組合せは、たとえば、ケペレシュ冠の上にヘムヘム冠などである。しかしつねに子どもを表わす編んだ髪の房をつけている。そして伝統的な指を口にくわえた姿をしている。そして太陽円盤や月の円盤を頭につけることもある。カラカラ帝の時代の場面では、8人の神官の肩の上に載せたメンビト*の上に座る、衣で包まれ隠された形で現われている。アルマントでは、現在では破壊されている、クレオパトラ7世がカエサリオンために造営した誕生殿に、他の6人の子どもの神々と共に描かれていた。ここでは、ゲブ*のように、赤冠の上に螺旋状の牡羊の角を載せ、その上にアテフ冠を飾った姿で描かれている。

特徴：アテフ冠、編んだ髪の房、王笏、口にくわえた指、ケペレシュ、赤冠、太陽円盤、月の円盤と三日月、裸、プスケント、蛇、ヘムヘム冠

→カー、クヌム、セクメト、ネイト、ネベトゥウ、フウ、メンヒト

B.: H. Te Velde, “The God Heka in Egyptian Theology,” *JEOL* 21（1970）, p. 175-186, pl. XXVI-XXXVII; M. Étienne, *Heka. Magie et envoûtement dans l’Égypte ancienne, Les dossiers du musée du Louvre*, Paris, 2000.

（→口絵/p.61）

ヘカ HEQA

ケンティ・イルティの子どもたちを参

照

ペガ　PEGA

ゲブを参照

ヘカイブ　HEQAÏB

神格化した支配者。ナイルの西岸、アスワンに面するクベト・アル＝ハワの砂岩に掘られた墓の入口に自伝的碑文が記されている、ヘカイブという名前で知られるペピナクトという人物がいた。この人物は、ペピ２世の長い治世の間、エレファンティネ島において重要な役割を果たしていた。「みずからの心を支配するもの」という「美しい名前」をもつヘカイブは、中王国時代を通して、この地方で崇拝を受けていた。

その自伝的物語を信じるならば、上記の形容辞は、町を襲撃するヌビアの勢力をくい止めるために、第１急湍の南に遠征を指揮したおり、「異国の長」として彼が見せた勇気に由来している。彼は「硬い決意と心で、多くの勇敢な兵士」を指揮した。そして「ホルスに対する恐怖心（すなわち王に対する恐怖）」を異国人の間に植えつけた。そして「主人に」異国の地の産物をもたらした。ヘカイブが神として崇められるようになった最初の理由は、ヌビアを鎮圧するという政治的貢献と手腕によるものと考えられるが、真の理由はわからない。しかし1地方の宗教現象にすぎないものの、偉大な政治家であった彼の聖域には、多くの王の彫像が飾られており、第11、12、そして13王朝の王たちが、この聖域に関心を抱いていたことが明らかである(アンテフ２世、ウアフアンク王、センウセレト３世、アメンエムハト５世、ネフェルヘテプ１世)。

墓の前で始まったと思われる信仰は、ヘカイブの死後まもなく始まったと思われる。しかし1932年の初めに発見された信仰の跡は、センウセレト１世の治世以前にはさかのぼらない。その中の最古のものは州侯サレンプト１世の時代のものである。「ヘカイブ王子」の荒廃した聖地を修復するために礼拝所を建てたことが碑文として残され、みずからをヘカイブの息子と称している。そして同時代の者に「この貢献を記憶」し、「影像を喜ぶ」ようにと記している。そして「子どもの子どもたちが、神殿においてヘカイブとその影像に参拝するように」と願っている。

ヘカイブは、イシのように「生きている神」、あるいはペテイシス*のように「崇高な」神であったことはない。あるいはペホル*のように聖人でもない。ヘカイブ王子の「ウアブ（清め）神官」のことを記したステラとヘカイブの名前の決定詞を除いて彼を神と特定する根拠はない。

古典的な意味での「英雄伝説」と考えた方がヘカイブの場合にはあっているように思われる。

カゲムニは墓の前で、イシは墓の中で、崇拝の対象となったため、特別な図像が描かれることがなかった。それに対して「ヘカイブ王子」は、礼拝所の中で、サレンプト1世が捧げる供物を受けとる姿が何度も描かれている。しかし、第12王朝の州侯が修復した礼拝所にも、そのかたわらに立てられたステラにも神の地位を示す要素が見られない。

王冠もかぶらず、ウアス杖*やアンク*のサインも持たないヘカイブは、同時代の高官となんら変わることのない姿をしている。歩む立ち姿で描かれ、大きな鬘をかぶり、顎の下につけ髭をつけ、前の部分が三角の形に見える腰布を巻き、胸には大きな首飾りを飾っている。右手にセケム*笏を持ち、左手には長い杖を持っている。

特徴：セケム笏、杖

→アンティヌス、イシ、イムヘテプ、ウジャレネス、カゲムニ、ハプの子・アメンヘテプ、ピイリス、ペテイシス

B.: L. Habachi, *The Sactuary of Heqaib* (*Elephantine* IV), *AV* 33, 1985.

（→口絵/p.62）

ヘカ（笏） HEQA (SCEPTRE-)

王笏を参照

ペカト PEKHAT: ウラエウスを参照

ベクベク BEQBEQ

Djaïsou（7人）を参照

ヘマグ HEMAG

オシリス・ヘマグを参照

ヘケス HEQES

Hepouyを参照

ヘケト HEQET

出産を支配するカエルの女神。ヘルモポリスの8柱神の原初の姿に近いカエルの性格をもつヘケト女神の信仰は、古い時代から見られ、『ピラミッド・テキスト*』に1度登場する（§1312c）。おもしろいのは死者となった王が天に昇る際、その多様な体の部分を神々の体の部分と結びつける場面である。王は自分の「後ろ足」をカエルの女神の足と結びつけている。力強いカエルの足を望んでいたと思われる。

「クースの女主人」として、ヘケトは中部エジプトの町ヘルール（その場所は現在も不明）に神殿をもっていた。この地においてヘケトは、彼女の配偶神であるクヌム*とともに崇拝を受けていた。ヘケトは世界創造の仕事においてクヌムを助けている。出産の守護神であるヘケトの役割は出産をつかさどることであり

妊婦の面倒を見ることであるが、一番重要な役割はクヌム神が轆轤の上で形作った創造物に命の息をあたえることである。

この役割によってヘケトは死者の再生を見守る役割をもつ。『コフィン・テキスト*』の呪文（呪文175）によると死者は次のように宣言する。「わたしはヘケトを創造した偉大なるものである。すなわち、オシリスの骨をふたたびもとの形にもどしたものである」

ヘケトはカエルの姿で描かれることもある。また、カエルの頭をもつ女性の姿をとることもあれば、完全に人間の姿をとることもある。

カエルの姿のヘケトは次のようなものに見られる。石製やファイアンス製の護符、「魔法の象牙」のナイフの刃の図。また、アビュドスのセティ１世の神殿のレリーフにおいては、王の崇拝を受けているヘケトが描かれている。カルガのイビス神殿の外壁においては、水の外に出たカエルの姿で、長い後ろ足を折っている。

王の誕生（ディール・アル＝バハリのハトシェプスト女王）、あるいは神の誕生（フィラエの誕生殿におけるハルポクラテス*）の場面では、カエルの頭の女性の姿で描かれている。ヘケトはクヌム神とともに、これから母となる女性（女王、あるいはイシス女神*）を出産の部屋へと導いている。そしてクヌム神が轆轤の上で新生児とそのカー*を作るのを手伝っている。台の足下でひざまずき、両手にアンクのサインを持ち、今作られようとしている小さな体に向かって生命のシンボルを差し出している。

ヘケトが人間の姿をしている場合は、玉座に座り、通常の女神の衣をまとい、鬘の上に皿とハゲワシの髪飾りを載せている（アビュドス、ラメセス２世の神殿）。あるいは、ハトホル冠をかぶり、立っている（マディーナト・ハブ、ラメセス３世葬祭殿（*MH* VII, pl.576）。

特徴：アンクのサイン、皿（帯状冠）、ハゲタカの髪飾り、ハトホル冠

→クヌム、聖なる誕生
（→口絵/p.62）

ヘサト　HESAT

神の乳母の役割を果たす聖なる牝牛。
牝牛ヘサトは、ハトホル*とともにギリシア人がアフロディテポリスと呼んだ（現在のアトフィフ）、上エジプトの最北にある第22ノモスの首都の主要な神である。『ピラミッド・テキスト*』の時代からラー*の母（§1029c）、あるいはアヌビス*の母（§2080e）として知られており、またムネヴィスの牡牛の母とも考えられている。『コフィン・テキスト』（呪文468）では、「そよ風の女主人」と形容されている。

末期王朝にはイシス女神*と同一視さ

れ、また女神セカト・ホル*としばしば結びつき、「聖なる母」そして乳母の役割をになっており、まだ子どもの王や神を膝に載せ乳をあたえている。ギリシア・ローマ時代の神学者は彼女をセマ・ウル*の配偶神とし、「この地で生きる4頭の牝牛、祭壇をつかさどる神々の部屋」の1頭となっている。生産をつかさどる神々の行列では、彼女は「乳房から絞った真っ白いミルク」を神々に運んでいる。このミルクは再生を確実にするために飲みたいと死者が切望するものであり、彼らは「牝牛ヘサトの乳房に口を運ぶ」

ヘサトは完全に動物の姿で描かれる場合と、牝牛の頭の女性、あるいは3つに分けた鬘をかぶる若い女性の姿で描かれることがある。アトフィフの聖なる牛の墓で発見されたプトレマイオス1世の時代のステラのアーチの部分には、イシスと「星々の女王」ソティス*と結びついた女神が、長方形の台座の部分にミイラの姿の牝牛として描かれている。メナトの首飾りをつけ、角の上に載せた、2枚のダチョウの羽根を飾った太陽円盤を頭に飾っている。誕生殿に描かれたヘサトは、牝牛の頭をもつ女性として描かれ、膝に聖なる子どもを載せ、乳をあたえている。たとえばコム・オンボの生産をつかさどる神々の間に描かれている場合は、山のようなミルクの壺を運んで歩んでいる。

特徴：太陽円盤、ダチョウの羽根、メナトの首飾り、ミルク壺

→祭壇の神々、セカト・ホル、セマ・ウル、ミルク

（→口絵/p.62）

ペシェイス　PÉCHEIS

ネイロス、ユーテニアを参照

ヘジュヘテプ　HEDJIHOTEP

織物と衣の神。タイト*の男性版であり、中王国時代に初めて登場した当時から2人は結びついていた。ヘジュヘテプは、織物と布の神であり、固有名詞学と考古学の資料によると、上エジプト第20ノモスの首都ヘラクレオポリスの地域で信仰が始まったようである。

『コフィン・テキスト*』の呪文779には言葉遊びを使って、その名前が説明されている。光る白と光線の概念（ヘジュ）、そして満足と平和（ヘテプ）を合わせたヘジュヘテプはギリシア・ローマ時代の神殿でよく知られている。

布は「ヘジュヘテプの仕事」と呼ばれ、ヘジュホテプはその守護神である。布は「彼の心」と「彼の手」によって織られる。彼は彫像に衣を着せる神であり、王や神々、そして死者を飾る多様な衣服の作り手である。

ヘジュヘテプは、なかでも王との結び

つきが強い。ヘラクレオポリスに見られる独特の儀式の中にヘリシェフ*にネメス頭巾を捧げる、王権と結びついた儀礼がある。この時、王は「ヘジュヘテプの後継者」、あるいは「息子」と呼ばれる。それに対して供物として衣服を捧げる場面においては、王はやはりヘジュヘテプの息子であるが、同時に衣服を用意する仕事を見守る神と結びつき、あるいは同一視される。この時、神自身が「イシスの息子*」とされている。

葬送の領域においては、シェズムウの香油と共にタイトやレネヌウテト*、さらにイシスやネフティス*の力を借りて包帯を用意する役割をになっているが、ヘジュヘテプの仕事はそれだけに留まらない。ヘジュヘテプは守護の神であり、オシリスの遺体の世話をする多くの神々と共に、死者の遺体の再生復活に貢献している。

ヘジュヘテプの図像はごく一般的なものである。ヘジュヘテプの姿が多く見られるギリシア・ローマ時代、特別な例外を除いて、この神は腰布を巻き、(ときにウラエウスを飾った) 3つに分けた鬘をかぶり、編んだつけ髭をつけ、ウアス杖とアンクのサインを持っている。また、ときに2枚に折り畳んだ長い布を手に持っている。

一般的な図像のほかには次のようなものがある。デンデラでは、名前にライオンの頭の神の決定詞が見られる。メダムードでは、伝統的な生産をつかさどる神々の行列の中で、タイト女神の前にならんでおり、皿の上に織物と布を象徴するシンボルを載せて、両性具の体をもった姿で描かれている。また、エドフとライデン博物館所蔵の末期王朝の棺には、イシス、ネフティス、そしてタイトをともない、ひとつはウアジュ杖とアンクのサインを持つ姿、そしてもうひとつはそれぞれの手に包帯を持つ姿で描かれている。

特徴:ウラエウス、布

→シェズムウ、生産をつかさどる神々、タイト、レネヌウテト

B.: B. Backes, *Rituelle Wirlichkeit. Über Erscheiung und Wirkungs-bereich des Webersgottes Hedjhotep und den gedanklichen Umgang mit einer Gottes-Konzeption im Alten Ägypten, Rites égyptiens* IX, Turnhout, 2001; M. Zecchi, “The God Hedjhotep,” *CdE* LXXVI (2001), p.5-19.

ヘジャ　HEDJA

風(4つの方位)を参照

ヘジュウル　HEDJOUR

古代のヒヒの神。第1王朝から見られた数多くあるヒヒの座像の中にヒエラコンポリスやアビュドスで発見されたものがある。ファイアンス、象牙、石灰岩、

そして粘土製の像は古い時代から信仰の対称となり、古代のテキストがヘジュウルと呼んだ「偉大なる白」を意味するサルの頭の神がいたことを明らかにしている。

白は南を象徴する王冠の色であり、ヘジュウルは上エジプトと結びつく神と思われる。しかし白はまた月と結びついた色であり、『ピラミッド・テキスト*』がヒヒの頭の偉大なる白い神をトト神*と結びつけている（§1725a)。この事実から他の仮説が浮かぶ。ヘジュウルはトト神よりずっと以前にヘルモポリスに存在した月の神であり、トト神はその性格、とくにヒヒの姿を受け継いで発展した神であるという説である。

ベルリン・エジプト博物館には、ナルメル王（第1王朝）の名前が記された赤茶の方解石で彫られた見事なヒヒの像がある（Inv.-nº22607)。これは神の像であると考えられる。王の奉納品であったこと、材質の質の高さ、1キュービットの大きさなどを総合すると、古代エジプトの動物像の最高傑作といえる。そして権威を象徴する彫像の力強さから、ヘジュウルの像であると考えられる。

この記念碑がどこで発見されたかは不明である。しかし、この像は上エジプトで多く発見された聖なる動物の小型の奉納像と同時代のものである。いずれも後ろ足の上に座った姿で、前足は支えるように体にそって縦に置いている。

→トト

ベス　BÈS

守護神。しばしば「精霊」のような姿で描かれるが、エジプト人はその重要性の大小にかかわらずすべての聖なるものを神と理解していた。ベス神はグロテスクな姿で知られる神であり、同時に滑稽で恐ろしい姿は悪霊を追い払うと信じられていた。トゥエリス*などの女神の男性版であり、妊婦の守り神と考えられていたが、その力は日常生活全般にわたり、そのおかしな顔は護符となり、あるいは「ホルスのステラ」に飾られ、サソリやヘビなどの恐ろしい動物を追い払う力があると考えられていた。あらゆる悪の力に対抗するために、ベスは多様な武器を持つことがあった。また、そのおもしろい形相から人々に喜びをもたらす楽士として楽器を持つこともあった。そこでベスは武器を持った戦士として描かれ、あるいはまた、楽士として描かれた。碑文をともなわないとアハ*やヒティ*と区別することがむずかしい。いずれもよく似た神々であり、一般に「ベス神」の仲間として括られている。

第21王朝以前には、ベス神の名前は見られない。また、その姿も少なくとも中王国時代になるまでは見られない。もともとは未熟に生まれた小人であったが、

ベス、鏡の柄、第19王朝、カイロ・エジプト博物館（CGC 44047）。

厄よけの神となり、子宮の守り神として、流産や早産を避け、安産となるように妊婦を見守る神となった。これによって斑模様のファイアンス製の小像が「幸福な母親の護符」として第3中間期から見られるようになる。この像の中で、ベスは生まれたばかりの赤ん坊をあやしている。この赤ん坊は不思議な構図の中心におり、しばしばバステト*や小猿の姿と結びつき、未熟児として生まれたホルス*を想起させる。

出産の守護神であるハトホルやタウレトのほかにも、小人の神ベスは多様な神々と結びつき、ときに混同される。とくに生まれたての太陽である若いホルスと結びつき、ホルスの守護神であったベスは、後にはベス・ハルポクラテス*という神となる。ホルス自身となることもある（ホル・ベスとして知られる）。さらには、ハロエリス*、ソプドゥ*、ミン*・レシェプ*、あるいはアケパロス*と結びつく（ベス・アケパロスは、ギリシア・ローマ時代にはアビュドスにおいて重要な託宣の神であった）。また、トゥトゥ*と共にいることもあり、またシェドの戦車を御していることもある。

末期王朝になると、ベスの女性形であるベセトが出現する。おそらくアハの配偶神の化身と思われる。あるいは、タウレトの姿をローマ様式にしたものとも思われる。ベスと同様に、ベセトは武器や楽器、しかめ面で悪霊を追い払う。そして若い妊婦や生まれたての赤ん坊の守り神である。夫であるベス、そして赤ん坊と共に、彼女はイシス女神の3柱神を再現し、赤ん坊に乳をあたえる彼女はイシス*、赤ん坊はハルポクラテス*を象徴している。

ベス神の姿は、新王国時代の初めから日用品の中に見ることができる（とくにベッド、ベッドのヘッドボード、椅子など)。そしてディール・アル＝バハリにおいてハトシェプストがこの世に誕生したベッドにベスの姿を見ることができる。しかし、中王国時代の呪術用の象牙に彫られたことから、最初はアハとして考えられていたと思われる。ベスの名前が記されるのは、プトレマイオス朝になってからで、誕生殿のアーキトレーブやアバクス（柱頭）に名前を見ることができる。

ベス神の姿は、その詳細において多様である。一般に裸で正面を向いている。乳はたれ、その奇形の小人は曲がった短い足をもち、その間から長い動物の尻尾がたれているのを見ることができる。この尻尾が実際にベス神から生えているのか、あるいはネコ科の動物の尾を飾りとして背中につけているのかは明確でない。後ろ足で立つ守護のライオンに似ている姿は、ツタンカーメン王墓で発見された小像やベッドの飾りに見ることができる。その顔はライオンのマスクをかぶり、舌を出している場合とそうでない場合があるが、睨んだような顔をしている。耳はまるみを帯び、髭とたてがみのような髪をもち、高い羽根飾りの冠が帯状冠についている。

神の姿は、その性格のどの側面や役割が強調されるかによって変化する。人々に恐怖をあたえる姿で、なにも持たない手を足の横に置き、ただ立っている場合もある。戦うベスは武器を持ち、片手で剣をふりまわし、もう一方の手に盾を持っていることがある。あるいはまた、ヘビを操っていることもある。楽士としてのベスは、ハープを奏でていることもあれば、「タンバリンを叩きながら」フィラエのヒティのように、踊りのステップを踏んでいることもある（p.529図参照)。

末期王朝時代になると、ベスは多様な神々と融合し、その護符はさまざまな姿をとるようになる。ハルポクラテス*、ソプドゥ*、そしてミン・レシェプ*のほか、アメン・ラー*のバーやホルメルティ*など、多様な図像が1つになった不思議な姿をとる（p.58口絵右上参照)。後には子宮と結びついた呪術的なインタリオと結びつく。さらに後になるとそのイメージは運命を操る悪魔となり、異教の時代が終わった後も人々の魂をおびやかした。

それに対して、ベセトはローマ時代になると、テラコッタの製品（小像、ランプ、壺）として知られるようになる。配偶神の横で、小太りの小人は、裸であったり、胸の下でヒマティオンの紐を結び、座っていたり踊っていたりする。あるいはベス神独特の姿をしている。ベセトはベスのようなライオンの顔をもたないが、ときに髭をもつことがある。そしてワシ鼻でまるい顔をもち、夫と同じ、羽根を載せた重いターバンを巻いている。

特徴：剣、小人、正面像、盾、タンバリン、ナイフ、羽根飾り、ハープ、ヘビ、ライオンの足、裸体

→アケパロス（神）、アハ、シェド、トゥエリス、トゥトゥ、パテック、ハトホル、ハルポクラテス、パンテ（神）、ヒティ、ホルスのステラ、ホルメルティ

B.: M. Malaise, "Bès et les croyances solaires," dans *Studies in Egyptology Presented to Miriam Lichtheim*, p.680-729, Jerusalem, 1990; D. Meeks, "Le nom du dieu Bès et ses implications mythologiques" dans *The Intellectual Heritage of Egypt, Studies presented to László Kákosy by Friends and Colleagues on the occasion of his 60th Birthday, StudAeg* XIV, p. 423-436, 1992.

（→口絵/p.62）

ペテイシス　PÉTÉISIS

ローマ支配時代にヌビアにおいて神格化された死者。ペテイシスとその兄弟のペホルは、同じように溺死したアンティノウスより1世紀半程前、神の位に昇格した数少ないエジプト人である。後１世紀の初め、あるいは２世紀の終わりのピリス*がもう１人同じように神格化されている。クオペルという人物の子どもである２人は、ともに下ヌビアのメロエの侵入があった時に、アウグストゥス帝の側についたようである。この政治的な忠誠に対して感謝したローマの皇帝が２人を神格化しデンドゥールの小神殿に奉った。現在、この記念碑は、ヌビアが人口湖であるナセル湖の底に沈んだ際にエジプトによってニューヨークのメトロポリタン美術館に寄贈され展示されている。２人の兄弟はエジプトの主要な神々（アメン*、イシス*、ホルス*、ハトホル*…）やヌビアの主要な神々（アレンヌフィス、マンドゥリス*）に囲まれ、第１番の地位を占めている。

神殿の一部である岩窟墓の上に建てられた聖域は、この地方の聖人を奉るために第26王朝に作られたものである。溺死したために神の地位に昇格した「崇拝すべき」ペテイシスと「聖人」ペホルの信仰が、この聖人の信仰の延長であったのか、あるいは、それとは別なものであったのかは不明である。いずれにしても、彼らにこの神殿があたえられた。

おそらく年上であったためにペテイシスは、ペホルの上に立つ。前者のみが「トゥツィス（デンドゥール）のアガトデモン」の名前をあたえられ、さまざまな場面で21回登場する。それに対してペホルは10回のみの登場である。

ペテイシスがペホルよりもきわだつことは、その登場の数ばかりでなく、共に登場する場面において、ペホルがつねに

神となったペテイシスとペホル、デンドゥールのヌビア神殿（現在はニューヨークのメトロポリタン美術館に展示）、ローマ支配時代。

ペテイシスの後にいることによっても明らかである。

立っている場合も、玉座に座っている場合も、ウアス杖とアンクのサインを手に持ち、その頭飾りを除いて2人の兄弟を見分けることはできない。マンドゥリスの2つの姿の1つのように、ペテイシスは短くまるい鬘の上にウラエウス*を飾ったバンドを巻き、その上にアテフ冠をかぶっている。まったく同じ鬘をかぶったペホルは王冠をかぶっていない。しかしペホルの頭の上に向かって降りてくる2匹のウラエウスで囲まれた、ときに光線を放つ太陽円盤が、その頭上にかならず描かれている。神殿の内部に残された色彩から、ペテイシスの肌は青く塗られ、ペホルの肌は緑であったことがわかっている。

特徴：2人ともまるい鬘をかぶっている、ペテイシスはアテフ冠、ペホルは太陽円

盤

→アンティノウス、イシス、イムヘテプ、ウヌム・ウジャレネス、カゲムニ、ハプの子・アメンヘテプ、ピイリス

B.: A. Rowe, “Newly-identified monuments in the Egyptian Museum showing the deification of the dead together with brief details of similar objects elsewhere,” *ASAE* 40 (1940), p. 1–50, pl. I-IX; L. Török, “Augusutus and Meroe,” *OrSuec* XXXVIII-XXXIX (1989–1990), p. 171-190.

ペテスショス　PÉTÉSOUCHOS

ギリシア・ローマ時代にファイユームで信仰されていた数多くいたワニの神の1柱。とくにプネフェロスと結びつき、カラニス（コム・アウシム）の地で崇拝されていた。また、クロコディロポリス・アルシノエ（マディーナト・アル＝ファイユーム）、ケルケオシリス、そしてテアデルフィ（バトン・イフリト）においても崇拝を受けていた。

→セベク、プネフェロス

ヘデデト　HEDEDET

サソリの女神。『コフィン・テキスト*』に初めて登場したヘデデトは、ときに鳥を表わすサインを限定符とする名前をもっていた（呪文283）。また、ヘジェディト、あるいは、ヘジェドゥトの姿をとることもある。ヘデデトはサソリの女神として、その信仰はローマ時代まで続いた。とくにエドフでは人気が高く、イシスと同一視されている。

『コフィン・テキスト』は、死者の髪の房をサソリの曲がった尻尾（呪文531）、また死者の世界の船の引き綱をサソリの爪と同一視している（呪文400）。また、「ツバメに変身する呪文（呪文283）」の中で、ヘデデトを「ラーの娘」としている。この呪文は『死者の書*』にも見ることができる（86章）。また、同書の39章の「レレク（すなわちアポピス）を追い払う呪文」によると、アポピスを縄で動けないようにするのはヘデデトである。明確に記されてはいないが、サソリの毒を使っていることを示唆する文章もある。

ブヘンのステラ、アマダ、そしてアル＝レシヤの神殿の装飾によると、少なくともハトシェプストの治世の初め、そしてトトメス3世の治世には、ヌビアにおいてサソリはイシス女神と結びついていたようである。同時代の大きな護符の一種である、ほぼ立方体の石灰岩でできたブロックには、リアルな節足動物が描かれている（カイロ・エジプト博物館JE36507）。イシス女神の頭の上で、女神の額に降りようとしているように見えるサソリはヘデデトであり、今まで考えられていたようにセルケト*ではない。

しかしセルケトとの結びつきも、後の時代に実際に見られるようになる。

少し後の第18王朝になると、イシス・ヘデデトはエドフで見られ、おそらくエドフから来たと思われるカイロの石のブロックに記された碑文には「神の母」という形容辞が見られる。ギリシア・ローマ時代の神殿の碑文は、彼女を明確にノモスの象徴的な女神ウチェセト・ホルとしており、この地においてヘデデトがホルスの母と考えられていたことが示唆される。女神は動物の毒を中和し、神殿の敵を追い払う守護神としての役割をもっていた。「エドフのヘデデト」は、彼女に仕える特別な神官をもち、聖域をめぐる回廊「秘密の通路」の守護と強く結びついていた。

イシス・ヘデデトが上エジプトと特別な結びつきをもっていたのに対し、下エジプトと結びついた女神が第22王朝の初め、第14ノモスにいた。イシス・ウハト、すなわち、「サソリのイシス」は、やはり危険を回避する役割をもち、現在のテル・ティビラであるロ・ネフェル、ギリシア人がオノフィスと呼ぶ町で崇拝されていた。このような2つの姿でイシスはステラや呪術像に描かれている。偉大な魔法使いであったイシスは、サソリに咬まれた息子を助けているが、この時、イシス自身もサソリの姿をとり、動物や毒ヘビを退治している。

女神の名前の意味は不明であるが、もともと、明るい色のサソリの種類をさす言葉であった可能性がある。末期王朝時代の聖なる書の編集者は、白さや明るさを意味する語幹であるヘジュの音で遊び、1人の女神の中にイシス・ヘデデトの人格、またハトホル*やナイルの氾濫の始まりを予告する明るい星であるイシス・ソティスとの結びつきを見出した。

第18王朝のヌビアの神殿とベイト・アル＝ワリのラメセス朝の小さな岩窟墓を除いて、末期王朝の無名の彫像の中からイシス・ヘデデトとイシス・セルケトを区別することはむずかしい。博物館などは女神の頭を「下る」サソリの配置にもかかわらず、イシス・セルケトと同定することが多いようである。この図像上の詳細に気づく専門家が少なく、またヘデデトはセルケトほど知られていないため、正しい特定をするために女神の特徴を見直す必要があるであろう。

セラペウムから出土し、現在カイロ博物館に所蔵されている美しい灰色のアラバスターの像がその良い例である（CGC 38987）。ひざまずくイシスがミイラの姿のオシリスの小像を膝の上に載せている。頭に飾った玉座の前にサソリが縦に配置されていることから、イシス・ヘデデトである。また、やはりカイロ・エジプト博物館にある、「下る」サソリの飾りをつけたソティス冠をかぶった女神は、他でもないイシス・ヘデデト・ソティスである（CGC38988）。

ローマのバラッコ博物館にある像の小さな頭部もイシス・ヘデデトと思われる（Inv. n. 265）。おそらく後に刻まれた解読不能な碑文のために明言はできないが、この像はエドフやデンデラに見られる「円盤の中の生きているサソリ」という表現にぴったりとあう。毒のあるサソリは女神の頭を飾るハトホル冠の太陽円盤の中で下方に向かっている。

特徴：環状冠、サソリ、ハトホル冠

→イシス、セルケト

B.: J.-Cl. Goyon, "*Hededyt*: Isis-scorpion et Isis au scorpion. En marge du papyrus de Brooklyn 47.218.50 – III," BIFAO 78（1978）, p.439-458.

ヘテプ　HOTEP

イアルの野を参照

ヘテプバケフ　HETEPBAQEF

メンフィス地方の神。キングストン・レイシーの館に所蔵されているバンクス・コレクションのエジプトの骨董品の中に、ウィーン美術史博物館に所蔵されているイミ・ケンティ・ウル*の像と同じ作者によると思われる、おそらくラメセス２世治世の最後に属する美しい神の像がある。背柱に残された碑文からヘテプバケフと呼ばれるあまり知られていない神の唯一の像であることがわかっている。この神は、アビュドスのセティ１世の神殿のプタハ・ソカル* の部屋に刻まれた神々のリストにあるメンフィスの神々の1柱である。このリストの中で、ヘテプバケフは1度であるが、イミ・ケンティ・ウルと結びついている。彼の名前は、実から「ベン・オイル」が取れるモリンガの木が由来しており、ケリバケフ*やプタハとも結びついている。

ヘテプバケフの図像はこれといった特徴がなく、他の男神と変わることがない。イミ・ケンティ・ウルの図像とまったく同じといってもよい。2つの像は２体像であった可能性がある。神は折り襞のある腰布を巻いた立姿で、3つに分けた鬘をかぶり、長いとがったつけ髭をつけ、大きな首飾りをつけている。今では失われている腕は、体の横にあったようである。手は腿のあたりにあり、予測にすぎないが手には少なくともアンクのサインを持っていたと思われる。

→イミ・ケンティ・ウル、ケリバケフ、プタハ

B.: T. G. H. James, "A Ramesside Divine Sculture at Kingston Lacy" in Chr. Eyre, A. Leahy, L. Montagno Leafy (éd.), *The Unbroken Reed, Studies in the Culture and Heritage of Ancient Egypt in Honour of A. F. Shore*（EES, *Occasional Publications*, 11）, London,

1994, p.139-147.

ぺとネケンのバウ　BAOU DE PE ET DE NEKHEN

北と南の古代の王家の王権を神格化したもの。上下エジプトの象徴的な町と結びついたバウ。多くの場合バウは「魂」と翻訳される。しかしそれはかならずしもふさわしい訳ではない。名前のない神々の一団は集合的に彼らが出現する土地の名前で表現されている。なかでも最もよく知られているのは、ぺとネケンのバウである。他にヘリオポリスのバウ、東のバウ、ヘルモポリスのバウ、西のバウなどが存在する。

ぺとネケンのバウが実際になにを表わしているかは、正確にわからない。しかし、先王朝時代の死者となった王のバウ、あるいはまた、古代の神々のバウなど、それぞれの町にバウが存在する。いずれにしても彼らは、王の戴冠の儀式、王位更新祭、そして聖なる誕生の儀式に登場する。彼らの主要な役割のひとつは喜びを体現することであり、彼らが伴をする王や神を讃えるために、片膝を地面に置き、にぎりこぶしをふり上げ、もう一方の手で胸を叩き、叫び声を上げる。

ヘルモポリスのバウは予想通りトキの頭をしている。ふつう、ペ（ブト）のバウはハヤブサの頭をしているのでわかる。そしてネケン（ヒエラコンポリスの）のバウはヒヒの姿をとることもあるが、通常はジャッカルの頭をもつ。しかしときには反対のこともある。ラメセス１世墓やセティ１世墓においては、それぞれのバウの軍団は１人の姿に象徴されている。

しばしば各町に複数を象徴する３人のバウがいるが、ときに、ぺやネケンのバウはそれよりも多くの数登場することがある。カルナクの大神殿の大列柱室には、15柱のハヤブサの頭の神と13柱のジャッカルの頭の神がいる。いずれも簡素な腰布を巻き、アメン神の行列の船を載せた神輿を担いでいる。

特徴：ジャッカルの頭、ハヤブサの頭

→バー

B.: B. Schibler, “Zur Iconographie der Bau von Buto und Hierakonpolis” dans *Ein ägyptisches Glasperlenspiel. Ägyptologische Beiträge für Erik Hornung aus seinem Schülerkreis,* Berlin, 1998, p. 187-197.

（→口絵/p.63）

ぺとネケンの精霊　ÂMES DE PE ET DE NEKHEN

ぺとネケンのバウ（バーの複数形）を参照

ペトベ　PETBÉ

聖なる復讐を人格化したもの。この神はエジプトのパンテオンに、かなり後の

時代になってから加わった。この神の名前は、デモティック、ギリシア語、そしてコプト語のテキストにしか現われない。パ・ジェバという名前は、「復讐」を表わす。本来、神の称号であったものが、新たな神となったものである。ギリシアの固有名詞や貨幣に現われるペトベは、神々のために復讐する者であり、人間の行為に対して「復讐するもの」である。すなわち、不正な者を「直ちに」罰し、正義をとり返すものである。デモティックで記された『太陽の眼の神話』には、彼の力がラー*の力であることが書かれている。ときにシャイ*とも結びつき、この2人は「世界を巡り、神の命令を実行する」

後5世紀前半のシェヌウテのコプト語のテキストにペトベは登場する。また、7世紀のコプト語で記された魔術の本の中では、末期時代の「貪り喰うもの*」を思わせる、多様な動物を組み合わせた姿で描写されている。

「復讐を復讐してはならない」ペトベは、大きな神殿の壁に登場することはない。『太陽の眼の神話』の一節を用いて、エジプト人が彼をどのよう想像していたか明らかにしてみよう。「その嘴はハヤブサ、目は人間、手足はライオン、耳は海の魚アカクの鱗でできている。そして尻尾は蛇」ここで翼にかんしては記されていないが、おそらく翼をもっていたと思われる姿は、かつてウィーンに所蔵されていた（現在では行方不明）レリーフに描かれていた、トゥトゥ*と結びついたネメシス*のグリフォン*によく似ている。

→グリフォン、シャイ、トゥトゥ、ネメシス、ラー

B.: C. Traunecker, “L’appel au divin; la crainte des dieux et les serments de temple” dans *Oracles et prophéties dans l’Antiquité, Actes du Colloque de Strasbourg, 15-17 juin 1995*, édité par J.-G. Heintz（Travaux du Centre de recherche sur le Proche-Orient et la Grèce antique, 15）, Strasbourg, 1997.

ベヌウ　BENOU

ラーのバーが灰色のサギの姿で現われたもの。『死者の書*』の呪文の中に、死者が「望む姿に変身できる」呪文がある。第83章には、「ベヌウ鳥になるための呪文」がある。ギリシア語のフェニックスの起源であるこの名前は、「ラーのバー」が具現化したものをさす。長い嘴と頭を飾る2本の冠毛が特徴の灰色のアオサギ（*Ardea cinerea*）である。

わかりやすい言葉で例をあげると、ベヌウとベンベンはいずれもウベンを語根にもち、地平線の上に現われる太陽の光り輝く輪を意味している。『ピラミッド・テキスト*（§1652）の記述による

と、創造が行なわれた朝、アトゥム・ケプリ*は、「ヘリオポリスのベヌウの城にベンベンのように高く昇った」とされている。『死者の書』第17章の挿絵には、昨日と明日を象徴する2頭のライオンの間に昇る太陽の横に、餌を探す優美な鳥の姿が描かれている。水の上に飛び立つ鳥の姿は、夜明けに現われる太陽を思わせ、終わることのない「初めの時」の繰り返しを象徴している。

しかし長い第17章の挿絵のこの部分に相当する註釈に記された「お前はだれだ」という質問に対して、ベヌウの答えは「オシリスである」となっている。すなわち、ベヌウはまた死者の神の「偉大なバー」でもある。この事実はフウのハルシエシスの墓に描かれた柳の枝に止まるサギの図の横に記された短い碑文で確かめることができる（*cf.* p.54）。デンデラの碑文によれば、オシリスが新しい命に目覚める時、ベヌウの姿で飛び立ち、「三日月となって天高く納まる」とされている。それよりも千年以上前の第19王朝には、セティ1世の北天図の角に、金星（セバ・ジャ）と結びついた、星を戴く聖なるサギの姿が描かれている。また、ラメセス2世の葬祭殿であるラメセウムに描かれた鳥は「ベヌウ・オシリス」と呼ばれている。また、一般の死者もオシリスとなって西の世界に入る時、ベヌウの姿で日の昇る地へとふたたび飛び立つことを願う。

ギリシアのフェニックスがベヌウに由来していること、そしてベヌウとフェニックスが共に太陽と結びつくことは明らかであるが、この2つの聖なる鳥は異なる。エジプトの500年の歴史を紹介したとされるヘロドトス（『歴史 II、73』）は、絵画でしか見たことがないとみずから語るベヌウを描写して、灰色がかった青色のサギではなく、赤と黄金の羽根をもつワシの話をしている。

ディール・アル＝マディーナの多くの岩窟墓には、ベヌウの姿が描かれている。ベヌウの姿になることを願う死者の前に、太陽円盤やアテフ冠をかぶった姿で立っている図が見られる（TT 359、インヘルカウ墓）。最も頻繁に見られるのは、ラー・ホルアクティ・アトゥム*自身、あるいは「ラーの船に乗る偉大なる9柱神」とともに太陽の船の中に立つベヌウの姿である（TT 1、センネジェム墓）。あるいはまた「あらゆる姿で」アビュドスに向かって旅立ちたい死者、そして「生きているバーとなって」ブシリスに向かいたいと願う死者（TT 290、イリネフェル墓）。さらに、これもまれな図ではないが、みずから精霊バーの鳥となって2つに分かれ、「2国を照らし天の星々の間を旅する」（TT 218、アメンナクト墓）ベヌウが見られる。「聖なるベヌウ」は、『死者の書』の第17章の長い挿絵の初めに登場する。第110章では、杭の上に立ち、イアルの野においては日常である氾濫と豊穣を象徴している。また、ダクラ・オアシスのカレト・アル=ムザウワカにあるペドゥバスティスのローマ時代の墓に描かれているように、ヘリオポリスの聖なる柳の天辺に止まるベヌウを見ることもある。

マディーナト・ハブの葬祭殿では、永遠の王権とラーの若さをあたえるハヤブサの頭のベヌウに、ラメセス3世が2つの花束を捧げている（*MH* VII, pl.553）。

第21王朝から第22王朝の「神話」パピルスとも呼ばれる葬送のパピルスの中には、サギの頭のミイラの姿の人物が描かれていることがある。ギリシア・ローマ時代、エドフ神殿のナオスの東の壁外側正面に描かれた「聖なるベヌウ、みずからの姿になった者」は完全に人間の姿である。（*E* X, pl.91）。

特徴：アテフ冠、ウラエウス、太陽円盤、ヘヌウ冠、星

→ウンシェプセフ、ラー

B.: R. Van den Broek, *The Myth of the Phoenix according to Classical and Early Christian Traditions, EPRO* 24, Leyden, 1972; A. Bellucio, "Le mythe du Phénix à la lumière de la consubstantialité royale du père et du fils," *Sesto Contresso Internazionale di Egittologia, Atti,* vol. II, p.21-39.

（→口絵/p.63）

ヘヌウティウ　HEN (OU) TYOU

使者の精霊を参照

ヘヌウト-メスチェト

HENOUT-MESTJET

ライオンの頭の女神。アビュドスのネクロポリスでA・マリエットによって発見され、ブリュッセルの王立美術歴史博物館に所蔵されている第21王朝の質素なステラ（E. 6251）には、ヘヌウト・メスチェト女神が描かれている。「誕生の女王」と形容される女神は、他にはカルナクのコンス*神殿の中庭を飾るレリーフに見られるだけである。

場面にともなう碑文によると、パンやロータスを載せた小さな祭壇をはさんで、女神に向きあっているのは娘をともなう女神官の1人である。彼女は片手でもう一方の手を上げる崇拝の仕草で聖水を捧げている。このあまり知られていない女神は太陽の性格をもち、「ラーの眼*、すべての神々の女王、天の女主人」の形容辞をもっている。

またカルナクのレリーフにおいて、「戦場のホルス」の後にいるヘヌウト・メスチェトは、ハトホル冠をかぶる女性の姿で3つに分けた鬘をつけたライオンの頭をもち、ウラエウスを飾った太陽円盤を頭に載せている。長い衣をまとい、

胸飾りをつけ、ウアジュ杖*とアンク*のサインを持っている。

特徴：太陽円盤、ハトホル冠

B.: L. Limme, *Stèles égyptiennes*, Bruxelles, 1979, p. 40-41（=Guides du département égyptien des Musées royaux d'art et d'histoire, n°4）.

ヘビ　SERPENTS

アア・セネジュ、アガトデモン、アセベト、アトゥム、アポピス、イシス、ウアジェト、ウヌウト、ウペセト、ウラエウス、ウレト・ヘカウ、ウロボロス、ケレヘト、ケベフト、ネスレト、８柱神、ハトホル、メヘン、メレスゲル、メンヒト、レネヌウテトを参照

ヘフ　HEH

空間と時の無限性を人格化したもの。ギリシア・ローマ時代の神殿に多く見られた場面の中に、少なくとも75の例が記録されている図がある。王が目の前にいる神に供物を捧げている図である。供物は籠の中に踞る小さな人物で、それぞれの手に年を表わすヒエログリフのサインを持っている。これはヘフ神の姿であり、ここでは永遠を象徴している。しかし同時に、この供物には創世神話の要素がある。というのも、これは天をもち上げようとしている神の姿を描いているからである。王は、後継者、あるいは、天を支えるシュウのイメージで描かれているが、次のように宣言して、その行為にさらなる効力をあたえている。「その積み重ねた年によってあたえられた永遠をわたしはあなたにもたらす。月日が永遠とともにいるように」それに対して神は「わたしはおまえに数百万年の年と月を、数十万年の日々と時間をあたえる」と答えて王の求めに答える。

エジプト人は、神の名前がもつ意味の多様性で遊び、その象徴を混ぜるのが明らかに好きである。たとえば、数も象徴の中で揺れ動く。ヘフ（ウ）はもともと、その妻と共にヘルモポリスの８柱神の原初の４組の夫婦の１組を作り、この２柱は空間の無限性を人格化している。その後に８柱のヘフウが現われた（ときに４柱のこともある）。これらヘフウは、シュウから発散したものと考えられ、「天の軍団」を構成し、天を支えるシュウを助けた。そして、エスナの碑文の定型文によると「ヌウト*をもち上げる」ヘフは、手に年を表わすヒエログリフのサインをにぎる、というたくみな表現によって、空間の概念に時間の概念を加えることに成功した。このサインは、葉を取ったヤシの幹を表わし、葉を取った跡の溝で日数を数える。また同時に天を支える棒ともなる。

いくつかの図像上の詳細と大きさの違いが、「大きな数」の概念、正確にい

えば「百万」を表現する表意文字と一般的に見られるヘフ神の図を区別している。ヘフはつねに片膝を立て、もう一方の足の上に座るような姿勢をとっている。百万を表わすヒエログリフのサインでは、年のサインを頭に載せ、ヌウトの体を支えるシュウの姿勢をとっている。つまり、腕をもち上げ、頭のあたりに手が来るように肘を直角に曲げている。しかし神自身の像の場合は、両手に長いヤシの葉の茎を縦にもっているため、腕は軽く曲げられ、手は胸の高さにある。大きさにかんしては、この図像の最も古い例として金のワイヤーでできた非常に様式化された護符がある。この護符は、バラトで発見されたもので、第６王朝末にダクラ・オアシスの州知事の１人であった、メドネフェルの体の上に置かれていたものである。

ときには、ディール・アル＝バハリやルクソールの王の聖なる婚姻（テオガミー）*の場面に見られるように、手になにも持たず、またときには、アンクのサインの輪の部分を腕輪のように肘の部分に掛け、ヘフは多くの場合、黄金のサインの上や、籠の中に描かれている。また、ジェド柱*の上に載っていることもある。頭の上の年のサインに代わって、太陽円盤が載っていることもある。また、王のカルトゥーシュが置かれていることもある。手に持っているものの先端には、無限の数を強調するセド祭のサインが、シェンのサインとともにたれていることもある。また、シェンのサイン自体が、十万の数を表わすオタマジャクシの表意文字を載せていることもある。

特徴：アンクのサイン、黄金のサイン、オタマジャクシの表意文字、シェンのサイン、太陽円盤、年の表意文字

→永遠、ジェド柱、シュウ、天の支柱、８柱神

B.: J. Berlandini, “Amenhotep III et le concept de Heh,” *BSEG* 17（1993）, p. 11-28.

（→口絵/p.64）

ヘファイストス　HÉPHAÏSTOS

プタハを参照

ヘブイウ　HEBYOU

使者の精霊を参照

ヘプウイ　HEPOUY

デルタの沼地の守護神。ヘプウイとヘケスは真の双子ではないが、互いに離れ難い存在である。２柱は前後にならんでいる、あるいは、対称的な場面において向かいあうように描かれていることが通常であり、単独で見られることは非常にまれである。

２柱の名前の文字を見ると、ヘプウイには扇が２度描かれており、ときにアケ

スとも記されるヘケスの限定符は布地を折ったものである。古い時代の２人の図像には、王のつけ髭を人格化したドゥアウル*がともなわれていることが多く、１人は王の横に見られる２つの大きな扇、そしてもう１人は衣、あるいは布巾のようなものを象徴しているように思われるが、この仮説を裏づける証拠はない。

それに対して、中王国時代からギリシア・ローマ時代までの間、彼らはデルタ地帯と深く結びついている。『コフィン・テキスト*』の呪文313は、２人をエジプトの北の境界の守護神とし、サティス*（南）、ソプドゥ*（東）、そしてハ*（西）と結びつけている。カルナクで発見されたセンウセレト１世の時代の碑文には、ヘプウイは「沼地の主人」とされている。これは生産をつかさどる神々の行列などに見られるヘプウイとヘケスに繰り返し使われる形容辞である。彼らは「ナイル河口の王」と形容され、魚や水鳥などの豊かな獲物の供給者である。また２人はセティ１世墓などで北天の星座の中に見られ、北との結びつきを示している。

ヘプウイとヘケスは、フィラエ島のイシス*神殿、第1塔門の北の正面に描かれた「ウジャト眼*」を満たす神々の中にいる。デルタの北端を守る彼らの役割から2柱の神は守護神として見られ、デンデラのローマ支配時代の誕生殿の聖域では、新生児の面倒を見る神々の間に2柱を見ることができる。また、ヘプウイは１柱で死者の守護神の役割をになうこともある。

ヘケスとヘプウイ*が最初に登場するのは、サッカラのペピ２世葬祭殿でドゥアウルの後に描かれている（p.419図参照）。3人を区別する図像上の特徴は見られない。3人は、下エジプトの古代の聖域を様式化した図の前にならび、それぞれウアス杖*とアンク*のサインを持っている。

マリエットがタニスで発見し、現在はカイロ・エジプト博物館に所蔵されている（JE 18221）めずらしい彫像は、この双子の神のものと思われる。第12王朝の作品には、魚とロータスで「あふれる」2つの供物台を持つ、髭と豊かな毛の２人の人物が描かれている。

星座として描かれる場合は太陽円盤を頭にかぶり、肩、手首、膝、足首に描かれた大きな赤い点が星を示している。

デンデラの誕生殿では、２人は動物の頭をもっている。聖域の門に２人は向きあうように立っており、ヘプウイは牡羊の頭で、手には2本のナイフを持っている。ヘケスはハヤブサの頭をもち、ウジャト*眼を片手にもち、もう一方の手で槍をふりまわしている。誕生殿の内部には、部屋を巡る長いフリーズに守護の神々の図が描かれている。そこでは、ヘプウイがハヤブサの頭、前を行くヘケスが牡羊の頭をしている。このように逆のパターンになっていることは、２人の相補的な関係を示唆しているように思われる。また別の神々の行列では、分身をともなわないヘプウイが牡羊の頭をもっている。角の間には大きなウラエウスが飾られ、手には「指でつかみとった」水鳥で一杯になった網を持っている。

特徴：ウラエウス、太陽円盤、ナイフ

→ケデドゥ、ドゥアウル

B.: H. Kees, "Kulttopographische und mythologische Beiträge, 7. *I3ks* und *Hpj*, zwei Königsinsignien als Gottheiten, " *ZÄS* 77（1941）, p.24-27.

ヘフウ（８人） HEHOU (LES HUIT)

天の支柱を参照

ヘフウ、ヘヘト HEHOU, HEHET

８柱神を参照

ヘペテト（ホル） HEPETET (HOR)

葬送の守護女神。「西の」あるいは「ドゥアトの女王」という２つの形容辞をもつヘペテト（ホル）は葬送の女神である。名前によって若干異なる性格を見せるが、第21王朝の棺やパピルスにおいて守護神の役割を果たす。ヘペテトホルという名前は「ホルスを抱くもの」という意味をもち、ときに「ハヤブサを抱くもの」を意味するヘペテトビクと記されることもある。またときに「抱くもの」ヘテペトと呼ばれることもある。そして多くの場合、オシリス*の守護神としての役割を果たす。この女神は、多くの研究の対象となっている有名な葬送の場面において、死者の神を守っている。たくさんの神々に囲まれ（この中にヘカ*はかならず登場する）、死者の神オシリスは玉座に堂々と座っている。ヘペテト（ホル）は、後にいる鎌首をもたげた長いヘビに助けられ、２本のナイフを持って、チェンチャトという２重階段をもつ台座の下に立っている。この台座の上に神の玉座があり、シャイ*もまたオシリスを守っている。またときに、女神を通してオシリスの力をえるため、棺やパピルスの所有者が、彼女の前で崇拝の仕草で両手を挙げていることもある。

ヘペテトホルはつねに先のとがったナイフをそれぞれの手に持ち、若い女性の姿で、頭は彼女の上にいるヘビの頭の部分のように描かれている。えらのふくらんだウラエウス、あるいはライオンの頭の場合もあり、またライオンの口にヘビをくわえている場合もある。そのヘビの尻尾からはワニの頭が飛び出しているように見えることもある。場合によって異なるが、３つに分けた鬘をかぶっている場合、あるいはダチョウの羽根、大きなウラエウス*で飾っている場合、あるい

オシリスの玉座の足下にいるヘペテトホル、コンスウレネプの葬送のパピルス、第21王朝、カイロ・エジプト博物館。

はまた、アテフ冠をかぶっていることもある。冠は皿の上にある場合と直接鬘に載っている場合がある。長い鞘型の衣をまとい、ときに先がたれた長い紐を結んでいる。

特徴：アテフ冠、アンクのサイン、ダチョウの羽根、ナイフ

→オシリス、シャイ、ヘカ

B.: M. Heerma van Voss, "Zur Göttin Hepetethor," *Studies presented to Laszlo Kakosy, StudAeg* XIV (1992), p.265-266, pl.XVIII.

ペホル　PEHOR

ペテイシスを参照

ヘメスウト　HEMESOUT

原初の神、守護神。第18王朝のハトシェプスト（ディール・アル＝バハリ）、あるいはアメンヘテプ3世（ルクソール神殿）の聖なる誕生を語る場面の中に、ギリシア・ローマ時代の誕生殿に描かれ

た場面とよく似た場面がある。そこには神々の一団が、それぞれ両腕に生まれたての赤ん坊を抱いている。男性や女性が交互に密集して描かれており、だれがだれかわからない。しかし男性の神々は、カーである。両腕を直角に曲げて、天に向かって手を挙げているカーのサインを頭に飾っている。女性たちは、ネイト女神*の2つの象徴のひとつを頭に飾っているヘメスウトである。

カーの女性版のヘメスウトは、カーと同様に「すべての食物と栄養を生産する」力を人格化したものである。彼女たちはプタハの言葉で生まれた原初の女神である。また、別の資料ではアメン*あるいはコンス*の子どもとして生まれてきた彼女たちは、原初の水から出現した土地であり、毎年、ナイルの氾濫と共に現われる生命にあふれ返った豊潤なシルトの島々を表わした神話上の存在である。また、黒々として繁殖力に満ちた土地を見たエジプト人は、それがセベクの仕業であると考えた。中王国時代の讃歌には、セベク神に「ヘメスウトのペニス」という形容辞があたえられている。

早くからカーと結びついたヘメスウトは、『ピラミッド・テキスト*(§ 396)』の中で、カーは王の後に、そしてヘメスウトは足下にいると記されている。ヘメスウトが単独で現われることはまれである。そして末期王朝になるとラーの14人のカーに対して、やはり14 人のヘメスウトのグループができる。創造のエネルギーとそこから生まれるものを象徴する彼らは、つねに対で描かれるが全員が描かれないことも多い。たとえば、エドフ神殿のプロナオスには7人しか描かれていない。また、デンデラのローマ支配時代の誕生殿では、3から7の間の数のヘメスウトが描かれている。彼らは、神々、そして生まれたての赤ん坊に聖なる要素と恵みの品々を捧げている。命、栄養、喜び、豊潤、健康、栄光、安定、忠誠、繁栄、勝利、光、活力、能力、そして供物などである。

聖なる婚姻*のコンテクストの中で、彼女たちは3組から7組のカップルをカーとともにきずく。ヘメスウトはつねに、盾の上に2本の矢が交差するネイトの象徴を頭に飾っている。台座の上に載せられている場合もあれば、直接頭に載っている場合もある。

新王国時代になるとディール・アル=バハリやルクソールの図において、彼女たちは片膝をつき、もう一方の膝は立てて、両腕に抱いた王の赤ん坊を支えている。彼女たちは、同じような姿勢で座っているカーのように、不思議なことに後をふり返り、赤ん坊の顔は見ていない。こうした図は末期王朝時代の誕生殿に見ることができる（*MamD*, pl. 2, 59 bis & 60）。しかしカーとヘメスウトは立って行列を成している場合もある。彼らは顔の高さにかかげている生まれたての赤ん坊に、崇拝の仕草で片手を差し出している（*MamD*, pl.59）。

原初の日々に出現した豊穣な土地をさす場合、テキストは複数形のヘメスウトを使用する。単数のヘメセトで表現されることはまれである。しかし、カルガのイビス神殿の小さな部屋には、ヘメセトがバネブジェデト*、ハトメヒト*、そしてバステト*とともに描かれている。彼女はウアス杖*とアンク*のサインを手に持っているが、頭にはなにもかぶっていない。デンデラ神殿の東の壁の下の部分に描かれた、皇帝ネロの時代の生産をつかさどる神々の行列においては、いつもの象徴を頭に載せ、近隣の他の神々と同様に豊潤を示す生産物を両腕にかかえている。

特徴：ウアス杖、ネイト女神の象徴

→カー、生産をつかさどる神々、セベク、ネイト

（→口絵/p.64）

ヘメン　HEMEN

ハヤブサの神、ヘファトの主人。ヘメンはルクソールの南、ナイルの右岸にある上エジプト第３ノモスの町ヘファト、現在のムアッラの地方神である。『ピラミッド・テキスト*』の時代から知られていた神で、この書の中でカバに銛を射す役割をになっている（§§235b & 1013d）。第1中間期には、ムアッラの州侯アンクティフィの墓の装飾と碑文に、ヘメンの役割を思わせる儀式的なカバ狩りの図と「ヘメンの航行」に関する記述がある。ヘメンは墓を荒らす者を罰し、正しい者に褒美をあたえる神としてよく知られている。また、アメンヘテプ３世の彫像の台に記された短い碑文には、「王位更新祭の主人」と記されている。彼はナイルの水かさを上げる力ももつ。第25王朝のタハルカ王が、治世６年に、有名な奇跡の洪水を起こすために祈りを捧げた神々の中に、ヘメンはアメン*やミン*とともにいる。シェションク１世によってカルナク神殿の第1中庭の隅に置かれた、ラメセス2世*の参道の牡羊の頭のスフィンクスの1つに記された碑文には、ホルス・ヘメンの名前が記されている。これを見るとヘファトの主人は、銛の投げ手であるホルスの1つの形態にすぎないのかもしれない。

ヘメンの彫像は現在のところ、ルーヴル美術館に所蔵されているもの１つしか知られていない（E 25276）。これはタハルカ王が、祈りが聞き入れられたことを感謝して奉納した像である。美しい青銅製の王の彫像の前に、厚い金箔で覆われた石製の粗い作りのハヤブサの神の彫像が立っている。ハヤブサの足の間には、ヘビがそそり立っている。

→ハピ、ホルス

B.: Vl. Vikentiev, “Le dieu ‘Hemen’ et son chef-lieu ‘Hefat’” dans *La haute crue du Nil et l'averse de l'an 6 du roi Taharqa, Recueil de travaux publiés par la faculté des lettres* 4, Le Caire, 1930, p.67-72; J. Vandier, “Hémen et Taharqa,” *RdE* 10（1955）, p.73-79, pl.5.

（→口絵/p.65）

ヘラ　HÉRA

ムウト女神を参照

ヘラクレス　HÉRAKLÈS

コンス神、ソムトゥス、ヘリシェフを参照

ヘリオス　HÉLIOS

ラーを参照

ヘリオポリスの猫
CHAT D'HÉLIOPOLIS

古代における太陽の化身。『死者の書*』の長い第17章の挿絵の中に、木の下で蛇の頭を切り落とす猫の姿が描かれている。場面にともなう碑文によると、猫は他でもない太陽である。小さな家猫の姿で表現されている太陽が「巨大な猫」と呼ばれる理由が碑文にともなう註釈には記されている。それはエジプト人が好む言葉遊びに由来している。『太陽の讃歌』においても、太陽は同じ猫の姿で現われる（cf. p.283）。

「わたしは、その猫である。わたしの前でヘリオポリスのイシェドの木*が割れる。宇宙の主人の敵が粉砕される夜」

「だれだ？その猫は、子どものラーその人である。『猫』と呼ばれたのは、シア*が臣下の者に次のように語った時である。『その行ないにおいて[あの方]に似ているものがいるか？』このようにして『猫』という名前が創られた…ヘリオポリスの彼の近くでイシェドの木が真二つに割れるとき、無気力の子どもたち*が、その悪しき行ないを償う時。闘いの夜、彼らは東の空に入る。そして天とすべての地において闘いが行なわれる」

挿絵に登場する蛇の名前はテキストの中では明らかにされていないが（まれに挿絵に記されている場合もある)、明らかに宇宙の主人の永遠の敵であるアポピスである。この場面は、「毎日の殺戮」を描写し、世界が続くために重要な場面である。すなわち、夜の闘いの後、ラーが遂にアポピスを退治し、暗闇に光が勝利する瞬間である。そして太陽はイシェドの木から飛び出してくる。

登場人物の位置関係など詳細は若干異なるが、上記のテキストにともなうパピルスの挿絵や壁に描かれた壁画において、木から遠くない所に座る猫（おもしろいことに牝猫である場合もある）は、片手に持ったナイフで、「首」を切り落としている。そしてもう一方の手で蛇の頭を地面に押さえつけている。

ラメセス3世や同4世王墓の製作にあたった職人団の責任者の1人、インヘルカウ墓（TT 359）の第2室には、この場面が非常に美しく描かれている。この墓では、絵が碑文に優先し、『死者の書』の呪文はタイトルに省略されている。一般的なテキストとはかなり異なる数行の碑文は、様式化された葉や果実が鮮明に描かれたバラニテスの横に記されている。「敵をしりぞける呪文、アポピスの頭を撥ね、黙らせるもの[その目的は]神が、他の神々とともに祝福されること」。「ラピスラズリ」ともときに呼ばれる猫は、不思議なウサギの耳をもっている。そして斑模様をしている。口を開け、歯をむき出し、舌を出した、怒りの表情の猫は、アポピスをとらえ、その首を切り落としている。目に見えない傷口から血が吹き出しているアポピスは、つねに新たに受ける苦しみの中で舌を出している。

特徴：ナイフ

→アポピス、イシェドの木、無気力の子どもたち、ラー

B.: J.-P. Corteggiani, “La ‘Butte de la Décolation’ à Héliopolis,” *BIFAO* 95 (1995), p. 141-151.

（→口絵/p.65）

ペリカン　PÉLICAN

古王国時代のレリーフ（アブ・グーラーブのニウセルラー王の太陽神殿の「季節の間」、サッカラのニアンククヌム、クヌムヘテプそしてメレルカのマスタバ墓）や、第18王朝のテーベの王の書記ホルエムヘブ墓（TT 78）の彩色を施した壁画の中に、エジプト人が当時見ていた、白（*Pelecanus onocrotalus*）、灰色（*P. rufescens*）、そしてダルマシアから来た房毛（P. crispus）の3種類のペリカンが描かれている。現在でも冬の渡りの途中に、同じような種類のペリカンを見ることができる。ホラポロンの言葉を信じれば（ヒエログリフィカ I、54）、エジプト人は、神官を除いてペリカンの肉を食していたようである。

留鳥ではない、水かきのあるペリカンは、神格化されることがなかった。また、数多くの神聖な動物の仲間に加わることもなかった。しかし、渡り鳥独特の行動や、長くとがった嘴についた大きくふくらむ袋など、ペリカンの驚くような特徴を自然観察力に長けたナイル渓谷に住むエジプト人が見逃すはずはなかった。その結果、ペリカンは神々の世界や葬送の世界と無縁のものではない。『コフィン・テキスト*』の呪文の中にも登場する。その1つ（呪文622）は、『ピラミッド・テキスト*』の文章を再現している（§§ 278-279）。その理由は明らかでは

ないが、ペリカンは世界の終末を知らせる役割をになっている。

ペリカンの大きな嘴は、まるで太陽のように、死者が現世と来世の間を出入りする門とされている（呪文225）。また、来世において方向を見失わないように、死者は「道を知り」、「道を外れるとすぐに気づく」渡り鳥のペリカンと自分を結びつけている（呪文484）。また、子どもを育てるために嘴を一杯にするペリカンの姿を見て、「子孫を見守り」「雛を育てる」ペリカンのようになりたいと呪文は語る（呪文263）。

B.: Chr. Cannuyer, “Le pelican céleste dans les textes funéraires égyptiens” in *Le ciel dans les civilizations orientales, AOB* (L) XII (1999), p.43-58.

（→口絵/p.66）

ヘリシェフ　HERYCHEF

牡羊の神、ヘラクレオポリスの神。ナイル川がファイユームで支流へと分かれる分疑点のすぐ南、バハル・ユースフにある上エジプト第20番目のノモスの首都がマグナ・ヘラクレオポリス。その理由は定かではないが、ギリシア人たちは、このヘラクレオポリスの主神を力と勇気に満ちた英雄、牡羊の神ヘリシェフであると考えた。

ギリシア名ハルサフェスとなる前の、ヘリシェフの名前の意味は、「湖の上にいる者」である。その音の類似から他の解釈もある（なかでもシェフィトという語は、畏敬を意味する）。エジプトの羊の姿の神のなかでも強靭な神であり、「美しい女性を孕ませる牡牛」という修辞句をもつ。

クヌム神*やバネブジェデト*と同様に、ヘリシェフも豊穣のイメージとして崇拝され、その生殖能力によって、この地域では、創世神の1人と考えられている。その名前の文字通りの意味は、原初の水から出現した創世神を想像させる。

ヘラクレオポリスの王子たちは、第9王朝と第10王朝のファラオとなった。ヘリシェフの性格の特徴に、その歴史遺産から引き継いだ王の性格がある。現在のイフナシア・アル＝マディーナの町である、ヘラクレオポリスのエジプト名が入った「フウト・ネン・ネスウトの神」という形容辞には、「王家の子どもの城」という意味がある。この形容辞は、「2国の王」、「上下エジプトの王」、あるいは「2つの河岸の王」などの形容辞をともなうことが多い。

ヘリシェフはときにオシリスやラーとも性格を共有している。『死者の書*』の第175章にはアテフ冠*にまつわる伝説に基づいた、町と神の名前の由来が説明されている。ヘリシェフは、ハトホル女神とその息子、ときにハルソムトゥス*とも呼ばれるソムトゥス*とともに

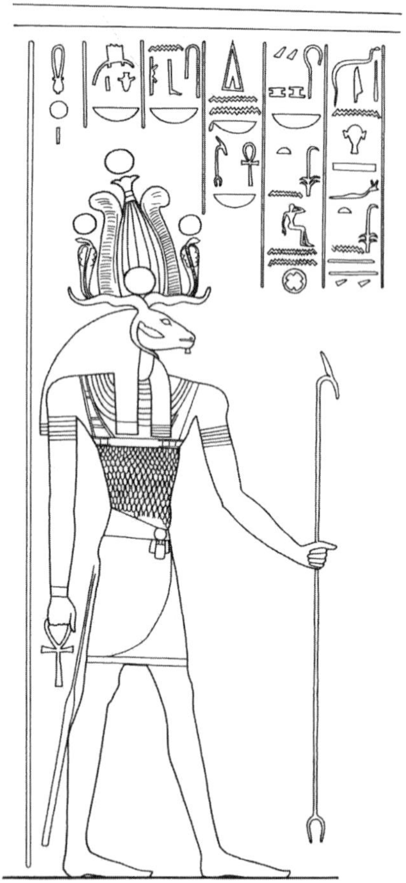

ヘリシェフ、アブ・シンベル小神殿、第19王朝。

3柱神をきずいている。

第5王朝になると初めて、ヘラクレオポリスの神は、サフラー王の葬祭殿に、牡羊の頭をもつ男性の姿で現われる。この牡羊は、数世紀後に絶滅した古代の種（学名 *Ovis longipes paleoaegytpiaca*）で、棒を螺旋状に緩く捻ったように見える見事な角をもっている。最初、王冠はかぶっていなかったが、まもなく彼自身と深く結びついたアテフ冠を身につけるようになる。多くのテキストが、短い文章ではあるが、ヘリシェフのこの特徴を強調している。アテフ冠は、やがて白冠に代わって、カルガ・オアシスのイビス神殿で見られるめずらしいプスケント冠となる。

第23王朝になると、曲がった角をもつ羊が主流となり、水平に伸びた角をもつ羊は絶滅して消え去っていたが、ボストン美術館にある黄金の塊でできた美しい小像や、その他の像に見られるように、最初の種の特徴が忘れられることはなかった。ときには、2つの角の特徴が組み合わさることもあったが、古い時代の角の形は、王冠の重要な要素となり、そこに、大きなウラエウスが、角から飛び出すような姿で加えられた。

ヘリシェフは、完全に動物の姿をとることはめずらしく、また完全な人間の姿をとることもほとんどなかった。場面や記念碑に応じて、異なる半神半獣の姿をとっていた。その中には、牡羊の頭をもつ、羽根を広げてオシリスの遺体を守るハヤブサ（*D* X, pl. 50）などがあった。またダチョウの羽根飾りを頭につけた牡羊の頭をもつミイラ、あるいは4つの羊の頭をもつ人物像などが、「癒し」の小像である不思議な呪術的な像の中に見られた。

特徴：アテフ冠、ウラエウス、太陽円盤、ナイフ、プスケント

→アイト、ソムトゥス、ハトホル、

B.：S. Morenz, J. Schubert, *Der Gott auf der Blume. Eine ägyptische Kosmogonie ind ihre welweite Bildwirkung*, Artibus Asiæ, Supplementum XII, Ascona, 1954; G. El-Din Mokhtar, *Ihnâsya el-Medina* (*Herakleopolis Magna*), *its importance and its role in pharaonic history, BdE* XL, (1983).

ヘリマアト　HERYMAÂT

葬送の精霊。王妃の谷の３人の王子の墓（QV42、43、44）と２つの王妃の墓（QV 52）においてネブネリウと結びつき、つねに彼の後に座った姿で描かれているのが、「葬送の精霊」とされるヘリマアトである。近隣にある、ほぼ破壊されている墓にも同じ場面があったのではないかと推測される。しかしこの図をよく見るとなにかまちがいがあるのではないかとさえ思う。ヘリマアトはなんの武器も持たない若い人物として描かれ、エジプト人が冥界の門番にあたえた恐ろしいイメージとはほど遠い。

ヘリマアトの図にはオシリスの裁判をぶじに勝利し、新しい生命をえたばかりの死者を思わせる点がある。彼の右腕の位置は、アヌビス*とトト*によって最後の審判の陪審員の前に導かれる時に見られる、服従と卑下の態度を表わしており、少し前に傾いた特別な姿勢をしている。彼が座している椅子は、地平線を表わすサインの形で、明らかに砂でできている。そして頭にはおそらく1つの例外を除いて、王の資質を表わすウラエウスが飾られている。

ラメセス３世の息子、あるいは王の娘、妻、あるいは母であった王妃のいずれをさすにしろ、「正義」を意味するヘリマアトは、王家の血を引く人物を表わし、聖なる裁判の喜ばしい結果によって朝の太陽と結びつき、エジプト人が、その姿を「太陽の円盤に座る」若い子どものように想像していた存在である（p.198図参照）。

ヘリマアトは低い椅子のようなものに腰掛けている。２つの例では椅子は、太陽が昇る地平線の山なみを表わすヒエログリフの形をしている。別の２つの例では、半月のクッションの形をしている。その１つはマットの上に載っている。ヘリマアトは膝を曲げて座っている。左腕は軽く膝に載せられており、右腕は胸の上に当てられ、右手は左の肩に載っている。衣服はつけず、大きな首飾りだけを飾っている。腕輪と足首に輪を飾っている。そしてアフネト冠をかぶっている。これはネメス頭巾の一種であるが、横か

ヘリマアト（左）とネブネリウ、カエムウアセト王子墓（QV44）、王妃の谷、第20王朝。

られる部分がなく、4例のうち3例はウラエウスの飾りがついている。

ヘリマアトは、デンデラ神殿のギリシア・ローマ時代の神殿のオシリス複合体の礼拝所の1つに見られる。彼は、マアトを使った名前をもつ他の3柱の神（ネブマアト、アンクマアト、メリマアト）とともにいる。彼らは非常に似た姿で簡素に描かれ、いずれもマアトの羽根を手に持ち、ラーの方に向かって進んでいる。

特徴：裸体、ダチョウの羽根、ウラエウス

→ネブネリウ

B.: B. Bruyère, "Neb-nerou et Hery-Maât," *CdE* XXVII (1952), p.31-42.

ペルセア PERSÉA

長い間、ギリシアやローマの作家によってペルセア（*Mimusops laurifolia* (Fors.) Friis., *M. schimperi*と同種、A. Rich.）と呼ばれた植物は、エジプト語の碑文におけるシュ（ア）ウアブである。エジプト学者の大半は長い間、ペルセアを宗教書に見られる有名なイシェドの木*と考えていたが、ごく最近になってこの見解が誤りであることが認識されている。その結果、神々の世界でペルセアが占める役割が極端に小さくなってしまった。それはまた、新王国時代に特別な象徴的意味をもっていたマンドラゴラの実と、心臓の形をしたペルセアの実が混同されることがなくなったことにも起因する。

第３王朝からエジプトに紹介され、栽培されてきたペルセアは、若干の例外はあるが、ほぼ完全にナイルの岸辺から消えている。ペルセアは聖なる木のリストの中には見られないが、何人かの神と結びつきがある。プルタルコス（『イシスとオシリス、68』）によると、ペルセアは「その実が心臓の形、そして葉が舌の形をしていることから、イシス*に捧げられる」そして「人間のもつ資質の中で、言葉の力ほど神聖で、幸福をもたらすために重要なものはない」と記されている。このほか、ラメセス朝の手紙には（ボローニア・パピルス 1094、11、1-2）、とくに説明はないが、テーベの神々のリストの中で「ペルセアのハトホル*」の存在が言及されている。また、第３中間期のパピルス（プーシキン・パピルス 127、v° B）の裏には、書簡の形をとる文学作品が残されている。そこには、ペルセアに関する短い註釈が3度現われる。その中の1つは、コンス神との結びつきを示している。書記はあたえられた命を完全に全うしたいという願いをペルセアに込めている。おそらく長寿を意味するペルセアの丈夫な葉は、時を測る、たとえばトト神のような神と結びついているようである。

→イシェドの木、イシス、コンス、樹木、ハトホル、マンドラゴラ

B.: S. Amigues, "Sur le perséa d'Égypte" dans *Hommages à François Daumas,* Montpellier, 1986, p. 25-31; N. Baum, *Arbres et arbustes de l'Égypte ancienne. La liste de la tombe thébaine d'Inéni* (*n° 81*), *OLA* 31, 1988.

ヘルムアヌビス HERMANUBIS：**ローマ時代の人間の姿のアヌビス神**。犬の頭をもつ古代のアヌビスがエジプト土着の信仰から消えたわけではないが、後２、

３世紀になるとヘルムアヌビスの名前の下、完全に人間の姿をしたギリシアのアヌビス神が登場した。その名前と図像が示すように、エジプトの神がもつ魂の道案内という性格はアヌビスとエルメスを1つに融合している。

初めて登場するのは、トラヤヌス帝の治世に流通した貨幣の図である。ドミティアヌス帝の治世にも流通していたと思われる。「ノモスの貨幣」の裏には、国のすべての地方のギリシア時代の紋章が描かれている。ヘルムアヌビスは、上エジプト第17ノモスのキノポリスを人格化している。山犬の神アヌビスの古代の故郷である。

ヘルムアヌビスは、髭のない豊かな髪の若い男性として描かれている。ときに犬を連れている。彼は前の部分と腿を覆うヒマティオンをまとい、その先端を左肩にかけている。頭には皿状の冠をかぶっている。この冠にはウラエウスを思わせるロータスの花びらが１枚飾られている。手にはヤシの葉とカドゥケウスを持っている。エルメスにも共通する２つの特徴はときに１つに融合し、カドゥケウスがヤシの茎となっている場合がある。ラス・アル＝ソダで発見されたアレクサンドリアの博物館にある大理石の彫像（P 442）は、後2世紀の終わりか3世紀の初めに属するもので、若いサラピス*を思わせる皿状冠をかぶっている。普遍性を強調した人間の姿の美しい神の彫像の１例である。

特徴：犬、カドゥケウス、皿、ヤシ

→アヌビス、サラピス

B.: J.-Cl. Grenier, *Anubis alexandrin et romain, EPRO* 57, 1977.

（→口絵/p.66）

ヘルメス　HERMÈS

トト神を参照

ペレト　PERET

季節の（神々）を参照

ヘロン　HÉRÔN

ギリシア・ローマ時代にファイユームで崇拝されていたトラキア起源の騎士の神。20世紀初頭に初めてファイユームにおいてヘロンの信仰が発見された時、この神が外国の神であるのか、あるいはホルスのギリシア化した形であるのか、多くの論争が巻き起こった。現在では、H・セイリグが「曖昧なヘロン」と呼んだ神が、トラキアの騎士の神であり、アナトリアやシリアの神々に太陽の要素を加えた神であることが認められている。

ヘロンは、軍服を着て馬に乗った神であり、前２世紀の中頃、プトレマイオスに仕えるためにエジプトにやってきた外国の傭兵によって紹介された。傭兵らは後に、その地位に応じてエジプトの土地

ヘロン、テアデルフィ出土の図、ローマ支配時代、アレクサンドリア・ギリシア・ローマ博物館（n°20223）。

をあたえられ定着するようになった。そしてファイユームの多くの町にヘロンの信仰が紹介された。ヘロンはマグドラ（マディーナト・アル＝ナハス）に聖域をもち、サラピスと結びついた。また、テアデルフィ（バト・イフリト）のプネフェロス神殿、ティブティニス（ウム・アル＝ブレイガト）、カラニス（コム・アウシム）、そしてマディーナト・クータ（ギリシア名は不明）において信仰を受けていた。

軍人の神で、鎧をまとい、武器を持ち、時代やテキストの種類によって少しずつ図像が変化する。プトレマイオス朝のごく一般的なステラでは、馬に乗っているヘロンが描かれている。そしてヘビに向かって盃を差し出している。鎧をまとい、ときに槍を持っている。バークレー・ハースト博物館にある小型の粗い作りのステラには、武器を持たないネメス頭巾をかぶったヘロンが描かれている。

ローマ支配時代のテアデルフィのプネフェロスの神殿の主要な礼拝所に導く扉の両側には、フレスコ画が描かれている。右側には、髭のある若い男としてヘロンが描かれている。馬と、壺を載せた３本足の台の上にいる蜷局を巻いたヘビの間に立っている。(現在では消えている）勝利の印を載せた王冠の下の頭からは後光が射し、その上に２枚の羽根がある。片手に槍を持ち、チュニック、ゴルゴネイオンで飾られた鱗状の飾りのある鎧をまとい、首の下で留めたマントを羽織っている。そしてブーツと靴下を履いている。ヘロンは片手に持った平たい盃の中味を低い祭壇に注いでいる。左側には、同じ衣装のヘロンが描かれているが、馬に乗り、木から降りようとしているヘビに盃を捧げている。やはり後光の射した頭には、異なる高さの３つの塔が載っている。ヘロンの図にはかならず見られるヘビは、ヘロンがときにシャイと同一視されていることを示唆している。

ヘロンはまた、ディオスポリスのノモス（テーベ地域）の皇帝時代の青銅の貨幣に描かれている。

特徴：馬、後光、鎧

→馬、ホルス

B.: G. Lefebvre, "Le dieu Hérôn d'Égypte," *ASAE* XX（1920）, p. 237-249, pl. I-II; J. Bingen ,"Le dieu Hérôn et les Hérôn du Fayoum," *Hommages à Jean Leclant, 3. Études isiaques, BdE* 106/3（1994）, p.41–50.

ヘンシェセス / ヘンケセス

HENCHESES / HENKHESES

風（４つの方位）を参照

ベンベン石　BENBEN

原初の丘を参照

豊穣の図像

FÉCONDITÉ (FIGURES DE)

アキト、ウアジュ・ウル、ウリト、ケデドゥ、ケネメト、シェズムウ、生産をつかさどる神々、セカト・ホル、セケト、タイト、テネメト、ネプリ、ハピ、ヘサト、ヘジュヘテプ、メンケト、メンフウイ、レネヌテトを参照

ホーベイトの77人の護衛の神々

SOIXANTE-DIX-SEPT DIEUX GARDIENS D'HORBEIT (LES)

護衛の神々を参照

ホリト　HORIT

ホルスの女性形。数年を隔てて出版された2つの神話集、テブティニス出土の神話の書（ニイ・カールスベルグ・グリプトテク美術館所蔵）とおそらくヘリオポリス出土のサイス朝の同様の書（ブルックリン美術館所蔵）には、「女性のホルス」という形容辞が見られる。この形容辞は、中王国時代の初めから女王の称号に使用され、アルマントの誕生殿の碑文において大クレオパトラの称号となっている。そしてネフェルヘテプ*やウレト・ヘカウ*のような神々の出現と同じ経過をへて女神の名前となっている。

ブルックリン美術館のパピルスには、他の女神たちと同化し重要な役割を果たすホリト女神の複雑な性格が記されている。つねに女性の決定詞をともなうハヤブサの表意文字は、テブティニスの書に見られるようにホリトと発音されており、ハトホル*女神を表わす「女性のハヤブサ」を意味するビケトとは異なる。

この古代の宗教地理史の論文（ブルックリン・パピルス）には、デルタの主要な町の神話が紹介されている。それによるとホリトはハトホルと同一視される傾向がある（III, 8; IV, 2; XV, 7）。また、「ヘリオポリスの東の山の上」に現われるバステト*と同一視されることもある（IX, 2）。さらに「メンフィスのプタハ*に愛される」セクメト*と考えられることもある（XII, 11）。そして内容の不明瞭な文章の中でテフヌウト*とも同一視されているようである。なかでも豊かに描かれているのは、オシリスの娘であるホリトであり、父との間に生まれた「5人の息子」の母親である。5人のホルスは、「フメヘン」、「2人の主人の息子たち」、「メデヌウにいる子どもたち」（ハルモテス*）、「最高位のケルビンであるホルス」（ホル・ヘケヌウ）、そして「イシスの子ども」である。

ギリシア・ローマ時代の多くの碑文には女神の記述があり、その肖像を明らかにすることができる。ディール・アル＝マディーナの小神殿には「偉大なるホリト、アメン*に愛される者、ラー*の娘、心に正しきもの」と形容されている。また、「偉大なる王の妻、王に乳をあたえ、ホルスをこの世に産み落とす聖なる母」とされている。すなわち、女神は女王であり、王妃としての役割をすべてになっている。そして王位継承者の聖なる母である。また、オシリスの娘であることからホルスの女性形と考えられている。

ホリトの図像は非常に簡素なものである。アトフィフにおいて20世紀の初めにA・カマルによって発掘された聖牛の墓では、ハヤブサの頭のミイラの姿の女神として描かれている。デンデラのギリシア・ローマ時代の神殿の時間の神々のリストにホリトは２度登場する。聖域の東にある「秘密の通路」においてホリトは踞るライオンの頭の女神として描かれ、パピルスの形の小さな笏を持っている（*D* II, pl.88)。「供物の間」の東の壁においてはつねにライオンの頭をもち、鎌首をもたげたウラエウスの笏を持っている（*D* VII, pl. 630)。

→オシリス、ハルモテス、ホル・ヘケヌウ

B.: D. Meeks, *Mythes et légendes du Delta d'après le papyrus Brooklyn 47.218.84, MIFAO* 125, Le Caire, 2006.

ホルアクティ　HORAKHTY

ハルマキス、ホルス、ラーを参照

ホル・ケンティ・ケティ

HOR-KHENTY-KHETY

ケンティ・ケティを参照

ホル・ケンティ・ケム

HOR-KHENTY-KHEM

ケンティ・イルティを参照

ホルス　HORUS

ハヤブサの神。神が多様な動物の形をとる宗教において、天空を舞う威厳に満ちたハヤブサ（*Falco peregrinus*）はまさしく神としてとらえられ、エジプトのパンテオンの中で多くの神々を具現化した。ソプドゥ*、ソカル*、ホルメルティ*、ヘメン*のほか、重要な神の中で、ハヤブサの神ではないが、ハヤブサの頭の人間の姿で描かれる神々がたくさんいた。また、たとえば、ネムティ*やメンフウイ*などはホルスの異なる形であった。神話は複雑に入り組み、さまざまな神々が互いに同化する。またひとりの神が多様な姿で現われる中、多くのホルスを識別するのは簡単なことではない。イシス*とオシリス* の死後の婚姻の結果である息子ホルスは、その中でたんに最も有名なホルスであるにすぎない。

もともと、エジプト語のホルウという言葉は、「遠くの、隔たった」という意味をもち、天空に大きな円を描いて舞うハヤブサをさす。それは天の神を示し、ときに天そのものと同化する。それは広大な神の顔そのもので、そこには太陽と月がそれぞれ右の眼と左の眼として存在する。この宇宙神をヘリオポリスの神学者たちは後にゲブ*とヌウト*の息子とする。これが古代のホルス、ハロエリス*である。レトポリスの主人であり、２つの星が見えなくなるとその視力を失う。見える時はケンティ・イルティ*、そして見えない時はケンティ・エン・イルティ*と名前を変える。しかしまた同時に、第１王朝のウアジ王の名前をもつ象牙製の櫛（カイロ・エジプト博物館、JE 47176）に見られるように、ホルスは太陽そのものでもあり、太陽の天の航行を表わしている。天を象徴する大きく開いた１対の翼の上に乗った船に乗るホルスは、「ラー*・ホルアクティ」と呼ばれ、その姿は「ホルス名」の上に止まるホルスそのものである。それは先王朝時代からエジプトの王たちがその守護の下に身を置くと同時に、みずからを重ね合わせた神である。

上エジプトの先王朝時代の都であるネケンの王たちの下、２国の統一は行なわれた。ギリシア人はこの町に「ハヤブサの町」、ヒエラコンポリスというたいへんふさわしい名前をあたえた。歴史の初めの気まぐれな出来事は、地方神ホルスを王の庇護者に奉りあげた。約35世紀の間、ファラオたちは地上の神となり、王妃たちは「ホルスのかたわらにいる者」となった。逆にハヤブサの姿は、ベルリン博物館に所蔵されている粗い作りの小型のステラに見られるように、あらゆる王を表わすことができた（n°7493）。ひざまずいた人物が両腕を挙げて崇拝しているハヤブサは、短い碑文によって「完璧なる神、２国の主人、ダリウス」と記されている。

ヘリオポリスの神学者たちは、ホルスが象徴する王権を神話の中にとり入れ、オシリスの息子として、オシリス神話の主要人物に奉りあげた。ホルスは、父オシリスが地上においてにぎっていた王権をとりもどす正統な後継者の手本となった。同時に、ホルスとセト*の古い対立に焦点があてられ、激しい戦闘のエピソードによって神話が豊かなものとなった。エドフの「ホルス神話」は、甥であるホルスが叔父のセトを打ち負かすまでの聖なるドラマを語っている。この聖戯曲は、ケンミスの沼地に隠された子どものハルポクラテス、父の敵を打つ若いハレンドテス*などによってエジプトのパンテオンに華やぎをあたえている。

碑文がないと、エジプト人がわれわれに残してくれた多様なホルスを区別することは不可能に近い。これらの同じ名前を共有する神々は、また同じ特徴を共有している。ハヤブサ、ハヤブサの頭をもつ人間、子ども、あるいは若者など。ここではなかでもとくに象徴的な意味をもつ特徴について語りたい。

なかでも有名なものは、修復され、現在はカイロ・エジプト博物館に所蔵されているネケンのホルスの彫像である（JE 32158）。この彫像は、考古学的な研究によると、一般にいわれているように第6王朝ではなく、第12王朝に属すると考えられる。この像は、J・E・キベルによってヒエラコンポリスで発見された。「包帯を巻いた」ハヤブサの神の姿は、休む姿を表わしている。ふんだんに黄金を使った頭部には、銅を張った木材に打ちつけた黒曜石の目が象嵌され、ハヤブサの鋭い眼光を表現している。帯状冠の上に載せた２枚の高い羽根飾りをつけているが、儀式によって、この冠は太陽円盤、プスケント、あるいは上エジプトの白冠にとって代わられることがわかっている。

ルーヴル美術館には、末期王朝時代の青銅の像がある（E 7703）。これは一群のグループ像の1つで、王の清めの儀式を行なうホルスとトト*を表現している（p.70口絵下参照）。キリスト教の影響によって洗礼式と解釈されることがあるが、それは誤りである。現在ではハヤブサの頭をもつホルスの像しか残っておらず、両腕は、現在では消えてしまった水差しを差し出していたと思われる。

ニューヨークのメトロポリタン美術館の像は（ロジャーズ・ファンド、1934.［34.2.1］）、王の称号を表わす見事な神像である。第30王朝のもので、エジプト人最後のファラオ、ネクタネボ2世が巨大なハヤブサの爪の間に立っている。プスケントをかぶり、その胸で王を守っている。さらに時代をさかのぼると同じ象徴をもつ有名なカフラー王の像がある（カイロ・エジプト博物館、JE 10062）。聖なるハヤブサは玉座の背に止まり、開いた翼で王の首を守るように彫られている。生きているホルスは、「ホルスの玉座」に座する後継者を守っている。

エドフにおいては、ハヤブサの姿の神やハヤブサの頭の神が、「ホルス神話」の場面に数多く描かれている。太陽の性格が強調され、羽根のある円盤の姿で２匹のウラエウスに囲まれていることが多い。そして「ベヘデトのもの、偉大なる神、斑の羽根をもち地平線から飛び立つ天の主人」という形容辞をともなう。

メセンのホルスになると、デンデラの「新年の間」（*D* IV, pl.302）やクリプト（*D* V, pl.334、*D* VI, pl.500）、あるいは「出現の間」（*D* IX, pl.858）のレリーフに見られるように、ライオンの頭をもっており、いずれの場合もプスケント冠をかぶっている。

特徴：ウラエウス、太陽円盤、白冠、プスケント、まっすぐな高い羽根、銛、

→アア・セネジュ、イシス、イウンムウトエフ、ウジャト眼、ウル・ヘムヘム、オシリス、オリックス、ケンティ・イルティ、ケンティ・ケティ、シェド、セト、セペルトゥネス、ソプドゥ、タビチェト、トト、ネフェルヘテプ、ネブ・デス、ネブ・マバ、ネムティ、ハトホル、パピルス、ハルシエシス、ハルソムトゥス、ハルネブエスシェニス、ハルプレ、ハルポクラテス、ハルポンクヌフィ、ハルマキス、ハルモテス、ハレンドテス、ハロエリス、ピィリス、ファラオ、ヘメン、ホルスの子どもたち、ホルスのステラ、ホ

ルスの眼、ホルネフェル、ホルヘケヌウ、ホルメルティ、マンドゥリス

B.: A. H. Gardiner, “Horus the Behdetite,” *JEA* 30（1944）, p.23-60; J. G. Griffiths, *The Conflict of Horus and Seth from Egyptian and Classical sources. A study in ancient Mythology*, Liverpool, 1960; H. W. Fairman, *The triumph of Horus; an ancient Egyptian sacred drama*, London, 1974.

（→口絵/p.66・67）

ホルスの子どもたち（4人）

ENFANTS D’HORUS (LES QUATRE)

守護の神々。イムセティ、ハピ、ドゥアムウトエフ、ケベフセヌウエフは、ときに例外もあるが、この定型の順序で、「4人の神、ホルス*の子どもたち」として『ピラミッド・テキスト*』の時代から知られている（§1548）。ホルスの子どもたちは、死者であるファラオの手足である（2人が手、2人が足）（§149）。この時代はまだ、死者の内臓の守護神としての役割を獲得していない。しかし、4人はそれぞれ王と同化し、王の来世への旅を助けている（§1097）。ときに、彼らは王の右側に寄り添い（§601）、あるいはまた、2人ずつ王の横にならび（$1092）、王を保護している。彼らは天の旅に必要な船を用意し（§1228）、あるいはまた、天の東の地平線にケプリ*が現われた時に近づくことができるように、木と縄でできた梯子を用意する（§2078/79）。彼らはまた、王の飢えと渇きを癒す（§552）。また『ピラミッド・テキスト』の§1548には不思議なことにオシリスの敵である野生の牡牛の乳房のことが記されており、ホルスの子どもたちがもつ「生命の守護」の力がオシリスに及ぶことが記されている（§1333）。

中王国時代になると、『コフィン・テキスト*』がホルスの子どもたちに関する情報を確実なものとし、また、新たな情報をあたえてくれている。彼らの父は、おそらくハロエリス*であり、母はイシス*である（呪文157）。上と同じ文章の中で、イムセティとハピは、ペ*のバウとされ、ドゥアムウトエフとケベフセヌウエフは、次の呪文においてネケンのバウとされている（呪文158）。同時代、死者を4人の兄弟と結びつける呪文（呪文520-523）が、カノポス箱の内側に記された。さらに箱の外側と壺自体にも、彼らの名前を偉大なる守護の女神と結びつける短い碑文が記されるようになる。それ以降、壺の中味と4人の神の像でできた壺の蓋との対応が定着した。肝臓、肺、脾臓、そして腸を中心とする臓器（胃は含まれていない）はそれぞれ、イムセティ（人間の頭）、ハピ（ヒヒの頭）、ドゥアムウトエフ（犬の頭）、ケベ

フセヌウエフ（ハヤブサの頭）の保護の下にあり、彼ら自身がそれぞれイシス*、ネフティス*、ネイト*、そしてセルケト*の守護の下に置かれていた。これはツタンカーメン王の内臓を入れた箱を納めていた厨子に見事に描かれている。

新王国時代になると、『死者の書*』が、4人の兄弟の性格の他の要素を伝えてくれる。彼らは、「セパ（アヌビス*）の主人の部屋にいる7人の精霊」の一部を成すようになる。彼らは、北天の「おおぐま座」の腿の後ろにいる神々の中にいる（第17章)。また、彼らは星座を描いた天井図の中で、多様なデカン*と結びついている。「ミイラを石棺に納める呪文（第170 章)」を唱える時にホルスの子どもたちの存在が必要であるとすれば、彼らの役割は、悪霊を追い払うためにトカゲや蛇をふりまわして死者の遺体を守るだけに留まらない。彼らは、死者の体だけではなく、その個性をも再生しようとしているのである。これは、『死者の書』の第150章や葬送の多様な場面の中に見ることができる。たとえば、トゥーナ・アル＝ゲベルのペトシリスの墓には、「開口の儀式」のために墓の前に立つ死者の前に歩み寄ろうとしているホルスの4人の子どもを見ることができる。イムセティは死者にカー、ハピは心臓、ドゥアムウトエフはバー、そしてケベフセヌウエフはミイラを運んでいる。魔術のテキストには、彼らの守護の力が、死を迎える以前から発揮されていることを記しているものがある。カノポス容器の中味になる運命をもつ内臓器官は、その所有者の生存中、それぞれ「体の中に宿る偉大なる神々、イムセティ、ハピ、ドゥアムウトエフ、ケベフセヌウエフ」と同一視されている。

ホルスの子どもたちは、『コフィン・テキスト*（呪文 404)』と『死者の書*（第99章)』の中で、ケンティ・イルティ*の4人の子どもたちと結びついている。彼らの名前は、「死者の帝国」に辿り着くために、死者が乗りたいと願う船の要素を表わしており、その名前を知らないと、死者は船に乗ることができない。後の時代になると、エドフの第1の「ソカルの部屋」に彼らの姿を一緒に見出すことができる（*E* XI, pl. 284)。そしてデンデラでは、オシリス礼拝所の「時間の護衛」として、彼らはそれぞれ昼と夜の最初の8時間を担当している。また、行列の中で、彼らは、ハトホル*のナオス*を運ぶ8人の神官と結びついている。

ホルスの子どもたちが描かれている石棺は、理論的に方向が定められており、4人というホルスの子どもたちの数は、4つの方位との結びつきを示している。壁画によって異なるが、（たとえばラメセウムの）ミン神の祭礼の図では、王が、

カノポス容器、第22／23王朝、カイロ・エジプト博物館（JE 86098）。

ハルシエシスとして2重冠をかぶったことを国中に知らせるために、神官は行列を作り、雁を解き放つ。この時に飛び立つ4羽のガンは、（南に）イムセティ、（北に）ハピ、（東に）ドゥアムウトエフ、そして（西に）ケベフセヌウエフである。

ホルスの息子たちの図は、豊富であると同時に多様である。4種類の異なる頭をもつごく一般的な図像のほかにも、かなりユニークな図像が見られる。その役割から、彼らは墓の壁画、パピルス、石棺とその蓋、カノポス箱、カノポス容器、ミイラの上に載せられたミイラ型の小像など。葬送のコンテクストの中に登場する。

オシリスの足もとに開いたロータスの花の上にいるホルスの息子たちの像は、第18王朝の終わりに登場したヘルモポリスの影響を受けたモチーフであり、体をバラバラにされた神の内臓が日々再生することを示唆している。そしてオシリスの再生復活と、オシリスと同一視されるすべての死者の再生を象徴している。

『コフィン・テキスト』の呪文157の最後は、『死者の書』の第112章にも登場するが、そこでは、ホルスが子どもたちのことを語り、ラー*に「2人の兄弟をブトに」そして「2人の兄弟をヒエラコンポリスに」派遣し、エジプトの２つの古代の都において、王の仕事を助けるようにと依頼している。この逸話は、アイ王墓（KV 23）に見られるユニークな場面を説明している。ミイラの形の衣装に納められた体は、それぞれ殻竿を持ち、４人とも人間の頭をもち、おもしろいことに１つの玉座に２人ずつ腰掛けている。赤冠をかぶったイムセティとハピは、白冠をかぶったドゥアムウトエフとケベフセヌウエフと向きあっている。

もう１つ、第26王朝に属する、他には見られない場面がある。バハレイヤ・オアシスのジェドアメンイウエフアンクという人物の墓には、ヒヒの頭をもつハピが壺を、女性の姿のイムセティが2つの香油の壺を持ち、犬とハヤブサの頭をもつ、彼らの２人の仲間は、それぞれの手にナイフを持ち走っている。

デンデラのオシリス礼拝所では、ハルシエシスの戴冠の儀礼の図が、対称的な２つの場面に描かれている（*D* X, pl.16）。いずれも雁を解き放つ図であり、ホルスの子どもたちの特徴をもつガンが、空高く、4つの方角に向かって飛び立つ場面である。しかし実際には、2羽ずつ北と南の2つの方角に向かって飛んでいる。これは、王の新しい治世が始まったことを宣言する図であり、この2つの図の内の1つでは、ガンは4人の兄弟の特徴的な頭をもつように見える。そして両方の場面で、ガンは、首にメッセージを記したタブレットを掛けている。

ダハシュールの第12王朝の王妃の墓に見られるように、4人の兄弟はもともと、人間の姿をしていた。また、同時代、全員がハヤブサの頭をもつこともあった。また、ウラエウスの冠をつけていることもあった。遂には、わけのわからない図像まで登場する（たとえば、第22王朝の棺には、ケベフセヌウエフは牡牛の頭で現われる）。そしてその図像は尽きることなく、『門の書*』の第12番目と最後の時間において、アポピス*の邪魔をする者として、ホルスの子どもたちは登場する。同じ『門の書』の第11番目の時間において、（蛇の姿の）無気力の子どもたち*の動きを封じる、ゲブ*の後ろに描かれた4柱の神々の下半身は、ときにそこから飛び出しているように見える巨大な紐と同化している（cf. p. 140）。

特徴：ウラエウス、殻竿、香油の壺、トカゲ、ナイフ、刃のついた棍棒、蛇、包帯

→イシス、ケンティ・イルティの子どもたち、セルケト、デカン、ネイト、ネフティス

B.: F. Servajean, “Le lotus émergeant et les quatre fils d’Horus. Analyse d’une métaphore physiologique,” dans S. H. Aufrère (éd.), *ERUV II, OrMonsp* XI (2001), p. 261-297.

ホルスの息子（4神）

FILS D'HORUS (LES QUATRE)

ホルスの子どもたちを参照

ホルスのステラ　CIPPE D'HORUS

ホルスのステラを参照

ホルスのステラ　STÈLE D'HORUS

エジプト学者が「ワニに乗ったホルスのステラ」あるいは「ホルスのステラ」と呼んでいるステラは、毒のある動物に咬まれた傷を癒す呪文や図で覆われた呪術ステラである。

末期王朝まで続いたステラには、かつてシェド神が描かれ正面には名前が刻まれていた。2匹の頭から尻尾まで描かれたワニの上に立った姿のホルスは正面に浮き彫りで描かれている。両腕は軽く体から離れ、それぞれの手には危険な動物がにぎられているが、その大きさはまったく現実とは異なる。多くの場合、サソリと2匹の蛇がそれぞれの手ににぎられ、さらにライオンとアンテロープがにぎられている。いずれもセトと結びついた砂漠に住む危険な動物である。

若い神は、子どもの編み毛を右側にたらし、額正面にはウラエウスを飾り、魔除けの役割をになうベス神*のしかめ面のマスクを頭の上に載せている。左にはネフェルトゥム*の象徴、右には2枚の羽根を頭に飾ったハヤブサを載せたパピルスの柱がある。これはハルネブエスシェニス*（「レトポリスの主人、ホルス」）をレトポリスの神ハロエリスと結びつける象徴であり、呪術ステラの呪文はハロエリスを呼び出す。

このステラは人気が高く、数センチメートルの護符から、首にかける鈴状のもの、また現在ニューヨークのメトロポリタン美術館所蔵のメッテルニヒのステラ（MMA 50.85）のような1メートル近いものまである。また「癒し」の影像のひとつであり、なかでも一番美しい例はルーヴル美術館にある「ティシュキエヴィッチ」の影像（E　10777）と賢者ジェドヘルの像（カイロ・エジプト博物館 JE 46341）である。大きいステラには多くの図や呪文が刻まれている。ステラは触れること、また呪文を読むこと、さらには洗うことで効力を生んだ。後者の場合は、ステラの上に水を流し、魔力を受け継いだ水を飲む、あるいは傷口につけることで効能が現われると考えられていた。

スペースの関係上、全文を刻むことはできないが、ステラに記されているのは、ケンミスの沼地にイシスによって隠されたホルスの子ども時代の逸話である。「君へ、神よ、神の息子。君へ、後継者よ、後継者の後を継ぐもの、君へ、牡牛よ、聖なる牝牛が生んだ牡牛の息子、君へ、ホルスよ、オシリスの血を引くイシ

ワニの上に乗るホルス、救世主ジェドホルの彫像の細部。前4世紀末、カイロ・エジプト博物館（JE 46341）。

スの息子！君の名前でわたしは語る。君の魔法をわたしは唱える。君の呪文でわたしは魔法を執り行なう。君の心が感じた魔法をわたしは使う[…]砂漠の台地のすべてのライオンを君は追い払う。川のすべてのワニを追い払う。穴にいるすべての蛇の毒を拭う。君はわたしのためにこれら（危険な動物）を砂漠の台地の石ころに変えることができる。道端の土器片に変えることができる。君は動悸を早める毒を消し去る。苦しむ者の体から毒を追い払う［…］君の姿に似たあらゆる神に祈りが捧げられる。見よ。今日、君の名前が呼び出された。『わたしは救い主ホルス』」（訳：S・ソウネロン）。

→シェド、ハルポクラテス、ベス、ホルス

B.: K.C. Seele, "Horus on the crocodiles," *JNES* VI（1947）, p. 43-52, pl. I-II; H. Sternberg-El Hotabi, *Untersuchungen zur Uberlieferungsgeschichte der Horusstelen. Ein Beitrag zur Religionsgeschichte Ägyptens im 1. Jahrtausend v. Chr., I. Textband, II. Material-sammlung, ÄA* 62, 1999.

ホルスの眼　ŒIL D'HORUS

すべての供物の象徴。ホルスの眼はウジャト眼*とは異なる。もともと同じ月のイメージを共有していた２つの眼は、まったく異なる２つの象徴に発展し、すべての時代を通じて、数多くの宗教テキストの中に記されている。ホルスの眼は食糧をはじめ、多様な生産品を網羅する供物として記される。その中には多様な種類のパン、聖水となる新鮮な水、新しいワイン、香、香油、あるいは麻布などが含まれている。

『ピラミッド・テキスト*』の文章

にはその起源が記されている。ホルスは、再生復活した父親オシリスに対する愛情から、オシリスの視力が回復するように自分の眼を贈り物とした（§§609-610a)。そしてトト神*によって手入れされた、明らかに状態の良い眼（§614b）は、「その名前で神々への供物」（§614d）となった。マアト*の供物と同じように完璧な供物であるが、ホルスの眼は別の意味で、それ自体が供物である。より正確にいえば、ホルスの眼はすべての供物を包括し、エジプトの豊かさを象徴し、遂にはエジプトそのものを表わすようになった。

『ピラミッド・テキスト』には、ホルスと同化した王によって繰り返される(§§1596c–1606)、ホルスの眼に対する呼びかけ（§§1588–1596b）がある。その中で王は供物の奉納を命じ、「『彼女』の中にあるすべてのもの」をもってくるようにと命ずる。「彼女」とはエジプトを象徴するホルスの眼をさしている。時代が下って、エドフの碑文の中にはエジプトの地理を描写する碑文が見られる。そこには、「黒い土地、それはホルスの眼」と明言されている。この金言は、コム・オンボの神殿の壁画に見事に描かれている。この場面はめずらしい外科医術の図によって有名になっているが、上記の医療具とハロエリス*やタセネトネフェレト*を含む神々の間に台形のタブレットが描かれている。王は左側にひざまずいて（今では消えている）2つの聖なる目を神々に捧げている。タブレットは上の方が下の部分より大きく、9行の碑文が記されている。それぞれの行に分数と大きな町の名前が記されている。分数は上から下に向かって数が小さくなり、また町の名前はサイスからエレファンティネまで北から南の順番で上から記されている。そこにはエジプトの「略図」を見ることができる。これとは別に「クレプシドラ（水時計）に似た『花器』のような壺」から、アレクサンドリアのヘロンの記述に見られる機械仕掛けの水力システムを使って、聖なる目を清める儀礼のために聖水が水差しに流れる図がある。少なくとも2例、このタイプの壺が現実に存在するのが検証されている。液体や細かい粒子を測ることができる、これら2つの容器には、今日われわれが料理用に使用している計量容器と同じように目盛りがついている。目盛りにはコム・オンボのレリーフと同様に分数が記されている（1/2、1/4、1/8、1/16…）。それはホルスの眼の6つの部分を示す。実際、「地図」そして「クレプシドラ（水時計）」には共通する意味がある。クレプシドラに刻まれた数字は、主要な都市、とくに宗教的な都市（ヘリオポリス、メンフィス、ヘルモポリス、そしてテーベ）からやってくる水の量を示している。

それは国全土の「地図」のように見えると同時に、完成された聖なる目のイメージでもある。末期王朝から、ホルスの眼のヒエログリフのサインは、ベケトという名前を記すのに使用されている。それはエジプトを表わす名前である。

それより2千年前、第4王朝のギザの第3ピラミッドの「河岸神殿」を飾るメンカウラー王の3柱神群に同じ精神が見られた。そこでは、4つ以上の完形の彫像群と破片が発見されており、今ではカイロ・エジプト博物館（3）とボストン美術館（1）に分かれて所蔵されている。そこにはノモスの数だけ3柱神があったと考えられている。ノモスを象徴する神には、王とハトホル*がともなわれ、3柱神をきずいている。各ノモスの神は、その神が象徴する地方で生産された「すべての完璧なもの」をもってくるようにと宣言している。ここでは、エジプト全土がエジプトの生産品によって象徴されている。

「ホルスの眼」はまた形容辞となる。それは「ラーの眼」と同様に女神の形容辞である。「ラーの眼」に比べて例は少ないが、たとえばレピト*の形容辞は、アクミームの近辺のワンニナの神殿の碑文において月の性質をもっている。また、第22王朝から第30王朝にかけては、ブバスティスの婦人であるバステト*の形容辞でもあった。また「ホルスの眼」は、デンデラ神殿のオシリス礼拝所に2度現われる女神の名前を直接表わしている。彼女はオシリスの守護のためにやってきたエジプト全土の神々の間にいる。ときに歩く姿の女神で、ナイフを持ち、頭にはハゲワシの髪飾りの上にハヤブサを載せたナオスの形のシストルムを冠としてかぶっている（*D* X, pl.200）。また正座している女性の姿で、鬘の上に2枚のダチョウの羽根を斜めに飾り、右手には下エジプトのパピルス、左手には上エジプトのスゲを笏のようににぎっていることもある（*D* X, pl.92）。

→供物、香、バステト、ホルス、レピト、ワイン

B.: G. Rudnitzky, *Die Aussage über “Das Auge des Horus.” Eine altägyptische Art geistiger Äusserung nach dem Zeugnis des Alten Reiches, AnAeg* V 1956; Ph. Derchain, “L’Égypte, symbole de l’oeil” dans *Miettes* (suite) ,” §11, *RdE* 46 (1955), p.89-92; Ch. Sambin, “La purification de l’oeil divin ou les deux vases de Köm Ombo,” *RdE* 48 (1997), p.185-200, pl.XVI.

ホルネジテフ　HORUNEDJITEF

ハランドテスを参照

ホルネフェル　HORNEFER

トキのノモスのヘルモポリスの3柱神

の息子。デルタの心臓部、テル・アル＝バクリヤは下エジプト第15ノモスの都バフの遺跡の現在名であり、エジプト人は「2人の仲間を分ける者の家」という名前で呼んでいた。これはホルス*とセト*の争いにおいてトト神が果たした役割を示している。この地では「神々の書記」が崇拝され、そのためギリシア人はトキという名前のノモスの都をヘルモポリスと呼んだ。ここでトト神はネヘメトアウアイ*を配偶神とし、息子とともに3柱神を構成した。この息子がホルネフェル、すなわち「美しいホルス」である。ギリシア語でハルヌフィスとなり、ヒエラコンポリスでも見られるハヤブサの神を示している。

子どもの神は、現在カイロ・エジプト博物館にあるテル・アル＝バクリヤ出土のアプリエスの名前を彫ったナオス*（JE 25796）に描かれている。完全に人間の姿で、子どもの巻き毛があり、やはり子どもの仕草で指を口に当てている。カイロの南、マッサラの石切り場にネクタネボ2世によって刻まれた岩のステラには、ハヤブサの頭をした大人の男性としてホルネフェルは描かれている。エジプト人最後のファラオが、野原を表わすヒエログリフのサインを神に捧げる場面で、トト神とネヘメトアウアイの後にホルネフェルは立っている。牛の尻尾で飾られた腰布を巻き、プスケント冠をかぶり、胸飾りをつけ、ウアス杖とアンクのサインを持っている。

コム・オンボの誕生殿に描かれた夏の第2番目の月（パイニ）の守護と結びついた神々の中で、ホルネフェルは裸で、ライオンの頭をもち、歩く姿で描かれている。

特徴：子どもの編み毛、プスケント、裸体

→トト、ネヘミトアウアイ

ホル-ヘケヌウ　HOR-HEKENOU

ブバスティスにおけるホルスの形。ブルックリン美術館所蔵のパピルスに、サイス朝の神官によって書き記されたデルタ地帯の神話・伝説集がある。状態の良いパピルスで、そこにオシリス*の娘であるとされるホリト*という女神のことが書かれている。ホリトには父オシリスとの間に5人の息子がいた。聖なる息子たちは、重要でない者から順番に記されている。このリストの4番目に、「最上級のケルビムに属するホルス」の名前がある。それはすなわち、ブバスティスを首都とする下エジプト第18ノモスをさしている。その前に来る説明には、明確に「聖なる田舎のホルス」と形容されるこの町のことが記されている。そして「すぐれたホルス」を意味する「ホル・ヘケヌウ」という名前がある。また、同じ音をもつ香油があり、それは偉大なる

ホルスの体から発するものと考えられていた。ホル・ヘケヌウはブバスティスに伝わる不思議な話の主人公でもある。生まれたばかりの神は、牝ライオンにくわえられ町の外へとやってきて茂みの間に置かれる。そしてライオンは「赤ん坊を食べてしまう」。母親は「昼夜、子どもを探しまわる」。すると「天の窓」に子どもを見つける。窓は「ブバスティスの丘」の上にあり、「3つの力をもつもの」という名前の蛇によって守られている。今やネコとなった牝ライオンは、トト神*とネフティス女神*によって皮を剥がれ、赤ん坊はその毛皮に包まれ守られる。この子は、母親の子宮のような箱の中に入れられ、新しい妊娠期を繰り返し再生する。ノモスの象徴として、王の子どもでもあるホル・ヘケヌウは、この伝説の中でオシリスの息子である。また、父親であるアトゥム神と母親の役割を果たすバステト女神の息子として、マヘスに代わってブバスティスの3柱神を形成することもある。

新王国時代のチャネフェル墓（TT 148）では台座に載ったハヤブサの姿、またセティ1世墓（KV 17）の天体図が描かれた天井では、北天の星座の神々の間でハヤブサの頭をもつ人間として描かれている。また、フィレンツェ美術館の末期王朝のステラ（n° 2489）では、太陽の船の舵をにぎっている。しかし最も頻繁に見られるのは、ギリシア・ローマ時代の誕生殿に描かれた聖なる子の性格を表現した図である。フィラエでは、ウラエウスを飾ったキャップ帽をかぶり裸で歩んでいる。ホル・ヘカウを囲むように2人のカバの女神が、子どもと母親を交代に見守っている。同じ図は、ディール・アル＝バハリのプトレマイオス朝の聖域にも見ることができる。ここでは神は「勝利の主人」という形容辞をもっている。アルマントでは、偉大なるクレオパトラが供物を捧げる7人の子どもの神々の最後にいる。玉座に座り、他の子どもたちと同じようにプスケント冠をかぶり、子どもの編み毛をたらしている。左手の指を口にあて、右手には王笏を持っている。

特徴：ウラエウス、王笏、プスケット

→バステト、ホリト

B.: D. Meeks, *Mythes et légendes du Delta d'après le papyrus Brooklyn 47.218.84, MIFAO* 125, Le Caire, 2006.

ホルメルティ　HORMERTY

ハヤブサの神、シェデヌウの主人。エジプト語のピ・ホルメルティ「ホルメルティの家」を起源とするギリシアのファルバイトスは、デルタの西にある現在のホルベイトをさす。この町の名前は、下エジプト第11ノモスの都となった古代のシェデヌウで崇拝されていた神を彷彿

させる。

　このホルメルティは「2つの眼のホルス」であり、碑文によると敵を打ち倒す勇猛なライオン、あるいは、鋭い爪で敵の腸を引きちぎるハヤブサ、あるいは「力に満ちた牡牛」など、戦いの神の性格をもつ。「偉大なる戦士、勝利の主人」というホルメルティの神官の称号が示すように、彼は完璧な勝利者である。戦士の姿の天のホルスは、太陽と月の2つの目をもっている。そして彼の役割は太陽と月の運行を守ることであり、混沌の力と戦い、終わりなき再生のためにアポピス*と戦うことである。しかし、神によって創造されたものではない太陽の永遠の敵アポピスは、あらゆる呪術を使っても完全に破壊することはできない。例え「切り刻まれて」も「つねに破壊され、しかし決して破壊されない」存在である。

　日々の仕事において、ホルメルティは王の助けを借りる。神殿の壁にはアポピスを退治する王の姿が描かれている。そして力を発揮する「シェデヌウの67の生きているバー」によって助けられる。これらは、神の驚くべき融合像を説明している。

　詳細は異なるが、ホルメルティの最もよく見られる図像は、ハヤブサの頭をもつ人間で、プスケント冠をかぶっている。しかし、他の冠や螺旋状の牡羊の角の上に載った太陽円盤をかぶっていることもある（*D* X, pl.16）。あるいは人型のミイラの場合もある（カルガのイビス神殿のナオスにおいてはハヤブサを頭に飾ったミイラ）。あるいはまた、完全にハヤブサの姿（デンデラのハトホルのキオスクの門の上に載っているプスケントをかぶったハヤブサ（*D* VIII, pl. 697））の場合もある。カイロ・エジプト博物館所蔵のブロンズ製の小像（JE 38620）では、ロータスの上にいるワニの上に立っている。もう1つのブロンズ像（JE 38618）の台座には「偉大なる牡牛、力強き者」という碑文があり、プスケントをかぶったハヤブサの頭の人間の姿で、槍を突き通したアンテロープの上に立っている。槍は現在失われているが、ライオンの頭の柄がついていたことがわかっている。

　末期の青銅像の多くは、呪術パピルスの挿絵に見られるような「複合的な」姿で描かれており、ベス神の頭をもっている。そして枝分かれした多くの動物の頭をもち、腕のほかに2対の翼、そして勃起した男根の上に膝宛のようなライオンのマスクを載せている。そしてときに碑文によって明確にホルメルティであると記されている。

特徴：アテフ冠、ウラエウス、牡羊の角、太陽円盤、白冠、プスケント、ヘムヘム冠、槍

→アポピス、守護の神々、パンテ（神）、ベス

ホロンメフ

B.: J.-Cl. Goyon, *Les dieux-gardiens et la genèse des temples* (*d'après les texts égyptiens de l'époque gréco-romaine*) . *Les soixante d'Edfou et les soixante-dix-sept dieux de Pharbaethos, BdE* XCIII, 1985.

ホロンメフィス HORONMEPHIS

イウンムウトエフを参照

マ

マアイテフ　MAAITEF

ケンティ・イルティの子どもたちを参照

マアト　MAÂT

宇宙の秩序を人格化した女神。マアトの名前を表わすサインであるダチョウの羽根を頭に飾る、若く美しい女性。多くのテキストがラー*の娘と呼ぶマアト女神は、エジプト文明のなかでも最も複雑で重要な概念を象徴している。宇宙の最初の日に登場し、アトゥム神*が「生きている娘テフヌウト」(『コフィン・テキスト*』呪文80）と呼びかけたマアトは、なによりもまず、世界の創造の時に、創世神によって確立された宇宙の秩序を人格化し維持する守護神である。彼女は宇宙の均衡、法、真実、公正、正義を象徴する。

王はつねに襲ってくる混沌の力がもたらす脅威と戦い、創世神によってあたえられた不安定な均衡を維持する責任があった。そして新王国時代以来、神殿の中で日々行なわれる聖なる儀式に「神の命の糧」とされるマアトの供物の奉納があった。「マアトが存在することによってあなたは存在する。あなたが存在することによってマアトは存在する」神官は「アメン*の典礼」を読み上げて唱えた。すべての供物はマアトによって象徴され、マアトはすべての供物を網羅する完璧な供物とされた。

神々が望む秩序を守るために、王は地上において政治と社会の秩序を維持するつとめがあった。また、つねに危険に晒されている世界の均衡に対して、１人１人の人間が責任をもたなければならなかった。いつか訪れるかもしれない破壊の無秩序の出現に自分がかかわらないように、人間１人１人が正しい倫理に導かれた行為を行ない、悪を避け、真実を語り、正義を行なわなければならなかった。

そしてその行為は死後の世界において報われた。「メリカラー王への教訓」の著者によると、マアトとともに生きることは、「墓ではなく永遠の世界を約束する」ことであった。最後の審判の日、オシリスの裁判の場であるマアティ、すなわち「２柱のマアト」の部屋において死者の心臓の計量が行なわれた。天秤ばかりには、片方の皿にマアト女神、あるいはマアトを象徴する１枚のダチョウの羽根、もう一方の皿には死者の心臓が載せられ、死者の生前における正義が問われた。

概念を人格化したマアトは、どのような動物とも結びつかない。マアトは伝統的に優美な若い女性の姿で描かれ、頭につけたダチョウの羽根によって一目でマアトとわかる。羽根はシュウ*のように頭の天辺に立っている場合と、後で結んだバンドで抑えられている場合がある。ごくまれに、フィラエ島の誕生殿の場面のように、セシャトの象徴を頭に飾っている場合もある。この場面では、書記の守護神に代わり、手にはペンを持ち、イシス女神*に２つの鏡を奉納するティベリウス帝の横で、彼の数多くの治世年を記している。

マアトは、場面によって異なる姿勢を見せる。立ち姿、（他の神々や、最後の審判の日に彼女が救う死者にともなわれて）玉座に座る姿、（墓の壁画の中で、守護神として羽根のある手を広げて）ひざまずく姿、そして籠の中でしゃがんでいる姿（これは最も多く描かれている図で、王がマアトの供物を神々に捧げている場面である。この図は裁判官の徽章ともなっている）。図像の多様性のほとんどは頭飾りに限られている。ダチョウの羽根が女神の頭に代わることもあれば、ハゲワシの髪飾りの上に載ったハトホル冠の場合もある。ハトホル冠は皿に載った太陽円盤に置かれていることもある。青銅の小像や護符の場合は、女神はしゃがんでいる姿と同じように小さく描かれる。また、マアティの碑文をともなわない場合でも、マアトが２柱描かれていることがある。「２柱のマアト」という表現の影響を受けているものと思われる。

心臓の計量の場面を描いた挿絵には、まったく同じ女神が２柱、あるいは１柱のマアトに２枚の羽根が載っている場合がある。グリーンフィールド・パピルスの場合（大英博物館 10554）、２柱はほとんど同じシルエットの女神に描かれており、それぞれが１枚の羽根を頭に載せ、２柱で１つのウアジュ杖*とアンクのサイン*を持っている。しかしディール・アル＝マディーナの多くの岩窟墓（TT3、265、290）には、同じ絵を手本として、不思議な図像（エドフ、コム・オンボなど）が複数模写されている。「２柱のマアト」は２柱の女神ではなく、性の異なる神々によって表現されている。

この場合、男性の神はマアトとならんでダチョウの羽根を飾ったシュウ神のようにも見える。

特徴：帯状冠、セシャトの象徴、太陽円盤、ダチョウの羽根、翼、ハゲワシの髪飾り、ハトホル冠

→アトゥム、イウサアス、ケンシト、シュウ、心臓の計量、テフヌウト、ハトホル、ラー

B.: J. Assmann, *Maât, l'Égypt pharanoique et l'idée de justice sociale,* Paris, 1989; *Id., Maat, Gerechtigkeit und Unterblichkeit im Alten Ägypten,* Münich, 1990; E. Teeter, *The Presentation of Maat. Ritual and Legitimacy in Ancient Egypt, SAOC* 57, 1997.

（→口絵/p.68）

マガ　MÂGA

ワニの神。多くの呪術パピルスにマガという魔法使いの神が登場する。その名前は敏捷という意味をもち、つねにワニの限定符をもつ。また、「セトの息子」の形容辞をもち、あまり歓迎されない聖なる存在である。この存在を追い払うにあたって、呪術師はその絵の上で呪文を唱えなえればならない。この絵自体が敵の力を中和する効果がある。セトは実際、ワニの姿で現われることもある。「セトの息子」という形容辞は、マガがセトと同じ否定的存在であり、オシリスの殺害者の仲間であることを伝えている。すなわち、避けるべき存在としてとらえられているのである。

エドフ神殿の「エジプト地理大集成」は、「マガの住処」をデルタの中心にある下エジプトの第11ノモスとしている。ブルックリン美術館所蔵のパピルス（acc. n°48.218.84）には宗教地誌の論文があり、それによると、この恐ろしいワニは、その罪を否定しているが、オシリスの腕を噛み切り、呑み込んだ。そこでホルス*がやってきて、ワニの喉からオシリスの腕をとり出した。そしてその罰としてワニの舌を切りとった。死者はワニの攻撃を恐れたため、呪術パピルスにはワニの口を閉じ、攻撃を避けるための呪文が記されている。この呪文は、地面に描かれた「1つの首に4つの頭をもつ」アメンと「その足下にいるワニ」の絵の上で唱えなえればならない。これは大英博物館所蔵のハリス呪術パピルス（BM 10042）の中にある呪文（VI, 8-9）である。

しかしマガの性格には肯定的な面もある。デンデラのローマ支配時代の誕生殿に属する聖域の門のわき柱には、ケンティ・ケティと同化したマガが描かれている。3人ずつの軍団が集まった60人の守護の神々の中に見られ、そこでは「力強き者、アトリビスの反乱者を追い

払う者」という形容辞をもっている。

マガとケンティ・ケティの共通点は、いずれもワニの神であるという点である。デンデラ（*MamD*, pl. LVI）に見られる２人に共通した図は、おそらくワニの頭の人間の姿をしていたと思われるが、残念なことに頭の部分が欠損しているため、２つのナイフを手に持った人間の姿であることしか確認できない。

呪術パピルスにインクで描かれたワニのスケッチのほかは、エドフの地誌の碑文に記された名前の限定符をマガの図像ととらえることができる。限定符ではあるが、パピルスに記されたワニが悪さをするのを封じるために、ワニは頭と背中に銛が射さった姿で描かれている。

特徴：ナイフ

→ケンティ・ケティ、セト

マティト　MATYT

ライオンの女神、ネムティの配偶神。マティトは、ディール・アル＝ゲベラウイの王子の墓の葬送の定型文の中に登場する。そこには夫であるネムティ*の名前は見られない。船で神々を運ぶ渡し人であるネムティが第１番目の地位をもつ以前、マティトはおそらく上エジプト第12ノモスの主要な女神であったと思われる。

彼女の名前は「ライオンの姿をもつもの」という意味で、ライオンの限定符をもち、古王国時代末期第６王朝の州侯たちの広大な墓群の碑文に見ることができる。

後の時代になると、マディーナト・ハブのラメセス３世葬祭殿の場面の中で、太陽円盤をかぶり、ライオンの頭の女性としてネムティの後に描かれている。さらに時代が下るとデンデラ神殿の屋上にある礼拝所の１つにおいてオシリス*を守る多くの神々の間に描かれている。この場面ではマティトはイシス* と同化し、「セト*を捕われの地」に送り、「２度とアビュドスの地に侵入する」ことがないように閉じ込める役割をになう。

マティトはデンデラの東の３番目のオシリス礼拝所に２度登場する。東の扉の中央の高さに描かれ、２本のナイフを持つライオンの頭の女性の姿で部屋の入り口を守っている。西の扉で向きあうセクメト*とそっくりである。奥の部屋の壁ではオシリスをはさんでメヒト*と対称的に向き合い、メヒトと同様に完全にライオンの姿で長方形の高い台の上に横たわり、後には守護の仕草で羽根を大きく広げた、イシスの鳶と思われる猛禽類が描かれている。マティトは水平の牡羊の角の間に載せたアテフ冠をかぶっている。その姿は、古王国時代の彼女の名前の決定詞と同じであるが、尾は腿を巻くのではなく、後でまっすぐに立ち背中の上にある。怒ったネコが尻尾をふっている姿と考えると、それは恐ろしい守護神が内に秘めている怒りを表現しているように思われる。

特徴：アテフ冠、ナイフ

→イシス、ネムティ、メヒト

マフデト　MAFDET

ジャコウネコの女神。石製容器に記された短い碑文から第1王朝にはすでに知られていた女神。マフデトは守護神であり、「引きちぎる者」という名前は、肉食である動物の性格を示している。多様な動物（ヒョウ、チータ、リンクス、ヤマネコ、マングース）との結びつきが示唆されていたが、明らかに一般的なジャコウネコ（*Genetta genetta*）である。しばしばパピルスの茂みの中で小鳥を捕えている姿が描かれている。

木登りが得意なマフデトは、肉食のほ乳類で、斑な毛皮とくるりと巻いた尻尾によってイクネウモン*と混同されることはないが、このジャコウネコ科の動物もまた、ヘビの恐ろしい大敵である。この性格によってマフデトは、『ピラミッド・テキスト*』の中で死者となった王を守る役割をもつ。そしてヘビの「首に襲いかかる（§438a）」様子や、敵の目を切り裂く（§440d）鋭い爪（§§442c & 1212d）が強調されている。

他の葬送のコレクションにも同じ姿が見られる。しかし守護の力はヘビを殺すことに留まらない。バステト女神の娘として、マフデトは悪魔の種を払う魔法の呪文に現われる。エドフ神殿のテキストには,他の護符とともにファイアンス製のマフデトの姿の護符を作り、夜の間、聖なるハヤブサを守るようにと記されている。

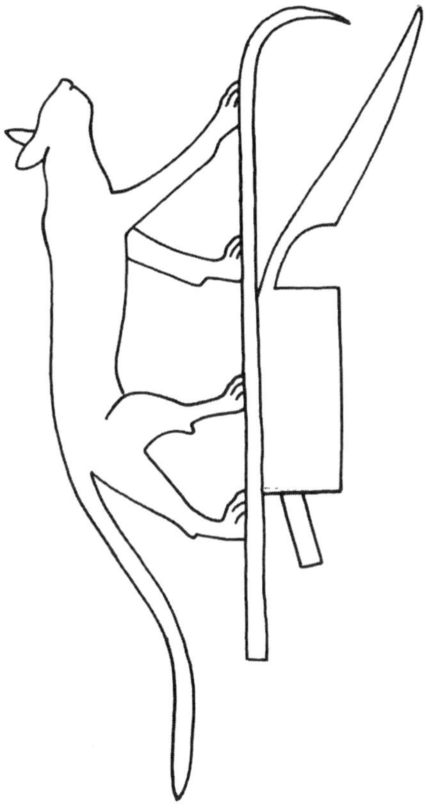

マフデト、宗教儀式の場面、カルナクのオシリス・ヘカ・ジェトの礼拝所、第23王朝。

エドフやデンデラなどのギリシア・ローマ時代の神殿の供物の間では、マフデトは、1年のそれぞれの日を守る他の女神と同じように、ライオンの頭のヘビの姿をとることがある。しかしマフデトの通常の姿は、エジプト史を通じて、「ついて行く、共をする」という意味を示すヒエログリフのサインで象徴される。そして女神の動物は、先端が曲がった棒を縦に昇る姿で描かれる。これは沼地で、狩りや魚獲りをするジャコウネコの姿を表わしている。パピルスの茎を昇り、鳥の巣へと忍び寄るジャコウネコの重みでパピルスの先端は折れ曲がっている。

B.: W. Westendorf, "Die Pantherkatze Mafdet," *ZDMG* 118 (1968), p.248-256.

マヘス　MAHES

ライオンの神。青銅製の小像を中心とする、ギリシア・ローマ時代の数多くの資料から、ギリシア人がレオントポリスと呼んだ、下エジプトの第11ノモスの都タレムウ（デルタの中心部に位置する現在のテル・アル＝ムクダム）の主要神がライオンの神であったことがわかっている。

これこそマヘスであり、その意味は、中王国時代の中頃に神になる以前、まさにライオンを表わしていた。これは同時代の固有名詞学から明らかである。

マヘス（ギリシア語でミイシス、あるいはミオス）は、戦闘の神であり、太陽の性格をもつ。そしてアポピスとの戦いにおいてラー神*を助ける。ときにバステトの息子としてブバスティスの近隣で信仰の対象となり、またときに、セクメトの息子とされ、ネフェルトゥムと同化し、花の冠をかぶることがある。その形容辞は恐ろしいライオンを表わしている。たとえば、「恐ろしいライオン」、「力強い手足」、「恐怖の牡叫び」などである。またときに、ホルス・マヘスとして戦うホルスの姿をとる。また、ギリシア語のテキストにおいては、風や嵐の神となっている。

第26王朝以前には、その存在が記録されていなかったが、レオントポリスの神殿において、マヘスは「生きているライオン」として崇拝されていた。聖なる動物は、死後、ネクロポリスの特別な場所に埋葬された。

マヘスの信仰は南にも広がり、デンデラ、エドフ、フィラエ、そしてヌビアやデボド、そしてデンドゥールまで広まった。そして遠くメロエでは、アペデマク*がマヘスの性格の多くを自分のものとしているようである。

マヘスは、ライオンの頭の人間として歩く姿で描かれる。あるいはまた、歩むライオンの姿をとることもある。同じ記念碑の中に2つの姿がならぶように描かれることもある。ヒルデスハイムのレーマー・ペリツェウス博物館のステラにその例が見られる。人間のマヘスはアテフ冠をかぶり、ライオンの頭には太陽円盤が飾られている。

ルーヴル美術館に所蔵されている、第26王朝のアマシスのナオスの壁には（D 29）、ウアジェト*と南北の2人のメレト*の間に、マヘスを見ることができる。ここでは力強い動物の姿が描かれている。ネフェルトゥムのロータスを頭に飾り、後ろ足で立ち、前足でつかんだ敵の首を口にくわえている。

人間の体にライオンの頭をもつマヘスを彫った彫刻師たちは、力強い筋肉を彫り上げることによって、マヘスが野生のライオンからその強さを受け継いだことを表現している。片手は腿に、そしてもう一方の手は胸に置き、刃の曲がっているケペシュ刀を肩にかけている。

特徴：アテフ冠、ケペシュ刀、太陽円盤、ネフェルトゥムの花の髪飾り、プスケント

→セクメト、ネフェルトゥム、バステト

B.: C. de Wit, *Le rôle et le sens du lion dans l'Égypte ancienne*, Leyde, 1951.

マングース　MANGOUSTE

イクネウモンを参照

マンドゥリス　MANDOULIS

ヌビアの神。ギリシア人がマンドゥリスと呼んだ神は下ヌビアの神であり、エジプト国内ではフィラエ島より北では見られない。マンドゥリスは、デンドゥール、アジュアラ、そして南はマハルラカにおいて崇拝された神々の1柱である。しかし主要な信仰地は、現在ではナセル湖の水の下に消えた古代のタルミス（カラブシャ）であった。この地にアウグストゥス帝が建立した大神殿は、現在アスワン・ダムの近くに移設されている。最初の記念碑のファウンデーションは、アメンヘテプ2世の時代のものとされているが、この神の信仰が盛んになったのは、プトレマイオス朝のはじめより前にはさかのぼらない。そしてマンドゥリスは、後4世紀にタルミスを都と選んだブレンミエス族の神となった。

マンドゥリスは同じ場面の中に、大人のマンドゥリスと子どものマンドゥリスの2つの姿で度々現われる。彼らは冠によって見分けることができる、この2つの姿は、2つの時の概念に相当し、マンドゥリスはアイオンと結びついている。若者と大人のマンドゥリスは、オシリス*とイシス*と共に描かれ、オシリスの聖家族の一員となり、ときに「イシスの卵から生まれた完璧な若者」ハルポクラテス*、そして「偉大なるオシリスの息子」ホルスの息子となる。彼はまた、人間の頭の鳥の姿で「地平線から現われたバー」である。そしてロータスの花に囲まれた向かいあう2羽のハヤブサを描いたグラフィティがマンドゥリスの2重

マンドゥリス、デンドゥール神殿、ローマ支配時代。

の人格を表現していると考えられる。

碑文や図像は「プントからやってきた神の子」として太陽の性格を強調している。アジュアナ出土のプトレマイオス6世フィロメトルのステラには、「偉大なる神、タルミスの主人、東から出現する彼が昇る場所の横にいる美しい黄金の王子（？）」と形容されている。カラブシャでは、太陽の光が差し込む窓の下、マンドゥリスはロータスの上に、花の中から飛び出した太陽の子として描かれている。多くの場合、ウアジェト*を配偶神としているが、デンドゥールにおいてはサティス*がウアジェトに代わっている。

マンドゥリスは一般的な子どもの姿、すなわち、裸、額からたれる子どもの編み毛、口にくわえた指などをともなって描かれるとは限らない。そのため場面にともなう碑文によって初めて、若者の姿と大人の姿のマンドゥリスを区別することができる。完全に図像を見分ける方法はない。冠や肌の色もときに互いに入れ替わることがある。しかし、多くの場合、ヘムヘム冠が若者のマンドゥリスのものであり、肌の色は緑に彩色されている。大人のマンドゥリスは青い肌で、アテフ冠をかぶっている。他の聖なる冠（羽飾りをともなう、あるいはともなわない太陽円盤、プスケント、ヘヌウ冠など）はどちらの神の頭を飾ってもおかしくない。バー鳥はつねにヘムヘム冠、そして向かいあう2羽のハヤブサはつねにプスケント冠をかぶっている。

特徴：アテフ冠、口にくわえた指、子どもの編み毛、太陽円盤、プスケント、ヘヌウ冠、ヘムヘム冠

→アイオン、ウアジェト

B.: Chr. Desroches-Noblecourt, “Les zélateurs de Mandoulis et les maîtres de Ballana et de Qustul," *Mélanges Gamal Eddin Moukhtar, BdE* XCVII/1, 1985, p. 199-218, pl.I-VIII.

(→口絵/p.69)

マンドラゴラ MANDRAGORE

新王国時代を通じて、マンドラゴラの植物や果実の図は多様なコンテクストで見られる。供物台、「積み上げた花束」、化粧道具、装飾フリーズ、イアルの野*の図、リアルに描かれた庭の図など。ハトシェプスト女王治世からラメセス7世治世まで、エジプト人はこの多年草を栽培し、ナイル河岸に植えた。マンドラゴラは冬を越すために雨が必要であったため自然に自生することはなかった。

薬草であるマンドラゴラは、シリア・パレスチナ地域からやってきたとされる。この薬は聖書世界において、媚薬の効能があると考えられていた。そしてエジプトに到着し、女性の不妊の治療にも使用された。旧約聖書の登場人物であるラケルは、甥のルベンが調達した「愛の実」をえることができ、不妊を解消し、ヨセフが誕生した。エジプトの庭にやってきたマンドラゴラには茎がなく、楕円形の葉は地面から直接放射状に伸びている。その象徴的な意味は実にあたえられ、エジプトの種に独特の表情をあたえている。

マンドラゴラは、根に特徴があり、中世ヨーロッパの人々の迷信においては「絞首台の草」となった。エジプトにおいては花が描かれることはなく、つねに熟した実の図が描かれる。

マンドラゴラの実は、ペルセア*の果実と混同されることもあるが、実の色とほぼ球体に近い楕円形の形が象徴となっている。「愛の詩」を記した無名の詩人たちは、マンドラゴラの実が完璧な女性の胸の形をしていると考えていた。そして晩餐の場面において、この実を客に差し出すことは暗黙の愛の誘いであった。それは、死者が「完璧な日」を過ごすことができるようにとハープ奏者が歌う歌詩を彷彿させる。「あなたの前には、香、そして最高級の香油が用意され、ロータスの首飾り、そして胸にはマンドラゴラ、あなたの心の中の女性はあなたのとなりに座る」

マンドラゴラの実はまた、ミニチュアの太陽と考えられていた。ロータスの花とも結びつき、マンドラゴラは、ヘルモポリスの創世神話における「最初の時」を思わせた。ブルックリン美術館に所蔵されているファイアンス製の美しい象嵌模様の作品が素晴らしい例である（Acc. n°49.8）。花の中から飛び出しているマンドラゴラの実は、他でもない原初のロータスから生まれる太陽である。実は半分花の中に隠されているため、その萼片は見えないが、その形は日々太陽が昇る山なみのような地平線を描いたヒエログリフのサインの形をしている。
→イアルの野、ペルセア、ロータス
B.: L. Keimer, "La baie qui fait aimer, *Mandragora officinarum* L. dans l'Égypte ancienne," *BIE* XXXII (1951), p.351.

(→口絵/p.69)

ミイシス MIYSIS
マヘスを参照

三日月刀 CIMETERRE
ケペシュを参照

ミカル MIKAL
カナーンの神。1927年、アメリカの考古学調査隊は、ティベリア湖（ガリラヤ湖）の南、ヨルダン川の右岸のベト・シャンの遺跡を調査中に、新王国時代の層の中から、保存状態は悪いが非常に興味深いラメセス朝のステラを発見した。この小さなステラのアーチ状の部分には、この地域にエジプトの砦があったことを示す場面が彫られ、アメンエムオペトという名前の建築家とその息子パラエムヘブが、「偉大なる神、ベト・シャン の主人」という形容辞をもつミカルという神を崇拝する様子が描かれている。全能と勝利の概念を示す名前は、ミカルとよく似ているバアル神*やレシェプ*を隠す形容辞であると考える学者もいる。実

ベト・シャンのステラに描かれたミカル、石灰岩製、第19王朝。

際、4世紀のフェニキア・キプロスのテキストは、ミカルをレシェプと結びつけ、「雷鳴の主人」あるいは「雨の主人」であるレシェプ・ミカルという神について記述している。しかし、新王国時代、ミカルには独自の性格があたえられていたようである。そして、当時の地域の資料によればミカルは「天の婦人、すべての神々の女王」であるアナトを配偶神としていた。

ミカルの図像は、第21王朝のマディーナト・ハブに刻まれた暗号のような大きな「m」のヒエログリフの大きさに縮小されたものを除けば、唯一残され

ているのは、ベト・シャンで出土したステラに描かれたものである。

背の低い玉座に腰かけ、他のエジプトの神々と同じくウアス杖*とアンク*のサインを手に持っているが、他の特徴は一目でバアルやレシェプなどと同じ、シリア・パレスチナの神であることがわかる。先端を切り揃えた自然な髭がアジア人の理想的な横顔を飾っている。「リボンのある冠」と描写される高い冠をかぶっているが、2本のたれ紐以外、上エジプトの白冠と区別がつかない。背中にかかる紐は冠の真ん中あたりを巻き、前についた2本の小さな突起を抑える役割をしているようである。もう1本は、今では破損されていて見ることができない冠の先端から、長く流れるようにたれている。上記のマディーナト・ハブの省略された碑文においては、特徴的な長い紐と突起がミカルであることを明確にしている。

特徴：ガゼルの角、自然な髭、たれ紐のある冠

→アナト、セト、バアル、レシェプ

B.: A. Mallon, "Une nouvelle stèle égyptienne de Beisan (Scythopolis)," *Syria* IX (1928), p.124-130; L. H. Vincent, "Le Ba'al cananéen de Beisan et sa parèdre," *RevBible* XXXVII (1928), p.512-543, pl.XXI-XXVI.

ミケト　MIKET

ヌビアの女神。ベイト・アル＝ワリ神殿の門の右のわき柱には、図像は残念ながら破壊されているが、ラメセス2世を歓迎して抱き、次のように言葉をあたえる女神が描かれている。「わたしはあなたの母ミケト、聖地ペル・ウルの婦人、天の女主人、すべての神々の女王」この女神の名前は、中王国時代から第22王朝の終わりにかけて、ヌビアやエレファンティネの記念碑に多く見ることができる。この名前はヌビア人にとって単純に「女神」を意味したが、エジプト人にとって特定の女神をさす固有名詞となった。しかしベルレフはそこにまったく異なる「もう1つの（神の手）に似たもの」という意味を見出している。

ベイト・アル＝ワリのレリーフの碑文において、上エジプトの古代の聖地（ペル・ウル）と結びついているミケトはまた、ブヘンの神殿の碑文の中で下エジプトの聖地（ペル・ヌウ）とも結びついている。これら短い碑文が示すかぎり、ミケトは南と北の守護女神であるネクベト*とウアジェト*と同化していたようである。

非常に保存状態が悪いが、残されているミケトの図像から、女神が大きな特徴をもっていなかったことが示唆される。ベイト・アル＝ワリのレリーフでは、長い鞘型の衣をまとい、3つに分けた鬘の

上にはなんの冠もかぶっていない。ハトシェプストによってブヘンに造営され、その後継者によって装飾の施された「南の神殿」の部屋には、儀式の道具ウンシェブ*を捧げる王の前で、ウアス杖*とアンク*のサインを持つ女神の姿が描かれている。

B.: L. Habachi, "Divinities Adored in the Area of Kalabsha, with a special Reference to the Goddess Miket," *MDAIK* 24 (1969), p.169-183, pl. XXX-XXXII; T. Handoussa, "The Goddess *Miket,* " *ASAE* LXXI (1987), p.101-105.

水 EAU

「エジプトはナイルの賜物である」というヘロドトスの言葉を引用するまでもなく、ナイル川の水がなければエジプトは生命のない砂漠である。このことをエジプト人は知っていた。毎年、訪れるナイルの氾濫は、まるで新しく生命を創造するように永遠の再生を繰り返した。それを見ていた古代エジプト人は、すべての創造物は原始の大洋から生まれると疑いもなく信じた。徐々にわき上がる水の中から出現する、新しい生命が蠢く黒々とした土は、エジプト人の眼には、原初の水から生まれた原初の丘のように映ったにちがいない。原初の大洋であるヌン神*、ハピ神*の名前で神格化されたナイルの氾濫、神々の世界においても水はこの世の初めから存在していた。そして神々の重要な目的のための移動手段は船であった（実際の船や空想上の船）。船で航行する神々が到着すると、聖杯や、歓待の清い水があたえられた。水は神々の世界においても、人間の世界と同じ役割をになっていたのである。

デモティックで記された『太陽の眼の神話』に見られるように（7、20-21）、「神々は、清めを受けていないナオス（祠堂）に平穏に存在する」ことができなかった。清めは、当然ながら神殿の儀式の中心にあったが、葬送の儀式においても、香*とともに、水は非常に重要な役割を果たしていた。

エジプト全土のなかでも非常に保存状態の良い、エドフ神殿の壁を覆う碑文や壁画は、プトレマイオス朝に実践されていた祝祭や、日々行なわれていた聖なる儀式の詳細を伝えている。王に代わって、神官らが*日々３回行なっていた儀礼の中で、水は大切な役割をもっていた。壁画においては、王が聖なる儀式を一人で行なっている。清めの水は、「ホルスやトト神の手」から直接王の上に注がれている。神の領域をあらゆる悪から守り、つねに清めておくために、儀式を執り行なう神官は、聖なる池の水で身を清めなければ聖域に入ることはできなかった。「ヌンから湧き出た」水である「聖なる井戸」から汲み上げた地下水は、「ナイルの部屋」に貯えられた聖水の壺*を満たしていた。毎回、必要に応じてふさわしい呪術の祈りを唱えながら、神官は聖水を使い、供物の部屋に備えられた金属の盥の水を新たに満たした。原初の大洋を象徴するこの盥を空にすることは許されなかった。また、香を炊くことによって、神官は朝のおつとめの供物を清め、「神々が口をつける」台上の壺を水で満たし、ナオス*の扉を開き、神殿の主人である神の像に清めの水滴を降り注いだ。その後、神官は、その他の神々の像に、彼らの「心を涼しく鎮めるために」同様の儀礼を行なった。すなわち、祭壇*を清めた。

葬送の儀礼、とりわけ「開口の儀式」において、水と香は同じように扱われている。しかしそれは、清めの効力というよりも、いずれも神々が発散するものである、という共通の特徴をもっている。水は、オシリスの遺骸からしみ出す体液と同一視され、香は神々が放つ汗と考えられていた。『死者の書』には、古代エジプト人が、清めに対していかに執着していたかが明らかにされている。たとえば、第145章においては、死者は、神々が沐浴をした同じ水で、みずからが沐浴をしたことを宣言しなければならない。これによって新しい生命が許される体となる。ミイラ作りの間に奪われた命の液体を補い、水を失ったミイラにふたたび水分をあたえることは大切なことであった。墓の前で清めの水を注ぎ、香を炊き、『ピラミッド・テキスト』の正しい呪文（§§22、23、765、766、788、1360…）を唱えることによって、それは可能となった。

最後に、水は魔術の領域でも重要な役割を果たした。「ホルスのステラ」に刻まれた魔法の碑文や図の上、そして「癒しの像」に直接水を流しかけることによって、呪文を唱えるのと同じ効果があると考えられていた。水は、聖なる像の上を流れることによって、魔法の効力や碑文の効力を発揮することができた。このようにして水は病を全治する効力を獲得し、その水を呑むことによって、あるいはまた、危険な虫や動物などに刺された場所、あるいは、咬まれた場所に水を注ぐことによって、怪我や病を癒すことができると考えられていた。

→アンク（サイン－）、ウアジュ・ウル、香、壺、ヌン、ネイロス、ハピ

B.: A.M. Blackman, “The Significance of Incense and Libations in Funerary and Temple Ritulas.” *ZÄS* 50 (1912), p.69-75; J.-Cl. Goyon, “L'eau: réalités, mythes et rites dans l'Égypte pharaonique” dans *L'Eau et les hommes en Méditerranés*,1987.

（→口絵/p.69・70）

ミルク LAIT

日々の暮らしで消費されるミルクに、エジプト人は多くの効能と美徳を認めていた。ミルクを人格化したイアティ*という神の登場はまれであったが、ミルクは重要な宗教的役割をになっていた。

新生児の主要な栄養素であるミルクは、ビール、水、そしてワインと同様に、多くの処方箋の大切な材料であり、神に捧げる日常的な供物であった。また、聖なる子どもや王に女神が乳をあたえる場面を多く見ることができる。

なんの乳であれ（牛、ヤギ、ロバ、あるいは、「男子を生んだ女性」の乳）、ミルクの白い色は純白を表わす。『イプエルの訓戒』の１節には、「神の住処は、ミルクように純白でなければならない」と記されている。 また、地面にミルクを撒いて清めることによって、葬送の儀式は開始され、ネクロポリスに向かう葬送の行進の道を開くことができる。

王は、「日々、ミルクを呑む」ことができるように願いを込めて、２つの壺の中にミルクを入れて神々に日常的に備えた。ミルクは「聖なる牛」と同化する。それはヘサト*、イヘト*、セクハト*、そしてメヘト・ウレト*である。彼女たちの豊満な胸からあふれる乳は、碑文によれば、「生命の力」をあたえる。その効能のリストによれば、乳は命をあたえ、手足を丈夫にし、若返ることを許す。

「ミルクを呑みなさい。手足を完全なものとするために、体が若返えるように、お腹のために壺のミルクを、喉のために甘いミルクを呑みなさい。あなたの愛情がすべての地に満つるように」デンデラのローマ支配時代の誕生殿にある「エネアドの間」に記された碑文である。

ミルクにはまた、治癒の力がある。『ホルス*とセト*』の闘いの物語には、次のような２つのエピソードがある。まず、ネムティ*が「肌と肉」に負った傷をヘサトが自分の乳で作った軟膏を塗って治す場面がある。もう１つのエピソードでは、セトによってホルスが目に負った傷をハトホルがガゼルの乳で治している。

誕生殿に描かれた、乳をあたえる場面が、神の誕生神話における重要な瞬間を描いているとすれば、王に乳をあたえる女神の図は、別の種類の誕生を象徴している。王の前には「白いミルクの女主人」ハトホル、ムウト*、イシス*、バステト*、ネクベト*、アヌキス*、あるいは他の女神がいる。この場面において、王に乳をあたえる行為は、「王権をあたえる」行為であり、１つの「通過儀礼」を象徴している。これは戴冠の儀式に相当し、この行為によって、王は真の意味で王位につくのである。

→アケト（２）、イアティ、イヘト、ウリイト、シトゥラ壺、セカト・ホル、ヘ

サト、メヘト・ウレト

B.: J. Leclant, “Le rôle du lait et de l'allaitement d'après les Textes des Pyramides,” *JNES* X (1951), p. 123-127; Id., “Le rôle de l'allaitement dans le cérémonial pharaonique du couronnement.” *Akten des XXIV, Internatonalen Orientalisten-Kongresses, München 1957*, Wiesbaden, 1959, p.69-71.

(→口絵/p.70)

ミン　MIN

豊穣の神、コプトスとアクミームの主人。エジプトのパンテオンのなかでも、ミン神ほど簡単にその性格がわかる神はいない。碑文に「完璧な」と記された勝利に満ちた男性の活力の象徴が誇示される。そして神殿の中でガイドたちが観光客に注目をうながすと、自然に漏れる笑い声、その姿からは、一目で豊穣と生殖の神であることがわかる。男性を象徴した姿は、ギリシア人に彼らのパン神を思わせた。

古い時代から、その信仰は上エジプト第5ノモスの都コプトスや第9ノモスの都アクミームにおいて検証されている。アクミームの名前はミン神の象徴によって記されている。2つの対称的で水平な要素でできている象徴であるが、その正体がなんであるかは慎重に解釈する必要がある。古い図を見ると2本の矢じりに見えるが、石弓の矢、化石となった矢石（ベレムナイト）の突起部分、稲妻など多様な解釈がある。

有名なプント*の国がある遠方の「神の地」に向かう、紅海沿岸へと導く隊商の道の分岐点にある町の主人は、「2枚の高い羽根の」神であり、東の砂漠とその宝物の主人である。「鉱山の長の王」そして「石切り場の王」であるミン神は、セメンティウのパトロンであり、探鉱師、鉱山労働者、そして運搬者の守護神である。そして彼らが道に迷ったときに祈りを捧げる神である。ミン自身、「その目に塗る化粧を探し」これらの土地を旅したとされている。方鉛鉱やマラカイトなど儀礼で捧げられる供物や「プントの宝物」を分配するのはミンの役割であった。

ときに勃起した姿で描かれるアメン神*とミン神の2人は、1つの存在としてとらえられることもあった。ミンはしばしば「カムウテフ」と呼ばれた。これは単純な形容辞ととられることもあったが、この表現は「母の牡牛」を意味し、生殖の神のイメージを明確に示している。それは古代における地方の創世神の名前であり、いろいろなテキストを見ると、若い子牛の姿で現われ、「暗闇の中で」「神秘のうちに」母親と結ばれ太陽を育んだ神である。ミンはその性格、姿、そして特徴を受け継いでいる。また早くから「イシス女神*から生まれたオシリス*の息子」とされる。すなわち「腕を挙げた」あるいは「強い腕の」ホルスであり、母親を孕ませた神として存在する。

ミンの親子関係は明白であるが、ワディ・ハンママートの岩窟に刻まれた碑文、なかでも「パネイオン」の碑文によると、コプトスやその近隣においては、3柱神が崇拝され、ミンのかたわらには、妻の役割をもつイシスと神の子の中で「最も偉大な」息子であるハルポクラテス*がいた。

それに対して、アクミーム地方、ギリシア人のパノポリス（パン神の町）では、「若い女性と結ばれる」「神々の中の男性」としてアペレトイセト*とライオンの女神レピトを配偶神としていた。前者はイシスの形の1つであると思われ、後に後者と同化してしまう。前3世紀になるとレピトはミンと息子のコランテスとともに聖家族を形成する。

このほかにも多くの神との結びつきをもち（アナト*、ウペセト*、カデシュ*、レシェプ*、などなど）、また他の神々などと同一視される（イアヘス*、メンチュヘテプ2世）。さらに「その完璧な姿を見る度に」女神は喜びを露にする。

1年を通してミン神を崇める多くの祭が行なわれたが、なかでも重要なのは、夏であるシェムウの季節*の第1月に行なわれる収穫の祭りである。農業の祭礼であるミン神の行列はまた同時に、王の祭であり、さまざまな時代の図像に残されている。しかしマディーナト・ハブのラメセス3世の葬祭殿の中庭の北と東の壁を飾る絵ほど、色彩豊かに祭の様子を描写するものはない。神の像の行列が「神殿の門」に登場し、王と王妃による主要な儀礼が始まる。王妃をともなう王が刈り取られたばかりの新鮮な麦を受けとる。麦は「黄金でダマスク模様を描いた黒い銅製の鎌」で先端を切り揃えられ、ミン神に捧げるためにふさわしい形にしてならべられる。そして供物の場面によって区切られた形で儀式の流れが描かれる。まず王子によって担がれた王を載せた輿が進み、その後をさまざまな彩りの宮廷人たちが行列する。神像は約20人の神官らによって運ばれるが、彼らは不思議なことに大きな馬衣（うまぎぬ）のようなものに囲まれている。これは明らかに彼らの前を進む巨大な白い牡牛のとがった角から彼らを守るためのものである。ミン神の後には神に捧げられたレタス*の花壇が続く。そして多様な役人の行列が続き、「プントのヌビア人」が亡くなった王たちの像、神々の象徴、そして王笏類を運び、讃歌とともに踊り、4つの方角に向けて鳥を放つ。

ローマ支配時代になると、テーベでは「4柱のミン」という聖なる存在が登場する。これはコプトスの神と同じ形で描かれた青銅製の小像に表現されている。勃起した男根をもち、4つの牡羊の頭をもつ。うち2つは前を向き、残りの2つは後を向いている。彼らはアテフ冠（あるいはヘムヘム冠）をかぶり、ときに背中にハヤブサの体をもっている。

19世紀の終わりにピートリによって発見された、コプトスの古い聖域から出土した、体にそって2本の腕をたらした裸のミンの古代の巨像を除いて、神の図像は時代をへても変わることがない。ミンの図像は、「母の牡牛」と形容されるアメンのものと同じである。中王国時代のレリーフから、ギリシア・ローマ時代の青銅やテラコッタの小像まで、ミンは同じ姿で描かれている。台座の上に立ち、片手は勃起した男根を支えるように体にそって置き、もう一方の手（彫像の場合はつねに右手であるが、平面の図の場合は、場面によっては左手の時もある）は、肘でほぼ直角に曲がり、頭の高さに開いた手のひらが正面を向いている。この手には不思議な形で殻竿が載せられている（レリーフや絵画）、あるいは殻竿で隠されている（像）。この殻竿は手ににぎられているのではなく、手の上、あるいは前に、まるで宙に浮いているように描かれる。

体にぴったりとした衣からは頭、腕、そして男根だけが出ている。「黒曜石のように黒い」神の肌はときにラピスラズリの色で表現される。編んだ髭をもち、高い2枚の羽根を頭に飾っている。2枚の羽根はバンドによって額に留められ、このバンドはリボンのように背中をたれ、その先端は地面に届いている。あるいはまた、リボンで飾られた帯状冠で飾られていることもある。そして太陽円盤をともなうこともある。ローマ支配時代には、完全に裸のミンや、まれに勃起していないミンの像もある。またアメンのように腰布をつけ、座った姿の像は、碑文がないとミンであることがわからない（デンデラ）。さらにリヨン美術館所蔵のネロ帝の時代のレリーフのようにアテフ冠をかぶっていることもある（inv. E 501-1739）。ミンの名前をもつエドフ神殿の部屋の装飾に見られるように、ミンは多くの王冠をかぶっている：上エジプトの白冠（*E* XII, pl. 331）、プスケント（pl. 332）、「青」冠（pl. 333）あるいはネメス（pl. 334）。そしてエドフ神殿の第1の「ソカルの間」に見られるように、ライオンの頭をもち、3つに分けた鬘の上に高い羽根と太陽円盤を戴いていることもある（*E* XI, pl. 279）。

かならずというわけではないが、しばしばミンの後には、「セフネトの主人」と碑文が記す古代の聖域が描かれている。それは円柱形、あるいは円錐形の小屋で、前庭がある場合とない場合がある。そして横には牛の角をかかげる棹がある。

また多くの場合、「2枚の羽根が天を刺す」とされる神の図には、細長いロメイン・レタス（*Lactuca sativa* L.）が描かれている。レタスは、にじみ出る白い汁が人間の精液と似ていることから強壮剤としての効能をもつとされ、古くからミン神と結びついている。非常に様式化された形で描かれる「ミンの野菜」は、王の手に載って神に捧げられる時はふつうの大きさで描かれているが、王の横に描かれる時は、人間と同じくらい大きく描かれる。2枚、あるいは3枚のレタスの葉は、立った形で塔門の塔のような台の上に載せられている。あるいはまた、仕切りのある「花壇」に植えられている。

特徴：アテフ冠、帯状冠、殻竿、太陽円盤、高い羽根、ヘムヘム冠、勃起した男根、レタス

→アペレトイセト、アメン、アメンオペ、イアヘス、カデシュ、コランテス、レシェプ、レタス、レピト

B.: J. R. Ogden, “Some notes on the iconography of the God Min,” *BES* 7（1985/6）, p.29-41; J. Quaegebeur, “Les quatre dieux Min,” dans *Religion und Philosophie im Alten Ägypten, Festgabe für Philippe Derchain zu seinem 65. Geburtstag am 24. Juli 1991, OLA* 39（1991）, p.253-268.

（→口絵/p.71）

ムウト　MOUT

アメンの配偶神。ムウト女神は、エジプトのパンテオンのなかでも後の時代になって紹介された女神である。実際、アメンの主要な配偶神となった当初は、ほとんど知られていない女神であった。この時も完全にアメネト*を排除したわけではない。しかしコンスの母として、ハトシェプスト女王治世初期の第18王朝前期までにアメン、ムウト、コンスの3柱の神々はテーベの3柱神を形成した。

ムウトは、ハゲワシの女神として登場することがある。その名前は神性の概念を象徴する殻竿のサインをともなうハゲワシのサインで記される。しかしネクベト*とは異なり、ムウトの図像を見る限り、彼女の性格の主要な要素がハゲワシであるとは思えない。また、ときにライオンの頭をもつこともあるが、多くの場合、女性の姿で描かれ、「母」を意味する言葉ムウトと同音のヒエログリフのサインで名前が記されることからも明らかなように、彼女は母性を象徴し、彼女自身が述べているように王の母という性格をもつ。

ムウトが初めて登場するのは、中部エジプトから出土した第1中間期の「魔法の象牙」であり、ムウトの名前とライオンの頭の女神の姿が描かれている。いずれにしても、多くの小さな記念碑が示すように、ムウトは上エジプトの第10ノ

モスで信仰されていた。現在では失われてしまった同時代のステラ（ライプツィヒ inv. nº5128）には、「メゲブト（メゲバト）の婦人」という形容辞が記されている。まだ特定されていない地域であるが、おそらくアシュートの南、現在のカウ・アル＝ケビルの地域に位置していたと思われる。

現在わかっている限りでは、カルナクにおいてムウトの名前が初めて登場するのは、プタハ神殿で発見された、ヌブケペルラー・アンテフ（5世）王のカルトゥーシュの刻まれた第17王朝のステラである。ムウトは、アメンの広大な聖域の南に、ムウトの形容辞である「馬蹄」の形の湖に三方囲まれた聖域をもつようになる。「ラーの眼*」である他の女神、バステト*、セクメト*、ウアジェト*、メンヒト*そしてイシス*などと同様にムウトもまたライオンの姿で描かれることが多い。ムウトの形容辞は、ほぼつねにテーベのムウト神殿をさす「イシェルウの婦人」であり、それは半月の形をした水の月の凹みの部分に建てられた神殿をさしている。聖域内のプトレマイオス朝の門に刻まれた碑文が記すように、それは原初の神々が「みずからの手」で作った場所と考えられており、そこに女神が「情熱の炎」を灯した。湖は特殊な形を残し、洪水が引いた後に残った水の記憶を留めた。まだ水の縁が遠くにあった遥か太古の昔には、多くの野生の動物が水や狩りを目的に訪れた地の名残である。ムウトは「危険な女神」の1人であり、他の女神たちと同様に正しい祭儀によって心をなだめる必要があった。儀礼を怠ると、女神は死の使いを放った。とくにエパゴメンの日々のような特別な日々には危険が増した。聖域の入口に刻まれたテキストには女神をなだめるための儀礼に関する記述が繰り返し見られる。そこには「遠方の女神*」の逸話、水の果たす重要な役割、イシェルウの航行、「ヌビアの顔料で赤くなったビール」の話、音楽とダンスの重要性などが記されている。バステトと同様に、ムウトはヌビアから帰還した、怒りの女神セクメトの心が慰められ、穏やかになった側面を表わしている。このことは、セクメトの像が数多く神殿の周りにあること、また、テーベの女神の聖なる動物がネコであることなどに見ることができる。

大英博物館には、ムウトへの長い讃歌が記されたラメセス6世時代のステラが所蔵されている（BM 194）。この讃歌は、ヒエログリフのシステムをほぼ完全に使い切り、まるでクロスワードのようにたくみに構成されている。若干、単語のスペルを自由に変えている部分もあるが、その行（80）や列（67）の多さにもかかわらず、空白の欄はひとつもない。テキストは、夫と同様に豊かな性格をもつ女神のすべての側面を描写している。ムウトは、「父の額に宿る」ウラエウスと同化し、ハトホル*、テメト*、ネイト*、ウアジェト*、そしてネクベト*など、多くの女神と同一視されている。また、他に比類のないものと呼ばれるムウトは、「すべての町の女主人」、「存在するすべてのものの女王」であり、「生命をあたえる」ものである。また、「ラーのように」輝き、「2国とドゥアトに光」をあたえる。そして「洪水を吐き出し」、「彼女の登場はすべての植生［…］」を押し出す力をもつ。

ギリシア人は、アメン・ラーをゼウスと同一視したように、ムウトをヘラと同一視した。そしてムウトはエジプト全土で崇拝を受けたが、とくにメンフィスのプタハ神殿で信仰された。また、ギザにおいては、トトメス4世の時代から、ムウトは夢のステラに「神々の角に座るもの」と記されている。これは巨大なライオンであるスフィンクスの「北」にある聖域の名前である。

上記のように、ムウトの最古の姿は「魔法のナイフ」に描かれた太陽円盤を戴くライオンの頭の女神であり、カルナク神殿の列柱室の柱や壁には同じ姿で描かれている。しかしムウトの最も一般的な姿は、ハゲワシの髪飾りをかぶり、その上にプスケント、またときに上エジプトの白冠、そしてまれにハトホル冠（ハトシェプストの赤の礼拝所）を鬘の上に載せた女性の姿である（船のアイギス*）。

膝の上に載せた子どもに乳をあたえる女性の姿を描いた、母性を表現した数多くのファイアンス製の小像の場合、ムウトの名前が碑文に記されていない時も、2重冠によってイシスと区別することが可能である（たとえば、カイロ・エジプト博物館、CGC 39369、39372、39374）。

「死者の国において神々の間で聖なる者」となり、「肉や骨が死者のように朽ちることがない」ことを約束する『死者の書*』第164章には、挿絵をともなった次のような呪文がある。「乾燥したミルラを新鮮な香（と混ぜ合わせ）、顔料を混ぜたもので赤い布の包帯にしるし」、その上で呪文を唱えると効能を発揮する。そこには多様な神々の姿が融合したムウトの姿が描写されている。彼女は2人の勃起した小人に囲まれて立っている。彼らのうち1人は2つの頭をもっている。ムウトは「3つの頭をもつ女神で、1つは2枚の羽根をつけたパケト*の頭、もう1つは赤冠と白冠の2つの冠をかぶる人間の頭、そして最後のものは2枚の羽根を挿したハゲワシの頭、そして[女神は]男性の性器と2つの翼、そしてライオンの爪」をもつと記されている。この図の意味はたいへん興味深い。とくに男性の勃起した性器をもっている点が不思議である。このような図はハトメヒト*

にも見られる。またこれは、カルガのイビス神殿の聖域に見られる古い図の再現とも思われる。ここでは、同じ壁に描かれているアメンのほとんどが勃起した姿で描かれていることから、なんらかの混乱によるものである可能性もあるが、この初期の図において、ムウトはミン神と同じ姿勢で描かれ、ライオンの頭をもち、手には勃起した自分の男根をにぎっている。同じ段に描かれた別の絵では、下エジプトの赤冠をかぶり玉座に座った姿で描かれている。また同じ部屋の別の場所では、多様な姿が描かれている。立方体の台座に載った立ち姿のネコ、あるいは何も持たず両腕を体の横に下げた立ち姿の女性、小さな太陽円盤とウラエウスを飾った上エジプトの白冠をかぶったハヤブサの頭の女性は「神々の角に座るムウト」とされている。そして「プタハの領域に住むムウト」は、ウジャト眼*を飾った、頭にぴったりとした頭蓋帽をかぶった女性である。あるいはまた、「王宮の正面」のモチーフで飾られた台座の上に止まるプスケントをかぶったハゲワシで描かれることもある。完全にハゲワシの姿をとることはめずらしいが、プトレマイオス朝の棺では死者を守る神々の一団の中に、またタニスではプスセンネス１世の墓の前室、そして赤色花崗岩の巨大な棺に、ハゲワシの姿のムウトを見ることができる。

特徴： ウラエウス、太陽円盤、翼、ネコ、白冠、ハゲワシの髪飾り、ハトホル冠、プスケント、メナトの首飾り

→アメネト、アメン、ウレト・ヘカウ、遠方の女神、コンス、使者の精霊、セクメト、ラーの眼

B.: H. M. Stewart, “A crossword hymn to Mut,” *JEA* 57 (1971), p.87-104, pl.XXIV-XXVII; H. te Velde, “Towards a minimal definition of the goddess Mut,” *JEOL* 26 (1979-1980), p.3-9: Id., “The cat as sacred animal of the goddess Mut” dans *Studies in Egyptian religion dedicated to Professor Jan Zandee,* Supplements to *Numen* XLIII (1982), p.127-137; Id., “Mut, the Eye of Re,” dans S. Schoske (éd.), *Akten des Vierten Internationalen Ägyptologen Kongresses, München 1985*, Band 3 = *BSAK* 3 (Hambourg, 1988), p.395-403.

(→口絵/p.72)

ムカデ MILLE-PATTES

セパを参照

ムカデ SCOLOPENDRE

セパを参照

無気力の子どもたち ENFANTS DE L'IMPUISSANCE

神の指を人格化したもの。碑文の中で

は、つねに集合的に扱われている、この聖なる者たちは、メスウ・ベデフ、すなわち、「無気力の子どもたち」という名前で知られている。つねにラー*の敵として登場し、詳しいことは述べられていないが、アポピス*の手下であり、ラーが殺したいと思っている連中である。彼らは、「吉と凶の日々の暦」に繰り返し現われる。その中に、過去においては、彼らに対する讃辞があったことが記されている。現在、ブルックリン美術館に所蔵されている豊富なパピルス資料の中に、デルタの地方宗教に関する小冊子があり（n°47.218.84）、この中に、彼らの正体や起源を明らかにする事実が記されている。このめずらしい書類に残されている記録によって、無気力の子どもたちが、「黄金に輝く者、ラーの聖なる手」の親指を除いた４本の指であることが明らかとなった。彼らは、蛇に変身し、自分たちの主人に対して反乱を企んでいる。親指だけとなった偉大な手は「見るも美しい女性へと姿を変えた」。ブルックリン美術館に収蔵されている、蛇の生体を論じた別のパピルス（n°47.218.48と85）によると、メスウ・ベデフという表現は、自然界に実際に存在する蛇のことをさしている。おそらく毒蛇であったと考えられる。

『死者の書*』の第17章は、『コフィン・テキスト*』の呪文335を継承している。そこには、無気力の子どもたちの反乱に続く、「宇宙の主人の敵」の破壊が記されている。しかし、神の一部であると同時に敵である、この曖昧な存在の反抗の詳細についてはなんの説明もない。彼らは神の手による創世の行為にかかわり、その後、神の手に反するようになる。彼らの態度の中には、神の自慰行為に対する暗黙の避難が込められているのかもしれない。その行為は必要悪ではあったが、すべての神学者の納得するものではなかった。

ブレムナー・リンド・パピルスは、アポピスの名前のリストをあげた後で、その名前を唱えながら、魔法の儀式で使用する、「後ろ手に縛られた、蛇の頭をもつ４人の敵」の人形を作るようにと勧めている。無気力の子どもたちの図で、今日まで残っている唯一のものは、『門の書*』の第11時間目の上段に描かれたものである。たとえば、ラメセス６世の墓（KV 9）に見ることができる。同じ姿勢をとり、前後にならんでいる蛇は、体の前の部分は起きているが、後ろの部分は、３つの輪を作っている。彼らは首から長い紐につながれている。その紐は、空間を区切り、その中に、彼らは５匹目の蛇とともに閉じ込められている。最後の蛇は縛られていないが、まるで地面から這い出ているように見える。彼らの上には縄があり、その遠く先には、アポピスが

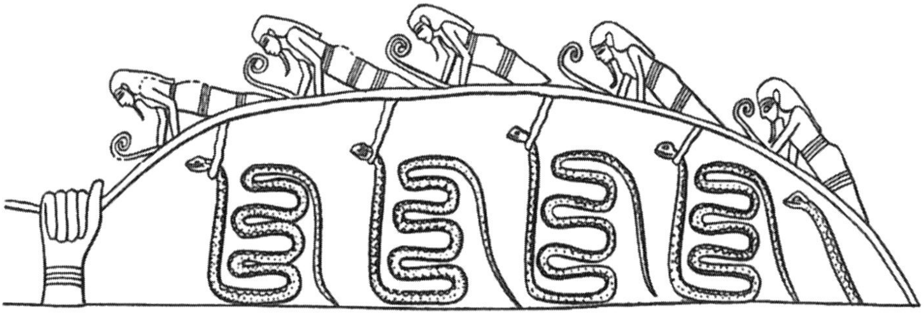

無気力の子どもたち、『門の書』の図、ラメセス6世墓（KV 9）、第20王朝。

つながれ、同じ運命を共有している。縄は、まるでその中からはい出しているように見える、5柱の不思議な姿勢の人々によって抑えられている。これらの人物は、ゲブ神*とホルスの子どもたち*であるとされている。無気力の子どもたちは、ここでは最初の者だけが、ウアメムティと名前を記されているが、蛇の頭をもつことで知られ、オシリスの法廷の審判の1人として『死者の書*』の第125章に現われる。彼らが、神の手の指であることから、他の蛇よりも少し大きく、他とは一線を画している5番目の蛇が、神の親指であると考えられる。

→アトゥム、アポピス、ジェレテフ、ホルスの子どもたち（4人）

B.: D. Meeks, *Mythes et légendes du Delta d'après le papyrus Brooklyn 47.218.84, MIFAO* 125, Le Caire, 2006.

むさぼりくうもの（牝） DÉVORANTE (LA)

「正義」を認められなかった死者の心臓を喰おうとしている怪獣。『死者の書*』の中で最もよく知られている第125章の心臓の計量*の挿絵には、第18王朝の終わりから、かならずといってよいほど、オシリスの法廷における審判の結果を天秤ばかりの近くで待つ、不思議な動物の姿が描かれている。この恐ろしい動物の名前は、ときに「牝ブタ」と呼ばれ、「(西の)（呑み込むもの)、あるいは（巨大な）貪り喰うもの」とされている。彼女はまさに、正義を象徴するマアトの羽根と均衡を保つことができなかった死者の心臓を貪り喰おうと待ち構えているのである。

『死者の書』によって詳細は若干異なるが、多くの場合、フウネフェルのパピルス（大英博物館9901）の挿絵にあるように描写されている貪り喰うものは、ワニの頭、まれにカバの頭、そして前半身がライオン、後半身がカバの姿で、直接、土の上やマットの上、あるいはまた、低いテーブルや塔門の形の台座の上に休んでいる。前半身は、犬やヒョウの姿をとることもある。怪物の異なる部分のつなぎ目は、明確に描かれている。また、前足を立てて座っている、あるいは、スフィンクスのように横になっている怪物は、頭に2枚のマアトの羽根を飾り、その恐ろしい性格を強調するように、鋭くとぎすまされた2つのナイフを持っていることがある。

→心臓の計量

B.: B.J. Peterson, "Der Totenfresser in den Darstellungen der Psychostasie des altägyptischen Totenbuches: eine ikonographische Skizze," *OrSuec* X (1961), p. 31-40; C. Seeber, *Untersuchungen zur Darstellung des Totengerichts im Alten Ägypten, MÄS* 35, 1976.

(→口絵/p.73)

ムネヴィス　MNÉVIS

聖なる牡牛、ヘリオポリスにおけるラーの出現の1つ。マネトンのエジプト史を信じるならば、エジプト語でメル・ウルと呼ばれるムネヴィスの信仰は、アピス*と同様に第2王朝にまでさかのぼる。名前は記されていないが、『ピラミッド・テキスト*』に登場する、死者となった王がみずからを同一視する「ヘリオポリスの牡牛」がムネヴィスのようである（§716e）。

メンフィスの牡牛と同様に、牡牛は神の使者であり、ムネヴィスはラー*の使者である。プルタルコスによると、「彼はアピスの後に訪れ、その栄誉を受ける（『イシスとオシリス、33』）」。メンフィスのアピスに比べ、ムネヴィスに関する情報は少ないが、両者には共通する点が明らかにある。プタハと同様にラーもまた生きている唯一の牡牛に宿った。神殿に見られるハヤブサ、トキ、ヒヒなど、神々が具現化した動物と異なり、ムネヴィスは1度に1頭しか存在しない。その牛が死ぬと、ミイラとして個別の墓に丹念に埋葬され、ラーが宿る新たな牛の探索が始まった。ラーが宿る牡牛は真っ黒、あるいは赤い毛で覆われ、鬣のよった首のこぶが目印となった。ムネヴィスはヘサト*の息子であり、ヘサトは「ムネヴィスの母」として信仰を受けた。

太陽との結びつきによって、アクエンアテン王がアテン神以外のすべての神々の信仰を廃止した時にもムネヴィスは追放を免れ、逆に恩恵を受けた。王はムネヴィスをアケトアテンの東の山に埋葬するために墓地を作るよう命令を下した。しかし今日にいたるまでその墓は発見されていない。

ギリシア・ローマ時代において、大き

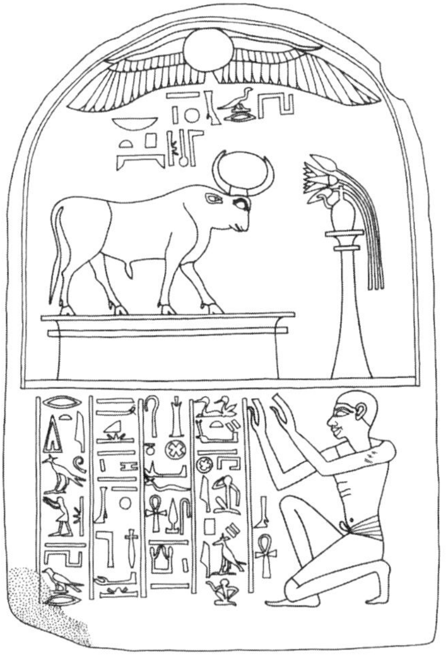

牡牛ムネヴィスに捧げられたステラ、第19王朝、コペンハーゲン・ニイ・カールスベルグ・グリプトテク美術館（ÆIN 590）。

く神学が変わった時、ムネヴィスは、王に代わって神々に供物をとどける「祭壇の神々」を構成する４柱の神々の１柱となった。そして「納屋の婦人」である牝牛のアケトを配偶神とした。

他の動物神と同様に、ムネヴィスは完全に動物の形をとることもあるが、牡牛の頭の人間の姿をしている場合もある。

動物の姿の場合、「ラーの使者」は塔門の形の台座の上に歩む姿で立っている。その横には聖なる動物に宿るために訪れた神の影を象徴する巨大な扇が立っている。そのとがった角は、短く円く大きなアーチを描き、太陽円盤が納まりやすいようになっている。円盤にはウラエウスが飾られている場合と、飾られていない場合がある。そして頭から肩にかけて首には重要な瘤が見られる。これは他の聖なる牡牛よりも目立っている。

牡牛の頭の人間の姿をとる場合は、牡牛の前の部分だけが残され、３つに分けた鬘によって牡牛の部分と人間の部分の境が隠されている。角は長く、太陽円盤を囲んでいる。その上には２枚のダチョウの羽根が飾られていることがある。また多くの男性の神と同様にムネヴィスもまたウアス杖*とアンク*のサインを持っている。

特徴：ウラエウス、太陽円盤

→アケト（２）、アテン、祭壇の神々、ラー

B.: E. Otto, *Beitrage zur Geschischte der Stierkulte in Ägypten, UGAÄ* 13, 1938.

牝牛　VACHE

アケト（２）、イシス、イヘト、ウリト、セカト・ホル、セマト・ウレト、ヌウト、ハトホル、ヘサト、メヘト・ウレトを参照

メケンティ・（エン）・イルティ

MEKHENTY- (EN) -IRTY

ケンティ・イルティを参照

メスケネト　MESKHENET

出産の場を人格化した神。メスケネトとは、文字通り、「身を置く場所」であり、女性が出産するために座る椅子を人格化した女神である。その第1番目の役割は、2対のレンガでできたその誕生の場と同様に新生児を受け止めることである。そして赤ん坊の運命は、メスケネトの腕に抱かれた瞬間に決まる。そのため、この新生児の人生においてなんらかの役割を果たすこととなる。誕生の証人である女神は、シャイ*の配偶神の1人であり、彼とともに人生の最後の瞬間である心臓の計量の場面にふたたび立ち会う。それは永遠の命の誕生の場である。さまざまな碑文を総合すると、メスケネトは「存在を決める者」であり、「神に司える者には、数えきれない財宝をもたらし、長命をあたえる」女神である。「神に愛された者には長い寿命があたえられる」こともあれば、神の意志に逆らう者には過酷な運命があたえられる。また、一度決められた運命は変えることができない。

レレト*、レネヌウテト*などの他の女神と同様に、メスケネトは同じ名前をもつ4柱の存在に助けられている。それは第6王朝から見られる4つの誕生レンガを人格化した女神で、乳母の役割を果たす。図像を見ると4女神は少しずつ異なり、その形容辞で区別されている。偉大なる者、年上の者、完璧な者、そして手際良い者となっている。それぞれがテフヌウト*、ヌウト*、イシス*、そしてネフティス*と結びつき、エパゴメン（1年の5日の付加日）の守護神の役割を果たしている。

4柱のメスケネト、デンデラ神殿、トラヤヌス帝の誕生殿、ローマ支配時代。

有名なアニの『死者の書*』（大英博物館10470）の心臓の計量の挿絵には、天秤の前に２度メスケネトが現われる。ひとつは、シャイの上に、人間の頭が出ているレンガの姿で描かれている。もうひとつはレネヌウテトとともにとくに特徴のない女性の姿で描かれている。その名前はベッドを示すヒエログリフの限定符で終わっている。

ディール・アル＝バハリでは、誕生図の中のハトシェプストが乳を飲んでいるベッドの近くに、またデンデラではネクタネボ１世の誕生殿（*MamD*, pl. 2）に、チェネネト*と同じく、牝牛の子宮のヒエログリフのサインを頭に載せた女性として登場する。また、ローマ支配時代の誕生殿では、４柱のメスケネト（*D* II, pl. 127、エスナ神殿）がならぶように座って、生まれたばかりの聖なる子に乳をあたえている姿が描かれている。４柱のメスケネトもチェネネトと同じヒエログリフのサインを頭に載せることがある。しかし２柱ずつ立った姿で描かれている「イシスの門」の図では、全員ハゲワシの髪飾りを頭に載せ、１柱目はハゲワシの上に載せた皿に４つの小さなウラエウス、２柱目は赤冠、そして最後の２柱は皿状冠の上に巨大なウラエウスを載せている（*MamD*, pl. 59 bis）。また、名前のサインが示すように、２つのレンガの意味をもつ女神は、ハトホルのキオスクの柱に見られるように、カバの女神の姿をとることもある。女神は人間の腕をもち、手にはシストルムを持っている（*D* VIII, pl.733とpl.736）。

トード神殿の「女神の間」には、対称的な２つの場面がある。ここでは、メスケネトは、トゥエリスと暦の月の守護神の図像を借りており、後ろ足で立つ雌のカバの姿で、前足は守護を表わす「サ」のサイン*の上に載せている。デンデラのカバと同様に、ハトホル冠をかぶり、皿（モディウス）に載せた２枚の高い羽根を頭に載せている。

特徴：牛の子宮のサイン、ウラエウス、皿、「サ」のサイン、シストルム、赤冠、ハゲワシの頭飾り、ハトホル冠、羽根

→ケペセト、シャイ、心臓の計量、月（暦）の守護の女神、トゥエリス、レネヌテト、レレト

メスタシトミス　MESTASYTMIS

「人々の声を聞く（聖なる）耳」が末期王朝に人格化したもの。カイロ・フランス東方研究所（IFAO）の発掘によって出土した、現在もまだ研究所の倉庫に保管されている古代の遺物の中に、メスタシトミス神として知られる神の図を描いた粗い作りの記念碑がある。

それは小型の長方形の石灰岩製ステラで、装飾は正面を向いた顔だけである。その下に刻まれたギリシア語の短い２行

には、「メスタシトミスの会議」と書かれている。これはメスタシトミスという名前の神のために集まった神官たちが捧げた質素な奉納物である。

神の名前は、ヒエログリフでは記されていない。しかし、長い間エジプトで使われてきたメスジェル（ウイ）・セジェムという「聞く耳」と訳すことのできる表現がある。これはプタハ神*やアメン神*など、エジプトの偉大な神々が、祈りを捧げる人々の声を聞く力を示している。

この聖なる力を人格化したメスタシトミスは、プネフェロス*のようにプトレマイオス王朝における末期の創造物である。その信仰はファイユームに限られ、後3世紀まで続いている。しかし、ギリシア・ローマ時代以前にも、「耳のステラ」はすでに存在していた。神の像とともに多くの耳が描かれ、祈りを捧げる者の声が届くようにと奉納された。また、神殿の奥の聖域に思いが届くように、一般庶民の参拝者によって捧げられた耳の奉納物が上記ステラと同じ目的のために神殿の門に置かれていた。このことから、神の配慮を示す行為を人格化したメスタシトミスに通じる概念が古くからあったことが示唆される。

メスタシトミスのユニークな図は簡略であるが、その名前の意味を伝えようとする意図が感じられる。頭についた耳がきわだつように描かれている。顔は正面から描かれ、下絵のような簡略な図には特徴が見られない。通常のつけ髭のほかに、不思議なことに神は王のネメス頭巾をかぶっている。しかし額には通常のウラエウスの飾りが見られない。

メスタシトミス（カイロ・フランス・東方研究所（IFAO）の倉庫）のステラ、石灰岩製、ローマ支配時代。

→プタハ、プネフェロス

B.: W.Spiegelberg, “Demotischer Miszellen XXIII; Der Gott Mestasytmis,” *RT* 26（1904）, p. 56-57; G Wagner, J. Quaegebeur, “Une dédicace grecque au dieu égyptien Mestasytmis de la part de son synode（Fayoum – époque romaine）,” *BIFAO* 73（1973）, p.41-60, pl. I.

牝ネコ CHATTE

バステト、パケト、ムウトを参照

牝ブタ TRUIE

イシス、トゥエリス、ヌウト、レレトを参照

牝ライオン LIONNE

イシス、イプイト、ウアジェト、ウレト・ヘカウ、シェズメト、セクメト、テフヌウト、パケト、ハトホル、ヘヌウト・メスチェト、マティト、メヒト、メンヒト、レピトを参照

メティエル MÉTHYER

メヘト・ウレトを参照

メナト(の首飾り) MENET (COLLIER-)

儀式の道具として使用された装飾品。単純にメナトと呼ばれることもあるメナトの首飾りは、他の女神と結びつくこともあるが、シストルムと同様に、ハトホル女神の聖なる品々の中で第1にあげられるものである。

ビーズをつらねた何重ものネックレスで作られた胸あての端が2本の鎖につながっている。鎖の端には、もともとは2つの独立したペンダントヘッドであった錘がたれていたが、第18王朝からは1つの錘になり、この形はローマ支配時代まで続く。

本来の形は人形に近く、中王国時代のテーベの墓で見られた。メナトは女性の上半身を様式化したものであり、女性の体を簡略化して表現している。ビーズの部分は髪の毛を表わし、まるい部分が骨盤、台形の部分が胸、すなわち、女性の重要な役割である出産と授乳を表現している。儀礼用の錘の装飾が、この象徴を明示している。末期王朝時代には、ファイアンスやブロンズの錘が多く見られた(メナトの2つの錘が、太陽の子どもが生まれるロータスの花を囲んでいるものがあり、ネフェルトゥム*の頭飾りとなっている)。

豊穣の象徴であるメナトは、ハトホルと密接に結びついているため、図像の上で、ハトホルに代わって描かれることがある。トリノ・エジプト博物館にあるステラ(nº 50025)にその例を見ることができる。また、手足のあるメナトも見られた。メナトの首飾りが多くの女神(ムウト*、パケト*など)を飾っている。同時に、ミイラの姿で描かれる2人の男性の神(プタハ*とコンス*)の胸も飾っている。

メナトの錘の上にビーズの部分を重ねてふると音が出る。そのため讃歌にともなう楽器の役割も果たした。2つの部分を擦り合わせると、リズミカルなコオロギの鳴き声のような音が出る。それはシ

ストルムの音にも似ていた。そのためメナトは、歌い手や楽士の手ににぎられていることが多い。また、神官の役割を果たしている王女や王妃が、両手に持った２つの楽器を神に向かって、交互にかかげている姿も多く見られる。

ときに「メナトの城」と呼ばれるデンデラ神殿や、エドフ神殿に記された碑文では、聖なる宝飾品の供物がセト神*の切り取られた睾丸と同一視されている。その引き換えに、ハトホルは王に対して「悪意に満ちた不妊（不毛）」に対抗する力を約束する。豊穣を約束する大胆でおもしろい方法である。

最後に、古いテキストには、首にかけたビーズの首飾りを女神が王に差し出す図が見られる。シャンポリオンがみずから王墓で発見し、現在ルーヴル美術館に所蔵されている有名なレリーフには、ハトホルがセティ１世に向かって首にかけたメナトを差し出す図が見られる。女神は王の守護を約束している。

→イヒ、エギデ、コンス、シストルム、ハトホル、プタハ

B.: P. Barguet, “L’origine et la signification du contrepoids de collier-menat,” *BIFAO* LII（1953）, p. 103-111; H. Hickman, “La menat,” *Kêmi* XIII（1954,）p.99-102.

（→口絵/p.73）

メヒト MEHYT

ライオンの女神。古い時代からウヌリス*の配偶神であったメヒトは、「鋭い爪のライオンの女神」で、上エジプト第８ノモスの主要な女神であった。碑文は「ティスの女神」と描写しているが、オヌリスとの結びつきによって下エジプト第12ノモスの都「セベンニトスの婦人」でもある。また、テフヌウト*やセクメト*と同化することも多く、彼女たちと同じようにウラエウス*やラーの眼*とされることもある。

メヒトの名前の語根には「満たす」という意味があり、女神の性格を知る上で重要な鍵となる。彼女は明らかに「完成されたもの」である。この名前はメヒトを遠方の女神*と結びつけ、太陽の目を示唆する。なだめられたライオンの帰還は、ナイルの氾濫の到着と一致する。そのため彼女は「打ち寄せる洪水の波」である。また、彼女の中に「北風」を見ることもできる。さらに考古学的資料は「魚」との結びつきを示唆している。メヒトを表わす聖なる動物は、ギリシア人がレピドテスと呼ぶ鯉の種類であった（*Barbus bynni*）。まさにレピドトンポリスと思われるプトレマイオス朝の遺跡、ナイルの右岸、ギルガの正面にラメセス２世が女神のために捧げた神殿がある。そこからは多くの青銅製の魚の小像が発掘されている。

神殿の小像やレリーフでは、メヒトはつねにライオンの頭の女性の姿をしている。また完全にライオンの姿をとることもある。デンデラの３つ目のオシリス礼拝所の奥の壁にはオシリスの遺骸を守る神々が描かれているが、その中にマティト*と対称的に位置するメヒトを見ることができる。彼女は長方形の台座の上に寝そべるライオンの姿をしている。鳶の姿のイシスと思われる鳥が翼を前に広げ、背中に巻いたライオンの尻尾の上に止まっている。

その姿がどのようなものであろうとも、メヒトはほぼかならずアテフ冠*を牡羊の水平な角の上に載せている。しかしまた、太陽円盤を載せていることもある（*MH* VII, pl. 551）。

特徴：アテフ冠、牡羊の角、太陽円盤とウラエウス

→遠方の女神、オヌリス、テフヌウト、マティト

B.: S. Cauville, “L’hymne à Mehyt d’Edfou,” *BIFAO* 82（1982）, 105-125.

メヘト・ウレト　MEHET-OURET

原初の牝牛の神。『ピラミッド・テキスト*』（§§289c、508a、1131b）の時代から知られているメヘト・ウレトであるが、その性格を一番よく描写しているのはエスナのギリシア・ローマ時代のテキストである。原初の時に出現した天の牝牛であるメヘト・ウレトは、最初の洪水を意味し、ヌン*の女性版と考えることができる。この名前から「大洪水」を意味するギリシア語の形「メティエル」ができた。

エスナの神話によると、メヘト・ウレトはネイト*女神の姿の１つであり、「彼女の腿の間から生まれた」ラー*の母として神に乳をあたえる。下記に見られるように、しばしばイヘト*の牝牛と混同されることがある。さて、創世の祈り（inscr. nº206）においてはネイト女神が、原初の水に抱かれ、みずからの中から生まれた創世神の役割を果たす。この世界の初め「まだ、他の聖なる存在が知られていなかった時、ネイトは牝牛の姿をしていた」。そして７つの言葉を発し、世界を創造した後、その言葉は死者となった神々の中にハヤブサとして残った。「彼女はイヘトの牝牛となり、ラーをその角の間に納め、水の中を泳いでラーを運んだ。そして神々は言った。『見よ、息子をかかえて泳ぐ偉大なる泳ぎ手を』これがメティエルの名前の起源である」

天の牝牛の性格によってメヘト・ウレトはハトホル*、そしてヌウト*の形の１つとなっている。そして「メヘト・ウレトの７つの言葉」（ジャイスウ）が初めて登場する『コフィン・テキスト*』では、言葉遊びによって「北天」と同一視されている（呪文407と408）。

『死者の書*』の第17章の挿絵に見られるように、「日々のウジャト眼」であるメヘト・ウレトは通常、長方形の水で満たされた部屋のようなものの上に横たわっている。体全体に網状の衣をまとい、斑模様の頭だけが出ている。しばしば大きなウジャト眼を載せた殻竿が背中の真ん中についているように描かれる。またメナトの首飾りをつけ、その錘にはハトホルの名前が記されている。角の間には太陽を載せている。メヘト・ウレトが歩いている姿の場合は、ラーである太陽の子どもが角の上に載っていることがある。この場合、子どもはそれぞれの手に角をにぎって、牛の頭の上に座っている（カルガ、イビス神殿聖域の北の壁）。あるいはまた、背中の上に横座りしている場合もある（『ファイユームの書』）。

特徴：ウジャト眼、殻竿、太陽円盤、太陽の子ども、メナトの首飾り

→イヘト、ジャイスウ（7）、ネイト

B.: S. Sauneron, “La légende des sept propos de Méthyer au temple d'Esna,” *BSFE* 32 (1961), p.43-48.

（→口絵/p.73）

メヘン　MEHEN

聖なる蛇。**ラー神の守護者**。蛇メヘンの名前は、「渦巻くもの」を意味する。『アムドゥアト書*』や『門の書*』に見られる太陽の夜の航行の図に見られる蛇を表現したものである。その偉大な王の葬送の書には、航行の始まりから第7時間目まで、船上の厨子の中に立つ、牡羊の頭をもつラー神が描かれ、その周囲には、神を守るように波打つ体の蛇が囲んでいる。また、名前の通りに描かれた蛇は、その体を1つの大きな輪にして、ナオス*の外にいるラー神を守ることもある。その輪の守護の中で、神は再生復活の準備をする。後にウロボロスへと発展する守護の輪の起源として、ときにメヘンは、玉座に座るオシリス神を同じように守っている。

新王国時代よりずっと以前、『コフィン・テキスト*』の呪文758の挿絵には、ラー神の周りを囲む複数の炎の同心円が見られる。これこそ正に「メヘンの道」である。その名前を知ることによって、死者は「メヘンの蛇の中」に入ることができる。そしてラー神と同化し、永遠の命を生きるのである（呪文760）。

さらに古王国時代においては、われわれの「ガチョウのゲーム（訳注：サイコロをふって駒を進めていく「すごろく」のようなゲーム、駒の進む道が渦巻状になっているのが特徴）」の原形のようなメヘンのゲームが存在した。このゲームは、渦巻状に巻いた蛇の体がいくつかのマス目に分かれたもので、宗教的な意味をもっていた。その占いの方法は、『ピラミッド・テキスト*』の文章を思い起

こさせる（§§541a, 1866 a-b）。

王家の谷の地下深く、また後には私人の石棺に描かれた葬送の装飾には、ときにはシンプルで、またときには複雑な、曲がりくねった姿をした神聖なメヘンの蛇が多様な姿で描かれている。たとえば、トトメス3世の王墓においては、ラー神はナオスの中にいるのではなく、それに代わる守護の蛇の体の中にいる。それはアーチのような形で一方が開かれており、偉大なウラエウスのようにメヘンはそそり立っている。それに対して、ラメセス1世の墓や、その他のラメセス朝の墓においては、太陽のナオスの箱をなぞるように、くねくねと折れ曲がり滑るような蛇が描かれている。また他の場合には、聖なる蛇の曲がりくねった体が、太陽の円盤の中にあるスカラベ*を囲んでいる。またときには、幾重にも折り曲がったヘビの姿がナオスに代わって四角い形を形作っていることもある。

→ウロボロス、ラー

B.：P. A. Piccione, “Mehen, Mysteries, and Resurrection from the Coiled Serpent,” *JARCE* XXVII（1990）, p.43-52.

（→口絵/p.73）

メリムウトエフ　MERYMOUTEF

アシュートの牡羊の神。アシュートの北、オアシスから続く道が終わる地点、現在のマンカバドにカイトと呼ばれた古代の集落があった。この地でメリムウトエフという名前の神が信仰されていたことが、発掘された破片に残る碑文から知られている。「母に愛されるもの」という名前の神は、アシュートのネクロポリスで発見された中王国時代の石棺に刻まれた葬送の呪文に度々登場する。しばしば意図的にまた非意図的にドゥアムウトエフ*と混同される神である。

第19王朝時代、「カイトの主人、メリムウトエフの大司祭」と自称するネブイリという人物が存在した。この形容辞が冗漫なものである可能性はあるが、この神がなんらかの重要性をもっていたことは明らかである。上エジプトの第13ノモスの外でも、アビュドス、カルナク、アブ・シンベル、イビス、そしてデンデラの大神殿においてメリムウトエフは知られていた。これらの聖域に登場することによって、この神の性格がより明らかとなったが、同時にその定義は広がり、困難となった。リビア砂漠とオアシスの分岐点の小さな町の神であるメリムウトエフはまた、エジプトの境界の外でしばしば見ることができる。ヌビア（アブ・シンベル）、カルガ・オアシス（イビス神殿）、そしてシナイでは、サラビト・アル＝カディムのハトホル神殿で発見されたステラにメリムウトエフを見ることができる。

メリムウトエフ、アブ・シンベルの岩窟神殿（第１室の南の壁）、第19王朝。

親子関係は明確には記されていないが、メリムウトエフが登場する場面の研究の結果、この神がゲブ*とヌウト*の息子であると考えられていたことが示唆される。また、ときにイペトと呼ばれることもあるライオンの頭をもつイプウイト*を配偶神としていたようである。

メリムウトエフの名前は、牡羊の頭の神のヒエログリフを決定詞としてもち、牡羊の神であったと思われるが、他の多様な姿でも登場する。

カルナクのアメン神殿の第８塔門（東の塔門、北壁）においては、メリムウトエフは「小九柱神」と呼ばれる15柱の神々の１人である。トト神の下、完全な人間の姿で他の神々となんら変わる特徴をもたない。牡牛の尻尾で飾った腰布を巻き、３つに分けた鬘をかぶり、曲がったつけ髭をつけている。アブ・シンベル神殿においては、メリムウトエフは、香*と聖水を捧げるラメセス２世に永遠の生命をあたえている。２度牡羊の頭の人間の姿で水平の牡羊の角の間にウラエウスを載せた姿で描かれている。

ダリウス１世がアメン神に捧げたイビス神殿においては、聖域付近にならぶ小さな礼拝所の１つにメリムウトエフを見ることができる。メリムウトエフは、ペルシアのファラオから布*の供物を受けとる神々の中にいる。このユニークな礼拝所の「聖なる中の聖なる場所」からほど遠くない所に、エジプトのパンテオンをすべて描いた図がある。この中でメリムウトエフはゲブ、ヌウト、そしてハロエリス*とともに描かれている。ハヤブサの頭をもち、ウアス杖とアンクのサインを持っている。

デンデラ神殿の南のn°1のクリプトのB室とC室の間の通路には、ゲブとヌウトの後に、完全に人間の姿をしたメリムウトエフが描かれている。彼らの肩に向かって右手を伸ばし、3つに分けた鬘の横に子どもの編み毛を飾った姿で描かれている。

特徴：ウラエウス、子どもの編み毛

→イプウイト

B.: M. Zecchi, "In Search of Merymutef, 'Lord of Khayet,'" *Aegyptus* LXXVI (1996), p.7-14.

メル　MER

ウアジュ・ウル、ヤムを参照

メルケテス　MERKHETES

ネフティスの分身、オシリスの泣き女と守護神の役割をもつ。末期にエジプトの神学者が創作した女神メルケテスの名前は「その炎が痛々しいもの」である。ネフティス女神*の分身であり、エドフやデンデラのイシスのかたわらにいるシェンタイト*と同じ役割を果たす。1人で登場することはなく、「ヌウトの娘」であるメルケテスとは、「ゲブの娘」であるイシスの分身シェンタイトと対称を成し、つねに一緒にいる。

彼女の名前は、ネフティスが守護の役割としてもつ危険な性格をさしていると思われる。エドフの碑文には、「炎を吐く」とされている。しかし、その役割はこれだけに限らない。イシスとネフティスという「2柱の泣き女」の代わりをシェンタイトとともにつとめるメルケテスは、「兄弟」であるオシリスのベッドの横で「痛々しい心」で嘆く。2柱の女神たちはオシリス信仰と深く結びついている。そしてメルケテスは、バラバラとなった遺体を再生するアヌビス*によって発明されたミイラ作りの作業において、神の再生復活を手伝う役割をもつ。エドフ神殿には、「彼女は姉のシェンタイトと共にオシリスの肉を復活させる」と記されている。

図像においては、碑文なしにメルケテスとネフティスを区別することは不可能である。メルケテスはつねにネフティスの名前を記す2つのヒエログリフのサインで構成された象徴を頭に載せている。

メルケテスは、葬送のベッドの足下に立ち、シェンタイトと向き合い、ともにオシリスを守っている。2女神とも翼のある腕を大きく広げ、片手にダチョウの羽根をもち、クウイト*の仕草をしている。すなわち「守護のために翼を広げるもの」である。鞘型の衣をまとい、3つに分けた鬘をかぶり、それぞれが頭に象徴を載せている。

泣き女として神が再生復活するベッドのかたわらにいる2柱の女神は、互いの位置は時々異なるが、いずれもバンドで留めた短い鬘をかぶり、正座をして片手を腿の上に置き、もう一方の手を顔の前に上げ、嘆きの仕草をしている。

特徴：ウアス杖、ダチョウの羽根、翼、

ネフティスの象徴
→イシス、オシリス、シェンタイト、ネフティス
B.: S. Cauville, "Chentayt et Merkhetes, des avatars d'Isis et Nephthys," *BIFAO* 81 (1981), p.21-40.

(→口絵/p.74)

メレスゲル MERESGER

ヘビの女神、テーベのネクロポリスの守護神。「西の偉大なる頂上」を人格化した女神。王家の谷、王妃の谷、そしてテーベのネクロポリスを威圧するように聳えるリビア台地の延長は、ディール・アル＝マディーナと王妃の谷の間に突き出た高地である。この山を象徴するメレスゲルは、ヘビの女神であり、その名前(「彼女は沈黙を好む」)は、砂丘の端に時折見られる孤独なヘビを思わせる。

メレスゲルの信仰は、空間においても時間に置いても限られている。それはテーベの左岸において、新王国時代ラメセス朝という短い期間に限ってみることができた。メレスゲルは、彼女を象徴する山の麓にある、ディール・アル＝マディーナの職人の村の住人によって崇拝されていた。ここに住んでいたのは、王や王妃の墓の造営に携わっていた職人で、メレスゲルは民間信仰の対象であった。

この地理的な事実によって彼女はケフェトヘルネベス*と同化する。また、ハトホルとも同一視されることがあり、「美しいメレスゲルの名前」で子どもに乳をあたえるハトホルの姿で描かれることがある。また、「食べ物の女主人」、あるいは「栄養と食事の女主人」レネヌウテト*と結びつくこともある。この他の形容辞は、メレスゲルを他の女神、たとえばイシス女神*(「子どもたちの女主人」)やウレト・ヘカウ*(「宮殿の女主人」)、と結びつけている。私人の記念碑やステラでは、プタハ*と結びつき、この2柱の神は王妃の谷と職人の町の間にある岩窟の小さな礼拝所を分けあっている。

「なだめられた美しい女主人」を崇め、恐れた人々は、「心に彼女を抱く者には守護」があたえられると信じ、また「彼女を愛するものに」メレスゲルは寄り添ってくれると考えた。しかしメレスゲルはまた、悪い行ないをした人々に(たとえば視力を奪うなどの)罰をあたえる。「山に気をつけろ。その先端にはライオンがいる。怒り狂ったライオンのように彼女は跳びかかる。メレスゲルは彼女に背いた者を執拗に追いかける」とネフェルアブウという人物のステラには記されている(トリノ・エジプト博物館、n°50058)。

「正しいものの遺体を隠す」「ネクロポリスの偉大な女神」としてメレスゲルは葬送の儀礼において重要な役割を果たす。

メレスゲル（左）と「美しいメレスゲルの名前」のハトホル、ディール・アル＝マディーナ出土の石灰岩製のステラ、第19王朝、カイロ・エジプト博物館（JE 72018）。

彼女は「ミイラ作りの家の女主人」であり、彼女はまた、死者が新しい生命をあたえられた夜明けに、まるで赤ん坊のように乳をあたえ面倒を見る。

めずらしいメレスゲルの図は、エジプト人が想像した、人間と動物を合わせた神々の姿のありとあらゆる組合せの可能性を見せてくれる。ときに若い女性の姿、またときに体をくねらせたコブラの姿（翼をもつこともある）、あるいはまた、鎌首をもたげたコブラの上半身を頭の代わりにもつ女性の姿で、さらには女性の頭をもつヘビの姿で描かれる。ときにはこれらの異なる姿が１つの記念碑の中に同時に登場する。上記のネフェルアブウのステラにおいては、メレスゲルは３つの頭をもつコブラとして描かれ、その１つは人間の頭、その両脇にはハゲワシの頭とヘビの頭がある。またときにヘビの頭のスフィンクスの姿をとることもある。あるいはライオンの頭の女性、そして小さなヘビ、あるいはヘビの卵の姿で（最高で18匹まで）対で描かれることがある。

動物の姿で描かれる場合もメレスゲルは長い３つに分けた鬘をかぶり、冠を頭に載せている。これらは簡単なウラエウスを飾った帯状冠、あるいはウラエウスのない帯状冠、アテフ冠*、高い羽根を飾った太陽円盤、あるいはハトホル冠などである。王妃の谷に埋葬されたラメセス３世の息子の１人、パラヘルウンエムエフの墓（QV 42 ）では、コブラの上半身が女性の頭に代わり、ハトホル冠を支える帯状冠から、２匹のコブラが、まるでウラエウスのように鬘の横の部分から縦に伸びるようにそそり立っている。メレスゲルが人間の姿をしている場合は、女神が通常持つウアジュ杖よりもウアス杖*を持つことが多い。

特徴：ハトホル冠、アテフ冠、羽根のついた帯状冠

→ハトホル、プタハ、レネヌウテト

B.: B. Bruyère, *Mert Seger à Deir el-Médineh, MIFAO* LVIII, 1930; J. Yoyotte, "À propos de quelques idées reçues: Méresger, la Butte et les cobras" dans G. Andreu (éd.) , *Deir el-Médineh et la vallée des Rois,* Actes du colloque organisé par le musée du Louvre les 3 et 4 mai 2002, Paris, 2003, p.281-307.

メレト　MERET

歌の女神。クフ王の治世からギリシア・ローマ時代まで、エジプトの歴史を通じて、優美な横向きの女性像が、多くの儀式の場面に描かれている。少し折った腕を顔の前にやさしくかかげる彼女は、祝祭と儀式の楽士、祭礼の歌の化身、メレト女神である。多くの神殿では、南のメレトと北のメレトに分かれ、それぞれが対称的に配置され、おそらくネクベトとウアジェトと結びついている。

祭礼には、音楽と歌がともなわれる。メレトの役割は、拍手により、小節の区切りとリズムを伝え、腕の上げ下げによって、歌い手たちの声の抑揚をコントロールすることである。王のセド祭をはじめ、王の多様な祝祭、マアト女神*への供物の儀式、そして（２国の統合を象徴する）セマ・タウイの祭礼で活躍する。メレトはまた、１柱で太陽の船の舳先に立つ姿で描かれる。また、２柱のメレトとして多くの船の行列でナオスの横に描かれることが多い。

「喉の女主人」であるメレトは、音を出すとともに生命のために必要な息の通り道である喉を守護することから、神殿の部屋の入り口を守る役割をもっている。また同じ役割で、後期の石棺に、死者を見守る他の守護神と共に描かれている。メレトは、２枚のダチョウの羽根飾りを頭につけたライオンの頭の女神として描かれ、長い２本のナイフを持っている。

末期王朝になると、ハトホルと同様に歓喜の女神であるメレトは、楽士としてシストルムやハープを奏でる姿で描かれる。フィラエ島の誕生殿には、アウグストゥス帝やティベリウス帝時代に属する

２つの場面が見られる。また、デンデラの「ハトホルの至聖所」の扉の上には、２つの場面が対称的に描かれている。めずらしい例としては、フィラエ神殿の第１塔門に描かれた図で、太陽神ラーの女性形であるライトに同化した南のメレトが、永遠の王位更新祭のサインを両手で持っている。

メレト女神の図像は、異なる王朝を通してあまり変化が見られない。立像、あるいはまれに、黄金のサインの上でひざまずく姿が描かれる。メレトは、紐で結ばれた鞘型の細身の衣を身につけた若い女性である。長い髪の上には、ときにハゲワシの髪飾りがおかれている。髪は背中で１本に編まれ、その先端は上に向かって曲がっている。そして２柱に分かれたメレトはそれぞれ、ナイル渓谷を象徴する菅、あるいは、デルタ地帯を象徴するパピルスの冠をかぶっている。

メレトが２女神に分かれていない場合、たとえば、サフト・アル＝ヘンナのナオスや、同時代の石棺には、死者の敵を追い払う守護神として、音楽の女神はライオンの頭で描かれていることがある。

ルーヴル美術館には、末期王朝時代の青銅製の小像がある（E 2521）。頭にかぶった皿状冠モディウスには上下エジプトの紋章である植物の飾りは見られない。しかし、独特のヘアスタイルと腕の形でメレト女神であることがわかる。

特徴：上下エジプトの植物紋章、ハゲワシの髪飾り

→ウアジェト、ネクベト

B.: W. Guglielmi, *Die Göttin Mr.t, Entstehung und Verehrung einer Personifikation*, *PÄ* 7, 1991.

（→口絵/p.74）

メレト箱　COFFRES-MERET

祭儀用の箱。第18王朝からローマ支配時代にかけて、中王国時代から見られる儀式の図が神殿や墓の壁に描かれているのを見ることができる。この儀式の中で、王が橇に載せた独特の箱を「清める」、あるいは「引く」様子が描かれている。場面にともなわれた碑文から、儀式の内容はわからないが、これらの箱がメレト箱と呼ばれていることがわかっている。数はつねに４つ。楕円形、あるいは、長方形の箱の側面には、バンドがかけられている。そして蓋には２枚、あるいは４枚のダチョウの羽根が飾られている。

プトレマイオス朝の碑文によると、王は、神の前で、棍棒、あるいは王笏をふり上げ、４度、メレト箱を清める儀式を行なわなければならない。箱には聖典上重要な意味をもつ４色の布が納められている。これらの布は、オシリスの遺体を包んだ布を象徴しており、それゆえに守護や厄よけの意味をもっている。ここで

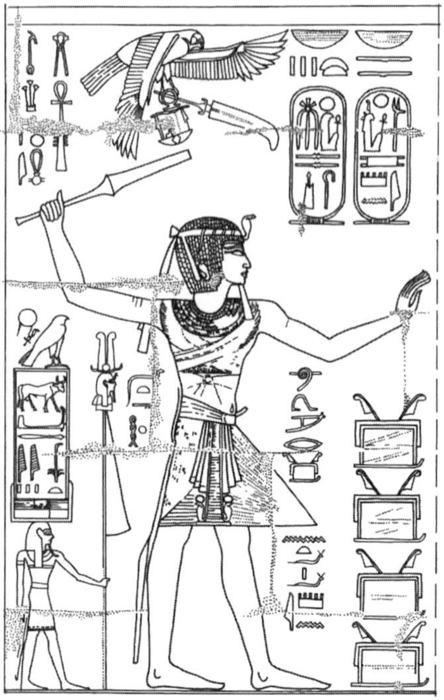

メレト箱を清めるラメセス3世、マディーナト・ハブ神殿、第20王朝。

は象徴的な「4」という数字が、4頭の子牛の儀式と結びついている。また、箱自体が4つの方位と結びつき、箱を引く儀式が、ばらばらにされたオシリスの遺骸を探し求め橇を引いていった旅を象徴している。また、エジプト（タ・メリ愛すべきエジプト）を表わす表現と箱の名前であるメレトは、同じ音を含んでおり、エジプトの異なる地域を象徴している。

→子牛、布

B.: A. Egberts, "Consecrating the meret-chests: some reflections on an Egyptian rite," *Akten des Vierten Internationalen Ägyptologen Kongresses München 1985, BSAK* 3 (1989), p.241-247. A. Egberts, *In quest of meaning. A study of the Ancient Egyptian Rites of Consecrating the Meret- Chests and Driving the Calves, EgUit* VIII, 1-2, Leyden, 1995.

メレフウ　MEREHOU

アトリビスの2次的な神の1柱。アネムヘル*とネブアンク*とともに、しばしばメレヒィとも記されるメレフウの名前は香油をさし、アトリビスにおける、2次的な神々の1柱である。牡牛の姿で登場する。資料から予測されるメレフウの性格は多様であり、その人格は多重である。王と結びついた神であると同時に、オシリスの形の1つともとれ、また「船の中」の太陽神でもある。さらにカイロ・エジプト博物館に所蔵されている小像（JE 42193）が示すように、シュウ神*と結びつくこともある。カイロ・エジプト博物館の像は、シュウ・メレフウとして牡牛の頭をもち、角の間にウラエウスをともなう太陽円盤を載せている。

アビュドスのセティ1世の神殿では、1度「アトリビスの主人」と呼ばれている。メレヒイは、オシリス礼拝所のなかでも一番大きな礼拝所においてイシスとともに牡牛の頭をもつ神として描かれている。この場面では王が2つの水差しを

メレフウ、アビュドスのセティ１世神殿。第19王朝。

奉納している。また、牡牛の決定詞で記されるメレヒイという名前で、完全な人間の姿で描かれ、ブバスティスのオソルコン２世の王位更新祭（セド祭）を「手伝う」神々の中にいる。ここでは「セド祭（ヘブ・セド）をつかさどるもの」という形容辞をもつ。３つに分けた鬘をかぶり、ウアス杖*とアンク*のサインのほかにこれといった特徴は見られない。

→シュウ、オシリス

メレヘト　MEREHET

香油を人格化した女神。アメンヘテプ３世の時代の財務官であったセベクメスという人物の墓に記されたテキストには、ミイラ作りに必要であった油と香油*を人格化した神がいたことが記されている。ルクソールから20キロほど南に位置する、古代のスウメヌウ、現在のリセイカートから出土した墓の壁の１つが、現在、ニューヨークとボストンの美術館に分かれて所蔵されている。太陽、月、プタハ*、ハ*、アメン*、ウンネフェル*、ハピ*、ヌン*、そしてネプリ*など、よく知られている重要な神々に対する６つの祈りの後に、次の文を見ることができる。「おー、メレヘト、聖なる肌に宿るもの、シェズムウ*と同様に、宝庫長セベクメスの体を光らせるもの。彼の心臓が離れてしまわないように。その肉を固め、骨をふたたびつなぎ、その手足を力強くさせたまえ。地上においてカーが行なうように彼を見守りたまえ。死者となったセベクメスのミイラがいつまでも変わることのないように。あなたが『心が萎えてしまったもの』、すなわち、オシリスに対して行なうように」と記されている。

女神メレヘトの名前は油や香油をさす単語の１つである。そして死者のミイラを用意するために登場する葬送の神である。今日までこの神は他では見られない。

また図も発見されていない。
→シェズムウ、香油
B.: W. C. Hayes, *The Burial Chamber of the treasurer Sobk-Mose from Er Rizeikât*, The Metropolitan Museum of Art, Papers n°9, New York, 1939.

メンアンク　MENÂNKH

メンフィス地域の神。サッカラ南のペピ２世の葬祭複合体を人格化した神。メンアンクは上記の遺跡から出土した、一群のプトレマイオス朝の私人の棺の蓋を飾る神々の中にいる。そこにはメンネフェル*の姿も見られる。J・ベルランディーニによると、ペピ１世とペピ２世の葬送の記念碑から出土した棺が装飾された時代、そこに描かれた神々は「男性と女性のそれぞれが、棺の上で地理上の位置を示していた。メンネフェルは北、そしてメンアンクは南。２つの性が伝統的な２柱神を形作り、葬送の守護神としての役割を果たした」

バティイティという名前の人物の棺に、ネクベト*とイシス*の図の下に重なるように「２国の主人」メンアンクが描かれている（カイロ・エジプト博物館、RT 20/1/12/2）。そしてメンネフェル女神に向きあうミイラの姿の人物として描かれている。メンネフェルもまた対称的にウアジェト*とネフティス*の下に描かれている。タテネン*と同様にメンフィスの神であるメンアンクは、メンフィスの冠をかぶっている。すなわち、２枚のダチョウの羽根と太陽円盤を載せた牡羊の角の冠である。

特徴：ヘヌウ冠
→アレクサンドリア、イアブテト、イペト（２）、イメンテト、ウアセト、ケフェトヘルネベス、チェセメト、ニウト、メンネフェル

メンケト　MENQET

ビールの女神。ビールを人格化した神であるメンケトの名前は、もともと、ミルクやビールを保存する容器をさす言葉であった。メンケトは新王国時代に初めて、『死者の書*』の不思議な文章の中に登場する（第101章）。

もう１柱のビール作りの神テネメト*よりも登場する機会は多く、ギリシア・ローマ時代の神殿の「生産をつかさどる神々*」の行列の中に、パンを象徴するアキト*とともに見ることができる。パンとビールはすべての食べ物と飲み物をともに象徴する。

メンケトは、一般的な発酵飲料だけでなく、神々、なかでもハトホル女神*に供える酔いを約束する神聖なジェセルウ・ビールを用意する役割をになっている。フィラエ神殿の大塔門の西側北の面にはハトホル女神とハルポクラテスに２つのビールの壺を捧げる「メンケトの息

子」と記されたプトレマイオス８世の図がある。

メンケトの図像には大きな特徴はないが、あえていえば両手に持ったビールの壺である。デンデラの屋上や聖域の中の聖域に向かってハトホル*のナオスを運ぶ行列の中にメンケトを見ることができる。彼女は、王の夫妻に続く多くの神々や神官の中にいる。長い鞘型の衣をまとい、３つに分けた鬘をかぶり、それぞれの手にビールの壺を持っている。コム・オンボでは、誕生殿の壁に描かれ、上エジプトの白冠を鬘の上にかぶり、皿に載せたビールの壺を持つ。

特徴：ビール壺

→アキト、テネメト、ビール

B.: W. Guglielmi, “Die Biergöttin Menket” dans *Aspekte Spätägyptischer Kultur, Festschrift für Erick Winter zum 65. Geburtstag, AegTrev 7* (1994), p. 113-132.

（→口絵/p.74）

メンケブ　MENQEB

７人のジャイスウを参照。

メンケレト　MENKERET

王の葬祭における役割を果たす神。1922年のツタンカーメン王墓の発見までは、王の葬送の様子は、セティ２世の埋葬室の装飾や、王家の谷の盗掘された埋葬室に残された乏しい副葬品から想像し再現するほか術がなかった。しかし新王国時代、王の葬祭には、神々や王の像が用意され、副葬品とともに埋葬室に置かれていたことがわかっている。

ほぼ完全であった若いツタンカーメン王墓には、全部で35の王や神の像があった。いずれも漆喰を塗り、金箔を貼った木材でできており、多くはビチュメンを丁寧に塗った22の木製の厨子の中に納められ、大きなカノポス箱とならんで「宝物庫」に納められていた。

これらの彫像のすべては、王の覚醒と再生を約束するものであり（異なる神々の像）、王が天へと昇ることを助け（聖なる動物）、あるいは王の権力を示す（銛を突く王やヒョウの上に乗る王）ものであったが、中にはその意味が不明な像もあった。

その中には、頭の上に座る王を抱く、めずらしいメンケレトという神を表わす群像がある（296a）。名前は女性形であるが、この神は多くのテーベの墓において男性の神の姿をしている（TT 60、82、92）。また、『死者の書*』第168A章の挿絵には、「ミイラを立ち上げる」という言及があり、男性の姿を説明しているように思われる。それに対して、『アムドゥアトの書*』には、メンケレトはライオンの頭の女神の姿で描かれ、王をともなわない。

３つに分けた長い鬘、襞のある腰布を巻き、羽根飾りの胴衣を身につけ、メンケレトは頭の上に座った王を支えるように乗せ、歩む姿で描かれる。片手は王の足の下、もう一方の手は腰の下のあたりに置いている。メンケレトが運ぶツタンカーメン王は、「完全なる神、ネブケペルウラー」という形容辞をもち、ミイラの姿で頭だけが出ており、下エジプトの赤冠をかぶっている。

また、『アムドゥアト書*』の第12番目の時間の最上段にいる神々の間で、メンケレトはウアス杖を持ち、ライオンの頭の女性のシルエットで登場する。

→ゲメフスウ、ソプドゥ

B.: F. Abitz, *Statuetten in Schreinen als Grabbeigaben in den ägyptischen Königsgräbern der 18. und 19. Dynastie, ÄA* 35, Wiesbaden, 1979.

メンチュウ　MONTOU

テーベ地方の戦闘の神。少なくとも『ピラミッド・テキスト*』の時代から知られ（§§1081a-b、1378b）、もともとは星の神であり、後の戦闘の神とは大きく異なる役割をもっていた。テーベのノモスにおいて、第12王朝の王たちによってアメン神*が「最高位に据えられる」まで、メンチュウ神は最も重要な神であった。しかし、第12王朝の王たち、なかでもアメンエムハトが「アメンは傑出している」と宣言した結果、アメンが帝国の神となる。

それ以前の王朝の王たちにとってメンチュウ神は戦闘の神であり、力に満ちたメンチュヘテプたちは、名前にメンチュウを用いた。その意味は「メンチュウは満足している」である。混乱の時代であった第１中間期の後、彼らは力によって２国を統一した。

ハヤブサの神であるメンチュウは通常人間の体にハヤブサの頭で描かれる。メンチュウは、信仰の中心地であるテーベの北（メダムードとカルナク北）と南（トードとアルマント）にある４つの地域において異なる姿で現われる。この４つの地域は、末期王朝になると４つの砦と考えられ、「４柱のメンチュウ」が古代の都市テーベを守っていると考えられた。トード神殿の末期のテキストには、「１つの首に４つの頭をもち、１柱の神に４つのバーがある」とメンチュウが描写されている。アルマントのメンチュウはラー*、トードのメンチュウはシュウ*、メダムードはゲブ*、そしてテーベのメンチュウはオシリス*のバーであるとされている。これら４人の神はそれぞれ炎、空気、土、そして水を表わし、バネブジェデト*とクヌム*もまた４つのバーが具現化したものである。

第11王朝になると、チェネネト*とイウニト*が配偶神となった。しかし、他の多くの神々と同様に太陽神の性格をもつメンチュウ・ラー*になると、神学者は新しい配偶神として女性の太陽であるラトタウイ*を彼にあたえた。そしてやはり太陽の性格をもつ息子ハルプレ*があたえられた。アメンの勢力が増すなかでも、メンチュウはテーベの主人としての地位を守り、遂にはカルナクの主人と完全に同化し、この地域の「大８柱神」を支配する神としてアメン・ラー・メンチュウの名前で崇拝を受けた。

ローマ支配時代の初めに、メダムード神殿の北のキオスクの壁に刻まれた讃歌には、メンチュウの神学が記されている。メンチュウは最高神として讃えられ、創世神プタハ*もまた、創世の時にメンチュウの意志を実現したにすぎない。すなわち、メンチュウの意志はエジプトの意志であったとされている。最後には、心臓を喰いちぎり、血にまみれた戦闘の神メンチュウの情け容赦ない性格が描写されている。

多くの碑文には、この古代の性格が強調され、王はしばしば「父であるメンチュウ」とみずからを重ねる。そこには「軍隊の先頭」にいる神の勇気と力、あるいは敵にあたえる恐怖が記されている。ときに敵の体を引きちぎる様子を描写するためにグリフォン*の姿をとることもある。戦闘の力を具現化したメンチュウは、戦いの前に王に武器をあたえる。そして王が困難に陥ると、飛んで駆けつける。有名なカデシュの戦いの物語を信じるならば、メンチュウはラメセス２世のもとに駆けつけている。メンチュウは王の戦車に立ち、弓を引く王の腕を導いている。テキストの中にはメンチュウをセト*やバアル*と結びつけるものもある。そしてメダムードのギリシア語の碑文はメンチュウをヘラクレスに見立てている。

メダムードやトードでは、メンチュウは古くから牡牛として見られていたが、この動物が象徴となるのは末期王朝となってからである。実際、それはエジプト人最後の王であるネクタネボ２世の治世の初めのことである。この時、古代のヘルモンティスであるアルマントの神殿の近くに初めてブキスの牡牛のための聖なる牛舎ができた。メンチュウの地上における姿として崇拝された聖牛は、黒い頭と真っ白い体をもち、後３世紀の終わり、ディオクレティアヌス帝の治世まで、メンチュウの「使者」、そして「生きている魂」として崇められた。聖なる牛とは別に、「メダムードの牡牛」が人間の姿をとったものがパ・カ・アア・ウル・シェペス*の名前でテーベのギリシア・ローマ時代の神殿に登場する。ヌン*と同化している事実からメンチュウの原始の姿を表わしていると思われる。

メンチュウの最も古い図像は、サッカラのペピ２世葬祭殿の前室に描かれているものと思われる。セト*とクヌム*の後にいるメンチュウは完全に人間の姿でウアス杖*とアンク*のサインを持っている。

中王国時代からローマ支配時代の間、メンチュウは少なくとも4つの異なる姿をもっていた。完全に動物の姿であるハヤブサ、あるいは人間の体にハヤブサ、あるいは牡牛の頭、そして多様な動物の要素をあわせもったグリフォン。

ハヤブサの姿のメンチュウは、ブケウム出土のプトレマイオス5世エピファネスの美しいステラ（カイロ・エジプト博物館、JE 54313）に見られるように、ブキスの牡牛の上、空中で羽ばたいていることもある。あるいはトード神殿のクリプトに見られるように台座に載っているものもあった。この像は膨大な量の黄金で作られ、高さは1キュービット（52.35cm）であると像の図にともなう碑文に記されている。

青銅製の小像などに最もよく見られるのは、ハヤブサの頭をもつ人間の姿である。ときに1つの体に2つの頭が載っている場合がある。ハヤブサの頭が1つの場合は、一目でメンチュウ神とわかる頭飾りをつけている。2枚の高い羽根が半分太陽円盤で隠れ、そこから2重のウラエウスがたれている。2枚の羽根は時に太陽円盤の後、鬘にしっかりとつけられている。メンチュウの腕には、ときにクウイト*のように羽根がある。カイロ・エジプト博物館に所蔵されているトトメス4世の戦車を納める箱に刻まれた場面を見ると、（CGC 46097）。メンチュウは、敵を踏みつけるスフィンクスのような姿の王の後ろで守護の女神の仕草で王を守っている。

長い間、「牡牛」として知られていたメンチュウであるが、レリーフや彫像で、牡牛の頭のメンチュウが見られるようになるのはプトレマイオス朝になってからである。現在では破壊されてしまったアルマントの誕生殿にその例が見られる。またトードのクリプトの壁には3回牡牛の姿で登場する。1度はミイラの姿、そしてもう1つの図では弓、矢、そして刃のついた棍棒で武装している。メダムードで発見された金箔を施した石灰岩製の「4柱のメンチュウ」の像も同様である。これらの像はラトタウイの像をともない、夫婦像として4つの町の聖域と結びつき、妻の援助をえた戦闘の神は、これらの地から「エジプトの天」と呼ばれるテーベを守っていた。現在、修復された2つの像（カイロ・エジプト博物館 JE 50033とルーヴル美術館 E 12922）は、玉座に座り拳を腿に載せ、角の間に太陽円盤と2匹のウラエウスを飾ったいつもの髪飾りをかぶっている。

特徴：ケペシュ刀、赤冠、太陽円盤、翼、ナイフ、2重のウラエウス、白冠、刃の

ある棍棒、羽根、矢、弓
→イウニト、グリフォン、チェネネト、パ・カ・アア・ウル・シェパス、8柱神、ハルプレ、ブキス、ラトタウイ
B.: G. Legrain, "Notes sur le dieu Montou," *BIFAO* XII（1916), p.75-124; F. Bisson de la Roque, "Notes sur le dieu Montou," *BIFAO* XL（1941), p.1-49.

（→口絵/p.75）

メンチュヘテプ2世

MONTOUHOTEP II

第11王朝の5代目の王。第1中間期の混乱の後にエジプトを再統一し、テーベをエジプト国家の都としたネブヘペトラー・メンチュヘテプ2世は、中王国時代の最初の王であり、ラメセス朝の終わりまで神として崇拝を受けた。

エジプト学者は長い間、このメンチュヘテプに3人の異なる人格を見ていた。メンチュヘテプは、その長い治世の間（約50年)、3つの称号をもっていたためである。それは政治力を顕示し、南が卓越していることを示すもので、「二国の心臓を生かすホルス」、次に「聖なる白冠」、そして「2国を統一したもの」である。

約半世紀にわたる治世に属する記念碑（たとえばメンチュヘテプがデンデラのハトホル*の領域に建てた礼拝所）を見ると、王が神格化したというよりも、アメン*、ミン*、そしてメンチュウ*などと完全に同化した王の神性が確認されたと考える方が正しい。それに対して、新王国時代の多くのテーベの墓では、ネブヘペトラー（メンチュヘテプ）神、あるいは王の像が、死者や神官の崇拝を受けている。

現在、カイロ・エジプト博物館に所蔵されているデンデラの小さな礼拝所の壁に描かれたメンチュヘテプは、アメンの冠をかぶり、ハトホルに迎えられ、あるいは乳をあたえられている。また、同じ場面でメンチュヘテプはメンチュウの羽根を飾った白冠をかぶっている。また勃起した男根をもつミンのように描かれている。

短い腰布をまとっている（コンスの墓、TT 31）場合、あるいは、ラメセス朝の祭儀用衣服を着ている（アメンエムハトの墓、TT 277）場合のいずれも、王はつねにウラエウスを額に飾ったシンプルな白冠をかぶっている。そして大きな胸飾りをつけ、長くまっすぐなつけ髭をつけている。手には王笏とアンクのサインを持っている場合と、あるいは、殻竿とアンクのサインとともに梨型の頭をもつ棍棒を持っている場合がある。

特徴：アンクのサイン、ウラエウス、王笏、殻竿、棍棒、高い羽根を飾った帯状冠、白冠、プスケント

神メンチュヘテプ、コンス墓（TT 31）、シェイク・アブド・アル＝クルナ、第19王朝。

→センウセレト３世、ファラオ

B.: L. Habachi, "King Nebhepetre Mentuhotp; His Monuments, Place in History, Deification and Unusual Representations in the Form of Gods," *MDAIK* 19 (1963), p.16-52, pl. IV-XIV; K. El-Enany, "Le saint thébain Montouhotep-Nebhepetrê," *BIFAO* 103 (2003), p.167-190.

メンデスの牡羊
BÉLIER DE MENDÈS

バネブジェデトを参照

メンネフェル　MENNEFER

メンフィスの町を人格化した女神。メンフィスのプタハ神殿の遺跡の南で1948年に発見され、現在も同じ場所にあるセティ１世のめずらしい礼拝所には、２人の女神に対称的に囲まれたメンフィスの創世神の像がある。非常にめずらしい像である。２柱の女神の膝には若者である王が座り、中央のプタハ神の方をふり返るように見ている。神の右に置かれた女神の背柱に残された碑文から、この女神がメンネフェルであることがわかっている。ペピ１世の葬祭複合体からその名前をとった古代の都、ギリシア人がメンフィスと呼んだ町を人格化した女神である。

ロンドボス浮き彫りのものは１つしか知られていないが、特徴的な冠によってメンネフェルと特定することができる。女神の頭を飾っていた象徴は、実は女神の顔を囲む重い鬘の上に置かれた皿しか残っていないが、皿の上に残された跡を辿ると低い四角い台の上にピラミッドが載っていたことがわかる。あるいは、サッカラで出土した一群のプトレマイオ

バティイティの棺の蓋に描かれたメンネフェル、前2世紀、カイロ・エジプト博物館（RT 20/1/12/2）。

ス朝の棺の蓋に描かれた図に見られるように一種のがっしりとしたオベリスクが飾られていたと思われる。この図の中で女神はペピ2世葬祭複合体を象徴するメンアンクという神と結びついている。対称性を重要視した結果、冠の失われている部分は、プタハ神の左に座るチェセメト*女神の冠とまったく同じ高さであったはずである。

特徴：ピラミッド冠

→アレクサンドリア、イアブテト、イペト（2）、イメンテト、ウアセト、ケフェトヘルネベス、チェセメト、ニウト、プタハ、メンアンク

B.: J. Berlandini, "La chapelle de Séthi Ier, Nouvelles découvertes: Les déesses Tsmt et Mnnfr," *BSFE* 99（1984）、p.28-52

メンヒト　MENHYT

エスナにおけるクヌム神の配偶神。女神メンヒトは、古代のギリシア人の町ラトポリス、すなわち、エスナにおいてクヌム神*の配偶神として知られていた。この町において、彼女は古くはラメセス朝からクヌム神と結びついていた。それはギリシア・ローマ時代の最後の偉大な神殿がその地に造営されるずっと以前のことである。ちなみに神殿の一番新しい碑文は、後3世紀の中頃のデキウス帝の統治時代のものである。

神の子であるヘカの母メンヒトは、ライオンの頭の女性の姿をしている。ときに碑文は、彼女を神殿の他の2人の女神であるネイト女神*やネベトゥウ*と同一視している。また、セクメト*、ウヌト*、あるいはバステト*など、複合的な性格をもつ、王冠と結びついた他の危険な女神たちとも混同されることがある。

もともと、おそらく「パピルスの茂みにいる者」を意味するメンフウトという

名前をもち、『コフィン・テキスト*』に、ウアジェト*と共に（呪文 952）初めて登場する。彼女は「赤冠の王宮を治める」ウラエウスの女神とされている。この形容辞からサイス起源の女神ではないかと思われる。また、ネイト女神のウラエウス*の側面を表わしている可能性もある。エスナにおける彼女の重要性を考えると、メンヒトが多くの場面で、「兄であるクヌムの額に宿る」蛇の姿をとることが理解できる。クヌムとメンヒトの夫婦関係は、シュウとテフヌウトの関係と結びついており、ときに遠方の女神*の1つの姿ともとらえられる。

図像におけるメンヒトは、時代を通して一貫している。太陽円盤の中にいるウラエウスを頭につけた人間の姿（デンデラ神殿）を唯一の例外として、新王国時代（アブ・シンベル、マディーナト・ハブ）からギリシア・ローマ時代（エスナ）まで、彼女はつねに太陽円盤を頭に載せたライオンの頭の女神として描かれている。

特徴：ウラエウス、太陽円盤

→ウヌト、ウラエウス、クヌム

（→口絵/p.75）

メンビト　MENBIT

儀式のための玉座を人格化したもの。ギリシア・ローマ時代の神殿、とくにデンデラやフィラエの誕生殿には、碑文の中でメンビトと呼ばれている特別なタイプの玉座の絵がある。新王国時代にはすでに存在し、この語が「王（神）のベッド」という意味をもつことから、ずっと後の時代になると、比喩的に神殿の一部、あるいは神殿全体をさすようになる。メンビトは、背の低い一般的な玉座が、輿のようなものに載ったものである。その主要な特徴は歩いているライオンの姿である。神格化したアメンヘテプ１世*の行列の玉座、あるいは、ミン神*の祭礼でラメセス３世が使用する玉座を思わせる（*MH* VII, pl.197）。

碑文を読むと、メンビトは神から与えられる王権と結びついており、とくに「２国の統合」を表わすセマ・タウイの儀礼と結びついている。２国の統合は、ハルポクラテス*の頭に２つの王冠を結合した冠を載せてプスケントを形作る奉納の儀礼で実現する。この場面は、フィラエ神殿の誕生殿のナオスの外壁に彫られている。

この荘厳な玉座は神の子にあたえられた椅子であり、同じ名前の女神によって人格化されている。その役割は神が若返ることを約束するものである。テキストの中には、ハトホル・メナト*がこの玉座に座ってホルス*に乳をあたえたとされている。そしてホルスの「体は若返った」と記されている。また、「膝の上に載せた王に乳をあたえるメンビト」のことが碑文に記されている。

女神としてのメンビトは、彼女が人格化している玉座ほど頻繁には登場しないが、エドフ神殿の北側の周壁の内側に描かれている。しかし残念ながら状態が良くない。女神は、メンビトの玉座に座したホルスの後に立ち、長い衣をまとい、ライオンの頭に下エジプトの赤冠をかぶった女神として描かれている。保護を約束する右手をこの地の主人であるホルスに向かって差し出し、左手にはアンクのサインを持っている（*E* XIV, pl.556）。また、同じ赤冠をかぶったライオンの頭の女神として、「時の神々」の間にいる姿が2度見られる。

特徴：下エジプトの王冠

→玉座

メンフイ　MENHOUY

屠殺の神。ギリシア・ローマ時代の神殿に見られるシェズムウ*ほど知られてはいないが、「たくさんのナイフを持つ」メンフイは、その名前が明示しているようにやはり屠殺の神である。（メンヒィ、あるいはイメンヒィと記されることもある）メンフイの名前は、屠殺用のナイフあるいは屠殺のための棍棒をふり上げる人間を限定符にもつ。

メンフイは「最上級の肉片を持つ、ラーの棍棒の主」、あるいは「戦闘の日にラーに忠誠を尽くす者」として敵を殺戮する者であり、同時に神殿の主要神に上等な肉を用意する者である。

エスナ神殿の2つの柱に描かれたメンフイは、実質的にクヌム神と同じ重要性をもっている。メンフイはクヌムの後で、「父親を守護」する息子として、その勝利に立ち会っている。

デンデラの屋上に続く階段の壁に描かれた昇る行列と下る行列において、各々、手に特別な供物をかかえた多くの神々の中で、メンフイはシェズムウの前にいる。完全に人間の姿で、腰布を巻き、3つに分けた鬘をかぶり、顎には神のつけ髭を飾っている。そして1つの図では、アンテロープを持ち、2つの図では、大皿の上に対称的にならんだ、2本の牛の腿、2片の牛の肉、そして2つの肉片を載せて運んでいる。その大きさはまったく現実的ではない。

それに対して、2世紀初めのエスナの列柱室では、ヘムヘム冠をかぶったハヤブサの頭の神として、右手にウアス杖とナイフを持っている姿が、少なくとも1度検証されている。

特徴：ヘムヘム冠、ナイフ

→シェズムウ、生産をつかさどる神々

メンフィスの女神

MEMPHIS (DÉESSE DE)

メンネフェルを参照

モリンガ　MORINGA

木、ケリバケフ、ヘテプバケフを参照

モルミレ　MORMYRE

オキシリンコスを参照

門の書　LIVRE DES PORTES

G・マスペロによって『門の書』と呼ばれた葬送の書は、『アムドゥアト書*』と似ているが、また異なる部分もある。夜の12時間、冥界を旅する太陽の船の航行を描写する新王国時代の2つの葬送の書の2つ目のものである。『アムドゥアト書』においては、12時間の切れ目は簡単な特徴で示されているが、『門の書』においては、要塞のように守られた門で区切られている。そこには書の高さ全体にわたる「立ち姿」のヘビが描かれ、時間と時間の間を区切っている。そして第一番目の門を除いて、2匹のウラエウスが毒を吐き、それぞれの門扉は9人、あるいは12人のミイラの姿の小さな神々によって守られている。

『門の書』は、ホルエムヘブ王墓において、『洞窟の書』に代わって初めて登場する。第19王朝の創始者であるラメセス1世の小さな墓でも同様である。その後、ラメセス朝の王墓においては、この2つの書が共に装飾された。そして3つの段にわたって、死者となった王が乗船したいと強く望んだ太陽の船の航行が描かれた。

『門の書』の分析をしたP・バルゲの解釈は鋭く説得力がある。この書は明らかにヘリオポリスの影響を受けている。書は「冥界におけるラーの再生を表現しているが、次々と訪れる通過儀礼として描かれている。まずアトゥム*からケプリ*、そしてオシリス*からホルス*へと移り、新しいホルス・ラーへと再生する」ホルス・ラーの中に2つの王権が象徴され、それは地上と天における象徴となる。それは「死者の空位期間」を表わし、王権が前王から新しい王へと移行することを象徴している。

『アムドゥアト書』よりも密接に王と結びついているため、『門の書』は新王国時代の終わりから末期王朝までの私人墓にはあまり見られない。しかし、サイス朝の墓、棺、パピルスなどには『門の書』から抜粋した場面が描かれることがあった。見事なアンハイの『死者の書*』(大英博物館 10472) には、太陽が再生する夜の12時の場面が描かれている。

B.: P. Barget, “Le Livre des Portes et la transmission du pouvoir royal,” *RdE* 27 (1975), p.30-36; E. Hornung, *Das Buch von den Pforten des Jenseits nach den Versionen des Neuen Reiches*, I, Text; II, Übersetzung und Kommentar, *AH* 7 et 8, 1979-1980.

(→口絵/p.75)

門の書　PORTES (LIVRE DES)

「門の書」を参照

門（の番人）　PORTE (GARDIENS DE)

門番を参照

門番　GARDIENS DE PORTE

冥界のさまざまな門を守る神々。夜の12時間の間 、太陽と共に旅をする死者である王、あるいは、「オシリス神*の住処であるイアルの野」で過ごすことを望む一般の人々、いずれにしても彼らが通らなければならない冥界の「不思議な道」は、数々の門や扉で区切られていた。碑文には、２つの言葉が見られる：セベケトとアレリトである。門は恐ろしい神々に守られていた。そして彼らの名前と門の名前を知っている者だけが、そこを通り抜けることができた。その前に、彼らはまず次のように宣言しなければならなかった。「道を開けなさい。わたしはあなたを知っている。わたしはあなたの名前を知っている。わたしはあなたを守る神の名前を知っている」。この呼びかけに門が答えて開けば、彼らは門を通り抜けることができた。「行きなさい。あなたは清い者である」と。

『門の書*』には、ラー*の夜の旅の12時間に相当する12のセベクウトがあるが、『死者の書』には、21が記述されており、１柱の門番（第145章と第146章）がいる。そして７つのアレルトには、それぞれ門番、護衛、そして報告者が配置されている（第144章と第147章）。彼らの形相は、恐怖をあたえるために、その名前に似つかわしいものであった。「地を這う虫を喰らって生きるもの」、「みずから排出した糞を喰らうもの」、「偉大な異邦人」など。そして扉は多様な形容辞で修飾されていた。たとえば、４番目のものは、「力強いナイフを持つもの、２国の王、『心が疲れている者（オシリス）』の敵を罰するもの、傷に奇跡をあたえるもの、罪のないもの」などである。

王の埋葬室の壁全体、３段に描かれた12 の門はすべて開いている。門はそれぞれ、扉を背に鎌首をもたげた大きな蛇と、恐ろしい名前をもつミイラの姿をした２柱の門番によって守られている。さらに、同じような一連の小さな人物と、毒の炎を吐く２匹のウラエウスが守っている。

墓、あるいはパピルスに記された『死者の書』には、門と門番の多様な図像を見ることができる。まず聖なる門番は、１柱、あるいは、３柱で門の横に立っている、あるいは門の中や前に座っている。手にはナイフ、あるいはヤシの葉を持ち、その頭で区別することができる。彼らは、恐ろしい動物の頭をもっている：牡羊の角をつけたハゲワシ、蛇を頭に載せたライオン、羽根をつけた牡牛、ワニ、カバ、アンテロープなど。また、テーベのセンエンムウト墓（TT 353）に見られるように、門番がみな同じ姿をしていることもある。扉が１つの門の横にならぶ門番は、いずれも牡羊の頭をもち、それぞれの手にナイフを持っている。

特徴：ダチョウの羽根、ナイフ、ヤシの葉

→護衛の神々、『門の書』

（→口絵/p.76）

ヤ−ワ

矢　FLÉCHES

使者の精霊 Émissaires（Génies-）を参照。

ヤギ　BOUC

バネブジェデトを参照。

ヤシ　PALMIER

古代エジプトには、現在でも広く分布している2種類のヤシがあった。ナツメヤシ（*Phoenix dactylifera*（L.））とドームヤシ（*Hyphaene thebaica*（Del.）Mart'）である。エジプト語では、ベネレトとママである。第18王朝の初めに生きていた著名なテーベのイネニの庭に植えられていた樹木のリストを見ると、２種類のヤシは、イネニの領地に植えられている他の３分の２の樹木とは少し離れた位置に描かれている。また、以上の2種類のほかに、よりめずらしい、ドームヤシに近い種の「ビカリスのヤシ」が1例加えられている（*Medemia argum Württemb*）。この事実から葬祭や神々の世界でヤシが特別な役割をになっているのはごく自然なことに思われる。

ナツメヤシは、自然界や果樹園においてシコモア・イチジク*と結びつき、どちらもヌウト女神と同一視される。そして死者に綺麗な水や栄養をあたえる女神のために木陰をあたえる。『死者の書*』には、来世において死者の喉の渇きを癒す呪文が記されている。その挿絵には、不思議な形で合体した2本の木が描かれている。この木からは、４本の腕をもつ女神の胴体が出ている。２つの手はそれぞれ水差しを持ち、もう２つの手にはパンや花束を載せた編んだ籠がにぎられている（浮き彫りのレリーフ、カイロ・エジプト博物館 JE52542）。

同じ葬送のコンテクストの中で、ディール・アル＝マディーナの多くの岩窟墓には、彩色を施された次のような場面を見ることができる（TT3、218、290）。墓の主人がドームヤシの下でひざまずき、かがみ込んで器に入った水を呑んでいる。そのかたわらの碑文には、ヤシの木と多様な神々の結びつきが強調されている。イリネフェルの墓（TT 290）では、被葬者が、「２つのマアト*がいる部屋の次の間」で「ミンとともに来世で水を飲めるようにドームヤシに変身したい」と願っている。アメンナクト墓（TT 218）では、対称的な２つの絵が描かれ、ナツメヤシの下にいる妻も同じ姿勢をとり、「ヌウトのかたわら、ナツメヤシの下で喉を潤す」という文章と、「ミンのかたわら、ドームヤシの下で飲む」という文章が対比されている。

他のテキストには、２種類のヤシと他の神々との結びつきが記されている。たとえばデンデラの名前の１つは、「（ハトホル*）女神のナツメヤシの住処」である。トト神は、新王国時代の讃美歌の中で「60キュービットの高さの巨大なドームヤシ」とされ、トト神を象徴するヒヒの大好物である実が描写されている（サリエ・パピルスI、８、４）。そして、テーベのトゥエリスは、「ドームヤシのもの」と呼ばれている。

→オシリス、シコモア・イチジク、樹木、トゥエリス、トト、ヌウト、ハトホル、ミン

B.: I. Wallert, *Die Palmen im Alten Ägypten. Eine Untersuchungen ihrer praktischen, symbolischen unt Beteutung, MÄS* 1, 1962; G. Santolini, “Thot, le babouin et le palmier-doum,” *Mélanges Adolphe Gutbub*（1984）, p. 211-218; N. Baum, *Arbres et arbustes de l'Égypte ancienne. La liste de la tombe thébaine d'Inéni（n° 81）, OLA* 31, 1988.

（→口絵/p.76）

柳 SAULE

エドフ神殿の「地方のリスト」に見られる、多くのノモスの聖なる樹木であるアカシア、バラニテス、そしてキリストノイバラとは異なり、ヤナギ（*Salix subserrata* Willd./S. *safsaf* Forsk.）は、上エジプトの第６ノモスにあるデンデラ、そして後の時代にファイユームのクロコディロポリスの２ヶ所においてのみノモスの象徴的な植物となっている。そして不確かではあるが、下エジプトの第5ノモスの象徴であった可能性がある。ただし葦の束がこのノモスの聖なる植物であった可能性も否定できない。井戸、ナイルの岸辺、あるいは運河の岸辺に描かれるヤナギは、多くの神々と結びつくと同時に、『コフィン・テキスト*』に見られるように、特別なヤナギの神がいたようである。上記テキストには、「ヤナギの者」と呼ばれる神が登場する（呪文257、473、474, 476）。そして新王国時

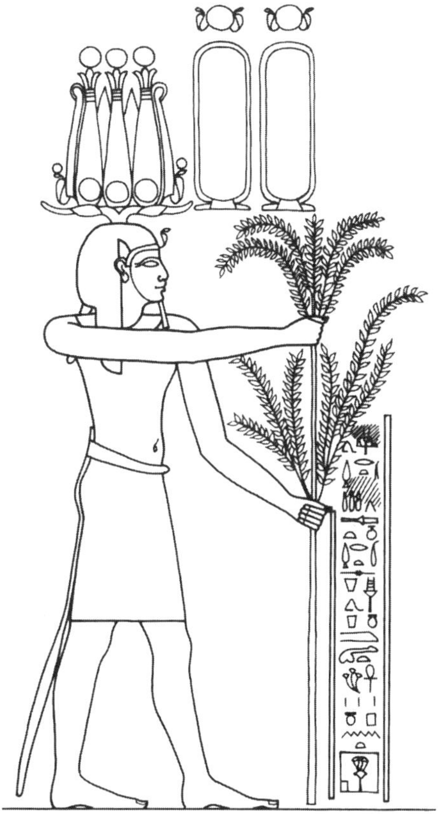

ハトホルの前で「ヤナギの枝を整える」王、デンデラ神殿、ローマ支配時代。

代のオストラコン（カイロ・エジプト博物館、JE 72460）には、テリィト（テレティィト）という同じ表現の女性形である女神が現われる。

ヤナギはヘリオポリスの神学の中で重要な役割をもつ。『ラー・ホルアクティの12の名前の讃歌』を構成する形容辞の１つは、太陽神を「ヤナギの頂上で休むベヌウ」と描写している。そしてまた、ヤナギの上で休むベヌウは「オシリスのバー」であるともされている。上エジプトの第７ノモスの都、ディオスポリス・パルヴァ、すなわち、フウのハルシエシスの墓に、しばしば写本を見るが、現在では失われている場面がある。この場面では、死者の神オシリスの墓にヤナギが影を落としている（p.338図参照）。また、ラメセス朝のステラ（バンクス n°7）には、ネベト・ヘテペトは、「ヤナギの島」の女主人であると記されている。トリノ・エジプト博物館に属するタブレット（n°2682）に刻まれた平面図によると、ヘリオポリスの太陽の配偶神である、ネベト・ヘテペトの聖域の第2中庭には、「ヤナギを立てる礼拝所」があったとされている。ここでヤナギの枝を挿す儀礼が行なわれていたと考えられる。この儀礼の日取りは神殿によって異なっていたようで、マディーナト・ハブにおいては、冬の最初の月の終わりに、また、デンデラでは、夏の最初の月の初めに祭礼が行なわれていた。このことは、デンデラ神殿の「出現の間」の柱に描かれた場面の碑文に記されている（*D* IX, pl.863）。

ヤナギはまた、エドフのホルスとも結びついている。ヤナギは創世の時にハヤブサの神が休んだ支柱として描かれている。また、ファイユームではセベク神と結びつき、『モエリス湖のパピルス』の

1節によると、ワニの神の体は、「ヤナギの中に隠されていた」とされる。さらに、カルナクのムウト神殿の周壁のプトレマイオス朝に建てられた門の碑文には、「柳はもどってきた。その成分を満たして」と2度繰り返して記されている。これは、満月がもどってきたことを意味し、柳の「成分」とは、再生復活した聖なる目をさしている。ここには落葉したヤナギの葉がふたたびもどってくることと、再生復活の２重の象徴が隠されている。また、ヤナギの「帰還」とヤナギを「立てること」は、同じことを意味し、枝を植えることによって、繰り返す生命のサイクルを約束し、自然の生命力を象徴している。また、ヤナギは、「ウジャトの眼*を満たす」祭礼に使われる多様な品々の1つである。ヤナギに、聖なる目を癒し、強くする効力があったことは驚くに値しない。ヤナギの皮は、自然の鎮痛剤であり、神経痛に効力があった他、解熱剤としても使用されていた。エジプト人は、アセチルサリチル酸が合成される何千年も前からヤナギの効力を経験的に知っていたのである。そのためヤナギの葉は、他の植物と共に、ミイラを飾る王冠や葬送の花冠を編むのに使用され、象徴的な護符となった。

→樹木、ベヌウ

B.: L. Keimer, “L'arbre *Tr.t* est-il réellement le saule égyptien（*Salix safsaf* Forsk.）?” *BIFAO* 31（1931）, p.177-227, pl.I-II; M. Erroux-Morfin, “Le saule et la lune,” dans S. H. Aufrère（éd.）, *ERUV* I, *OrMonsp* X（1999）, p. 293-316.

ヤム　YAM

セム族の海の神。A・H・ガーディナーによって『アシュタルテ・パピルス』の名前のもとに出版された断片的な文学パピルスは、ガーディナーの言葉によると「とにかく素晴らしい作品」である。タイトルにあるアジアの女神が主役ではない。しかし、非常に興味深い神話の詳細をわれわれに伝えてくれる。長い間、第18王朝末期のものと考えられていたテキストは、いろいろな意味で、ウガリト文学である『バアル神*の歌』によく似た物語である。９柱神*、すなわちエジプトの神々に対立するのは、海の神ヤムである。

最近になって、フランス国立図書館所蔵のパピルスに上記パピルスの冒頭部分が記されていることがわかった。それまでこのパピルスは、アメンヘテプ２世に捧げた讃歌であると考えられてきたが、この発見により『アシュタルテ・パピルス』の起源と性格が明確になってきた。また、このパピルスはアメンヘテプ２世治世５年のものであることがわかった。神話は、セト神と思われる勇敢な戦士の讃歌で始まり、英雄崇拝を通して、王権を確立する意図をもつと考えられる。物語は、この神のために建造された神殿と関連をもつ可能性がある。いずれにしても、エジプトにおけるアジアの神の登場という背景の中、メンフィスという土地で、「スポーツ万能な王（アメンヘテプ２世)」に愛された物語には、戦いの神の壮大な活躍が描かれている。

少し後に記された『２人の兄弟の物語』のように、ヤム神は、猛禽類のように獲物を狙う残酷な存在として描かれている。彼は、暴君であり、他の神々に服従を命じ、貢ぎ物を要求する。収穫の女神であるレネヌウテト*によって運ばれてきた、銀*も、黄金*も、ラピスラズリ*も、そしてトルコ石もヤム神を満足させることはできず、「プタハ神*の娘」であるアシュタルテが問題の解決に登場する。アシュタルテと出会ったヤム神は、ひと目で恋に落ちる。女神の手と交換に、悪行を辞めると約束したヤム神であったが、女神を手に入れると、ヌウト女神*の首飾りやゲブ神*の印章を新たに要求する。そして「大地や山を覆い隠す」とおびやかす。そこでセト神が登場する。物語は、断片的である。セトは、ただ一人、「天の声をとどける」「嵐の主」となり、ヤム神を諌めるために雷が鳴り響く。

物語には、ヤム神の描写はない。しかし、エジプト人はその想像の中である形をあたえていたと思われる。それは、液体の要素と結びついているヘビである。

→アシュタルテ、セト、バアル

B.: G. Posener, “La légende égyptienne de la mer insatiable,” *Mélanges Isidore Lévy, AIPHO* XIII（1953）, p. 461-478; Ph. Collombert, L. Coulon, “Les dieux contre la mer. Le début du ‘papyrus d’Astarté’（pBN 202）,” *BIFAO* 100（2000）, p.193-242.

ユーテニア　EUTHÉNIA

豊かさを人格化したローマ時代の女神。アウグストゥス帝治世の初めから、ユーテニアと呼ばれる女神が出現した。その名前は、正規の書類の中で「豊作、麦の豊かな供給」を示した。当時、エジプトはローマの穀物倉庫となっていた。新しい女神は、イシス女神の性格を受け継ぎ、恵み深いナイルの氾濫が生み出すものを神格化し象徴となった。D・ボノウの説によれば、「エジプトの収穫を人格化」した女神は、当然のようにネイロスの伴侶と考えられた。

レリーフ、アレクサンドリアのローマ貨幣や、テラコッタ製のランプの把手に描かれたユーテニアは、ナイル川を人格化したネイロスの横、あるいは、足下に描かれている。彼女はナイルの水かさが最も好ましい高さに達したことを感謝して、ネイロスに王冠を差し出している。

アレクサンドリア博物館所蔵の大理石の彫像（Inv. 24124）には、ネイロスと同じポーズのユーテニアが表現されている。下半身は、襞で覆われた衣で包まれ、イシス女神*のように、はだけた胸の間に衣の結び目が見られる。彼女は半分横たわったような姿勢で、左の肘はスフィンクスの上に載せ、髪は、「リビア風の」巻き毛で覆われている。左手には盃、そして右手には穀物の穂を持ち、８人の子ども、すなわち、ナイルの氾濫の理想的な水かさである８キュービットを象徴する８人のニンフペケイス（キュービットの小人）が彼女の周りで遊んでいる。

しばしば、デメテルやアイリーンなど、他の女神とも結びつくユーテニアは、立像や座像で描かれることもある。また、「国庫の神」であるネイロスの胸像のかたわらに寄り添うように、穀物の穂、あるいは２つのロータスの蕾を頭に飾ったユーテニアはアレクサンドリアの貨幣の裏を後３世紀の終わりまで飾っていた。

特徴：イシスの結び目、シストルム、ナイロメーター、ニンフペケイス、豊穣の角、麦の穂

→ネイロス

B.: L. Kakosy, “The Nile, Euthenia, and the Nymphs,” *JEA* 68（1982）, p. 290-298, pl. XXVIII, 1-2; G. Platz-Horster, *Nil und Euthenia,* 133. Winckelmannsprogramm der archäologischen Gesellschaft zu Berlin, Berlin, 1982; M.-O. Jentel, *Euthénia. Corpus des monuments et étude iconographique,* Collection “Hier pour aujourd'hui,” Québec, 1993.

（→口絵/p.76）

４つの方位（４つの方位の女神）

POINTS CARDINAUX (DÉESSES DES QUATRE)

天の支柱を参照

夜の書　NUIT (LIVRE DE LA)

昼と夜の書を参照

ラー　RÊ

主たる太陽神。パンテオンの頂点にいるラー神は、太陽そのものである。あるいは、エジプトの天に存在する太陽がもつ多様な姿の中で最も重要なものである。「ヌン*に１人いた時、わたしはアトゥムであった。アトゥムが創造したものを支配するようになった時、わたしは、栄光の出現におけるラーとなった。それはだれだ？それはラーである。創世神が創造したものを支配するようになった時、すべての創造物の王として出現したのはラーである。その時、天をもち上げるシュウはまだ存在しなかった…」『死者の書*』の長い第17章の最初の註釈において、神学者たちは、みずから生まれ出

た創世神のアトゥムと、創造が始まった後に宇宙の王となり支配者となったラーを微妙に区別している。しかし、それはアトゥムとラーが同じ存在の２つの側面であるという事を強調しているにすぎない。実際、『天の牛の書*』には、年老いたラーが、地上の生活を去ることを決め、天に帰ろうとする逸話がある。反乱を起こした人間に対して、どのように対処したらよいか、他の神々に問う時に、「ヌンの中でラーとともにいた父たちや母たち」も彼のもとにやって来るようにと頼んでいる。

テキストによれば、ヘリオポリスの神話の原初の神は、ラー、あるいはアトゥムであるが、また同時にケプリ*でもある。そして「地平線のラー」であるラー・ホルアクティの名前が、一番多く現われるようになる。第1王朝以前から王はホルスとして知られているように、エジプトのパンテオンは、天のホルスに帰するようである。第２王朝の王の中にはネブイラー、すなわち、「ラーはわたしの主人」と呼ばれる王もいたが、王が「ラーの息子」となるのは、第4王朝まで待たなければならない。ラーを宇宙のホルスと同一視することによって、「古代のホルス」であるハロエリスは、後にヘリオポリスの９柱神に統合される。その形容辞は、「ハヤブサとなったスカラベ*」である。太陽と月はそれぞれ聖なるハヤブサの右眼と左眼であり、ラーの「バー*はその瞳の中に宿る」とされている。「宇宙の主人」となったラーは、激動の歴史の中で、時代の流れとともに、あらゆる神と同化する。アメン*はアメン・ラーとなり、「神々の王」となる。

新王国時代の初めから、王の記念碑や私人の記念碑に太陽に触発された文学が盛んに記されるようになる。なかでもテーベのネクロポリスの墓に刻まれた太陽を讃える歌は、王墓に納められた葬送の書と同様に重要な意味をもつようになる。それは神話的な朗唱というよりも、太陽の日々の航行のテーマを多様に発展させたものである。「黄金のように輝くもの」は、つねに否定しなければならない負の力を人格化したアポピス*に対して終わりなき闘いを挑み、勝利し、航行を続ける。讃歌は太陽という星そのものを描写した美しいイメージにあふれている。しかし、その航行の描写は矛盾に満ちている。天を王の宮殿と見るならば、「偉大なるハヤブサ」は、「黄金の船（マンジェトの船）」で昼の航行を行なう。その動きの描写は明らかに観察できるので優位である。それに対して、「メスケテトの船」に乗って旅する夜の12時間の太陽の航行を想像することは、確かに繊細な作業である。船は日々、ヌウト*の腹の中に呑み込まれ、夜明けにこの世界にもどされる。王の埋葬室の壁を飾る

『アムドゥアト書*』や他の書は、冥界の不可思議な地形を紹介している。すべては、「その手に永遠がにぎられている」「その時が来ると若返る老人」の、命のサイクルに委ねられているのだが、その昼と夜が交代するさまは、鏡で遊ぶようにとらえられており、生きているものの世界において太陽が休むことは、冥界において太陽が目覚めることであり、またその逆でもある。

太陽が旅の中で姿を見せる時、「恍惚となる歓喜」が人々の心にわき上がる。このさまを繰り返し語る文章は、太陽神の光を天の深い青と比較し、星のもつ黄金の輝きを讃えている。「4つの顔をもつ牡羊、何百万の瞳をもち、777の耳をもつもの」と描写される太陽神は、生命力の象徴である14のバーと9から14のカーをもつ。

有翼である場合も、ない場合も、太陽円盤は単独で存在することができる。最も多く見られるラーの像は、鎌首をもたげたコブラに囲まれた太陽円盤をかぶったハヤブサの頭の人間である。しかし実際、このような図像にともなう碑文を読むと、ラーの名前が単独で現われることはまれで、他の神々との融合として出現する。最も頻繁に登場するのは、ラー・ホルアクティである。多くの名前が重なるように記されている場合、それはたんに形容辞のようである。ディール・アル＝マディーナのセンネジェムの岩窟墓（TT 1）の北のティンパヌムには、船の中で座している神に向かって「太陽が昇る時に捧げる崇拝の讃歌」を読み上げるヒヒの姿が描かれている。太陽神がかぶっている太陽円盤には、「2国とヘリオポリスの主人ラー・ホルアクティ・アトゥム、船の中のケプリ」と記されている。また、アビュドスのセティ1世神殿のラー・ホルアクティの礼拝所には、約30の場面に、多くの名前とともに多様な図像が描かれている。場面によって神は、人間、ハヤブサの頭、牡羊の頭などの姿で現われる。最も多いのが、大地の上の太陽円盤の中に大きなスカラベ*がいるものである。

『太陽の讃歌*』では、75のラーの名前に、異なる神の姿が相当する。その多くは、太陽の「死」をオシリスと重ねるためにミイラの姿である。ヘリオポリスの偉大な猫や太陽円盤の多様な姿を除き、他では見られない図である。そして夜の船を降り、昼の船に乗り込む時に、ネフティス*の手からイシス*の手に渡され、「東の空の地平線に姿を現わす」ラーは、まさに太陽円盤の姿をしている（*MH* VI, pl. 420）。

対称的に描かれる太陽の2つの船の図には、大きな区別は見られない。メスケテトの船がときに、船を引くジャッカルたちに先導されるとすれば、「追い風」

に乗って進むマンジェトの船に帆が描かれることはない。

第18王朝以降、テキストの中にラーの女性形であるラアイトの名前を見ることが多くなる。本来は、太陽の分身である女性ではなく、王と同様に太陽円盤と結びついているハトシェプスト女王の形容辞の１つであった。王に属する形容辞から、聖なる神の形容辞となり、ラーと同一視された神々の妻（たとえばムウト*）や娘（マアト*）、あるいは、ラーの目*（ウアセト*）など、女神の形容辞として使用されるようになった。そしてギリシア・ローマ時代になるとハトホル*やイシス*のような偉大な女神を表わすようになる。ラアイトは「二国の女性なる太陽」としてのみ、独立した神の地位をもつ。すなわち、ラトタウイ*である。ラトタウイは、メンチュウ*がメンチュウ・ラー*となった時に、神学者が配偶神にした女神をさしている。

特徴：アテフ冠、ウラエウス、スカラベ、太陽円盤

→アトゥム、アピ、アポピス、アムドゥアト書、イクネウモン、ケプリ、子牛、太陽の讃歌、天の牛の書、洞窟の書、ヌウト、ハトホル、昼と夜の書、ファラオ、船、ベヌウ、ベンベン石、マアト、ムネヴィス、メヘン、門の書、ラーの眼、ラトタウイ、ロータス

B.: A. Gasse, "La Litanie des douze noms de Rê-Horakhty," *BIFAO* 84（1984）, p. 189-227, pl. XLIII-XLIV; J. Assmann, *Egyptian solar religion in the New Kingdom; Re, Atum and the crisis of polytheism,* London, 1995; S. Quirke, *Le Culte de Rê L'adoration du soleil dans l'Égypte ancienne,* Paris, 2004.

（→口絵/p.77）

ライオン　LION

アケル、アペデマク、アレンスヌピス、イシス、ウク、風（４つの方位）、シェズムウ、シュウ、スフィンクス、トゥトゥ、ネブ・デス、ネブ・ネリウ、ホルス、ホルメルティ、マヘス、ムウトを参照

ライト　RÂYT

ラーを参照

ラトタウイ　RÂTTAOUY

太陽の女神、メンチュウ神の配偶神。「２国の太陽女神」を意味するラトタウイは、太陽の要素が加わった後のメンチュウ神に、エジプトの神学者が配偶神としてあたえた女神である。

第19王朝になり、完全な女神となる以前は、チェネネト*の形容辞の１つにすぎなかったラトタウイは、タハルカ王時代、カルナクの北において、初めてメンチュウ神と彼の息子ハルプラーと共に、

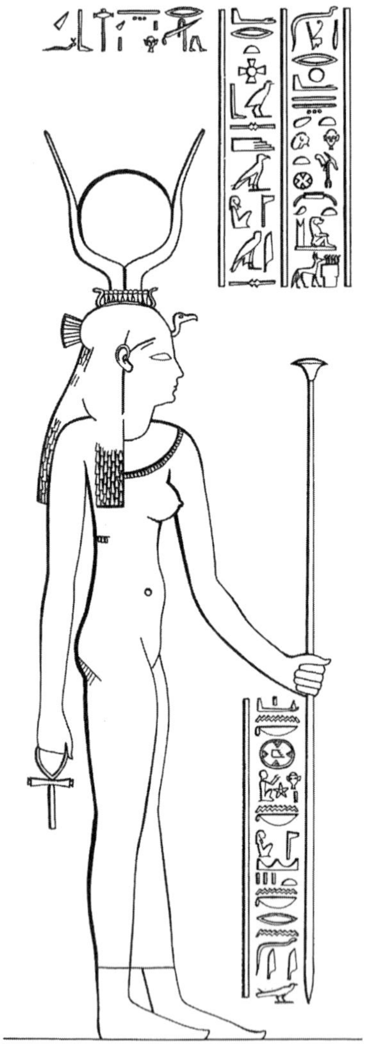

ラトタウイ女神、エウエルゲテスの門、カルナク神殿、プトレマイオス朝。

ルクソールの北12キロほどの地にある古代のマドゥウ、メダムードで3柱神を形成した。

この村で、プトレマイオス朝の石灰岩製の4組のメンチュウとラトタウイの影像の集合体が発見されている。残存しているものを見ると、女神はその夫を助け、テーベ地方の守護神の役割を果たしていたようである。以前は金箔が施されていた影像の台に刻まれた碑文を読むと、4組の夫婦像は4つの町（メダムード、トード、アルマント、そして北カルナク）に結びついている。「4柱のメンチュウ」は、「テーベの守護神」として町の防備にあたっていた。

4つの影像のそれぞれにおいて、「偉大で力に満ちたラトタウイ」は、（イシス*、ネフティス*、セシャト*、テフヌウト*など）多様な女神と同一視され、2国の女王、太陽女神としての性格をもち、王自身である太陽の子どもハルプラーの「母なる神」としての地位を見せている。現在では消えてしまったアルマントの誕生殿には、トト神*の母であるサクネトの名前で登場する。また、メダムードに見られるギリシア語の碑文は、彼女をウアジェト*と同様に、レトと同一視している。メダムードの4つの影像のうち1つは、ルーヴル美術館で復元されている（E 12923）。ラトタウイは玉座に座り、まるで神官のような姿である。おそらく片手にアンクのサインを持っていたと思われる両手は膝の上に置かれ、正面にウラエウスをつけた3つに分けた鬘をかぶっている。頭には、太陽円盤と2枚の高い羽根を囲む牛の角を載せた、ウラエウスのフリーズで飾られた皿状の冠をかぶっている（現在では一部しか残っていない）。

テーベ地域のギリシア・ローマ時代の神殿の浮き彫りに描かれたラトタウイは、ハゲワシの髪飾りの上に皿を載せ、その上に角と太陽円盤を飾っている他には、とくに大きな特徴をもたない。

特徴：ウラエウス、皿、ハゲワシの髪飾り、ハトホル冠、羽根

→チェネネト、ハルプラー、メンチュウ

ラーの眼　ŒIL DE RÊ

多くの猫科の神々の名前。『天の牛の書*』のはじめには、次のような逸話が記されている。反乱を起こした人間たちをどのように罰したらよいか困ったラーは、エジプトの最古の神々、9柱神の最初の夫婦神、ラー*と共にヌン*にいた父や母たちに相談をした。古代の神々は、声を一つにして答えた。「おまえの眼を送りなさい。そうすれば彼女がお前に代わって彼らを罰するであろう。悪事を働く裏切り者を滅ぼすことができるのは、『眼』以外にはいない。ハトホルの姿で地上に送るがよい」

この物語の最初の部分を見る限り、「ラーの眼」は女神である。エジプト語のイレトという語は、女性形であり、ハトホルをさす言葉である。さらにハトホルが「いかに心に麗しく」、また「人間に対して力をもつか」が記されている。また「王であるラー」が「王として力（権力）」を発令するという下りで使用されるセケム（力）という言葉は、語呂合わせでセクメト女神をさしている。「このようにしてセクメト女神が登場した」とされる。セクメトは、ハトホルの別の姿であり、いずれも「ラーの眼」が具現化したものである。物語の中で具体的に表現されているわけではないが、この太陽の目は、同時に血に飢えたライオンである。J・ヴァンディエの言葉を借りれば、「エジプト神話の中で『神の眼』ほど、複雑なものはない」「ラーの眼」がウラエウス*でもあることが、上の言葉を立証している。このほかにも多くの名前をもち、目、炎、ライオン、そしてウラエウスは、特定の複数の女神に属するものであり、太陽の眩い光と熱のすべてを象徴している。これらの女神は、いとも簡単に互いに入れ替わることができ、同じ1人の女神の異なる側面であるといえる。ハトホルとセクメトのほかに、ウアジェト*、テフヌウト*、バステト*、ムウト*。これに加えて下記の地域神がいる。ウペセト*、タセネトネフェレト*、メヒト*、あるいは、ウヌウト*、さらには、「ラーの眼」という呼び方は、「ラーの娘」でもなく、また「アトゥムの娘」でもない神々の形容辞としても使

用されている。つまり、エジプトのパンテオンのどの女神も、この形容辞をもつことが可能である。それは有名なイシス*、ネフティス*、やセルケト*のような女神だけでなく、ほとんど知られていないヘヌウト・メスチェト*のような女神にも適用する。

ある女神が「ラーの眼」と表現されている場合、その図像は、ライオン（p.205図参照）、ライオンの頭の女性（p.40口絵右下参照）、あるいはウラエウス（p.17口絵右参照）の姿をとることが多い。

カルガ・オアシスのイビス神殿の至聖所に続く部屋には、「ラーの眼、天の婦人、すべての神々の王」という形容辞の女神が、ウンシェブ*を供物として受けとっている。その姿は、ウラエウスで囲まれた太陽円盤の冠をかぶった、頭がライオンの婦人であり、手にはウアジュ杖*とアンク*のサインを持っている。それに対して、コム・オンボでは、誕生殿に描かれた夏の第２月（パイニ）の守護神である神々の頭に「ラーの眼」がある。そして「ラーの眼」は台座に載る巨大なウラエウスの姿で衣をまとい、頭には大きなウジャト眼*をつけている。

特徴：ウジャト眼、ウラエウス、太陽円盤

→アメネト、ウアジェト、ウアセト、ウラエウス、ウレト・ヘカウ、遠方の女神、セクメト、テフヌウト、天の牛の書、ネベトゥウ、ネヘメタウイ、バステト、ハトホル、ヘヌウト・メスチェト、ムウト、メヒト

B.: W. Spiegelberg, *Der ägyptische Mythus vom Sonnenauge*, Strasbourg, 1917; G. Scandone Matthiae, “L’occhio del Sole. Le divinità feline femminili dell’Egitto faraonico,” *SEL* X（1993）, p. 9-19.

ラピスラズリ　LAPIS-LAZULI

エジプトの歴史を通じて、古代エジプト人は、現代人が好む宝石には関心がなかったようである。ファラオの宝石の中にダイアモンド、ルビー、サファイアなどを見ることはできない。それよりも半貴石や多様な色のガラスが使用された。

紅玉髄や碧玉の多様な濃淡の赤、長石の緑、そしてまれにそれほど質の高くないエメラルド、トルコ石の鮮やかな空色、ラピスラズリの灰色を帯びた暗い青、アメジストの紫などが、比較的限られた色のレパートリーであり、多様な象徴を表現するために必要な色合いであった。とくに護符などの製作にこれらの色彩は必要であった。

よく使用された貴石の中で、エジプト人にとってラピスラズリは特別な存在であった。それは、人間界、さらには神々の世界においても、銀や金と同じように貴重な石であった。歴史時代の初めから

アフガニスタンの北部と交易のあったバダフシャンという遠い土地でしか採取できなかったことや、独特の暗い色合いが、この石を稀少で高価なものとした。

ときに金色の光や白い筋をもつラピスラズリの深い青は、文学書や宗教書において、神々の華麗な姿を描写するのに使われた。また、それがガラスによる模倣ではなく、「本物」のラピスラズリであるということが強調された。

とくに神々の毛は、眉毛から髭まですべて、この貴重な石でできていると考えられ、前4千年紀から護符、スカラベ、そして貴重な小像を製作する際に使用されていた。『天の牛の書*』の最初に登場する年老いたラーを描写する場面で、「骨は銀、肉は金、そして髪は本物のラピスラズリ」であったと記されている。

ライデン・パピルス（I 350）の1つの『アメンの讃歌』には、「天は金でできており、ヌン*はラピスラズリでできている」と記されている。3つ目の例として、『難破した水夫の物語』に登場する、水夫を島に迎える空想上のヘビは「本物のラピスラズリの眉」をもっていた。

→金、銀

B.: G. Hermann, “Lapis lazuli; the early phases of its trade,” *Iraq* 30（1968）, p. 21-57; J. C. Payne “Lapis lazuli in early Egypt,” *Iraq* 30（1968）, p. 58-61.

ラヘス　RAHÈS

ワニの神。『ピラミッド・テキスト*』の同じ文章（1476a）の中に登場する、ほとんど変わらない2つの名前をもつ神がいる。ラヘス*は、ファイユームのワニの神としてよく知られている。それに対して「上エジプトを支配するもの」と定義されているイアヘス*がいる。ラヘスの名前の音は、ロ・ヘサ「恐ろしい口」という句の音によく似ている。これが神の名前の起源であるかどうかは不明であるが、末期王朝時代の書記は、この形容辞が比喩的にライオンやワニを意味することを知っていた。

第12王朝のアメンエムハト3世の像の台座には、「四つ足の上で休むもの」というラヘスの愛称が刻まれている。セベク神も同じ形容辞をもっており、この形容辞には、ワニ独特の休む姿勢が描写されている。第13王朝の『ラメセウム・パピルス』（VI）の1つには、セベクの讃歌が記されている。ワニのミイラの決定詞をともなうラヘスは、ワニの神のなかでも最も偉大な神セベクと明らかに同一視されている。中王国時代の宗教的な慣習において、すべてのワニの神々が基本的には統合されていたことが示唆される。

上記パピルスの現存する碑文の中には、ラヘスの図像は見られないが、ソベクへの讃歌に見られる聖なる名前の決定詞を見ると、この神がミイラの姿のワニとして描かれていたのではないかと推測される。

→イアヘス、セベク

ラー・ホルアクティ RÊ-HORAKHTY

ラーを参照

ラメセス2世 RAMSÈS II

第19王朝の3代目の王。生きている時から、アメンの月を具現化した神として、ネブマアトラーの名の下に崇拝を受けていた第18王朝の偉大な王アメンヘテプ3世の時代の後、もう1人の神格化したファラオがいた。前13世紀の3分の2という長い間、エジプトの王であったラメセス2世である。彼もまた、生前から神として崇められ、その彫像が崇拝を受けていた。

ファラオにふさわしく、ラメセスのすべては最上級で表わすことができる。命の長さ、治世の長さ、女性の数、そして子どもの数、さらに記念碑と王位更新際の数など、ラメセスは、アメンヘテプ3世よりも成功を納めたといえる。その聖なる姿は、ヌビアの神殿における多様な記念碑に異なる姿で出現している。

それはたんに偶発的な出来事ではなかった。すでにネブマアトラーはソレブの神であり、さらに南においても神として崇められていた。いずれの場合も、実は、王の神格化はエジプトに属さない国を支配下に置く手段であり、治世30年目に行なわれる、初めてのヘブ・セド（セド祭）において支配はふたたび強化される。アブ・シンベル大神殿においては、「偉大なる神、ラメセス」の像が少なくとも3度、すでにあった装飾に加えられている。この事実は、アブ・シンベルがエジプトによって開発されていったことを示している。それに対しワディ・アル＝セブア、デール、あるいはゲルフ・フセインの地では、神格化された王の図像は、他の神々と同じように、ごくふつうに壁画や彫像に描かれている。

エジプト国内でも、王に対する信仰は、巨大な彫像を中心に発展していった。巨像はだれの目にも容易に止まり、それを中心に一般の人々の崇拝の気持ちが信仰心へと自然に育って行った。巨像、その複製、王の立像や座像を拝む場面を描いた私人ステラなど、ヒルデスハイム博物館には、デルタの東から出土した多くの作品が所蔵されている。「ラメセス、神なるメリアメン」、「2国のウセルマアトラー・セテプエンラー・メンチュウ」、「ラメセス・メリアメン・王国のラー」、あるいはまた、「アトゥムに愛されし、ウセルマアトラー・セテプエンラー」など、人々の祈りを聞く彫像の数々が、その人気を証明している。

アブ・シンベルでは、既存する場面に

神格化されたラメセス2世の像が後から加えられている。王はネメス頭巾をかぶり、耳のあたりで渦巻くアメン*の牡羊の角の上に、太陽円盤を飾っている。神殿の第2室の北の角では、ラメセスはミン・アメン・カムウテフ*とイシス*の間に立っている。そして南の角では、アメン*とムウト*の間に座っている。いずれの場合も、神殿の装飾にあたった者は、図像にかなりの手を加えなければならなかった。王のシルエットは、女神の大きさに合わせて描かれている。とくに南の壁では手を加えたことが明らかであり、神となった王の図をアメンとムウトの間に差し込むために、もともと座っていたムウトを立たせている。時とともに化粧漆喰が剥げた結果、今では元来の女神の足を見ることが可能である。

他の場所では、ラメセスはハヤブサの頭をもつ人間の姿で、頭に直接、月の円盤と三日月を飾っている。あるいはまた、人間の姿で、同じ月の飾りを皿の上に飾っていることもある。言い換えれば、ネブマアトラーと同じ冠を頭に飾っている。この姿は、ワディ・アル＝セブアに見ることができる。ワディ・アル＝セブア、アブ・シンベル、そしてデールの神殿には、神となったラメセスの船の行列の場面が多く描かれている。船首と船尾には、太陽円盤を載せたハヤブサの頭のアイギス*が飾られている。これはラメセスがラー・ホルアクティと同化していることを象徴していると思われる。また、神聖を表わすものとして、プスケントをかぶったハヤブサの頭をもつ神として表現された王のファイアンス製の小像がある。これはアケムという語幹が表わす意味、すなわち、「神である、あるいは、神となった」「ハヤブサ、神のイメージ」を具現化していると考えられる。

サッカラのアパ・エレミア修道院に再利用されている、ラメセス朝の墓の壁には、王位更新祭の場面が描かれている。ラメセスはその即位30年と66年という長い治世の間に14回の王位更新祭を祝っている。ラメセス2世は、偉大な神の左に自分が座するダイアドと呼ばれる2体像を作らせ、みずからを彫像の神と同一視している。アメン・ラー、ネイト*、ゲブ*、セベク・ホルス*、イシス、ネフティス*、マアト*など多様な神との2体像が見られる。王特有のまっすぐな髭をつけているが、アンク*のサインを持ち、ネメス頭巾には太陽円盤が載っている。

特徴：アンクのサイン、牡羊の角、皿状冠、聖船、太陽円盤、月の円盤と三日月

→ネブマアトラー、ファラオ

B.: G. Roeder, "Ramses II. als Gott. Nach den Hildesheimer Denksteinen aus Horbeit," *ZÄS* 61（1926）, p. 57–67, pl. IV–V; L. Habachi, *Features of the deification of Ramses II, ADAIK* 5, 1969.

(→口絵/p.77)

レア　RHÉA

ヌウトを参照

レシェプ　RECHEP

カナンの戦争の神。ギザのスフィンクス神殿の裾に立てられたアメンヘテプ2世の巨大なステラに、シリア・パレスチナの神レシェプの名前が、アシュタルテの名前とともに、エジプトにおいて初めて登場する。レシェプは、戦争や馬と結びついた神であり、他のアジアの神々と同時期にエジプトのパンテオンに紹介された。その信仰は人々に広く受け入れられたが、そのきっかけとなったのは「スポーツに長けた王（アメンヘテプ2世）」であり、レシェプは戦闘の神として王の個人的な保護者となった。

称号は、エジプトの神々がもつ一般的なもの（偉大なる神、天の主人、永遠の神など）のほか、少しめずらしい（祈りに耳を傾ける者…）などがある。レシェプは、ラメセス２世の新しい王都ピ・ラメセス（ペル・ラメセス）の近く、東デルタのメンフィス地域や、王家の谷の職人の町ディール・アル＝マディーナで崇拝された。そして、多くの私人のステラの中でカデシュ*やミン*と結びつき、

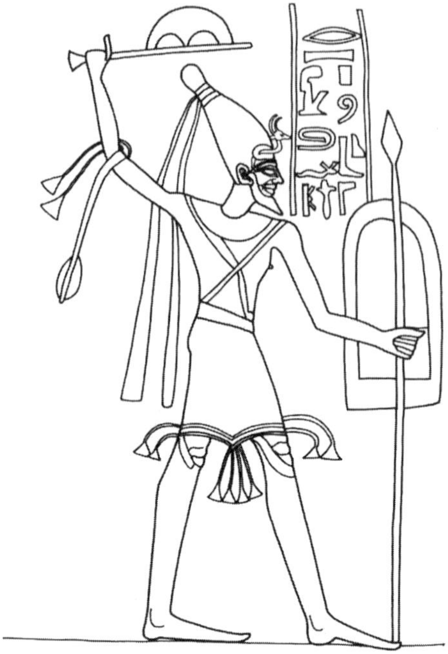

ステラ OIG 10569に描かれたレシェプ神、第19王朝。

３柱神を形成していたようである。

末期になると、ミンとの結びつきが完全なものとなり、ミン・レシェプの名前の下、メンチュウ神の１つの側面となり、カルナクの北のメンチュウ神殿のプロピュライラ（前門）には、鎖でつながれた捕虜を連れたプトレマイオス３世エウエルゲテスに、刃のついた棍棒を差し出しているレシェプの姿が描かれている。このほか、カイロ・エジプト博物館には、第26王朝のめずらしい青銅製の小像がある。その台にはミンの名前だけが記さ

れているが、頭飾りはレシェプのものであり、顔にはベス神の仮面をつけている(JE 27043)。

ニューヨークのメトロポリタン美術館所蔵の彫像が、レシェプの唯一知られている3次元の像である。レシェプはつねに、武器を手に持ち、あるいはふり上げている。衣装は細部が図によって若干変化する。一般には、立っている場合も、座っている場合も、裾に房飾りや襞のついた腰布をまとい、アジア様式の先がとがった自然な髭をもつ。頭には上エジプトの白冠に似た冠をかぶっているが、外国のめずらしい飾りがついている。それはガゼルの頭、ときには角に省略される装飾で、頭に巻いた紐で作られたバンドで、ウラエウスのように留められている。紐は後で結ばれ、その先が背中にたれている。リボンはハチマキではなく、冠の先端に飾りとして結ばれていることもある。また、飾りのない腰布を巻いている時は、よりエジプトの神に近い姿をしている。この場合、3つに分けた鬘をかぶり、編んだ髭をつけている。

レシェプはふつう、片手に盾と大きな槍を持っている。そしてもう一方の手で斧、あるいは、刃のついた棍棒、投げ槍、さらには別の槍をふり上げている。また、まれに投石具を持っていることもある(ステラ、シカゴ10569)。

特徴：ガゼルの頭飾り、装飾のある戦闘用の斧、盾、投石具、投げ槍、刃のついた棍棒、槍

→アシュタルテ、カデシュ、ミン

B.: R. Stadelmann, *Syrisch-palästinensische Gottheiten in Ägypten, PÄ* 5, Leyde, 1967; W. J. Fulco, s. j., The Canaanite God Rechep, *American Oriental Series* 8, New Haven, 1976; I. Cornelius, *The iconography of the Canaanite gods Rechef and Ba'al: Late Bronze and Iron Age I periods* (*c. 1500-1000 BCE*), *OBO* 140, 1994.

レス・ウジャ　RES-OUDJA

形容辞、そして聖なる存在。『ピラミッド・テキスト*（§§330c、331c)』の時代から見られるレス・ウジャという表現には、「安全に健康に目覚める者」という意味があり、形容辞となっている。この形容辞は、「死と無意識の状態から抜け出し、意識と活動の生の状態に移る聖なる者」をさす（B・ファン・デ・ワーレ)。初めは、特定の名前をもたない神にあたえられていたが、その後、特定の神をさすようになる。

新王国時代の初め、とくに第19王朝から、この形容辞は、暗殺され再生復活したオシリス*に優先的に使用され、単独で、あるいは、名前とともに現われる。レス・ウジャは、完全に再構築された肉体を表わし、なかでも生殖能力が重視さ

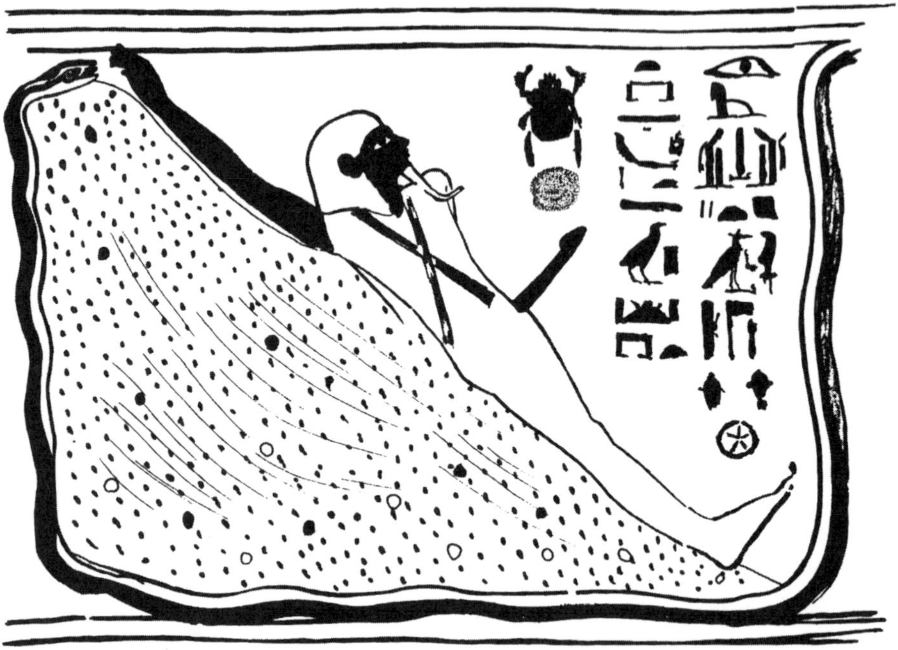

レス・ウジャ、ヘルウベンB の葬送パピルス。第21王朝、カイロ・エジプト博物館。

れたため、図像は勃起した姿で描かれる。

この形容辞をあたえられる神々の中には、プタハ神*とソカル神*がいる。この2人は、ときにオシリス神と1つとなり、プタハ・ソカル・オシリスとなる。また、アメン神*も「レス・ウジャの名前のもとに［…］光を創造したもの」とされている。また毎朝、栄光の中に再生する太陽神ラー・ホルアクティ*にも、この形容辞があたえられる。

しかし、ベイフベイト・アル＝ハガル、サイス、アトリビス、そしておそらくメンフィスなど、オシリスの信仰のある神殿で、レス・ウジャを見つけた場合は、その背後にオシリスがいると考えなければならない。

セティ1世墓の埋葬室に続く副室の柱の1つに、「偉大なる王宮」に住むレス・ウジャが、彼を抱かんとする王の前にいる場面が描かれている。肌は緑で、顎には編んだつけ髭をつけ、頭にはプタハのように、ぴったりとした青いキャップをかぶっている。手は胸にしっかりとあて、2つの王笏を持っている。これはオシリスのいつもの姿である。同じ図は、ビントアナト王女の墓の壁（QV71）にも見ることができる。ラメセス2世の王女ビントアナトの前に描かれた「偉大なる神、天の主人、9柱神の王子」はウアス杖とアンクのサインを持っている。

カイロ・エジプト博物館所蔵のアメン・ラーの歌い手ヘルウベンの2つの葬送のパピルスには、レス・ウジャが描かれている。パピルスAでは、死者は座っているハヤブサの頭をもつ人間の姿をした「プタハ・ソカル・オシリス」の前にいる。神はアテフ冠をかぶり、王笏を持っているが、上に記された碑文によるとヘルウベンは、「オシリス　レス・ウジャ、アビュドスのウンネフェル」に崇拝を捧げているとされている。パピルスBには、「西の長であるオシリス　レス・ウジャ、ドゥアトに住む偉大なる神」の図が、長い蛇によって四角く区切られた場面の中に、勃起したミイラとして描かれている。神は、「ケプリの丘」である砂の斜面に横たわり、右腕は長い体にそうように置かれている。

特徴：アテフ冠、王笏、勃起した男根

→アメン、オシリス、ソカル、プタハ、ラー・ホルアクティ

B.: B. van de Walle, "R '-wd3 comme épithète et comme entité divines, " *ZÄS* 98（1972）, p. 140-149.

レタス　LAITUE

少なくとも第4王朝の初めからエジプトで一般に栽培されていたレタスは、フランスではロメインレタスと呼ばれるものである（*Lactuca sativa*、キク科アキノゲシ属の野菜、和名はチシャ）。古くからミン神と結びつき、媚薬として知られている。今日のエジプトでも、ロケット（キバナスズシロ）と共にサラダにして食され人気がある。この野菜がもつとされる効能も然ることながら、その白い汁が人間の精液を連想させることから豊穣の神に属するものとして重要視されるようになった。ディスコリデスによれば、レタスには、鎮静剤の効力もあり、咳止め、あるいはまた、性欲を抑える効果があるとされている。

「ミン神の植物」は、コプトスの神の儀礼の場面には、かならずといっていいほど描かれている。王がミン神に供物としてのレタスを奉納している場面や、ミン神の近くにレタスが植わっている図がある。前者の場合は、ファラオが両手に持つレタスは様式化されて描かれ大きさはふつうである。後者は、数枚のレタスの葉が供物台の足を囲むように描かれている場合と、四角い「花壇」にきちんとレタスがならんでいる場合がある。最も一般的な図では、レタスは神の後ろに描かれ、神の頭の高さにある宙に浮いているように見える殻竿に向かって差し上げられた腕の下にある。「ロメインレタス」の下の部分は、サラダ用の野菜というよ

りも大きな木の幹のように描かれており、糸杉のような表現で、神と同じくらい大きく描かれていることもある。

神の世界を離れるとレタスは多様なコンテクストで登場する。古王国時代のマスタバ墓には日々の生活の場面でリアルなレタスの図が描かれている。栽培されている様子や死者のために積み上げられた供物の山の中に描かれていることもある。様式化したものとしては新王国時代以降、活力と豊穣の象徴として、死者の手ににぎられたレタスが壁画や彫像に表現されている。葬送の礼拝所の壁には、２枚のレタスをくくりつけた杖を持った姿で死者が描かれている。この杖は、永遠の生命と再生復活を約束するものである。アンクのサイン、ジェド柱、そしてティトの結び目（イシスの結び目）*、あるいはロータスと共に、レタスは、ブロック像の手に象徴としてにぎられていることが多い。生命、安定、保護、再生を約束する護符の役割をもち、彫像の主に豊穣と生命力を約束している。

→ミン

B.: L. Keimer, “Die Pflanze des Gottes Min,” *ZÄS* 59（1924）, p. 140-143; R. Germer, “Die Bedeutung des Lattichs als Pflanze des Min,” *SAK* 8（1980）, p. 85-87; M. Defossez, “Les laitues de Min,” *SAK* 12（1985）, p.1-4; A. Belluccio, “La pianta del dio Min e la sua funzione sul piano mitico-rituale,“ *DE* 31（1995）, p.15-34.

（→口絵/p.77）

レト（ラトナ） LÉTO

ウアジェト、ラトタウイを参照

レネヌウテト RENENOUTET

コブラの女神、穀物の守護神、運命を人格化した女神。トキワサンザシの籠を腕にかかえた、15世紀のヨーロッパの聖テルムティスの像を見て、これがエジプトの神であったとだれが思うであろう？

それはおそらく、収穫の守護神、穀物と穀物倉庫の女神レネヌウテトの最後の姿であろう。ときにレネネト、あるいは、レヌウトと記されることもある女神の名前は、「豊かな食物をあたえる蛇」という意味がある。ギリシア語ではエルムティス、あるいは、女性形の冠詞をともなったテルムティスという名前で呼ばれている。「穀物倉庫の婦人」に供物を捧げる、あるいは、「食物の女主人」を崇拝するという表現は、特定の神殿のレネヌウテト、あるいは特定の地域のレネヌウテトをさし、女神はそれぞれの神殿や地域に応じた姿で守護の役割を果たす。

ときに生命力と結びついているもう１人の蛇の女神ネヘブカウ*の母でもあるレネヌウテトは、穀物を人格化したネプリ*の母でもある。その誕生日は、収穫の始まりである夏の第1日目、1年の8番目の月の終わった翌日である。この日は、「レネヌウテトの日」として祝われる。後にギリシア語、そしてコプト語でファルムティとなる月の名前の起源である。

穀物と葡萄の成長を約束するレネヌウテトは、麻の生育も司っていた。織物の女主人である彼女は、死者を包む包帯と麻の生産が結びついていたことから、葬送の神の1人でもあった。

レネヌウテトは、シャイ*と共に運命を人格化している。とくに盲目の運勢（生まれた時に決まる新生児の運勢）を象徴し、メスケネト*とも結びつき、メスケネトと同様に、同じ名前をもつ4人の女神とその役割を分担している。後の時代になると、イシス女神とも同化し、たいへんな人気をえて、ギリシア・ローマ時代には数多くのイシス・テルムティスの像を生み出した。単独の場合もあれば、アガトデモン*と共に描かれることもある。

心臓の計量の場面を描いた挿絵において、アンハイの『死者の書*』（大英博物館 10472）に見られるように、レネヌウテトは人間の姿の女神、あるいは、人間の頭をもつ誕生レンガとして描かれることがある。また、トゥエリス*の姿を借りて、牝のカバの姿で描かれることもある（コム・オンボの誕生殿）。しかし、マットに載ったコブラ、台座の上のコブラ、あるいは、頭と首が蛇の女神として描かれることが多い。アメンヘテプ3世時代のアメンエムハト墓（TT 48）に見られるように、同じ場面の中に異なる図がならんで描かれることもある。

蛇の頭の女神として描かれる場合、膝に載せたネプリに乳をあたえていることが多い。蛇の姿の場合は皿に載ったハトホル冠や2枚の高い羽根をつけている。あるいは、デンデラ神殿のクリプトに描かれた4人のレネヌウテトの図のように（*D* VI, pl. 560-561）、皿に載ったハトホル冠の上にさらに羽根があることもある。また、赤冠をかぶっていることもある（カルツーム博物館所蔵のステラ n° 2482、クンマ出土）。

ケンブリッジのフィッツジェラルド博物館所蔵の棺（n° E 1.1822）には、オシリスの玉座の足下に立つレネヌウテトがいる。対称性を追求した結果、向きあうシャイと同じ性格をあたえるために、ワニの頭をもつ牡羊として描かれている。

特徴：1対の高い羽根、皿状冠、赤冠、ハトホル冠

→アガトデモン、シャイ、生産をつかさどる神々、ネプリ

B.: J. Leibovitch, “Gods of Agriculture and Welfare in Ancient Egypt,” *JNES* XII（1953）, p. 73-113; J. Broekhuis,

De godin Renenwetet, Assen, 1971.

（→口絵/p.78）

レピト　REPYT

上エジプトの第９ノモスのライオンの女神。ミン神の配偶神。初期王朝時代から登場するレピト女神は、天蓋の中にいる女神、というめずらしい図に表わされている。とくに、ギリシア・ローマ時代のアクミームにおいてその存在が知られていた。この地では、アペレトイセト*と同一視され、ミン神の妻、そして彼らの子どもであるコランテス（子ども）*の母親として知られている。

「上質を知る婦人」という名前の女神は、女性の定冠詞をともない、ギリシア名でトリフィスと呼ばれ、上エジプト第９ノモスの都イプウの女神であった。ギリシア人は、ミン神をつねに勃起している彼らのパン神と同一視したため、この地をパノポリスと呼んだ。

ナイルの左岸「イプウの西」、ソハーグの白の修道院から２キロほど南に行った現在のワニナ・アル＝ガルビーヤの地に、レピトはデンデラにも匹敵する広大な神殿をもっていた。われわれを圧倒する「レピトの城」トリフィオンは、プトレマイオス９世と12世によって建造されたもので、完成とはほど遠いものである。しかし遺跡に描かれた場面や記された碑文の考古学的調査から女神の性格が浮かび上がる。この遺跡は広大な誕生殿であった可能性もある。

繰り返し「ホルスの眼*」と描写されるレピトは、はっきりとした月の性格を帯びており、その事実はレピトと共にいるミンのもつ「月の城の神々の王」という形容辞に示されている。「完成されたウジャト眼*」であるレピトは、天の２つの光を表わし、「昼は２国を照らす右目」であり、「夜は暗闇を照らす左の目」であった。「明るく」「輝く」レピトは、セクメト*、テフヌウト*、そしてウペセト*と同一視され、またハトホル*とも結びついている。デンデラ神殿は「レピトの住処」と呼ばれることさえあった。いずれの女神も太陽の目を具現化している。

アーチ型の屋根の下に神像を飾る儀礼用の古い籠の模型がいくつか知られている。ルッツェルンに保存されているものが、その良い例である（コフラートゥルニガー・コレクション、K 9643R）。３つか４つのサインが１つの像に刻まれており、バト女神*の呪物とも思われるが、「レピト」と読むこともできる。あるいは単純に「像」という意味かもしれない。

この不確かな像のほかは、レピトは２つの異なる姿で現われる。最も一般的な姿は、太陽円盤を頭に飾ったライオンの頭の女神である（コランテスの後ろに立つレピトを描いたステラや、カラカラが彼女にワインを奉納するエスナ神殿の場面など)。また、完全に人間の姿をとることもある。フィラエ神殿の第１列柱室の前にある柱には、鎌首をもたげる大きなウラエウスを頭に飾ったレピトが描かれている。デンデラのオシリス複合体においては（東の礼拝所n°1)、年のサインを頭に飾っているが、これは製作者の石工が誤ってレンペト*を意図した可能性もある。

特徴：ウラエウス、太陽円盤

→アペレティセト、コランテス、ホルスの眼、ミン

B.: H. Gauthier, “La déesse Triphis,” *BIFAO* 3（1903）, p.165-181.

レピドテス　LÉPIDOTE

ハトメヒト、メヒトを参照

レレト　RERET

カバの女神。レレトはカバの女神であり、その名前は「牝豚」を意味する。またレネヌウテト*と同様に、「栄養となる糧」の意味ももつ。ギリシア・ローマ時代にはレネヌウテトに代わって崇拝されることが多い。前者の意味はヌウト女神*との結びつきを示唆する。また、２つ目の意味はシャイ*の配偶神の1柱として、乳母や保護の女神の役割をもつことを示している。レレトは「聖なる子どもの誕生」の場である「偉大なるイペト女神の城」の中で、「聖なる子どもの周りを囲むすべての女神」の1柱として存在する。レレトは誕生殿に見られるばかりでなく、その守護の力は死者にも及び、イペト*のように「両腕に」松明を持ち、脅威に満ちた暗闇を灯している。

メスケネト*やレネヌウテトと同様に、「それぞれの月*をつかさどる」４柱のレレトがいる。これらの12人の女神が、12のトゥエリスの姿をとり、１年のそれぞれの月に１人１人が結びついている。

また、イシス*やイペトと同化したレレトは、北天の星座の中に姿を見せる。碑文の説明には少しずつ違いがあるが、おおぐま座、すなわち、「フリント製の２つの係留策具に黄金の鎖でつながれている」「セトの太もも」をかかえたカバは、偉大なるレレト、すなわちイシスである。偉大なるレレトは、セトの星座が「神々の間を航行する」ことを防いでいる。あるいは他の逸話によれば、「ドゥアトにもどり」オシリスに危害をあたえるのを防ぐ役割を果たしている。

レレト、トゥエリス、そしてイペトは、同じカバの女神の異なる側面を表わしている。ルーヴル美術館に所蔵されている女神の影像の背柱に刻まれた碑文を見ると（E. 25479)、図像上でレレトを他の２人の女神と区別することはできないようである。

エドフ神殿の聖域の中の聖域における外壁の上部を飾るフリーズには、２人のレレトが、ならぶように座っている守護の女神の長い行列のそれぞれの端にいるのを見ることができる。あわせて４人のレレトはいずれも人間の姿で、とくに目立った特徴をもたない。４人のうちの２人はハゲワシの髪飾りを頭に飾っている（*E* IX, pl. 16–17）。

特徴：係留策具、サのサイン、ハゲワシの頭飾り、松明

→イペト、カバ、シャイ、トゥエリス、ヌト

レンペト　RENPET

年を人格化した神。時を分けるすべての単位は、大きいものも小さいものも、エジプトにおいてはなんらかの形で神と結びついている。暦の月が多様な神々の保護の下にあるように、昼と夜の時*、年、そして永遠性という２重概念は、神として人格化される対象であった。

通常の名詞が固有名となり、年はレンペトという女神によって象徴されるようになる。レンペトは重要な女神ではなかったが、「永遠の女主人」としてエジプトのパンテオンの一部となった。地平線に星が現われるヘリアカル・ライジングが、ナイルの氾濫の始まり、そして１年の始まりと一致したソティス女神*（シリウス）は、ときにレンペトと結びつく（『ピラミッド・テキスト* §965』）。

アビュドスのセティ１世神殿にある、彩色されたレリーフの１つには、レンペト女神の非常に美しい姿が描かれている。第２列柱室において、「何百万年も、そして何百万年も」王との結びつきを宣言するレンペトは、後のレンペトネフェレト*の図像のように、若い女性の姿で描かれ、頭には、その名前を表わすヒエログリフのサインが飾られている。そのサインとは、葉を取り除いたあとのヤシの葉の中心にある葉脈である。それは杖のように長く、そこに小さな溝を刻むことによって日にちを記録することができる。マアトをともなうオシリス*の前に立つレンペトはマアト女神がダチョウの羽根を飾るようにヤシの茎を頭の天辺からではなく、頭の後ろで結んだバンドにはさんで留めるように頭に飾っている。

特徴：年を象徴するヒエログリフのサイン

→永遠、季節の女神、時間の女神、ソティス、ヘフ

レンペトネフェレト RENPETNEFRET

イムヘテプの配偶神。滅多に登場することのないレンペトネフェレト女神は、エジプトの神学者が新しい神であるイムヘテプに、聖なる家族をあたえるために創り上げた女神である。その名前は「完

璧なる年」という意味をもち、健康を約束する医学の神イムヘテプの慈悲に満ちた行為が良い結果をもたらすようにという願いが込められている。

フィラエ島にあるイムヘテプの小さな神殿の正面、ディール・アル＝マディーナのハトホル神殿、そしてディール・アル＝バハリのプトレマイオス朝の聖域に描かれた図像にともなう短い碑文を読むと、レンペトネフェレトは「神の妹」、つまり「プタハ*の娘」、「王妃」、あるいは「２国の女王」である。彼女はまた、「完璧なる女王」であり、「兄の心に喜びをあたえる編んだ髪の愛の女主人」である。そしてイムヘテプの母ケレドゥアンク*と同様に、イムヘテプを守護する。

レンペトネフェレトは、つねにイムヘテプと彼の母の後ろに描かれ、片手を保護の仕草で上げ、もう１方の手にはアンクのサインを持っている。

ディール・アル＝マディーナやディール・アル＝バハリにおいては、レンペトネフェレトはギリシア・ローマ時代の一般的な女神の姿で描かれている。長い鞘型の衣をまとい、ときに胸は露にしている。髪は３つに分け、大きな胸飾りを飾っている。しかし、独特な髪飾りによって特定することが可能である。ハトホル冠ではなく、年を示すヒエログリフのサインを頭の後ろで結んだバンドで留めている。図にともなう碑文がなければ、

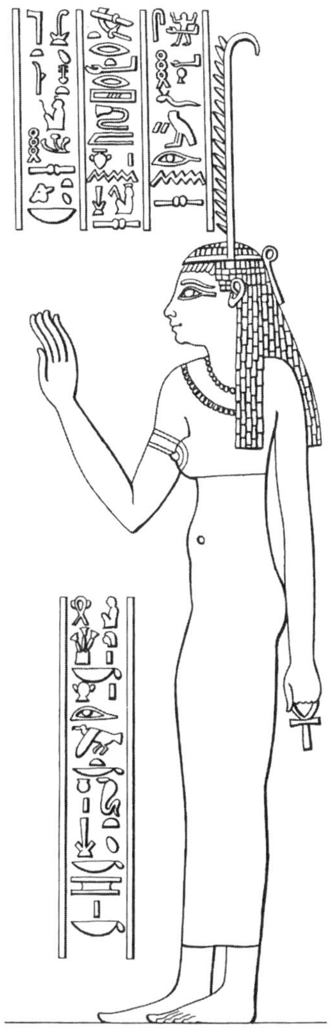

ディール・アル＝バハリ神殿（プトレマイオス朝の聖域の北壁）、ギリシア・ローマ時代。

年そのものを象徴する女神レンペト*と混同されてしまうであろう。フィラエ島では、たんにハゲワシの髪飾りを頭にかぶっている。

特徴：年を表わすヒエログリフのサイン、ハゲワシの髪飾り
→イムヘテプ、ケレドゥアンク

ロータス（睡蓮） LOTUS

女性の手ににぎられた、あるいは、髪に挿されたロータス、供物台の上の花束、フリーズ装飾、庭の池の水面に浮かぶロータス、優美な青いロータスの花は、エジプト文明を思い起こさせる。

実際、古代エジプトには、３種類の異なる睡蓮科の花があった。インド産の薔薇色のスイレン（*Nelumbium speciosum* Willd.）が、ペルシア支配時代に、すでにあった２種類のスイレンに新たに加わった。アラビア語では、ニヌファール。語源は、おそらくエジプト語のナネフェルウ、すなわち、「美しいもの」である。この言葉が、ナイルの水面に浮かぶ水辺の花をさしていたと思われる。白いロータス（*Nymphea lotus* L.）は、葉の先がギザギザで、蕾と花びらは大きく、まるみを帯びている。青いロータス（*Nymphea caerulea* Sav.）は、滑らかで光沢のある葉を持ち、蕾と花びらはまっすぐに伸びて先端がとがっている。

日の出とともに、花の中心にある黄金色の雄蕊を見せる青いロータスは、まさに白スイレンが閉じようとする時に、その花を開く。この様子を見たヘルモポリスの神官たちは、この世の最初の朝、水の上に現われた花の中から出現する太陽を想像したにちがいない。そして聖なる太陽の誕生のシンボルとした。ロータス、および、マンドラゴラの実は、図像の中で誕生の象徴となっている。

ギリシア・ローマ時代には、王は、新鮮なロータス、あるいは「黄金*とラピスラズリ*」の盃を若き太陽である神、エドフ神殿のホルス*や、デンデラ神殿のハルソムトス*に捧げた。その強力な魔力をもつ儀式によって、「ラー*のように日々若返る」ことが約束された。すなわち、朝を迎えることによって、太陽の日々繰り返すサイクルの持続が約束される。「最初に生まれるロータスを受け取りなさい。そしてだれにも気づかれることなく、裸の暗闇を払いなさい。ロータスの花に、あなたの種を置きなさい。原初の水を注ぎ、ヌン*に浮かべれば、そこに凝縮した一つの形の中から、光に満ちた誕生が約束される。そしてあなたの子孫が１人の子どもの姿をとって出現する」。この碑文は、プトレマイオス８世が、エドフ神殿の太陽のホルスとヘルモポリスの８柱神の前で行なう儀式の場面に見られる。

プトレマイオス朝やローマ時代のほぼすべての神殿で見ることのできる、ロータスの神ネフェルトゥム*の睡蓮の花の供物は葬送の性格をまったくもたない。しかし、「甘い香りの」花自体は再生の

シンボルである。死者はロータスのような再生を祈った。『死者の書*』の第81章には、2つの挿絵が描かれている。長い茎の先に咲く花の図、そして花盃の中から出ている人間の頭の図。その例として、青いロータスの花の中から出ようとする、太陽と同化したツタンカーメン王の頭を描いた彩色された木製の像がある。
→ヌン、ネフェルトゥム、8柱神、花束(ブーケ)、ハルソムトス、ヘリシェフ、マンドラゴラ（朝鮮アサガオ）
B.: S. Weidner, *Lotos im alten Ägypten. Vorarbeiten zu einer Kulturgeschichte von Nymphaea lotus, Nymphaea coerulea und Nelumbo nucifera in der dynastischen Zeit,* Pfaffenweiler, 1985; M. –L. Ryhiner, *L'Offrande du lotus dans les temples égyptiens d'époque tardive, Rites égyptiens* VI, Bruxelles, 1986.

（→口絵/p.78）

ワイン　VIN

ワインは、アブ・シールにある第5王朝のサフラー王葬祭殿で初めて確認されており、エジプト史のすべての時代を通して壁画などに多く描かれている。プトレマイオス王朝やローマ支配時代の神殿の壁画に描かれる供物の儀礼の場面では、ワインを捧げる図が最も多く見られるといっても過言ではない。ワインが登場する場面の多さを考えると、生産をつかさどる神々の行列の中に、ワインを人格化した神がいないことが不思議に思える。ハトホルが「ほろ酔いの婦人」であり、シチリアのディオドロスによると（歴史叢書Ⅰ、15、8）、葡萄を発見し、人間にワインの作り方を教えたのは、オシリスとされている。そしてオシリス神には、「ワインの主人」という形容辞があるが（『ピラミッド・テキスト』、820a と1524a）、メンケト*やテネメト*がビールの神、そしてイアティ*がミルクの神であるように、ハトホルやオシリスは、いずれもワインの神ではない。

レリーフ、壁画、ステラ、あるいは像などにおいて、神に供物のワインを捧げる場面では、王は立像や、ひざまずいた姿で描かれている。その手には2つのまるい壺*を持っている。まれにネムセト壺、ヘス壺、あるいは、円錐形の鉢で清めのワインを注いでいる場合もある（*D* IX, pl. 901）。最初の場合も、壺の中味は、たんに聖なる飲み物として神に捧げられているわけではなく、場面の横に記された碑文にあるように王は、供物として捧げたワインを「清めのために注ぐ」ように神にうながしている。カルナクのメンチュウ神殿の前に、プトレマイオス3世が立てた記念扉に刻まれた場面をその例としてあげることができる。ここでワインを捧げる王の動作を表わすヒエログリフについて、簡単な説明が必要である。「まるい壺を持つ手を差し出す腕」を描いたヒエログリフには、「供物を捧げる、差し出す」という意味があり、マアト*の供物やアメンに捧げる果物と同様にワインは最高の供物を象徴している。両手にワインの壺を持つハトシェプスト女王の2つの像の台座に刻まれた碑文がそのことを明らかにしている。

飲み物として、あるいは、清めの酒として、ワインは、大きな祝祭、葬送の儀礼、そして明確に記されているわけではないが、日々の神殿の儀式における供物として欠かせないものであった。多様な碑文を総合すると、「ワインを供える」という単純な定型文からは読みとることのできない、ワインのもつ意味が見えてくる。ワインは、「ホルスの眼」と結びつき、死者や神の「口を開け」、神々の「心を癒す」飲み物である。そしてワインは、生命や再生と同義語である。それはワインが血と同じ赤であるため、また、ナイルの氾濫の豊かな赤茶色の水を思わせるためである。ワインはまた、セトの恵みであると考えられている。セトは「オアシスの主人」であり、カルガ・オアシスやダクラ・オアシスは、その葡萄畑で有名である。発酵による酔いをあたえてくれるワインを奉納された神々は、王に権威、力、勇気、そして支配力をあたえた。そして豊かな品々ばかりでなく、魂の喜びもあたえた。ギリシア・ローマ時代になると、ワインを奉納することは、その血で「ホルスの眼をふたたび満たす」ことを象徴するようになる。そして聖なるワインを注ぐことは、供物を清め、聖なるものにする意味をもつ。エスナにある碑文（碑文n° 77、17）には、「神の前で、供物台に惜しみなくワインを注ぎなさい。[…]　神の心を満たすために」と記されている。この場合、積み上げてある供物に実際ワインを注いで清めるのか、王が供物に王笏で触れる慣習によって供物を聖なるものとするのかは明確ではない（p.27口絵参照）。

→オシリス、供物、シェズムウ、ハトホル、ハピ

B.: P. Dils, “Wine for pouring and purification in Ancient Egypt” in *Ritual and Sacrifice in the Ancient Near East*, Proceedings of the International Conference organized by the Katholieke Universiteit Leuven from the 17th to the 20th of April 1991 edited by J. Quaegebeur, *OLA* 55, 1993, p. 107–123; M.-C. Poo, *Wine and Wine Offering in the Religion of Ancient Egypt,* London/ New York, 1995.

（→口絵/p.78）

ワニ　CROCODILE

アメン、ゲブ、ケンティ・ケティ、

シェマネフェル、セベク、セヌウイ、ソクシス、ソクネブティニス、ソクノパイオス、プソスナウス、プネフェロス、マガ、ラーヘスを参照

ワニの上のホルス
HORUS SUR LES CROCODILES
ホルスのステラを参照

輪のある十字架 CROIX ANSÉE
アンクを参照

監修者あとがき

この『図説 エジプトの神々・神話百科事典』は、フランスの著名なエジプト学者ジャン=ピエール・コルテジアーニによる著作で、686もの項目からなる大部の事典である。この事典に収録されている古代エジプトの神々の数は、340柱にものぼり、それぞれに線描きの図が添えられているのが特徴となっている。わが国でも、古代エジプトの神話や神々の世界は非常に人気があるが、古代エジプトの神々を紹介した書籍でも、神々の数が100を超えるものはほとんど存在していない。通常、わが国で紹介される神々の数は、30～50柱が一般的であることから、本百科事典は、古代エジプトの神々に関する画期的な事典であると言える。

ヘリオポリスで崇拝されていた創造神であり、太陽神アトゥムは、暗黒のヌンと呼ばれる混沌とした大海の中を漂っていた。その後、この大海の中から、「原初の丘」が出現する。アトゥム神は、自ら大気の神シュウと湿気の女神テフヌウトを生み出す。そしてシュウ神とテフヌウト女神から、大地の神ゲブと天の女神ヌウトが誕生する。ゲブ神とヌウト女神からオシリス神とイシス女神、セト神とネフティス女神の4柱の神々が誕生する。創造神のアトゥム神から、シュウ神、テフヌウト女神、ゲブ神、ヌウト女神、オシリス神、イシス女神、セト神、ネフティス女神の合計9柱の神々をヘリオポリスの9柱神と呼んでいる。また、中部エジプトのヘルモポリスでは、8柱神による創造神話が語られている。

古代エジプトの神話の中で有名なものにオシリス神話がある。オシリス神は弟であるセト神により殺害され、その遺体がバラバラにされてしまう。オシリス神の妹で妻のイシス女神は、オシリスの遺体を集めて呪力で再生させ、オシリスの子ホルスを誕生させる。イシス女神の息子ホルスはやがて成長し、父の仇であるセトを殺し、地上の王となるのである。古代エジプトの各地には、守護神とその妻である女神、そしてその夫婦から誕生した子供の神という3神群（トリアード）が形成された。エジプト各地の3神群は、その地で最も力のある男神が主神となり、最も力のある女神が、その妻となる。そして主神に次いで信仰を集めた男神が、彼らの息子となるのである。テーベ地域においては、アメン・ラー神が主神となり、ムウト女神がその妻となり、テーベ地域で広く信仰を集めていた月の神コンスが彼らの息子となる。同様に古都メンフィスの地でも、主神としてプタハ神がおり、その妻として牝ライオンの女神セクメトがおり、彼らの息子としてネフェルトゥム神で構成される。このような３神群が各地に存在している。その数だけでも多くの神々が存在している。

こうした各地の神々の他に『ピラミッド・テキスト』や『死者の書』、『アムドゥアト書』などの宗教テキストに登場する神々も多い。さらには中王国時代のメンチュヘテプ２世やセンウセレト３世、そして新王国時代のアメンヘテプ１世やアメンヘテプ３世なども神として崇拝されていた。また崇拝された個人としては、古王国時代の２人の宰相、イムヘテプとカゲムニ、そして新王国第18王朝アメンヘテプ３世の宰相、ハプの子・アメンヘテプなどがいる。

本百科事典では、これまであまり紹介されてこなかった古代エジプト末期王朝時代からプトレマイオス朝時代、ローマ支配時代の神々が丁寧に紹介されていることも特徴のひとつである。わが国で初めて紹介される神々も数多く存在しており、それらの神々のカナ表記には大変苦労した。古代の神名はヒエログリフの音価を優先させた。また地名表記に関してはアラビア語表記を優先している。ギリシア・ローマ時代の神名などは今後の検討が必要なものもあると思う。なお最後に、本書の完成までには、原書房編集部の寿田英洋氏に大変にお世話になった。明記して感謝したい。

2024年11月

近藤二郎

用語集

青冠　Kheprech
「青冠（ケペレシュ冠）」と呼ばれる儀式用の冠。「戦闘帽」と呼ばれることもある。

アク　Akh*
人間、あるいは神のペルソナを構成する要素の１つを表すエジプト語。

アポトロパイク　Apotropaïque
守護神や守護神に属するものをさす。悪の影響を遠ざけ、回避する物や呪文。

アンスロポモルフ　Anthropomorphe
人間の姿をもつもの。

アンドロセファル　Androcéphale
人頭。

イビオセファル　Ibiocéphale
トキ頭の神。

ウラエウス　Uraeus* (uræi 複数)
コブラを示すエジプト語がギリシア語となり、後にラテン語となったもの。神や王の冠の正面を飾り、常に攻撃できるように頬を膨らませる用意がある。

エパゴメン　Épagomènes
１年365日のうち、１ヶ月30日の12ヶ月の外にある追加の５日間をさすギリシア語。

扇　Flabellum
扇をさすラテン語。長い持ち手の上に半円にダチョウの羽根を飾った祝祭用の扇をさすこともあれば、高官が自分の高い地位を示すために持つ曲がった羽根１枚の扇をさすこともある。

王朝　Dynastie
エジプトにおいて、この言葉は王の系列を示すが、必ずしも同じ家系に属するものを意味しない。紀元前３世紀、プトレマイオス王朝最初の二人のラゴス朝の王に仕えた神官であり歴史家のマネトンは、エジプトを30の王朝に分けた。各王朝の長さはわずか数年から２世紀に及ぶものまである。

オストラコン　Ostracon (pl. Ostraca)
貝を表すギリシア語。高価なパピルスに代わって文字や絵の練習に日常的に使用された石灰岩の欠片、あるいは、陶器の破片をさす。

オピオセファル　Ophiocéphale
蛇の頭をもつ神をさす。男性、あるいは女性の頭の代わりにコブラの上半身をもつ像。

オベリスク　Obélisque
ギリシア語で「小さな針」をさす。若干の揶揄を込めてエジプトの神殿の塔門の前を飾る１対の巨大なとがった石の建造物をさす。太陽を象徴し、ピラミディオンと呼ばれるオベリスクの頂上は、金やエレクトラム（金と銀の合金）で化粧され、尖ったピラミッドの形をしている。原初の日、太陽が置かれた聖なる石を象徴している。

カー　Ka*
人間、あるいは神を構成する、アク*やバー*のような要素の１つ。生命のエネルギーが出現したもの。

カノポス　Canopes

ミイラを作るときに取り出した内臓を入れる４つの容器。蓋は中味を守護する４人のホルスの息子たちの姿をかたどっている（人頭、ハヤブサ頭、ヒヒ頭、そして山犬頭）。容器はカノポスで崇拝されていたオシリスの姿をもち、この地にちなんで19世紀に名がつけられた。

カラントス　Calanthos

麦１ブッシェルを測るための円錐形の篭。羊毛や果物などが入れられることもある。

カルトゥーシュ　Cartouche

５つの王の称号の最後の２つや王妃の名前を囲む楕円形の輪。カルトゥーシュは、シェンのサインを示す円である。シェンのサインは、太陽の日々の運行が囲む全てのものを象徴し、その内側に記された名前の永遠性を約束する。

岩窟墓　Hypogée

エジプトにおける地下に掘られた岩窟墓を示すギリシア起源の語。特に王家の谷の墓をさす。

キトン　Chiton

片方、あるいは両肩にかけるギリシアのチュニック。外套の下に身につけた着衣で、女性のものは長く、男性のものは短い場合と長い場合があった。

偽扉（ぎひ）　Fausse-porte

墓の礼拝室に置かれた扉を模した長方形のステラ。被葬者は、偽扉の前に置かれた供物を受け取ることができる。また、好きな姿になって生きている人間界と自由に行き交うことができると考えられていた。

９柱神　Ennéade*

ギリシア語由来の言葉で正確にはヘリオポリスの九柱神のように９柱の神のグループを示す。しかし、ときに５柱から15柱の神々の集合体をさすこともある。

９弓の民　Neuf Arcs

古代エジプトの伝統的な敵と考えられていた９つの民族を喩えた表現。神々が敵を王の「サンダルの下」に置き、王が踏みつけることによって彼らを支配することを象徴している。

クトーニアン　Chthonien

地下の世界に住むと考えられている地獄の神々。

クラミュス　Chlamyde

毛織の長方形の短いマント。首、あるいは右肩に留め金で留められていた。

クリオセファル　Criocéphale

羊の頭をもつ人間の姿の神、あるいはスフィンクス。

クロコディロセファル　Crocodilocéphale

ワニの頭をもつ人間の姿の神、あるいはスフィンクス。

ケペシュ剣（三日月刀）　Khepech*

刀剣の一種。神々が王に与える勇気の象徴。特にエジプトの伝統的な敵を王が成敗する儀礼的な場面に描かれる。

限定符（決定詞）　Déterminatif

ヒエログリフ文字において単語の最後につき、どの意味範疇に属する語であるかを示す。

コプト　Copte

エジプト語をさすギリシア語由来のアラビア語。ときにエジプトのキリスト教徒をさす。

その言語は、エジプト語の最後の形で、その文字はギリシア文字を使用しているが、ギリシア文字にない7つの音はデモティックから借用している。

ゴルゴネイオン Gorgoneion

蛇の髪に囲まれたしかめ面のゴルゴーンの頭を飾った魔除けの力をもつアテナの盾。

宰相 Vizier

トルコ語で「大臣」を意味する言葉。19世紀のオリエント学で使用された言葉。第4王朝の初めから使用されていたエジプト語の tjaty を訳したもの。エジプトの行政にあたっていた国の最高官を示す。

シェンディト Chendjyt

前に襞のある王の腰布をさすエジプト語。

シストルム Sistre*

儀礼用の楽器。半円形、あるいは、ナオスの形の枠に金属の横棒を通し、金属製の鈴をつけたガラガラのような楽器。

シトゥラ Situle

儀礼用の容器の1種。ラテン語のsitulaを語源とするバケツを表す言葉。円筒形で逆円錐形の先端をもつ形態をもち、バケツのような可動式の取っ手がついている。知られているものの多くは、銅製の胴の部分に模様がある。末期王朝時代からギリシア・ローマ時代に属する。

シャブティ Chaouabti

その正確な意味は不明であるが、被葬者に代わって来世における多様な雑用を担う葬送用の小像をさすエジプト語。小像は、「答えるもの」を意味するウシャブティと呼ばれることがある。

スフィンクス Sphinx*

人間の頭をもつライオン。王の権力を象徴する。ギリシア人は、この像に、頭と胸は女性、そして翼を広げたライオンの胴体をもつ神話上の存在の名前を与えた。オイディプス王の伝説で有名な存在となった。神聖な像であるスフィンクスは、雄羊、ハヤブサ、また、セト神の動物の頭をもつこともある。

スペオス Spéos

洞窟を意味するギリシア語。エジプトにおいては岩窟に掘られた神殿をさす。

すり鉢 Mortier

円筒形、あるいは円錐形をした冠の要素ですり鉢の役割を果たす皿を意味する。

石棺 Sarcophage

「肉をくらうもの」を意味するギリシア語起源の言葉。エジプト学の用語で、人型棺や長方形の棺をさす。

セノタフ Cénotaphe

ギリシア語語源の言葉で遺体を納めていない空墓をさす。

セマ・タウイ Zema-Taouy

「二国の統一」を表すエジプト語。この語を象徴する図象は王の玉座の両横に描かれた。「統一」(植物の道管と胚)を意味するヒエログリフの上に上下エジプトを象徴する植物を結んだもの。

セルダブ Serdab

地下室を表すアラビア語。マスタバ墳の奥にある被葬者の像を納めるための部屋。この礼拝室へは狭い隙間から入るしかない。ここを通して被葬者は香の煙や葬送の儀礼を受けとる。

セレク Serekh

長方形のカルトゥーシュのスペースを示すエジプト語。城の周壁を平面的に見たものと城の正面図を複合的に組み合わせたもの。ファラオの称号である５つの王名のなかで、最も古い、第一名であるホルス名がハヤブサの神の図の下に記されている。

タウロセファル　Taurocéphale
牡牛の頭をもつ神。

魂の計量　Psychostasie
ギリシア語で「魂の計量」を表す言葉。オシリスの裁判において行われる死者の心臓の計量*の場面を表すために誤って使われることがある。

タラタート　Talatate
アラビア語から由来する３を意味する言葉。カルナックの考古学調査の現場で働く人々が使用した言葉。アマルナ時代の建設現場で使用された長さ約50センチ（３スパン）のブロックをさす。１人の人間が持ち運べる大きさで、当時、建設のスピードを増し能率を上げた。

男根像　Ithyphallique
ギリシア語に由来する言葉で勃起した男根をもつ人間、あるいは神の像をさす。

誕生殿　Mammisi
エジプト語の「誕生の家」という表現を示すためにコプト語を参考にシャンポリオンが作った言葉。末期王朝時代の聖域に隣接した建物で、その中で神の誕生の謎が解き明かされた。

テメノス　Téménos
聖域を周壁で囲んだ聖なる領域をさすギリシア語。

デモティック　Démotique
ヘロドトスによって民衆文字と呼ばれた草書体。ヒエラティックに代わって、紀元前７世紀から約1000年にわたって日常的に使用されていた。

塔門　Pylône
「塔門」をさすギリシア語。エジプトの神殿の正門を飾る１対の巨大な台形の建造物。

ドロモス　Dromos
ギリシア語で参道を意味する。多くの場合スフィンクスに囲まれ、神殿の塔門に続く道。

ナオス　Naos*
エジプト学におけるギリシア語由来の言葉の１つ。神殿の中の「聖域の中の聖域」に置かれた神の像を納めたピラミッド状、あるいはまるみを帯びた屋根を持つ厨子。

ネメス頭巾　Némés
鬢（ひだ）を寄せた短い王の頭巾。ツタンカーメンの黄金のマスクが最もわかりやすい例である。正面にはウラエウスを飾り、きちんと畳んだ襞が特徴である。顔を囲む横の部分は三角形に肩まで下がり、後ろの部分は編んだ垂れ飾りで終わる。

ノモス　Nome
州侯を頭に頂く国の行政地区をさすギリシア語の言葉。（末期王朝時代には上エジプトに22の行政区、そして下エジプトに20の行政区があった。）

バー　Ba*
人間や神を構成する要素の１つを示すエジプト語。

８柱神　Ogdoade*

ヘルモポリスの創世神話における原初のときに生まれた4組8柱の夫婦神。創世時のカオスの要素をそれぞれ象徴している。

パピルス　Papyrus*

紙（paper）の語源となったギリシア語のパピルスはその昔、ナイル川沿岸に繁殖していたカヤツリグサの1種をさす。また、その繊維を利用して作った書くための用紙、さらに文字や挿絵を描いた巻物をさす。

パレドル　Parèdre

神の妻、あるいは、女神の夫の役割を果たす、横に座すものという意味をもつ配偶神。

ヒエラコセファル　Hiéracocéphale

ハヤブサ頭をもつ人間の神、あるいはまれにハヤブサ頭のスフィンクスをさす。

ヒエラティック　Hiératique

ヒエログリフから発展した草書体。初期王朝にさかのぼる。民衆文字（デモティック）の出現まで、パピルスやオストラコンに書くために一般的に使用された。その後は葬送のテキストや宗教書などに使用が限定され、「神官」文字となった。

ヒクソス　Hyksôs

エジプト語で「異国の支配者」を意味する言葉のギリシア語形。第2中間期（第15・16王朝）にエジプトを支配したアジア系の王たちをさす。

ヒポスターゼ　Hypostase

1柱の神がもつ多様な姿をさす言葉。

ヒマティオン　Himation

袖のないマントで、ギリシアの男女が体に軽く巻きつけたもの。

豹の毛皮　Pardalide

豹の毛皮。ときにその模様が星を表すと考えられた。神官がまとう聖職衣。

ファラオ　Pharaon*

なによりも古代エジプトを想起させる名称であるが、この語がエジプトの王をさすことはなかった。聖書からとられた言葉で、エジプト語では、ペル・アア－「大きな家」、権威の座である王宮をさし、紀元前1000年の間、そこに住む王を示した。

プスケント冠　Pschent

エジプト語で「二国の権威」という表現を示すギリシア語。上エジプトの白冠と下エジプトの赤冠の二国の複合冠。

ブセファル　Bucéphale

牝牛の頭をもつ女神。

ヘブ・セド　Heb-sed

治世30年を祝う王位更新祭。王権の更新を確認するもの。

マスタバ墓　Mastaba

19世紀以降使用されるようになった、アラビア語で「ベンチ」を意味する語。古代エジプトにおける地上に作られた巨大な私人墓をさす。

モディウス冠　Modius

ローマにおいて1ブッシェルの穀物を計量するために使用された円柱形の容器を模した冠。

予防　Prophylactique

あらゆる病を防ぐ力をさす。

レオントセファル　Léontocéphale

雄、あるいは雌のライオンの頭をもつ神の

像。

レキト　Rekhyt

　ファラオの臣民をさすエジプト語。多くの意味を示唆する言葉。飛び去るのを防ぐために背中で翼を交差させているタゲリのヒエログリフで表される。ときにタゲリは人間の腕を持ち、王に向けて崇拝の姿勢をとっている。

略語一覧

＊定期刊行物、叢書、百科事典…

ADAIK = *Abhandlungen des deutschen archäologischen Institut Kairo* (Berlin, Glückstadt, Hambourg, New York).
ÄA = *Ägyptologische Abhandlungen* (Wiesbaden).
ÄgForsch = *Ägyptologische Forschungen* (Glückstadt, Hambourg, New York).
AegTrev = *Aegyptiaca Treverensia* (Mayence).
Aegyptus = *Aegyptus. Rivista italiana di egittologia e di papirologia* (Milan).
AH = *Aegyptiaca Helvetica* (Bâle, Genève).
AHAW = *Abhandlungen der Heidelberger Akademie der Wissenschaften, Phil.-hist. Kl.* (Heidelberg).
AIPHO = *Annuaire de l'Institut de philologie et d'histoire orientales et slaves.* Univ. libre (Bruxelles).
AJSL = *American Journal of Semitic Languages and Literatures* (Chicago).
ALUB = *Annales littéraires de l'université de Besançon.*
AnAeg = *Analecta Aegyptiaca consilio Instituti aegyptologici Hafniensis edita* (Copenhague).
APAW = *Abhandlungen der Preußischen Akademie der Wissenschaften* (Berlin).
Archéo-nil = *Archéo-nil. Bulletin de la société pour l'étude des cultures préhistorique de la vallée du Nil* (Paris).
AV = *Archäologische Veröffentlichungen.* Deutsches archäologisches Institut. Abteilung Kairo (Berlin, Mayence).
BACE = *The Bulletin of the Australian Centre for Egyptology.*
BCH = *Bulletin de correspondance hellénique* (Paris).
BdE = *Bibliothèque d'études.* Institut français d'archéologie orientale (Le Caire).
BES = *Bulletin of the Egyptological Seminar* (New York).
BIE = *Bulletin de l'Institut d'Égypte* (Le Caire).
BIFAO = *Bulletin de l'Institut français d'archéologie orientale* (Le Caire).
BiGen = *Bibliothèque générale.* Institut français d'archéologie orientale (Le Caire).
BMMA = *Bulletin of the Metropolitan Museum of Art* (New York).
BollSer = *Bollingen Series* (New York).
BSAA = *Bulletin de la Société Archéologique d'Alexandrie* (Alexandrie).
BSAK = *Studien zur altägyptischen Kultur. Beihefte* (Hambourg).
BSFE = *Bulletin de la Société française d'égyptologie* (Paris).
BSEG = *Bulletin de la Société d'égyptologie de Genève* (Genève).
CdE = *Chronique d'Égypte* (Bruxelles).

CGC = Catalogue général du Musée du Caire (Le Caire).
CSA = *Cahiers de la Société Asiatique* (Paris).
D = É. Chassinat, puis É. Chassinat, Fr. Daumas, puis S. Cauville, *Le temple de Dendara* (Le Caire).
DE = *Discussions in Egyptology* (Oxford).
E = Le M. de Rochemonteix, puis É. Chassinat, *Le temple d'Edfou* (Le Caire).
EES = Egypt Exploration Society (Londres).
EgUit = *Egyptologische Uitgaven* (Leyde)
Enchoria = *Enchoria. Zeitschrift für Demotistik und Koptologie* (Wiesbaden).
EPRO = *Études préliminaires aux religions orientales dans l'Empire romain* (Leyde).
ERUV = *Encyclopédie religieuse de l'Univers végétal. Croyances phytoreligueses de l'Égypte ancienne* (Montpellier).
EurHoch = *Europäische Hochschulschriften* (Francfort).
EVO = *Egitto e Vicino Oriente* (Pise).
GM = *Göttinger Miszellen* (Göttingen).
GOF = *Göttinger Orientforschungen* (Wiesbaden).
HÄB = *Hildesheimer ägyptologische Beiträge* (Hildesheim).
JARCE = *Journal of the American Research Center in Egypt* (New York).
JE = Journal d'entrée du Musée du Caire (Le Caire).
JEA = *Journal of Egyptian Archaeology* (Londres).
JEOL = *Jaarbericht van het vooraziatisch-egyptisch Genootschap, Ex Orient Lux* (Leyde).
JNES = *Journal of Near Eastern Studies* (Chicago).
Kanopos = *Kanopos, Forschungen zum griechisch-römischen Ägypten* (Leipzig).
Kêmi = *Kêmi. Revue de philologie et d'archéologie égyptiennes et coptes* (Paris).
LÄ = *Lexikon der Ägyptologie* (Wiesbaden).
LAPO = *Littératures anciennes du Proche-Orient* (Paris).
LGG = *Lexikon der ägyptischen Götter und Götterbezeichnungen* (Leyde).
LIMC = *Lexicon Iconographicum Mythologiae Classicae* (Zürich, Munich).
MamD = Fr. DAUMAS, *Les mammisis de Dendara*, Le Caire, 1959.
MamE = É. CHASSINAT, *Le mammisi d'Edfou*, Le Caire, 1939.
MÄS = *Münchner ägyptologische Studien* (Berlin, Munich).
MÄU = *Münchner ägyptologische Untersuchungen* (Munich).
MH = The Epigraphic Survey, *Medinet Habu*, *OIP*, 8, 9, 23, 51, 83, 84, 93, 94, Chicago, 1930-1970.
MIFAO = *Mémoires publiés par les membres de l'Institut français d'archéologie orientale* (Le Caire).
MIO = *Mitteilungen des Instituts für Orientforschung der Deutschen Akademie der Wissenschaften zu Berlin* (Berlin).
MMJ = *The Metropolitan Museum Journal* (New York).
MonPiot = *Monuments et mémoires*. Académie des inscriptions et belles-lettres, Fondation Piot (Paris).
MRE = *Monographies Reine Élisabeth* (Bruxelles).

NAWG = *Nachrichten der Akademie von Wissenschaften zu Göttingen, Philologisch-historische Klasse* (Göttingen).
NES = *Near Eastern Studies, University of California Publications* (Berkeley, Los Angeles, Londres).
OBO = *Orbis biblicus et orientalis* (Fribourg, Göttingen).
OIP = *Oriental Institute Publications*, Université de Chicago (Chicago, Ill.).
OLA = *Orientalia lovaniensia analecta* (Louvain).
OLP = *Orientalia lovaniensia periodica* (Louvain).
OLZ = *Orientalistische Literaturzeitung* (Berlin, Leipzig).
OMRO = *Oudheidkundige Mededelingen uit het Rijksmuseum van Oudhede* (Leyde).
OrAnt = *Oriens Antiquus. Rivista del Centro per le Antichità e la storia dell'arte del Vicino Oriente* (Rome).
Orientalia = *Orientalia. Comment. periodidici Pont. Ist. biblici* (Rome).
OrMonsp = *Orientalia Monspeliensia* (Montpellier).
OrSuec = *Orientalia Suecana* (Uppsala, Stockholm).
PÄ = *Probleme der Ägyptologie* (Leyde).
RdE = *Revue d'égyptologie* (Paris).
REgA = *Revue de l'Égypte ancienne* (Paris).
RevBibl = *Revue biblique* (Paris).
RevEg = *Revue égyptologique* (Paris).
RecTrav = *Recueil de travaux relatifs à la philologie et à l'archéologie égyptiennes et assyriennes* (Paris).
RHR = *Revue de l'histoire des religions* (Paris).
RT = Registre temporaire du Musée du Caire (Le Caire).
SA = *Studia aegyptiaca* (Budapest).
SAOC = *Studies in Ancient Oriental Civilizations* (Chicago).
SAK = *Studien zur altägyptischen Kultur* (Hambourg).
SAWM = *Sitzungberichte der Bayerischen Akademie der Wissenschaften, phil.-hist. Abt.* (Munich).
SEL = *Studi Epigrafici e Linguistici sul Vicino Oriente antico* (Rome).
SHR = *Studies in the History of Religions.* Supplements to *Numen* (Leyde).
SO = *Sources Orientales* (Paris).
StudAeg = *Studia Aegyptiaca* (Budapest).
Syria = *Syria. Revue d'art oriental et d'archéologie* (Paris).
UGAÄ = *Untersuchungen zur Geschichte und Altertumskunde Ägyptens* (Leipzig, Berlin puis Hildesheim).
USE = *Uppsala Studies in Egyptology* (Uppsala).
VarAeg = *Varia aegyptiaca* (San Antonio).
VetTest = *Vetus Testamentum* (Leyde).
VIO = *Veröffentlichungen der deutschen Akademie der Wissenschaften zu Berlin des Instituts für Orientforschung* (Berlin).

WdO = *Die Welt des Orients* (Göttingen).
ZÄS = *Zeitschrift für ägyptische Sprache und Altertumskunde* (Leipzig, Berlin).
ZDMG = *Zeitschrift der deutschen Morgenländischen Gesellschaft* (Wiesbaden).
ZPE = *Zeitschrift für Papyrologie und Epigraphik* (Bonn).

参考文献

J. ASSMANN, *Egyptian Solar Religion in the New Kingdom : Re, Amun and the Crisis of Polytheism*, Londres, 1995.

J. ASSMANN, *The Search for God in Ancient Egypt*, trad. D. Lorton, Ithaca/Londres, 2001.

P. BARGUET, *Le Livre des Morts des anciens Égyptiens*, *LAPO* 1, Paris, 1967.

P. BARGUET, *Les Textes des sarcophages égyptiens du Moyen Empire*, *LAPO* 12, Paris, 1986.

S. BICKEL, *La Cosmogonie égyptienne avant le Nouvel Empire*, *OBO* 134, 1994.

H. BONNET, *Reallexikon der ägyptishen Religionsgeschichte*, Berlin, 1952.

C. J. BLEEKER, *Egyptian Festivals, Enactments of Religious Renewal*, *SHR* XIII, Leyde, 1967.

A. K. BOWMAN, *Egypt after the Pharaohs, 332 BC-AD 642, from Alexander to the Arab Conquest*, Londres, 1986.

J. CERNY, *Ancient Egyptian Religion*, Londres, 1952.

Fr. DAUMAS, *Les Mammisis des temples égyptiens*, Annales de l'université de Lyon, 3e série, fasc. 32, Paris, 1958.

Fr. DAUMAS, *Les Dieux de l'Égypte*, coll. « Que sais-je ? » n°1194, Paris, 1965.

Ph. DERCHAIN, *Mythes et Dieux lunaires en Égypte*, *SO* 5, 1962.

Ph. DERCHAIN, *La Religion égyptienne*, in *Histoire des religions* 1, Encyclopédie de la Pléiade, Paris, 1970.

Chr. DESROCHES-NOBLECOURT, *Les Religions égyptiennes*, Paris, 1947.

Fr. DUNAND, Chr. ZIVIE-COCHE, *Hommes et Dieux en Égypte, 3000 a. C.-395 p. C., anthropologie religieuse*, Paris, 2006.

A. ERMAN, *La Religion des égyptiens*, trad. H. Wild, Paris, 1937.

R. O. FAULKNER, *The Ancient Egyptian Book of the Dead*, edited by C. Andrews, Londres, 1972 (Revised edition, 1985).

R. O. FAULKNER, *The Egyptian Coffin Texts*, Warminster, 1973/1978.

R. O. FAULKNER, *The Ancient Egyptian Pyramid Texts*, Warminster, 1969.

I. FRANCO, *Petit Dictionnaire de mythologie égyptienne*, Paris, 1993.

I. FRANCO, *Rites et Croyances d'éternité*, Paris, 1993.

I. FRANCO, *Mythes et Dieux. Le souffle du soleil*, Paris, 1996.

G. FOWDEN, *The Egyptian Hermes : a historical approach to the late pagan mind*, Princeton, 1993.

J.-Cl. GOYON, *Rituels funéraires de l'ancienne Égypte*, *LAPO* 4, Paris, 1972.

P. GRANDET, *Les Hymnes de la religion d'Aton*, Paris, 1997.

I. GUERMEUR, *Les Cultes d'Amon hors de Thèbes : recherches de géographie religieuse*, Bibliothèque de l'EHE, vol. 123, Turnhout, 2005.

N. GUILHOU, J. PEYRÉ, *La Mythologie égyptienne*, Paris, 2005.

J. G. GRIFFITHS, *Triads and Trinity*, Cardiff, 1996.
E. HORNUNG, *Der Eine und die Vielen, ägyptische Gottesvorstellungen*, Darmstadt, 1971 ; trad. anglaise (J. Baines) : *Conceptions of God in Ancient Egypt, the One and the Many*, Londres, 1983 ; trad. française : *Les dieux de l'Égypte, le Un et le Multiple*, Monaco, 1986.
E. HORNUNG, *The Ancient Egyptian Books of the Afterlife*, trad. D. Lorton, Ithaque et Londres, 1999.
G. JÉQUIER, *Considérations sur les religions égyptiennes*, Neuchâtel, 1946.
H. KEES, *Der Götterglaube im alten Ägypten*, 3e éd., Berlin, 1977.
H. KEES, *Totenglauben und Jenseitsvorstellungen der alten Ägypter*, 3e éd., Berlin, 1977.
Y. KOENIG, *Magie et magiciens dans l'Égypte ancienne*, Paris, 1994.
Y. KOENIG (éd.), *La Magie en Égypte : à la recherche d'une définition*, Actes du colloque organisé par le musée du Louvre les 29 et 30 septembre 2000, Paris, 2002.
Chr. LEITZ (éd.), *Lexikon der ägyptischen Götter und Götterbezeichnungen*, I-VIII, *OLA* 110-116, 129, Louvain, 2002-2003.
M. LURKER, *Lexikon der Götter und Symbole der alten Ägypten,* Berne, 1987.
D. MEEKS, *Génies, anges et démons en Égypte*, *SO* 8, Paris, 1971.
D. MEEKS, *Mythes et légendes du Delta d'après le papyrus Brooklyn 47.218.84,*
MIFAO 125, Le Caire, 2006.
D. MEEKS, Chr. FAVARD-MEEKS, *La Vie quotidienne des dieux égyptiens*, Paris, 1993.
S. MORENZ, *La Religion égyptienne*, Paris, 1962.
S. QUIRKE, *Ancient Egyptian Religion*, Londres, 1992.
S. QUIRKE (éd.), *The Temple in Ancient Egypt*, Londres, 1997.
S. QUIRKE, *The Cult of Ra. Sun-worship in Ancient Egypt*, Londres, 2001.
S. SAUNERON, *Les Prêtres de l'ancienne Égypte*, Paris, 1998.
S. SAUNERON, *Les Songes et leur Interprétation dans l'Égypte ancienne*, *SO* 2, 1959.
S. SAUNERON, *Les Fêtes religieuses d'Esna aux derniers siècles du paganisme*, *Esna* V, Le Caire, 1962 (réimpression 2004).
S. SAUNERON, J. YOYOTTE, *La Naissance du monde dans l'Égypte ancienne*, *SO* 1, 1959.
B. E. SHAFER (éd.), *Religion in Ancient Egypt. Gods, Myths and Personnal Practice*, Londres, 1991.
B. E. SHAFER (éd.), *Temples of Ancient Egypt*, Londres, 1997.
R. STADELMANN, *Syrisch-palästinensische Gottheiten in Ägypten*, Leyde, 1967.
Cl. TRAUNECKER, *Les Dieux de l'Égypte,* coll. « Que sais-je ? » n°1194, Paris, 1992.
J. VANDIER, *La Religion égyptienne,* Paris, 1949.
P. VERNUS, J. YOYOTTE, *Bestiaire des Pharaons*, Paris, 2005.
R. H. WILKINSON, *The Complete Temples of Ancient Egypt*, Londres, 2000.
J. YOYOTTE, *Le Jugement des morts dans l'Égypte ancienne*, *SO* 4, 1961.

古代エジプトファラオ年表

＊原注：前700年以前の年代は、古くなるに従いますます不正確になる。

先王朝・原王朝時代（前4000～3000/2950年頃）

ナカダ文化期

ナカダⅠ期またはアムラ期（前4000～3600年頃）

ナカダⅡ期またはゲルゼ期（前3600～3200年頃）

ナカダⅢ期または原王朝時代（前3200～3000/2950年頃）：第０王朝：サソリ１世、カー王、サソリ２世

ティニス時代（前3000/2950～2635年頃）

ナルメル王、おそらくマネトンのメネス王による国家の統一

第１王朝（前3000/2960～2780年頃）：アハ王、ジェル王、ジェト王、カア王

第２王朝（前2780～2120年頃）：カセケムイ王

古王国時代（前2592～2436年頃）

第３王朝（前2592～2544年頃）：ジェセル王、セケムケト王、フニ王

第４王朝（前2543～2436年頃）：スネフェル王、クフ王、カフラー王、メンカウラー王

第５王朝（前2435～2306年頃）：サフラー王、ネフェルイルカラー王、ニウセルラー王、ウナス王

第６王朝（前2305～2118年頃）：テティ王、ペピ１世、メルエンラー王、ペピ２世

第１中間期（前2118～前1980年頃）

第７～８王朝：ほとんど知られていない無政府状態の時代

テーベの第11王朝の始まりと同時代のヘラクレオポリスの第９・10王朝

中王国時代（前1980～1760年頃）

第11王朝：メンチュヘテプという名の王たち

第12王朝（前1939～1760年頃）：アメンエムハトとセンウセレトという名の王たち

第2中間期（前1759～1539年頃）

第13～17王朝：北方に侵略したヒクソス王朝（第15・16王朝）や国家を再征服したテーベの第17王朝

（カーメス王、イアフメス王）を含む50人以上の王たちがいる。

新王国時代（前1539～1077年頃）

第18王朝（前1539～1292年頃）：アメンヘテプ1世、ハトシェプスト女王、トトメス3世、アメンヘテプ3世、アクエンアテン王、ツタンカーメン王、ホルエムヘブ王

第19王朝（前1292～1191年頃）：セティ1世、ラメセス2世、タウセレト女王

第20王朝（前1190～1077年頃）：セトナクト王、ラメセス3世

第3中間期（前1076～723年頃）

第21王朝（前1076～944年頃）：タニスのスメンデス王とプスセンネス王、テーベの神官王（ヘリホル王、パネジェム王）

リビア系の3つの王朝（第22～24王朝）、部分的に併立している。

ブバステスの第22王朝（前943～746年頃）：シェションク王、オソルコン王、タケロト王

タニスの第23王朝（前845～730年頃）：パディバステト王

サイスの第24王朝（前736～723年頃）：ボッコリス王

末期王朝時代（前722～332年）

「クシュ王朝」または「エチオピア王朝」として知られる第25王朝（前722～655年頃）

サイスの第26王朝（前664～525年）：プサメティク1世、ネコ、アマシス

第1次ペルシア支配時代の第27王朝（前525～404年）

サイスの第28王朝（前404～399年）：アミルタイオス王

メンデスの第29王朝（前399～380年）：ネフェリテス1世、ハコリス王

セベンニトスの第30王朝（前380～343年）：ネクタネボ1世、ネクタネボ2世

第２次ペルシア支配時代（前343～前332年）：アルタクセルクセス３世、ダレイオス３世

プトレマイオス時代（前332～30年）

マケドニア王朝：アレクサンドロス大王、フィリップ・アルレアデウス

ラギッド王朝（前305～前30年）；プトレマイオスという名の王たち、クレオパトラ７世

ローマ支配時代（前30～395年）、**ビザンツ時代**（395～638年）、アラブ征服（641年）まで

図版出典

＊各出典には図版が登場するページが記されている。

355ページの図版は、ナタリー・ボウ氏の好意によって許可を得たものである。それ以外のイラストはすべて才能豊かなライラ・マネッサ氏の手によるものである。

すべての写真は、下記のものを除き著者自身が提供したものである。

アラン・シェネ（CTEETK, CNRS）：552；パオロ・ガロ：425；ヴィクトール・ギカ：267, 447, 463, 505, 530；ジャン・フランソア・グウ：83, 85, 88, 95, 121, 142, 208, 216, 264, 293, 522, 541, 564；ニコラ・グリマル：70；Alan Lecler アラン・レクレール（アレクサンドリア研究センター）：13, 17, 21, 136, 150, 201, 221, 248, 264, 364, 402, 477

RMN（フランス国立美術館連合）：ミシェル・ベロー, 423；ジェラール・ブロ, 157；©BPK（プロイセン文化財団）ベルリン地区RMN, マルガレーテ・ビュージング, 486；シュゼヴィル兄弟, 119, 351, 438；ベアトリス・ハタラ, 48；エルベ・ルワンドウスキー, 47, 86, 193, 432；ジョルジュ・ポンセ, 507；フランク・ロウ, 58, 80, 181, 436；©BPK, ベルリン地区RMN, D. ヴィルドゥンク, 62

美術史美術館、ウィーン：226

バイエルン州立エジプト美術収集館、ミュンヘン：41

トリノ・エジプト博物館：133, 456

大英博物館、ロンドン：93

ブルックリン美術館、ニューヨーク：311

謝辞

友情という絆で結ばれた次の方々に、著者は心からの感謝の意を表したい。ユベール・バリ、ナタリー・ボウ、ナディーヌ・シェルピオン、ジャン・イヴ・エンペルール、パオロ・ガロ、ジャン・フランソワ・グウ、ヴィクトール・ギカ、ニコラ・グリマル、フランソワ・ラルシェ、アラン・レクレール、デニス・マラヴァル、ライラ・マネッサ、ジェラール・ロケ、そしてブルーノ・サンテール。

◆著者◆

ジャン=ピエール・コルテジアーニ（Jean-Pierre Corteggiani, 1942–2022）

フランスの著名なエジプト学者。2001年、古代エジプトにかんする研究でフランス学士院からジャン＝エドゥアール・ゴビー賞を受賞。2007年まで、カイロのフランス東方考古学研究所（IFAO）の科学・技術顧問。専門書ばかりでなく、一般向けの書物も多く出版している。『カイロ』（アンドレ・レイモンと共著、シタデル・メゼノド社、2000年）、『ギザの大ピラミッド――5000年の謎を解く』（ガリマール社、2006年）などがある。

◆線画◆

ライラ・メナサ（1945–2020, Laïla Menassa）

1969年から2005年まで、フランス東方考古学研究所（IFAO）の製図技師。セルジュ・サウネロンの指導の下、IFAOに参加し、写真からエスナ神殿のシーンを描くことをまかされる。その作品の質の高さと繊細さにより、研究所の多くの碑文プロジェクトだけでなく、遺跡（北カルナク、ドゥシュ、バラット、イール・アル＝マディーナなど）での考古学的作業にも参加。その芸術的な手腕は、彼女が貢献したIFAOのヴィジュアル・アイデンティティに今日も存在している。

◆監修◆

近藤二郎（こんどう・じろう）

1951年東京都杉並区生まれ。早稲田大学文学部考古学コース教授、同大学エジプト学研究所・所長をへて、早稲田大学名誉教授。早稲田大学第一文学部西洋史専修卒業後、同大学院文学研究科考古学専攻博士課程満期退学。エジプト新王国時代のテーベ西岸のネクロポリス・テーベの岩窟墓の調査・研究を実施している。専門は、エジプト学・考古学・古代天文学。

著書に、『ものの始まり50 話』（岩波ジュニア新書）、『ヒエログリフを愉しむ』（集英社新書）、『星座の起源』（誠文堂新光社）、『古代エジプト解剖図鑑』（エクスナレッジ）ほか多数。訳書に、ヤロミール・マレク『エジプト美術』（岩波書店）、ニコラス・リーヴス『図説黄金のツタンカーメン――悲劇の少年王と輝ける財宝 』、ニコラス・リーヴス／リチャード・H・ウィルキンソン『図説王家の谷百科――ファラオたちの栄華と墓と財宝』、ビル・マンリー『はじめてのヒエログリフ実践講座』（以上、原書房）ほか多数。

◆訳者◆

近藤悠子（こんどう・ゆうこ）

国際基督教大学卒、エディンバラ大学大学院言語学科Ph.D.。訳書に、マーセル・マレー『ファラオと女王』（近藤二郎監修、大英博物館双書IV、學藝書林）ほか。

図説(ずせつ)
古代(こだい)エジプトの神々(かみがみ)・神話(しんわ)
百科事典(ひゃっかじてん)

●

2024年12月15日　第1刷

著者………ジャン＝ピエール・コルテジアーニ
監修………近藤二郎(こんどうじろう)
訳者………近藤悠子(こんどうゆうこ)
装幀………川島進デザイン室
本文組版・印刷………株式会社ディグ
カバー印刷………株式会社ディグ
製本………小泉製本株式会社

発行者………成瀬雅人
発行所………株式会社原書房
〒160-0022　東京都新宿区新宿1-25-13
電話・代表 03(3354)0685
http://www.harashobo.co.jp
振替・00150-6-151594
ISBN978-4-562-07485-3